修水历代进士史略

上册

周武现 ◎ 著

江西高校出版社
JIANGXI UNIVERSITIES AND COLLEGES PRESS

图书在版编目（CIP）数据

修水历代进士史略. 上册／周武现著. －－南昌：江西高校出版社，2025.6
ISBN 978 - 7 - 5762 - 4397 - 0

Ⅰ. ①修… Ⅱ. ①周… Ⅲ. ①进士 - 列传 - 修水县 - 古代 Ⅳ. ①K827 = 2

中国国家版本馆 CIP 数据核字（2023）第 251601 号

策 划 编 辑 陈永林 责 任 编 辑 王良辉
装 帧 设 计 白 羽 责 任 印 制 李香娇

出 版 发 行 江西高校出版社
社 址 江西省南昌市新建区工业二路 508 号
邮 政 编 码 330100
总编室电话 0791 - 88504319
销 售 电 话 0791 - 88511423
网 址 www.juacp.com
印 刷 江西千叶彩印有限公司
经 销 全国新华书店
开 本 700 mm×1000 mm 1/16
印 张 47.25
彩 页 32 面
字 数 830 千字
版 次 2025 年 6 月第 1 版
印 次 2025 年 6 月第 1 次印刷
书 号 ISBN 978 - 7 - 5762 - 4397 - 0
定 价 268.00 元（全两册）

赣版权登字 -07 - 2023 - 978

图书若有印装问题,请随时联系本社印制部(0791 - 88513257)退换

一、修水之航拍

▲黄龙山和其绵延山脉。这里孕育了一代又一代修水籍缨连绵的进士世家和官宦之家，其人才辈出，就像黄龙山上杜鹃花一样众多

▲航拍修水全景。绵延青山，碧澈修河。修水生态环境优美，孕育了自南唐至清208名文武进士，也奠定了文章奥府之盛名，且文风血脉仍影响至今、影响至深

▲七百里修江。修河水滋养了修河两岸众多生灵，更涵养了自黄龙山源头而来的泰清冷氏、湾台周氏、杭山章氏、双井黄氏、吴都宋氏等10多个进士家族，这些进士家族的佼佼者，肩负着安邦定国之重任

▲旌阳山。这里曾经"目送"众多分宁学子从水路出乡关，中举人，摘进士，入仕途。修水饺子，其外形就像旌阳山。拜谒了旌阳山，吃了修水饺子，学子高中入仕，出类拔萃

▶修河和县城外貌。五千年古邑，因古而美，七百里修江，因水得名！修水建置之久、文脉之深、科举之盛、人才之奇、生态之美，仍赓续传承，奋进不止；仍独树一帜，傲立江右

◀义宁古八乡进士家族图。这些进士家族引领着修水文化走向，延续着修水文化血脉。其文采闪耀江右，进士文脉绵延修河，进士文化根植分宁。自新中国成立以来，修水考取清华、北大等名校的学子数以百计

高乡　以黄庭坚进士为代表的双井黄氏家族48名进士家族

崇乡　以周期雍进士为代表的清谷周氏朗清7名进士家族

安乡　以俞良进士为代表的长茅俞氏家族18名进士家族

高乡　以王仲明进士为代表的王氏宋朝16名进士家族

奉乡　以徐赏进士为代表的松林徐氏家族18名进士家族

泰乡　以冷端进士为代表的冷都冷氏家族3名进士家族

武乡　以莫愿怛细进士为代表的冉半莫氏家族21名进士家族

奉乡　以祝庭进士为代表的美仙黎氏家族3名进士家族

西乡　以冷应澂进士为代表的春清冷氏家族11名进士家族

二、进士之故里

1.徐赏进士之故里——何市松林

◀徐氏宗祠。修水徐氏一族高中进士18名，在宋朝之时成为修水首屈一指的官宦大族，也成为修水八贤领头姓氏。如今屹立在修河岸边、气派巍峨的徐氏宗祠，诉说着宋朝时期徐氏一族在科举制度下的辉煌和荣耀

2.黄庭坚进士之故里——杭口双井

▲华夏进士第一村石刻。石刻雄立于双井，宋代一朝48名黄氏进士，不辜负华夏进士第一村之盛名，让修水在中国科举史上占有一席之地。"自宋代祥符熙宁元丰年间，凡擢巍科登清显士者数十余人，有若文节公纯德至行，雄文博学，为天下师表，故江南黄氏者必以双井为美称！"龙图阁大学士朱熹撰《黄氏宗谱》序中如是说

▲杭口镇双井。双井是江西诗派鼻祖、大书法家、大宋奇才黄庭坚的故乡。黄庭坚"为官爱民如子、为友真挚率直、为子孝行动天"，其书法独树一帜，诗词别具一格，其人品正气一身。苏轼赞黄庭坚云："孝友之行，追配古人；瑰玮之文，妙绝当世。"南宋右丞相章鉴写下了"半夜过双井，不敢见先生"之名句

3.余赏进士之故里——黄沙长茅

▲余氏宗祠。长茅有丰富的山水文化、进士文化、官宦文化,每年有一大批余氏后裔和他姓人氏纷至沓来,一睹长茅风采,寻访长茅风月,聆听长茅传奇

4.莫援进士之故里——漫江尚丰

▲莫家尚书和进士杰出代表的画像。慕名而来的观光者为莫氏集进士、官宦和文化大族于一身的荣耀点赞。宋室奇才黄庭坚颂曰:"尚丰山下莫司户,及第归来马如龙。"

5.宋瀚进士之故里——宁州吴都

▲宋氏一门三进士的故里。这里展现着宋瀚、宋朝寅、宋朝奉"三宋"在宋朝之时分别官至吏部员外郎、工部尚书、大司马的气派和辉煌

6.祝彬进士之故里——何市吴仙里

▲昔日高大气派的祝氏翰林府第。前面硕大的"书"字,印证了翰林府第的"书香文化"

7.冷应澄之进士故里——白岭泰清

◀冷应澄学士故里。其故居右立黄龙山,背倚大尖山,前临修河源头之水和古泰清温泉。如此灵秀之地,诞生了一门十一名进士的大家族,且应澄官居大学士之高位。邑人刘显祖云:"学士何年宅,风流满泰清。月从楼际听,花向笔头生。阆阓贻吴疆,粉榆近楚城。蹊山多积雪,诗思寄遥情。"

8.章鉴进士之故里——杭口杭山

9.周期雍进士之故里——西港湾台

▲章鉴故里。青翠且充满灵气的杭山孕育了南宋右丞相章鉴及章氏望族，至今其文化血脉和淳朴家风在分宁流传，千年不息

▲明朝湾台周氏七名进士故里。他们自家乡修口顺着七百里修河入鄱阳，下长江，摘举人，上京都，中进士，入仕途，佑黎民，固社稷。每一位周氏进士政绩可夸，文采可赞，品德可歌

10.万承风进士之故里——黄沙花园里

▲编者赋诗云："千年汤桥帝师村，青山祥云兆乾坤。再访心中崇尚地，气节古风今犹存。"

11.陈三立进士之故里——宁州桃里

▲义宁陈门五杰故里。陈宝箴高中举人的旗杆石、陈三立摘取进上的进士墩，是客家人陈氏家族科举盛况的见证，让拜谒者点赞和敬重

▲陈门五杰广场石碑柱。石碑柱与旌阳山一样高大劲挺，立于修河岸边，见证和护佑修水代出英才

三、宁州古城八贤祠和八贤中的进士

◀ 新建的八贤祠。第四次重修的八贤祠于2024年元月再次屹立在宁州古城，重现八贤祠风采

四、宁州试馆

◀▲ 左图为宁州试馆，右图为考棚。科举制度下修水童生、秀才在古宁州试馆内熟读经书，后赴乡试考取举人，会试摘取进士

五、进士之遗墨"珍"迹

1.大书法家黄庭坚书法/宋

◀ 左图为黄庭坚手书阴刻高清大"佛"

◀ 右图为御制戒石铭。宋高宗绍兴二年，临摹黄庭坚的"尔俸尔禄，民膏民脂。下民易虐，上天难欺"，将此铭颁发至全国，并下令各州县刻石为戒

5

▲黄庭坚撰写的东坡先生像赞

▶后人为黄山谷编辑的《山谷墨宝》书籍封面

▲黄庭坚天价大作《砥柱铭》（局部）。2010 年 6 月 3 日在保利春拍卖会上，《砥柱铭》总成交价达到 4.368 亿元，每一字价值一百多万元

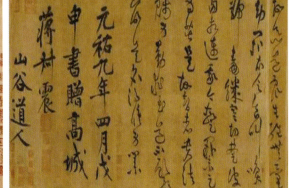

▲黄庭坚（款）草书《释典卷》（局部）。2024 年 4 月 18 日，《释典卷》以 59.9 亿日元（约合 2.88 亿元人民币）成交，刷新了日本国内艺术品拍卖价格的纪录

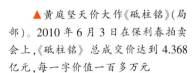

▶黄庭坚铜像和其书法

▼黄庭坚手书"灵源"石刻朱拓

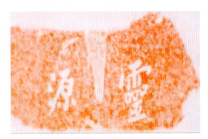

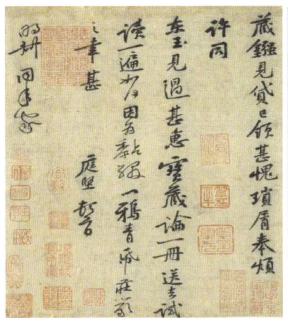

▲黄庭坚《致明叔同年尺牍》。其运笔劲健婉通，意态昂扬

▲现立于少林寺碑廊的十大碑刻之一——黄庭坚所书《达摩颂碑》

▲现珍藏于故宫的"九霄环佩"唐琴。上面有黄庭坚所书"超迹苍霄，逍遥太极，庭坚"行书 10 字，且在琴足上方刻有"霭霭春风细，琅琅环佩音。垂帘新燕语，沧海老龙吟。苏轼记"楷书 23 字，极显珍贵

▲新打造的宁州古城墙上悬挂着的"九霄环佩"琴

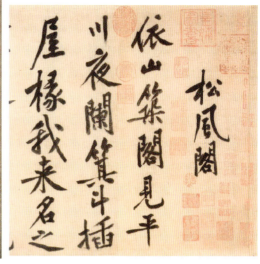

▲中图为黄庭坚书法"群峰上下百卉横丛"。明王季耕评:"此联独奋臂病书,有横扫千军之势,诚可宝矣。"

▲左图为黄庭坚书法"横琴写操,皓月盈空"

▲右图为黄庭坚书法《松风阁》(局部)

▲左图为黄庭坚行书"瑶草仙芝拂我坐,碧云明月伴人游"拓片
▲中图为山谷道人行书"芳草有情牵戏蝶,飞花无主寄骚人"朱拓
▶右图为黄庭坚行书"燕入群花飞下上,蝶寻芳草戏翩翩"拓片

▲黄庭坚行书《经伏波神祠诗卷》被日本东京细川护立氏收藏。此卷气势雄强、老练苍劲,展现出宏阔境界

▼《黄庭坚诗碑》西安碑林藏石的拓本(局部),为黄庭坚书法作品中的精品。重刻于清咸丰三年,由倪人埌重刻并题跋,仇和刻石

◀黄鲁直书《金刚般若波罗蜜经》
▼署名金华黄庭坚撰并书《宋故徐纯中墓志铭》拓片

9

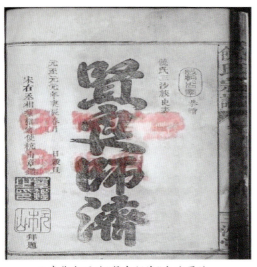

▲章鉴书写的"贤良师济"书法墨迹

3.大学士冷应澂书法/宋

▲大学士冷应澂书法

4.御史周季凤书法/明

5.刑部尚书周期雍书法/明

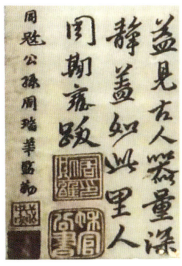

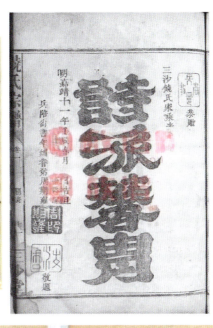

◀周期雍书写的"诗派簪胄"书法

6.户科给事中周希令书法/明

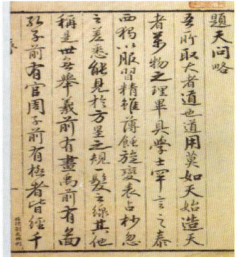

▲周希令《题天问略》书法

7.一代帝师万承风书法/清　　　　　　▼万承风"萱茂松贞"书法

▲ 万承风书法墨宝

▲ 万承风《山谷老人刀笔》后序书法　　▶ 万承风书写的"进士"匾额

▲ 万承风《铜雀瓦砚记》书法

开怀畅远襟

汲古得脩綆

陈三立

嵒曾仁兄同年
教正 陈三立

聚雲樓

▲陈三立楹联书法

▲陈三立"聚云楼"书法

▼陈三立"啮石山馆"书法

館山石嚚

散原老人
陈三立

子橋仁兄鑒

當官期與物有濟

凡事求其心所安

怡川大人清鑒

散原老人陈三立

▲陈三立楷书联立轴

◀陈三立扇面书法

▼陈三立"憲斋集古"书法

憲齋集古

丁卯二月初六日夏敬觀
合肥蒯壽樞湘潭袁思亮
義寧陈三立同觀

六、进士之珍贵文献

▲《西园雅集》局部。元丰初年，黄庭坚和苏轼、苏辙、米芾等十六位文人雅士聚集

▶南宋宁宗嘉定四年(1211年)沈暐重刻的《元祐党籍碑》拓片。蔡京将"旧党"中的司马光、文彦博、苏轼、苏辙、黄庭坚等三百零九人列为奸党，并刻石颁布天下。一年后，徽宗下诏毁此碑

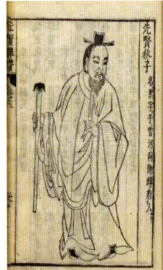

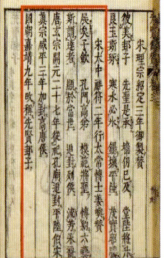

▲宽永二十年癸未(1643年)孟春重刊的《圣贤像赞》上记载修水宋朝进士、太常博士姜屿的像赞

▲《晚笑堂画传》中的黄文节像和相关史料

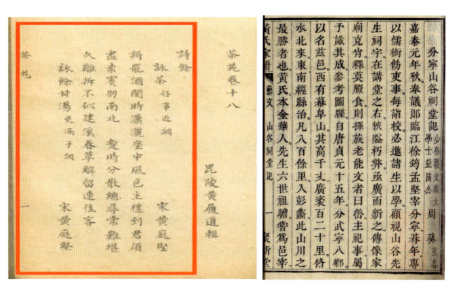

▲左图为明黄履道《茶苑》一书中记载黄庭坚撰写的《咏茶·好事近调》

▲右图为光绪二十五年《黄氏家谱》上记载周蔡撰写的《分宁山谷祠堂记》(局部)

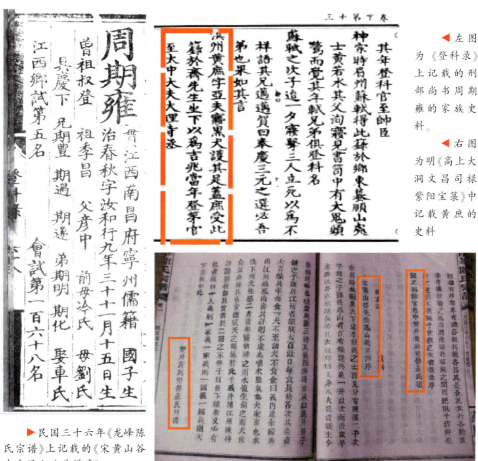

◀左图为《登科录》上记载的刑部尚书周期雍的家族史料。

◀右图为明《高上大洞文昌司禄紫阳宝篆》中记载黄庶的史料

▶民国三十六年《龙峰陈氏宗谱》上记载的《宋黄山谷先生凤山义井谱序》

15

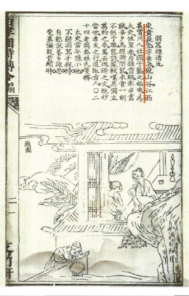

◀左图为黄编著《赤城旧营志》的史料记载

◀右图为《百孝图诗传合编》中记载的"溺器涤清池"

▼明嘉靖《宁州志》上记载刑部尚书周期雍撰写的《宁州志后序》全文

▲晚清名臣曾国藩编纂的《十八家诗钞》卷二十三中记载"黄山谷七律二百八十六首"的史料

▲延祐丁巳年科举第二科祝彬三场文选诗义的答卷内容

▶《云南地方志书录解题》中记载周季凤修《云南通志》的史料

▲清嘉庆十二年刊本,万承风补的《今古地理述》一书

▶万承风的奏章

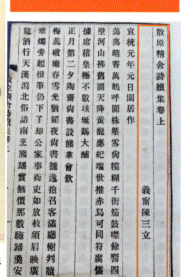

▲1930年初秋,悲鸿重来匡山,携此幅题散原老人

▶民国二十五年出版的陈三立著的《散原精舍诗续集》

 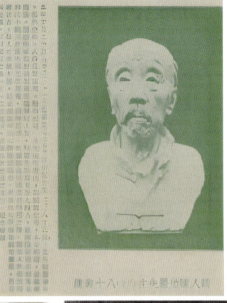

▲左图为陈三立(右)与老中医(左)、老道长(中)在松门别墅的合影
▲右图为北京孔庙院内"陈文凤,江西义宁州人,中同治四年乙丑科进士"的高清碑刻

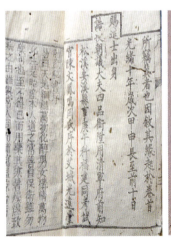 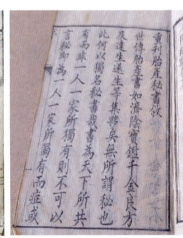 

七、高中举人进士之遗珍

◀立于修水古八乡的中举旗杆石、进士墩，昭示着曾经的深厚文化内涵与无比荣耀

▲陈宝箴中举时立于桃里竹塅的旗杆石

◀陈三立考取进士时立于桃里竹塅陈家老屋的进士墩

▲何市王元标、王定超、王起鸿三代举人匾

▲征村乡邱氏祠堂上的"兄弟同科"匾额

◀▼华夏进士第一村双井进士园内的"进士""贡元""登科"牌匾

▲修水县陈宝箴、陈三立故里的"雁塔题名""父子科甲"牌匾

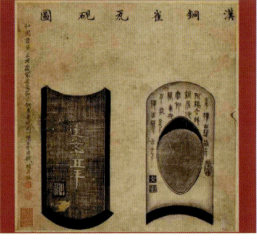

▲汉铜雀瓦砚图。图内有"和圃前辈示所藏，宋黄文节公铜雀台瓦砚图以嘱摹"等文字记载

八、帝王诰敕评赞进士之文献

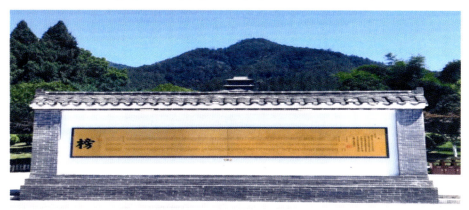

▲▼黄庭坚中二甲82名赐进士出身的皇榜,放皇榜时间为大宋治平四年三月四日

▲光绪年间《黄氏宗谱》上记载皇帝赐给黄灏尚书的诰敕

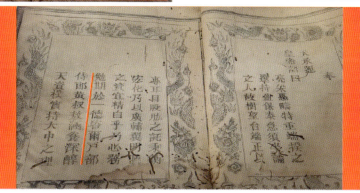

▲光绪年间《黄氏宗谱》上记载皇帝赐给黄叔敖尚书的诰敕

◀《黄氏宗谱》上记载的《宋太史黄文节公诰敕》

▲现藏于台北故宫博物院的《寒山子、庞居士诗卷》，为黄庭坚的行书代表作，乾隆为书卷引首题写"超脱尘根"四字，并盖上"太上皇帝""十全老人"两枚印章

◀左图为圣旨准建冷氏宗祠大学士坊大牌坊

▲右图为宋咸淳六年皇帝的敕旨

◀《敕论经筵讲读官章鉴》云："朕，初纂丕图，丞奉兹训。……朕当垂听，益加自勉。令学士院，明谕朕意。"

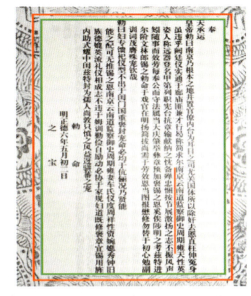

▲左图为道光四年《义宁州志》上记载的南宋皇帝给章鉴、冷应澂以及元朝皇帝给祝彬的诰敕(节选)

▲右图为明正德六年五月皇帝给云南道监察御史周期雍的诰敕

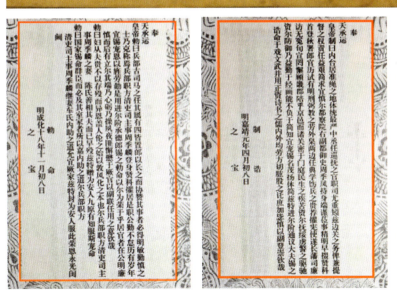

▲明武宗朱厚照于正德十二年十二月二十日给查仲道夫妇的敕命

◀左图为明成化十八年十一月皇帝给兵部职方司、清吏司主事周季麟的诰敕

◀右图为明嘉靖元年四月皇帝给都察院右副都御史周季凤的诰敕

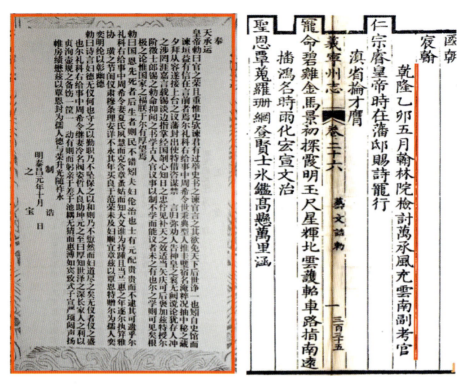

▲明泰昌元年十月皇帝给礼科右给事中周希令的诰敕

▲万承风充云南副考官时清仁宗皇帝在藩邸赐诗宠行的记载

▲道光四年《义宁州志》上记载皇帝为万承风颁的谕旨

九、中华文化名人与修水进士关联文献

▶左图为苏轼撰写的《鲁直所惠洮河石砚铭》

▶中图为道光四年《义宁州志》卷二十六中记载苏东坡撰写的《答黄鲁直书四首》(局部)

▶右图为宝谟阁学士杨万里撰写的《灯下读山谷诗》

◀苏轼《举黄庭坚自代状》:"蒙恩除臣翰林学士。伏见某官黄某,孝友之行,追配古人;瑰玮之文,妙绝当世。举以自代,实允公议。"精准点赞,点赞者苏轼不愧为宋代天才作家,北宋文坛宗师

洗之礛䃴金铁琢而泓坚密泽郡洮岷至中国棄子劒參筆

鲁直所惠洮河石砚铭

墨歲丙寅斗南比歸予者黄魯直

書

苏轼

如未由會見萬萬以畤自重

之風而軾非其人也軾後次韻一笑秋著不審起居何

今載答甚緩然亦不能自入夏來家人輩更卧病忽忽不可勝紓自入夏來家人輩更卧病忽忽

喜得此之懷然於此求文愈多而得葢意得所畏者莫非我莫得逸絕塵獨立萬物之表數騎氣以造物之首也其超逸絕塵獨立萬物之表數騎氣以造物之首也今世

李公擇長在濟南則見足下詩文愈

其名軾曰此人如精金美玉不即

人而人即之者尚少平迨之人必輕外物而自重者也其何以我稱揚其名軾笑曰此人如精金美玉不即

老之坐上聳然見之也莘老言其詩文足下詩始見足下詩軾頓首再拜魯直教授長官足下軾始見足下詩

答黄魯直書四首

《卷二十六》 蘇文

(一五一五頁)一五一五頁

蘇軾

天下無雙雙井黄道遺編犹作舊時香百年人物今安在下載功名紙羊張使我詩篇如許好關人身事亦何嘗地爐火煖

塔花喜且只段家住醉鄉

燈下讀山谷詩

寶謨閣學士題林學士楊萬里

◀左图为北宋苏辙《栾城集》卷第二十二中所载的《答黄庭坚书》(局部)

▶右图为《黄氏宗谱》上记载苏轼题的字和御笔钦赐敕命

關而聱直獨有以取之觀聱直之書所以見愛者往往量也自發棄以來頹然自放頑鄙愈甚見者往往

蓄致慇懃於左右乃使魯直以書先之其為愧恨可誦其詩願一見者父笑姓拙且懶終不能奉咫尺之文

佳還甚父轍與魯直男氏公擇相知不疏讀君之文轍之不肖何足以求交於聱直然家子瞻與魯直

答黄庭堅書

欽賜御命笙御

東坡蘇軾

子孫保之

黄氏遺譜

25

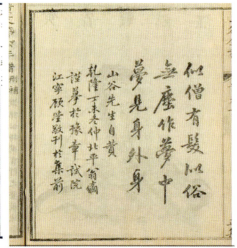

▲王阳明《书佛郎机遗事后》中记载周期雍的史料

▲道光四年《义宁州志》卷二十六记载的文天祥《谢章签杭山书》(局部)

▶蒲城《章氏重修宗谱》上记载,文天祥称赞章鉴云:"国之遗老,时之清臣。政教区画,风俗维新。富贵不淫,患难奚恤。神明其心,始终厥德。"

◀1935年徐悲鸿行书《散原翁诗》真迹

▶光绪末年,官至军机大臣、体仁阁大学士,清末洋务派首脑之一的张之洞为陈三立书写的诗二首

十、民国政要点赞进士之真迹

▶曾任南京国民政府常委兼军事委员会常委的李烈钧为《八贤祠志》撰写的序

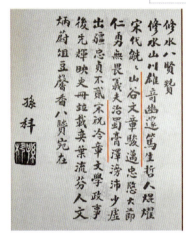

▲国民政府副主席孙科在《修水八贤赞》中点赞进士黄庭坚、宋朝寅、冷应澂、章鉴、祝彬

▲曾任国民政府临时参议院院长、国民政府主席、国民党中央政治委员会代理主席林森所撰的《黄文节公像赞》

▲曾任国民党中宣部部长、中国近代著名政治家、教育家邵力子所撰的《宋尚书虎西遗像》

▲左图为曾任国民政府考试院院长的戴传贤所撰的《冷公应澂遗像》
▲中图为担任过国民党代总统的李宗仁为章鉴题写的《章公杭山赞》
▲右图为著名的南社诗人、曾任国民党中央执行委员会秘书长叶楚伧所撰的《祝悠然先生像赞》

十一、古书法家书与进士有关的艺文

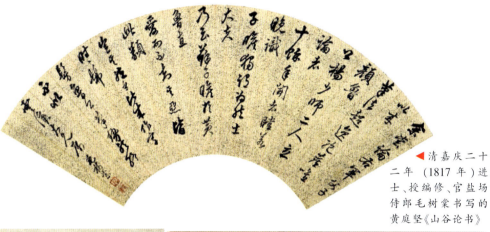

▶清嘉庆二十二年（1817年）进士、授编修、官盐场侍郎毛树棠书写的黄庭坚《山谷论书》

◀王国维楷书中节录的黄庭坚诗

▲鲜于枢书写的与黄庭坚有关的书法

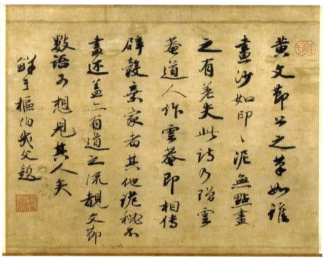

◀左图为沈从文行书中节录的黄庭坚《戏和舍弟船场探春二首》
◀中图为严复行书中节录的黄庭坚书帖
▲右图为李鸿章行书中节录的黄庭坚的跋语

十二、著名书法家书与进士有关的书法

▶左图为萧克将军参观修水县黄庭坚纪念馆时书写的与黄庭坚有关的书法

▶中图为沈醉书写的黄庭坚的诗词

▲上图为田英章书写的与黄庭坚有关的题词

◀左图为书法家李凌书写的"诗书双绝"题词

◀中图为书法家黄绮书写的与黄庭坚有关的题词

◀右图为书法家欧阳中石书写的与黄庭坚有关的题词

序一

《修水历代进士史略》序
● 黄德华

　　修长在乎任贤，水远必有洪泉。修水县，古之艾国，唐之洪州分宁也，今之赣省九江所辖之县也，位于赣之西北，毗邻湘之东北，交连鄂之东南。修水县，三省九县交界处，三大省城之几何中心点，中国共产党秋收起义策源地也。和平则人文昌盛，战乱则人丁陡降。有山，未必有水。修水之幸，有山且有水。山高，未必水长。修水之幸，山高且水长。幕阜九岭，群山叠嶂，经人化之，有山曰黄龙山，有山曰杭山，数不胜数。山有洪泉，泉有水系，汇聚成河，经人疏通改造，秀美悠长，众人曰修河。任贤整修而洪泉恩泽长远，以人为本而地灵物华天宝，分外宁和，天人合一，修水之质也。

　　进为国家效力，士以文化为民。进士，古之科举殿试及第者也，造士之优秀而升之司马者也。进士，我国古代科举制度中的最高学历等级，相当于今之博士学位。他们通过读书而具备以文化人之才能，通过中央朝廷考试而获得参与国家治理资格。嬴秦一统中华，国家组织规模空前之大，管理模式急需创新。周之分封，经七百年实践之证明，不适应中华发展之大势。始皇果敢采取以皇帝为核心的丞相、太尉、御史集体执政，从而完善了中央组织的运行机制。采取郡县制，解决了地方治理之千年难题。不幸的是，未能解决地域宏大且在和平发展时代源源不断的地方治理者从何而来的千秋痛点,大秦便被项刘所摧毁。随后中华民族在这个问题上,不断地摸着石头过河,其间使用了军功制、察举制、征辟制、九品中正制等,跌跌撞撞走到了隋朝。隋朝开创科举,唐朝发展之,两宋鼎盛之,明清承继之,培育选拔相对优秀且有文化的人才为国效力,疏通了中央行政和地方治理的人才渠道,相对公平且源源不断地为国输送了管理人才,此乃我们中华民族之大幸。遗憾的是,未能与时俱进,偏在文科。

　　传为记前人之事,略在精华之扼要。传略者,传述前人之精华也,中华之创举,人类之明灯。既感恩前人,也激励来者,还鞭策当下。修水千年之进士史略,谁来著之?我在2020年为《双井世家》写谱序之际,就于心发问。期盼五年之久,今阳春三月初,我一好友把周武现先生引荐给我,因为周先生为了纪念黄庭坚诞辰980周年,创作发表了有关黄庭坚的数篇大作,我读之感动,一交流,知他是三国周瑜后裔。周瑜者,我少年之偶像也。再交流,得知周先生历经20年编著《修水历代进士史略》巨作即将出版,我非常激动,如获珍宝。数次交流后,周先生邀请我为《修水历代进士史略》写序,我思考再三,欣然接受。

　　幸阅《修水历代进士史略》,沉浸分宁科举巨史。佩服周氏学富五车,感召武现自立初心。九千日夜走村探赜,着鞭著书传承文脉。千淘万漉不辞辛苦,尘沙吹尽金玉书现。三章一附录,附录有五焉。三章者,进士家族八大家,进士八贤好风采,进士名录二零八也。图文并茂,有理有据,幸甚至哉。

　　修水进士二零八,三分之一双井黄。

　　修水进士莫惟初,使番有功僖宗朝。

南唐进士有四位,双井黄氏占一半。

浙江种子修水才,移风易俗开新篇。

首创书院黄中理,樱桃芝台出状元。

濂溪书院周敦颐,官民书院相竞荣。

天下无双双井黄,及第归来马如龙。

一代宗师欧阳修,师从双井黄茂宗。

进士为官资于民,黄庶伐檀开宋风。

进士辞官归分宁,反哺执教是黄廱。

读书种子黄庭坚,修水文化最高峰。

六十一岁黄山谷,亿万斯年不灭灯。

修水何以天下知,幸有大贤黄鲁直。

至清书院二十五,文土变厚北宋始。

修水奇才不胜数,分宁学问出黄氏。

吴楚形胜天下知,文章奥府皆众力。

和平盛世共和国,修水进士史略出。

崇学重教榜样在,文灯续焰展宏图。

谨序共勉。

2025 年 4 月 12 日于杭州老和山下

（作者系黄庭坚二十九世孙、武汉大学学士、浙江大学硕士、管理学者、教授、修水黄庭坚纪念馆特聘研究员）

为《修水历代进士史略》付梓而作(代序)

● 万华林

分宁风物异,自古诞奇才。

二百余进士,文武各登台。

双井黄氏族,六八榜上名。

十龙壮颜色,山谷称魁星。

一门三太守,四代五尚书。

八贤冠华夏,帝师起茅庐。

双凤彰国史,五杰誉神州。

待时作史略,一一著风流。

周君名武现,博学亦多才。

廿载苦求索,三秋贵剪裁。

图文凝锦绣,评论立传媒。

大作甫成日,香盈故里梅。

2025 年 4 月 16 日

(作者系道光皇帝旻宁老师万承风之来孙,原修水县委宣传部副部长,原修水报社党组书记,修水县山谷诗社社长)

修水进士赋(代序)

●卢曙光

豫章太古,幕阜清芬。两间之气,五色之云。人浴之而秀灵,风流才调;物沾之而葱郁,蕴藉芝荪。积菁华而大发,炫光彩而极珍。修水泓法,风流旷达;义宁绝学,隆誉广赏。从来耕读家风,巾卷充市;素重功名儒业,麓坝及门。冠盖无双,杭山弦歌之盛;文章第一,华夏进士之村。逾两百文武及第,书千年科名垂勋。文能策论天下,武可身趋边垠。盛誉黄陈,两座高峰之耸立;辉光禹甸,九州大地之杰伦。

唯其六旬之捷报飞驰,恒心不负;四八之贤人蔚起,表率推崇。山谷云生,牧童乃高歌横笛;钓台风立,振响乃野岸遥空。黄氏十龙,壮分宁之荣盛;文章双井,赢旷世之媲隆。尚丰村荆枝毓秀,来苏渡樏棣光融。查仲道乃国器之才,孤怀名宦;周泉坡乃经纶之手,一片丹衷。彦诚修明史之建功,流芳百世;艾旭奉琉球之使命,凤仪雍容。佩紫怀黄,双凤彰汝南之郡望;龙光彪炳,万家有广孝之懿恭。文化哲人,义宁五杰;衡门著姓,江右奇峰。瑰玮文章,开山宋派之祖;松筠清影,领袖同光之宗。交友欧阳,冷敬先十年契谊;探花阆苑,余天松一甲才雄。

而其景簇花团,禾生茗颖。玄晏家风,宗功韶景。一门三太守,望重朝堂;四代五尚书,不凡高胜。黄山谷其诗书双绝,一代大家;明月湾其舟楫满帆,千秋画境。京兆风光,梁溪肃敬。冷应澂谟谋平寇,经略安边;宋朝寅忧患填胸,关心悬耿。居京捧日,果敢于危局艰难;投老忧天,浩然于奋身表正。鸣珂曳履,相臣徒四壁之空;赤苗朱轮,河涧有三槐之幸。祝悠然传孔孟之学,博识无穷;奉乡水继泗洙之声,文风鼎盛。名列八贤,声逾九岭。心忧家国之情怀,世仰崇高之霄炯。民国政要,纷纷而麝墨增晖;宁州风流,赫赫而羊碑留影。

至乃周门族党,血脉绍承。四大乡贤,且看卿云天际;绝伦国史,时著王气皇京。道德文章,千年旺裔;芝兰玉树,隆誉嘉声。武现至交,贵谦虚而广学;士林秀出,重积累而兼听。冥线装之书海,访乡野之轩榱。倾情于探赜索隐,觅句于静窗寒灯。解惑碑铭,留影存照;用心学问,经年有成。皇皇巨著,夤夤嘉评。扬地方之大雅,缀琼玉于零星。补方志之遗存,山谷故里;寻人文于里巷,宁州古城。名区信美,笔墨钟灵。

嗟夫,掩卷之余,扪心所感。可助文化旅游,而无弭忘遗憾。况乃满砚丹忱,五车丰赡。述前人于有成,利后者于可鉴。此令德之行,斯文之范,不朽之功。今成书付梓,属予作文。难辞推心之意,勉作附骥之章,恐为卮言也。

2024 年 5 月 20 日

(作者系江西省作家协会会员、地方史研究学者、知名辞赋家,出版有历史散文集《幕阜拾零》、长篇文史著作《盛世宁红》)

自 序

● 周武现

我之初心，力寻修水进士文化之深厚

撰写本书，不是一时冲动，而是编者在 2000 年从事记者工作后，在采访、考证古书院、古碑刻、古祠堂、古宗谱、古遗迹、古墓葬等文化遗存过程中，发现这些"老古董"均与修水籍进士或有着千丝万缕的紧密联系，或有着鲜为人知的传奇故事，或有着幽默诙谐的趣闻逸事，或有着坎坷沧桑的历史履痕，或有着当之无愧的至高荣耀，于是便开始着重关注、搜集、考证这些人文遗踪。历经二十年的积累、沉淀和思考，编者萌生出为修水进士写点什么、为修水进士后裔留点什么、为修水进士文化考证做点什么的执念。在此后近三年时间里，编者再次利用节假日，下乡镇、走村组、访后裔、阅宗谱、查古籍，对已知人物的生平籍贯、宦迹官声、贡献及影响，以及相关诗词赋、序跋、书法、碑刻、俚语、墓志等史料进行细致梳理、存档。在这枯燥艰苦、晦涩难懂的文字工作中，编者认为最大动力来自众多进士高深的学识修养及其风骨高标，他们不凡的生平让编者无比敬仰，给予编者无形力量，激励编者砥砺前行。

修水地灵人杰，古艾贤才辈出。自宋以后，进士层出不穷。因境内有黄龙山之灵气、修河水之涵养，孕育造就了以宋代黄庭坚、元朝祝悠然、明代周期雍、清朝陈三立为代表的一大批科举进士,后人从他们身上可以管窥修河两岸的人文昌盛。

修水进士到底有多少? 这恐怕是许多人特别关心的。据史志记载,修水自隋朝开皇七年(587 年)开科取士至清朝光绪三十一年(1905 年),在长达 1318 年中,同治《义宁州志》上记载文进士 193 名,武进士 8 名,共 201 名。《义宁州志》成书后,又有陈世求、徐鉴铭、陈三立 3 名文进士和冷在中、冷春魁、黄朝甲、郭如凤 4 名武进士,至此共计文进士 196 名、武进士 12 名,文武进士共 208 名。但据立于修水双井村口的《尚贤台志》记载,文进士为 194 名(含武宁人氏李子春)、武进士为 9 名(缺同治《义宁州志》上记载的胡应星),共计文武进士 203 名。另据《修水县教育志》记载为 204 名,又有《修水县姓氏志》记载修水进士为 411 名。可谓版本流变,各有偏差,208 与 411 之间,相差了 203 名,不得不让人疑惑不解。后来经过对大量资料的考证、比对和拾遗补阙,编者认为同治版《义宁州志》的挂一漏万可能存在如下几点原因:一是史料不全,当时史料没有如今这样丰富,导致考证不易;二是信息不畅,不像当今大数据时代,许多地方史料和文献可以共享查阅;三是交通不便,仅凭徒步多地寻访,可想其难度之巨。这也是很多古史志编纂不全的原因。如同治《义宁州志》中有"丁巳志补遗,宋瀚、宋朝寅、宋朝奉",宋氏三进士未编入州志。而 2010 年编撰的《修水县姓氏志》虽然可解决上述问题,但经过详加考证后发现,进士数量增加了,不过其中不少人并未通过会试,如岁进士、举进士均在列,还有在外地考取、到修水为官落户的进士,更有宗谱上有记载,但未经严格考证的进士亦统计在内,故出现数字出入较大的现象。修水进士数量,编者认为同治版《义宁州志》记载相对较为准确、可靠,加上该志成书之后考中的文武进士,核准合计为208名。另有修水各姓氏宗谱记载有些通过会试却未编入《义宁州志》的,所以修水进士应超过208名。如此多的进士史料、文献,可谓皇皇大观,在当今信息发达的时代,应是我辈汇编成书之时。

我之初心,探秘修水高中进士之厚土

据《修水县教育志》记载,修水高中举人288名(其中宋代55名,元代12名,明代68名,清代153名),州志上记载和其他著作补遗修水考中文武进士竟达208人之多,足见其教育培养、学子学风之盛况。那么修水这样一个偏乡僻壤之地,产生这么多进士根源何在呢? 编者认为不外乎以下这些原因:

一是源于开办书院。据修水双井书院展览馆"历代书院统计表"记载,江西在唐、宋、元、明、清各个朝代,书院数均为全国前列,合计324所,仅次于浙江397所。修水自古有"居吴楚形胜,成文章奥府"之美誉,是"濂溪弦铎之地,山谷桑梓之乡"。从宋至清,教育之风盛行,修水先后建立书院25所,成为培养人才的摇篮。黄庭坚的曾祖父黄中理,时在布甲、修口开办樱桃、芝台书院,聘请饱学才高之士指导教学。书院一开办,即名噪四方,成为知名书院,当地和外地学子纷至沓来。宋郊、宋祁兄弟曾到此游学,后来双双同举进士(1024年),宋郊还高中状元。黄中理、黄中雅兄弟生有十子,均就读于此,先后金榜题名,时号"十龙",声震朝野。在"十龙"的引领下,双井士子个个争先。仅在宋一朝,双井黄氏子弟48人高中进士,双井村成为光耀华夏的进士村。其中就有与苏东坡齐名的大书法家、江西诗派始祖黄庭坚。同为宋朝时期的书院还有龙图阁学士徐禧之祖父徐师古创建的金湖书院,由理学家、分宁主簿周敦颐始建的濂溪书院(后来明朝哲学家、教育家王守仁,清地理、历史学者王漠曾在此执教),浙江廉访司副使祝林宗建的流芳书院;明朝有知州蒋芝奉诏创建的山泉书院、礼部省祭大夫丁云溪创建的云溪书院、杭口双井乡人合建的高峰书院,清朝建有东谷、文台、成孝、西平、梯云、仁义、聚奎、凤巘、培元、鳌峰、泰交、崇德、志远、印山、金谷、鸣阳、培英等书院。如此众多书院,士子济济,教声斐然。修水文风蔚起,名重江右,成为一种显著的地域文化现象。书院可谓是进士的摇篮,明代几乎所有的进士都来自地方书院。《明史》记载:"学校以教育之,科目以登进之,荐举以旁招之,铨选以布列之。天下人才尽于是矣。"

二是源于开办私塾。据不完全统计,旧时修水私塾众多,有近百家,有名的有陈克绳建仙源私塾,迁桃里竹塅;陈宝箴建鲲池义学,延师课读,培养出了多名举人和进士。

三是源于学子们刻苦攻读之风。最典型的是黄庭坚祖父黄湜,他是科举道路上最为顽强的拼搏者,在科举征途上的30多年,带领黄氏兄弟、子侄们奔跑在备考、赴考和应考路上,愈挫愈坚,越挫越勇,58岁时终于荣登金榜。他的第三子黄庶25岁中进士,标准的"雏凤清于老凤声",但"有志者,事竟成"。黄湜为后裔树立了百折不挠的进取精神,也为黄氏从一个书香之家,一跃成为进士文化大家族奠定了坚实的基础。

四是源于进士文化血脉的传承。2023年9月,编者到南昌出差,入住酒店提供身份证时,服务员看到修水籍,竟说出了一句"修水学生很牛,今年高考又有四个考取了清华、北大"。无独有偶,2024年3月,编者去九江办事,在服务区接受系安全带例行检查时,一位民警得知我们是修水人时,也说了一句"修水教育办得好,每年都有学生入读清华、北大"，羡慕之情，溢于言表。在本书付梓之前，2024年修水高考竟有8名学子考入清华、北大，破历史纪录。在这一点上，修水的客家人也同样重视教育，与当地居民一起共铸教育辉煌。据统计，自清乾隆始至光绪末，客家人人文蔚起，科场及第者绵延不绝，查《修水姓氏志》即可知。这种根植于血脉中的精神传承，与宗族、家庭有着极为密切的关联。

五是源于名师倾心指导教育。古时许多书院延请山长(唐、五代时对山居讲学者的敬称)，名师大部分是举人或者进士，抑或退仕后回乡从教的隐者，其用自身参加乡试、会试、殿试的体会言传身教，培育学子。宋进士黄㡢弃官回归分宁后，隐居芝台书院，敦教学子。元代举人程翼、明代儒士周铭潜心教学。清进士袁鸣谦任教濂山书院十年，造就多位俊髦，历科登榜者不绝，为修水培育举人和进士做出了积极的贡献。清朝江西学政何延谦在《培元书院记》中说道："乾隆间曾于所居里许，独立捐建成孝义塾，以教其族子弟。厥后人文蔚起，若太傅文恪公，其最著焉。"由此可见成孝书院当时培育学子之兴盛。

六是源于优良家规家风。修水徐、黄、余、莫、宋、祝、冷、章等家族都有严格的家规家风，他们依据家规，管理家族的日常事务，规范家族成员的行为，并致力于教育本家族的子弟，乃至本地区其他家族的子弟，为社会培养和输送了大批人才。双井黄氏家规"必岁延名宿，教育后生"、桃里陈氏家规"训子孙，隆师儒"、湾台周氏家规"隆师儒，勉读书"等重视教育的内容，就是修水家族家规中的典范。

七是源于进士及进士家族的反哺。进士在考中功名后，往往会更加推动家乡地区的教育发展，而在进士家族中，则会形成族学，把自己考中进士的经历和经验传授给后人,带动后来人学习的积极性,形成良好的氛围,沉淀为文化底蕴,并产生良性循环。

根源如是,乃文化厚土之深。所以弘治《宁州志》上有"居市井者多文雅,处田里者无嚚讼"之评赞。

我之初心,挖掘修水进士家族之根源

修水地处偏僻,却多出进士,在全省乃至全国负有盛名,这引起了编者对县内进士家族的形成和根源进行深入思考。

从自然环境来说,修水山川俊秀,河道纵横。从人文环境来说,修水文风鼎盛,人杰才奇。加上家教淳朴,学风浓厚,这些都对修水进士的形成提供了深厚的沃土。从开科取士开始,全县各地各姓氏设立家塾、私塾培育学子,自宋至清,先后涌现包括濂溪、樱桃、芝台、梯云、凤巘等知名书院共计30余所,无论规模、地位还是师资,在当时教育界都享有盛誉,"豫章学家,分宁最盛",成为最迷人的风景。修水也成为当时公认的人文教育高地。同治《义宁州志》第十九卷选举志开篇如是说:"汇征得才,械朴育材。伊古哲后,贤路宏开。宁自往代,凤号多才。"

我国封建时代以对君主负责总揽政务的人为宰相,其职系当朝显要、百官的首长,可谓官高权重。九江历史上做过宰相的有舒元舆、江万里、章鉴3位;做过副宰相的有夏竦、王韶、王寓、徐俯、李鸿宾5位。其中章鉴、徐俯就是修水人。

修水虽然山川深重,但在科举取士制度运行1318年的时光中,培养出众多的秀才和举人,进士也如雨后春笋般层出不穷。据《修水县志》载,自宋以来,修水有宰相2名、尚书16名、一品官4名、二品官5名,历代有影响的文学艺术家20多名,其中不乏政治精英、文化大家、

经邦治国干才,他们莫不经世致用于时代,建功彪炳于史册。在宋一朝,修水博带峨冠之盛,荣耀江右。《八贤祠志》卷首冷开运在自序中言:"修江文献,莫盛于宋。先贤之道德学问,勋业文章,垂诸国史家乘,葬祭尊为宦冢,乡贤夐乎尚矣,洵古之所称不朽者矣。"

在这些进士家族群中,每一个家族都深深植根于修水这块文化沃土,还有重要的一点是,家族之中不乏重视教育的推动者、决策者,如黄中理、黄廱就是这样的典型。另外就是进士家族中不乏擎旗者、引领者,如莫氏家族的莫惟初、黄氏家族的黄茂宗、徐氏家族的徐赏、余氏家族的余良、周氏家族的周季麟等,他们开创的荣耀,至今影响着修水的文化向度。

排在修水"徐、黄、余、莫、宋、祝、冷、章"八大姓氏家族之首的是徐氏世族,官宦众多,州志上记载徐氏进士18人,徐禧殉职疆场之后,朝廷荫官其子孙30名之众,实为修水官宦巨族,功名鼎盛。

以进士数量论,双井黄家为最,在宋代是一颗奇特而光辉灿烂的家族明珠。自进士开考以来,同治《义宁州志》上记载双井黄氏进士54名,亦有黄氏后裔考证补遗,双井黄氏一脉进士竟达72名之多,占了修水进士的近三分之一。双井黄氏先后走出了诗书双绝黄庭坚和黄灏、黄廉、黄叔敖、黄应、黄勉五大尚书。黄庭坚的四世伯祖黄元绩为南唐进士,是分宁黄氏自浙江金华迁居江西修水后的第一位黄氏进士;祖父黄湜也是进士,黄湜十三兄弟,十人进士及第,时称"十龙";父亲黄庶,进士及第,曾任康州太守。修水黄氏为名副其实的诗书世家,越过十代,到黄庭坚更加鼎盛。黄庭坚中进士后,双井黄氏又有25位高中进士。自宋太宗淳化三年(992年)至宋度宗咸淳十年(1274年)间,双井黄氏科举"喷涌",共出48位进士,轰动朝野,为后世仰慕。一代宗师欧阳修曾谓"黄氏世为江南大族",黄庭坚亦称,"凡分宁仕家学问之原,盖皆出于黄氏"。修水双井村不愧为"华夏进士第一村",双井黄庭坚家族是个可写大修水、写大江西的文化大家族,称双井黄氏为修水第一座文化高峰,乃实至名归。

修水余氏在宋代稍逊于双井黄氏,同样创造了科举进士神话,是一个重教兴学、俊采星驰的大家族。同治《义宁州志》上记载修水余氏共有 18 人考中进士。其余氏后裔则从多方面考证出,从宋太宗淳化三年(992 年)至宋度宗咸淳十年(1274 年)的 282 年间,长茅余氏有 56 人登进士,其中余天松为 1151 年赵逵榜探花,有 13 人官至尚书,3 人为太子太傅,2 人拜相封公,荣耀"爆棚"。

历史上的修水漫江莫氏,考取功名的人数也比较多,同治《义宁州志》记载,莫氏共有进士 21 人,大部分出在尚丰村,至今仍有"十二尚书村"之巨石立于村口。莫氏家族在宋代已发展到一个鼎盛时期,科第蝉联,朝野瞩目。黄山谷写下了"尚丰山下莫司户,及第归来马如龙"的诗句,盖言地灵人杰,其发祥有因也。

在宋朝,修水还有王氏家族进士 16 人,冷氏家族进士 11 人,宋氏、祝氏进士均有 3 人,这些姓氏均属进士家族,与黄氏、徐氏、莫氏等家族一样,璀璨分宁,闪耀江右。

明朝之时,进士"含金量极高",每科进士人数控制严格,在明一朝,修水考中进士 14 名,其中周氏一族高中 6 名,其刑部尚书、左右御史,冠诸巨族,匡扶社稷。

清朝时期修水金榜题名者 13 名,其中陈氏占 6 名,特别是桃里竹塅,《辞海》罕见地将以陈宝箴为首的一门三代四杰收录其中,更是无上荣耀,此誉为修水第二座文化高峰。

时下研究修水文化的学者提出：宋朝进士文化品双井，明朝进士文化读湾台，清朝进士文化看竹塅。如今黄庭坚故里已打造成以进士文化为主题的5A级景区，陈三立故居也已成为江西文化旅游的一个重要旅游胜地。刑部尚书周期雍故里湾台文化建设虽然起步较晚，但可喜的是，湾台周期雍一族的后裔与西港镇政府正在积极挖掘周氏进士文化，建起了八维公祠，打造了尚书文化广场，建设了"一门七进士"游览之地。膜拜期雍、"宁州双凤"者日益增多，研读周期雍和品读"一门七进士"者纷至沓来。有研究周氏文化的人士提出，修水湾台一族，必将是继双井、竹塅之后，又一个值得研究的文化高地，形成修水文化三足鼎立之势，或有可能成为修水第三座文化高峰。

我之初心，力写修水进士文化之风采

修水，山高雄俊而伟，水深秀美且柔。如此之山，必出才俊。如此之水，当蕴人杰。

修水208名进士，文能提笔安天下，武能上马定乾坤。

且说文能安邦。编者考证，从南唐至清末有196名文进士，可谓气象万千，震撼江右。

南唐莫惟初，开修河之先。他是有科举以来，修水史志记载进士的第一人，是莫氏一族21名进士中执大纛者，率先登上进士金榜，破译进士考试密码。正如修水文化学者戴嵩青赞曰："有科举以来，政教宏开，分宁进士公第一；自尚丰而后，人才蔚起，修水文涛涌千秋。"

北宋黄茂宗，望族之旗手，登宋大中祥符乙卯科二甲第一名，修水双井第一个进士及第，双井进士"十龙"之首，为"华夏进士第一村"之美称奠定了坚实基石。他是创造双井黄氏科第蝉联、层见迭出奇迹的开先者，这一天下罕见的进士"扎堆""霸榜"的群体，千百年来仍是教育子女认真读书的典型和津津乐道的热门话题。

世称"苏黄"之一的双井黄庭坚,更是高踞修水进士中的奇崛之峰:双井"十龙""五桂""四十八进士"中,荣光之尤著,七世祖黄庭坚也。其诗开"江西诗派"之宗,引元明以至于当代,历千祀而不衰。山谷词格也自成一家,历来录宋词者,不可逾越而舍之,可谓滋养读者。黄庭坚与苏轼、米芾、蔡襄并称"宋四家",其书法迄今已为天下共传之宝。其孝感天动地,位旧时传统"二十四孝"之列,长启后来者思之念之。黄庭坚以其学识、人品、忠君、孝道等引领着江右诗书文化的走向和辉煌,可以说"一生黄庭坚,半部分宁史"。

文节公之文节,泱泱华夏,众人敬慕。可以说,千年之前双井秀丽山水养育了黄庭坚和黄氏一脉48名进士,千年之后文峰鼎峙的双井进士遗留下的文化遗产,反哺了双井这个千年古村,反哺了修水这座千年古城。如今,修水以文化人,以文兴业,以文塑城,正以赓续传承之举,历久弥新,蓬勃发展之势,日新月异。

元代祝悠然,为天毓之奇才。其《敕翰林院编修祝彬诰》赞曰:学贯天人,才兼经济。性禀淳德,天毓奇才。明孔孟之正传,契程朱之奥旨。晚掇巍科,清誉素垂于中外;顷居藩郡,严威遥播于朝野。礼乐之卓,文章之杰。悠然之士,流芳千古。

明朝周期雍,为聪明之俊才。周期雍于正德三年(1508年)高中进士,授南京御史。在湾台周族中,以期雍最为知名,其官声政绩颇佳,官居刑部尚书之高位,在周家一族中是担任官职最高的一位,且军功累累,威震朝野,卒后被朝廷赠谥为"资政大夫"。

清末陈三立,气节如劲松,可称得上中国知识分子的典范和楷模。陈三立为同光体开创者、奠基人。其乡试座师陈宝琛称赞其"真源忠孝吾犹敬,余事诗文世所宗"。陈三立的一生,以其正气和高才赢得了后来者的无比崇敬。

再看武略护国。史志上记载,自清以来,修水武进士虽仅有"十三人及第",但均忠君爱国,尽职尽心尽力。清乾隆年间武进士李崑,官拜湖南汝河参军,有"益加特重,训习弁兵,纪律森严,无暇则屯田之法"之评赞,道光四年《义宁州志》上有"喜宾客,好谈文史,有雅歌投壶之风"的赞誉。民国三十二年《冷氏宗谱》记载,修水籍人士冷在中由监生中同治庚午科本省乡试三十三名举人,丁丑会试中四十五名贡士,殿试三甲第二十一名,赐进士出身,钦点蓝翎侍卫差派乾清门兼銮仪尉行走加二级,有政绩,人称赞。

我之初心,不忘推介修水进士之风骨

修水的每一位进士,在编者心中都是高山仰止,所以编者耗费数年心血撰写本书。但如何体现进士风骨、展示进士伟岸、挖掘进士文化、详尽进士档案,并使之具有客观性、实用性、可读性,就是本书的首要任务。编者的初始定位是重在区域进士文化史料搜罗,并注重古为今用,而非注重引文出处的考据。因此,首先设置了修水进士家族、修水进士风采、修水进士家规解读、修水进士名录、修水进士家族对联集萃五大章节,系统展示修水进士文化的源远流长和博大精深。特别是在"修水进士名录"这一章节中,先期设置了进士小传、进士史略、进士诗文、进士墨宝、进士名言、进士贡献、进士文史、世人时评、编者手记九个子栏目。但在编辑过程中,或因其时代久远,相关史料缺失;或因其英年早逝,仕途抱负未展,导致研究资料匮乏,设置的九个子栏目再作调整,将其缩减为进士小传、进士文史、世人评赞、编者手记四个栏目。

无论史料如何匮乏难寻，在初稿撰写的近一年时间里，编者可谓皓首穷经、煞费苦心，力争把心中最膜拜、最神圣、最敬仰的每一位进士的史料、趣闻、逸事编入书中。如是压力之下，为了能将此书尽快付梓，在刚有想法时，编者就与出版社大胆签订了出版合同。为早日让著作与读者见面，编者又利用周末时间在乡下寻访进士史料，并赴中国图书馆、中国典籍博物馆、国子监、孔庙、湖南博物馆等地求证，撰写稿件时晚上基本在电脑前度过，书稿从当时签约的 11 万字，在三个月时间内竟猛增到了 38 万字，有关进士的图片达到 1500 张之多。但在付梓前征求意见时，很多专家均提出了良好建议，认为有些史料价值不高、图片字小不清、插图过于繁多、史料引用重复冗长等，于是，对书稿又进行了一次"减肥瘦身"，删掉近 5 万字、图片 260 张。有的进士人物如黄庭坚、章鉴、冷应澄、祝彬、周季凤、周期雍、万承风、陈三立等，文献汗牛充栋，编选时难以取舍。而有的进士如莫惟初、黄元绩、黄庠、周孔从等，或因时间久远，或早逝功勋不著等缘故，史料搜寻费尽周章，还是难补空白，这也是此书出版的第一大遗憾和痛点。再因编者学识疏浅，浩浩史料文献，未能择其精华，不能高屋建瓴地展示每一位进士的学识和风骨，乃第二大遗憾和痛点。也因出版时间紧促，尚不能尽善尽美，加上史料文献来源尚存疑点，或可能存在谬误，此乃第三大遗憾和痛点。以上这些，只能留待今后改版或再版时予以改进。

不过，虽然美好愿望和骨感现实之间存在距离，但无愧编者之初心。

我之初心，写大修水进士之文旅

在近 1300 年的岁月轮回和七个朝代的更迭中，修河两岸的广大

学子接受正统的儒学教育,许多人成为国家的精英,并参与管理和维系中国这个庞大帝国的有效运转,一代代帝王和庞大进士团队协作前行,创造了傲立东方的伟大中华,创造了一个个文明盛世,这个现象在世界历史上可谓是绝无仅有。

创立于隋,规范于唐,完备于宋,鼎盛于明,终结于清的科举制度,可谓是中国独有的文化现象,"科第之美"和进士文化,仍值得我们去挖掘,去研究,去发现。

修水进士,光耀江右。修水贤人,引领风骚。人杰地灵的修水在历史上是科举出进士、出贤才、出奇才的繁盛之地,是地域文化鲜活的符号,是当之无愧的文化标签。他们的人文风骨,丰富了中华文明史的灿烂篇章。而在当代中国高考史上,因进士文化血脉的传承,修水仍是一个创造神话,出产"高考状元"的神奇之地,这些接班人与"宋室奇才,江西诗祖"黄庭坚等进士一样,在新时代再创辉煌。

修水有很深的人文底蕴值得发掘,有丰厚的文化资源等待利用。作为一个生于斯长于斯的人,挖掘科举制度,研究进士文化,顶礼进士风骨,崇拜进士才学,激励修水后学,再创修水荣光,这成为编者编写此书之初衷、之愿望、之目的。同时也期望此书出版能有"补修水进士文化之缺、考修水进士文化之讹、详修水进士文化之要、续修水进士文化之遗"的价值。或成为人们今后考证修水进士渊源、了解修水进士文化、读懂修水进士历史、探究修水进士底蕴、感知修水进士智慧、对话修水进士人文时,作为案头查阅的工具书之一。更真诚地期盼,此书能为教育修水后人、启迪修水后学、传承修水历史、写大修水文化、助力修水中小学传统文化教育和打造修水文化旅游做出它应有的贡献,也更期望修水的科举文化、进士文化、仕宦文化,在县委、县政府的高度重视下得到充分利用。编者也为宣传修水传统文化、服务修水地方经济发展、打造文化旅游大县强县尽绵薄之力而感到荣光和自豪。

是为序。

2023 年 11 月 11 日于黄龙斋

修水人文荟萃,八贤震古烁今

(徐禧、黄庭坚、余玠、莫将、宋朝寅、祝彬、冷应澂、章鉴)

凡　　例

一、本书进士史略对象为《义宁州志》《江西通志》《宋史》《元史》《明史》《清史》等古籍记载的唐、宋、元、明、清时期的修水进士。

二、本书所指的修水,是指古称义宁州时"高、崇、奉、武、仁、西、安、泰"八乡区域。

三、本书分为三章,第一章为修水进士家族,主要介绍修水徐、黄、余、莫、宋、祝、冷、周、王等进士家族;第二章为修水进士风采,主要介绍修水黄庭坚、冷应澂、章鉴、周季凤、查仲道、万承风、周孔从、陈三立等进士;第三章为修水进士名录,设有"进士小传""进士文史""世人评赞""编者手记"四大版块,如有的进士缺乏"世人评赞"或"编者手记"的,本书作"暂缺"标注。

四、"进士小传"版块,以《义宁州志》《江西通志》《宋史》《元史》《明史》《清史》等古籍史料为主要来源,数量一般以十条以内为入编准则。

五、"进士文史"版块,入编文史来源主要有《义宁州志》《江西通志》《宋史》《元史》《明史》《清史》等古籍,力争本版块具有一定的史料性、可读性和趣味性。

六、"世人评赞"版块,为历代和当今名人对进士的珍贵评赞,此版块力求厚古薄今。

七、"编者手记"版块,撰写准则主要围绕近年来编者发现的与进士相关的史料、正误考证、趣事等方面,此版块力求有编者的独特见解和观点,可供读者借鉴之用。

八、本书刊载次序,均按照唐、宋、元、明、清朝代顺序,并以进士登第年份为先后顺序入编(个别除外)。

九、各个版块入辑图片,力求史实精准,清晰可读,力争图文并茂,入编标准是从个人文集、史志、宗谱等中选取,或是被进士留存下来、至今保存完好的珍贵实物。

十、本书采用历史纪年,清代之前用朝代后年号,括注公元纪年;民国时期用民国纪年,括注公元纪年。

十一、本书采用述、记、志、传、图、表、录7种体裁书写,以志为主体。行文力求语言简练、准确。收集的古代文献和引用的文言,一般不注译文,保留原注。凡未加标点的文言,由编者添加,以便读者阅读。

十二、为了方便读者查阅,附录设有进士索引和参考文献。

十三、此次遗漏的进士相关史料或文献,待今后改版或重版后进行补遗。

目录

第一章 修水进士家族

科举制度是中国历史上考试选拔官员的一种基本制度。它渊源于汉朝,创始于隋朝,确立于唐朝,完备于宋朝,兴盛于明清时期。中国科举制度历史上共产生了八百多位状元,十万余名进士,百万余名举人,他们不仅是科举制度兴衰绵延最直接的见证者、参与者和推动者,而且在无形中带动了其家族一代一代后裔对科考的重视和热衷,培养出一大批国之栋梁。

进士家族是指五代直系亲属以内有两名及以上进士的家族。从唐至清,修水进士(含武进士)共 208 名,按照上述进士家族标准和同治《义宁州志》上所载进士,修水共有徐姓、黄姓、余姓、莫姓、宋姓、祝姓、冷姓、周姓、陈姓、王姓、南宫等 10 多个文进士家族和卢姓、李姓 2 个武进士家族。这些家族培养出的进士数量占到修水进士数量的一半,编者在查阅修水其他姓氏宗谱时还发现如刘姓、古姓、邱姓、商姓、熊姓、樊姓等姓氏进士。例如邱姓,同治《义宁州志》上并未记载有邱氏进士,但在查阅《中华邱氏大宗谱·修水县分谱》和《修水县姓氏志》时,修水邱姓进士从穆公 77 世至 87 世,10 世之间竟有进士 10 人,"扎堆"

双井进士村起点处的尚贤台上镌刻文武进士大名,我们仿佛感受到了他们摘取进士、金榜题名、扬名梓里时的兴奋和荣耀时光

之多,且在 82 世、84 世两世里,82 世 1 名、84 世 4 名,其宗之、进之、宾之、宸之 4 名进士皆为兄弟,之后 86 世淳叟、清叟 2 名兄弟为同科进士,87 世 2 名。从进士家族标准来看,邱姓从代数和兄弟均符合进士家族标准。其他如南宫、陈姓、刘姓、古姓、商姓、熊姓、樊姓均有此种情况存在,只不过编者是以同治《义宁州志》为依据,且出书时间仓促,未及精准考证,所以上述姓氏进士家族,待今后改版时再考证辑录。

上述这些进士同治《义宁州志》上均没有记载,如果加上各姓氏宗谱上的进士家族,修水进士家族竟有 20 多个。这些进士家族中,如黄氏家族的黄湜、黄灏、黄孝宽、黄浃、黄廉、黄公虞、黄垺、黄墦、黄德礼,黄端亮、黄端方、黄时发,三人同榜分别中宋嘉祐二年丁酉(1057 年)、宋嘉祐六年辛丑(1061 年)、宋嘉定元年戊辰(1208 年)、宋宝庆二年丙戌(1226 年)进士。黄濬(黄浚)、黄序,黄成允、黄叔敖,黄实、黄遵、黄铒、黄端简,二人同榜分别中宋皇祐五年癸巳(1053 年)、宋元祐六年辛未(1091 年)、宋淳熙十一年甲辰(1184 年)、宋嘉熙二年戊戌(1238 年)进士。黄昭、黄庶、黄廉三兄弟皆为进士出身;黄庶和黄庭坚、黄廉和黄叔敖等是父子进士。黄灏任刑部尚书,黄廉、黄应、黄叔敖任户部尚书,黄勉任工部尚书,有"一门五尚书"之称,一时成为坊间美谈。这庞大的进士家族,为修水的科举文化和后来的修水文化发展做出了重要贡献。

编者在研究中发现,修水进士家族的社会特点十分明显。一是进士家族经济实力均较为雄厚,如黄氏家族经济实力有"长雄一县"之谓;二是举全族之力办书院、私塾等,重视家族文化教育,举全族之力助力学子发奋读书,积极参加科举考试;三是深谋远虑,择优缔结仕宦家族的姻亲关系,相互成为当地名门望族;四是家族成员从仕后相互砥砺、相互促进、相互帮助,重视家族后学的教育和培养,合力振兴家族。修水这些进士家族不仅是当时科举的中坚力量,也是实现文化传承的重要基石,对修水当地文化教育和文化发展起到了积极作用。

如今修水各大进士家族的后代们生活在中国天南海北,活跃在各行各业,在各自的领域发光发热,贡献着自己的一份力量。

附:修水县各姓氏进士数一览表(从唐至清)

文进士

序号	进士家族	同治《义宁州志》进士数	本姓氏族谱进士数,其同治《义宁州志》上记载进士不列入其中	全县排名
1	黄氏	54		1
2	莫氏	21		2
3	余氏	18		3
4	徐氏	18	3	3
5	王氏	16		4
6	陈氏	15	2 陈世求、陈三立	5
7	周氏	7		6
8	冷氏	6		7
9	宋氏	4		8
10	南宫氏	4	4	8
11	祝氏	3		9
12	荣氏	2		10
13	赵氏	2		11
14	姜氏	2		11
15	曾氏	1		12
16	万氏	1		12
17	石氏	1		12
18	时氏	1		12
19	章氏	1		12
20	熊氏	1		12
21	平氏	1		12
22	艾氏	1		12
23	江氏	1		12
24	谌氏	1		12
25	吴氏	1		12
26	曾氏	1		12
27	孙氏	1		12
28	袁氏	1		12
29	查氏	1		12
30	田氏	1		12
31	杨氏	1		12

续表

序号	进士家族	同治《义宁州志》进士数	本姓氏族谱进士数,其同治《义宁州志》上记载进士不列入其中	全县排名
32	帅氏	1		12
33	胡氏	1		12
34	沈氏	1		12

武进士

1	卢氏	4		1
2	李氏	3		2
3	胡氏	1		3

备注:表格中文武进士200人(未有陈世求、陈三立),州志上文武进士共200人(未有陈世求、陈三立),尚贤台上登载文武进士共203人,编者核准是208名(见自序)。

第一节　松林徐氏：风云宋朝，闪耀尘世

"徐黄余莫，宋祝冷章"，这是修水在宋朝之时入祀乡贤祠的彰显神州、彪炳千秋的 8 位人物的姓氏代表，这 8 位在宋朝时期风云际会的人物分别是徐禧、黄庭坚、余玠、莫将、宋朝寅、祝彬、冷应澂、章鉴。这 8 位人物之中，徐禧、余玠非进士出身，而跻身前三。特别是徐禧，虽不是进士出身，但其徐姓从宋朝至清代，同治《义宁州志》卷十九选举志上记载，考中进士竟达 18 名之多，徐氏祠堂上张贴的徐氏进士共有 21 名（含铜鼓 2 名），仅次于黄氏、余氏。徐氏祠堂上张贴的徐氏举人有 19 名，加上中举、恩科、献策、荐辟的竟达 37 人之多，进入官场者众多，官至端明殿学士、签书枢密院事、参知政事等权倾一时的大官 1 名，还有任礼部主事、吏部主事、车马司主政、广威大将军等要职者多名，成为江右声名赫赫的一大望族，且徐禧与苏门四学士之苏轼、黄庭坚交好。徐姓家族，真可谓风云宋朝，闪耀中华。

因本书主旨是探讨修水进士文化，发掘修水进士底蕴，下面编者就考证的徐氏进士家族在迁入修水、落地生根、培养教育、进士文风、官声政绩等方面集录于下，以飨读者。

南州堂徐造迁义宁之鼻祖

编者阅读近 50 部清朝、民国纂修的《徐氏宗谱》得知，自汉季南州高士徐孺子开宗江右之鼻祖，传至三十世徐造。徐造生于唐朝武宗会昌五年（845 年），居住在当时豫章（南昌市）北沥村，僖宗中和二年（882 年）因避钟博盈寇豫章之乱，为保一家大小身家性命计，遂举家迁居浙江金华，不幸的是，又恰逢五季扰攘，复徙豫章。但为何他从豫章风尘仆仆、千里迢迢扎根在西安县（今修水）义宁高沙（888 年），成为迁义宁之始祖，有待今后去考证。不过编者曾探访过其落地生根之所，这是一个山秀美、河弯妙、水湛蓝、民淳朴之地。也正如其后裔知南昌府宁州事徐肇基在《徐氏宗谱》中说的，分宁山水奇峭，万峰槊摩，千流绮贯，为豫章甲……在南郡八属中最著。徐造路经此地，落户于此，也就理所当然了。

徐氏始迁祖徐造落地生根之地高沙

徐造落户泰乡五都高沙村久安里时,年已 43 岁,娶港口温氏为妻。徐造曾孙文英贵封广威大将军,晋赠徐国公,妣封国太夫人。徐造享年 83 岁,殁于公元 927 年,葬高沙南岭下。徐造以耕作为本,勤劳质朴,忠厚传家,写有诗词二十四首流传于世,他的《沙湾创置遗语》,是他生前写下的一首自记诗。其诗曰:

> 始自创高沙,筑居俭不奢。
>
> 传遗出业主,李晏毛饶家。

这首诗写下了他从外地迁居高沙,置买产业,艰苦奋斗,勤俭创业的一生。族史记载古诗云:

> 唐时来此立根基,夙夜勤劳苦作为。
>
> 水碧山青风景美,田多赋少俗无欺。
>
> 耕织教家供国税,诗书训子显名题。
>
> 奉公守法尔牢记,留诗传与后人知。

徐造迁修至今 1100 多年,延续 40 代。迁修后造生二子:长名本,次名衮。本,号仁山,初随父母住高沙,后迁梅山,生子三:昭、卿、迨。后裔发展为旺、赞、冕、注、迨五支,称为梅山派。衮,号安溪,由高沙迁吴仙里(今何市镇)官井居住。其后文英生子一,名标,后裔发展为衡、桓、楠、樗、逵、迈、昼、骧、溥九支,称为仙里派。

高沙衍派下来三世迨支,五世旺英支,六世赞支、注支、冕支、昼支、骧支、溥支,十世楠支、樗支,十五世迈支、逵支,十九世衡支、桓支共 14 支,分布在修水、武宁、奉新等地。

进士大家族，阀阅簪缨，绳绳相继

据考证，从徐氏家族徐赏在宋朝第一个高中进士后，徐氏后裔甲第连绵数百年，从宋至清高中进士18名，举人近40人，还有受荫的官职，不在统计之列。这些徐氏后裔在为官从政、文学艺术、培养后代等诸多方面成绩斐然，颇受当时掌朝者、共事者称赞。

宋室之期，宁邑著姓凡八，独以徐为首，由宋而元明以迄本朝阀阅簪缨，绳绳相继，盖实有愈流愈光者。

徐　赏，宋淳化三年（992年）进士，任礼部主事。

徐民先，宋庆历二年（1042年）进士，鄂州掌书记事。

徐　昱，宋嘉祐二年（1057年）进士，翰林院检讨。

徐叔达，宋嘉祐六年（1061年）进士，桂林通判，授承务郎。

徐　仪，宋嘉祐八年（1063年）进士，广西提举。

徐　祐，宋元丰五年（1082年）进士，字德延，通志作南昌人，广东惠州府推官。

徐　彻，宋元丰五年（1082年）进士，南丰县令。

徐　阜，宋元丰八年（1085年）进士，知潭州刑曹。

徐天庭，宋政和五年（1115年）进士，授承务郎，筠州司户。

徐成可，宋政和年间进士，衡州教授，转河南道。

徐行可，宋宣和元年（1119年）进士。

徐　琛，宋绍兴二年（1132年）进士，工部侍郎直学士。

徐庭玉，宋隆兴元年（1163年）进士，德化县尉，调淮南西路六安县军事。

徐大声，宋淳熙八年（1181年）进士，邵武军民总漕。

徐汝楚，宋嘉泰二年（1202年）进士，奉议郎，醴陵知县。徐氏谱云为邵武知县双井人。

徐　榕，宋绍定年间进士，授奉训大夫，青州知事。

徐耀祖，清乾隆十七年（1752年）进士，广州花县知县。

徐文干，清进士，兵部主事。

以上为同治《义宁州志》上记载的徐氏进士。

徐　俯，宋绍兴二年（1132年）进士，诗人，参知政事。

徐　孟,宋进士,以功加六部总尚书。

徐　依,宋进士,刑部尚书。

以上为《徐氏宗祠志》第三章所记载的徐造后裔进士,但在同治《义宁州志》上却没有记载。

徐　及,宋天禧年间举人,双井人。

徐　介,宋嘉祐年间举人,宣章知县。

徐　佖,宋熙宁年间举人,通判。

徐　骧,宋政和年间举人,崇德县令。

徐　默,宋淳熙年间举人。

徐以谦,宋嘉定年间举人,检录院监阅。

徐一新,宋淳祐年间举人,龙兴路学录。

徐天成,宋咸淳年间举人,国史实录院检阅。

徐　淮,清康熙年间举人,高市人。

徐秉时,清乾隆年间举人,典保。

徐腾凤,清道光年间举人,候选教谕,高市三王巷人。

徐心如,清道光年间举人,安义县教谕,仁乡圳下人。

徐邦基,清同治年间举人,湖北补用知县,高市三王巷人。

徐云凤,清同治年间举人,安乡十都墩夏人。

以上为《徐氏宗祠志》上记载的举人和官职。而在《义宁州志》记载的18名进士中,名人众多,但进士中宋朝当推徐赏为重。

宋熙宁甲寅年冬月侄孙徐禧赞徐赏像曰:

> 一门炳蔚,累代簪缨。
>
> 在家俊杰,在国公卿。
>
> 建不朽业,享殁世名。
>
> 勖哉后嗣,永矢志真。

在清朝徐氏人物中则以进士徐文干、举人徐家干为代表。

清乾隆车马司主政徐文干(1738—1776),字道熏,号文干、懋伯,生于清乾隆戊辰年八月初六寅时。他自幼聪明好学,苦读诗书,被誉为神童。丁酉年拔贡本科亚元,戊戌会考连捷进士。他参加殿试时,进殿就东张西望,殿值官说他有欺君之意,他回说:宫殿对联写得太好,就忘了规矩。殿值官又说:那你就念出来吧！这时,他低头闭眼,一口气背念完殿中的 28 副对联。乾隆皇帝听后,对他的才学和超强的记忆力大加赞赏,说他有天官之才。他被授为翰林,官至车马司主政。著有筠亭文稿行世。可惜英年早逝,他只活到 37 岁。

徐家干(1843—1902),字稚生,号孺孙。生于清道光二十三年(1843 年),今江西修水县桃里高塅人。官至知府,补用道员加二品顶戴。

徐家干幼承家训,习诸经,尤专注史事。当时承平日久,学生都习科举、帖括之学,他独留心经史、舆地及兵刑掌故等书。同治三年(1864 年),徐家干中举,充玉牒馆誊录;第二年,被授以知县留用,未就;同治七年,在乡协修谱乘;同治十年,访同乡陈宝箴知府,讲求时务。陈宝箴见其有投笔从戎之志,遂荐其投黔楚军苏元春少保幕下,在苗族地区勤事。徐家干此时对苗疆地势、当地习俗、经济状况均详加考察,集成《苗疆见闻录》一书。该书主要记述清朝咸丰至同治时期著名的贵州苗民起义以及生活在大西南这片土地上的少数民族的社会、历史、文化等内容。本书除了对战争及战争人物、地理地貌等描写具有较高的文学价值外,还为史学家们还原历史真相、为现今人们对清代苗民社会的研究提供了大量翔实而又生动的史料。

光绪八年(1882 年)徐家干以知府职分发鄂省。鄂督卞宝第让他办营务处文案。时法越战事急,东南各省所在急筹防务,徐家干言鄂为关中、豫属门户,鄂省安则诸省安,因著《洋防说略》以进,得卞嘉奖,次第推行其策。湘南、衡安、安胜等营因议论裁兵,有骚乱波及楚边,而主将贪鄙,调停不善,造成激变。督府欲派人前往处理,军中无人敢应命,徐家干单骑直入,以理谕之,事得解决。

光绪十二年(1886 年)秋,徐家干署荆州知府。荆州濒临大江,修堤防汛实为大政。他到任即视察堤防,以整修杨陵矶为先务。于是参考古今良法,数月即竣工,自此多年无水灾。他曾著《万堤图说》,为后人考。府署承修大堤例存之防险经费,他亦详核其数,将余数发还民间创办义学,作为教民一端。守荆期间,属境之利弊、民风之优窳、人心之背向、讼狱之是非当及时整理者,无不兢兢尽职。他尝云:"吾居一日之官,必求尽一日之职,循其心之所至,竭其力之所能,凡所见闻,必亲予措置。"其所著《守荆略记》云:"兴利除弊之说,居官者常有之。而不知有利即有弊,与其兴利而滋弊,不如除弊以因利。"故其时凡烟馆、赌场、窝户、盗贼及行凶打架等恶习皆明令严禁。

徐家干守荆 10 年回乡里,安葬父母,并遵父嘱修石桥于西坑。双倡修凤

嵊、陶英二书院后又回鄂助张之洞经营政务,张倚为左右。不久徐署德安(今湖北安陆)。其时外国教徒深入腹地,常因强购地基设教堂与乡民滋事生讼。有关当局或惧或媚,压民袒夷。徐秉公处理,不卑不亢,乡人悦服。后徐著《随州教案略记》以纪其事。

父子非进士,却把修水徐氏家族推上了声望巅峰

在这个进士家族中,徐禧因献策而担任经义局检讨官之职,其儿徐俯因父丧于国事,神宗授通直郎。虽父子俩未考取进士获得功名,但其官声、政绩、诗文却把修水徐氏家族推上巅峰,成为修水巨族之一。

徐禧(1043—1082),北宋名臣,字德占,何市人。

禧年少,即博览群书,周游各地,考察古今事变及民风村俗。熙宁初年,王安石行新政,禧献《治策》二十四条,得赏识,以布衣任经义局检讨官。又上奏说:"朝廷用经术变士,十已八九;然窃袭人之语,不求心通者相半。"神宗以为中肯,乃提禧为镇南军节度推官、中书户房习学公事。是冬,召禧对策。神宗以为朝廷精锐之士虽众,未有能及禧者,又擢升其为太子中允、馆阁校勘、监察御史。

编者在考证徐禧史料的过程中,得知其上书《治策》的一些不为人知的内幕。熙宁初年,一介布衣徐禧以《治策》二十四条投时任宰相王安石,其卷轴前所附《上丞相王荆公书》有曰:"明王之迹既远,而屡更乱世,所谓千百年绝道之后,而乃有圣君卓然兴起于此时。视其势,且非小小之作。"又曰:"某之今日不能以默然,特见士大夫之议论与夫奉法长民者之所为,其未足以识圣主贤相之意而易此时之光阴者其多。而窃有伤焉,诚恐法之未孚,吏之未虔,民之未明,而已移可爱之日车于羲和也。"

有一位现代学者评论,从写作策略来看,这封《治策》相当成功。上书人徐禧对熙宁之初的政治走向有非常明确的认识,并将无保留地支持变法的政治态度表达得非常清楚,因此得到受卷者王安石的赏识,被破格录为官,得以跻身朝野,并通过自身的努力,得到了皇帝赏识之后,更是平步青云。但其撰写的《治策》有没有人指点迷津呢?司马光《涑水记闻》卷十六载:"布衣徐禧得洪州进士黄廉所著书,窃其语,上书褒美新法。"王安石赏其言,"奏除官,令于中书习学检正"。徐禧《治策》今已不传,他是不是窃黄廉所著书中的观点,不得而知,待今后进一步考证。但可以肯定的是,他在向王安石投献之前,已充分揣摩了受

卷人的政治态度,并在此基础上有的放矢地进行撰写。徐禧这种上书投献之前的政治考量,或是缜密之思考,应是有高人在后面指点。徐禧与双井黄庭同为洪州分宁人,乃同乡,民国二十七年重修的《黄氏宗谱》卷一双井世系中记载一条极为重要的信息,黄庭生子二,女八娘适忠愍公徐禧,封韩国夫人。从徐禧与黄庭的关系来看,黄庭应该是将女儿嫁给了学生徐禧,成为徐禧的岳父。徐禧成为黄庭的乘龙快婿,八娘成为徐禧的夫人。且因当时双井黄氏盛极朝野,徐禧得到岳父黄庭和其他黄氏政要者指点,也应在情理之中。

图一

图二

图一为徐禧像。图二为民国二十六年《八贤祠志》上苏轼所撰的徐禧别传(节选)

朝官邓绾、范百禄等借故弹劾李士宁以妖妄迷惑赵世居。禧持正义,不与苟合,并奏议不当以士宁为反臣。皇上查实,贬范职,晋禧集贤校理、检正礼房。元丰初,吕惠卿在鄜延(陕西)拟更番汉兵战守条约,神宗采听并饬各路推广,命禧筹划。渭师蔡延庆有阻,禧排阻从命,又加升直龙图阁。母丧除服后,禧知谏院,又知制诰兼御史中丞。其时,种谔、沈括等图谋进取,欲西伐夏人,因奏请修固银川。禧与李舜举奉诏助办,括任总兵,禧实地考察,权衡利弊,认为银川不如永乐险要,便与沈括议筑堡于永乐。后夏兵数千骑来犯,禧力主抵御,边臣竟不与合力。或说御寇非禧之职责,大家都认为死守永乐不值得,诸将亦主张收兵弃城,禧独不苟同,执刀率士卒迎战,说身为大将,奈何遇敌不战,先自退耶?敌兵临城下,岌岌可危,禧神色自若,以身许国,不稍懈怠。后终因兵力悬殊,且夜雨陷城,禧殉职于战场。元丰五年(1082 年),神宗帝赠禧金紫光禄大夫,谥号忠愍。禧有奏议 72 卷,文集若干。均佚。

徐禧撰写了《黄龙晦堂心和尚语录》序。苏东坡为徐禧圹铭,铭曰:

翳赣江之南下兮,于豫章而寝鸿。伟西山之卓异兮,列圣灵之仙踪。世一乱而一治兮,隐则仙而出则贤。忆公之肖灵于山川兮,奚其质之全也。方少壮之嗜学兮,尝博览而周游也。历中途之顿悟兮,乃独潜神而内修摄也。饵以颠危垂陷之地兮,所以粹公之节义也。火欲焰而先烟兮,物固有否而后泰也。夫何不幸,而从干戈之死也。呜呼哀哉!人寿百岁兮,其久须臾。惟公忠心所激兮,万古不渝。西山秀兮水清,魴鳜肥兮香芬。灵仙所都兮,可与飞翱。魂乎来归兮,结草为期。洞水不息兮,视我铭诗。

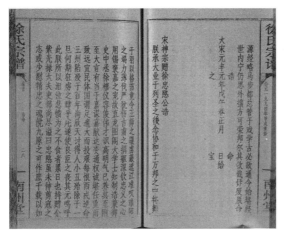

《徐氏宗谱》中记载皇帝敕徐禧的两封诰命

徐俯(1075—1140),徐禧之子,字师川,号东湖居士。因父丧国事,神宗授通直郎。徽宗即位,又迁承议郎,赐朱银服饰。后因韩忠彦与曾布主政,拘履历起用旧人,任俯为卫尉寺主簿,职颇低微。奸臣蔡京乘机拉拢,以巧言令色劝俯从其幕下,俯不就,作《猛虎行》讥之。曾、韩去职后,俯先后任节度判官、朝奉郎通判相州,并累迁朝请大夫、奉直大夫,赐金紫召为司门员外郎,并升郎中。

徐俯生性耿直。靖康事变之后,金人立张邦昌,张召集百官计议,均签名附和,俯独拒,退出议厅。工部侍郎何昌言及其弟昌辰,因避讳昌字而易名。徐俯买婢名昌奴,客前直呼婢名,不避忌讳,以讽邦昌。

御批云:"志气刚方,早闻于世,其于文学直余事。"

建炎初,俯曾一度落职。因经筵与翰院力举,复任右谏议大夫。绍兴二年

（1132年），赐进士出身，兼侍读三年，升翰林院学士，又擢端明殿学士，签书枢密院事。四年，兼权参知政事。时宰相朱胜非进言诽谤，赵鼎亦从中作梗，高宗不偏听。而俯不愿与争权，乃求去职。绍兴九年（1139年），出知信州。次年卒，葬饶州德兴县银山乡。

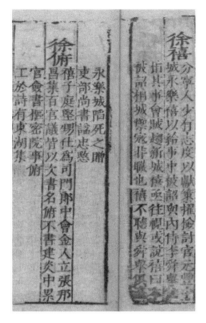

图一　　　　　　　　　　　　　　　　　　图二

图一为徐禧、徐俯父子俩大名双双入辑明《万姓统谱》文献。图二为徐俯画像

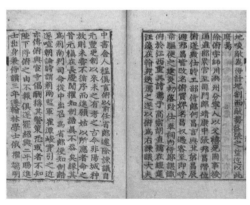

《宋史》卷三百七十二列传第一百三十一中记载徐俯的史料

俯少有俊才，与朋议论慷慨，是非取舍，必归于正。平日喜览群书，善工文

笔,尤长于诗词,得舅父黄庭坚器重,声名卓然于世。与曾几、吕本中游。晚年为诗,力求平易自然。公素以名节显,尤精于诗,著有《东湖集》,按宋史吕居仁江西诗派图,公其一也,事迹载宋史及省郡州志。著有《东湖居士诗集》六卷。

中国楹联学会会员、江西省楹联学会名誉理事胡小敏《题徐俯》云:

持节秉忠心,竭平生辅国匡时,论北阙前功,当从谏议识肝胆;

吟诗无俗韵,乘一棹桃花春水,作东湖旧主,自有清风贯古今。

江西省作协、书协会员徐天安赞先贤徐俯云:

一祖三宗榜有名,赣诗流派系精英。

崇儒立德情怀远,辅国匡时日月明。

婢唤昌奴扬正气,才登学士列公卿。

桃花蘸水春湖畔,妙句吟成举世惊。

相关链接:

徐氏家规:精神支柱,力量源泉

在修水有一座规模宏大、气派庄严、装修时尚、首屈一指的大宗祠,这就是建在修水县城福湾村的徐氏宗祠。进入祠堂内,其徐氏家规十二条"报国家、孝父母、睦兄弟、和夫妇、敦族谊、慎交游、修祭祀、治坟墓、崇儒业、重农务、戒争讼、节财用"赫然刻在墙壁上,告诫徐氏后人当在为人处世、成家立业、交朋结友中谨记。编者发现,虽然徐氏家规只有十二条,也不是那样深奥难懂,但从修水宋朝徐氏一族来看,进士高中者达18人,从仕为官者多至37名,且从宦者政绩卓著,足见徐氏家规十二条对徐氏后裔的教育意义和影响。

徐氏家规十二条中每一条的第一个字"报、孝、睦、和、敦、慎、修、治、崇、重、戒、节"就点出家规的精髓和内涵所在,它是徐氏一族的文化标杆、精神支柱,是徐氏后裔奋进的力量源泉。

如元丰五年(1082年),西夏20万大军进犯永乐城,徐氏后裔优秀者徐禧亲临前线指挥,被西夏军围困截断水源,激战数十天后,永乐城被攻破,徐禧以身殉国。这就是徐氏家规十二条中第一条"报国家",这个"报"字在徐禧身上得到了印证,也在他身上体现得淋漓尽致。

家规"润物细无声"的影响,在大家族中比具体的教育活动给后辈的影响更为深刻而持久,更为深远而不衰。虽然徐氏一族旁支众多,但对家规的恪守和传承高度一致,其家规的熏陶渗透到徐氏后裔的血脉和骨髓。也正因一代代传承和教育,才有徐氏一族贤才辈出,在各个领域中重放光彩。2000年出版的《修水县姓氏志》记载,徐姓历史上贤才之多,罔论全国,就修水一地而言,在朝中任尚书的有6位,任翰林院、龙图阁等大学士的有8人,封赠大夫39位,任太守、知州、知府15人,授郎官61个,任县知事、县长33人,历朝进士26位,举人、贡士58人。

在新的历史时期,期待和呼唤这古老的徐氏十二条家规发扬光大,代代相传。

徐氏后裔不但学习国学,还要学习《徐氏宗谱》上的家规、家训

第二节　双井黄氏：名动朝野，声震中华

　　这是编者写修水进士家族系列文稿时最后一个动笔的家族，也是酝酿时间最长、到实地探访最多、查阅资料最广、撰写时间最久的一个家族。因为编者深深地知道，写这样一个人们口头传颂、心中膜拜的考中 48 名进士的"华夏进士第一村"之不易；写这样一个学霸"爆棚"，群星璀璨，其文章道德让人景仰的文化大家族更是不易。编者暂且不管写好，确保不出谬误，就谢天谢地了。

　　明月湾的水涵养着双井 48 名进士，双井黄氏是其他姓氏无可攀比的文化巨族。正如黄庭坚后裔太华居士赞道："双井冲和重读书，赫赫有名越千年。"

　　屹立在黄庭坚故里的 48 根旗杆石，代表着 48 名双井进士考秀才，中举人，登进士，入仕途，其相互砥砺，寒窗苦读，镌写下黄氏巨族科第的骄傲和自豪，也仿佛让我们看到了宋代之时双井进士村的科举盛况与家族荣耀

魁星阁前的"举人石碑"

首迁之祖,文化根基厚重

可以称得上写大修水的黄姓家族是在什么朝代,从什么地方迁来修水落地生根、繁衍生息的? 迁入此地的黄姓开基祖是谁? 他的学识、人品如何? 编者通过系列考证,寻找到了一些眉目。

时针逆转到公元 939 年,出生于浙江金华、高中唐朝举人的黄圮生有三子,其长子黄赡,因向南唐中主李璟进献治国"干策",被授为著作佐郎,知分宁(今修水县)。

始迁祖黄赡到修水任职是以一名专职修史人员作为县吏赴任的,因修水乃吴楚之地,为保两地人民不得相侵凌,水旱则相移食,故湖南马氏亦授以黄赡兵马副使,掌管楚兵二十年。其后,吴楚政益衰,黄赡乃去官游湖湘间。

宋朝一代双井 48 名黄氏高中进士震惊华夏,名满江右,漫步进士园,领略进士的惊世文采和绝妙风华

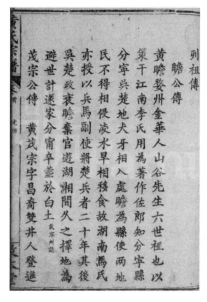

图一　　　　　　　　　　图二

　　图一为清《黄氏宗谱》卷首老传上列祖传中的《赡公传》节选。图二为民国三十二年癸未双井堂刊《黄氏宗谱》卷一始祖歆公以下三十七世祖源流世传上记载黄赡的史料

同治丁卯年重镌《宋氏宗谱》上记载黄赡所撰《宋氏源流谱序》的珍贵史料

《宁州志》上记载黄赡从婺州金华到修水任职的史料

　　身处南唐之期的黄赡深知，五代之乱不会在较短时间内平息，在修水任职之时知分宁山川奇秀，十分偏僻，是一个可避世、能耕读、可安居、保平安之地，遂说服父母弟侄妯娌，从浙江金华背井离乡举迁分宁。公元939年，黄赡组织一家举迁，用车辇将父母及贻、赋两个弟弟接来修水落户，成为修水双井黄氏家族开基祖，也称为一世祖。黄赡自己居住在县治，大弟黄贻则奉父母侄儿等在离县治约90里的布甲画湾居住，晴耕雨读，繁衍生息。

　　黄赡的二弟黄赋考中了南唐的武探花，任职军中，是黄氏迁修水的第一个入仕者。民国二十七年《冲和堂·黄氏宗谱》第33页中记载，黄赡在分宁任职的第十个年头，黄赋为剿匪，战死于武宁高坪，谥封为显忠王。

光绪己卯年《黄氏宗谱》上《黄氏世德录》记载双井黄氏中进士的珍贵史料

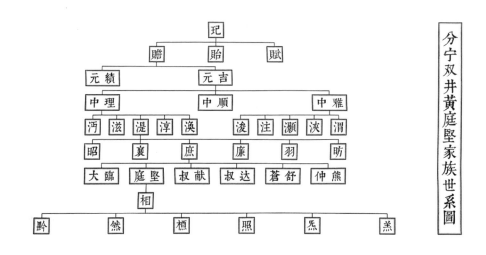

　　黄赡其父黄玘,是一位饱读诗书的大唐举人。黄赡则传承其父文化血脉,是修水黄氏文化底蕴的开拓者,这为后来造就双井黄氏宋朝这一脉近60名进士的大家族,奠定了良好的基础。

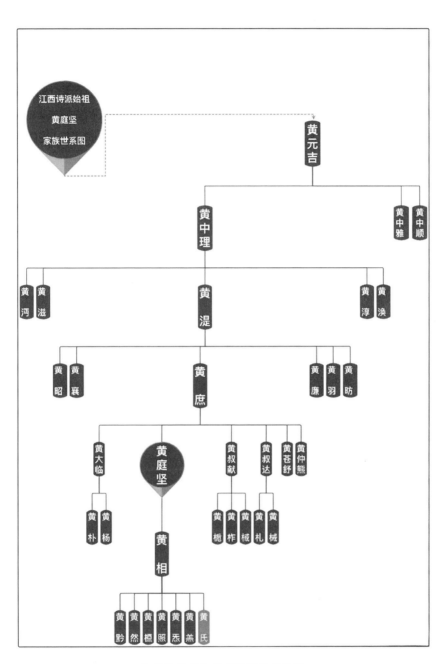

江西诗派始祖黄庭坚家族世系图

黄庭坚故里复古场景——殿试,通过殿试后,状元、榜眼、探花闪耀登场,成为国之栋梁!

画湾之地,"十龙"高中进士

　　画湾是个什么样的地方？谁是"进士十龙"的推手和助力者？"进士十龙"指的是哪些人,有哪些传说？

　　初听画湾这个地名,就可猜测出这个地方是可以用笔画出来的一湾秀丽景色。画湾村位于布甲乡,距县城45公里。在这里,你可以俯瞰画湾重峦叠嶂、植被丰茂的雄姿,触摸峰脊连绵、文化厚重的筋骨,领略"进士十龙"砥砺奋进的顽强,见证黄氏巨族傲立江右的辉煌。

双井"十龙及第"图

　　编者三次探访画湾,每一次都有其美在深山人不识之感,也深深感叹,南唐那时没有车辆,山路崎岖,黄赡竟能找到这样一个山川深重可辟世、风景独异造奇才之地。

黄贻按照黄赡的安排，带着元绩、元泰、元迈、元缌等子侄在这重山叠嶂、风景秀丽的画湾之地，开设黄氏私塾，培育家族才俊。

黄赡长子黄元绩因出自文化之家，且其读书刻苦，在宋太祖建隆二年（961年）考中南唐政权的进士，成为浙江金华黄氏迁修水22年后的第一个文进士，也是同治《义宁州志》上记载的第一个黄氏进士。之后他在仕途上风生水起，后来官至吏部侍郎、五城兵马都指挥。

仅隔一年，公元962年，黄赡其弟之子元迈考中进士。两年时间里，一门高中两进士，可称之为奇观。

郭培贵先生对"进士家族"的定义是五代以内考中两名及以上的进士。从这个定义来说，黄氏家族一代兄弟之间两年高中进士，一开始不但成为进士家族，也为后来"进士十龙"提供了榜样，奠定了根基。

接着，黄赡次子黄元吉的长子中理（956—1015），为了人才大计，出资在布甲开办樱桃、芝台两座书院，聘请俊异之师，讲四书五经。不久书院名噪四方，求学士子纷至沓来，有百余人之多。黄中理、黄中雅两兄弟生有十个儿子，均在此攻读。宋郊、宋祁兄弟也曾到此游学，都考取了仁宗朝的进士。元吉买田聚书，中理创办书院，父子相互补台，打造两所书院，重视子孙教育，可以说，元吉、中理父子就是黄氏"进士十龙"的推手和助力者。

图一

图二

图一为《双井世家》中记载的黄中理像。图二为修水县博物馆展示的其开办的樱桃书院绘图

因黄中理为黄氏家族立下了功勋,如今在双井书院展览馆里和清明节其墓前悬挂的横幅上,均有"黄中理,教育家"的称誉。

在书院老师的教导下,黄中理之长子黄沔、次子黄滋、三子黄湜、四子黄淳、五子黄涣,黄中雅之长子黄灏、次子黄浃、三子黄注、四子黄渭、五子黄潜(浚),先后考取了进士,时号"十龙",名噪江南,声动朝野。周季凤《宁对》中"十龙呈宋瑞",这句诗就是对"双井进士十龙,龙腾宋朝祥瑞"最佳的点赞!

双井进士园

仿古芝台书院

樱桃、芝台两座书院不仅造就了人才辈出的黄氏子孙,而且泽及门徒、姻族,门生遍布各地,成为探究学问之源、文章奥府之地。在周季凤《宁对》中有"二宋文章会"之句,并注解为黄茂宗筑馆芝台、樱桃洞,宋郊、宋祁入馆。

清雍正四年(1726年)《双井黄氏合修大成族谱序》中,乡进士文林郎知县乐亭县事、宁州儒学学正熊震撰曰:"黄氏之姓,本自黄帝,其来尚矣! 楚有春申,汉有颍川,至南唐,著作佐郎赡公,知分宁县事,后奉父纪公,偕弟贻公、赋公,自婺之金华迁居修水之上。嗣是而赡公之子若孙,前后登科甲者四十余人,曰沔、曰滋、曰湜、曰淳、曰涣以及灏公、浃公、注公、渭公、浚公等,兄弟并登进士第,时有'十龙'之誉。其余或以才名著,或以文章称,或以诗词传世,或以理学名家,而其以节义享祀千秋者,则山谷公其人也。一时人文,秀甲江右,猗欤盛矣哉!"这段话虽简短,但精辟地说到了黄氏迁入修水始祖之渊源,"十龙"之才气和黄庭坚之天才,在宋朝之期,黄氏一族,涵养德行,独秀江右;山谷其人,诗书双绝,名满天下。

以黄庭坚中进士为分界线,向上追溯,可查到黄氏进士之巨族科举的轨迹。黄庭坚的远祖是西汉循吏丞相黄霸,十世祖黄翰是唐朝中期的进士,九世伯祖父黄保仁是大唐进士,八世祖黄荣为大唐副相右仆射,七世祖黄浩为晚唐进士,六世祖黄玘、黄璞分别为晚唐举人、南唐进士。五世祖黄赡为南唐进士,历著作郎、知分宁县。四世伯祖黄元绩为南唐进士,是分宁黄氏自浙江金华迁居江西修水后的第一位黄氏进士。四世祖黄元吉为举人,藏书万卷;三世祖黄中理为大宋举人,在修水创办了芝台书院、樱桃书院,是当时驰名豫章的一位大教育家。其祖父黄湜为大宋进士,黄湜十三兄弟,十人进士及第,时称"十龙"。父亲黄庶,为大宋进士,著名的诗人,康州太守。修水黄氏,诗书世家,书香越过十代,传至黄庭坚,达到鼎盛。

宋朝之时,在黄庭坚中进士之前,修水双井黄氏从五世至七世就已经高中了 18 位进士。之后包括黄庭坚自己在内七世至十四世,双井黄氏又有 30 位金榜题名,如此算来,仅宋朝一代,自黄茂宗 1015 年中进士到黄𬭚1268 年中进士,在 253 年之间,双井黄氏高中 48 位进士。因此,修水双井村被称为"华夏进士第一村"。

双井"十龙"进士和黄庭坚(右一)铜像

双井"十龙"进士一览表

朝代	序号	父亲姓名	姓名	字号	生卒	中进士年代	官职	备注
宋代	1	黄中理	长子黄沔	字宗,号昌裔	991—1055	宋大中祥符八年(1015年)乙卯科二甲第一名进士	崇信军节度判官	出仕之前为芝台书院和樱桃书院老师
	2		次子黄滋	字哲,号昌卿	997—1063	宋天禧三年己未(1019年)进士	承事郎	
	3		三子黄湜	字荀,号正论	1000—1063	宋嘉祐二年丁酉(1057年)进士	官给事中,赠通奉大夫、朝散大夫	黄庭坚祖父
	4		四子黄淳	字偁,号元之	1003—1068	宋宝元元年戊寅(1038年)进士	授尚书职方郎,知剑州,官至太常寺正卿	
	5		幼子黄涣	字锡,号晋之	1006—1063	宋嘉祐五年庚子(1060年)进士	太学学正	
	6	黄中雅	长子黄灏	字茂先	1001—1092	宋嘉祐二年丁酉(1057年)进士	授太子太傅、刑部尚书	与黄湜、黄孝宽并称为"联桂芳三及第"
	7		次子黄浃	字茂逸,号平之	1004—1067	宋嘉祐六年辛丑(1061年)进士	翰林院编修	
	8		三子黄注	字茂映	1006—1045	宋天圣八年庚午(1030年)进士	任永兴、公安、南阳主簿	著有《南阳集》《公安集》《破碎集》等
	9		四子黄渭	字茂直,号子元	1009—1071	宋景祐元年甲戌(1034年)进士	授朝奉大夫、太子中允	曾经游学于欧阳修门下。黄渭的文学造诣与江北段少连齐名,当时有"江南黄茂先,江北段少连"之誉
	10		幼子黄浚(濬)	字茂实,号亚英	1012—1078	宋皇祐五年癸巳(1053年)进士	授司理参军	道光《义宁州志》与黄氏家谱皆名黄浚

　　修河蜿流至双井,杭山东延,其下处有一山丘自北顺势俯冲而来,远望如猛虎下山,故名曰虎形。虎形东显青龙吐玉之气,西有金凤飞天之象,南露狮象守水之形。据《黄氏宗谱》及同治《义宁州志》记载,黄庭坚祖父辈黄沔等十兄弟全登金榜,称"双井十龙","十龙"进士逝世后先后安葬在双井虎形,故虎形为"十龙"进士安息之地

　　在这"十龙"进士中,从上述表格可看出,登进士第最早的是黄沔,时间为1015年,最晚的是黄浃,时间为1061年,前后相距46年。除"十龙"之外,还有黄灏、黄湜、黄孝宽三位,其兄弟侄三人同登进士第,时人誉称"联桂芳三及第"。

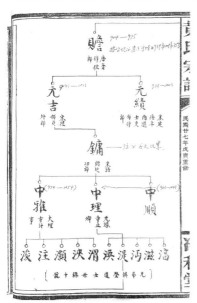

　　民国二十七年《黄氏宗谱》上记载了赡公到十龙五代世系的文献以及"十龙及第"领头者黄沔的画像

　　在这"十龙"和"联桂芳三及第"中,编者不得不点赞黄庭坚之祖父黄湜。

他是一位在科举道路上最顽强的拼搏者,30多年时光奋斗在科举的征途上,奔跑在备考、赴考和应考路上,天道酬勤,"有志者,事竟成",这为其黄氏后裔树立了进取之精神,也为黄氏从一个书香之家族成为后来的文化大家族树立了精神之榜样。

双井之地,四十八名进士"出产地"

如今到修水旅游看山水,看民俗,看文化,双井是不二之选。双井山水深入其境有特异,双井民俗深入其中有特点,双井文化深入其内有特征。

那么双井景致如何?谁从画湾迁到双井?荣耀江右的48名进士有哪些故事?

48名黄氏进士部分铜像

双井之名,源于该地修水之中,有石垣、泉源涌出,尘垢不能污,沙碛不能蔽,朗朗然如两玉环,隐露于水中,故名双井。黄氏迁居于此后,后世称双井黄氏。双井背倚杭山主峰观音山,左拥青龙,右有白虎,前临明月湾。这些地名,本身就充满诗意。首先看杭山,其山不甚高大,海拔仅500米,但逶迤而雄峭。此山屹立村庄之后和左右,使村庄更显庄严祥和。前有秀水绕村而过,杭山水造就明月湾,明月湾映照杭山景,乃风景之独异也。

在"十龙"进士的影响下,后来迁居双井中进士的人越来越多,形容"雨后之春笋","泉水之冒泡","山洪之暴发",一点也不为过。"十龙"进士助推了双井进士巨族的形成,也为双井成为"华夏进士第一村"奠定了基础。

这样一个风景独特之地,自然是有慧眼识宝地之人来扎根、来筹划、来运作,用真情来打造、用热血来经营这一方秀美水土。这方水土沉寂几千年,倘若

结缘遇到知音,将喷薄而出,回报这慧眼识宝之人。

黄元吉就是这个慧眼识宝之人,他出生于黄赡从浙江迁分宁的第三个年头,幼时就读于布甲,青年时期随父在侍,之后学习经营之道,凭着智慧和胆识,弃学经商,帮助乡亲们开拓茶叶销路。

到南唐归宋时,黄氏一举成为当地首富,即从布甲迁居双井,购置大量田产,修建高大府邸,耕种勤读传家,开创了以黄姓人为主的、位于明月湾的双井村,双井黄氏由此而来。

在统计双井进士时,编者与撰写其他进士家族一样,一手资料还是以同治《义宁州志》为基础。双井黄庭坚进士家族从南唐黄元绩考中进士开始至清代科举制度终止,州志上记载黄姓共有 54 位进士,为官者多人,这就是位于江西修水双井黄氏家族 1300 年间走出的人才。

黄庭坚靖民书言:"吾侪所以衣冠而仕官者,岂己力哉? 皆自高曾祖以来积累偶然冲和之气,在此一枝耳。"

现将同治《义宁州志》上记载的黄氏进士列表于下:

朝代	序号	姓名	字	生殁	中进士时间	志载页码	谱载页码	官职	双井黄氏世系
南唐	1	黄元绩	尔怡	933—1003	北宋建隆壬戌(962年)间南唐进士	260	23	吏部侍郎	二世
	2	黄元迈	名远	931—?	北宋建隆壬戌(962年)间南唐进士	260	31	居职不详	二世
宋朝	1	黄沔	茂宗	991—1055	大中祥符八年乙卯(1015年)进士	261	24	授崇信军节度判官	五世
	2	黄滋	茂哲	997—1063	天禧三年己未(1019年)进士	261	25	翰林院编修,承事郎	五世
	3	黄注	茂映	1006—1045	天圣八年庚午(1030年)进士	261	29	永兴、公安、南阳等县主簿	五世
	4	黄庠	长善	1014—1039	景祐元年甲戌(1034年)进士	261	39	奉议大夫	六世
	5	黄渭	茂直	1009—1071	景祐元年甲戌(1034年)进士	261	30	朝奉大夫	五世

续表

朝代	序号	姓名	字	生殁	中进士时间	志载页码	谱载页码	官职	双井黄氏世系
宋朝	6	黄淳	茂偁	1003—1068	宝元元年戊寅（1038年）进士	261	27	知剑州、太常寺正卿、尚书职方郎	五世
	7	黄庶	亚夫	1019—1085	庆历二年壬午（1042年）进士	261	43	康州知事、朝散大夫	六世
	8	黄昭	晦夫	1015—1077	庆历六年丙戌（1046年）进士	261	41	监察御史	六世
	9	黄雠	富善	1025—1092	皇祐元年己丑（1049年）进士	261	41	京兆府司法参军	六世
	10	黄浚	茂实	1012—1078	皇祐五年癸巳（1053年）进士	262	30	司理参军	五世
	11	黄序	祖善	1021—1103	皇祐五年癸巳（1053年）进士	262	39	通州通判、大理寺丞加奉议郎	六世
	12	黄孝宽	元泽	1028—1099	嘉祐二年丁酉（1057年）进士	261	62	宣议郎	六世
	13	黄湜	茂荀	1000—1063	嘉祐二年丁酉（1057年）进士	262	26	朝散大夫	五世
	14	黄灏	茂先	1001—1092	嘉祐二年丁酉（1057年）进士	262	28	太子太傅、刑部尚书	五世
	15	黄涣	茂锡	1006—1063	嘉祐五年庚子（1060年）进士	262	28	太学学正	五世
	16	黄廉	夷仲	1026—1092	嘉祐六年辛丑（1061年）进士	262	51	司理参军、太子中允、司农丞、监察御史、秘阁提举、集贤殿修撰、枢密都丞，诰赠户部尚书	六世
	17	黄浃	茂逸	1004—1067	嘉祐六年辛丑（1061年）进士	262	29	翰林院编修	五世
	18	黄公虞	仁仲	1039—1100	嘉祐六年辛丑（1061年）进士	262	37	翰林院学士	七世
	19	黄庭坚	鲁直	1045—1105	治平四年丁未（1067年）进士	262	45	实录院编修、秘书丞、国史编修、叶县县尉、太和知县、起居舍人，故后赠龙图阁大学士,谥文节	七世

续表

朝代	序号	姓名	字	生殁	中进士时间	志载页码	谱载页码	官职	双井黄氏世系
宋朝	20	黄公器	安仁	1049—1120	熙宁六年癸丑(1073年)进士	262	267	衡州常宁县知事	七世
	21	黄培	叔通	1054—1125	熙宁九年丙辰(1076年)进士	262	440	含山知县	七世
	22	黄庾	德量		元丰五年壬戌(1082年)进士	262	772	湘潭知县	六世
	23	黄叔夏	嗣清	1063—1125	元祐三年戊辰(1088年)进士	262	5 553	静州推官	七世
	24	黄叔敖	嗣深	1069—1140	元祐六年辛未(1091年)进士	262	555	户部尚书,迁太子太保	七世
	25	黄成允	元功	1064—1115	元祐六年辛未(1091年)进士	262	64	授朝散郎	八世
	26	黄肩	君倚	1065—1138	绍圣四年丁丑(1097年)进士	262	335	浏阳知县	九世
	27	黄无悔	观复	1072—1140	元符三年庚辰(1100年)进士	263	667	咸宁县尉	八世
	28	黄公概	平世	1058—1129	崇宁二年癸未(1103年)进士	263	68	承议郎	七世
	29	黄彦辅	伯强		政和二年壬辰(1112年)进士	263	11	知扬州府从事郎	八世
	30	黄榛	德秀	1075—1153	政和五年乙未(1115年)进士	263	38	征仕郎	八世
	31	黄沯	承烈	1076—1147	宣和三年辛丑(1121年)进士	263	34	宜章知县	九世
	32	黄无咎	观过	1078—1147	宣和三年辛丑(1121)进士	263	667	奉议郎	八世
	33	黄厷			绍兴四年甲寅(1134年)进士	263	待考		
	34	黄元量	子默	1117—1184	绍兴八年戊午(1138年)进士	263	70	工部侍郎	
	35	黄元之			绍兴十二年壬戌(1142年)进士	263	待考		
	36	黄瀛	阆苑		淳熙五年戊戌(1178年)进士	264	115	翰林院编修、承议郎	十四世

续表

朝代	序号	姓名	字	生殁	中进士时间	志载页码	谱载页码	官职	双井黄氏世系
宋朝	37	黄宋昌	成文		淳熙八年辛丑(1181年)进士	264	71	状元及第,化州推官	
	38	黄实	子先		淳熙十一年甲辰(1184年)进士	264	139	龙图阁学士	
	39	黄遵		1159—1231	淳熙十一年甲辰(1184年)进士	264	待考	朝散郎、秘阁编修、福建盐运使、监管建宁府事	十一世
	40	黄埒	孚之	1159—1231	嘉定元年戊辰(1208年)进士	264	59	福建盐运使	
	41	黄墉	庸之	1162—1223	嘉定元年戊辰(1208年)进士	264	590	巴陵知县	十世
	42	黄德礼	耕之		嘉定元年戊辰(1208年)进士	264	115	官职不详	
	43	黄峦	山甫	1156—1232	嘉定七年甲戌(1214年)进士	264	53	兵部侍郎、枢密副使	九世
	44	黄域	益之	1078—1249	嘉定十六年癸未(1223年)进士			特奏第二、浙江提举	
	45	黄端亮	正斋		宝庆二年丙戌(1226年)进士	264	136	饶州都司	
	46	黄端方	锐咏		宝庆二年丙戌(1226年)进士	264	138	官职不详	
	47	黄时发	清操		宝庆二年丙戌(1226年)进士	264	1142	迪公郎	
	48	黄端简	叔象		嘉熙二年戊戌(1238年)进士	264	1137	官职不详	
	49	黄钾	文子		嘉熙二年戊戌(1238年)进士	264	120	宁都县尉	
	50	黄嵫	子耕	1141—1214	咸淳四年戊辰(1268年)进士	265	55	大理寺少卿、台州知州	九世
元朝	1	黄鸿荐	少洵	1259—？	延祐二年乙卯(1315年)进士			吏部侍郎	

续表

朝代	序号	姓名	字	生殁	中进士时间	志载页码	谱载页码	官职	双井黄氏世系
现将未录入同治《义宁州志》上记载的黄氏进士列表于下：									
宋朝	1	黄公骥	调良	1040—1105	治平元年甲辰（1064年）进士	待考	37	吏部侍郎	
	2	黄公麟	时佐			待考	36	河南开封府尹、朝散大夫	
	3	黄公介	刚中		熙宁九年丙辰（1076年）进士	待考	73	官职不详	七世
	4	黄　介				待考	134	广济尉	十二世
	5	黄大同			治平四年丁未（1067年）进士	待考			
	6	黄　诚	有恭		登宋元符庚辰（1100年）进士	待考	132		十二世
	7	黄　钥	叔问		宋景定辛酉科乡试，次年中礼部进士（1262年）	待考	145	文林郎、知清江县事	十一世
	8	黄　义			崇宁元年壬午（1102年）进士	待考		浙江盐法道	
元朝	9	黄应炎	清颖		延祐二年己未（1315年）进士			西台御史	
清朝	10	黄朝甲	焕荣	1849—1898	清代武进士			御前侍卫	

五大尚书，丕振家声，荣光天下

仿古双井黄氏尚书第

在宋朝之时,双井建有尚书第,顾名思义,尚书第就是纪念双井黄氏一族出了官至尚书高位之人而建,编者查阅各类相关史料得知,黄氏一族不但出了尚书,且有五位之多,称为双井黄氏"五桂"。

黄灏(1001—1092):中雅之长子,分宁双井黄氏五世,字茂先,号实之,双井人,宋嘉祐丁酉(1057 年)进士,太子太傅、刑部尚书。

黄廉(1026—1092):湜公之四子,分宁双井黄氏六世,字夷仲,双井人,宋嘉祐六年辛丑(1061 年)进士,司理参军、太子中允、司农丞、监察御史、秘阁提举、集贤殿修撰、枢密都丞,诰赠户部尚书,有传载州志。

黄叔敖(1069—1140):廉公之子,分宁双井黄氏七世,字嗣深,双井人,宋元祐辛未(1091 年)进士,户部尚书,迁太子太保。

黄应:元绩公之后,分宁双井黄氏十二世,字公符,宋熙宁癸丑(1073 年)进士,翰林学士,户部尚书。

黄勉:元绩公后裔,双井十三世。字子亢,宋绍圣(1094—1098)进士,秘书少监,晋工部尚书。

从五世、六世、七世、十二世、十三世,五人官至尚书之高位,位极人臣。从五人中进士时间来看,从五世黄灏于 1057 年中进士,到黄勉 1094 至 1098 年之间中进士,不到 50 年的时间里,出了五名尚书,并相继任职了三部,且户部尚书有三人任职。

宋熙宁二年(1069 年),皇帝诰曰:"刑部尚书黄灏,文武材全,智仁德备,闻望素隆于朝野,忠贞简在于朕心。似此名贤,宜膺显擢,今特以尔为刑部尚书。"

绍兴二年(1132 年),皇帝敕曰:"咨尔户部侍郎黄叔敖涵养深醇,天资朴实,持大中之理学,制而美锦无惭,操至正之衷补,衮而弥缝必大,文成火藻,欣赡云蒸霞蔚之奇。吉叶茅茹,立睹豹变龙骧之盛。兹特晋尔为户部尚书于戏。"

城北和马家洲航拍

编者认为双井黄氏不但是进士之巨族,亦应是尚书之巨族,这五位尚书不仅在政治和行政方面有成就,而且在艺文等方面也有较高的造诣。一个家族,出了多名正部级干部,倾动朝野,其官声、政绩、艺文,当朝皇帝又常常竖起大拇指点赞,如此之盛誉,称得上是尚书之中的典范,双井黄氏后裔之楷模。

影响之大,贡献之盛,江右无他

黄庭坚像和自作像赞

在双井黄氏家族中,最出名的应是与苏东坡齐名的黄庭坚。可以说,称黄庭坚为旷世奇才,当之无愧。现在修水打出这样一句对外宣传口号:黄庭坚是一位可写大修水,写大九江,写大江西的名人之一。修水是一个出奇才的地方,这个奇字,尤其在黄庭坚身上展现得淋漓尽致,体现得完美无缺,表现得后无来者。称之为奇,查仲道曰:"先生为吾宁先哲,宋室奇才,江本诗祖。其孝友殊笃,其气节特异,其造诣精深,其文章瑰玮。"他还发出了崇拜之言:吾固重表以自勖,而更以勖吾乡之晚生后出者。

曾任江西省政府主席、国民政府常务委员兼军事委员会常务委员的李烈钧所撰《八贤祠志序》称赞黄庭坚曰:"黄文节鲁直,超轶绝尘,苏长公言之矣。自其历馆职,而涪、而黔、而戎、而荆渚、而宜州,政事文章,震古烁今。间发吟咏,亦开西江之派。"

黄庭坚在诗、词、散文、书、画等方面取得了很高成就。黄庭坚与张耒、晁补之、秦观都游学于苏轼门下,合称为"苏门四学士"。黄庭坚的诗,被苏轼称为"山谷体"。黄庭坚的书法独树一格,自成一家,他和北宋书法家苏轼、米芾和蔡襄齐名,世称为"宋四家"。

宋徽宗受黄庭坚影响很大。黄庭坚的书法笔画不受拘束,以大撇大捺、长笔四展见功夫,他写出的横画倾斜不平,竖画虬曲不正,一反前人横平竖直的平淡、呆板的结构。宋徽宗曾观黄庭坚书法后大叹:"黄书如抱道足之士,坐高车驷马之上,横钳高下,无不如意。"

《宋史·文苑传》称"庭坚学问文章,天成性得",陈师道谓其"诗得法杜甫,学甫而不为者。善行草书,楷法亦自成一家"。

北宋文学家周必大也夸他"书法娟秀,不减晋、宋诸贤,自足名世",可以媲美魏晋书法之大家、之名家。

黄庭坚书法特点十分显著,学他的书法就要留心于点画用笔的"沉着痛快"和结体的舒展大度。至于他的草书,赵孟頫说:"黄太史书,得张长史圆劲飞动之意。""如高人雅士,望之令人敬叹。"明王世贞谓其"大书酷仿《鹤铭》,狂草极拟怀素","老骨颠态,种种槎出"。

图一　　　　　　　　　　　　图二

图一为清王澍撰《淳化秘阁法帖考正》一书中关于黄庭坚的史料记载。图二为清光绪八年《黄氏宗谱》中记载周葵撰的《分宁山谷祠堂记》(节选)

清康有为在《广艺舟双辑》中曾评曰:"宋人之书,吾尤爱山谷,虽昂藏郁拔,而神闲意秾,入门自媚。若其笔法,瘦劲婉通,则自篆来。"

在文学界,黄庭坚生前与苏轼齐名,时称"苏黄"。

1105 年,黄庭坚病逝于宜州南楼,享年 61 岁。而后,宋高宗追赠黄庭坚为"龙图阁大学士"。1265 年,宋度宗追赠黄庭坚谥号文节。黄庭坚一生为官清正,治学严谨,以文坛宗师、孝廉楷模垂范千古。

黄庭坚一生始终保有一种豁达、开朗、随性的心态,在其父亲过世之后,家庭经济状况一度恶化,但即使在这一段"至暗时刻"里,年少的黄庭坚还是表现出了难得的豁达,所谓"往在江南最少年,万事过眼如鸟翼",什么艰难困苦全都不放在心上。甚至在第一次会试落榜后,周围有人痛哭流涕,黄庭坚依旧饮酒自若,处之泰然。

这种豁达,伴随他经历了亲人的离别、仕途的挫折,一直延续终生。

在苏氏兄弟连遭贬谪、满朝官员避之不及的时候,黄庭坚依旧与两人保持通信,嘘寒问暖,频频致意。即使是在颠沛流离的晚年,生活相当惨淡,但每到一处贬所,他还悉心为当地年轻士子辅导诗文、书法,被他辅导过的士子全都大有长进。

黄庭坚早年不幸,一生坎坷,但豁达之心,尽可能把善意、正能量传递给世人,才华与人品都值得称赞,被苏轼评价"瑰玮之文,妙绝当世;孝友之行,追配古人"。

修水双井黄氏一门所出的 48 名进士,就占了修水进士的将近三分之一。黄庭坚影响之大,贡献之盛,可谓江右无他。

黄庭坚的一生,穿越千年风尘,依旧熠熠生辉。

如今双井,4A 级景区,游览者众

双井

近年来,修水县双井村通过传承历史文化,做美生态乡村,叫响了修水县生态旅游品牌。2014 年,央视七套《美丽中国乡村行》栏目组在双井拍摄专题片时这样介绍:"双井村有很悠久的历史文化,而且这种历史文化还一直在传承,是一个值得我们去游览的好地方。"

　　2023 年 9 月,中央广播电视总台《山水间的家》主持人撒贝宁、鲁健走进双井,宣传双井进士、双井茶等文化。2024 年 6 月,《一代宗师黄庭坚》纪录片开拍,编者跟随摄制组在修水境内拍摄多天。

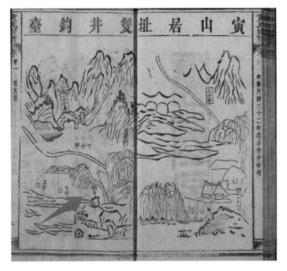

| 图一 | 图二 |

　　图一为民国三十二年《黄氏宗谱》上的双井钓台绘图。图二为民国《八贤祠志》上的双井局部绘图

　　如今的双井村,是国家 4A 级旅游景区和江西省 5A 级乡村旅游景点,其景点有黄庭坚故居、高峰书院、黄庭坚陵园、黄庭坚手书双井摩崖石刻、双井钓鱼台、书院文化展示馆、双井魁星楼、明月湾、十里秀水、双井茶园、进士园、尚贤台、双井街、明月楼、兰草园、松风堂、黄庭坚墓等。

　　黄庭坚故居:占地 970 平方米,展示黄庭坚的生活起居、读书习字、孝亲会友的情景,还有黄氏源流、黄庭坚年谱、家规家训、黄庭坚少年时期的传说故事等。

　　高峰书院:高峰书院是双井的标志性建筑,里面展示了修水历朝历代古书院史料,也是汇聚黄庭坚诗书的地方。双井村以书院为中心,修建了黄庭坚广场。村民又以书院为中心,在四周盖起了仿宋古楼。

　　黄庭坚陵园:由三部分构成,即墓体、墓碑、陵园。墓体坐北朝南,墓前4柱3碑,中刻"宋谥文节黄山谷公墓",两旁刻其传略。大门为牌坊式门楼,内置碑刻式屏风,外筑围墙,植以松柏,占地面积600平方米。1959年9月,被列为江西省第一批省级文物保护单位。

　　进士园:这是双井的主要景点之一,整个园区都采用古典建筑,由双井堂、群贤阁、集英殿三部分组成,有游廊、亭阁、荷塘、雕塑,展示进士群体的成长背景,以及求学的艰辛,引人感慨。

　　明月楼:展示和弘扬古代诗词文化的场所,与圆形特殊古典构造相得益彰,美妙绝伦。

双井进士村明月楼

　　松风堂:以黄庭坚书法为主题的互动空间,可真切感受到大书法家黄庭坚的书法之俊美、人格之魅力。

双井进士村松风堂

　　当前,双井还在不断加大文化旅游和秀美乡村建设力度,其生态优美,景点众多,文化深厚,人文荟萃,历史悠长。其独特景观吸引了众多游客前来参观游玩。

双井进士村魁星楼

相关链接:

黄氏家规:家规之严,家风之正,传承之盛,造就巨族

"十龙及第"和黄庭坚等黄氏后裔接连高中,标志着修水黄氏一族高中进士、官宦迭出已达鼎盛之期。其官宦之家气象大成,家族教学条件也大为改善,应对进士考试的教学经验也日渐积累。其学养灌输蔚成风气。南宋袁燮赞道:"一门兄弟,共学于修水上芝台书院。道义相磨,才华竞爽。"登科者摩肩,名世者接踵,自"双井十龙"后的第六世到第十世登进士者竟达48人,世称双井黄氏四十八进士。其中最为著名、最具影响的当数宋代大书法家、著名诗人黄庭坚。可见这与双井黄氏家族开办书院、重视育才密不可分,但编者认为重要一点的是,黄氏家规之严、家风之正、传承之盛,黄氏家族后裔发奋读书,摘举人,中进士,入仕途,应是极为重要因素。

编者翻阅了近五十本不同时期、不同地方的《黄氏宗谱》,《黄氏家规》都在族谱前几个章节,同时,在双井进士园、修口黄庭坚故里墙壁上均张贴着《黄氏家规》,可见《黄氏家规》在黄姓后裔心中所处的位置和分量。

《黄氏家规》由黄庭坚的曾祖父,为人深沉有谋略的黄中理主持制定,其中包括二十条严肃的家规,涉及重孝、和睦、礼让、崇文、互助五个方面。其强调对待祖宗,犹如水木之源,不可忘也;对待父母,犹如天地之大,务宜孝也;对待兄弟,犹如连枝之人,须互助也;对待邻里,犹如唇齿之依,必相敬也。

黄中理把"读书为本"列为双井黄氏家规二十条的第八条,原文是:读书乃诚身之本,而显扬宗祖之要务也。必岁延名宿,教育后生,务期典籍精通,文章晓畅;更且敦励行谊,以成大器,斯真读书矣。其供应俸仪,俱不可苟。若以供奉菲轻为便,浪延村学,仅图识字,致滋鄙陋,反堕先声。为父兄者,尚其念之。《黄氏家规》对读书的使命、对真读书的释义、对老师的俸仪要求,使得双井黄氏读书传承有了明确指导和制度保障。《黄氏家规》不仅本族奉为祖训,也被当地其他姓氏奉为楷模,世称"黄金家规"。

《黄氏家规》成为黄氏家族后裔的指导思想和精神读本,黄氏家族良好家风代代相传,受此家规、家风涵养与激励,为双井黄氏的进士之巨族、官宦之巨族、兴旺之巨族,打下了坚实的根基。

《黄氏家规》不仅造就了双井黄氏的繁荣,而且由一村一乡辐射到一县一州,乃至更为广泛的地区。同治《义宁州志》记载,仅宋代修水县就有进士152位之多,且影响至今。修水每年高考均有学子考取清华、北大,2023年高考,修水竟有5名学子考入清华、北大;2024年,修水又有8名学子考入清华、北大,再创历史纪录。考研读博者,也日益增多。还有这样一个小故事,印证了外界对修水重视教育的评价。2023年7月上旬,我和同事一行到南昌出差,车子刚到服务区还未停稳时,车内有两位同事将保险带卸了下来,恰此时被交警查到,说未系保险带,要接受处罚。当两位同事掏出身份证时,这位交警说:"呵,你们是修水的,修水出人才,每年总有学生考取清华、北大。"其工作态度很是温婉。

一个家族的家规、家训等力量有多大?励志有多牛?双井黄氏家族宋朝一门48名进士就证明了这一股强大的精神源泉、精神力量,可以说《黄氏家规》的行为准则和准绳造就了这个进士巨族、文化望族、官宦名族、显赫家族。

写到这里,编者还不得不写一下黄庭坚给其子黄相的《家诫》:吾子力道问学,执书册以见古人之遗训。他叮嘱家族子弟云:诸儿莫断诗书种,解有无双耸缙绅。人间卿相何足道,胸次诗书要不忘。真可谓遗子万金,不如教之敦睦。

《黄氏家规》已入选"中国传统中的家规"专栏,由中央纪委监察部网站和客户端同步向全国推出。这是继江西义门陈氏家规后,九江市传统文化精髓再次上榜。

黄氏家族这种正能量的家规、家风、家诫,至今仍有重要教育意义和深远影

响。据说,黄氏后裔正在着手对《黄氏家规》进行"非物质文化遗产"的申报,编者真心期盼《黄氏家规》申遗一举成功。

附录

双井黄氏黄金家规(节选)

一、人有祖宗,犹水木之有本源,不可忘也。祖宗不可见,可见者坟庙而已,见坟庙如见祖宗焉。吾族宗祠务宜及时修整,勿致破损倾颓。……此永言孝思之第一义也。

二、父母罔极之恩,同于天地。凡我子姓亲存者,务宜随分敬养。至于亲殁葬祭,虽称家之有无,然大礼不可缺也。否则,无亲之人近于禽兽,众相攻击,毋或有恕。

三、兄弟者,同气之人也。方其幼也,无不笃于友爱。及各妻其妻,各子其子,其不至渐流于哀薄者几稀矣……

四、子弟凡行坐出入,必后长者。……其尊长亦不得以尊压卑,以长凌幼……

五、邻里乡党之属,非我亲戚即我友朋。其有年高德重者,又我父兄之亲戚友朋也。凡我子姓于往来交接之际,宜父事者父事之,宜兄事者兄事之,宜肩随者肩随之,务使情意周浃……

六、匹配之际,乃生民之始,万福之原,不可不慎。今后子姓凡议婚姻,必择其门第相当,察其妇与婿之性行果淑,然后通以媒妁,成以六礼。庶号良缘,而非怨耦。

七、朋友居五伦之一,人生所不能无。曾子曰:"以文会友,以友辅仁。"孔子曰:"毋友不如己者,盖言友贵于择也。"……反不如离群索居之为愈矣……

八、读书乃诚身之本,而显扬宗祖之要务也。必岁延名宿,教育后生,务其典籍精通,文章晓畅;更且敦励行谊,以成大器,斯真读书矣……

九、族众人繁,贫富不齐,势所难免。吾族倘有窘迫之家,生不能娶,死不能葬者,在家饶者,当仰体祖宗一脉之意,量力助之。此厚道也,量祖宗必有冥报。至于无告之四民,虽属秦越,犹当收恤,况同族乎?家饶者毋得坐观失所,以玷先人。

十、衣食者礼义所由兴,而农桑者又衣食所由赖。富先于教,圣贤之明训也。奋耳提面命矣，何得鄙为俗件而不为乎？凡我子姓务宜勤以开其源，俭以节其流，庶仰足以事，俯足以畜，而冠婚丧祭皆有资无憾矣！

十一、条漕者小民之正供，所以报效朝廷者也，虽尧舜之君亦不能免！……即小民一岁之中，公事既毕，亦有余力以治私事，乘屋播谷，何等从容，是一举而三善备焉。嗣后，吾族中富者固不得恣意拖欠，即使贫者亦不得借口艰难，如有此等，不待官法之加，先以家法正之，以彰吾族急公之义也。

十二、行者让路，耕者让畔，文王之化行俗美也。近世有在同族之间，寸土不能相让者，已称鄙陋之夫。况倚富欺贫、恃强凌弱、巧设机关、侵占争夺，天理良心，果安在乎？吾族倘有此辈，讦告公庭家长，公证其罪，以遏浇风。

十三、十年之计树木，乃王政也。孟子曰：斧斤以时入山林，则材木不可以胜用。凡我子姓务宜互相禁蓄，以备宫室器皿之资。毋得非时砍伐，更不宜纵火焚烧，不特伤残薪木，而且昆虫鸟鼠焦土无遗，实干好生之德，戒之，戒之。

十四、吾族中有富有贫，固理势之自然也。或先贫而后富，或先富而后贫，亦往往有之。凡一切买卖放借，务宜按理推情，富者不得违制取利，贫亦不得恣意拖骗致乖。

十五、酒以为人合欢。凡养老娱宾及日用常行，皆不能免。……凡我子姓除合欢成礼外，如有痛饮无节，致蹈前愆者必惩。

十六、讼非得已，即理正情真。而缠扰不休，仁人君子犹或恶之；况无理无情，专事罗织以为能者，不尤可恶乎？凡我子姓如有武断乡曲，日履公庭者，众相攻击，毋长刁风。

十七、赌博迷人，甚于酒色。盖小则废时失事，大则荡产倾家，甚至为非作歹，玷污先人，悉由于此。……凡我子姓有不务四民常业，而喝雉呼卢，无冬无夏者，查出送官重究。

十八、男正位乎外，女正位乎内，易言之矣；男女授受不亲，礼言之矣；皆所以谨其别也。盖闺门为王化之始，闺门肃，则百度贞，则嘉祥至。昔人以麟趾为关雎之应洵，不诬也。此无论大家细户，公宜致谨者，不独吾族为然也。凡我子姓其毋忽焉。

十九、擅取田园瓜果，律自有明条。古人瓜田不纳履，李下不整冠，嫌疑犹当避，况公然挈取乎？每见人家有犯此者，辄以为小儿寻常之事，而不知实为他日窃盗之阶。盖思天地之间，物各有主，他人取我之物，我必不平；反而挈之，则

我取他人之物,而谓他人能平乎?嗣后吾族倘有犯者,姑置小儿,先责父兄,问以不训束之罪。

　　二十、吾族附近桥梁道路,每岁秋末冬初,务宜修理。盖不特便于行人,抑且便于自己;又不特便人便己,盖桥梁整顿,道路宽平,往来行人增多少叹美,地方气象增多少光昌。识者于此,觇其有兴旺之机焉?毋得视为末务。

乾隆二十二年丁丑岁(1757 年)孟秋月上浣日　　冲和堂重立

黄氏后裔游览黄庭坚故里——双井时,认真拜读《黄氏家规》

第三节　长茅余氏：巨族盛名，卓烁古今

在一个家族的谱系、诗文或跋中，一代抗元名将余玠称"三太守五尚书，官声前世播皇都"；大文学家欧阳修来一句"兄弟九人同虎榜，尚书六代著当今"；大诗人、大文豪、大书法家黄庭坚点个赞，"余氏衣冠之荣甲于修水，余氏名节之高甲于江西，余氏之繁甲于天下"；朱熹喊个话，"显江右之文献，竖豫宁之望族"；一代名臣、资政大夫祝彬称一声，"余氏衣冠之荣，修水未有出其右者"；一代清廉右丞相章鉴呼一个，"余氏续忠厚之传，名节著党籍，文章魁大廷，簪笏蝉联，麾节相望，世系之繁，仕禄之盛，越数百年如一日，大抵本之于忠孝，持之以笃实，济之以诗书礼乐，故文章著，事业显，气节称"；章鉴又曰"修水文明盛世，衣冠之族望者，余族盖诸族之佼佼者"。

文化大咖或是居高位者，如此称赞一个家族，这些称赞语已成为余氏家族传承的文化坐标和文化血脉。这是修水前所未有的，研究和考证余氏进士才知这样"牛气"。

长茅余氏宗祠航拍全景

民国丙子年修的《余氏宗谱》卷首序中记载黄庭坚跋的珍贵文献

在这个家族里的人，宋真宗称赞余奭："先帝旧臣，当朝元老，左右厥辟，绩用有成，朕方倚以为重。"神宗称赞余良肱："往者治事渠议，事虽不行后议者，后议者称允惬。"宋哲宗称赞余彦明："修江毓秀，古艾钟奇，掇巍科于妙龄，名高玉

署;著清风于仕路,宠溢金瓯。"理宗称赞余玠:"性本公忠,才兼文武,渊源可溯,鹿洞之青毡未寒,战守皆优。鱼山之红粟伊迩,礼士而筑招贤之馆,士气欢腾;驱凶而取夜父之元,奸人胆落;兵威震于边境,三十六战无不斩将搴旗;仁爱被于里间,东西两川复见和风丽日。"

高高在上的一代帝王,如此称赞余氏家族之重臣,也应是修水前所未有的。这个家族,就是修水十里长茅余氏之巨族。

跨过岁月沧桑,穿越千年时光,修水长茅是一个什么样的地方?为什么它成为全国余氏后裔向往拜谒之地?谁是迁入修水的余氏始祖?修水余氏考取进士多少人?三太守和六尚书是哪些人?兄弟九人同登龙虎榜指的是哪些人?黄庭坚笔下"长茅三神童"又神在哪里?余氏盛世之族的文化血脉又是如何造就和传承至今的?编者带着这些疑惑去寻找答案,入长茅实地寻访,访余氏后裔确证来源,查族谱寻觅史料,通过近半年时间考证,略有收获,遂成文以记之。

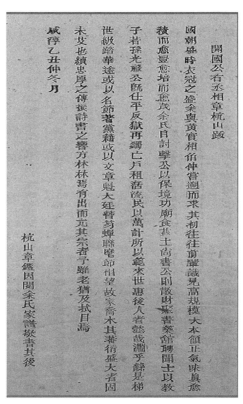

民国八年《长茅余氏宗谱》上记载章鉴所撰的跋

修水长茅是一个什么样的地方?

编者从 2001 年 12 月调至修水报社从事记者工作,采访、送文化下乡活动、陪文化学者等至今到黄沙长茅已有 12 次之多,每次来到长茅总有新的发现、新的体会、新的感悟。

长茅,与修水双井、漫江尚丰、西港湾台、白岭泰清、何市松林等出进士家族的地方一样,是个有故事、有古迹、有传说、有文化的地方。长茅虽未像双井那样得到旅游开发,但编者认为今后长茅,其山峰特美,其秀水特清,其民风特淳,其古迹特殊,其文化特异,其传说特奇,其进士特多,将独秀于江右,震撼于华夏!

不管长茅美不美,请先读宋礼部尚书余玠的两首诗:

长茅秀水

素练平拖绕涧流,几弯屈曲碧悠悠。

金波晃漾光摇月,玉宇清涵冷侵秋。

不但濯缨歌孺子,还堪洗耳学巢由。

吾门今古钟斯秀,定有儿孙展大猷。

南涧温泉

甲第居连南涧东,温泉涌出气冲冲。

胚胎天地中和气,酝酿江山造化工。

涤暑自非匡阜瀑,浴沂惟许舞雩风。

吾家世袭忠良孝,拟作汤盘问此中。

从这两首诗的"素练平拖绕涧流,几弯屈曲碧悠悠。金波晃漾光摇月,玉宇清涵冷侵秋"和"胚胎天地中和气,酝酿江山造化工。涤暑自非匡阜瀑,浴沂惟许舞雩风"诗句中,就知道这个地方不一般,从"不但濯缨歌孺子,还堪洗耳学巢由。吾门今古钟斯秀,定有儿孙展大猷"和"吾家世袭忠良孝,拟作汤盘问此中",还有"尚书勋业云霄近,博士文章岁月赊。更有神童清觉在,敢将诗兴发天葩",就知道当时居住在这里的余氏家族不一般。

在民国八年撰的《余氏宗谱》旧谱《重修州祠碑记》中有这样一段话称赞长茅地域之美:义宁据山水之胜,至宋钟灵修江以南,则长茅为最……天马腾空,丹凤崎秀,一时人文蔚起,功德文章,彪炳史册,讵徒以尚书太守簪缨满门,后先辉映已也,灵爽有赫数百年。

现在黄沙镇瑶村,就是史称分宁安乡十二都,因在五代十国乱世之时有一从安徽外迁的姓氏定居于此地,在伐柏建宅时,竟发现"柏树内空丈二,生长茅丈二",故以此为名"长茅堂",是长茅堂余氏的发源地。其位于黄沙镇东部,距集镇 20 公里,离修水县城 35 公里,东南与黄港镇、东北与黄坳乡山水相连,西北与本镇汤桥、石嘴两村相毗邻。

编者在长茅考证时,得知长茅有天马驮印、仙人峰等十八峰,有勒马山、帽山、旗山等山,有仙人潭、剑谷,有水井九口,还有"夜合山"嘴、"三阖手"山坳、余氏始祖墓、乌龙墓、八米古桥等。

畅游长茅,见其山幽涧碧,云烟缥缈,其石则如圭如璋如鱼,其溪则有秀水萦绕十余里,是一个十八座奇峰环抱、七个乡村围绕的秀美山村。山水之奇,不可名状。

天下余氏出长茅。加之长茅之进士文化、官宦文化,每年有大批余氏后裔和其他姓氏的人纷至沓来,一睹长茅风采,聆听长茅风月,寻访长茅神迹。

图一　　　　　　　　　　　　　图二

图一为 2006 年 5 月 6 日在余氏祠堂前拍摄的中举人的旗杆石。图二为 2023 年 9 月 10 日在余氏祠堂前拍摄的中举人的旗杆石

修水余氏始祖是谁?

时针逆转到公元 875 年至公元 907 年。在晚唐哀帝天祐四年(907 年),22 岁的安徽休宁人余良高中进士,被朝廷派遣到洪州分宁(今江西修水县)任县宰,但编者查阅同治《义宁州志》,并未有余良在修水任县宰的记载。

余良在修水任上的五年时间,革除陋习,勤勉理政,且为人正派,办事公道,深得全县百姓的拥护和爱戴。

图一　　　　　　　　　　　　图二

图一为同治八年《余氏宗谱》的珍贵文献记载。图二为民国八年《长茅宗谱》上记载的《长茅余氏世系图说》(节选)

坐落于黄沙长茅的余良公墓地

因有政绩,余良被调到江州(今九江市)担任刺史要职,但也有记载其为洪都刺史,那时刺史,可谓是权倾一方的封疆大吏。但编者查阅了同治、乾隆多个版本的《德化县志》《南昌县志》《南昌府志》《江西通志》,均没有余良担任刺史的记载。可能是因年代久远而难寻其记载,或是因当时处于战乱之中,未修志史而遗漏。后余良再次升任工部尚书,可惜,因大唐江河日下、土崩瓦解,加之五代十国乱世,民不聊生,他空有一番抱负却无处施展,并因农民起义,朝中动乱,不得已从京辞官回乡。

同治八年《余氏宗谱》上记载
余良迁修的文献(节选)

同治八年《余氏宗谱》上有关余良的文献记载

余良回到安徽休宁，正是战乱之时，为了保护好家人，余良、余从、余衮三兄弟商议，全部举家外迁。编者有个惊人发现，其三兄弟各奔东西之前，应该相约好了各自遇到好江好水的地方立家创业，故他们三兄弟最后落脚安家的地方均与江有关。余良徙修江，余从定曲江，余衮迁钱塘江。这一点也与修水余氏后裔外迁长茅时，相约地逢"坪"而居，有一脉相承之处，才有后来中州坪、石坪、东坪、高坪、升坪五坪之始祖。

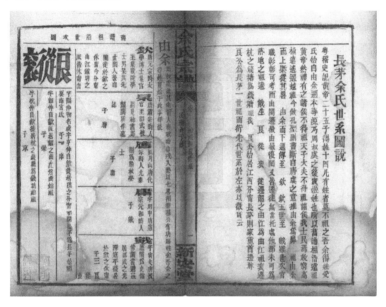

民国丙子年《余氏宗谱》卷一始祖源流世系上记载的《长茅余氏世系图说》

余良想到自己为官之地修水大山深重，山川秀美，土地肥沃，民风淳朴，少有战乱，遂携父亲余戬和妻儿，从休宁直赴修水。经过几个月长途跋涉，余良再次来到了远离老家七百余里的江西修水，并落户在四周青山如黛、溪水似镜、乡风淳朴、人情味浓的安乡十二都（今黄沙镇瑶村与黄坳乡交界处）一个叫安居坳的地方。

一家人遂安顿于此。余良在这上无片瓦、下无寸土之地，带领着家人建草舍，垦荒地，种粮棉，克勤克俭，任劳任怨，无怨无悔，为家族在这个地方立足立下了汗马功劳。余良就是余氏迁修水的首迁祖，为长茅一世祖。余良公墓铭曰："松柏常滴翠，江河永迢迢，日月耀寰宇，奇峰插云霄，唯公之德厚，两基遇仙诏，紫云安瘗玉，竖宅播长茅，山川钟灵秀，蕴育众英豪，进士九人同虎榜，尚书六代佐君朝。"

湖北省"谏草堂"谱载有良公像赞曰:"惟公诞降,宇宙包孕;清明在躬,志气如神;上接太忠,下启五坪;祚世云礽,俎豆维新;长茅仙迹,芳懿垂馨;义瞻万代,英灵在天。"

民间传说中有十个阎王,其中第三个是宋帝王。这不是宋朝的帝王,与宋国也没什么关系。宋帝王是唐朝的江州刺史余良,字宁仲。他生前疾恶如仇,死后被百姓尊称为宋帝王。他性情仁孝,心地纯净,明察秋毫,对邪知邪见、荒诞不经、忘恩负义、嗜杀成性、残酷狠毒、为恶狡辩者,概不宽恕,将其关押在第三殿受刑,刑满再押往第四殿受审。

根据人物性格,推测他是唐僖宗时的江州刺史余良,"理狱辄活数千人"。办案子能救数千人,这个专业素养就十分过硬了。这些人如果落在昏庸官员的手里必死无疑,幸好是他办案,才没有造成冤假错案。

余良死后,宋朝皇帝赐封他为"刑、礼二部尚书",死后成了阎王也算有理有据。

余良迁到安居坳十余年后,大弟余从携母迁往广东韶关之曲江,二弟余衮迁往浙江钱塘,创业于钱塘江,分别成为余氏迁广东韶关、浙江杭州钱塘江之始祖。

余从迁广东韶关,余衮迁浙江钱塘,是不是在修水居住了十年,再迁这两个地方,有待今后考证。多部余氏家谱记载,三人分别从休宁分迁修水、曲江、钱塘定居创业。

民国八年撰的《余氏宗谱》旧谱系中,六世孙江西运管、明州太守余爽说道:"盖唐室之季,国事多艰,势不能相聚,兄弟三人各徙州郡以居。"

据谱记载,至唐末宋初,余氏已遍布于长江流域,尤其是闽、赣、浙、鄂等地发展迅速,初步奠定了今天余氏所分布的框架。天下余氏出长茅,1100余年间,余氏繁衍生息,人数有200余万。

修水余氏考取进士有多少?

担任过工部尚书的余良深知,要想家族兴旺发达,后裔必须走从仕之路。仕宦之路,必须先要考取进士。余良在任分宁宰时"修学馆以育人才",之后创办中州书院,它是长茅余氏开设最早的一所书院,为始迁祖良公所创。该书院置于阴阳两穴相望之中间旁河边,故名中州。余良延请名师办私塾,让子弟入学就读,主要是为了培养余氏后裔,也对当地开放,尤其穷家子弟可以免费就读。其时,长茅余家所有步入仕途者无不出于此。宋礼部尚书余襄的长茅八景诗之五有"诗书继述旧儒家,屋构中州傍水涯。……尚书勋业云霄近,博士文章岁月赊。更有神童清觉在,敢将诗兴发天葩"之句。中州院在当时分宁享有盛名,有"藏书万卷,门生三千"之誉。之后,又有余氏后裔彦伦、复卿分别在长茅和修水全丰建了青青轩、一经楼两大书院,为本姓与地方其他姓氏培育了大量人才。

数百年间,余氏科甲连珠,高官辈出,名震华夏。1179 年余氏《重修宗谱序》中,朱熹言:"余氏簪缨继世,官员蝉联,公侯以武备扫灭,大夫以文士安邦,运筹帷幄之中,宣威沙漠之外。……田连阡陌,粟集万钟。父子联科,仕途起显。"

编者查阅同治《义宁州志》卷十九选举志中的进士,从唐到元有记载的余氏进士共有 18 名,现辑录如下。

良肱,字康臣,江西修水长茅人,襄之子,宋仁宗天圣二年甲子宋郊榜进士,赐工部尚书,入《中国人名大辞典》(长茅余氏御笔亲封四代五尚书之一)。

余高,字子昂,良肱子,宋仁宗庆历六年丙戌贾黯榜进士,授归州司户。

民国丁巳年重镌的《余氏宗谱》卷一选举中记载"选举"的珍贵史料

从周,宋仁宗皇祐元年己丑冯京榜进士,授上骑都尉,知常州事,吏部侍郎。

仲荀,字师醇,长茅人,宋仁宗嘉祐二年丁酉章衡榜进士,御史中丞,金紫光禄大夫。

余宏,字延之,江西分宁人,良肱侄,宋神宗熙宁三年庚戌叶祖洽榜进士,任建昌知县,与双井黄公器为同榜进士。

彦明,字晋叔,江西分宁人,良肱孙,宋神宗元丰八年乙丑焦韬榜进士,太常

博士,东京提举,河北东路刑,吏部侍郎,官至礼部尚书(长茅余氏御笔亲封四代五尚书之一)。

彦直,字叔温,江西分宁人,彦明之弟,宋哲宗绍圣四年丁丑何昌言榜进士,授承议郎大名府士曹。

持中,字祖圣,江西分宁人,宋哲宗绍圣四年丁丑何昌言榜进士,官北京士曹。

余赟,字祖传,江西分宁人,宋哲宗绍圣四年丁丑何昌言榜进士,授赣州石城县知县。彦直、持中、余赟三人均为宋哲宗绍圣四年丁丑何昌言榜进士,与帅杨、黄肩为同榜进士。

惠迪,字符吉,江西分宁人,新建籍,宋徽宗政和五年乙未何㮚榜进士,徽宗朝官至邳(石)城知县。

彦恭,字敦礼,江西分宁人,宋徽宗宣和三年辛丑何涣榜进士,官至醴陵知县。

余充,字伯光,江西分宁人,宋徽宗宣和六年甲辰沈晦榜进士,修职郎,官至南康县知县。

余澹,字安道,江西分宁人,宋徽宗宣和六年甲辰沈晦榜进士,朝请大夫,知楚州。这一榜修水考取两人,就是余充和余澹。

余松,字茂老,江西分宁人,良肱之曾孙,宋高宗绍兴二十一年辛未赵逵榜进士,文林郎、江东提举,刑狱司干办公事,官提刑。

余深,字仕老,江西修水人,彦直之侄,宋高宗绍兴二十一年辛未赵逵榜进士,特奏名通直郎,湖南抚干。这一榜长茅余氏两人同榜。

应龙,字中之,江西修水人,宋理宗淳祐十年庚戌方逢辰榜进士,特奏三甲迪功郎夷陵主簿。

炳发,江西修水人,宋度宗咸淳元年乙丑阮登炳榜进士。

余贞,字复卿,元代宁州(今江西修水)人,元泰定年间(1324—1328)进士,官翰林修撰,主编宋、辽、金三史。

余贞,事父孝,每事必咨禀而后行。授上海丞,知枣阳县,皆政声闻四方,学士执经从者甚众。为翰林院修撰,在宋、辽金、三史成书后归养,途闻父讣,痛哭跣("跣"音先,光着脚之意)行数百里居丧,哀毁骨立,未几疾而卒。在故里修水全丰创办一经楼书院,名入《中国人名大辞典》,有传。

编者查阅同治《义宁州志》卷十九选举志中的举人,从唐到清有记载的余氏举人有 18 名。

宋朝余氏举人：

宝元二年己卯解试。

余亶，字子厚，良肱长子，授高安县知县，历循州知州。

余挟，字子秀。

余瀛，字先登，亚魁。这一年修水仅三人中举，全部为余姓。

皇祐(年份不详)解试。

彦功，字成初，彦明弟，良肱孙，仁宗朝皇祐四年乡试中式，授光山知县。

廷老，字寿卿。

嘉祐五年庚子解试。

良弼，字成国，良肱弟，授盱眙县知县。

图一　　　　　　　　　　图二

图一为道光四年《义宁州志》上记载余良弼所撰《旌阳山》诗和《训子》诗。

图二为民国丙子年修的《余氏宗谱》卷首人物类上记载余良弼的珍贵文献

余良弼，幼聪敏绝伦，读书过目不忘，不再看第二遍。弱冠时已有高蹈远引之志,乃优游泉石吟咏以自乐。其诗汪洋而缜密,得李杜之法。其人其诗均载入明朝钦定四库全书的《万姓统谱》卷八中。

余常,字申甫。

元祐五年庚午解试。

彦伦,字景东,这一年修水仅两人中举,均为余姓。

元朝余氏举人:

泰定三年丙寅乡试。

余贞,考取进士。

明朝余氏举人:

洪武十七年甲子乡试。

余善,考取进士。

成化十年甲午乡试。

余溉,孝丰知县,有传。

万历元年癸酉乡试。

余学贤,字克斋,州治后山人。

万历三十一年癸卯乡试。

余应旃,字伯常,州治后山人。

余学申,字申生,山东观城知县。

余学申,号思古,幼聪颖,不群质,直博学,其父家贫,欲以屋召赁,命作破题。申年甫九岁,即矢口云:旷安宅而弗居求善贾而沽,诸饩庠

余溉高乡人成化甲午乡荐浙江孝丰知县廉静寡欲政先收爱至杵义所不可屹有丞暴虐即白当道斥去之守干以私峻拒之寻相许俱罢溉归百姓遮留囊无余赀食贫二十年足不履公府卒年七十有五

義寧州志【卷二十二】人物志官業

更多

余溉高乡人成化甲午乡荐浙江孝丰知县廉静寡欲政先收爱至杵义所不可屹有丞暴虐即白当道斥去之守干以私峻拒之寻相许俱罢溉归百姓遮留囊无余赀食贫二十年足不履公府卒年七十有五

道光四年和同治《义宁州志》上记载余溉的史料

序,岁科屡获前茅,知州方公沇甚尊礼之,领万历癸卯乡荐,授观城知县,政尚清卓,有贤声,秩满归家,两袖清风,谓有古君子风。

万历三十四年丙午乡试。

余学经,字江右,登州府通判。

乾隆十五年庚辰恩科乡试。

余芬,字初,号雪泉,泰乡人,陕西山阳知县。

乾隆四十二年丁酉乡试。

余自振,字奠高,号仞山,泰市人,吉水教谕。

　　根据同治《义宁州志》之十九选举志举人卷中所知,共有 18 名余氏高中举人。其他未载入其中,应该也不在少数。故有十三世系元朝进士复卿称之为"登科入贡知郡宰邑者项背相望"。

　　编者在同治《义宁州志》之十九选举志进士卷、《江西历代进士名录》和民国八年编撰的《余氏宗谱》中均没有找到上面进士的记载,而 2008 年出版的《中华余氏总谱》中,余氏自唐到明代,除有上面进士的记载外,还有其他进士的记载。编者认为存在这个现象,一是可能在修志史时,因交通、通信不畅,未能与余氏宗谱和余氏后裔相核对,出现进士"谱多志少"的现象。二是可能这些进士不是全部通过殿试所认定的进士,家谱亦将其收录在家谱中,而志史却未收录。但为什么民国八年编撰的《余氏宗谱》却与同治《义宁州志》编撰的相符,这一点可以解释过去,民国八年编撰的《余氏宗谱》在同治《义宁州志》编撰之后,可能当时所选入的余氏进士就是以同治《义宁州志》为资料来源。三是还有当时所报籍贯不是在修水,但他的确出自修水余氏后裔,志史未编入其中,而家谱是必须编入的。编者在研究时,发现其他姓氏大部分存在"谱多志少"的现象。

　　现将《中华余氏总谱》中所记载的进士列举如下:

　　余升,字刚仲,江西分宁(今修水)人,唐代进士,赠光禄大夫、大理寺评事。

　　余侃,字良友,长茅良公第五子升之子,宋代进士,北宋乾德二年官御史中丞,升户部尚书,左仆射同中书门下平章事(长茅余氏御笔亲封四代五尚书之一)。

　　仲吉,江西分宁人,宋真宗朝咸平三年陈尧咨榜进士。

　　从固,江西分宁人,良肱孙,宋仁宗朝皇祐元年冯京榜进士,官至吏部侍郎。

　　余旦,字景耀,江西修水长茅人,宋代进士。

　　余奭,字希召,江西修水长茅人,唐天复四年(904 年)甲子进士(长茅余氏御笔亲封四代五尚书之一)。

　　余恕,字均容,江西修水长茅人,宋代进士,刑部尚书(长茅余氏御笔亲封四代五尚书之一)。

　　余鄩,字亶,江西修水长茅人,良肱之子,宋代进士,名臣,官至太守(长茅余氏御笔亲封一门三太守之一)。

　　余下,字洪范,修水长茅人,良肱之子,宋代进士,官至太守,著《西山十二真君传》二卷,名入《中国人名大辞典》(长茅余氏御笔亲封一门三太守之一)。

江西通志卷一百六 藝文略 子部二 羊

鍾呂傳道記（一作真仙傳道集）三卷 華陽真人祕訣一卷 施

肩吾撰（書錄解題 字希聖洪州人） 白志

西山羣仙會真記五卷（四庫全書存目提要舊本題華陽真人施肩吾撰書中引海蟾子語海蟾子劉操遼時燕山人在肩吾之後遠矣殆金元閒道流所依託也）

南唐（缺）

論氣正訣一卷 何溥撰（十國春秋 字令通宜春人 讀書十代文獻略撰其字爲會通）

宋

西山十二真君傳二卷 余卞撰（宋史余良肱附傳 卞字洪範分寧人）

翊聖保德傳三卷 七元圖一卷 王欽若撰（郡齋讀書後志 宋）

图一

西山十二真君傳序　余卞（洪範）

晉許真君敬之師弟十有二人斬蛟治水拔宅飛昇頌祝於豫章人士數百載不替惟晉書藝術傳述吳真君不述許真君世之君子或滋疑焉先光祿公（名良肱）提舉洪州玉隆觀卞侍温凊暇日繙檢觀中道藏經得唐真人胡惠超西山十二真君内傳一卷楷灋極妙蠹簡不全光祿公命卞足成之庸竭愚悃訪諸故老採諸羣冊閱歲餘而是傳告成擬胡真人本增多三卷記曰能禦大災則祀之能捍大患則祀之若十二真君豈非可祀而尤可傳者哉光祿公聞而欣然曰使人讀之飄飄然凌雲如欲仙去吾不負提舉矣吾不負提舉矣十二真君者南昌許遜字敬之西安吳猛字世雲蜀川陳勳字孝舉廬陵周廣字惠常泗水曾亨字典國鉅鹿時荷字道陽豐城甘戰字伯武黃仁覽字紫庭沛郡施岑字太玉蘭陵彭抗字武陽南昌盱烈字道微鍾離嘉字公陽

義寧州志 卷二十九 藝文序 二 五百三十

图二

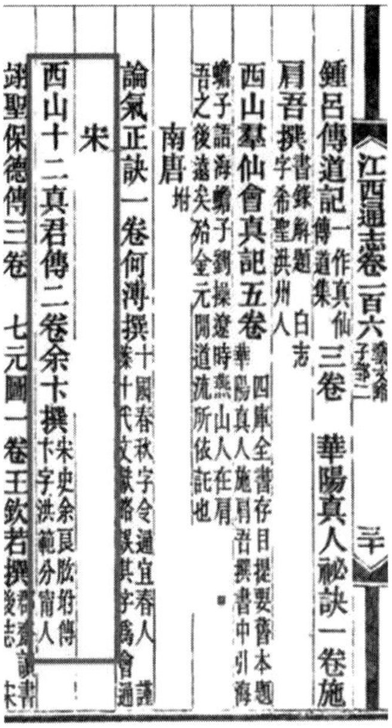

图一为光绪六年《江西通志》卷一百六艺文略上记载的余卞《西山十二真君传》。图二为道光四年《义宁州志》卷二十九艺文序上记载的余卞《西山十二真君传序》

余爽，字荀龙，江西修水长茅人，良肱之子，宋代进士，官至太守，名入《中国人名大辞典》（长茅余氏御笔亲封一门三太守之一）。

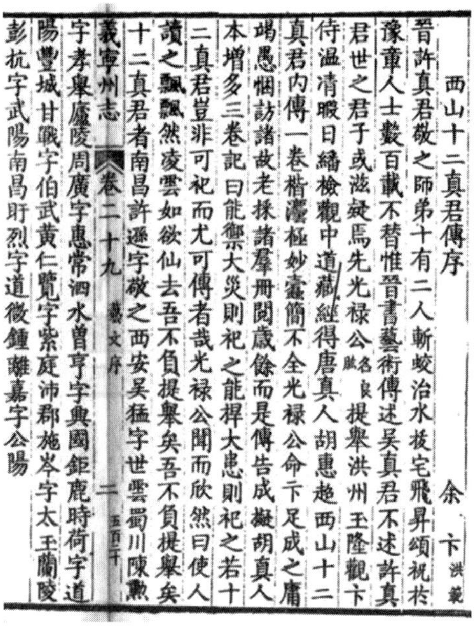

余器，字符长，江西修水长茅人，宋代进士。

良基，字绍先，江西修水长茅人，宋代进士，太学内舍生。

以时，字达可，江西修水长茅人，宋代进士，任信丰知县。

彦伦，字秉，江西修水长茅人，良肱之孙、黄山谷内弟，宋代进士，授信封州判。

震翁，字鲁伯，江西修水长茅人，宋代进士，广东南海知县。

余焕，字济仲，江西修水长茅人，宋代进士。

肃之，江西修水长茅人，良肱之三子，宋代进士，以公荫任南海县尉、湖州录事。

余审，字熙载，江西修水长茅人，良肱仲子，宋代进士，以父荫任校书郎、永修县尉、岳州判官。

余汉，字文举，江西修水长茅人，宋代进士。

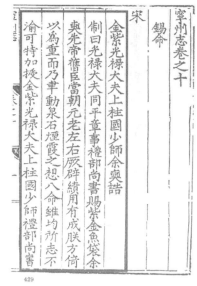

图一　　　　　　　　　　　　　　　　　图二

图一为道光四年《义宁州志》卷三十艺文诗中记载的僧善权《酬余荀龙》诗和《天台山志》中余荀龙诗三首。图二为天一阁藏明代方志选刊续编《宁州志》卷十上记载的余爽诰命的影印史料

余儿，字明甫，江西修水长茅人，宋代进士。

余衮，字叔宜，江西修水长茅人，良肱七子，宋代进士，以父荫授贵溪尹。

仲炬，江西修水长茅人，元代进士。

余钢，字仲坚，江西修水长茅人，元代进士，有大才，浙江会稽县丞。

庭杰，江西修水长茅人，元代进士，任监察御史。

天爵，江西修水长茅人，元代进士，任保宁府知。

功正，字廷直，江西修水长茅人，元代进士，任湖北荆门州同知，升四川叙州府通判。

功彩，字廷辉，江西修水长茅人，元代进士。

余理，字朝正，江西修水长茅人，元代进士，无极知县。

一门三太守和四代五尚书是哪些人？

南宋名人朱熹在宋孝宗淳熙六年(1179年)为余氏所写的《重修宗谱序》中说："'御笔亲封'一门三太守廉保重名之振，四代五尚书能为帝王分忧，守俸禄如井泉，抚百姓如赤子，显江右之文献，竖豫宁之望族。"编者在清明节拜谒长茅余姓始祖余良墓时,后人还在石柱上刻有"一门三太守,四代五尚书"对联。

一门三太守是三位什么样的人?一门三太守,就是一家出了三个太守。这三位太守分别是余郸、余卞、余爽三兄弟。

余郸,字亶,江西修水长茅人,为良肱之长子。宋代进士,名臣,官至循州太守。

余卞,字洪范,江西修水长茅人,为良肱之五子。宋代进士,官至杭州太守,著《西山十二真君传》二卷,名入《中国人名大辞典》。

2008 年编撰的《中华余氏总谱》中《余卞公传》记载,余卞,博学多大略,曾为唐州判官、湖北安抚司勾当机宜文字,寻知沅州,加奉议郎。先是,良肱为鼎州推官,五溪蛮叛,良肱运粮境上,周知其利害,上书朝廷,言不如弃其地而抚之。当时良肱议未果行,及蛮叛,杀沿边巡检,断渠阳道,扼官军不得进,卞适使湖北,帅即令卞节制诸将,为设方略。阴选("阴选"此指选的死尸)死士三千,夜衔枚绕出贼背,伐山开道,竟入渠阳。黎明整众出,蛮大骇,尽锐来战,奋击大破之。鼓行度险,七遇七胜,斩首数千级,蛮遂降。诏废渠阳军为寨,尽拔居人护出之。绍圣初(1095 年)论废渠阳罪,免归。徽宗复起,管勾玉隆观。未几,复渠阳为靖州,又论前事免归,终于家。安石变法,公已不平,及颁布新法,经议乃愤然曰:"尚可以治经为哉!"遂弃官归。后蔡京修安石旧政,立元党人碑而置公于文臣之列。

余爽,字荀龙,江西修水长茅人,良肱之子,宋代进士,为良肱之六子,官至明州太守,名入《中国人名大辞典》。

2008 年编撰的《中华余氏总谱》中《余爽公传》记载,爽尚气自信,不少贬以苟合于世。防斋叶维华跋曰:"余氏衣冠之盛者久,虽然簪缨之盛世,亦未始多见,今杭州太守卞、明州太守爽,皆以不附权奸入元祐党籍中,此端人正士之佼佼者,岂徒志尊贵利达比哉!"

爽幼性即孝,上事父母,下及昆玉,孝友之声,闻于内外。母永安郡夫人,痫疾苦剧,爽不脱衣冠侍越月。兄弟七人庭无闲言。闻亲讣,痛悼不食而卒。

长茅余氏御笔亲封四代五尚书是哪些人?

余侃,字良友,江西修水长茅人,良公之孙,良公第五子升之子,宋代进士,北宋乾德二年(964 年)官御史中丞,升户部尚书,左仆射同中书门下平章事。

余奭,字希召,江西修水长茅人,为良公玄孙权之子,唐天复四年(904 年)

甲子进士。

宋真宗大中祥符五年（1012 年）余蒇由光禄大夫平章事、礼部尚书加封为金紫光禄大夫。诰曰："先帝老臣，当朝元老，左右厥辟，绩用有成，朕方倚以为重。而乃聿动泉石，烟霞之想，八命虽均，所志不渝。"对蒇历三代辅朝佐政的丰功伟绩，给予了充分肯定。余蒇墓在修水县黄港镇月山村曲滩椅形山，宋真宗敕封其为"尚书墓"。

蒇公不仅辅朝方略出众，伟业卓著，而且以清正廉洁乐于公益著称。其告老还乡之后，是时分宁至洪都的崎岖小区难行，极不方便，则赏资并由左夫人与蒇妹十三娘主修自山下（今修水黄港镇南坪村所在地）经茅竹山至奉新、靖安二县交界处的邱家街长达一百三十公里、全途用制作好的方块麻石铺面的通州京大道，并十里建构一亭，供人憩息，施舍茶水。同时捐资在邱家街属地建立起"九仙汤""九仙寺"，捐田租一百七十担，供僧人收租食用。又在山下修水坝开石圳，为民引水灌注田园；在今黄港镇入境南坪村口"南坪桥"侧山巅上建起"八角亭"，供乡人游玩，后被日军烧毁。

公之事迹，府、州、县志均有载述，时至今日历经千年，乡人回忆此事无不缅怀敬佩。

余恕，字均容，江西修水长茅人，为良公玄孙权之子，蒇胞弟，宋代进士，刑部尚书。

良肱，字康臣，江西修水长茅人，蒇之子，宋代天圣二年甲子宋郊榜进士，工部尚书，名入《中国人名大辞典》。

良肱调荆南司理参军时，民有自诬服杀人者，良肱验刃与伤异，疑曰：安有刃盈尺而伤不及寸乎？白府请自逮捕，果获真犯。又民失物逾十万，逮平民数十人，方榜掠号呼于庭，忽有人附吏耳语，良肱知其盗也，亟捕诘之，贼尽得。迁大理寺丞、知湘阴，蠲（音捐，此作"积存"之义）里胥代输通米数千担。通判杭州，垒石堤二十里以障大江潮不为害。时王陶为属官，常以气犯府帅，帅挟憾欲按之，良肱不可，后陶官于朝，果以直闻。改知虔州，当孔道士大夫死岭外者丧车过虔，弱子寡妇，良肱皆悉力振护之。以母老乞南康军，丁母忧，服除为三司判官。方关陕用兵，朝议贷在京民钱，又内府出腐币售三司，良肱皆力争之议，遂格命提举汴河司执政。议伐汴堤木屡争不能得，遂改太常少卿，出知润州，迁光禄卿，知宣州，晋工部尚书，治为江东最，请老才，提举洪州玉隆观，卒年八十一。其个人资料已收集在明朝钦定四库全书的《万姓统谱》卷八中。

彦明,字晋叔,江西分宁人,良肱孙,宋神宗朝元丰八年乙丑焦韬榜进士,太常博士,东京提举,河北东路刑,吏部侍郎,官至礼部尚书。

这四代五尚书,谱上记载有多个版本,但这上面五尚书,均是宋朝时期享有盛名的重臣,同属江右豫宁人,同朱熹所言"御笔亲封"相符合。

因出了五尚书,余氏后裔于宋朝时期在长茅三叉手阖石庠公墓前安居坳口庙峡建了一座尚书祠,盖祀讨击公兵部尚书(因子贵,朝廷赠封,非实职尚书)余权之所也,世传扫墓之日,轿可并行,马可并列。

《修水长茅良公后裔进士一览表》如下:

朝代	《义宁州志》上有记载的进士姓名	《义宁州志》没有记载,而《中华余氏总谱》上有记载的进士姓名	备注
唐朝		余良	非在修水考中进士,担任分宁县宰
宋朝	良肱,余高,从周,仲荀,余宏,彦明,彦直,持中,余赟,惠迪,彦恭,余充,余潘,余松,余深,应龙,炳发	余升,余侃,仲吉,从固,余旦,余奭,余恕,余鄣,余卞,余爽,余器,良基,以时,彦伦,震翁,余焕,肃之,余汉,余几,余衮,仲炬,余钢,庭杰,天爵,功正,功彩,余理	
元朝	余贞	仲炬,余钢,庭杰,天爵,功正,功彩,余理	
明朝	无		
清朝	无		

奭五代内有进士二十二人,榜眼一人(良度之子彦远)、探花二人(彦明之子天伸、松),可谓名副其实的书香门第。英才辈出,簪缨绵延。奭之嗣裔已布九州,是长茅余姓最昌盛的一支。

余氏兄弟九人同登龙虎榜指的是哪些人?

兄弟九人同登龙虎榜即肱之子亶、寀、高、廙、卞、爽、衮七人和奭之弟、恕之孙、工部尚书从周之子师随、震兄弟。随堂兄弟九人同登宋庆历贾黯榜进士。同治《义宁州志》之十九选举志进士卷中记载只有余高一人。

余亶,良肱长子,宋代名臣,授太庙斋郎,迁远县尉,终循州太守,生子四,彦博、彦明、彦弼、彦功均登进士。

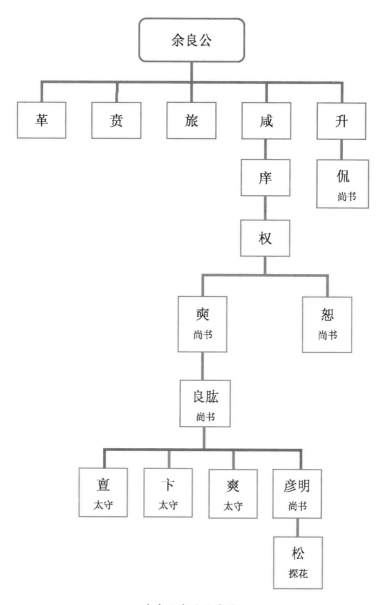

余良公家族世系图

余寀,良肱次子,字熙载,以父荫校书郎,历永修县尉、岳州通判。

余高,良肱三子,字子昂,别名惺惺,归州司户。

余廙,良肱四子,字肃之,别名秀川,南海县尉,湖州录事,潮州司录。

余卞,良肱五子,字洪范,太学内舍生,以父荫补校书郎,终杭州太守,入元祐籍贯,著《西山十二真君传》二卷。

余爽,良肱六子,字荀龙,以父荫补校书郎,终明州太守,入元祐党籍。

余衮,良肱七子,字叔宜,以父荫授贵溪县宰、温州双穗盐官。

余师随,从周长子,字通叟,以父荫任校书郎,终贺州司户。

余震,从周次子,字时甫,少与黄山谷齐名,惜不寿,无后裔。

加上余宏,可谓"长茅十龙",与黄氏"双井十龙"并驾齐驱,震惊宋朝,荣耀江右。

同治《义宁州志》之十九选举志进士卷中记载,余宏,字延之,江西分宁人,良肱侄,宋神宗朝熙宁三年庚戌叶祖洽榜进士,任建昌知县,与双井黄公器为同榜进士。

余氏三神童有何神奇之处?

宋元符元年中秋节,黄山谷在余氏一经楼书院撰写了《神异三编》,从余氏族谱中传至现在,神童之故事仍为当今余氏后裔所津津乐道。余氏三神童是彦明、天任、端礼。

神童之一彦明,字晋叔,宋哲宗时期人,七岁时已非常聪明,曰:"非圣贤之书不可读也;非礼之事不可为也。"年十一岁已登进士第。与前辈们讲《易经》,贯串精微若老,当时没有人能逾越他所讲述《易经》之精辟、独到与高深,让人称赞、羡慕与惊叹。

《义宁州志》载,彦明,江西分宁人,良肱孙,宋神宗朝元丰八年乙丑焦蹈榜进士,太常博士,东京提举,河北东路刑,吏部侍郎,官至礼部尚书。

神童之二天任,字用光,宋哲宗时期人,年六岁对《诗》《书》《礼》《易》《春秋》《乐》六经成诵如流,其书法正草隶篆,无不精妙。中"童子科"进士,担任翰林院要职。《中华余氏总谱》跋中还说道:"余彦伦有一儿子,名叫天任,六岁时,《诗》《书》《礼》《易》《春秋》《乐》等书背诵如流,无一字之差,爱其举止似一位余氏贤达长辈,又以萃老字之,亦与其名协也。若其长大能好学,自当追越古人。老舅黄山谷非敢期尔之浅。"

神童之三端礼,字处恭,宋哲宗时期人,幼颖敏绝伦,神采英迈。年十岁,家乡大水,公与里人共处一阁。阁且沉,忽空中有声云:"端礼在内,异日将为丞相,可护之。"有顷,一物如鼋鼍,长数十丈,负此丞于平地,众赖以全。后来端礼果真晋为左右丞相。其迷信之说法,我们应当有一定的辨别能力。

图一

图二

图三

图一为民国丙子年修的《余氏宗谱》卷首记中记载余端礼的珍贵文献。图二为明《万姓统谱》中记载余端礼、余良肱的史料。图三为乾隆《余氏宗谱》上记载的余端礼像赞

《余端礼传》摘录句："知乌程县，赒民丁捐钱岁凡六万。""帝见其才，即迁监察御史，历大理、太常二少卿。""尝言士论未一非处恭不能任。及冑渐窃威柄，谋遂汝愚，端礼不能止，长呼而已。庆元元年（1195年）为右丞相，颇知拥护善类。""二年（1196年）进左丞相，抑郁不惬志，称疾求退。以观文殿大学士提举洞霄宫，顷之判潭州。移庆元拜少保郇国公。致仕薨，赠太傅谥忠肃，子嵘工部尚书。"其已载入明钦定四库全书的《万姓统谱》卷八中。

余氏盛世之族的文化血脉又是如何造就和传承至今的？

十三世系元朝进士复卿曾说过："粤我余氏系出由余仕于秦，显于唐，盛于宋，子孙任庙堂者骈肩累迹，居藩臬者鱼贯珠联，登科入贡知郡宰邑者项背相望，余读书倾乡荐捷春官名册谱中，无忝前人幸幸也。"可见其余氏当时人才之盛。

根据《长茅余氏简史》的记载和修水余翠儒撰写的《长茅余氏的诞生与发展浅析》，余氏在各个历史时期的人物如下表：

朝代	余氏知名人物	其中长茅余氏	进士	其中长茅余氏	
宋朝	236 人	89 人	162 人	67 人	其中榜眼 1 人, 探花 6 人, 解元 2 人
元朝	35 人	16 人	13 人	13 人	
明朝	201 人	71 人	21 人	21 人	
清朝	92 人	42 人	6 人	6 人	
民国	59 人	26 人	少将 8 人, 其中长茅余氏 4 人			

长茅长盛英才辈出, 余氏余宗气贯长虹。《修水县姓氏志》载, 自宋至清修水各姓共有进士 411 人, 其中长茅余氏后裔 66 人, 居全县姓氏之首。其次是黄、莫二姓。

收入《中国名人大辞典》的余氏历代名人 142 人, 其中属长茅余氏后裔的 42 人。明钦定四库全书的《万姓统谱》卷八中, 所载的余氏就有余端礼、余良肱、余玠、余良弼四人名列其中。该书记载余氏只有 27 名, 修水余姓就占了 4 名。

在余氏宗祠落成庆典之时,《重建宗祠序》中记载: 溯唐迄清, 长茅后生, 京官辈出, 簪缨奕世, 科第蝉联, 人才炳炳然。曾有皇上御笔亲封的"一门三太守, 四代五尚书""兄弟九人同虎榜, 尚书六代著当今"等高宦厚誉, 又有军政大臣、民族英雄余玠, 左右二丞相余端礼, 皆为长茅出类拔萃之奇才。而在当今源于长茅的省部级高官、教授专家、博士高工、各类名流一百二十余人, 占全国余姓同类名士总数的三分之一, 长茅地重, 树大根深, 枝繁叶茂, 钟灵毓秀, 可见一斑。这块风水宝地, 孕育着余氏各支脉人文鼎盛, 点亮了百万后裔的智慧人生。

"余氏一族, 科第相卿, 仕进柑属, 弦诵相闻, 居积相望, 邑之世族, 未有能相媲美者。"宋朝之时英才辈出的余氏进士之大家族, 他姓不能望其项背, 造就这个进士家族, 应与以下几点因素分不开。

一、文化底蕴之深厚。始祖余良公其父余戭历任筠州通判、镇江节度使, 唐大顺二年调任韶州丞。唐天复四年(904 年), 昭宗封其为宁国公。始祖良公为唐天祐甲子进士, 晋工部尚书。良公之上先祖和本身个人文化, 应是底蕴深厚, 且一代代传承下去, 造就了修水宋朝之时的进士家族。

二、教育培养之给力。修书院以育英才, 沛恩露以泽梓桑, 重视教育、培养人才是长茅余氏的优良传统。其家规十三则第七则兴学校中就谈道:"愿我族兴学校以甄陶子弟, 勿姑息养奸, 以至日后无成, 更勿半途而废, 以致前功尽弃。"长茅余氏先后在修水办起了"中州书院"、"一经楼"书院、"青青轩"书院，这些书院颇负盛名，时有"藏书万卷，门生三千"之誉。余氏高中举人、进士者，大都出自这些书院，可谓是长茅余氏书香门第、衣冠之荣的典型缩影。

三、官声文化之浸染。因家族高中进士者之多，从官者之众，无时无刻不在影响着余氏一代代后裔，他们知道只有发奋苦读，才能成为人中龙凤，从仕之后，按照余氏祖先从政六箴，即清箴、公箴、勤箴、明箴、和箴、慎箴，约束自己的行为。

四、家风家规之严苛。家规十三则第八则训子悌中曰："育子之称尚书备至，其训童蒙，事关重大。古语云：'养女不教如养猪，养子不教如养驴。'孔子云：'后生可畏。'读书识礼，尤赖家教，亦赖师导，近朱者赤，近墨者黑。家庭之熏陶（造就人才之义）关系大矣。启其德行，遏其邪心，见其善者而从之，见其恶者而远之。训以尊亲敬长，彬彬有礼。知父子有亲，君臣有义。愿我族人英雄辈出，训之、勉之。"且要求"有志者事竟成，异日之发皇（兴旺之意），即可期矣。各宜猛着祖鞭，毋自暴自弃，切切为要"。家族子弟从小受到家风熏陶、家规严苛教育，自然养成了刻苦攻读的习惯，努力摘取功名去实现自己的宏大理想。

五、自身不懈之努力。除由进士走向仕途之外，余玠等几位余氏名人通过自身不懈努力，达到了自己的人生巅峰。因余氏后裔一代代奋进，余氏在宋代成了盛世之族。当时称为修水"徐黄余莫，宋祝冷章"的八大姓，余氏排在第三位。

长茅余氏，是一个正义、英勇、爱国的氏族，历史上出现了不少英雄人物，良公十一代孙余玠虽不是进士出身，但却是南宋政治家、军事家、兵部尚书，修水八贤之一，名齐岳飞、功盖中华。台湾院士姚从林出版了《余玠简史》，四川社科院陈世松教授出版了《余玠传》。秋收起义有余贲民师长等一批余氏骨干。在大革命时期，修水全县革命烈士 10229 人，余氏虽居住白区，仍有烈士 221 人（女性 9 人）。

长茅余氏后裔人口，《中华余氏总谱》记载，良公下第五代已有 54 支，至明朝大播迁时期，已有近 80 万人。如今，长茅余氏后裔枝繁叶茂，分布在我国 28 个省（区、市）和美国、日本、泰国、新加坡等地，人口 200 余万。新中国成立后，长茅余氏后裔人才辈出，当今有在册名人 125 人，厅、军以上高干、专家学者共 342 人，雄立于各行各业，还有不少大企业家傲立在商海。

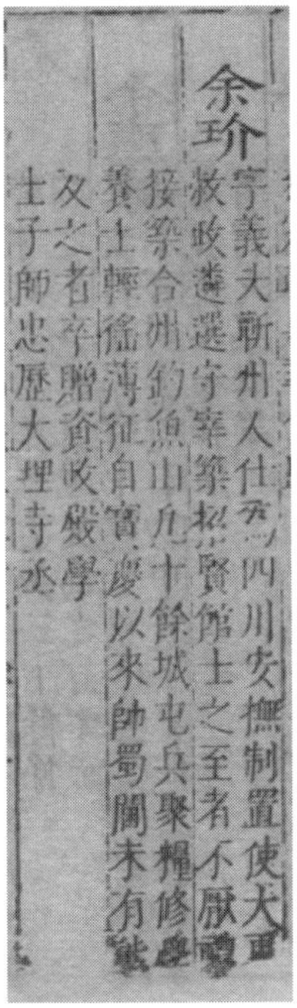
余玠字義夫蘄州人仕至四川安撫制置使大
教歧遴選守宰築招賢館士之至者不厭
接築合州釣魚山凡十餘城屯兵聚糧修學
養士輕徭薄征自寶慶以來帥蜀閫未有能
及之者卒贈資政殿學
士子師忠歷大理寺丞

图一

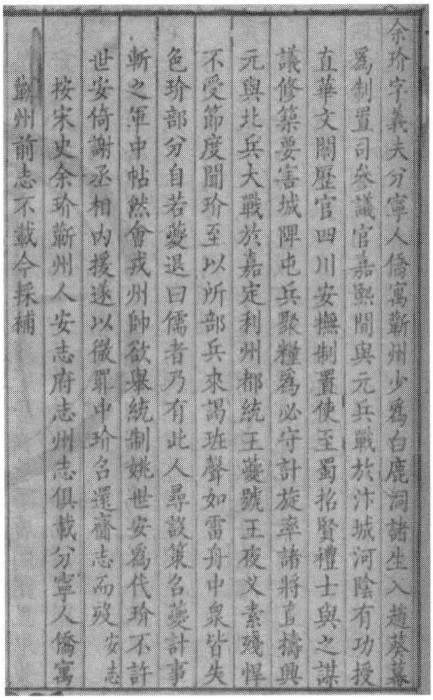
余玠字義夫分寧人僑寓蘄州少爲白鹿洞諸生入趙葵幕
爲制置司參議官嘉熙間與元兵戰於汴城河陰有功授
直華文閣歷官四川安撫制置使至蜀招賢禮士與之謀
議修築要害城壁屯兵聚糧爲必守計旋率諸將直擣興
元與北兵大戰於嘉定利州都統王夔號王夜义素殘悍
不受節度聞玠至以所部兵來謁班聲如雷舟中衆皆失
色玠部分自若夔退曰儒者乃有此人尋設策召夔計事
斬之軍中帖然會戎州帥欲專統制姚世安爲代玠不許
世安倚謝丞相內援遂以傚罪中玠名還齋志而歿安志
按宋史余玠蘄州人安志府志州志俱載分寧人僑寓
蘄州前志不載今採補

图二

图一、图二分别为明代《万姓统谱》、雍正《江西通志》上记载余玠的史料

古有“天下余氏出长茅”之称，今有“长茅余氏巨族，盛名荣耀古今”之誉。

相关链接：

余氏家规：进士巨族，忠孝勤廉

从汉代到明清，以《孔子家语》《颜氏家训》《朱子治家格言》为代表的家训文本作品绵延流传，在为后辈立人立世方面树立道德榜样的同时，还为世代子孙做人做事提供了规范准则。在修水县黄沙镇长茅余氏宗祠内，流传上千年的《余氏家规十三则》造就了一个进士巨族。修水长茅余氏在宋代名人辈出，群英荟萃，有进士56人、尚书13人、太傅3人、丞相3人、封公2人，有“一门三太守，四代五尚书”“兄弟九人同登龙虎榜”“长茅三神童”等美誉。

余氏子孙在《余氏家规十三则》的熏陶下，不但做人要做“孝义人”，做事也只做“清廉事”。《余氏家规十三则》中第一则就是敦孝悌，要求余氏后裔能为孝子，然后能为忠臣。愿我族人各宜身体力行。从这点就指出了做人要做“孝义人”。第十三则就是守法度。在下者当遵国法守本分。才虽有勿可妄作，智虽有勿可自恃。他人之财产勿敢妄侵；非义之财勿可收取。在余氏祖先中还有

先人提出从政六箴,即清箴、公箴、勤箴、明箴、和箴、慎箴,约束自己在官场的行为,与时下提出的行事要端正、做官要清廉一脉相承。

其家规十三则第七则兴学校中就谈道:"愿我族兴学校以甄陶子弟,勿姑息养奸,以至日后无成,更勿半途而废,以致前功尽弃。"长茅余氏先后在修水办起了"中州书院"、"一经楼"书院、"青青轩"书院,这些书院颇负盛名,可称得上是当时著名学府,学馆向外开放,凡寒门子弟免费施教。经学馆,独具一格,教书、藏书、著书三统一,既是学堂,又是书斋和撰馆,时有"弟子五百,藏书万卷,立著千篇"之说,声誉显赫。

2000年版的《修水县姓氏志》记载,在宋代余氏一族以"一门三太守,四代五尚书"名扬京都。全宋期,余氏有丞相2人、尚书8人、进士36人,仅次于黄氏,名列修水第二。黄山谷为长茅余氏谱撰《跋》赞:"余氏衣冠之荣甲于修水。"章鉴撰《跋》则称"衣冠之盛余与黄实相伯仲"。自宋至清,长茅余氏仅修水有尚书13人、进士112人。

南宋政治家、军事家、修水八贤之一余玠,是余良第十代孙。他的功德流芳,千年不朽,盖棺七百多年后的今天仍令人缅怀,可谓是长茅余氏书香门第、衣冠之荣的典型缩影。

修水长茅《余氏家规十三则》体现了余氏家族忠孝之道、重学之义、节俭之省、立品之要、从仕之廉、守法之本等精神追求和道德价值取向。当今社会发生了巨大变化,但余氏先祖留下的勤廉家风依然具有重要的教育意义,也散发着无穷的魅力。

第四节　尚丰莫氏：铿轰一时，炳耀千古

修水县漫江乡尚丰村，现在在村头还立有一块巨大的"十二尚书村"石碑。十二尚书村，顾名思义，应是这个村出了十二位尚书，但编者从志史记载中查到，仅有五人为尚书。是否出现过十二位尚书，这十二位尚书又是什么来历，这个原称十二尚书村的村庄，是什么时候、什么原因改称为尚丰村的，均有待我们今后去考证。

漫江十二尚书村，不容置疑的是，与莫氏一族有关。以莫俦、莫援、莫将、莫桢等为代表人物的莫氏家族，崛起于南唐，兴盛于宋朝。修水莫氏一族，举人进士多产，薪火相传，独树一帜，荣荫漫江，耀眼江右。

《莫氏宗谱》卷三中的莫氏府场宗祠图

漫江尚丰：尚古毓秀之美，丰盈文采之盛

漫江尚丰村，至今编者探访了三次，第一次是 2003 年 6 月，因随县领导下乡，只到尚丰村的莫援、莫将墓地前膜拜，便匆忙离开。

第二次是 2008 年 3 月，编者与江西文史专家到漫江乡采访古茶亭时，先到尚丰村瞻仰莫氏宗祠。这时莫氏宗祠虽高大气派，但破败不堪，摇摇欲倒，在一位莫姓老者的介绍下，从中粗浅了解了一些莫氏一族的书香文化、家规文化、进士文化、官场文化等。

编者总感觉到，尚丰村莫氏应是一个值得记录的书香家族、进士家族、文化家族，于是第三次于 2022 年 12 月专程拜访。这一次，虽隔了 14 年，编者却看到了翻天覆地的变化，看到了从一个不甚整洁的村庄一跃嬗变成为拥有尚书第、

尚书路、举人路、莫氏宗祠、莫将名人纪念馆,拥有荷塘、亭台、刘家老屋,拥有红色文化等的秀美文化村,让人震惊,让人感叹,让人留恋,让人忘返!

莫氏尚书第钜鹿堂航拍

编者认为漫江尚丰村尚古毓秀之美,绝不为过。村庄背倚龙山宝座,连绵起伏,前眺雅尖笔架,峰峦俊秀。四面环山围抱,秀水川流不息,好一个山雄水美、风景秀丽之地。

丰盈文采之盛,绝非虚言。这样一个秀美之地,难怪莫氏开山之祖戬公一到分宁尚丰,就"爱死"了这个地方,就"垂涎"这个美景,于是乎,心中就有了不二之选,落户、扎根、生子、培养,科名鹊起,仕宦蝉联,肇于唐,著于宋,接踵于元明清。就在这样一个僻壤之地,竟孕育出史志有记载的进士21名、尚书5位,有"先是秀才卖豆腐,接着举人路数路,连绵不绝中进士"之盛况,进士之后"公孙三太守、父子两尚书、三代五尚书"达到"天花板级"之巅峰,外迁之族一跃成为尚丰、分宁乃至江右的望族之一。且文化血脉流淌不息,如今在这个村庄本科以上学历的人不计其数。这个又名"尚书村"的村庄,已入选2021年江西省3A级乡村旅游点,当之无愧。

立于莫氏故里的莫俦、莫援、莫将、莫祯画像

基祖莫戬：进士文化血脉，毓育流淌之源

修水莫氏一世祖莫戬，于唐玄宗开元二十四年丙子举进士，公好学，薄功名，挂冠去国遨游洪都，之后徙居分宁漫江牌楼下洞门，为迁宁基祖。公乐为善，尝脱贼百人于死，识者知其后必昌。

《万姓统谱》记载：之用，祖戬，辨口说贼，脱百人于死意，其后必昌。而之用贫不能自给，天理殆难晓也。南宋葛立方《赠友人莫之用》诗文云：

> 抱犬高眠已云足，更得牛衣有余燠。
>
> 起来败絮拥悬鹑，谁羡龙髯织冰縠。
>
> 踏翻菜园底用羊，从他春雷吼枯肠。
>
> 击钟烹鼎莫渠爱，小芼自许猴葵香。
>
> 半世饥寒孔移带，鼠米占来身渐泰。
>
> 吉云神马日匝三，挼蒲肯作猪奴态。
>
> 虎头食肉何足夸，阴德由来报宜奢。
>
> 丹灶功成无跃兔，玉函方秘缘青蛇。

编者在修水漫江钜鹿宗祠上看到一副对联：莫氏始叔交受封姬周远祖藏用基祖戬公传承忠孝尚风衍千秋；钜鹿源泰置发脉河北初徙浙粤后徙洪都续迁分宁漫江绵万代。从这副对联内容知道莫姓渊源、始祖迁徙、钜鹿堂发源、迁入修水漫江等有关记载。

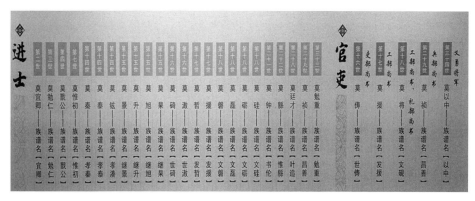

漫江尚丰村莫将纪念馆内莫氏进士和官吏(尚书和义勇将军)名单

莫氏惟初:修水首名进士　宏开选举贤路

第七世祖莫惟初于唐僖宗乾符元年(874年)高中乙未榜进士。莫惟初,字复善,武乡漫江人,奉命使番有功。这是同治《义宁州志》(1873年版)上所记载的文字。

编者搜集查阅《唐代进士总考录》《江西历代进士总名录》均未有莫惟初考中进士的记录,但在钜鹿莫氏祠堂青石碑上发现"七世祖莫惟初乃莫戢之后裔,为公义所生,莫惟初生四子晧、旷、曦、圣"的记载。

莫惟初,同治《义宁州志》记载,自唐代开始科举以来,仅莫惟初一人在列,隋之前无考,编者认为莫惟初是唐代修水唯一一个考取进士的,开修水之先河,也拉开了修水莫氏一族中进士的序幕,引领21名莫氏后裔高中进士。

尚丰莫氏:科甲累累如珠,簪缨荣耀江右

同治《义宁州志》卷十九选举志中有莫氏中进士的记载,现就按考取时间先后收录于后,并将在同治《义宁州志》之后所发现的有关进士的记载亦记录下来。

编者在查阅同治《义宁州志》一书时,发现多个特别奇特的现象。一是所有莫姓高中进士的记载中,均有清一色的"武乡漫江人"记述,同时,在查阅《莫氏宗谱》一至四十世的繁衍图时,发现所有莫氏进士的籍贯均为漫江莫氏一族。二是进士中仅两人为三字姓名,其他20位均取的是单名。三是大部分莫氏考中进士的时间集中在后唐清泰至咸淳四年,在宋朝时期,除黄氏一族位居第一外,莫氏一族位居第二。

接着在后唐清泰年间(934—936),距莫惟初中进士之后约60至62年,莫

秦、莫泰高中进士。同治《义宁州志》上记载,莫秦,字同书,武乡漫江人。莫泰,字咸阳,武乡漫江人,福建永定县令。同时,《义宁州志》上还做了这样的描述,莫秦、莫泰,考唐朝纪无可证,疑亦属南唐,据莫氏谱增入附列于此。

接着乾德三年乙丑(965 年),莫秦中进士,当时修水一人。

6 年后,开宝四年(971 年),莫潘中进士,修水一人。

18 年后,端拱二年(989 年),莫铉中进士,字仲圭,漫江人,历官太常博士,通判建州。

淳化三年(992 年),莫升、莫旭中进士,这一年修水三人考中进士,莫氏占两人。

莫升,淳化三年壬辰孙何榜进士,字启明,武乡漫江人。

莫旭,淳化三年壬辰孙何榜进士,字旦明,武乡漫江人。

莫杲,至道元年乙未恩榜进士,字期明,武乡漫江人。

莫潊,景德二年乙巳李迪榜进士,字南阳,武乡漫江人。

莫碕,大中祥符元年戊申姚煜榜进士,字韫之,号一纯,武乡漫江人。

莫景,庆历二年壬午杨宾榜进士,字子蒙,漫江人,官秘阁校理、知衡州常宁县。

莫磐,字公辅,武乡漫江人。

莫励,字公权,武乡漫江人。

莫硅,字公佐,武乡漫江人。

莫哲,字公明,武乡漫江人。

莫援,武乡漫江人。

莫绵,字则效,武乡漫江人。

莫钟,字大用,武乡漫江人,南宁太守。

莫廷才,武乡漫江人。

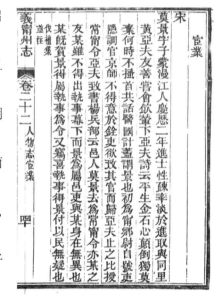

同治《义宁州志》卷二十二人物志上
记载莫景的官业文献

多位尚书：位极人臣之尊，治国安邦之才

考取进士，应该说就领到了仕途的通行证。走入仕途，并取得业绩，得到称赞，应是荣耀至尊；而获得尚书之职，则是位极人臣，达到了人生巅峰。尚丰村五位尚书，其官声、政绩如何？ 请听我慢慢道来。

莫援（1039—1105），据史料记载是一名武官，在官场上多年，是北宋时期的大将军，后来被皇上封为尚书。

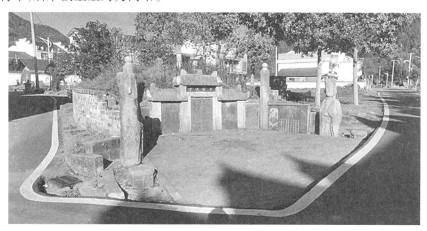

尚丰村莫援、莫将父子合葬墓

莫援、莫将父子墓的墓碑是用麻石雕刻而成的，在墓碑的左右还竖立着用麻石雕刻而成的莫援、莫将父子俩的雕像。

墓碑上记载，这个衣冠墓建于乾隆年间。在"文革"时期，村民们为了保护好这三块墓碑和莫援、莫将父子的雕像，将它们埋葬在当时新建的学校的墙脚下，这样才完整地保存下来。如今，墓碑和雕像虽然经历了一千多年的风雨，但仍完好如故。

从这些古老的雕像，我们可以想象出一千多年前的尚丰村人才昌盛的景象。随着时间的流逝，不是所有的东西都能保留下来，也不是所有的文物都有记载。也许再过一些年后，这个村子又将会是另外一道风景。

莫祯，敕授兵部尚书，生于南宋孝宗十三年（1186 年），殁于南宋祥兴元年（1278 年）。编者在漫江乡尚丰村看到，其壁画上介绍说：字彦清，又字益和，南宋嘉定元年进士，宋度宗咸淳四年（1268 年）任国子少卿，宋慕宗德祐元年（1275 年）敕授兵部尚书，后封荣国公。

《义宁州志》上未有莫俦记载。1966 年重修的《莫氏族谱》上记载：讳俦，号一愚，北宋徽宗政和二年壬辰科举会元，官至吏部尚书。生于北宋仁宗庆历四年（1044 年）甲申二月十三日亥时，卒殁官舍。《万姓统谱》记载：俦，政和中上御集英殿，赐俦等及第。

以上为史志上记载的进士信息，但在当地传说的莫俦、莫将更声名鹊起，荣极至今。编者认为除谈莫氏中进士之外，莫将、莫以中当详记之。

在五位莫氏尚书中，最知名的当数莫将。莫将（1080—1148），字少虚，宋分宁县武乡三十都（今修水县漫江乡尚丰村）人。其父莫援

2015 年重修的《莫氏宗谱》上的
莫俦像和像赞

于元丰八年（1085 年）考中进士成为朝廷命官，莫将因父之故受朝廷延恩，得以步入仕途。初为县令，为政重在教化，以讲会、乡约为治，政绩斐然，声名播于京都。宋高宗绍兴七年（1137 年），知天命之年的莫将被南宋朝廷授予太府寺丞。第二年，莫将升为起居郎。不久，又充任计议使，再擢升为徽猷阁待制、京畿都转运使，再升工部侍郎，代礼部尚书兼侍读。后赴边疆抗卫金兵，常奉命出使金国，以擅长外交著称。

莫将为官在多事之秋。早在公元 1125 年，逐渐强盛起来的金人进逼宋朝都城汴京（今河南开封），宋徽宗于仓皇之际将皇位传给儿子赵恒，是为钦宗，另年改元靖康。就在靖康元年，金人不顾宋朝已答应割地赔款的条件，再度卷土重来，将徽宗、钦宗、后妃、皇子、公主等三千多人掳去，只有康王赵构于纷乱之中脱逃，这就是岳飞在《满江红》一词中所述的"靖康耻"。赵构在南逃的官员推拥下，先在南京称帝，后又定都临安。金人占据汴京后，对偏寓临安的南宋的攻击并未停止，经常派出军队袭击宋朝州府，战争屡屡不断。

宋紹興四年四月二十日授莫大用南甯太守勅
制曰掌署文衙必精廉明之守任居剌史實資毅馭之司玆特
授爾莫大用爲南甯太守爾其靖共厥位精白乃心率從事以
宣猷職期克臻乎上考借治中而奏績名庶無負於循良錫之
寵命尚其欽哉
宋紹興十年十月二日授莫將工部尚書充京西宣諭使誥
制曰盡瘁捐忠臣子分當効力晉官加秩朝廷典重酬功乃眷
義甯州志 卷之首 十五
爾係久居外域先王事於家事夙夜勤勞視國艱如已艱彌昭
忠亮仗節返斾於虜熟情僞之形秉氣不回爲國壯干城之色
特授爾莫將爲工部尚書充京西宣諭使於戲六職攸隆嘗寵
寀忠義之俊百工並飭庶維持社稷之安故勅

莫氏宗谱【卷二 公元二〇一五年乙未重修 第036页】钜鹿堂
宋元符皇帝敕莫子纯为国子博士诰
奉
天承运
皇帝制曰咨尔莫子纯文章夙著于儒林官爵宜隆以长贰博学鸿才
堪供作下之选嘉言伟论可寄耳目之司特授尔为国子博士庶
启心沃心赖兹琪相之力广文宏教惟尔黼黻之猷钦哉毋释奉
诏行
诰命
元符三年正月八日 命下
之宝

宋德祐元年四月四日除莫貞兵部尚書誥
制曰夏官司馬行九伐以正邦圻爻薄違統六師而平國位綦
隆矣任實大焉咨爾莫貞夙勵直節素著廉聲器宇深宏能足
審幾達變學識明敏才可奮武揚威特授爾兵部尚書南省莊
嚴朕心恒慎遴爵西曹還重爾位尚宜靖共欽哉

宋元符三年三月八日除莫子純國子博士誥
制曰咨爾莫子純文章夙著於儒林官爵宜隆以貳長博學鴻
才堪供枉下之選嘉言偉論可寄耳目之司特授爾爲國子博
士庶啟心沃心賴玆勛勤之力廣文宏教惟汝黼黻之猷欽哉
毋斁勅奉詔行
宋乾興二年七月二十日授司農少卿莫濟爲兵部侍郎誥
制曰司馬貳卿本參戎伍之府常伯僚佐宜稱八事之條咨爾
司農少卿莫濟清廉夙操精勤素擅志可籌帷幄而出之以洸

宋咸平元年六月一日授莫鉉太常博士誥
制曰國家重典禮之佐用惟其人臣子效奉命之司寵宜特錫
義甯州志 卷之首 十四
咨爾莫鉉器宇深宏才識練達佩服詩書之譯堪副睿臺推崇
儒雅之宗允勷禮寺特授爾爲太常博士錫之誥命尚克欽哉
宋元符三年三月八日除莫子純國子博士誥
制曰咨爾莫子純文章夙著於儒林官爵宜隆以貳長博學鴻
才堪供枉下之選嘉言偉論可寄耳目之司特授爾爲國子博
士庶啟心沃心賴玆勛勤之力廣文宏教惟汝黼黻之猷欽哉
毋斁勅奉詔行

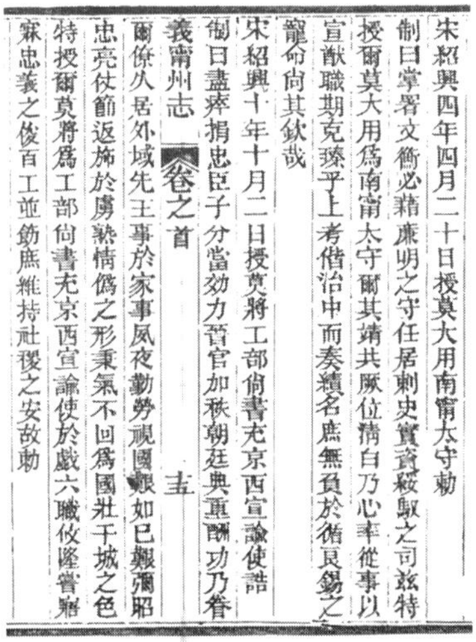

以上图片为《莫氏宗谱》《义宁州志》卷首上记载的关于莫大用、莫将、莫铉、莫贞(祯)、莫子纯、莫济等的皇帝诰命。如此众多莫氏仕宦得到时任皇帝点赞,可谓一时盛极朝野,莫家官宦独荣

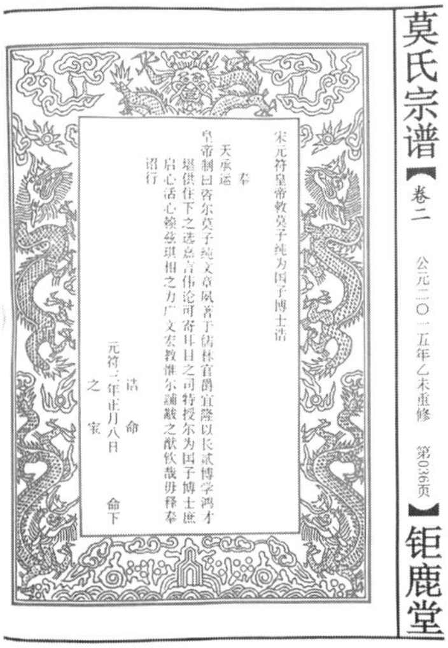

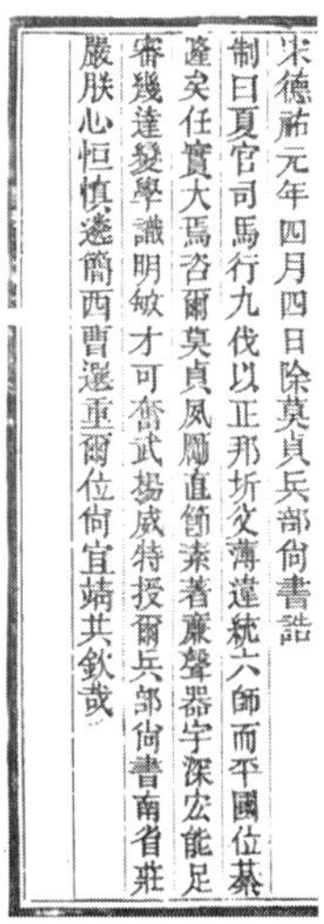

在莫将的心目中,忠君报国是最高准则,是必须恪守的唯一信条。因而,目睹此情此景,他既痛恨金人,为国家的前途和命运担忧,又想为朝廷力挽危局,竭尽微薄之力。

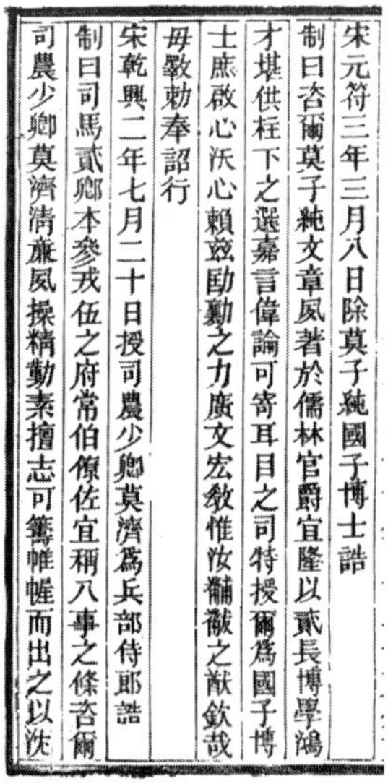

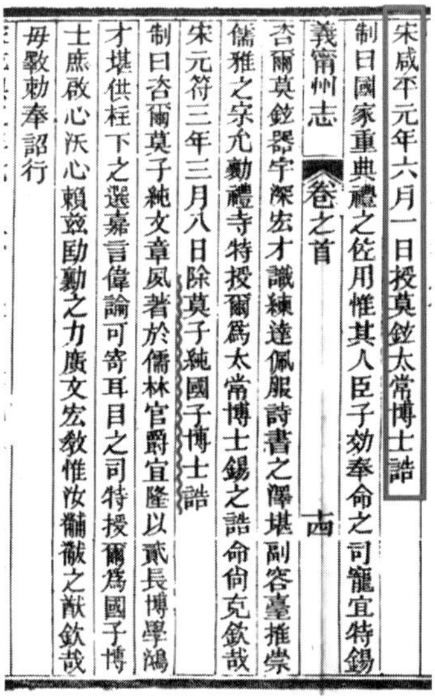

慑于金国军威,为求帝位稳定,赵构对金奉行怀柔政策。早在建炎时期,他就几次派出使臣前往金营“议和”。建炎元年(1127 年)七月,赵构派宣义郎傅

雯为使,到粘罕(完颜宗翰)军中,表达修好之意;建炎二年(1128年)六月,赵构任宇文虚中为金国祈请使,"称臣奉表于金";建炎三年(1129年)夏,又以洪皓为金国通问使,希望求得金人的宽赦。赵构的母亲被金人扣押,为迎母亲回朝,预造慈宁宫。绍兴十年(1140年)春,宋高宗派遣莫将、韩恕等充迎护梓宫、奉迎两宫使,前往金国迎护其母亲等人回临安。高宗的一厢情愿未能实现,莫将等被金人扣押于军营近两年。

莫将在被扣押期间忍辱负重,不卑不亢,正气凛然,始终不为金人所用。金兀术在写给宋高宗的信中指责:"莫将之来,辄申慢词,背我大施。"

莫将出使金国还朝后,升为工部尚书,曾和其他官员共同负责监督制造朝廷郊祀大礼所用的车辂仪仗,又充任京西宣谕使。不久,以敷文阁学士身份出任明州(今浙江宁波)知州,提举江州太平观,又改任福州知州和广州知州。

莫将在知福州期间,时有强寇管天下,伍黑龙、满山红等人经常聚集徒众攻击县镇,当地一些游手好闲之徒,也利用熟悉地形之便为盗寇带路。盗寇们来去迅速,致使官兵无法应付。当地居民得不到官府的保护,只好自立山寨互保。莫将经过深思熟虑,分析了福建境内的漳、泉、汀、建四州与江西、广东接壤,官府在金人的进逼下不仅难以抽出兵力来打击强寇,而且即使是派出军队,也难以对付这些往来无踪的盗寇的情况,于是,请求朝廷批准四州的守臣招募强壮的游民组建地方武装,获得批准。地方武装的建立,对于打击盗寇、平息地方动乱发挥了较好的作用。此后,在福州知州继任者薛弼的倡议下,绍兴十八年(1148年)闰八月,福建以地方武装为基础,正式成立了左翼军。

绍兴十八年(1148年)十月,莫将病逝于广州官所,终年69岁,敕葬于新建县五谏乡。朝廷追赠其为端明殿学士。其子孙因考虑到路途遥远,祭扫不便,在家乡漫江尚丰祠侧葬莫将衣冠和生前所用之物,与其父莫援同冢。

山谷诗云:"尚丰山下莫司户,及第归来马如龙。"盖言地灵人杰,其发祥有自来矣。

莫将心系国家、恭勉政事,因而受到朝廷肯定。绍兴十年(1140年)宋高宗颁发诰敕,褒奖莫将:"先王事于家事,夙负勤劳;视国艰为己艰,弥昭贞亮。"

莫将还是一位著名词人。王灼在其所著的《碧鸡漫志》中曾举莫将《浣溪沙》词两首为例,说他的词"造语颇工"。在被称为中国近百年来最重要的古籍整理成果之一的《全宋词》中,收有莫将的词13首。此外,《全宋诗》和《全宋文》中也收有莫将的诗文。

在收入《全宋词》的 13 首莫将的词中,多描写自然景色,而对梅情有独钟。莫将写梅,观察细微,见形见神见味,如"雪艳冰姿寒欲颤""玉骨冰姿别是春""真香破鼻蓦然闻"。他既书"一树横斜疏影卧",又写"一枝和雪倚阑干"。诗言志,莫将之所以独钟于梅,是对"寒俏雨星""玉骨冰姿"的梅花昂首怒放的钦佩,期待朝臣和边关的将领们为了国家的安危,能挺身而出,敢与金人抗争。梅为春信,寒冬过后是春天,莫将憧憬着国家能够渡过难关,有一个美好的明天。

莫将画像

莫将石雕像

莫将十分钦佩唐朝大诗人贺知章。贺知章,曾寓居明州,晚年自号"四明狂客",李白尊其为"四明逸老"。在明州这方"磅礴积郁之地,宜有魁奇才识之士,必季真乃当之"。于是,绍兴十四年(1144 年)莫将在景色宜人的月湖柳汀南端选择一块空地,修建了"逸老堂",又称贺秘监祠,设贺知章画像祀奉。如今,经过多次修缮的逸老堂仍然是宁波月湖柳汀一处供游客凭吊怀古的场所。

莫将还是一位信佛人,他曾多次到寺庙拜佛参禅。据《五灯会元》卷二十载,莫将在西蜀做官期间,曾从杨岐宗四世南堂元静禅师学习佛法,承嗣其法脉,为宋代著名居士之一。在明州任上,莫将也曾到雪窦寺拜谒高僧,与高僧问禅观瀑。

《宋史》《宋会要辑稿》《建炎以来系年要录》等史籍中有莫将传记和有关事迹介绍。

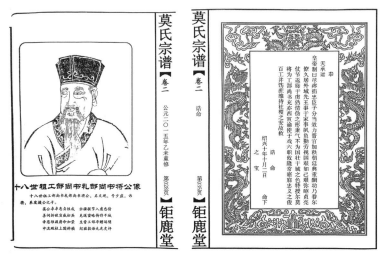

图一   图二

图一为莫将公画像和像赞。图二为绍兴十年皇帝授予莫将"工部尚书"的诰命

莫将是修水的又一位先贤。修水人在县城"八贤祠"内祀有他的画像,《八贤祠志》中有莫将传略。1937年,时任南京国民政府司法院院长兼最高法院院长的居正曾为《八贤祠志》题写莫少虚公像赞:"才足匡时,而名弗彰;力可回天,而愿克偿。瞻遗容之肃穆,宜永荐乎馨香。"

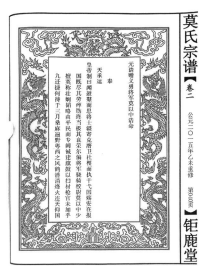

图一   图二

图一为莫以中像和像赞。图二为《元诰赠义勇将军莫以中诰命》(节选)

元朝兵部侍郎为莫将的第三代孙莫以中,出生于元世祖至元十二年,殁于元惠宗至正十二年。公以行伍起家,驻防西粤,军功卓著,嗣因寇扰分宁,奉命率师回剿,为国捐躯事闻,赠义勇将军,赐祭葬,崇祀昭忠祠。

附:一至三十四世表格

序号	世系	进士用名	官职	备注
1	一世	莫藏用	历比部员外郎	
2	二世	莫宜卿	任湖广长沙府知府	唐举进士
3	三世	莫勉仁	任豫章副使	举进士
4	四世	莫戬	都御史中丞	唐玄宗开元二十四年举进士
5	五世	兴周	不详	庠生
6	六世	莫公义	历三提举	
7	七世	莫惟初	奉诏使番	《义宁州志》上记载的首位进士
8	八世	莫圣	不详	
9	九世	莫祀	历四川成都经历	
10	十世	莫永良	不详	
11	十一世	不详	不详	
12	十二世	不详	不详	
13	十三世	莫哗	县丞 以子铉贵,赠殿中丞	宋贡士
14	十四世	莫秦	由贡荐天府未仕	后唐甲子科进士
15		莫泰	任福建永定县训导	后唐举进士
16		莫奏	威胜军	举会元
		莫铉	建州通判,敕授太常博士	进士
17	十五世	莫景	衡州常宁县令,秘书省校书郎	进士
		莫升	不详	举进士
		莫旭	不详	举进士
		莫杲	不详	举进士

续表

序号	世系	进士用名	官职	备注
18	十六世	莫降	郴州桂阳、黄州麻城主簿	进士
		莫潘	不详	解试
		莫碕	不详	举进士
		莫潋	不详	举进士
		莫俦	朝散大夫,后晋吏部尚书	进士
19	十七世	莫溎	贡荐天府未仕	举进士
		莫援	工部尚书	进士
		莫哲	不详	举进士
20	十八世	莫磐	不详	举进士
		莫磊	不详	举进士
		莫砺	不详	举进士
		莫硅	不详	举进士
		莫将	官至工部尚书,卒赠端明殿大学士	以父援任
21	二十一世	莫钟	不详	进士
22	二十二世	莫绵	不详	进士
23	二十八世	莫廷才	不详	举进士
24	二十九世	莫祯	任国子少卿,敕授兵部尚书,后封荣国公	进士
25	三十三世	莫勉重	任江西副使	举进士
26	三十四世	莫以中	义勇将军	

相关链接:

莫氏家规:家风根基之本,家教造就之源

编者到漫江尚丰村采集莫氏家族进士相关史料时,在尚书第门口就看到了莫氏家规,进入钜鹿堂,也可以看到镶在墙壁上的莫氏家规,当翻开《莫氏宗谱》时,家规也编在家谱中,可见其家规在莫氏后裔心中的位置。

一是重视家风浸染。莫氏家族曾出现过22名进士、5位尚书的科举盛况,传承数百年的家风家规,迄今读来心灵为之震撼。

二是重视家教培养。莫家家规十六条64个字中,其中就有"文课当严",从中可看出重视家学,并要求作文,其书当严格、严谨。从"文课当严"四字来看,莫氏先祖对后裔读书人的要求很严,这也为莫氏一族考中进士提供严苛的规范。

三是重视家学当勤。勤奋读书方能成器。学而知之,无论将来从事何业,都须拥有知识。读书不发奋,荒废学业,虚度光阴,岂不可耻。

好的家规,是一种文化传承;好的家风,是细微之处见精神。综观其莫氏家规,实际上就是"十六当",其中有"文课当读",虽是寥寥数字,却是教育后裔的最好诠释。莫氏家族能取得举人、进士、尚书这一显赫官宦之成就,离不开莫氏良好家规的熏陶。

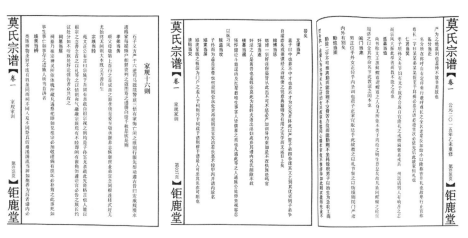

2015 年重修的《莫氏宗谱》上的莫氏家规十六条

第五节　奉仙祝氏：名标翰院，佳声永振

景明：迁入分宁之始祖，忝为之修江宦族

在修水有一个家族，迁入修水后就安居在修水八仙所在地奉仙乡，就是如今的何市镇。这个外迁的家族就是祝氏，自宋至清共孕育出祝氏三进士，其中祖孙三代两进士，和之后考取的十二世进士，是修水的一个进士家族。

据民国壬午年重修的《祝氏宗谱》泰源堂卷二总系记载："祝氏家族由祝景明于北宋真宗咸平三年庚子岁（1000年）携子祝磻自婺州金华随舅徐公德宦游分宁，遂居吴仙里而家焉。"

《祝氏宗谱》泰源堂卷二总系说：吴仙里为宁之首区，宁为南昌之属邑，山环磅礴，水秀潆沸，居海昏桃山之上流，古春秋艾子国也。故景明公一至此处，便看上了这里的山水风光，落地生根，繁衍生息。景明就是祝氏迁修水第一世祖。其儿子祝磻为第二世祖，磻生峋，峋生如川，如川为第四世祖。

祝氏一族其耕读家风延续至今
依然浓厚

天顺庚辰修谱序中称："吾族世居吴仙里，子孙繁衍，代有闻人，盖由山水佳丽，淑气充和，承平盛时，英杰辈出，蜚声显著，荣登仕版，忝为修江之宦族矣。"

祝氏祖堂对联云：

居今考古田豫省而至分宁兴于唐显于宋科第于元明今见盛时新气象

溯本寻源自流芳而迁西武颂其诗读其书敦崇其礼乐斯承大室旧规模

建立于何市镇祝彬故里的翰林府第

祝如川祝林宗祖孙俩：名标进士，荣登仕版

宗谱记载，如川讳谏，字彦材，以经学选仕，宋仁宗庆历中赐进士第，官至秘阁校理。而同治《义宁州志》上记载，祝如川，字至方，宝庆二年丙戌王会龙榜进士，官至秘阁校理。

北宋真宗咸平三年（1000年）迁修水，至祝如川考取进士的宋仁宗庆历年间（1041—1048），时间为41到48年之间，但同治《义宁州志》上记载为宝庆二年丙戌（1226年），如此算下来，那么祝如川考取进士时间就是祝氏迁修水之后的226年，而祝如川是迁修水第四世祖，从第一代至第四代，时间距离为200多年，这显然不符合逻辑。如此看来，这个祝如川考取进士时应以宗谱记载为依据，更符合逻辑和情理。

到嘉祐二年（1057年），祝如川之孙祝林宗金榜题名，担任浙东廉访司副使。

《万姓统谱》记载：林宗字有道，熙丰间从山谷游，山谷为书帖云：士大夫胸中不时时以古今浇之，则俗尘生其间，照镜则面目可憎，对人亦语言无味。

元符三年七月，山谷《江南祝林宗字说》云：黔川祝林宗，因知命问字于涪翁，涪翁字之曰，有道而告之曰：汉东国士，惟郭有道，尚友千载，虽述可到，廓尔胸次，以观群躁。

从祝林宗考取进士年代来看，又似乎不符合宗谱上记载的逻辑，祖孙考取进士时间竟距离190年，而以州志记载来看，祖孙考取进士时间又仅差12年。

但《祝氏宗谱》泰源堂卷一宦达记载祝林宗："熙丰间由进士官至浙东廉访司副使。"熙丰间就是指熙宁和元丰这两个年号，即 1065 年至 1085 年，从这个来推算，祖孙考取进士时间距离在 37 至 44 年之间，从这一点来看就符合祖孙隔代的年龄逻辑了。编者暂且不能妄下结论，说州志上有错，只有待今后进一步考证这两人的出生年代，再来解此疑惑。

宋代嘉熙年间，浙江廉访司副使祝林宗在奉乡流芳（今何市镇辖地）创办流芳书院，培养后裔。元代吴自强曾写下《祝氏流芳书院记》以作纪念。

祝氏流芳书院记
吴自强

宁州之流芳墩，山水环绕，林木清幽，为风俗淳美之地。犹豫章之材凌摩青霄，必生于千仞之崇冈；大江之流奔放沧海，盖出于万里之岷山，其本固，其源深也。

分宁世家祝氏，自唐宋以来，衣冠之盛，诗书之泽，彬彬焉。有林宗微士在熙丰间师黄太史庭坚肄业，而仕宦至风纪于是。修书院于墩之南以为家塾，后嗣留畊先生善承家学，孔孟经书，钟王笔法，朝夕孳孳未尝废弛。至名云孙者，智慧颖敏，早中神童之科。讳彬者，以诗经登进士，寻陞翰林。名椿者，通礼史，中江右经魁。迨今子弟若干员肄业精勤，视昔邹鲁之风，俞然比美，文林郎西台御史朵儿不花特书其匾额曰"流芳书院"，堂堂丽正，端本澄源，而留畊嫡孙兴可北庄居士，节义慷慨，喜功名不事浮华，以克绍前人，诚有光矣。

今祝氏家塾之兴，实践古人之迹，由科目出于时用者，彬彬焉。为国之光，乐有英多，若奇材出于邓林，良金产于丽水。惟滋培储积之有素，然后取之不乏，用之不穷，山川毓秀，穹壤荐祥，关乎治运之盛，岂浅鲜哉！

——摘自王维新作，承家杰篡清同治十二年刻本《义宁州志》。

元代吴自强曾写下《祝氏流芳书院记》以作纪念

同治《义宁州志》上记载，到延祐五年戊午（1318 年），祝彬高中霍希贤榜进士，字文夫，吴仙里人。同知制诰、国史院编修。《祝氏宗谱》泰源堂卷一宦达记载，延祐中登张益、霍希贤榜进士，抚州路崇仁县丞升翰林院编修。

《祝氏宗谱》载祝氏世系和文夫史料

迁修祝氏至祝彬世系为：一世祖景明→二世祖祝磶→三世祖祝峋→四世祖祝如川→五世祖祝承→六世祖祝林宗→七世祖祝谟→八世祖祝茂→九世祖祝箱→十世祖祝子安→十一世祖祝子信→十二世祖祝彬。

三进士世系图

四世祖祝如川(祖父)

↓

六世祖祝林宗(孙)

↓

十二世祖祝彬(系四世祖八世孙)

翰院编修祝彬：性禀淳德，天毓奇才

在三名进士中，祝彬最负盛名，世人称之为名臣。

祝彬生于南宋景定庚申年(1260年)四月二十四亥时。彬幼好读书，孜孜不倦，后以《诗经》考中进士。授将士郎，擢江西抚州路崇仁县丞。元泰定三年(1326年)为湖广主考。天历二年(1329年)和至元三年(1337年)先后两次任江西主考。至顺三年(1332年)晋应奉翰林文字征仕郎同知制诰兼国史院编修。皇上颁赠封三代，其父子信，封赠进贤县丞，其母熊太君，封赠宜人，妻黄氏,封赠宜人。元统二年(1334年)归里,自号悠然居士。至元三年(1337年)十月二十二日卒,享年77岁。

元朝著名文学家、书法家、史学家揭傒斯有诗《书悠然先生道院》:地僻疑无路,天开忽见田。溪山如有待,草树亦鲜妍。和米芋头饭,无盐苦菜羹。山中甘此味,自足乐余生。竹屋规模小,山林兴趣长。生前犹旅舍,身后可祠堂。山麓(cū)无过断,石短欠相饶。一吊悠然士,今安道者寮。

祝彬为修水八贤之一,著名的南社诗人、政治活动家叶楚伧亦有祝悠然先生像赞:学莫切于慎独,治莫急于求贤。俯仰无愧,洵自乐其性天。本修己以衡寸,庶体用而俱全。谁克臻斯旨者,吾惟想象夫悠然。

揭曼硕题悠然外碑铭:如是读书,如是应举,如是为官,如是致仕,诗礼传家,预营抔土,七十七年,就木垅所,布衣单衾,玄观素礼,归全以终,悠然居士。

在《祝氏宗谱》泰源堂中还有元朝饶臣,明朝允明、祝潘、祝经、祝润,清朝翼权、景福记载为进士。但编者翻阅同治《义宁州志》,没有这些人名记载。

《祝氏宗谱》泰源堂中记载:"由洪都至分宁之吴仙里,今十有世五矣,饶州后祝佐谿,字饶臣者,与悠然公乃兄弟,行元朝,同时登第授职,有美政,而二枝子姓尤盛,佐谿任府判,悠然升翰林,清名俱著。"从这段文字中可看出,饶臣为悠然公之兄弟,居住在饶州。故同治《义宁州志》上没有饶臣考取进士的记载。

同治《义宁州志》上只有宋朝举人祝宗阡,明朝祝以中,明朝荐辟祝承、祝庆夫,贡士祝用安记载在册。

《祝氏宗谱》泰源堂卷一宦达旧序中记载:"考世系中,如川林宗公名标进士,悠然公身列翰林,兴可以将军著,庆夫以神童称,科甲有人,仕宦有人,凡登荣者不可胜举,巨可谓人文蔚起乎? 分宁一族,振振蛰蛰,蕃衍盈盛,世济齐美。"

2023年5月8日,编者同谢小明、周斌、周湖岭等好友探访何市山水、书院时,在吴仙里看到了丹霞观石碑。同时,编者又通过多方面查找,在民国年间《祝氏宗谱》上找到了祝彬撰写的丹霞碑文记载,其碑文文字见507页。

相关链接:

祝氏家规:涵盖面广,教育深远

编者在查阅民国《祝氏宗谱》时看到祝氏《齐家守持》的目录,实际上就是祝氏家规,由环山翁、祝文正编撰。其家规共有30条之多,涵盖面广,影响深远。

"守忠廉"三字,是《齐家守持》的第一条,放之首条,足见其重要性。其言曰:忠而不廉,不可为尽忠之道;廉而不忠,不可为尽廉之道矣;忠廉兼尽,身名流芳。此条告诫祝氏后裔子孙,为官者,当尽忠,当廉洁,两者缺一不可,才能流芳百世。综观修水祝氏之后裔,因受其家规之约束,在高位者,从政者,均尽忠尽责,清正廉洁。

第三条"兴家塾"则言:"家塾之说作养子孙之所,敦厚风俗之源,吾家流芳书院旧额常规为家长者,佥议纠首,始终如一。延师教训,进其孝悌忠信,一时人文之盛,代有英贤,今亦宜仿古制,合众同心,维新家塾,则人才自是而得已。"祝氏宗族因重视教育,历朝历代,人才辈出,名重江右。

第五条"勤儒业"中说:读书为立身之本,无求安逸,有诚谚谓,勤则有功,周公作无逸,大禹惜寸阴,温公警枕,陶侃运甓,巫马期载星治单父,古来圣贤无不勤者节时,会不齐亦可,教授乡里,以收修束之俸,读书不辍,方是真儒。

祝氏家规,从世族大家文字化的家训、家谱,到普通百姓父母长辈的一言一行,家规、家教形式不同,传递的都是一个家庭或家族的道德准则和价值取向。它对个人的修身、家庭的兴旺发挥了重要的作用。

第六节　泰清冷氏：黄龙之佑，仕宦接踵

修河之水出自黄龙山，而在黄龙山下有一温泉，传说乾隆下江南时，曾携妃子畅浴温泉，兴之所至，赐之村庄为泰清。泰清之名沿用至今。

泰清一是因有一位皇帝赐名而声名大噪，二是因有一口温泉而声名远播，三是因有一个进士家族而声名鹊起。这个进士家族在宋元之时，以"一门六进士""四代不间断四进士"而声震朝野。

这个进士家族，是以冷忞、冷应澂两位大学士为核心，以其直系组成的子孙科名仕宦接踵的科甲大族，先后诞生了进士和举人 20 多名，五品以上官员多人。

民国三十二年重修的《京兆冷氏宗谱》

冷氏世系简图

迁宁始祖

一世　冷澈

二世　冷澎

三世　冷忠、冷虔

四世　冷宓（冷忠子冷宓为进士）

五世　惟贤、惟哲、惟庆

六世　季玉、季深（均为惟贤子）

七世　应澂、应钰（均为季玉子，应澂为进士）

八世　方叔、和叔、正叔（均为应澂子，和叔为进士）

九世　敬先（为方叔之长子，敬先为进士）

十世　冷孟公（冷孟公为进士）

修水冷姓始祖冷澈从州城迁上衫居四代，以耕种为生，深知教育重要。但其时迫于家境，只好在家中自教，所谓"读夜书"。冷忠迁泰清居七代，既勤俭兴家，又十分重视教读，耕读家风开始形成。同治《义宁州志》记载，宋朝之时冷姓进士共有6名，即冷宓、冷应澂、冷秉、冷和叔、冷敬先、冷孟公。

冷宓，熙宁九年丙辰（1076年）徐铎榜进士，字廷叟，泰清人，光禄寺卿，有传。自冷宓始，开启了修水冷氏的"泰清冷氏进士家族之辉煌"。

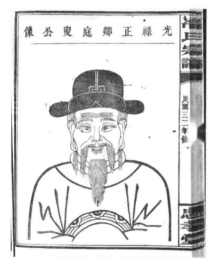

民国三十二年修《冷氏宗谱》卷首一遗像载冷宓画像和赞

冷宓，令钱塘，迁苏州判，转商州刺史。元祐间，拜光禄卿。其家谱记载，"廷叟与邑人黄山谷善"。山谷恒以冷卿称之，有赠宓诗序云："庭坚于庭叟，有十八年之旧故。"又诗曰："往时尽醉冷卿酒。"又云："冷卿智多发苍苍，牛刀发硎思一邦。"其推重如此。卒年七十八。

魁垣冷姻翁序中有"山谷集中有城西冷叟半忙闲"之句。

冷应澂，绍定二年己丑（1229年）黄朴榜进士，字公定，号觉斋，泰清人，直宝章阁学士,有传,宋史云宝庆元年(1225年)进士。

民国三十二年修撰的《冷氏宗谱》记载,澈祖迁分宁,至忠祖迁泰清,一传至光禄正卿庭叟公,四传至宝章阁大学士应澂,簪缨接踵,与徐忠愍公德詹、黄文节公鲁直等以经天纬地之才,济世安民之略,卓然名世,其丰功盛烈铭彝鼎被弦歌崇祀八贤祠,与古圣先贤,俎豆其间。所谓用邦家之光,非仅闾里之荣,荟萃于修江者,至今照人耳目,赫赫若前日事,倚与盛矣。擢高科登显仕,兄弟同榜进士有三,三代五世同堂有之,列贤书,游泮水,尤为络绎不绝。

魁垣冷姻翁序中有"宋史中有冷应澂'光昭简册,寿世功勋'"之句。

清咸丰年间,冷采芸绘有《西乡七十一都泰清学士基图》。

39年后,冷秉,咸淳四年戊辰(1268年)登陈文龙榜,历官广东廉宪。

元取代宋后,冷和叔,至元五年癸未(1268年)进士,字顺孙,应澂子,官辰州主簿,迁苍梧县尹。

又过30年后,冷敬先,大德二年戊戌(1298年)进士,字有革,应澂孙,仁乡人,户部员外郎奉大夫,宣政院客省副使,有传。《京兆冷氏宗谱》上记载,方叔长子,进士,字有革,号巨波,又号才溪,元成宗大德戊戌(1298年)登进士第,授将士郎,婺州武义县尉,迁长兴县判官,法令严肃。廉访使赵汝平荐升户部员外郎,未几,转正奉大夫,宣政院客省副使,奏对敏捷,深识大体,与正府元尚书、虞翰林、李枢密、袁侍制为道谊友。一日以言忤执政,遂力求解任,诸公咸惜其去,作南归序赠行,见国朝文类。由泰清徙新田筑室,为优老计,乃号厚深,以自况见品,官房岁入租十万余石,除常用外,悉以赒宗族乡党。在朝为官十五年,后急流勇退,解任居田,他离朝返乡时,友人无不为之惋惜,纷纷题诗相赠,家谱载有虞集的《送冷君敬先南归序》。冷敬先生于宋度宗咸淳八年(1272年)壬申二月十二日亥时,殁于元文宗至顺二年(1331年)辛未十月十一日巳时,葬七十都钱家冲。《宁州志》有其传记。元代以来,正如庐陵刘辰翁为冷姓家谱撰序所称颂的一样:"余观冷氏宗谱何其世多君子耶,文质彬彬,冠裳济济,英才硕德,代不乏人。"

35年后,冷孟公,元统元年癸酉(1333年)登李齐榜,字僧儒,应澂曾孙,仁乡人,广东行省廉访司,照磨迁昌州路判官。

元代以来修水冷姓私塾兴盛,同治《义宁州志》记载,冷巽先"建义学,训乡之子弟"。清代冷姓开始举办学校,孔夷堂是家谱记载的最早学校。《修水县教育志》记载,冷姓举办的有文字记载可考的私塾有碧泉家塾、文英堂和文育堂等。其时,还设立了助学助考机构——宾兴会,在卷资、路费等诸方面给予贫寒子弟资助,《义宁州志》记载影响较大的助考机构有东皋宾兴会和文渊会。到清末,冷姓见诸谱载的科甲、仕宦共有770余人,其中进士11人、举人40人、贡元122人。最为难能可贵的是,修水冷姓族人读书登科后勤劳的本质没有丢。明代余良的《村居耕学》称赞冷甫里博学有才,穿上儒服可以做官,脱下儒服可以种田,为官而事耕种是不忘其本,既修身养性又自得其乐。明代云南按察司金事邹儒到东皋见到冷姓族人一边耕种一边读书,颇多感慨,写下了《草坪耕乐序》,称颂冷姓的耕乐情怀。还有很多冷姓族人虽然没有考上什么功名,但他们熟读经文,亦耕亦读,做有文化的农民,所以旧时有"冷姓男丁无文盲"的口碑。

相关链接:

冷氏家规:如似阳光雨露,涵养世代子孙

修水冷姓在元大德五年(1301年)首届撰修家谱时,由冷敬先主持,冷义先、冷复先、冷巽先、冷临先、冷所先等人参与,共议出26条家规,就族中孝悌奉养、慈子恤孤、婚姻承继、劝课耕读、奉公守法、丧葬礼仪、祖墓祠堂、谱牒族产、族谊联亲等方面做出了明确的规定。

重孝道。规定对父母要极力奉养,对于敬老尊贤的孝子,发给银钱给予奖励;对于不孝敬父母者,情节轻微的,在公众场合给予批评教育,情节比较严重的要在祠堂受家法处罚,处罚后再犯者要送官府,按国法惩治。

重法纪。规定子孙要及时"完粮纳税",官府有号召要响应,族内子孙如有违法者,送官定罪,并在家谱中除名。为官者必须遵守官箴,如果因贪污被罢免的,回家后不能参与宗祠祭祖。

重耕读。规定子孙要以耕织为业,男人要全力耕作,做到仓里粮食有余,妇女要勤于织布,做到家中布匹有余,其他行业的人要量力经营。倡导人人都须勤俭,而对好吃懒惰者以言共伐。族中子弟无论贫富,父母必须尽全力请贤明的老师加以教育,农历每月初一、十五日要集中到公祠进行考察。

2000版《修水县姓氏志》记载,冷姓不仅人丁兴旺,而且人才辈出。八修族谱至九修族谱的60年间,据统计,有大学生254名,研究生5名,博士5名,硕士7名,留学生4名,美籍华人画家1名,赴日研修生1名,教授8名;地市级干部2名,县级干部11名;省劳模、省先进工作者2名。如今离修撰《修水县姓氏志》

20 多年,其上述之贤才,更是多得不可胜数。

　　以冷态、冷应澂两位大学士为核心的冷氏家族,从外地迁徙到修水能够快速地成为当地望族,其家族代代相传的家风家规起到了十分重要的作用。在元朝,冷姓家规颁布后经多次修改而沿用 600 余年,随着中华人民共和国的成立、旧社会的消亡而失去了其特有的约束力,但勤耕苦读、忠孝仁廉的家风仍然世代传承,如阳光雨露般滋养着冷姓子孙茁壮成长。冷氏家规对当今家风家规建设仍具有积极、重要的引导作用,值得我们不断传承和延续。

元大德八年(1304 年),修水冷姓首修《冷氏宗谱》,由宣政院客省副使冷敬先(左二)主持,与族人制订《冷氏家规》26 条

第七节　湾台周氏:昆季联翩,科第显赫

从明成化八年(1472 年),周季麟会试以一篇治春秋之类的锦绣文章考取壬辰科进士,打开了修水湾台村周族一脉的进士潮,周季凤、周季邦、周期雍、周昺、周希令相继高中进士,金榜题名。乾隆年间进士,周孔从在其所撰的《宝峰事迹记》中说道:"吾族以科第显,都宪僖敏公、尚书康惠公、大司寇泉波公,尤表表然,冠诸巨族。"从明成化八年(1472 年)到清乾隆七年(1742 年)270 年的时间里,一个地处僻壤的小村庄,一个从外地迁入的家族相继高中七名进士,诞生了"一门三代三尚书""一门三兄弟三进士""兄弟叔侄七进士,三尚书两御史,一少卿一翰林两知县"的官场奇迹。明清之朝修水湾台周氏一门高中七进士,且均居高官要职,成为修水继黄氏、莫氏、余氏的又一个著名的进士家族。

王惠玲赞周族一门七进士云:

> 欲仰七名贤,何源一脉传。
>
> 叩门来探秘,原是有坡泉。

周期雍一族居住在距离修河入口的修口之地一公里处,其水丰地灵,孕育出进士、御史、尚书之名村。

从同治《义宁州志》《江西历代进士总名录》书中查知,明朝 276 年间,修水共中进士 14 名,这 14 名进士中,周姓 6 名,陈姓 3 名,程、艾、石、曾、吴姓各 1 名。

"大宋时期,修水有十余文化大家族,至明朝周姓一族独荣。从历史上读书人为国效力看,周姓族中英杰,功盖他族,其丰伟之家族文化,值得我们后人去研究、去学习、去传承!"修水文化学者冷建三如是评价。

周期雍一族进士文化流淌血脉之源来自何方?七名高中进士的官声、政绩、才气、艺文、人品又是怎样?日前编者带着这些疑问进行了考证。

编者、修水周氏文史研究会会长周武现(右一)、副会长周湖岭(右二)在西港湾台周期雍后裔陪同下考证周期雍一族进士之家、官宦之家等家族文化(周绍满　摄)

乾隆《宁州志》旧序中记载周季麟"周氏三先生"的史料(局部)

文化之血脉

湾台村,最早叫巉田湾,地处修水县西港镇,为该镇十个行政村之一。

物产富庶之地,地灵水丰之所,养育了自宋代周氏文胜公扎根山川以来的一代又一代的湾台儿女,也滋养出了这个自明朝以来,文风蔚然、人杰众多的进士之村。

修水汝南堂之八维支在修水繁衍生息,且一代一代书香传世,若干年后,传至明朝周族第一个进士周季麟之太祖父周瑾、祖父周铭、父周叔襄时,可谓家族之书香,香于全村;笔墨之丰满,满于全湾。

陈泰星在《汝南堂八维支旧谱外编·周氏八维续修家谱叙》中说道:"……越数传,而子孙蕃衍,科名崛兴矣,至都宪南山、来轩、昆季与、季凤、季邦、泉坡、浒西、白亭,诸前辈后先济美,三尚书、两御史、七进士、五乡贤,一时丰功伟绩,炳炳麟麟。"

王惠玲赞周族一门三尚书曰:

> 千载功名,宝剑效忠明世主;
> 一门诗笔,丹心写照后来人。

《汝南堂八维支旧谱外编》记载:"诏奉举孝廉有司,续命荐之京,称授交趾布政司洪州金场大使。……交人判,攻金场,周瑾不屈,死于忠。"

祖父周铭,自幼聪慧过人,精通《诗》《书》《春秋》三经。周铭平生对佛、道不感兴趣,家里举行冠、婚、丧、祭等礼,大多遵守传为朱熹所作的《文公家礼》的范式。周铭交往的朋友都是学问老成、端谨古朴之士,如西安推官王琬、江陵训导匡泰、儒士冷清、士人陈郁兄弟,都是他的知己,与他们唱和的诗词最多,在乡人中流传。

周铭为赡养老母,没有应地方政府的征召,就在家里设置家塾,聘请塾师,与自己一同教授学生,其教授的学生多有出息,状元黎淳就是其中之一。《义宁州志》有"厥嗣黎淳毓孕修江,后大魁天下,官尚书谥文僖"的详细记载。状元之师,名噪一时!

周季麟之父周叔襄,从小专攻《诗经》,后来广求名师,博极经书,有所成就,其文章藻思清绝,每一脱稿,人争传诵。其为人性资英爽,敦行孝义,贤声素着于一乡,见者敬惮。周瑾、周铭、叔襄三代书香传世,且不遗余力,殚精竭虑授教季麟、季凤、季邦等昆仲之古籍经典、学识品德。

应该说,季麟、季凤、季邦等诸族兄弟、侄、侄孙等出生在状元之师的书香家庭,他们从孕育在腹起就有了书香文化的血脉根基,一入私塾启蒙,就赢在了人生的起跑线上,也为其高中进士、迈向仕途、担任要职、达到人生"天花板"打下了文化根基,更为其后来者和后裔一脉,根植了深厚的文化底蕴。

进士之独奇

周季麟出生于 1445 年,卒于 1518 年,享年 73 岁。周季麟殿试登进士第二甲第五十五名。这一次会试,江西仅四人考中进士,季麟乃其中之一,开明朝修水进士之先河。季麟授兵部主事,再升郎中。历浙江参政、河南布政使,官至右副都御史,巡抚甘肃。刘瑾擅权时被免职。刘瑾被诛后,恢复官职。正德十三年去世。祀乡贤名宦祠。

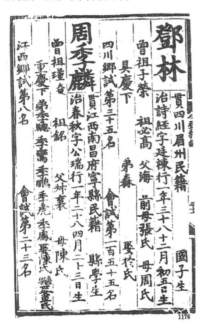

图一

图二

图一为周季麟会试个人史料。图二为明《万姓统谱》中载周季麟、周季凤、周期雍一族的史料

编者在《清代进士》一书中查阅到了周季麟的籍贯、家庭成员、乡试、会试等信息。

周季麟著有《南山诗集》《南山年谱》《旬轩集》《金台稿》《南归集》等。

南山寄兴

周季麟

每到夜深闻钟鼓,南山寺对月华浓。

一尊斗健宁论客,万事信天谁笑侬。

最爱僧闲还命驾,不妨吏隐亦看松。

高怀忽起飘然念，丈室惟堪着懒慵。

周季麟之奇，《义宁州志·人物志·乡贤》称之为"六岁授书辄成诵，稍长治春秋大学日进"。

修水县博物馆"明廷双凤"展厅

季麟中进士后 21 年，其弟周季凤于明弘治六年（1493 年）考取进士，这一次会考江西仅考取两人，可谓人中龙凤。授刑部主事，历升湖广左布政使，后累官南京刑部侍郎，嘉靖七年（1528 年）卒，终年 65 岁，谥"康惠"，祀乡贤名宦祠。

在湾台寻访时，一位老人给编者讲了一个从祖父传下的周季麟"周旋太子与父王不睦"的故事。据传，明朝之时周世子因事争议，得罪了父王，父子反目，当时被列为大罪，欲下大狱。此时，身为朝廷重臣的周季麟，在其父子之间，以一片赤诚之心尽力宽慰调护不辍，周世子深刻认识到了自己的错误，向父亲低头认错。其父亲终在周季麟的真诚协调下，包容了世子的错误，父子俩和好如初。当时朝廷官员对周季麟利用个人智慧和情商协调这一棘手的难题，称颂一时。

周季麟著有《来轩漫稿六卷》《修水备考序》《修江先贤录八卷》《周氏世德录二卷》等。

周季凤之奇，《义宁州志·人物志·乡贤》称之为"至弱冠，聪明奇发，从兄至京邸，训励积学，为黎文僖所赞许"。其撰写的《宁对》，可称修水千古散文之奇文、之名篇。

如今的八维周氏宗祠大堂内悬挂着"敬南山文韬武略功勋卓著垂青史，仰来轩足智多谋宁对绝妙盖诗坛"这副对联，就是对周季麟、周季凤"双凤"的真实评价。

不过,在周季凤撰的《宁对》一文中,竟有"十龙呈宋瑞,双凤愧吴钩"之语,其称赞"双井十龙进士,祥瑞宋朝,而其兄季麟和自己(世称双凤)在报国雄心,回报家乡上愧叹,愧对吴钩"的自责自谦之胸怀。

接着季凤中进士的第三年,季麟之族弟周季邦,于弘治九年(1496 年)考取进士,任建安知县。

据同治《义宁州志》上《宁对》"建尹独宽柔"一语中注释,"周季邦为建安知县,著老杨某赞其像曰:'宽平广大,福我百里'"。

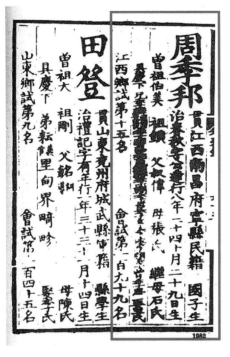

图一   图二

图一为《明代进士》一书中记载周季邦的籍贯、乡试、会试等的文献。图二为周期雍铜像

季邦中进士 12 年后,季麟之族侄周期雍,于正德三年(1508 年)高中进士,授南京御史。在湾台周族中,以期雍最为知名,其官声政绩颇佳,他官居刑部尚书之高位,是在周族中担任官职最大的一位,且军功较多,威震朝野,卒后被朝廷追赠为"资政大夫",祀乡贤名宦祠。

周期雍之奇,《义宁州志·人物志·乡贤》称之为"聪明绝佳,以春秋魁省试"。

周期雍从小时候就展现其聪明机智的一面，编者在湾台村寻访时，就听到当地村民耳熟能详地讲述其"仰肚晒书，气倒财主"的传说。湾台有一位梁姓财主，有两个儿子，一个叫梁栋，一个叫梁财。两兄弟与周期雍同在一家私塾就读，但每次考试总要比周期雍差那么一点点。进京赶考前夕，梁财主为了压制、奚落、打击周期雍，便大张旗鼓地在晒谷场上晒起上千册藏书来。他一方面为自己两个儿子赴考助力壮胆，一方面显示自家的财富和诗书，显摆一下实力，来挫挫周期雍的锐气。

周期雍心里知晓梁财主是冲自己而来的，便故意跑到梁家去凑热闹。当晒场上站满了围观的人时，他竟独自躺到晒书的地筐上，仰着肚子，卷起衣服，晒起肚皮来。梁家见期雍如此举动，心里甚是不解，忙上前问道："你这是在干什么？"期雍不紧不慢地回答道："你们家晒书，今天我顺便来晒一晒肚子，因为我的书全装在肚子里，不用时也怕发了霉。"期雍这一"腹有诗书气自华"之举，把梁财主嘲讽得哭笑不得，当场气倒，两个儿子也无地自容而悄然地离开。周期雍"仰肚晒书，气倒财主"的事，不久就传遍了修河两岸，至今还被当地人津津乐道。

周期雍考中进士的第六年，季麟之族侄、八世孙周昴，为明正德九年（1514年）甲戌科殿试金榜第三甲第100名，同进士出身，历官刑部主事、四川马湖府知府、刑部郎中。

图一　　　　　　　　　　　图二

图一为修水周氏文史研究会会长、编者与修水周氏后裔一同至今仍保存完好的周期雍墓地前神道碑考证时的情景。图二为《周族人》内部刊物设置栏目《尚书传奇》，由编者整理的《仰肚晒书，气晕财主》一文

周昺之奇,读书过目不忘,谓之奇崛!

周昺其官声、政绩、艺文,编者搜阅多种古籍,没有记载,待今后搜集和考证。

周希令,字子仪,别号浒西,万历四十一年癸丑(1613 年)进士,改庶吉士,授兵科给事中,历太常少卿。

周希令之奇,《义宁州志·人物志·乡贤》称之为"实心奇之弱冠,乡试以文奇,在摘例不与会闱"。《汝南堂八维支旧谱外编》制诰纂修玉牒副总裁王应熊称之为:"弱冠,举童子第一,首等饩廪。"

编者在《汝南堂八维支旧谱外编》中看到这样的记载:在湾台村,有一乡绅徐某,因儿子某事遭人诬告,几乎不能证明自己的清白,后在周希令的帮忙下,力证清白,确受诬陷,徐某遂赠送基地树苗感谢周希令。周希令笑答:"我解你子之难处,岂是为了获取利益?"至今乡人对周希令之为人常称道不已。

上述六人,均为湾台文胜公之后裔,尤其周期雍官至刑部尚书,其官声、政绩、气节,堪称楷模。

之后,文化血脉穿过时间隧道,跨过朝代更替,在清代乾隆七年(1742 年),十四世孙周孔从高中进士,三甲 44 名。周孔从为翰林编修。

周孔从之奇,《义宁州志·人物志·乡贤》称之为"四岁日记千言,咸目为神童"。

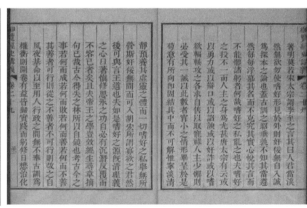

《御览经史讲义》第二十九卷中记载周孔从的讲义文献(节选)

湾台周氏七名进士,在明代至清代江西地区的科举实力之强,可窥见一斑。从他们每一位的官职来看,有尚书、御史、少卿、翰林等高位要职,可谓荣耀至极,称得上具有代表性进士和官场家族之一。

进士之贡献

周族这些精英考中进士，走上了从仕之途，大都曾担任五品以上官员。他们为了当时国家的兴旺、安定、团结、发展均不遗余力，殚精竭虑，卓有政绩。

正义凛然，直言进谏。《明史列传·周期雍》中记载："陈金讨江西贼，纵苗杀掠，期雍发其状。寻清军广东，劾镇守武定侯郭勋，金与勋皆被责。"《明大司寇泉坡公行状》中称赞周期雍"以言责为己任""不畏权势，秉公执法"。曾有一皇亲国戚夺民煤窑，科道郡县等官被连累至 20 多人，法司避忌不敢处理，便上奏巡抚，周期雍按照律法，追还煤窑于百姓，所累官员全部官复原位。

冲锋陷阵，保家卫国。《明史列传·周期雍》中记载："出为福建佥事，宸濠反，简锐卒赴讨，会贼平乃还。"在谈到平定宸濠叛乱时，湾台村一位周姓老人眉飞色舞地向编者讲述了一代一代传下来的故事：周期雍在接到王阳明指令后，便紧急率兵日夜兼程。此时正是 6 月中旬，在赶往途中，因连日高温酷暑，周期雍身体极度不适，部下劝他就地休息，但周期雍还是身先士卒，率领部下顶着烈日炎炎前行，七日之后赶到了南昌，兑现之前对王阳明许下的"朱宸濠叛乱，我必先到"的承诺。

虽幸宸濠瞬息之间受擒，未用上周期雍所带的福建兵，但王阳明先生心中之感，盖于犒赏之上。之后，王阳明称赞其"忠义之诚，足以感激人心；敏捷之才，足以综理庶务"，又点赞其"皆才识过人，可以任重致远"。

王守仁去世后的第二年，嘉靖九年（1530 年），周期雍被提拔为右佥都御史，巡抚顺天，1539 年 6 月累升到刑部尚书。

皇帝在《赠右都御史周季麟诰》中称赞周季麟"远抚甘凉、西域，成兴复之效；再巡陕、蓟两地，收镇靖之风"，杨一清称其"北控胡虏，西抚氐羌。即是二者，足表于世"。

编者从《明西宪南山公神道碑》中记载得知，北虏小王子拥兵数万人入侵河曲，朝廷派周季麟出征，此战先后共斩首六十四级，获其奸细四人，追回所掠人口 1400 人，衣服器械 3000 多件，牲畜 20000 多头，铲平虏患。

毛奇龄在《西河合集》中说道："明三百年，多文臣用兵。而季麟以畏寒之躯，黾勉边陲间，观其处哈密一事，张大国体，济以德威，使诸番构祸于此暂息。其以方之魏尚之守云中、李勣之督并州，又宁有憾焉。"从这些历史记载中我们可以知道，周季麟为我们国家存亡、民族兴旺曾经做出过卓越贡献，护土守疆有功,是国家民族的有功之臣。

《明世宗实录》记载,嘉靖二十二年(1543 年),兵部议准启用各地废闲将领(退役武将返聘),以充实九边军力,兵科给事中周希令建议"如有家丁,尽其随带,仍与行粮",得到朝廷采纳。

为官一任,造福一方。右副都御史、江右周季麟以龙首、通济二渠是利济军民之渠,既有损坏,不可不修,慨然以增修为己任。这项工程起于弘治十五年(1502 年)七月,完工于九月。周季麟提倡修渠这一工程用人得当,财不枉费,成事神速,坚固耐用,前所未有,计划周密,利益长远。

周期雍任都察院右佥都御史巡抚顺天府时,遍历险阻,采诸舆论,上疏筑马兰谷等,并增修四路长城共 47000 多丈,修复桑岔谷等关,及量移界领口等营共 36 处。

周季麟在任浙江左参政时修嘉兴旧堤,易之以石 30 余里,又增筑湖州长兴等处堤岸 70 余里。

克己奉公,廉洁自律。为官不仅要为民除忧虑,更要廉洁自律,这样才能受民众爱戴,流芳百世。其官声政绩,可称之为上。周季麟曰:"为官须称职,无论大小也。既至,筹国计,搜剔隐蠹,毫厘不取。"可见其廉洁之操行。明孝宗尝问刘健、谢迁曰:"周季麟何如人?"对曰:"季麟好官。"论曰:"季麟论处官,无分大小,务称其职。故历官所至,皆能有功,而卒以守正。"

少傅兼太子太傅、吏部尚书杨延和称赞季麟"历官中外皆有声",称赞季凤"方以才行,显用于时"。

有人评价松阳县令周季邦:"官居清介,不为权势所摇动。"在湾台考证时,对周季邦有一定研究的周爱国讲了这样一件小事。周季邦 41 岁时,因病卒于任所,百姓听到周季邦英年早逝时,纷纷赶到松阳县衙悼念。据说,当时百姓哀哭,如失怙恃,耆老把其肖像放到家中祭祀之。其中有一位 80 岁杨姓老人,平生未进过城府,当听到周季邦死亡消息后,步行 10 公里到城内取来肖像,供奉家庙之中,晨昏焚纸点香,朝夕哭奠。

文化之高峰

修水继黄庭坚一族、陈门五杰两座文化高峰之后的周期雍一族必将是叫得响的修水第三座文化高峰。

这个必将叫得响的修水第三座文化高峰,是修水多个文化学者首次提出,其文化之含义,主要是在官声、书法、诗词、艺文等方面的影响。其理由有四。

理由之一,这六名进士中,周期雍官居刑部尚书,为正二品,退休后赐为资政大夫,为副国级待遇;周季凤、周季麟两兄弟一为右都御史,为正二品,一为右副都御史,为正三品,相当于现在的中华人民共和国检察院检察长之副职,专职纠劾百司,辩明冤枉,提督各道,为天子耳目风纪之司。两人均分别赐为"僖敏"公、"康惠"公。这与修水第一座文化高峰重要支柱人物黄庭坚赐为"文节"公,享有同等待遇。周希令任太常少卿,为正四品。周季邦任知县,周孔从为翰林编修,均为正七品,一族之仕途,官居正七品以上,且官声、政绩堪夸,仅以此,称周期雍一族为修水第三座文化高峰应当之无愧。

理由之二,在一个家族之中,四代之内六人相继高中进士,可见其家族文化底蕴之深、家族教育之力和家族培养之重,这六人其官声、政绩、人品俱佳,无一人"贪墨"之腐败,自明代以来,为周氏一族树立了榜样和楷模。仅以此,称之为修水第三座文化高峰应名副其实。在当今重倡家族文化、家风、家规的时代背景下,周期雍一族应值得进一步去挖掘、去研究、去传承。

理由之三,在科举时代,考取进士也是"过五关斩六将",能考中进士的,首先要求过书法这一关,且极为严格。据编者查证,周期雍曾临写黄庭坚行书《经伏波神祠诗卷》,墨迹犹存,其后跋谓此书"世不经见,故不复知",从中可见周期雍的书法和他对书法的研究,以及对黄庭坚书法的推介力度。可惜的是,编者在半年时间内查阅各类史料,均未能找到周期雍书写的《经伏波神祠诗卷》书法之后跋。但甚为惊奇的是,一个研究周期雍的学者竟无意中找到了这一后跋,遂从微信中发于编者,冥冥之中,周期雍书法应首次惊现于世,也是一个重大发现,对今后研究周期雍书法提供了实物佐证。

其他几名进士中,其书法虽然暂未找到传世墨宝,但随着编者进一步深入考证和研究,从其考试答卷、奏折和亲友书信往来等,也必将揭开书法神秘的面纱。

理由之四,黄庭坚为宋朝江西诗祖,当之无愧,在黄庭坚的影响下,这六名进士中,可以说其诗词应为明朝时期修水乃至江西诗词之秀,尤以周季麟、周季凤为先。周季麟撰写的《送郑用材之任分宁歌》可谓诗中名篇,周季凤撰写的《宁对》可谓描写修水最美之赋。这些诗词是称周期雍一族为第三座文化高峰又一印证。

　　编者借此呼吁修水文化学者、江西文化学者等像研究修水黄庭坚家族、陈寅恪家族一样，深入研究周期雍这个家族，以史记和物证来证明周期雍一族的深厚文化，来印证叫得响的修水第三座文化高峰之称，不是无根无蒂，不是浪得虚名，也期盼周期雍一族的修水第三座文化高峰不久将会屹立在幕阜之巅峰，修河之潮头。

　　编者被聘任为《九江日报·长江周刊》专栏作家时，于2023年5月21日在头版头条发表的《修水湾台村一门七进士》和2024年7月7日二版发表的《修江主人周季凤》

相关链接：

周氏家规：沉酣史书，养成实学

　　编者乃修水周氏文史研究会会长和中华周氏修水宗亲联谊会秘书长，经常下乡到修水县各周氏祠堂考证周氏文化和走访周氏宗亲，发现一个极为重要的文化要素，就是每一个祠堂都把《周氏家规十八条》张贴在最醒目、最重要的位置，各个分会会长和周氏后裔把《周氏家规十八条》默记于胸，张口无误能读出"抒忠荩，以报朝廷；崇祀典，以厚风俗"等几条来，也有周氏宗亲把《周氏家规十八条》与《三字经》一样作为周氏后裔入学前的启蒙家庭教育读本,可谓家喻户晓,耳熟能详。

据宗谱记载,《周氏家规十八条》出自周氏先祖宋朝名相周必大之手,从修身、齐家、守法、报国到处世积德、累功劝导等都有涵盖。

"敦孝悌,以笃天伦",这条家规强调"孝悌"两字,提出:父母之恩,昊天罔极;兄弟之情,实同手足,必情文备至,爱敬兼隆,方能为人子弟,全其天伦。百善之先,为人之根本;孝行天下,立世之根基。

"修实行,以端人品",这条家规强调的是"人品端正"之要,立品行,修德行。要求周氏后裔无论贫富贵贱,都要修身养性,不为世俗所染,不为功利所惑。

"黜侈靡,以崇节俭",这条家规强调"节俭"两字,谨告周氏后裔切记杜绝奢靡,不要暴殄天物,挥霍无度;同时告诫周氏后裔从政者,不该拿的别拿,不该贪的别贪。周氏家规传下来有条底线,凡是在廉字上出了差错,就不配做周氏后裔。物必先腐,而后虫生;防微杜渐,首在家规。这与当今提出的反腐倡廉不谋而合。

"勤学问,以大显扬",这条家规强调"学问"两字,并要求"尤宜沉酣史书,肆力文艺,养成实学"。周氏先祖就有人提出"但愿子孙还积德,闭门耕读继家声"。周氏家规并不着重在教育后人继承财富、守住家业,而是时刻激励后人终身学习,加强文化积淀和文化传承,才是永远的财富,不仅利己,而且可以为社会、为人类贡献文化力量。在明一代,修水考取进士 14 名,周氏就占了 6 名,且均官居要职,最高居刑部尚书之位,政绩卓著,大显扬于明朝。2023 年高考,是我们修水周氏宗族学子的收获季,桃里分支周子韬高中金榜,被北大物理系录取,白岭、溪口、西港、桃坪等各分支周氏学子考取普通一本、211、985、研究生者近百名,数量和质量均领先其他姓氏,这就是周氏家规中重视教育、勤学问的一个良好明证。

遗戒谆谆,薪火相传。在传承了千百年之后,以"孝悌、忠信、勤俭、品行"等为核心的家规精神,已经根植于周氏子孙血脉之中,代代延续,严遵恪守,经久流传。

第八节　旌阳王氏:科甲蝉联,冠诸巨族

2023年5月28日,编者同文旅局党委委员周秋平到西港镇考察尚书广场建设一事,在去尚书周期雍湾台故里时,周秋平聊起了修水王氏一族进士,并说其家中珍藏有《太原堂迁宁始祖王琮一脉志》(以下简称《一脉志》)。此时,编者正在查找迁宁始祖王琮迁修和其进士家族每一位进士成员的史料,虽查阅了从清乾隆到民国之时的王氏宗谱近百套,但对王琮的记载,零散杂乱,不周详,正在山穷水尽之时,却无意中听到周秋平家里珍藏有《太原堂迁宁始祖王琮一脉志》,真是天佑我也,也正应了"踏破铁鞋无觅处,得来全不费工夫"之说,遂开口借之。细阅之余,赞叹《一脉志》篇章之多,编辑之精,质量之高,记述之详,且百万多字,仅花半年时间便已成书,可歌可赞,也应是他族编辑家谱时学习之榜样。于是,细查各类资料,多处考证遂成此文。

王琮为唐高宗宰相王理第十代孙。其祖父王顺任唐户部侍郎。父德美,任婺州知府,由长安迁浙江金华。出生于名门望族的王琮公以人才举入仕,官至尚书仆射。后因奸臣所害,于唐宪宗末期被迫由浙江金华府太平乡迁江西南康。

其宗人恩选状元敬铎于康熙己亥孟夏题迁宁始祖琮公遗像:此翁名琮,德福兼隆。仁至义尽,复嘉其忠。不愧不怍,雅度雍容。乌纱象简,宠赐恩荣。铺基宁邑,庆衍靡穷。俾尔后起,咸仰流风。

清康熙五十年《王氏族谱分迁旧序》中说,琮公由浙婺居南康,之后创宁州东岸里(偏旌阳山处),盖览山川之胜会,地脉之清

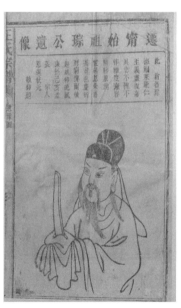

康熙五十年《王氏宗谱》上记载的
王琮遗像和像赞

奇,爰始爰谋,卜居于是,于以昌我后嗣,为不拔之基,是分宁之迁实始基于此也。

迁宁王氏自琮公迁宁后,王氏家族累世重学育人,人文蔚起、科名鼎盛!在

王氏家规十条中,其中第九条就是要求后裔勤耕读,认为耕读为人立身之本。凡我族人务必教育子孙勤耕苦读。不勤耕不得食,不苦读不通文。因此,要把勤耕苦读视为兴家创业的传家宝。以耕为荣,以读为乐,耕读并举。耕作者,养家糊口,发家致富;读书者,苦读不辍,中举人,摘进士,入官途,报效国家。

摘取进士16名,五代内祖孙、父子、兄弟、叔侄从第七世至十世不隔断连中十名进士,后先辉映,人才济济,开创迁宁王氏科甲蝉联之盛举,当之无愧进士之巨族。

王氏后裔何市三代举人匾。戊辰科中式第十二名举人王元标,丙子科中式第六名举人王定超,壬午科中式第三十三名举人王起鸿。三代举人匾见证了王氏一族书香赓续之家和王氏科甲蝉联之盛

道光和同治《义宁州志》记载,从王士甫中进士起,其王氏家族簪缨连绵,名播江右。仅宋一朝,同治《义宁州志》上记载琼公后裔共考取进士16名,《太原堂迁宁始祖王琼一脉志》中加上铜鼓分支竟有26人之多,仅次于黄氏、莫氏、余氏等进士家族,但这样一个科甲蝉联、簪缨进士世家,为何当时没有进入"徐黄余莫宋祝冷章"全县八大家族,当时评判体系和指标不得而知,有待今后做进一步考证。

《太原堂迁宁始祖王琼一脉志》还记载宋朝之后到元、明、清共中进士7名,科举时代,修水王氏共考取进士33名。琼公后裔中进士的名字入史志,上族谱,他们走上治国安邦之道。

王琼迁宁后,其后裔高中进士如七百里修河水连绵流长,似旌阳山尖顶和山之树木,个个拔尖,人人独秀。同治《义宁州志》记载,修水首位进士迁宁七世王仕甫(注:按族谱上记载首位进士为迁宁四世,即铜鼓王训)中宋真宗大中祥

符元年进士(1008 年),奉政大夫、光禄寺少卿。

其五代十登科世系和其任职简图

迁宁六世祖仲明、仲雅

(仲明员外郎,仲雅历官中议大夫、金紫光禄寺少卿)

↓

迁宁七世祖仕甫

(奉政大夫,终光禄寺少卿)

↓

迁宁八世祖王固

(信州都官、奉政大夫)

↓

迁宁九世祖纯中、智中、大中、刚中

(纯中任朝奉郎知洺州、奉政大夫,智中任承事郎,大中任司法参军,刚中任同签枢密院事,升端明殿大学士,卒谥恭简)

↓

迁宁十世祖王本、州迪

(王本任提举荆湖南路,升户侍郎、徽猷阁待制,州迪任湖广桂阳令)

他们入仕途,伴君侧,相互砥砺,或正色立朝勠力疆域,或忠烈效命,或职守著绩,以齐家治国平天下为己任,有官累至户部侍郎、端明殿大学士等高官要职。

王仕甫长子王固(字伯克),中宋仁宗天圣甲子(1024 年)宋郊榜进士。王固生八子。长子王纯中(字永叔)中皇祐五年癸巳(1053 年)进士,授朝奉郎、知洺州(乡贤黄庭坚先生撰《王公纯中墓志铭》),赠奉政大夫。次子智中(字明仲),登进士第,授承事郎,事亲至孝,补安乡县令。三子黄中终县尉,四子大中登进士第,五子建中终寺丞。固之侄刚中,登进士第,同签书枢密院事,终端明殿大学士。

王纯中第四子王本,字观复。六岁能诗,日诵千言。元丰八年(1085 年)登进士第,授南雄州保昌簿,调袁州司户参军,迁歙州祁门令,调磁州录事参军,改宣德郎,知秀州海盐县,通判保定军。

履中子州迪登进士第,纯中长孙王鈇(王本之子),字承可,授通仕郎、判邵州,迁秘阁修撰、户部侍郎,赠正奉大夫。王固、王纯中、王智中、王大中、王刚中、王本、王州迪,祖孙三代七进士开创了迁宁王氏的科甲盛举!

刚中公,乃王氏迁宁一世祖国宝公第九世孙。字秉干,登进士第,任宋孝宗朝签书枢密院职。在蜀检身以法,示人以礼,不立崖堑,恩威并行,羽檄纷沓,从容裁决,皆中机会。离蜀士民怀之。居仁乡六十五都黄龙山前,衍派水源,为迁水源始祖。

《成都名宦志》记载,刚中为三子,字时亨,号应斋,行三十,登进士第,知四川成都浚万岁池,溉田三乡,上植榆柳,表以石柱,郡人指为使君甘棠。

《通鉴》曰,南宋绍兴二十九年己卯(1159 年)九月,公为四川制置使,三十一年抗金,身自督战金兵退,公还,谓其属李焘曰:"将帅之功吾何有焉。"焘叹曰:"身自督战,而功成不居,过人远矣。"至隆兴二年甲申(1164 年),上以同签书枢密院事,终官端明殿大学士。殁葬仁乡六十五都黄龙山前本宅后。商氏,葬同夫,诰封一品夫人。生二子:公立、公正。

"一方水土养一方人",位于旌阳山脚下的王氏,千百年来,在当地"尚淳朴、好诗礼、勤职业"的地方传统文化熏陶中,繁衍生息、开枝散叶,逐步形成了王氏家规族约。这些经过千百年提炼而约定俗成的家规族约,蕴含了"忠、孝、谦、勤"等丰富的中华优秀传统文化思想,不仅从伦理道德上对后人谆谆教诲,而且对于如何为人处世也做了具体规范,至今润泽王氏子孙。

如今,分宁王氏乃中华太原世家在江西的旺族,历时 1100 多年。琼公后裔遍布我国湘、鄂、赣、川、黔、粤、陕、桂、闽、台、澳等地区,以及新加坡、美国、澳大利亚等国,已有人口 120 万之众。

注解:一门卅进士,指王氏迁宁始祖琼公(讳国宝),于唐末迁宁后直系子孙后裔先后有 33 名高中进士(含现在铜鼓县);五代十登科,指迁宁六世仲明、仲雅,七世仕甫,八世王固,九世王纯中、智中、大中、刚中,十世王本、州迪,一脉相传,五代内祖孙、父子、兄弟、叔侄连中十名进士,开创迁宁王氏科甲蝉联的盛举。

太原王氏与琅琊王氏的开山始祖,是周灵王长子太子晋。传至五十世德美公,生子一,曰琼,乃王氏迁分宁一世祖。琼公(771—843)字国宝,系唐高宗宰相王理第十代孙。其祖父王顺任唐户部侍郎。父德美,任婺州知府,由长安迁浙江金华。琼公以人才举入仕,官至尚书仆射。因奸臣所害,于唐宪宗末期由浙江金华府太平乡迁江西南康府茶场镇，又因战乱，再由南康海昏之茶场镇迁分宁东岸泥湖里，即今修水县城东门外旌阳山下。山水环绕龙吐气，地脉呈祥风扬眉。公见此处地形险胜，吸分宁八乡秀水，如旌旗招展，从此便归隐不仕，在此繁衍生息。

相关链接：

王氏家规：淳朴家风，代代相承

王氏家族乃国中望族，家风自古淳厚。为使吾族之淳朴家风代代相承，经合族公议，特订立下列家规族约，以规范族人道德行为。

王氏家规给后世子孙的是以孝为先，敬祖宗，孝父母；以和睦为本，友兄弟，重婚姻，睦宗族，和乡邻；以诚信为基，信朋友，重义轻利；以耕读为要，不勤耕不得食，不苦读不通文；以守纪为重，守法纪等等。这些为人处世之道，对我们后人律己、教子、涵养正气、廉洁从政等，依然具有很好的借鉴作用，也与新时期我们党倡导的社会主义核心价值观的部分内容相适应、相吻合。尤其其中所蕴含着的孝心、忠诚、责任、担当、守纪等高尚的美德理念，值得后人继承和发扬。

旌阳《王氏家规》，王姓子女启蒙的必修课

第二章　修水进士风采

第一节　黄庭坚　诗书双绝耀古今

在双井黄氏家族中,最出名的应是与苏东坡齐名的黄庭坚。可以说,黄庭坚被称为旷世奇才,当之无愧。修水是一个出奇才的地方,这个"奇"字,尤其在黄庭坚身上展现得淋漓尽致,体现得完美无缺,表现得后无来者。称之为奇,查仲道曰:"先生为吾宁先哲,宋室奇才,江本诗祖。其孝友殊笃,其气节特异,其造诣精深,其文章瑰玮。"他还发出了肺腑之言:吾固重表以自勖,而更以勖吾乡之晚生后出者。

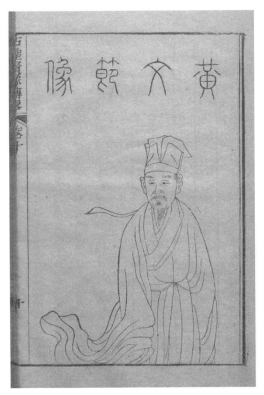

清道光十年顾沅辑的《古圣贤像传略》卷十中记载的黄庭坚画像和传略

曾任江西省政府主席、国民政府常务委员兼军事委员会常务委员的李烈钧所撰的《八贤祠志》序称赞黄庭坚曰："黄文节鲁直，超轶绝尘，苏长公言之矣。自其历馆职，而涪、而黔、而戎、而荆渚、而宜州，政事文章，震古烁今。间发吟咏，亦开西江之派。"

其奇之一在奇崛。黄庭坚聪慧过人，五岁时已能诵读"五经"。七岁时，黄庶将他送入私塾读书，在私塾读书时，因为"六经"中的《春秋》晦涩难懂，老师并未教授。有一天，黄庭坚向自己的老师问道："大家都说有六经，为什么只读其中的五经呢？"老师回答他："《春秋》你现在这个年龄还读不懂。"黄庭坚于是又说："既然《春秋》是六经之一，为什么不能读呢？"最后老师教他读了《春秋》。这部长篇编年史书对于一般的孩子来说或许如同天书，但黄庭坚很快读完了整本书。《道山清话》这样记载："十日成诵，无一字或遗。"

《牧童诗》图

清光绪八年《黄氏宗谱》卷二中记载的《太史赠龙图阁直学士黄庭坚谥文节议》(节选)

其七岁时作《牧童诗》：

骑牛远远过前村，短笛横吹隔陇闻。

多少长安名利客，机关用尽不如君。

童稚之龄便道出"多少长安名利客，机关用尽不如君"的人生哲理。

黄庭坚铜像和诗书石刻

　　《道山清话》记载："八岁时，有乡人欲赴南宫试，庶率同舍钱饮，皆作诗送行。或令庭坚亦赋诗，顷刻而成。诗云：'青衫乌帽芦花鞭，送君归去明主前。若问旧时黄庭坚，谪在人间今八年。'"

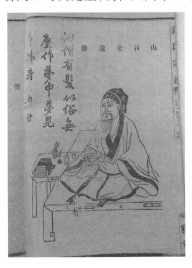

图一

图二

　　图一为清《黄氏宗谱》上的山谷公遗像和自赞。图二为民国二十六年《黄氏家乘》卷二像赞中的苏轼题黄庭坚像赞

这首诗轰动乡里，人们都视黄庭坚为神童。从此，黄庭坚"神童"的称号至今闻名乡里。

其奇之二在书绝。在书法领域，黄庭坚擅长行书、草书，与苏轼、米芾、蔡襄并称为"宋四家"，代表了北宋时期书法的最高成就。黄庭坚一生所作书法作品极多，享誉后世的作品也是数不胜数。黄庭坚书法初以周越为师，后取法颜真卿及怀素，受杨凝式影响，尤得力于《瘗鹤铭》，笔法以侧险取势，纵横奇崛，字体开张，笔法瘦劲，自成风格，独树一帜，为"宋四家"之一。《宋史·文苑传》称："庭坚学问文章，天成性得，陈师道谓其诗得法杜甫，善行草书，楷法亦自成一家。"他自己说："余学草书三十余年，初以周越为师，故二十年抖擞俗气不脱。晚得苏才翁、子美书观之，乃得古人笔意。其后又得张长史、僧怀素、高闲墨迹，乃窥笔法之妙。"

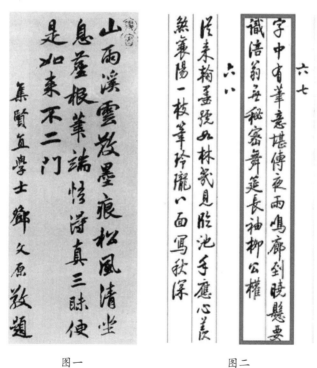

图一　　　　　　　　　　　　　图二

图一为集贤直学士邓文原敬题《黄庭坚松风阁诗卷跋》行书珍贵墨宝。图二为启功诗评"黄庭坚书法"

黄庭坚为北宋书坛杰出的代表，与苏轼成为一代书风的开拓者。后人所谓宋代书法尚意，就是针对他们在运笔、结构等方面更变古法，追求书法的意境、情趣而言的。

　　黄庭坚对书法艺术发表了一些重要的见解,大都散见于《山谷集》中。他反对食古不化,强调从精神上对优秀传统的继承,强调个性创造;注重心灵、气质对书法创作的影响;在风格上,反对工巧,强调生拙。这些思想,都可以与他的创作相印证。

　　他著名的书法作品有《松风阁诗帖》《黄州寒食诗卷跋》《花气熏人帖》等。

　　其奇之三在诗妙。黄庭坚是最能代表宋代文学特色风貌和发展成就的巨擘,其诗学思想有"脱胎换骨""点铁成金""无一字无来处",其诗风"平淡而山高水深"。黄庭坚出自当时文坛盟主苏轼门下,苏轼称赞他的诗歌创作:"读鲁直诗,如见鲁仲连、李太白,不敢复论鄙事。"

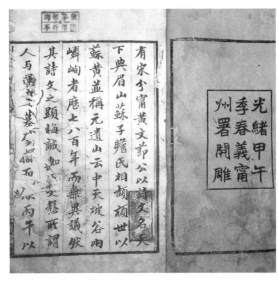

图一　　　　　　　　　　　　　　　　　　图二

　　图一为光绪八年《黄氏宗谱》卷三载的宋史《文节公列传》(节选)。图二为清朝刻本《山谷诗全集》残本

　　《宋史》卷四百四十四《文苑六·黄庭坚传》记载:"与张耒、晁补之、秦观俱游苏轼门,天下称为四学士,而庭坚于文章尤长于诗,蜀、江西君子以庭坚配轼,故称'苏黄'。轼为侍从时,举以自代,其词有'瑰玮之文,妙绝当世,孝友之行,追配古人'之语,其重之也如此。"

民国三十二年癸未双井堂刊《黄氏宗谱》朱熹撰的《双井旧序》中评价黄庭坚"纯德志孝,雄文博学,足为师表"

黄庭坚文勋卓著,诗名在生前就已深得诗坛推重,虽为东坡门下,竟能和苏轼并称"苏黄"。他死后,更是被列为江西诗派"三宗"之首。由于他自成一家,独步千古,为历代学人瞩目,自宋代起,文史学家将黄庭坚视为精于诗法者,对其诗学探索和艺术成就多有称扬,记述、研究黄庭坚的言论层出不穷。黄公渚选注的《黄山谷诗》一书导言:"山谷诗,尤名重一时,于是有江西诗派之称。"

清嘉庆九年刊曾燠编辑的《江西诗徵》卷九辑录黄庭坚传略和诗作的珍贵文献书影

《西清诗话》云:"山谷诗妙脱蹊径,言谋鬼神,无一点尘俗气。"《苕溪渔隐丛话·后集》卷二十二曰:"山谷自黔州以后,句法尤高,笔势放纵,实天下之奇作。自宋兴以来,一人而已矣。"《江西宗派图》序云:"国朝歌诗之作或传者,多依效旧文,未尽所趣,惟豫章始大出而力振之,抑扬反复,尽兼众体。"

刘克庄《江西诗派小序》云:"豫章稍后出,荟萃百家句律之长,穷极历代体制之变,搜书猎奇,穿异穴,闻作为古律,自成一家;虽只字半句不轻出,遂为本朝诗家宗祖。"

严羽《沧浪诗话·诗辨》云:"国初之诗,尚沿袭唐人……至东坡山谷始自出己意以为诗,唐人之风变矣。山谷用功尤为深刻,其后法席盛行,海内称为江西宗派。"

徐俯因自幼受黄庭坚的教导,其在诗歌创作方面深受黄庭坚的影响,继承黄庭坚"以学问为诗"的创作方法,善于化用前人诗句,善于用典。可以说,徐俯对黄庭坚及江西诗派的诗论和诗风都有所拓展,对江西诗派的发展有较大的促进作用。

吴海、曾子鲁所著的《江西文学史》云:"以黄庭坚为领袖的江西诗派,标志着宋诗风格特点的最后形成并走向成熟,宋诗终于以自己独特的面貌,在中国诗歌史上争取了几乎可以与唐诗比肩的历史地位,江西诗派的影响因此也绵延至清末,影响中国诗歌的发展道路近 800 年。"

图一

图二

图一为光绪二十四年《黄氏宗谱·双井堂》卷首赠谱诗中记载苏轼的《赠山谷公谱诗》和《江西诗派图》。图二为黄文节公年谱上记载的江西诗派图

2003 年，中华书局出版的《黄庭坚诗集注》中说，黄庭坚的父亲黄庶，是一位专学杜甫的诗人，其舅父李常是著名的藏书家。良好的家庭环境，为黄庭坚提供了博览群书的便利条件。黄庭坚写诗亦推崇杜甫，他在《答洪驹父书》中说："自作语最难，老杜作诗，退之作文，无一字无来处。"又说："虽取古人之陈言入于翰墨，如灵丹一粒，点铁成金也。"对于这样的创作主张，学者见仁见智，莫衷一是。然则显而易见的事实是，黄庭坚的诗确能独树一帜，遂使他位居"苏门四学士"之首，又被后人奉为江西诗派的开山祖师。他的诗立意新颖，章法细密，风格奇峭，匠心独运，在北宋诗坛与苏轼并称"苏黄"。他长于点化前人词语，善于借用前人佳句，炼字炼句，出奇制胜。

任渊在《黄陈诗集注序》中称："本朝山谷老人之诗，尽极骚雅之变，后山从其游，将寒冰焉。故二家之诗，一句一字，有历古人六七作者。盖其学该通乎儒释老庄之奥，下至于医卜百家之说，莫不尽摘其英华，以发之于诗。"

其奇之四在词作。在宋词的璀璨星河中，黄庭坚无疑是一颗耀眼的明珠。他的词作，不仅具有高超的艺术技巧，更蕴含着深邃的思想和独特的情感表达。

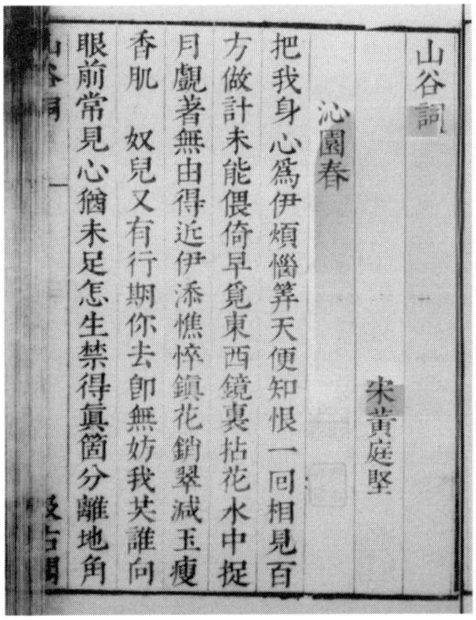

图一

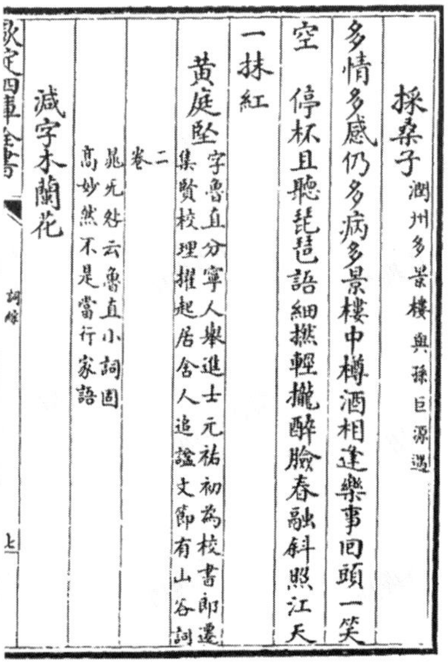

图二

图一为《山谷词》中记载的黄庭坚《沁园春》词。图二为《钦定四库全书》记载的黄庭坚史料和《减字木兰花》词

黄庭坚的词风清新自然,不事雕琢。他善于用简洁明了的语言,表达出内心的感受。例如,在《清平乐·春归何处》中,他以"春归何处?寂寞无行路"开篇,直接抒发了对春天离去的惆怅之情,让读者能够感同身受。

黄庭坚的词作充满了哲理和思辨。他常常通过对自然景物的描写,引发对人生的思考。如《虞美人·宜州见梅作》中的"天涯也有江南信,梅破知春近",以梅花的开放预示春天的临近,暗示着人生的转机和希望。

黄庭坚的词作具有很强的艺术感染力。他善于运用各种修辞手法,如比喻、拟人、夸张等,使词作更加生动形象。

黄庭坚的词作虽然成就显著,但评价却毁誉不一。这种分歧可能源于他独特的创作风格和深刻的思想内涵。尽管如此,学术界普遍认为黄庭坚的词作具有极高的艺术价值和学术价值,值得深入研究和探讨。

其奇之五在丰硕。黄庭坚的书法有多少幅,编者还未找到准确数据,数量应该相当大,仅其传世书法名作,如后人称为"天下第九行书"的《松风阁诗帖》、拍得 4.368 亿元的《砥柱铭》、拍得 2.88 亿元的《释典卷》、被称为"宋代最美行楷"的《经伏波神祠诗卷》、估值超过 10 亿元的《廉颇蔺相如列传》、与苏轼《寒食帖》并称"双璧"的《黄州寒食诗卷跋》、祝枝山称"此卷驰骤藏真,殆有夺胎之妙"的《李白忆旧游诗卷》、行书代表作《寒山子庞居士诗帖》《花气熏人帖》《诸上座帖》《送四十九侄诗》等,都是传世之珍品。

黄庭坚所作诗词赋质量之高,不可置疑,其数量也位居江西前列。诗 2196 首,词 193 篇,文赋 2603 篇,作品总量 4992 首(篇),排在宋代江西籍进士作品量前三名,仅次于周必大、杨万里。可以说,黄庭坚与周必大、杨万里等进士一样,在数量和质量上为宋代江西文学的繁荣提供了双重保障。

黄庭坚所书墓志铭 109 通之多,详见附后表格。

黄庭坚著有《黄庭坚集》三十卷、《乐府》二卷、《外集》十四卷、《书尺》十五卷。可谓文章妙天下,诗书贯百家!

其奇之六在孝道。黄庭坚极具孝悌之德,"亲涤溺器",元代《二十四孝》里就有他的故事。宋元符中黄庭坚为太史,性至孝。身虽贵显,奉母尽诚。每夕,亲自为母涤溺器,未尝一刻不供子职。"涤亲溺器"的故事后来被写进《二十四孝》当中,成为千载传扬、家喻户晓的故事。

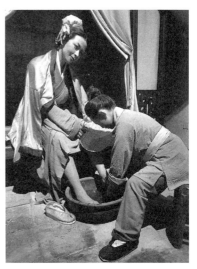

黄庭坚《亲涤溺器》孝道图　　　　　　黄庭坚为其母亲洗脚图

黄庭坚生性纯良,对父母非常孝顺,从小侍奉父母无微不至。母亲李氏有洁癖,闻不了马桶的异味,他从小每天亲自给母亲洗刷马桶,只要侍奉在母侧,从没间断。

黄庭坚的做法引起了一些人的好奇和质疑。有一次,有人问黄庭坚:"您身为朝廷命官,家里有那么多仆人,为什么要亲自做这些卑贱的事情呢?"

黄庭坚回答说:"孝顺父母是我的本分,和我的身份、地位没有关系,怎么能让仆人去代劳呢? 孝敬父母是出自一个人感恩的天性,又怎么会分高低贵贱呢?"

黄庭坚的母亲重病垂危之时,他更是衣不解带,寸步不离,日夜侍奉在病床前,亲自煎煮汤药,尽了为人子的孝道。

有诗赞曰:"贵显闻天下,平生孝事亲。亲自涤溺器,不用婢妾人。"

其奇之七在音乐。在音乐领域,江西出现了以欧阳修为代表的"江西琴派",黄庭坚与孔武仲、朱熹、文天祥等人一样,善于抚琴,或精于琴道。

其奇之八在品高。文化人的独特风骨:信仰真理,坚守气节,傲然于世俗,豪放于人间。黄庭坚奇才、孝行和人品并存,堪称北宋之楷模。

位于修水县城南山崖的黄庭坚松风阁书法

清陈善墀辑的《金石摘》中记载的"圣几忧后,超光家德"八字和"阴真君诗三篇,绍兴四年黄山谷书,玉虹堂本刘梧冈藏"

第二节　冷应澂　三朝为官功德重

　　"若夫襄樊受围之际,积粟缮械备仓,卒而平大寇者,非冷学士应澂之力耶? 迹其规划军国,固不后于余公,匪独仁廉忠孝,著循良于德庆、广南已也。"这是曾任江西省政府主席、国民政府常务委员兼军事委员会常务委员的李烈钧所撰的《八贤祠志》序中对冷应澂的点赞语。

冷应澂画像　　　　　元脱脱著《宋史》中记载冷应澂的史料

　　冷应澂故居遗址坐落在修水县白岭镇泰清温泉村,占地约 30 亩,相传有 48 个天井。《义宁州志》记载:"冷学士故宅,在西乡泰清,冷觉斋大学士建,后为嵩祠。屋基宽敞,建有敕书楼、听月楼。"听月楼在冷学士宅后,敕书楼在听月楼前。屋宇左面叫楼前坂,建有冷姓祖敬神殿——协佑殿,尽管殿宇不复存在,但殿基、石神案、石香炉、石化钱炉至今保存完好。周边有东花园(左花园)、西花园(右花园)、后花园,故宅左边的一片旱地至今被称为左花园。学士夫人宋氏为方便到温泉沐浴,在水河上建有一座木桥——花桥。编者航拍冷氏故里时,一位胡姓老人说:"冷学士造的花桥,建后不久因被大水冲垮,故有'冷大学士造花桥,石皮黄家捡柴烧'之传言。"

　　从十一世冷庭叟开始,修水冷姓才进入了兴旺发达时期,至第十四世冷应澂出生,这位书香世家之后,集先祖之才德,继前人之伟业,以他仕途的辉煌业绩,带来了修水冷姓的门庭兴旺和辉煌。

　　冷应澂,字公定,号觉斋,南宋时隆兴府分宁县(今修水县)泰清人,生于宋孝宗淳熙十四年(1187年)十月。宋理宗宝庆元年(1225年),冷应澂荣登进士榜,步入仕途。

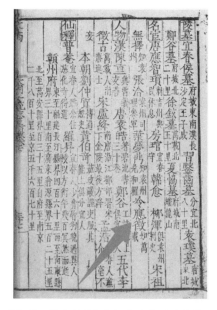

曾任国民政府考试院院长的戴传贤为冷应澂遗像题写的像赞

《大明一统志辑录》中记载冷应澂的文献

　　据多种史料和当今作者撰文得知,冷应澂出仕之初,被朝廷任命为庐陵(今江西吉安)主簿。他以廉洁能干和敢于主持公道而获得百姓的信赖。按说,主簿只不过是主官属下掌管文书的佐史,属于一级政府的事务官,可在当时,许多有诉讼于官府之事的人竟然说"愿下庐陵请主簿",可见冷应澂初任庐陵主簿时就赢得了很高的声望。

　　冷应澂的才干首次得到了上司杨长孺的赏识,冷应澂被调往静江府(今广西桂林)任司录参军,后来再次受到转运使范应铃的器重,将他荐于朝廷,不久,即任万载县知县。

　　冷应澂任万载县知县后,大修学舍,倡导学风,一时官学和私塾兴起,求学者甚众。同时,他还广为发现和招募有用之才,为治理地方献计献策。不料时逢自然灾害，农田歉收，当时一些农户食不果腹，无力抚养婴幼儿，而官府又拿不出多少粮食施济，有的农户就偷偷地将婴幼儿弃之于路。冷应澂得知此事后内心焦急，经过一番思虑，想出一个在当时不失为可行的办法。他下令有能力的民众收养这些弃婴，同时，凡遗弃婴幼儿的父母亲今后不得再过问这些孩子，使收养者对婴孩的收养有了保障，这些弃婴大多得以存活下来。曾为翰林学士、户部尚书的南宋词人叶梦得获悉这一事件后，大加赞许，将其事迹广传各地。冷应澂得以通判道州（今湖南道县，宋时辖营道、江华、永明、宁远四县），后调榷货务，为政府推行货物专卖政策尽力。又迁升登闻鼓检院，为国家联系民间社会、获取民间社会信息发挥作用。

宋理宗景定元年（1260年），冷应澂奉朝廷之命沿江督办粮饷。完成使命后，他奉命调任德庆府（今广东德庆）知府。前任知府治理地方不力，豪吏渔猎百姓，民众苦不堪言，地方强悍之徒乘势揭竿而起，直逼府城六十里驻扎营寨。冷应澂闻知此信，率领官兵前往。尚未进入州府，他没有立即进行镇压，而是给起事者送去一封信。在信中，他告诫说，你们并非蓄意与朝廷作对，而是因为不能忍受豪强的欺压才至于有此举动。现在，新太守刚上任，将下力处理豪强欺压百姓的事，这该是转祸为福的时机。所有人员应该及早散去，不然官府一旦派兵追拿后不会免除罪责。正当起事者人心浮动、犹豫不决并稍稍退去时，冷应澂乘势指挥官兵，出其不意将为首者擒获。冷应澂对这些起事者并未做出任何惩处，而是晓之以理，将千余起事者遣散归农。冷应澂到达州府后，召回四散的州府官员，立即着手对那些引发这场事变的豪吏予以严惩，该杀的决不手软。这次事发后，时为广东经略安抚使的雷宜中认为冷应澂会给这些起事者来个"下马威"，但其所率官兵不多，无力制止这场事变，必然会向他搬用官兵镇压。后来事态的发展让他对冷应澂的才干非常赞叹和佩服，特别是对起事者一个不杀的做法更是赞许。他将冷应澂这次平息民众起事的情况上报朝廷，并推荐说冷应澂可大用。

冷应澂在德庆府任上，辛勤操政，平和处事，治理有方。当时，有的地方以交通不便为由，租赋迟迟不得上交府郡。冷应澂并没有和往常一样，派遣官吏下去催收，而是发出告示：凡是初交租赋者给予减少份额，后交者不仅要交齐自己的租赋，还要再加上初交者减少的份额。告示一出，民众唯恐落后，不到一月，所有租赋悉数交齐。冷应澂还极力做好官吏的安抚工作，将前任欠下的俸薪补发给他们,得到官吏们的一致拥护。朝廷考察地方官员,冷应澂得以升任广南道提举常平兼转运使。冷应澂上任后,闻守令贪赃枉法,他向朝廷上奏弹劾守令等十余人,使府郡得以整治,政风肃然。

由于冷应澂政绩卓著,他被朝廷加任直秘阁。当时,广南东路经略使陈宗礼调往朝廷任参知政事。宋度宗问陈宗礼,谁可以替代经略使一职。陈宗礼十分看重冷应澂这位曾经共事的属下,当即向度宗推荐冷应澂可担当此任。度宗皇帝很快下诏,任冷应澂为都官郎官。冷应澂还未赴任,度宗再度下诏,升冷应澂为宝章阁学士,并知广州,主管广南东路经略安抚司公事、马步军都总管,并继续统领从水路向朝廷输送粮食事务。

冷应澂身负大任,果然不负朝廷厚望,得到朝廷倚重和嘉勉。宋度宗咸淳六年(1270 年),度宗为冷应澂颁发诰敕,称"广南经略安抚使冷应澂尽瘁王事,夙著尔劳,出奇而制獠峒,一鼓弥变不杀而平大寇,屡策安边,揽五司之纪纲,熙庶绩于明断尔,其义安黎庶,辑宁邦家,朕深赖焉"。朝廷还赐予他紫金鱼袋乌纱象简。为此,冷应澂还写有《谢御赐紫金鱼袋乌纱象简》诗,首句为"日映罿罳晓殿深,君恩稠叠驾亲临",反映他对朝廷的感恩;末尾两句为"拨乱致治平生学,消得君王念苦辛",是他对朝廷的表白。

冷应澂因年事已高,从广南东路经略使任上退出政坛,告老回家。冷应澂毕生政绩卓著,除了其自身的才干,还有就是高尚的思想。他在《述怀》中写道:"仁廉两个字,忠孝一生心。"冷应澂有两句格言"治官事当如家事,惜官物当如己物",时至今日,对于我们倡导良好的廉政勤政风气仍然具有积极的意义。因此,湖北人民出版社近期出版发行的《肃贪通鉴》中,将"冷应澂平乱惩贪"编入其中的章节。冷应澂在诗书方面也享有一定的声誉,在他的诗作《听月楼》中,他写道:"听月楼高接泰清,楼高听月最分明。"文人赏月多从视觉,而他一反常态,偏要去"听"。他听见"冰轮响",听见月中"捣药叮当"声,听见广寒宫的奏乐,听见"斧侵丹桂韵丁丁",更听见"一派天风""吹下嫦娥笑语声"。冷应澂优美的诗句既耐人寻味,同时还给地方留下了"泰清"这一地名。

冷应澂告老回乡后,于宋恭帝德祐元年(1275 年)寿终正寝,享年 88 岁。冷应澂先后在宋理宗、度宗、恭帝三朝为官,由于寿高功重,朝廷允许其后裔不只限于在故乡择地安葬。冷应澂的子孙经请风水先生察看地形,将其安葬在与故里泰清相去不远的湖南省平江龙门。

冷应澂是修水的又一位先贤，原绘有画像祀奉于八贤祠内。20 世纪 30 年代《八贤祠志》修成时，曾任国民政府考试院院长的戴传贤为冷应澂遗像题写了像赞："起家主簿，扬历安抚。百世堪称，平寇御侮。"

修水冷姓乃忠义世家，冷应澂在《述怀》诗中抒发的"仁廉两个字，忠孝一生心"的理想抱负，与他"廉能并著"的声名一样永垂青史，成为江西冷姓世代相承的祖训。

修水八贤之一，大学士公定（应澂）祀奉画像

第三节　章　鉴　清廉低调励后人

丞相之墓，重加修缮

2023 年 3 月 8 日，我们中华周氏修水宗亲联谊会四名成员来到宋朝丞相章鉴安葬地——杭山贺坑佛塔垅。一下车，编者就看到一山坳上立着四梁三门石牌坊，正中上面匾额上书"丞相墓"三个大字，左匾额上书"含山"，右匾额上书"聚水"。中间石对联左边为"山水毓菁英丞相布衣千古事"，右边为"仪型昭日月文章道德八贤名"，左边小对联为"人鉴清时成史鉴""文山愁处忆杭山"。其书法为修水名家冷望高所书。

章鉴丞相墓地石牌坊

反面上匾额上书"杭山园"，左匾额上书"祖德"，右匾额上书"宗功"。中间石对联左边为"名存南宋传一代清臣扛鼎鼐"，右边为"德兴北辰耀千秋间气励乡邦"。左边小对联为"国值外尤须桢干""家无宝玺重清廉"，其书法为修水名家钱兴发所书。

章鉴石像后一块偌大的碑上面刻着章鉴生平情况。

在正面石像右侧碑廊石碑上分别镌刻着文天祥、李宗仁、孙科等名人的赞语。

石像左侧碑廊石碑上刻有章鉴所撰的《杭山退居》等五首诗词。

再拾级 15 级台阶，一块偌大的石碑上面刻着章鉴圹志介绍。

章鉴墓地和章鉴石雕像

再上几级台阶,目睹的是一幅偌大的青石板雕刻的杭山图,杭山高耸俊秀,杭山之下秀水流淌,屋舍俨然,鸡犬相闻,农耕繁忙,好一幅杭山春景春耕图。

图中还配有思顺所撰写的《杭山耸秀》诗一首:"杭峰突兀峙江竿,下有清溪一径盘。微雨朝风浮玳瑁,疎林夜影缀琅玕。春花秋月供时尝,阴霾晴岚带市看。家相当年曾著号,至今耸翠表云端。"

再之后就是章鉴墓地,墓地很气派,前有八根梁柱,刻有三副对联,三副对联分别为:"一生事业居民计,千里山河救国心""丹青存传尊贤受祀,器局宽宏退止洁身""杭山有色长灵秀,宋室无期自感伤"。

中间墓碑上刻着"南宋丞相,枢密使章鉴墓和生卒年月日"。

左边石碑上刻着:敕命章鉴右丞相兼枢密院使制。

制曰:勤王大集,未悲门外之铜驼。防寇重来,敢作关前之铁马。虎穴蛟屯,处处弓弯明月。鼍卢幕布,军军驰骋高秋。唯尔辅臣章鉴:位重西枢,藻火荣辉于黄眼。班联东序,羽仪光映于螭头……咨尔上卿,尤甚治国,才克筹边,特进右丞相兼枢密院使。

呜呼!徐方载造,姬召共和以翊周。炎鼎重安,平勃交权以匡汉。

尔其钦哉。

宋咸淳九年十一月十六日颁下之宝

右边镌刻有鉴公简介。

章鉴字公秉,分宁人。以别院省试及第,累官中书舍人、侍左郎官、崇政殿

说书,进签书枢密院事兼权参知政事,迁同知枢密院事。

咸淳十年,王爚拜左丞相,鉴拜右丞相,并兼枢密使。明年,大元兵逼临安,鉴托故径去。遣使哑召还朝,既至,罢相予祠。坐是削一官,放归田里。

后有告鉴家匿宝玺者,霜晨,鉴方拥败衾卧,兵士至,大索其室,惟敝箧贮一玉杯,余无一物,人颇叹其清约。鉴在朝日,号宽厚,然与人多许可,士大夫目为"满朝欢"云。

《奉新下族章氏宗谱》记载,其妣黄氏,生于1216年,卒于1273年,高坪黄哲夫公女,累赠永宁郡夫人。生子二。安葬于江西奉新九仙汤。

借故离去,众人非议

章鉴,1214年正月出生,字公秉,以故乡杭山为号,隆兴府分宁(今修水)人。据史载,章鉴以别院省试及第,步入仕途后,一步一步,官至中书舍人、侍左郎官、崇政殿说书,进签书枢密院事兼权参知政事,迁同知枢密院事。南宋咸淳十年(1274年),章鉴升迁为右丞相,并兼枢密使。第二年,这位当朝宰相面对元兵的进逼,感到南宋势不能敌,于是,寻了个借口,离开了他本应所在的位置。后来,南宋王朝得到暂时延喘,章鉴被召回朝,被罢去右丞相官职。后又因为有人诬陷他庇护有逆谋之嫌的殿帅韩震,被削官放归田里,定居在故里杭山脚下,从此结束了他的政治生涯。

到元朝至元二十九年(1292年),他突感左手、左脚麻痹,后经数月医治病情好转,但到第二年秋天又患健忘症,从此身体每况愈下,到第二年(1294年)正月,这位八旬老人寿终正寝,死后葬于现杭口镇下杭村的佛塔垅。墓地三面环山,与其曾祖父龙波居士墓相望。

有了那次临阵脱逃的缘故,数百年来,章鉴受到许多人的非议。

临安小王朝被灭后,元朝一方面加紧追剿宋末残余,一方面着手治理朝纲。章鉴深知复宋无望,于是,他隐居山林,装疯作傻以避世。然而,他无时无刻不在思念着大宋,正如他在《过毛竹山》一诗中写的:"不信世间陵谷变,野樵偏识旧衣冠。"这位以"野樵"自称,过着贫困生活的南宋旧宰辅,内心该是何等的悲哀。

章鉴毕生有一大憾事,那就是他在临终时对家人所说的:"吾生平无他憾,独挂冠不早尔。"章鉴岂有不知,他在元兵进犯时托故脱离的影响?他后悔,如果在此之前他就挂冠而去,哪会给后人留下非议的话柄?对于离职一事,他深感有愧,"羞见先生面,黄昏过钓台",以诗言志,在经过黄庭坚的故里时内心愧疚,连白天经过钓台的勇气都没有。

家乡人对章鉴是尊崇的,把他列为地方八贤,敬奉在八贤祠内。同时,章鉴也受到社会上许多贤达名士的褒奖。民国二十六年(1937年),《八贤祠志》修成,担任过国民党代总统的李宗仁为章鉴题写了《章杭山赞》。

文天祥《上章鉴杭山书》《谢章鉴杭山书》,给予他很高赞誉。在章鉴返乡隐居时,文天祥还作诗赞其为官为人和心性品质:"国之遗老,时之清臣。政教区画,风俗维新。富贵不淫,患难奚恤。神明其心,始终厥德。"

清廉宰辅,后人赞誉

章鉴在政治上没有突出的成绩,但是,他却以清廉为官,宽厚待人,受到朝廷上下一致赞誉。

修水县杭山章鉴纪念馆中的章鉴画像和自撰对联

吴澄在《送杭山章楫序》中说道:"宋丞相杭山章公清谨自守,虽为宰辅,犹如布衣,时当年屏居山中,樵牧争席,见者不知其宰辅也。"

章鉴放归田里后,有人向朝廷告他家里藏有帝王宝玺。在一个霜冻的早晨,朝廷派来官兵搜查,此时章鉴正盖着破旧的棉被蜷缩在床。官兵们翻遍了章鉴的家，除找到一个玉杯外，其他再也没有找到值钱的东西。一朝宰辅，犹如布衣，家中竟是如此贫穷，那些受命搜查的官兵也不得不为之摇头叹息。有史载，章鉴隐居山中时，曾与樵夫争席，与他争席的樵夫也不知道这个老人竟然是退下来的右丞相。另据其后裔章沂孙所书的《宋右丞相章公杭山先生圹志》载，章鉴"官正议大夫，爵南昌郡开国公，食邑三千二百户，食实封九百户"。可见章鉴受朝廷俸禄并不薄，而家中却并无资财积蓄，其清廉节俭可见一斑。章鉴在朝时，不事歌妓，不讲玩好，生活淡然，且不修边幅。

　　章鉴在朝时为人宽厚，凡事无所不可，器局宽宏，百忤不愠，尤不记人之过错，待人处世，以礼为先，友爱群从，因而被称为"满朝欢"。他与以后接任右丞相官职，留下"人生自古谁无死，留取丹心照汗青"名句的文天祥交谊甚深，从文天祥写给章鉴的《谢章鉴杭山书》《上章鉴杭山书》中可以看出章鉴的人品，以及文天祥对章鉴的尊崇。在家里，章鉴和睦姻族，恩宠子弟，深得亲友的爱戴。章鉴死后，元朝欲派人挖掘其坟墓，章鉴后裔和乡人隐瞒章鉴坟墓所在之处，所葬之山原名为相公山，因章鉴原为右丞相，故相公山后改名为公山。生子二：沂、洙。生女二。沂举进士。

诗文杭山，见爱其乡

　　章鉴著有《杭山集》，因兵火毁之不存。修水《八贤祠志》留有章鉴少量诗文。

　　从所存《杭山》《过毛竹山》《杭山八景》等诗作中，既可以看出章鉴对家乡自然景色的赞美，"一邦佳景萃峰头""纵使丹青施妙手，难将写入画图中"；也可以读出章鉴的触景生情，这情就是忧患之情，"夜来风雨秋声早，一段新愁雪满颠"；还有他站在黄庭坚题刻的钓鱼台前，写景抒情言志，"内史名题古钓台，高风凛凛势崔嵬。晚烟杨柳垂青缕，春雨桃花点绿苔。百

清曾燠编辑的《江西诗徵》卷二十载章鉴进士
小传和《送道士归得日观》《杭山》诗两首

尺丝纶波荡漾，一宗诗派水潆洄。何时来借闲灯览，涤尽尘襟万斛埃"。

图一

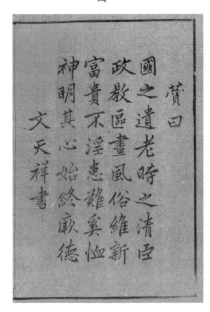

图二

图一、图二分别为民国三十七年《章氏宗谱》中记载吕顺浩题、文天祥写的章鉴像赞

第四节　周季凤　才高立著世人赞

　　周季凤授刑部主事,历升湖广左布政使,后累官南京刑部侍郎,嘉靖七年(1528年)卒,终年65岁,谥"康惠"公,这与修水第一座文化高峰重要支柱人物黄庭坚赐为"文节"公,具有同等待遇。为明所建的乡贤祠九位人物之一,也是当今修水县博物馆和西港湾台"明朝双凤"展示中人物之一。曾称为修江主人,其才德学识颇受世人称道,尤其其才学世人堪夸!

修江主人周季凤:弱冠颇聪

　　据湾台周季凤后裔传说,周季凤出生于一个书香之家,精通《诗》《书》《春秋》三经的周季凤之祖父周铭在家里设置家塾,聘请塾师,与自己一同教授学生和子孙,其教授的学生多有出息,县丞黎斌的儿子黎淳入其家塾,后高中状元。

周季凤画像

　　季凤之父周叔襄,从小专攻《诗经》,后来广求名师,博极经书,有所成就,其文章藻思清绝,每一脱稿,人争传诵。周铭、叔襄父子书香传世,且不遗余力,殚精竭虑教授子侄孙辈古籍经典、学识品德。在书香世家的教育影响下,周季凤小时候就聪明好学,从小受到祖父周铭、父亲周叔襄的厚爱,幼学之年就能作诗吟对，不仅诗写得有一定水平，而且书法也承袭古书法之意境。

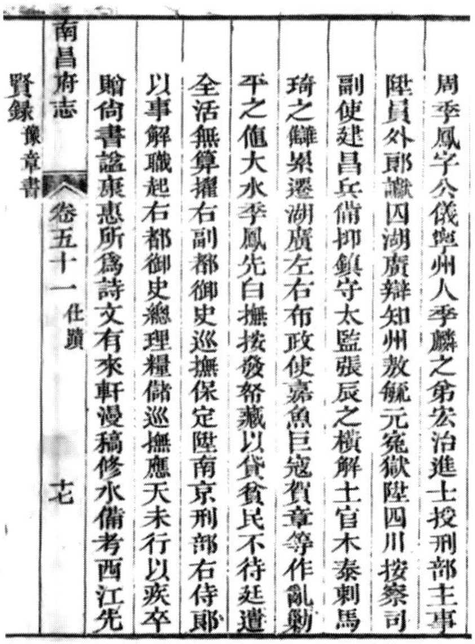
周季鳳字公儀寧州人季麟之弟宏治進士授刑部主事
陞員外郎讞四湖廣辯知州敖毓元冤獄陞四川按察司
副使廷昌兵備抑鎮守太監張辰之橫解土官木泰剌馬
琦之雠累遷湖廣左右布政使嘉魚巨寇賀章等作亂勦
平之值大水季鳳先自撫按發帑藏以貸貧民不待廷遣
全活無算擢右副都御史巡撫保定陞南京刑部右侍郎
以事解職起右都御史總理糧儲巡撫應天未行以疾卒
贈尚書謚康惠所爲詩文有來軒漫稿修水備考西江先
賢錄 豫章書

南昌府志 卷五十一 仕蹟 七

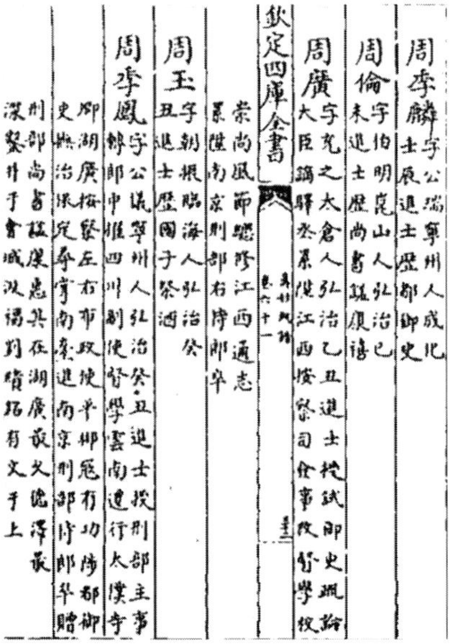
周季麟字公瑞寧州人成化壬辰進士歷都御史
周倫字伯明崑山人弘治己未進士歷尚書謚康僖
周廣字充之太倉人弘治乙丑進士授試御史疏論大臣謫驛丞累陞江西按察司僉事改督學校
欽定四庫全書
崇尚風節總修江西通志
累陞南京刑部右侍郎卒
周玉字朝根臨海人弘治癸丑進士歷國子祭酒
周季鳳字公儀寧州人弘治癸丑進士授刑部主事
歷郎中陞四川副使督學雲南遷行太僕寺
卿湖廣按察左右布政使平鄖寇有功陞都御
史巡撫保定尋南京刑部侍郎卒贈
刑部尚書謚康惠其在湖廣歲大饑浮議
深發廿千會賑減湯爲續賑有文于上

图一　　　　　　　　　　图二

图一为《南昌府志》卷五十一仕迹中有关周季凤的影印史料。图二为《钦定四库全书》卷六十一中有关周季凤的影印史料

杨一清《周季凤的墓志铭》云：“君早慧，从公瑞居京师，即锐志坟典，至忘寝食。时黎文僖公为吏侍，即见，称许。癸卯归宁为诸生，读书垒金山，攻苦茹淡，遂成大器。”“甲辰，再至京师，始学于予。予见其有闻辄领略，且为文典畅，甚爱之。”

周季凤跟随在京为官的兄长周季麟来到北京，拜师学习，废寝忘食，学业猛进。面见过当时为吏部侍郎的状元黎淳，得到状元黎淳的赞许。1483 年周季凤回修水。1484 年周季凤 20 岁，再来到北京，开始随杨一清学习，杨一清对这位聪明有才的学生十分喜爱。

《义宁州志 · 人物志 · 乡贤》称赞周季凤：“至弱冠，聪明奇发，从兄至京邸，训励积学，为黎文僖所赞许。”（注：黎文僖又名黎淳，明英宗天顺元年被英宗钦点为状元）

饱读诗书、才华横溢的周季凤考取秀才后，弘治二年己酉（1489 年）参加乡试，其名次第 39 名，高中举人，会试第 14 名。

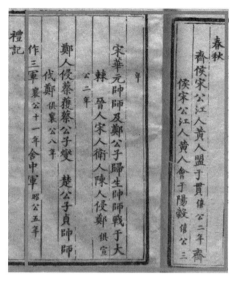

编者通过多方寻找,已查证到周季凤弘治二年乡试中举、弘治六年会试取进士和所考第一场科目《春秋》试题的珍贵史料

在明弘治六年(1493年)癸丑科会试第14名,殿试金榜时,高中第二甲第25名,赐进士出身。虽然编者未能找到其乡考、会考和殿试时举人和进士答卷,从其中举第39名、会试第14名、殿试第25名名次来看,其文采、观点、政论应属上乘之列。且这一次会考修水仅考取两人,更可谓人中龙凤。

如今的西港湾台八维周氏宗祠大堂内,悬挂着"敬南山文韬武略功勋卓著垂青史,仰来轩足智多谋宁对绝妙盖诗坛"这副对联,下半句就是对周季凤(来轩)才学的真实评价。

乾隆年间进士周孔从在其所撰的《宝峰事迹记》中说道:"吾族以科第显,都宪僖敏公(周季麟)、尚书康惠公(周季凤)、大司寇泉波公(周期雍),尤表表然,冠诸巨族。"

少傅兼太子太傅史部尚书杨延和称赞季凤曰:"方以才行,显用于时。"

修江主人周季凤:诗词颇精

周季凤赋诗不多,据编者不完全统计,其诗词现仅发现10首,且每一首文采、立意颇高,朴实清新。其诗词对家乡的一山一水、一人一物等都怀有深厚的情感,撰写了赞美幕阜山、修水、凤凰山、梅山等的诗词,深受人们的喜爱,如有名的诗句"牛马烟波阔,鱼龙春树平""西江诗笔如今在,大宋文章亘古留""独立千寻渺,危楼四面吞"等。现辑录几首于下,供读者欣赏。

幕阜山

遥观幕阜岭，峻极与天齐。

吴楚从兹限，星河入野低。

泻空飞白练，含树满青霓。

独有楼中客，清风入杖藜。

把幕阜岭高峻、吴头楚尾的地理位置、奇美瀑布和满目青山纳入诗中，朴实而易懂。

修水

卜宅临江上，幽情逐日生。

浮鸥时片片，小艇日轻轻。

牛马烟波阔，鱼龙春树平。

灌缨深闭户，云锁暮天横。

一幅修水浓得化不开、美得不可胜收的青山绿水风情画跃然诗中，清新且淳厚。

赠友查兄兆祺

五十年前同笔砚，于今都是白头翁。

我惭天上恩波渥，君喜山中隐兴浓。

午夜更星联北斗，隔溪春酒醉东风。

新诗相赠还相约，占断蓬莱第一峰。

太史祠堂

太史祠堂傍马州，龙陂东下郁松楸。

西江诗笔如今在，大宋文章亘古留。

烟锁钓台山漠漠，月明双井水悠悠。

经过几度修频藻，落日红云春复秋。

不过在修水百姓心中，马州如在，太史未去，风景更替，永远铭记。

登黄鹤楼

独立千寻渺，危楼四面吞。

楚山悬日月，汉水转乾坤。

寂寂虞巡远，茫茫禹迹存。

谁能跨黄鹤，吹笛下天门？

有后人诗家评此诗认为,本诗立意写黄鹤楼的高渺,是从正面展开描绘的。楼高千寻,四面景物尽入眼底,此诗用一个"吞"字,体现楼势的高峻雄伟。只有登上高楼眺望,山河才会展现出山悬日月、水转乾坤的壮丽风姿。此诗为当时周季凤任湖广左布政使时所作。

凤凰山

山色精神物与同,春生毛羽草蓬蓬。

身关孔道行藏外,影落虞韶节奏中。

翠盖不随云影乱,丹心常对日华红。

灵踪一出明时兆,万古苍生恨已通。

钓台

当年未遇果何求,曾此凭高独理钩。

形迹一时沉草莽,诗名千载重山邱。

清风朗月寻常景,红蓼黄芦几度秋。

立断夕阳空仰止,冷烟寂寂水悠悠。

清代《黄氏宗谱》上记载的周季凤《钓台》诗

明月湾

明月湾头路,清风景上丝。

乾坤才此老,风节是我师。

修水千年迹，崇台两字碑。

祠堂两江岸，古木正差参。

梅山

昔有梅仙子，炼丹憩此山。

丹成人已去，山在鹤空还。

古树经千载，飞峦逼九关。

云开天未暝，有路接尘寰。

登楼邀查沙溪饮

游子三冬返，雕栏复此凭。

群山排闼入，远水照天澄。

新酒邀宾尝，狂吟道我曾。

明朝还有约，诸子再同登。

修江主人周季凤：文赋颇美

编者从《义宁州志》中看到周季凤撰写的《宁对》，以骈文形式撰写，可称修水千古散文之奇文、之名篇，可谓描写修水最美之赋。至今仍有修水古文爱好者争相背诵、传颂。

图一   图二

图一为道光《义宁州志》上刊载的周季凤所撰的《宁对》（节选）。图二为清曾燠编辑的《江西诗徵》卷五记载的周季凤所撰《钓台》《幕阜山》《艾城》

《宁对》中有"二宋文章会"之句,并注解为黄茂宗筑馆芝台、樱桃洞,宋郊、宋祁入馆。有"十龙呈宋瑞,双凤愧吴钩"之语,其称赞"双井十龙"进士,祥瑞宋朝。

《宁对》中称赞黄庭坚曰"诗派开江祖,儒源闯圣邱",称赞黄廱好学尚气节云"冠赏轻直气"。

周季凤《宁对》中"赈饥荣对米"记载陈升赈饥之义举。

周季凤在《宁对》中记有"中丞逐獯鬻,北极伏咽喉。兴灭昭表史,辞荣对白鸥"之诗句。其一记述周季麟为都御史时,巡抚甘肃,计划周密,贼惊遁;其二记述先朝立元后为哈密王,屡为吐鲁番侵夺,周季麟抚安之,朝廷嘉其绩,赏赐甚厚,随养病归。

不过,周季凤《宁对》一文中,当写到自己时,竟有对其兄季麟和自己(世称双凤)在报国雄心、回报家乡上"愧对吴钩"的自责自谦之高尚胸怀。

周季凤撰写的《山谷公别传》,洋洋洒洒2600余字,将黄山谷家世渊源、聪明奇崛、为官爱民、高尚气节及书法、诗词成就等概括得恰如其分,特别其文后诗名称赞云:

> 诰诰黄公,古之君子。德行纯全,匪由袭取。
>
> 文轶秦汉,诗兼杜李。汪洋澄深,直闯阙里。
>
> 炉香隐几,灵台空明。养心之学,轲也弟兄。
>
> 澄江落木,以天胜人。克复之效,庶乎归仁。
>
> 程洛苏蜀,党分互攻。超然物表,不为雷同。
>
> 春陵大儒,潘赵犹懵。光风霁月,一语形容。
>
> 清老之规,讦讦侃侃。半山执迷,流而不返。
>
> 神宗实录,词严义正。晋之董狐,唐之吴竞。
>
> 勿令上知,欺君曰荆。耻为佞史,叱彼门生。
>
> 爱及绍圣,国是不恤。祸构群小,顾谓不实。
>
> 圻甸根埋,众竦失据。随问随答,从容与语。
>
> 龙爪治河,儿戏匪闻。直词正气,勇夺三军。
>
> 文致其罪,以成诸因。三徙穷荒,处之裕如。
>
> 御风骑气,浩然不死。堂堂大节,凛凛千古!

这段文字独具风格,气势磅礴,有的语文老师把《山谷公别传》作为中学生读古文选读之文,还作古文考试题目出现在考卷中,修水学子和古文爱好者至今把它作为名篇传颂。

修江主人周季凤:著书颇丰

周季凤因极有才气,一生著述颇丰,先后著有《周氏世德录》《修江先贤录》《来轩漫稿》《修水备考》《正学编》等。但这些珍贵著作,编者多方寻证,竟未找到其史料,据传多部已佚,甚是可惜。

正德间周季凤官云南按察提刑副使时,正德五年(1510 年)纂修正德《云南志》四十四卷,根据弘治十六年(1503 年)云南按察司提学副使彭纲纂修之《云南总志》重加编定。正德《云南志》卷一至卷三十三为正志,首列布政司,次按各府、州、指挥使司等地区,分载其建置沿革、郡名等二十四目,次要事一卷,列传七卷,文章十一卷。正德《云南志》其余十一卷为外志,载寺观、仙释,及汉唐诸夷传、大理国传、缅甸传。正德《云南志》体例较《景泰云南志》有所改进,且补景泰志以后五十年事迹较详,颇受后人称道。

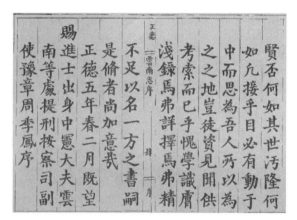

明正德五年,周季凤所撰《云南志序》局部影印史料

周季凤所著的《修江先贤录》八卷郑善夫作序,其序中言:"……余序修江先贤录知周子(指周季凤)之书用春秋也,贤宁产也,宁春秋艾子之国也,录贤而系之修江者,其叶修江录山川之能也,始于汉者封建既忠之后也,建置沿革乃始于三代之先者,假一邑之文统元也……"

大学士费宏撰的《修江先贤录序》云:"修江先贤录凡八卷,所录汉自而晋、而唐、而宋、而元,以迄乎我朝,凡六十九人,皆宁产也。何以系之修江?修江,宁望也。江何以修名?江自宁入于鄱阳,凡七百里,其委修而远也。或曰江源修洁饮者类之,故多贤而可录也。何贤乎?所录之人,大之以忠孝称,次之以庸勋显,次之以文学名,次之以独行著,及中闺异教之在编次者,皆有所节取,而不忍其泯焉无闻于后也。录之者谁乎?今之贤者闽宪周君公仪,实修江世族也……"

费宷撰的《周来轩漫稿序》云:"司寇周来轩先生,吾乡之望也,其由士以入仕也。令德著于凤成,而由郎以入卿也。风烈昭于大受,公所以济时用而重于海内者以此。至观其平生所为诗词,则豪旷类其襟怀,雄壮类其建立,沉实类其节概,有能言之士所不可企,而古名家所不能愈者,究其所由而岂徒哉。夫干将莫邪龙光射斗牛之间,此物之精也。而其英华之发越,自有欲掩而不可掩者。愚故谓公勋德之效于实用,断蛟刲犀之利,摧锋破阵之资也。而其诗词之美,则射斗之龙光也。知言者,可以稽其蕴而占其施矣。元老杨邃庵老师谓其艰关险患之余,诸思溢发,浩不可羁,非所养所负有过人者不能。信乎然哉!公素作最多,而所录仅此择之精责之备也。有自来矣,是故可以传矣。宷不佞僭系一言于左。嘉靖丁亥十月朔。"《周来轩漫稿序》撰写于 1527 年 10 月,周季凤逝于 1528 年 4 月 15 日,序撰半年后周季凤与世长辞了。

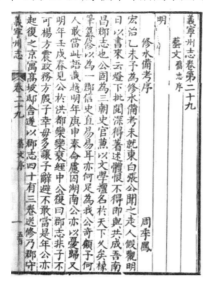 

图一　　　　　　　　　　　　　　图二

图一为道光四年《义宁州志》上记载周季凤所撰的《修水备考序》(节选)。图二为清光绪七年刊本《江西通志》上周季凤撰写《修江先贤录八卷》和《周氏世德录》的记载

"录之者谁乎？今之贤者闽宪周君公仪"，周公仪即周季凤，"闽宪"即福建按察使，《明武宗毅皇帝实录卷之一百三十二》记载正德十年十二月升福建按察使周季凤为湖广右布政使，从中可知《修江先贤录》是1515年之前周季凤在任福建按察使期间所修。

修江主人周季凤：政绩颇著

周季凤不但文才出众，其从仕也是政绩突出，受百姓称赞，受朝廷表彰。

周季凤考中进士，走上了从仕之途，从观政做起，一直做到刑部侍郎五品以上官员。他为了当时国家兴旺、安定、团结、发展不遗余力，殚精竭虑，卓有政绩。

平叛乱。一是平郴寇。二是平定土官母师古叛乱。三是任湖广右布政使、湖广左布政使时，协助平定贺章叛乱。四是擢右副都御史、保定巡抚时，平定王堂、赵延寿叛乱。

整兵备。升任四川按察副使时，着手整饬建昌兵备。

荐政事。周季凤以天下兴亡为己任，一生关心国家政事和命运。正德十六年（1521年），明世宗即位，周季凤扈从至汴州，上疏"法祖宗、勤圣学、亲君子、远小人、薄税敛、汰冗员"六事方略，尤其是"薄税敛、汰冗员"，从中可见其爱国忧民胸怀。周季凤任湖广左布政使时进言："圣母还京，人船供亿之费不赀。若加敛于民，民必重困。其禄粮旧逋，皆以灾伤，故不能输。若并征之，势必转徙。臣等议以便宜，发库银给诸费，徐以有司赃罚补之。庶事济，而民不劳。"圣命回复之，上以处置得宜，报允，仍命行两直隶及山东诸司知之。

修水利。清顾炎武撰的《天下郡国利病书》中有四处记载周季凤修堤之政绩。其在沔阳童承叙河防志云："……自五代时，高季兴节度荆南，筑堤以障汉水，自荆门绿麻山至潜江，延亘三十里，因名高氏堤。而江堤亦自监利东接汉阳，长百数十里，名长官堤，沔皆赖焉。迨我国朝，堤防渐溃。至成化甲午、弘治庚申，水大涨，正德丙子复涨，丁丑如之，皆乘舟入城市，溺死者动以千数。其后都御史秦金、布政使周季凤以江水常决监利之车木堤，汉水常决潜江之班家堤，俱修之，其丈以千百计，然未能高坚，水至即崩。"

成化间，知府李文仪重修，后圮。正德间，布政使周季凤筑，长四百五十丈。

又莫家潭，长一百丈。以上堤，正德中，布政使周季凤筑。

又班家湾，长一百六十丈，俱正德中布政使周季凤筑。

利民生。一修汲福井。知府刘绩撰的《汲福井记》云："……正德戊辰(1508 年),楚省外左敕政坊灾,又十年,丁丑(1517 年),省内吏舍灾,适方伯周公公仪,自右历左之逾年,时水灾相仍,师旅连典,又加中使骚扰,财匮民逃,公极力补救,更新治体,遂次第营成……"二重修湖广贡院。周季凤在序中言:"……湖广贡院,正德丁丑(1517 年)冬十月,罹于火。越明年,季凤请于巡抚秦公金,以清戎御使高君越纸米贼罚银修之,人夫则募以劳役,计日课工。其创建则至公堂,监临所,并前后重檐,及供给所通,计七十余间。其重修则五经堂、明远楼、考官房、提调监试房、受卷、弥封、腾录、对读四所,及庖厨库藏凡一一从新者,又计间百有余……"三是周季凤任云南官员时,毁淫祠,改建诸葛亮等庙及功臣、名宦祠。1519 年,周季凤任湖广布政使时,恢复孟宗祠,另在城东十里将台驿旧址建为岳飞专庙。

化矛盾。调解丽江土知府木泰与土官刺马琦之间的矛盾。

修江主人周季凤:称赞颇多

周季凤出生于 1464 年,卒于 1528 年,享年 64 岁。世人对其赞颂较多。除上述文章辑录的赞语外,其老师杨一清在神道碑上称赞其曰:

> 春秋明经,用闾弗宜。引以折狱,汉隽不疑。
>
> 既达于政,亦善夫教。督学于滇,多士有造。
>
> 讹言乱真,君不与争。涅而不缁,天子圣明。
>
> 胡畀之才,而用乎竟。谓天难谌,君子曰命。
>
> 修江洋洋,其流汤汤。敛其有余,遗后之庆。

乾隆《宁州志》旧序方沆曰:"周氏三先生(指周季麟、周季凤、周期雍),崛起缝掖,为世名臣,为乡大老,而缙绅冠盖之盛,卓乎大江以西,盖吏治民风之所转移……"

编者在各类史料中发现,皇帝授予周季凤的诰命共有七份之多,从中可见其官声、政绩。

第五节　查仲道　廉顽立懦乃典范

修水查氏自进爵公之子讳实浣由婺州金华峦山迁江西宁州之程坊乡担粮坑,是为修水(义宁)查氏始迁祖。

至实浣公之十六世孙,明孝廉讳克隽(1340—1436),始迁宁州城居住。克隽公生八子,排"己"字辈;八子衍二十四子,排"孟"字辈,世称八己衍二十四孟。由是查氏,始称修水望族,门庭阀阅,人文蔚起。

查仲道就出生在这样一个家族之中,其生于明成化丙戌年(1466年),卒于明嘉靖己丑年(1529年),明正德九年(1514年)登科,在兵部任武库主事。正德十四年(1519年),宁王朱宸濠在南昌叛乱,明武宗在奸臣江彬的唆使下自封"奉天征讨威武大将军镇国公",下旨兵部部署御驾亲征事宜。接到圣旨后,查仲道首先表示怀疑,认为金都御史王阳明早已出兵征剿,而且捷报频传,没必要劳民伤财,御驾亲征。武宗与江彬之心,无非是想幸游天下,纵享私欲。查仲道的见解立刻得到同僚认可,旋即联名上书,力谏不可"南巡"。兵部一言既出,登时满朝文武,争相附议,明武宗认为权威受挫,气急败坏,盛怒之下,下旨严惩参与反对"南巡"的大臣,此事受到牵连共计107人,查仲道首当其冲,廷杖四十,皮开肉绽,被挞几死。其兄查仲儒闻讯,旋即以疾辞官,赴京师护弟仲道归故里,悉心照料。此盖追苏子由、黄大临孝友殊笃之风范矣!仲儒回籍后,再无意官场,乃卜居武乡(今山口镇)来苏村,筑精舍以居之,曰"仰苏山房"。

然而查仲道在罢官期间,并没有丝毫悔意,却引以为豪,自认为平生第一快事。1522年,明世宗继位,起用反对武宗"南巡"大臣,查仲道因此加官晋爵,出任杭州知府,他踌躇满志,立志造福一方。到任后,他目睹西湖年久失修,江水倒灌,立即组织人员疏浚运河,加固苏白二堤,致力农业开发,深得百姓爱戴。翌年春天,他亲临劳动一线考察,谁知不看不知道,一看吓一跳:杭州丝绸,自古名扬四海,可他见到的不是繁荣,而是萧条没落。经过仔细调查,发现是东厂提督织造司太监吴勋、张志聪横征暴敛,肆意搜刮民脂,致蚕农无利可图,纷纷另改他业。他不禁拍案说道:"我以牧民为任,民苦其虐如是,宁可忍耶!"决心为民除害。

疏曰臣所居官以平獄爲職乃自授任以來竊見墓臣
以議禮忤旨者左遷則吏部侍郎何孟春一人謫戍則
學士豐熙等八人杖斃則編修王思等十七人以唶中
使逮問則副使御秉鑑布政馬卿知府羅玉查仲道等
十人以失儀就繫則御史葉奇主事蔡乾查仲道等五人以京
朝官爲所屬許奏下獄則少卿樂護御史任洛等四人
此皆不平之甚上干天象下駭衆心臣竊以爲皆所當
有況比者水旱疫癘星隕地震山崩泉湧風霾蝗蝻之
害殆偏天下有識莫不寒心及今平反庶獄復戍者之
官銀死者之後繹連繫者之四正告許者之罪亦弭災

浙江布政使吳勳徵貪甚卹州知府查仲道劾之高鄉等且武
延以劾證成降調十二月大理寺評事常商諭
以議禮降論詔正升高鄉等查仲道郎波佈
以送迎忤中使被劾少卿華湘樂御史任洛副使任忠
以所屬吏民訐奏被逮速皆原拳上四高居站真使羅二減
調外方訐省謫官總兵桂勇珠大閒首施事與妖賊孝真

冬十月史部尚書楊旦傅郎江偉爲給事中陳洸所許咸
致仕其蕭近撫張九敍委改走四賊十一月席書改十二
事首諭瑞然內庫載單得姓司滄棗姒高開十紛監上以
爲紛史免寃韵姒延緝大同卒浸縣代王俊狀爰士宣戚

清查继佐撰《罪惟录》和清张廷玉等著《明史》中记载查仲道的史料

查仲道知道织造司本是朝廷直属机构，皇家企业，吴勋亦是五品命官，假借东厂势力，向来与地方政府分庭抗礼，本是老虎屁股摸不得。铮铮铁骨的他无所畏惧，联合浙江布政使马卿上书朝廷，状告吴勋，谁知奏折辗转到了司礼太监萧敬手上，自然杳无音信。查仲道见上疏无果，便亲自与吴勋谈判，自然免不了为民请命，据理力争。吴勋见查仲道如此固执，遇难不退，自恃后台坚固，百般狡辩。几次周旋，查仲道终因势单力薄，反被吴勋以扰乱生产秩序之罪逮捕入狱，押解至京，由皇帝御审。四品大员为五品宦官所执，自古难见，嘉靖皇帝再昏庸，面子上也过不去。案件由内阁首辅王琼出面处理，纠正了织造司诸多暴政，杭州老百姓得到了一定的补偿和前所未有的实惠，从此民心安定。查仲道因过于耿直，办事过于简单而降官一级。但事后查仲道以清廉自守、不畏权贵而声震朝野。

数年后，查仲道官迁汀州知府。汀州地处闽赣两省要冲，是闽西地区的政治文化中心，到仕后查仲道目睹汀州年谷不丰，民多疾疫，便着手整改一系列民生工程，完善龙山、鄞江、龙江等书院的师资配置，在任期间，人文鼎盛。

1529 年，汀州水灾，查仲道亲临抗洪一线赈灾，由于年事已高，致积劳成疾，不幸逝于任上，享年 64 岁。一时间汀州城内哀声载道，如丧考妣。市民争相捐资买山建祠、立像祭祀，环山广植松柏，取名“查公山”，以志纪念。嘉靖皇帝下旨谥号"康敏"，追赠礼部尚书，亲笔御题"两朝忠节"，下诏杭州、汀州、义宁州三郡立坊崇祀，以示恩宠。在漫江尚丰村还建起了"忠烈"牌坊，故尚丰村又称"牌楼下"。

查仲道的生涯呈现出了一段波澜壮阔的历史轨迹。他的事迹不仅体现了他的个人才华，也反映了那个时代官场的复杂性和挑战性。尽管如此，查仲道依然保持了读书人的风骨，坚持自己的道德信念和政治立场，这在当时是极为难能可贵的。

查仲道十七世孙、江西省诗词学会会员、修水县山谷诗社理事、修水县渣津古艾诗社秘书长查迎春的《题先贤仲道公》云：

> 有海瑞精神，如希仁气概，忠节称两朝，终成循吏谥康敏；
>
> 存湛然血脉，到张位文章，贤劳誉百姓，不负直臣祠义宁。

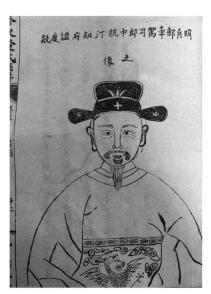

查仲道公像和其夫妇墓葬

第六节 万承风 帝师荣耀谁人比

编者曾三次探访万承风之故里汤桥。第一次是 2002 年,那时万承风之故里花园里还有摇摇欲倒的古瓦山房和上下两重的成孝书院,在故居前还有下马石、系马桩和古石碑等古迹可寻;第二次探访时,其故里开展新农村建设,面貌大为改观,新建了花园里文化长廊、松琴廊、观赏池、帝师泉等建筑,维修万承风祖居、万氏宗祠、万承风墓地等,成为当地人们旅游的好去处;第三次是 2023 年9 月,在入口处建起了高大、雄伟的牌坊,与花园里、汤桥温泉、古桥、万承风墓等形成了一个可游览、可参观、可沐浴、可采摘的一条龙乡村生态旅游胜地。

万承风画像

万承风故里汤桥古瓦山房前下马石,编者每次探访总能找到一些万承风的史料和故事

万承风生于乾隆十八年（1753年），卒于嘉庆十七年（1812年）。字卜东，又字和圃，今修水县黄沙镇汤桥村人。乾隆丁酉科举人，辛丑科进士。为官翰林院检讨、学士，尚书房行走，内阁学士兼礼部侍郎，江西、浙江乡试主考官，广东、浙江、山东、江苏、安徽等省学政。诰授荣禄大夫。卒后，嘉庆二十五年（1820年），晋赠礼部尚书衔，追谥文恪公，赐祭立碑。道光十二年加赠太傅衔。

万承风自幼勤奋好学，成绩上乘，十八岁时成为秀才。先在其外祖父家教私塾，后往庐山白鹿洞书院求学，三十岁再考中进士，从此走上仕途。随后，他选为庶吉士，授检讨，入值尚书房，以后再迁翰林院侍读。万承风和曾经担任过宰相的刘墉、翰林院编修的秦承业一道，担任道光皇帝旻宁的老师，侍读其读书二十余年。在二十余年的帝师生涯中，他治学严谨，讲席从容。

图一　　　　　　　　　　图二

图一为编者于2011年8月29日（编者左一）到偏远西峰岭考证与万承风进士有关的题匾等古迹和古文物。图二为2023年11月29日，编者到竹坪万姓后裔家查找《万氏宗谱》中记载帝师万承风的文献

乾隆六十年（1795年），44岁的万承风离开皇宫，充任云南副考官；嘉庆三年（1798年），他调任江南副考官，第二年督广东学政；任满后还京，他再值尚书房，擢詹事，又于嘉庆九年（1804年）督山东学政，未能完成任期又被召入值尚书房，并任礼部右侍郎。嘉庆十二年（1807年），他督江苏学政；嘉庆十四年（1809年），仁宗帝过五十大寿，万承风上奏请求解任回京为仁宗帝祝寿，仁宗帝对此不满，加以严斥。万承风改迁内阁学士，调安徽学政，后再返京任兵部侍郎，入充经筵讲官，后又为工部右侍郎兼管钱法堂事。嘉庆十七年（1812年）秋，刚届花甲的万承风因患风痹引疾还乡，不久逝世，享年61岁。

万承风逝世后安葬于家乡长茅芦花坞，后其名入祀乡贤祠。

万承风故里重修的成孝书院

万承风处事慎重,正气凛然,节操高尚。乾隆晚年,大权在握的和珅想把他拉入旗下,但万承风绝不为之动心。督学广东时,他极力除奸弊、正士习,仁宗帝密谕他查访大臣居官行事,凡有所察都据实上奏。任安徽学政时,因为定远的学子与凤阳官吏有旧嫌,每临考试都要发生矛盾,而凤阳官吏多偏袒小吏,考生愤愤不平,万承风明察实报,使县吏受到惩处。

万承风身在京城和外省为官,却关注家乡,热衷公益事业。当时,宁州在京城没有建会馆,这给千里迢迢赴京城参加考试的学子造成了极大的不便,万承风当年赴京城考试时就体会到了这种身在异地无栖息之地的艰辛,因此,他在京城创建了宁州会馆。嘉庆九年(1804年),他督山东学政期间,家乡有人致信提重修文峰塔事,万承风积极响应,除作为主要倡导人外,还予以资助。

如今按当时万承风倡导和资助建设规模建设的文峰塔,又再次巍然屹立在修河岸边

万承风为官历经高宗、仁宗两朝,均得两朝皇帝信任。他自乾隆四十六年(1781年)中进士,到高宗帝即将卸位,一直担任高宗帝孙子的老师,这可看出高宗帝对他的器重。他充江南副考官时,即将登上皇位的颙琰在自己的寝宫为他赐诗送行。颙琰成为仁宗皇帝后,在看了他的奏折,了解到他当年不攀附和珅之事,对他大加赞叹:"实心勉力,报多年知遇之恩;益励廉隅,为一代群臣之首,可见风骨峥嵘,不附权贵者,权贵亦莫可如何也。"就是在他因病回乡期间,仁宗帝还派官员登门询问。宣宗帝即位后,更是对万承风追恩莫及。他追念往日万承风的教诲,赠给万承风礼部尚书衔,谥文恪,敕赐祭文、碑文,并派瑞州府知府韩桐协同义宁州(宁州于嘉庆三年改为义宁州)知府曾晖春到墓前致祭。道光(宣宗年号)十二年(1832年),宣宗帝再追赠万承风太傅。以前,在离万承风墓一百来米的地方立有如官员装扮的石像,文官经此下轿,武官过此下马,可见万承风所受皇恩之隆。

万承风审定的《宋黄文节公法书——松风阁》碑帖拓本

　　作为一代帝师,万承风学识渊博,而这些学识主要来源于读书,因此,他平生藏书丰富,收藏有近六千册书籍,其书斋名为"古瓦山房"。万承风著有《赓飔集》《思不辱斋文集》等。万承风推崇黄庭坚,曾经为《山谷刀笔》作后序,又于嘉庆十三年(1808年)五月主持刻成了《黄律卮言》,并为《黄律卮言》作后序,称赞"文节公以诗鸣,北宋为江西诗派之祖""双井贤嗣"。此外,他还作有《次韵山谷清水岩》诗等。

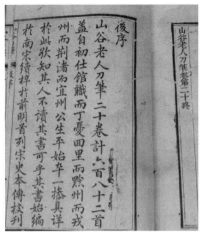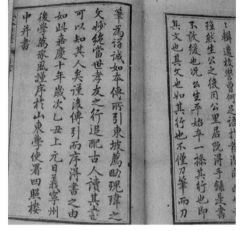

万承风校刊的《山谷刀笔》及其后序(节选)

嘉庆丙子年(1816年)万承风著的《思不辱斋诗集》《思不辱斋赓飏集》

第七节　周孔从　惊叹天才负国望

同科状元金甡,惊叹孔从为天才

在修水周氏大族里,清朝时期出了一个神童,乾隆七年壬戌榜状元金甡"叹为天才"。这位神童为汝南堂八维之文胜公之十四世孙,名叫周孔从。

《义宁州志》载周孔从,字监二,号白亭,犀津人。四岁日记千言,咸目为神童。从这个记载得知这样一个信息,周孔从幼童之时,一日下来,可背诵上千字文章,读书达到了过目不忘。

州志上还记载,在雍正元年,有流匪王本习之乱,各皇遽奔匿,孔从诵读自若,人以此高其识。十五补弟子员。父母相继没,竭力养祖母,抚诸弟。除夕家毁于火,孔从从火中曳祖母及诸弟出,家益荡然。日唯下帷讲学,著有《周易》及《毛诗义疏》,乾隆辛酉选贡成均,是秋举于乡,明年成进士,改庶吉士。甲子顺天乡试,特旨命庶常分校,孔从与焉,所得士皆知名,乙丑授职检讨。

朝廷赐宴赋诗,赏赉诸典无不及,孔从益刻苦读,中秘书,所作诗歌文章,皆臻古人堂奥,一时词馆咸推重之,学士金甡叹为天才。年三十五,遂以疾卒。门下士钱汝诚志其墓,弟孔易、孔徒俱亲受书,既以次领乡荐孔从,泣然曰:惜先人不及见也。子学山,字开予,号静庄,聪慧绝伦,诗文伟丽,以壬午乡举,入都试礼部。士大夫群相谓曰:白亭有后矣。各欲延至家,学山引嫌不就,后以疾辞归,委顿而卒。尝读书鸡鸣山,寺楼上夜半火起,从烟焰中突出,先人著述付一炉,惟余白亭诗钞及王堂应制三卷。

《汝南周氏族谱》记载:"乡贤六名,清乾隆辛酉科拔贡本科举人联捷,壬戌进士,钦点翰林院,庶吉士散馆,升授检讨,记名御史。白亭公名孔从,字监二。"书中记载了其与季麟、季凤、期雍、必强、希令一并收录周氏乡贤。也从记载中,得知其于清乾隆辛酉科拔贡本科举人联捷,并考取乾隆七年壬戌进士,钦点翰林院,后历官庶吉士散馆,升授检讨,记名御史。

《义宁州志》记载金甡所撰的《周太史白亭哀词》称其为"夫轩凤翩仪,紫庭联雁,字排青冥,愿能文之,稚子争绕膝以传经,登瀛则章连天汉,锁院则材储国桢"。

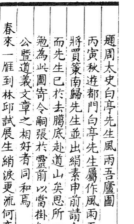

图一　　　　　　　　　　　　　　　　图二

图一为道光四年《义宁州志》所载彭湘怀的《题周太史白亭先生风雨吾庐图》。图二为《修水周族人》内部刊物发表编者撰的有关周孔从的文章

《义宁州志》载,其父,名周师鲲,以子孔从贵,例赠文林郎、翰林院检讨。

周孔从因病而卒,年仅35岁,安葬在崇乡(今马坳镇)寒水。

御览经史观点,与当今倡廉不谋而合

在《御览经史讲义》第二十九卷中,就史中提出的"帝谓秘书监李至曰,人君当淡然无欲,勿使嗜好,形见于外,则奸佞无自入,朕无他好,但喜读书,多见古今成败,善者从之,不善者改之,如斯而已矣!",周孔从作了个人讲义。他在讲义中阐述说:"……学于古训,乃有获,又曰,非知之艰辛之维艰,可见多读古人书,考其成败之故,而实力行之,斯善日臻,不善日远大业,所以富有盛德,所以日新也。古来帝王锐情经术留意典坟者,史不胜书,而其说之深切着明,莫若宋太宗谓李至之言,其曰,人君当淡然无欲,勿使嗜好,形见于外,则奸佞无自入,诚为探本之论也! 盖古训之昭,垂埶不知,其当遵然每每浮慕其名,而不克防其实,心悦其言,而不能体诸躬者,何哉嗜好之,私乱之也。夫嗜好之投不一,而人主之身为尤甚……且夫帝王之学,岂效经生寻章摘句已哉,古今得失之林,所以

自镜也。考古今之事,若何而成,若何而败,若何而善,若何而不善,其善者可行,则从之,不善者不可行,则改之。自夙夜基命,以至用人行政之间,无不奉古训为权衡,则开卷有益,皆归实践,而躬修日懋,治化日隆矣。然其本在于知要其功,在于有常知要,则惟精惟一,不启玩物丧志之渐,而奸佞无所伺其隙,有常则无怠无荒,自有乐此不疲之趣,而奸佞无以攻其懈。书曰,终始唯一时,乃日新诗曰,日就月将学有缉,熙于光明,此之谓也。人君诚加意于此,古训是式而敦行不息,使无欲之心,愈澄其本性,读书之力,不托于空言,则圣敬日,跻大猷允升帝学之懋,帝治之隆,岂不同条,而共贯也哉!"

特别谈到"不启玩物丧志之渐,而奸佞无所伺其隙,有常则无怠无荒,自有乐此不疲之趣,而奸佞无以攻其懈",与当今提出官员要多读书,不要玩物丧志,不要让人有可乘之机,不要被人"围猎"等反腐倡廉的观点不谋而合。

关心宗族事业,撰写多种记序

一直以来,周孔从很是关心宗族事业。他为家谱撰写了《白亭公修族谱序》《高祖新我公述略》;为家乡祠堂撰写了《雍睦堂记》《重建公祠序》;为族人撰写了《宝峰事迹记》等。其文采飞扬,颇受族人称道。现选录《雍睦堂记》述于下:

雍睦堂者,吾巉湾暹支诸君祀祖之所也。溯吾祖肇迁时,一居丁田,一居百花洲,巉湾去百花洲仅五里。自宋迄今聚庐而居者吾族,云族有公祠,建州治城,而巉湾生聚既蕃,凡举事欲白于众者,无以为会聚所,又岁时蜡社,亦不能走数十里以祀于祠。故复建此堂,上奉神主,以展时祭,旁为别业,以课子孙,前列花卉竹石,以供清玩,盖一举而数善备者,未有如斯堂也。窃已考古人相与劝诚之意,如陆氏之家训,苏氏之族谱,亭记,皆于聚首之时,用致叮咛,亦以地亲则言易人,族聚则训易也。从吾族世敦和好,固无以小忿,废懿亲之事,然老成,渐谢意见,渐岐保毋,有忽家规,轻宗盟者,与登斯堂也。举酒相属长者,诏而少者诺秀,则读顽则耕,宁勤毋念,息宁朴华宁相隐毋相残害,于以复先人,旧光大,家声不难矣。昔景公调晏子曰,此地也,湫隘不可以居,盖更诸爽垲者。晏子曰,臣先人居此,臣恐德不足以嗣之,吾愿诸君,亦以嗣先人之德为务,则兹之经营创建者,固不仅修祭祀之靡文,为课读之别塾己也。堂既成,佺象元邮书京邸,命为之记,因书此以贻之。

乾隆七年壬戌冬之十有一月也

愚叔孔从拜撰

清曾燠编辑的《江西诗徵》卷七十四载周孔从进士小传和《送熊鹤峤南归》诗一首

诗中奇才，人人称道

周孔从才气超人，其所撰《家园杂忆》八首，对家乡的一草一木、一地一景了如指掌，诗中流露出对家乡风景的称赞和对家乡的热爱。现附录其《官溪竹枝词》《清太史白亭公瀛台侍宴恭和御制元韵》长诗两首，供读者欣赏。

官溪竹枝词

实筏禅房护短篱，登山临水是幽期。

谁家榸子解调舌，相与殷勤唱竹枝。

东风贻荡拂黄沙，漠漠春田处处畦。

眼界无边连涧野，绿杨深处几人家。

东湖三溪十里余，岘湾浪涌夜喧豚。

红崖只得当溪立，大石应从缩地来。

东岳桥边一水流，周遭遍野碧悠悠。

移来车下春田满，闲立湖弦数白鸥。

锄犁趁雨傍山阿，牧竖骑牛踏水过。

一望野田新绿遍，栽禾不敌种棉多。

历乱春光隔翠微,山禽堤树两依依。

绿莺争向杨墩转,白燕翻从李瑕飞。

山中谁道寂无哗,唱罢农歌听采茶。

社日尚多难黍约,轰天霹地满谁家。

柴门终日不开关,何处春光可驻颜。

夜静渔灯围西港,天晴牧笛满东山。

山城环绕碧峰攒,篱落深深眼界宽。

遥望前村修竹里,三声暮鼓起仙坛。

清太史白亭公瀛台侍宴恭和御制元韵

诏启蓬莱集佩珂,西京辅赐协时和。

高秋早浥金茎露,乐岁先登玉籍禾。

苑柳影随仙杖合,池荷香绕翠华过。

遥从画鹢瞻龙衮,五色云中动鼓歌。

玳瑁延开翠莫稠,尧樽潋滟紫霞浮。

行分鸳鹭当阶肃,曲奏鸾凰入晓流。

御馔八珍盛玉簋,仙醪千日泛琼舟。

蓼萧鱼藻纷歌咏,渥泽均沾水殿头。

望里翔鸾晚色娟,光凝黼坐拥祥烟。

时将干惕承天贶,特许赓飏近御筵。

镐宴重从周室纪,汾歌曾自汉廷传。

我皇乐恺思文祖,湛露恩深媲昔年。

碧汉昭回睿藻留,泰交堂陛共赓酬。

云窗日宇联佳咏,玉露金风赋好秋。

柏殿乍瞻分锦字,仙台重睹灿银钩。

蓬山处处欣游豫,丹诏宣传遍九州。

第八节　陈三立　气节如松骨如钢

　　在进入桃里竹塅国道公路旁,有一座巨大石雕,伟岸雄傲,气势磅礴,观之其形状就是一本硕大的《辞海》,"翻开"这本厚重《辞海》,修水的陈宝箴、陈三立、陈衡恪、陈寅恪四人大名分立条目,赫赫在列。这在中国文化史上,一家三代、祖孙四人享此荣光者,实属罕见。而四位中其中的一位,一代诗人陈三立,其气节如松,骨傲如钢,可称得上中国知识分子的气节典范和楷模。陈三立乡试座师陈宝琛称赞其"真源忠孝吾犹敬,余事诗文世所宗"。

立于陈三立故里的《辞海》石雕

陈三立像

　　陈三立于咸丰三年癸丑九月二十一日出生于江西义宁竹塅。江西省修水县政协文史资料委员会编撰的《义宁陈氏五杰》记载:"于庭公的第五代公元(113 世),于清雍正八年(1730 年)又从福建上杭迁入江西义宁州安乡,在安乡十三都一处叫作'护仙源'的小山沟里,结棚栖身,种蓝草为业。经半个多世纪的勤劳局事,俭朴度日,家道渐宽,于是迁往邻近的'竹塅'居住……陈家迁居竹塅,告别了'棚户'时代,在竹塅建起了砖瓦屋,公元取名'凤竹堂'(即'陈家大屋')……在陈氏宗谱《凤竹堂诗》中写着这样一首诗:凤竹堂开哕凤凰,山明水秀映缥湘。天生文笔窗前峙,地展芝华宅后藏。俎豆千秋绵祀典,儿孙百代绍书香。应知珍重迁居处,冠盖蝉联耀祖堂。"

陈三立幼时聪慧博学且才识通敏,性格洒脱而不拘于礼法,是一个性情中人。光绪八年(1882年),陈三立参加乡试,因厌恶"八股文",竟以散文形式答题,幸得主考陈宝琛识其英才,破例录为举人。

光绪十五年(1889年)陈三立参加殿试,进士及第,这榜进士江西中了19名。陈三立是修水最后一个高中的进士,他中进士之后,修水进士如一缕青烟,烟消云散,不再复有。

陈三立中进士后任职吏部主事,不久辞去,在这短暂的任职期间,他常常与一些有进步倾向的士大夫交游,谈古论今,讲学抨政。

后来,陈三立毅然辞去吏部职务,跟随父亲到长沙,帮助父亲施立新政、参与擘画,特别在罗致人才、革新教育方面效力尤多,成效卓著。并加入强学会,与康有为、梁启超等人结为好友。其间曾应张之洞邀请,为两湖书院校阅试卷。

骨傲如钢,绝食殉国

"一·二八"战事爆发,陈三立至为关注。1932年日寇侵占上海闸北,沪战遂作,先生居牯岭,日夕不宁。于邮局订阅航空沪报,每日望报至,至则读,读竟则愀然若有深忧。一夕忽梦中狂呼杀日本人,全家惊醒,于是其宿疾大作。其爱国之心,可见一斑。

1937年7月,卢沟桥事变爆发,日本侵略军进城。陈三立再三表示:"我决不逃难!"闻有人议论中国必败,他怒斥:"呸!中国人岂狗彘耶?岂贴耳俯首,任人宰割?"不久,北平、天津相继沦陷。日军欲招纳陈三立,百般游说,陈三立皆不应许。侦探日伺其门,陈三立大怒,呼用人拿扫帚将其逐出,表现出了一个传统文人的民族大义和气节。

日伪侦探每日守候在姚家胡同3号附近,甚至是寓所的台阶上,这让他非常愤怒,也感受到了巨大的耻辱,遂开始拒绝服药和进食,绝食五日,誓以死明其志。他以自己老迈之躯,怒怼和抗议日本人的所作所为,此时距离北平、天津沦陷仅半月余。其生命之光在忧愤中慢慢耗尽,1937年9月14日,他在忧愤中气绝而终,享年85岁。

佛学家欧阳竟无回顾道:"改革发源于湘,散原实主之;散原发愤不食死,倭奴实致之。得志则改革致太平，不得志则发愤而寄于诗，乃至于死国。发于政，不得以政治称；寓于诗而不以诗人概，诚古之性情肝胆中人，始终一纯洁之质也。"

陈三立像

《庐山续志》记载陈三立的史料

陈三立

三立字伯嚴、晚號散原。江西修水人。清、光緒十二年、丙戌成進士、授吏部主事。其父寶箴爲湖南巡撫、佐行新政、全國風靡。因見惡於朝右。戊戌、八月、父子同被議革職、遂終身隱不復仕。民國既建、卜居牯嶺河南路、時、年近八旬、雖各地、不談政治、意泊如也。十九年、居牯嶺河南路、

步履不健、而神明未衰。嘗與吳宗慈創議重修廬山志。吳編稿既竣、復親爲點定。山中新闢名勝、如花徑王家坡鐵船峯等地、常往遊覽、並於花徑王家坡一地開闢之沿革、爲文紀其事。二十一年、日寇強佔上海、悵于國勢齦危、日夕不寧、常於夢中呼殺日本人、全家驚醒、其愛國熱情有如此。二十二年、罹山。就養於北平。二十六年七月、日寇發難於盧溝橋、平津淪陷、憂憤疾發、拒不服藥、愎優於詩、則世人見仁見智之不同也。近四十年間、贛中著宿、論品論學、魯殿靈光、陳氏有焉、三十六年夏江西省居山詩頗多、薈務印書館、曾印行其散原精舍詩若干卷、其文稿若干卷、存未刊、或謂其文出入范書、政府經省務會議議決、公葬於廬山。同時、議決公葬盧山者、尙有宜黃歐陽漸云。

655

陈三立保持了"正气塞苍冥，堂堂故长在"的晚节，他的一生，以"正气"而殉国，赢得了中国学界的普遍赞誉。

气节如松，铮铮铁骨

陈三立的爱国之心，可与文天祥相媲美。1895 年 2 月，李鸿章被慈禧太后任命为全权大臣，出使日本与日本首相伊藤博文会谈并签订了《马关条约》。陈三立闻之激愤，曾致电张之洞，"吁请诛合肥以谢天下"。李鸿章为安徽合肥人，陈三立以"合肥"指代李鸿章，倡导杀李鸿章而谢天下，此举足见陈三立的爱国之情。

编者在阅读《陈三立年谱长编》一书时，得知其与郑孝胥之间经常往来，吟诗切磋，作对互励，友情甚是深厚。但当知郑孝胥出任伪职之后，陈三立立即与其断绝来往，并将其所著再版的《散原精舍诗》书中郑孝胥所作序文愤然撕掉，并痛骂郑孝胥乃是"背叛中华，自图功利"的民族罪人。

陈门五杰，震古烁今。陈三立雕像（右二）

辞官不就，品质超梅

晚年陈三立的数次辞官不就，最为人们津津乐道：先是光绪三十年甲辰（1904 年）慈禧七十华诞，五月初八日诏令："从前获罪人员，除谋逆立会之康有为、梁启超、孙文三犯，实属罪大恶极、无可赦免外，其余戊戌案内各员，均著宽其既往，予以自新。曾经革职者，俱著开复原衔。其通饬缉拿并现在监禁及交地方官管束者，著即一体开释。"陈三立亦被"恩准"官复原职，疆吏有欲荐请起用陈三立者，一直关注着朝局变化的郑孝胥在诏令颁布一个月之后，特意在日记中记下了当时的传闻："或言将起用陈三立。"但三立却丝毫不为所动。

陈三立故居

光绪三十一年（1905 年）十一月至宣统二年（1910 年）二月，荣庆执掌学部，三立挚友乔树楠为其所信任,因此光绪三十二年(1906 年)学部拟设各省提学使时,乔树楠极力举荐陈三立出任湖南提学使。当时适值熊希龄亦在京师,闻讯后,立即劝告当局,陈三立"必不受职"。湘省提学使一职,最终改由湖南学政吴庆坻(子修)取而代之。

光绪三十三年(1907 年),袁世凯入军机,"其意以为废光绪之举既不能成。若慈禧先逝,而光绪尚存者,身将及祸。故一方面赞成君主立宪,欲他日自任内阁首相,而光绪帝仅如英君主之止有空名。一方面欲先修好戊戌党人之旧怨。职是之故,立宪之说兴,当日盛流如张謇、郑孝胥皆赞佐其说"(陈寅恪《寒柳堂记梦未定稿》),唯独三立觑破袁氏之隐情,坚决"不附和立宪之说"。1910 年,资政院开设,三立"被举为议员","亦推卸不就也"。

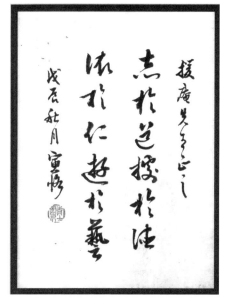

陈三立之子、国学大师陈寅恪书法　　　　　　　陈三立书法

袁世凯又多次力邀陈三立北上议事,但始终未能如愿。袁世凯还不死心,又托陈三立旧友毛实君、罗循正、吴保初三人联名在天津电请。陈三立在复电中说:"与故旧聚谈,固所乐为,但决不入帝城。非得三君誓言,决不启行。"三人只得再联名复电:"只限于旧友之晤谈,不涉他事。"在这种情况下,陈三立方于次年 4 月下旬至保定,再至天津,探望旧友,赋诗纪赠,始终未入北京城。

不贪钱财,凛然可敬

当时官场屡屡向他频送"秋波",抛来"橄榄枝",然而陈三立却恪守誓言,用他那冷峻而犀利的目光,高昂而理性的心态拒绝之。

1932年9月,陈三立在庐山松门别墅过八十大寿,门生故旧毕至,陈寅恪兄弟均往祝寿。正在牯岭避暑的蒋介石闻讯派人持寿金来贺,却被陈三立严拒之。

胡先骕在《四十年来北京之旧诗人》中说道:"张作霖死,张学良以二万金乞为其父作墓表,而散原拒之,学良乃以一万金饷章太炎,而太炎执笔,世人于是知二人之身价矣。"

陈三立拒巨款而不肯为张作霖作墓志铭,足见其风骨。其风骨之正气,传至其子陈寅恪时,亦骨气凛然可敬。

不攀权贵,品德堪夸

曾任国民政府主席、行政院院长的谭先生有一女,其女贤淑善文,求婚者众,而谭先生看中陈三立的五公子登恪,并托人三次上陈家说媒,但陈三立一再拒绝,说:"谭是大官,我不能高攀。"谭只好作罢。

清帝逊位(1912年)后,陈三立之座师陈宝琛担任帝师,对陈三立的才学十分赞赏,欲引三立进宫给溥仪讲授古文。三立以"不能操京语"为由婉辞,不愿入帝王家。陈宝琛失望之余,只得改荐三立同乡朱益藩(艾卿)。

陈三立没有食言,严格恪守着父亲陈宝箴的遗嘱:不治产,不问政。他曾给梁启超写过一首诗,其中两句表达了他当时的心境:"凭栏一片风云气,来作神州袖手人。"辞官不就是"袖手神州"的绝佳表现,但陈三立的"袖手神州"又岂是"辞官不就"包含得了的?

面对父亲的灵柩和一盏孤灯,陈三立发誓从此再不问政,远离险恶的政治旋涡,将毕生的精力与才智,投入钟爱的诗歌、书法创作中去,创立了独树一帜的江西诗派。于是,在那个晚清之时污浊风气的笼罩下,官场少了一个察言观色、吹牛拍马、阿谀奉承的小吏,却雄立起了一名才华横溢、气节如松、骨傲如钢的诗书名家。

陈三立父亲为其取名,取意于儒家"三不朽"之说。《左传》云:"太上有立德,其次有立功,其次有立言,虽久不废,此之谓三不朽。"陈三立以名为铭立世,奉行终其一生,才有如此之傲气和傲骨,如此"三立",编者心中永远崇拜、膜拜、敬拜之。

題辭
光緒十九年方侍余父官湖北提刑
其秋攜友游黃州諸山遂過楊惺吾
廣文書樓徧覽所藏金石祕籍中有
日本所得宋槧黃山谷內外集爲任
淵史容註據稱不獨中國未經見於
日本亦孤行本也念余與山谷同里
開余父又嗜山谷詩嘗憾無精刻顏
欲廣其流傳顯於世當是時廣文意
亦良厚以爲然乃從假至江夏解資
授刊人廣文復曰吾其任督校越七
載而工訖至其淵源識別略具於廣
文昔年所爲跋語云光緒二十六年
二月義寧陳三立題

《山谷内集诗集注》二十卷,清光绪二十一至二十五年陈三立刻本和陈三立题词

陈三立好友、曾执掌商务印书馆多年的张元济有诗称赞:"衔杯一笑却千金,未许深山俗客临。介寿张筵前日事,松门高躅已难寻。"

主持正义,严惩主犯

1906 年,湖南工商界追念陈宝箴父子推行新政,振兴实业,奏请为陈宝箴塑立铜像,为陈三立授官职,被陈三立断然拒绝。同年夏,义宁大荒,铜鼓双坑饥民前往宜丰天宝买粮,富商何大毛却诬称"匪徒抢劫",并说"宁州遍地是匪",挑起斗殴,杀死双坑饥民 57 人。双坑人控诉无门,求助陈三立。陈三立主持正义,具陈上疏,终获刑部详察,严惩主犯及当地知县,冤案得以大白。

1916 年农历九月二十一日,陈三立六十四岁寿辰,与家人合影于头条巷俞宅竹园

仗义执言,打抱不平

在上海期间,陈三立曾为江西同乡李瑞清仗义执言抱不平。李瑞清小陈三立14岁,光绪二十年(1894年)进士,曾任两江优级师范学堂监督。避居上海时,李瑞清在患疮疾僵卧不能行动的困境下,仍靠卖字鬻画维持残生。当时上海,以"遗老"自命者众,但其中多口是心非者,标榜"持节不染",而"临财则又往往变易面目",还以"不拘小节"自解。此辈人等对李瑞清如此清高颇为嫉恨,当时李瑞清寡嫂想攘夺其出卖字画之资而未能如愿,便对小叔子说污言秽语。无耻小人借机造谣,广为传播,其中有一人尤显卑劣。陈三立为李瑞清大为不平,他说:"若辈心术如此,尚可自鸣高洁耶?若不敛迹,我必当大庭广众,痛揭其勾心斗角之诡术!"某日,有一聚会,陈三立当众对此人大声呵斥:"我要代清道人打你耳光!"沈曾植等也起而助威。传谣诬人者惊羞交加,纷纷逃席而去。

陈三立题张大千《华山云海图》长卷(局部)

第三章　修水进士名录

相关书籍上记载修水进士数一览表

序号	志书名称	出书年代	唐	宋	元	明	清	未列入	武进士数	进士总数	备注
1	嘉靖《宁州志》	癸卯年	0	85	6	10	0		未列入	101	唐、清进士没有编入书中
2	乾隆《宁州志》	乾隆二年（1737年）	0	97	10	14	0		未列入	121	唐、清进士没有编入书中
3	道光《义宁州志》	道光四年（1824年）	2	125	11	14	9		6	167	
4	同治《义宁州志》	同治十二年（1873年）	5	152	11	14	11		8	201	因本志出版时间为同治十二年，早于陈世求、陈三立、冷在中、冷春魁中进士时间，故4人未列入本志。
5	《修水县志》	1991年10月	未作统计							201	见《修水县志》概述第九页
6	《江西历代进士名录》	2016年	4	127	8	13	11		未列入	163	见453页
7	《修水县姓氏志》	2006年3月	7	253	30	57	71			418	见684页一是含姓氏始迁祖进士；二是含岁进士；三是在一定程度上难以核实籍贯、家谱准确性的进士；四是各姓氏始迁祖进士；五是在修水任职的进士；等等

续表

序号	志书名称	出书年代	唐	宋	元	明	清	未列入	武进士数	进士总数	备注
8	《尚贤台志》	2020 年	只镌刻进士名字,未镌刻朝代							203	见《尚贤台志》
9	《修水历代进士史略》	2025 年	5	152	11	14	11	2 陈世求 陈三立	8 + 5 徐禔(宋朝) 冷在中 冷春魁 黄朝甲 郭如凤	208	数量来源:同治《义宁州志》进士数(193)+ 陈世求、陈三立(2)+ 清代武进士数(8)+ 徐禔(宋朝)、冷在中、冷春魁、黄朝甲、郭如凤(5)= 208

第一节　唐代进士总概括

唐代：不摘进士之名，人生终不为美

要简述唐代科举制度，首先要谈到史学家陈寅恪。他在《唐代政治史述论稿》中记述："进士之科虽设于隋代，而其特见尊重，以为全国人民出仕之唯一正途，实始于唐高宗之代……迄于后代，因而不改。"这段话，陈寅恪对唐高宗举行的科举制度，给予了掷地有声的极高评价。

进士科始于隋朝，之后是唐朝科举制度取士的科目之一。唐时进士科、明经科都算是考试科别，明经科考经学和时务策。进士这一科目也特受重视，除考经学和时务策以外，还要加考诗赋。《太平广记》卷一七八引唐李肇《唐国史补》："进士科，始于隋大业中，盛于贞观永徽之际。缙绅虽位极人臣，不由进士者，终不为美。"

钱穆先生认为，在中国历史上，自秦以下之传统政府，应称之为"士人政府"，并将唐以后的社会称为"科举社会"。

据清徐松《登科记考》卷十四记载，孟郊于贞元十二年（796 年）登进士第，时年四十六岁。唐人科举，进士科最难，明经科较易，因此唐人有谚云：三十老明经，五十少进士。意思是说：三十岁考上明经科，已算是年老，而五十岁登进士第，尚属年轻。孟郊四十六岁登上进士榜，从其《登科后》（昔日龊龊不足夸，今朝放荡思无涯。春风得意马蹄疾，一日看尽长安花）一诗就可看出其高兴的心情。

因为进士科是常科，考取又最难，一般每次只取二三十人，仅是明经科的十分之一，故此最为尊贵，地位亦成为各科之首。

在唐朝，进士考试可以在考前公开推举，称作通榜。因此，凡是应进士举的人，常常将自己的作品送给朝中有文学声望的人看，希望通过他们宣扬自己的作品，甚至推荐给主考官，这就是温卷。而二者之间的关系称为知己。在唐朝，进士及第后，要到吏部进行关试，才能得到官职。

荣登进士榜者，时人称之为白衣公卿。

至后来考取进士者，其家族当花费不菲财力在宗祠前立进士墩，以示表彰

和"显摆",可见在科举时代是何等的光宗耀祖,又是何等的自豪和荣耀的事。

唐之兴,乃科举之兴,人才辈出之兴!

张邦炜《略论唐代科举制度的不成熟性》一文统计,唐代自高祖武德五年(622 年)至哀帝天祐四年(907 年)共录取进士 6637 名,构成了唐朝一代一代官员的基本队伍,其中包括一大批政治精英、管理奇才和文化大家。

在唐代修水进士出了多少? 编者从同治《义宁州志》记载中得知,在唐代修水有简略记载的进士仅有五名。编者查阅江西州志、县志、通志等志史,基本与之记载相同。但这五名进士,由于年代久远,均难以查找到个人较为详细的资料,其传略、文献、逸事、艺文很是短缺,只待今后去考证、去完善。

僖宗乾符二年乙未(875 年)郑合敬榜进士

1. 莫惟初

【进士小传】

小传之一:字复善,武乡漫江人,奉命使番有功。见同治《义宁州志》卷十九选举志。

小传之二:漫江人,唐僖宗乙未年进士,奉命使番。见《修水县姓氏志》第 393 页。

2015 年重修的《莫氏宗谱》上记载的莫惟初像和像赞

【进士文史】

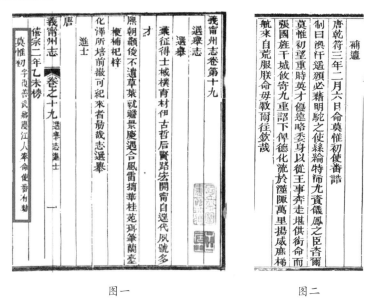

图一　　　　　　　　图二

文史之一：图一为同治《义宁州志》卷十九选举志中记载莫惟初中进士的史料。

文史之二：图二为同治《义宁州志》补遗上记载"唐乾符三年二月六日命莫惟初使番诰"的珍贵文献。

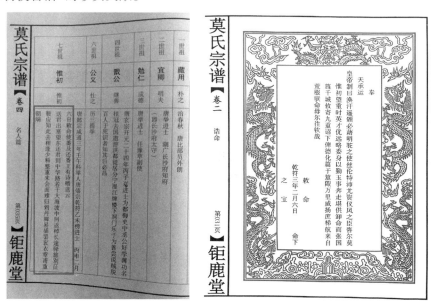

图一　　　　　　　　图二

文史之三：图一为番王送莫惟初的诗，云："送君出塞望东还，君到中华路若干。大海波中回返棹，长途驿旅别征鞍。应知此去相逢少，料整重来会面难。归到丹墀易插罢，衮衣章甫重朝端。"见 2015 年重修的《莫氏宗谱》。

文史之四：图二为乾符三年皇帝颁给莫惟初敕命的珍贵文献。见 2015 年重修《莫氏宗谱》。

【世人评赞】

修水县山谷诗社顾问戴嵩青赞唐莫惟初进士云：

有科举以来，政教宏开，分宁进士公第一

自尚丰而后，人才蔚起，修水文涛涌千秋

【编者手记】

手记之一：编者查阅陶易编著的《唐代进士录》一书 393 页，得知僖宗朝（874—888）共考取进士 349 人，可考知年代者 79 人。在僖宗乾符二年（875 年），本书中记载只有郑合敬、张文蔚两位进士。《修水县姓氏志》记载莫惟初为僖宗朝进士，他应是僖宗朝考取进士 349 人中的一人。

手记之二：越是岁月悠远，史料越是珍稀难寻，查找进士个人史料如大海捞针般艰难，加之编者居住在偏僻小县，本地有价值的史料也是少得"可怜"。故编者在寻找修水第一个史志上有记载的进士莫惟初的史料时，只看到有"字复善，武乡漫江人，奉命使番有功"的简短信息。经过各个途径寻找，均无收获，但编者再阅同治《义宁州志》时，猛然间"唐乾符三年二月六日命莫惟初使番诰"映入眼帘，惊喜之余，遂细读之并作为珍贵史料编入莫惟初进士史料一栏中，印证莫惟初"奉命使番有功"的真实记载。寻找史料，功夫不负有心人。

手记之三：莫惟初是五代十国时期南唐国的一位进士，是《义宁州志》上记载修水的首位进士。五代十国时期是中国历史上割据混战的一个阶段，在这样一个背景下，莫惟初高中进士显得尤为珍贵，虽然其具体的生平、仕宦已难以考证，但其所处的时代和环境，为我们研究者提供了丰富的背景。

第二节　南唐进士总概括

南唐：烽烟战火虽频，科举承袭开考

　　南唐时期，各方战事频繁，短短五十多年中经历了五朝八姓十三君，朝代更迭频繁。各朝为保障自己实力，一度把军事列为国事首位，无暇顾及政治体制方面的改革。但在科举制度上有一些改进，主要是制度内部的许多细节性变化，直接为后来宋代科举制度创新打下了基础。

　　五代各朝科举考试主要还是进士科、童子科、明经、制科等诸科，与唐朝一脉相传。但因处在国之多、战之多之期，五代各朝初期科场舞弊现象非常严重，各朝中后期针对舞弊现象采取了更加严格的防范措施。在考试中禁止夹带小抄、各种书籍，严防传递各种资料，考试前不能请客送礼。后唐长兴四年（933年）二月十六日，在礼部贡院所奏新立条件中明确规定："怀挟书策，旧例禁止，请自今后入省门搜得文书者，不计多少，准例扶出殿，将来两举。"

　　五代科举开始实行锁院和糊名制度，在考试过程中把考场大门锁住防止外人进入，糊名是将试卷上的考生名字信息遮挡，以防止判卷者作弊加分。后唐天成四年（929年）二月，已经实行锁院制度。糊名之法虽起源于唐代，但一直未应用于礼部考试中，由于锁院和糊名制度的使用，使科举制度更加公正合理。使用殿举制度主要是针对应考举子在考试过程中的一些违规行为，如考场作弊等。违规行为一旦被发现，采取延长举人再次应考期限或取消其应考资格等惩罚制度。

　　实行详复与复试制度。详复也称考复，同现在的复查试卷重判，即将录取考生的试卷送入中书门下重加评定制度。复试是指对全体或部分录取的考生重新进行复查考试，和我们今天的复试基本相同。五代时期的详复，是在发榜之后才交于中书门下评定。后唐同光三年（925年），"今据礼部奏，所放进士符蒙等四人，既谦舆轻，颇干浮论，须令复试。……其王澈改为第一、桑维翰第二、符蒙第三、成僚第四"。后周显德五年（958年），因为及第者所试诗赋错误很多，所以命翰林学士李昉复试。由此可见，五代时期的详复和复试都比较严格，不仅考生有及第又落榜现象，而且负责考试的官员也承担连带责任。当时详复和复试只是临时性的,并没有成为定制,也并不是每场都有复试。越到后期,尤其是后周显德以后,详复及复试制度越规范,逐渐形成制度化,为后来宋代复试制度的形成打下了基础。

修水在五代十国期间,位于南唐领域之地,南唐继承杨吴政权,先后统治有三十五州之地。这些州大多处于江淮,在行政区划上属于唐代的淮南道、江南东道与江南西道。这些地区在唐代时期文化教育相对落后于中原地区,参加并通过贡举考试的士人较少。南唐建立后,大量士人通过贡举之路,踏上从仕之途,可以说南唐实行贡举取士制度推动了江淮地区文化教育的发展。

修水于北宋建隆年间,两黄姓即黄元绩、黄元迈两堂兄弟相隔两年后分别考取南唐进士,开启了修水黄氏从浙江金华迁修水后攀蟾折桂、摘取进士的先河。

无独有偶,清泰年间,两莫姓莫秦、莫泰,也不甘示弱,相互砥砺,高中进士。"两黄两莫,进士及第"为之后在宋朝时期产生修水黄氏、莫氏辉煌进士之家族奠定了基础。

宋建隆二年(961 年)张去华榜进士

2. 黄元绩

【进士小传】

小传之一:黄元绩,义宁州双井人,北宋建隆年间南唐进士。见道光四年《义宁州志》卷一四选举。

小传之二:赡公长子。分宁双井黄氏二世,字尔怡,号清庵,宋建隆辛酉(961 年)进士,礼部侍郎,居迢濑。见《双井世家》第56 页。

小传之三:赡公长子。晋天福二年(为南唐升元元年丁酉)(937 年)生,宋建隆二年(为南唐中兴四年辛酉)(961 年)举进士,历官至吏部侍郎。子三。配陈氏,世谱作杜氏,合葬马鞍山,生:中孚、浼、晏。

黄元绩画像

小传之四:赡公次子,字天萃,宋建隆二年(961 年)进士,官任翰林院吉士、吏部侍郎、五城兵马都指挥。子三:黄中孚、黄中浼、黄中晏。

小传之五:元绩公,字尔怡,号清庵,宋建隆辛丑进士,授吏部侍郎。见民国三十二年癸未双井堂刊《黄氏宗谱》。

【进士文史】

文史之一:《分宁双井黄氏源流总序》中记载,赡生元绩、元吉。绩以进士第,授吏部侍郎,生中孚任朝奉郎,济与清,其子也。吉赠礼部员外郎,聚书市田、卜居修水之上,筑两书馆于樱桃洞、芝台,与四方学士讲读诗文不倦。厥后黄氏艺院蜚声相继、入仕途者四十八人。

文史之二:《双井黄氏探源》中记载,元绩,为赡公长子,行五,字尔怡,号清庵,宋建隆辛酉进士,授吏部侍郎,弃官后徙居迢濑。生后唐长兴,殁咸平,葬马鞍山。娶刘氏刑部松冈女,生后唐长兴壬辰,殁圣道丁酉,葬马鞍山。生子一:铧。

图一　　　　　　　　　　　　图二

文史之三:图一为民国三十二年癸未双井堂刊《黄氏宗谱》上记载黄元绩的史料。

文史之四:图二为《湖南黄氏祠馆记略》上记载三世元绩的相关史料。

文史之五:黄元绩从小就刻苦读书,很有才华,在宋太祖建隆二年(961 年)

考中南唐政权的进士,也是分宁黄氏自浙江金华迁居江西修水后的第一位黄氏进士,后来官至吏部侍郎、五城兵马都指挥。生子三,中孚、中浣、中晏,中孚任朝奉郎。

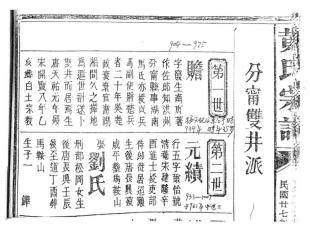

文史之六:图为民国二十七年重修的《黄氏宗谱》卷一双井世系中记载元绩的史料。

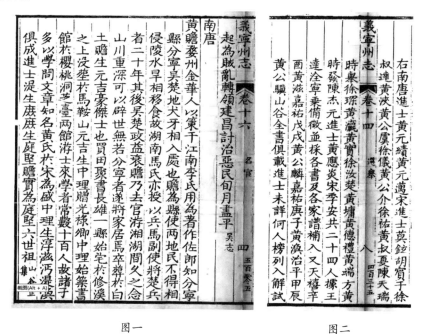

图一　　　　　　　　　　　　图二

文史之七:图一为道光《义宁州志》卷十六名宦中记载黄元绩之父黄赡的文献。

文史之八:图二为道光四年《义宁州志》卷十四选举中记载黄元绩的史料。

【世人评赞】

评赞之一:修水县山谷诗社副社长谢亚东题黄元绩曰:

聪明好学、风雅多才、官拜吏侍郎,黄氏迁入分宁之首举;

聚士松鞍、吟诗抚笛、品丛林泉水,南唐尤适天性中一人。

评赞之二:唐黄元绩乃分宁黄氏首位之进士,吏部之侍郎,编者周武现赞曰:

瓜瓞兮绵延,簪笏兮蝉联。

文学兮远扬,德厚兮流光。

黄裔兮常忆,江右兮不忘。

编者周武现赞黄元绩之语,山西鸿客书

【编者手记】

手记之一:编者查阅《分宁双井黄氏源流总序》和考证得知,黄元绩生于后唐长兴癸巳(933 年)二月二十日午时,殁于咸平癸卯(1003 年)八月十七日亥时,葬于双井马鞍山。同治《义宁州志》记载,小马鞍山在州西高乡紫阳溪后,宋黄祖善构亭其上,曰"放隐斋"。朝士题咏甚多,山谷正集并注。黄庭坚诗(樵入千岩静)之引言如此说:"伯父祖善,耆老好学于所居,紫阳溪后小马鞍山为放隐斋。远寄诗句,意欲庭坚和之,幸师友同赋,率尔上呈。"

手记之二:《双井世家》第 56 页中记载黄元绩为礼部进士,第 133 页和第 136 页中均记载为吏部进士。据编者考证,民国三十二年癸未双井堂刊《黄氏宗谱》《湖南黄氏祠馆记略》和双井冲和堂历届老谱上载:宋建隆辛丑进士,吏部侍郎。黄元绩应为吏部侍郎,而非礼部侍郎。

手记之三:黄元绩是双井黄氏的第一个进士,他在宋太祖建隆二年(961 年)考中南唐政权的进士。这一成就对于他的家族来说具有里程碑意义。一是成功开启了双井黄氏在科举考试中的显赫历程。他的后代,包括著名的文学家和书法家黄庭坚,都在科举中取得了显著成绩;二是黄元绩的学术成就为他赢得了政府中的高级职位,他最终官至吏部侍郎、五城兵马都指挥;三是黄元绩的家族在宋代成为著名的望族,整个家族在科举考试中表现出色,共有 48 位进

士,这在当时是极为罕见的。黄元绩的成就不仅是个人的荣耀,也为他的家族奠定了坚实的学术和政治基础,使得修水双井黄氏成为一个在宋代文化史上占有重要地位的家族。

宋建隆三年(962 年)马适榜进士

3. 黄元迈

【进士小传】

黄氏进士科考时的模拟像

小传之一: 双井人。见同治《义宁州志》卷十九选举志。

小传之二: 元迈公,登建隆丙戌进士。见民国三十二年癸未双井堂刊《黄氏宗谱》。

小传之三: 黄元迈,义宁州双井人,北宋建隆年间南唐进士。按黄姓谱以黄元绩、黄元迈二人为宋建隆进士,考建隆中,分宁犹未归宋,自宜列南唐。见道光四年《义宁州志》卷一四。

小传之四: 贻公次子,分宁双井黄氏二世,字名远,宋建隆壬戌(962 年)进士。官职不详,居画湾。见《双井世家》第 56 页。

【进士文史】

文史之一: 元迈,为贻公次子,字名远,登进士。生于唐明宗辛卯十月十四日未时。娶余氏。侧室傅氏,值寇盗入侵,亲人遇害,幸存傅氏,遗腹子一,名填,后傅氏殁,同葬黄坊钗形,乾山巽向兼亥巳。见《双井黄氏探源》。

文史之二: 图一为光绪二十四年《黄氏宗谱·双井堂》卷首历代名宦中记载"元迈,字名远,登进士"的文献。

文史之三:图二为民国三十二年癸未双井堂刊《黄氏宗谱》始祖歇公以下三十七世祖源流世传上记载元迈公的史料。

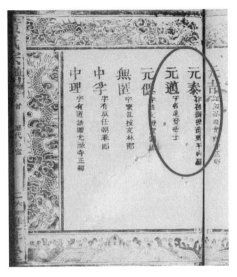

图一　　　　　　　　　　图二

图三: 画湾贻公支派

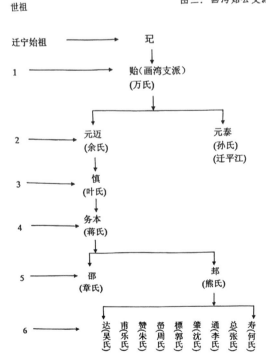

文史之四:图三为《双井进士传奇》元迈六世世系图。

【世人评赞】

编者周武现撰联云:"南唐欣及第,分宁耀门楣。"

【编者手记】

手记之一:黄元迈为黄庭坚堂伯(叔)高祖父。其堂伯(叔)高祖父还有:黄元泰、黄元思。

手记之二:《双井世家》第56页:元迈,宋建隆壬戌(962年)进士。而民国三十二年癸未双井堂刊《黄氏宗谱》载:元迈公,登建隆丙戌进士。但建隆只有三年,即庚申(960年)、辛酉(961年)、壬戌(962年),壬戌和丙戌,一字之差,编者认为应属于壬戌(962年),而非丙戌。

手记之三:黄元迈是黄赋的儿子,他在962年考中了南唐的进士。这一成就对于他们家族来说是光耀门楣的,因为在那个时代,进士及第是士人最高的荣誉和学术成就的标志。黄元迈的父亲黄赋也曾考中南唐的武探花,并且在南唐末年被封为忠福王。黄元迈的家族有着悠久的科举传统,他的祖父黄玘在唐朝时期就已经是举人,并且家族中有多位成员在宋代成为进士。黄元迈及其家族成员的科举成功,无疑是他们家族历史上开启进士家族的重要篇章。

清泰元年至三年(934年4月—936年闰11月)中进士

4. 莫秦

【进士小传】

小传之一:字周书,武乡漫江人。见同治《义宁州志》卷十九选举志。

小传之二:字孝秦、周书,双井人,南唐进士。见《修水县姓氏志》第393页。

【进士文史】

见右图

【世人评赞】

暂缺。

莫氏宗谱【卷六】 源流一至二十世 第123页 钜鹿堂					
世降	维景之子	兼承升旭昊桃	讳桃	字梦升	北宋仁宗宝佑 辟为郴州桂阳县主簿 解试进士	殁于 北宋仁宗元 元年戊寅十月 初六日午时 享年四十有一 郡与夫同茔
发溱	世降之子	字济善	讳溱	由贡荐天府未 仕	生于 北宋真宗大中 祥符四年辛亥
文朱	发溱长子	字仲贤	又字俊卿	号章堂	未仕 明经术有大度	生于 北宋仁宗大圣
玉章	文朱之子	讳厚性	字子纯	号勉轩	赋诗云 英御笔对策冠群 擢贤良科第一	生于 北宋仁宗天圣 丹墀对策冠群
诗昆	玉章长子	讳秉臣	字世用	号介轩	治诗经 选举解试进士 历鄂州太守	生于

【编者手记】

明《宁州志》、雍正《江西通志》、道光《义宁州志》、《江西历代进士总名录》均没有莫秦记载。考唐朝纪无可证,疑亦属南唐,据莫氏谱增入附列于此。

5.莫泰

【进士小传】

小传之一:字咸阳,武乡漫江人,福建永定县令。见同治《义宁州志》卷十九选举志。

小传之二:字孝泰、咸阳,漫江人,南唐进士。见《修水县姓氏志》第 393 页。

【进士文史】

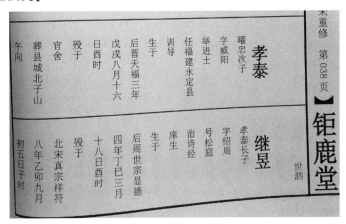

2015 年重修的《莫氏宗谱》上记载莫泰进士的文献。编者发现其记载"字威阳",而同治《义宁州志》上记载是"字咸阳"。

【世人评赞】

编者周武现撰联云:"科甲耀闽永,儒风泽修江。"

【编者手记】

手记之一:《修水县姓氏志》称莫泰为双井人,与《义宁州志》上称之为漫江人不相符。但编者在双井进士记载中,并未发现有莫泰。

手记之二:考唐朝纪无可证,疑亦属南唐,据莫氏谱增入附列于此。雍正《江西通志》,均没有莫泰中进士的记载。

唐、南唐进士简表

序号	进士姓名	当时所居地址	考取进士年代	官职
1	莫惟初	武乡漫江人	僖宗乾符二年乙未(875年)郑合敬榜	奉命使番有功
2	黄元绩	义宁州双井人	宋建隆二年(南唐中兴四年辛酉)(961年)张去华榜进士	历官至吏部侍郎
3	黄元迈	义宁州双井人	宋建隆三年(962年)马适榜进士	官职不详
4	莫秦	武乡漫江人	清泰元年至三年(934年4月—936年闰11月)中进士	由贡荐天府未仕
5	莫泰	武乡漫江人	清泰元年至三年(934年4月—936年闰11月)中进士	福建永定县令训导

本节说明:

1. 制作表格,以备快速查阅进士的相关信息。

2. 进士生平主要依据《义宁州志》《南昌府志》《登科录》《登科考》《贡举考》《碑录》《江西历代进士总名录》《修水县姓氏志》及相关人物传记等资料。

3. 人物依照唐、宋、元、明、清各朝代每次考试年间和榜次顺序向后排序。

4. 其生平查阅考证比较多的,均最多记载十次,且全部雷同的不重复记载。

5. 其进士艺文,诗歌超过五首的以十首代表作选辑;其赋不管多少,则以一首选辑;其书法超过十幅的则以十幅代表作选辑,其名言则以五句入辑。

6. 进士有传的,将传节录或全文附于进士生平一栏内,佐证进士之风采。

7. 由于朝代久远,难以寻找,或是州志、府志等因当时信息难通、交通难达、地域难找、史料难求、家谱难寻等,修水还有部分进士的资料未能完全掌握,而本书所引用的进士资料来源又是以比较权威,可信度高的州志、府志为准则,所以也存在其他进士相关信息不全的情况,有待日后进一步搜寻和考证,期待下次重编时进一步补充和完善。读者如发现遗漏之处,请与编者联系,以便今后重新出版时补遗到书中。

8. 之后其他朝代进士,说明与此相同。

第三节　宋代进士总概括

宋代：科举渐趋成熟，选拔济世贤才

略述宋代科举制度，就不得不谈到修水双井黄氏一族；宋朝一代，进士辈出；四十八名，震动朝野；双井十龙，盛极一时。

龚延明先生在《天一阁藏明代科举录选刊》总序中说：宋代是科举制完善期，也是高峰期，两宋共举行 118 榜，录取登科人 11 万之众，是历朝录取人数最多的一朝。

宋朝应该是科举制度承前启后、继往开来的重要朝代，也是科举制度臻于成熟完善、贤才辈出拔尖的时代。甚至可以说，自宋朝传承、创新、完善科举制度之后，直至清末正式下诏废除科举制度为止，之后历朝历代的科举制度基本就是按照这个范本进行科考，从而选拔贤才。

建隆元年（960 年），北宋刚建立不久，宋太祖赵匡胤毫不懈怠，立即进行开科取士，大宋王朝的第一次科举考试，总共录取进士 19 人。关于进士人数，其实也有讲究，自唐末五代以来，每科进士人数一般都控制在二三十人，大宋王朝的首次科举又要为今后做出表率，因此本着宁缺毋滥的精神反复挑选，最终选出了这 19 名佼佼者。建隆二年（961 年），赵匡胤下诏再次举行考试，这次进士更少，只录取了 11 人。此后数年每榜进士大约都在 10 人，乾德四年（966 年）最少，仅录取了 6 人。

赵匡胤善于笼络天下读书人的心，他首先定下了善待文人的祖制，要求"与士大夫共治天下"。为笼络文人士子，赵匡胤在开宝三年（970 年）给主持科举的礼部下诏，命其组织人手整理近十年及后周乃至后汉等国的举子档案，并统计历经 15 次考试全部终场还未考中的士子有多少人。礼部经过仔细核查，列出了以司马浦为首共计 106 人的名字。赵匡胤体谅这些屡试未中的士子着实不易，便下圣旨统统赐予进士出身。自宋朝起，此类进士就有个专门的名称，叫作"恩科进士"，即皇帝开恩特赐的进士。赵匡胤这次"恩科"规模庞大，然而又不无道理——毕竟国家百废待兴，急需人才。由此不难发现其治国理政手段之高超灵活。此后历届"恩科"的规模有限，只涉及极少数人，对科举整体无碍。

宋朝科举考什么？所谓"九经"科，考的是唐朝所定下来的九部儒家经典；"五经"科则对应西汉时确定的五部儒家经典；"开元礼"科指的是唐朝政府组织修纂的一部大型礼书，可用作实用"礼学"的专科考试；"三史"科指《史记》、两汉史书《汉书》与《后汉书》以及《三国志》，可以理解为史科的专科考试；"三礼"科是指十三经中的《周礼》《仪礼》《礼记》，即对礼学理论的专科考试；"三传"科则是"春秋三传"，即《左传》《公羊传》《谷梁传》，是对经部史书的专门考试；"明经"与唐朝时类似，考查全部经书，即传统经学训诂类的考试；"明法"科是法学知识的专门考试；"明字"科则是字学素养考试。

自唐代以来，举子和士人最看重的还是"进士"与"明经"两科，两科之中又以进士科为最。原因其实非常简单，中进士者日后仕途顺畅乐观，往往能够高居宰辅重臣，明经及第的前途则显得坎坷，能够成为朝廷高官的寥若晨星。至于其余各小科，从名字上看就知道，即使考中也不过是主政官手下的刀笔文吏，很难进入权力核心。

至于"制科"，则是由皇帝亲自主持的小范围考试。此类考试可以追溯到汉朝的射策，在唐代得以发展普遍，至宋朝时逐渐形成一些"常科"性质的制科，即经常重复考试的制科题目。比如宋太祖所设"贤良方正能直言极谏""经学优深可为师法""详闲吏理达于教化"三科；宋仁宗所设"贤良方正能直言极谏""博通坟典明于教化""才识兼茂明于体用""详明吏理可使从政""识洞韬略运筹帷幄""军谋宏远材任边寄"六科。这些都是自唐朝承袭而来。

制科考试范围虽然狭窄，但应试资格却放得极为宽松。无论是在任官员还是山野小民，都可由宰相重臣举荐参加相关考试，那些已经考中进士的人也可参加制科考试。北宋名臣富弼本想参加进士科考试，以进士身份步入仕途，不料赴考当年岳父晏殊担任主考，为避嫌只能选择参加当年的制科考试；苏轼、苏辙两兄弟，本来在嘉祐二年（1057年）就考中进士，却嫌名次不够靠前，于是又参加嘉祐六年（1061年）的制科考试，入第三等。据宋人郎晔考证，大文豪苏轼考的应该是"贤良方正能直言极谏"科。

值得注意的是，宋朝科考题量众多，完全不是只答一张卷子就能考取功名的。以进士科为例，需要"试诗、赋、论各一首，策五道，帖《论语》十帖，对《春秋》或《礼记》墨义十条"。其中最为重要的是诗、赋、论三项，另外的"帖"全称为"帖经"，即默写经典中的段落；"墨义"即笔答经义，一般规定为十条。默写经书叫"帖",是因为这类考试将经典原文的前、后句子裁去,只露出中间的某一两句或某一两行,让举子们把前、后文默写补齐。除去"帖经""墨义"以外,还要回答"时务策"三条,此三条属于附加项目,作用不大,但到明经科则显得至关重要,几乎是该科考试的全部内容,而这也是进士历来看不起明经及第的缘由——明经考试靠死记硬背就能取得不错成绩,完全不像进士科那样需要超凡文笔与才能。因为考题量大,不论是乡试还是会试,举子们都要在考场内"闭关"专心三四天,才能将所有题目尽数答完。

　　宋朝时期,江西籍进士 6295 人,其中北宋 1995 人、南宋 4300 人。修水考取进士,应是自唐至清顶峰之期,且出现一代三进士、父子进士、三代进士、一姓 48 名进士等现象。

宋乾德三年(965 年)刘察榜进士

6. 莫奏

【进士小传】

字公职,武乡漫江人。见同治《义宁州志》卷十九选举志。

【进士文史】

> **登进士第7人**
> 【刘察】　乾德三年状元及第。《宋会要·选举》一之《贡举》,《宋会要·刑法》五之一《亲决狱》,宋彭百川《太平治迹类》卷二八《祖宗科举取人·太祖》,宋李焘《长编》卷六、乾德三二月丁巳,明朱希召《宋历科状元录》卷一《乾德三年乙丑进士榜·刘察》
> 【陈洪轸】　福州长溪县人。乾德三年登进士第。《国福建通志》卷三三《选举志·进士》
> 【莫奏】　字公职。威胜军武乡县人。乾德三年进及第。《同治义宁志》卷一九《选举志·进士》
> 【黄澜】　婺州东阳县人。乾德三年登进士第。《浙江通志》卷一二三《选举·进士》

图为《宋代科举资料长编·北宋卷》中记载莫奏的史料。

【世人评赞】

暂缺。

【编者手记】

手记之一：编者在《宋代科举资料长编·北宋卷》中得知,开宝四年考中进士七人,其进士名录为刘察、莫奏、陈洪轸、黄澜等。也就是说这一年进士开科,全国仅考取进士7名,而江西仅一名,这一名就是出生于修水武乡(今漫江乡尚丰村)的莫奏,可见考取进士之不易和修水当时文化教育之盛。但《北宋江西籍进士考录》记载,宋太祖乾德年间(963—968)共有莫奏、胡日新(徽州婺源清华人)、王询(徽州婺源中云人)三人中进士,在北宋时期,徽州婺源应属安徽辖地,应为安徽籍进士,这与《宋代科举资料长编·北宋卷》的记载相符合。

手记之二：《修水县姓氏志》上没有莫奏进士的记载。

宋开宝四年辛未(971年)刘寅榜进士

7. 莫潘

【进士小传】

小传之一：字乐滨,武乡漫江人。见同治《义宁州志》卷十九选举志。

小传之二：字世潘、乐潘,漫江人,南唐进士,宋开宝进士。见《修水县姓氏志》第393页。

【进士文史】

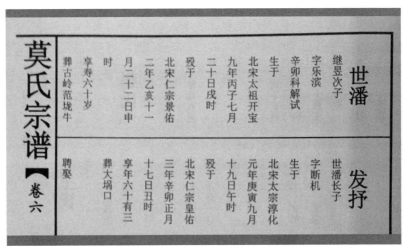

2015年重修的《莫氏宗谱》上记载莫潘进士的文献。

【世人评赞】

暂缺。

【编者手记】

乾隆年间《南昌府志》卷三十七选举中没有姜屿之前修水考中进士的史料记载,也就是说同治《义宁州志》上有记载的莫惟初、黄元绩、莫秦、莫泰、莫奏、莫潘六位进士均没有记载在《南昌府志》中。同时《北宋江西籍进士考录》中也没有莫潘中进士的记录。

端拱二年己丑(989 年)陈尧叟榜进士

8. 姜屿

【进士小传】

小传之一:姜屿,安乡黄沙人。见同治《义宁州志》卷十九、《天一阁藏明代方志选刊》续编四三。

小传之二:端拱庚寅(己丑)陈尧叟榜,姜屿,黄沙人。见嘉靖《宁州志》卷三。

小传之三:端拱二年庚寅(己丑)陈尧叟榜,姜屿,分宁人。见同治《南昌府志》卷二九。

小传之四:端拱二年己丑陈尧叟榜,姜屿,分宁人。见光绪《江西通志》卷二一。

按:嘉靖《宁州志》云,黄沙人(属西乡,同治《义宁州志》云"安乡黄沙人",待考。

姜屿画像

小传之五:真宗景德中官秘书丞,直史馆。见《续资治通鉴长编》卷五六、六五。

小传之六:泰乡龙峰人,宋进士,谏议大夫。见《修水县姓氏志》第 372 页。

【进士文史】

文史之一:姜屿于景德二年(1005 年)九月,参与了真宗下诏要求编纂的一部书,书名拟为《历代君臣事迹》。书成之后,真宗亲为作序,并赐名《册府元龟》。

文史之二:景德二年九月,真宗命刑部侍郎、资政殿学士王钦若,右司谏知制诰杨亿修《历代君臣事迹》。钦若等奏请以太仆少卿、直秘阁钱惟演,都官郎中、直秘阁龙图阁待制杜镐,驾部员外郎、直秘阁刁衎,户部员外郎、直集贤院李维,右正言秘阁校理、龙图阁待制戚纶,太常博士、直史馆王希逸,秘书丞、直史馆陈彭年、姜屿,太子右赞善大夫宋贻序,著作佐郎、直史馆陈越同编修。见宋程俱《麟台故事》卷二。

图一　　　　　　图二　　　　　　图三

文史之三:图一为明《万姓统谱》中记载姜屿的珍贵史料。

文史之四:图二为雍正十年《江西通志》卷四十九中记载姜屿的史料。

文史之五:图三为元朝《排韵增广事类氏族大全》中记载姜屿的珍贵史料。

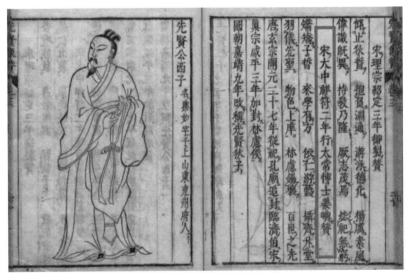

文史之六:图为宽永二十年癸未孟春重刊的《圣贤像赞》上记载宋进士、太常博士姜屿写的像赞,距今380年,史料罕见,极为珍贵。

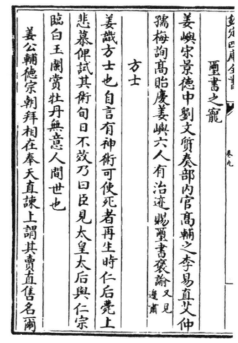

文史之七：编者查阅民国重修的《泰安县志》卷二《舆地志建置》(见上图书影史料)，发现这样一段有关姜屿的文字记载："广禅侯祠，县南亭亭山，宋真宗祥符元年封山神为广禅侯，遣秘书丞直史馆姜屿致祭，有御制碑。元知州张郁、知县张佺重修。又有明嘉靖九年十月重修碑记，浦正撰并书。"

文史之八：宋佚名《氏族大全》中记载："宋景德中，刘文质奏部内官高辅之、李易直、艾仲孺、梅询、高贻庆、姜屿六人有治迹，赐玺书褒谕。"见《钦定四库全书》卷九。

文史之九：

诗作《送张无梦归天台》云：

鲲鹏运海涯，岂复顾泥沙。

龙虎常为畜，乾坤不定家。

玉泉生白石，紫府种黄芽。

此境人难到，归程自有槎。

文史之十：著《明越风月志》七卷。因为明州本越地，故曰"明越"。又因为郭璞注《尔雅》，多引江东，故详载其风物。

【世人评赞】

修水县山谷诗社原理事陈水题姜屿进士云:

十八人,挥云汗,浩浩荡荡成巨制,雄才多意气;

平生志,步仕途,潇潇洒洒趁虚怀,高节领风流。

【编者手记】

手记之一:雍正十年《江西通志》上记载的修水第一个进士就是宋朝姜屿,而《义宁州志》上记载的修水第一个进士则是从唐朝莫惟初开始的。端拱二年江西考取进士13名,分宁、奉新、临川、宜黄均为两名,德安、庐陵、萍乡、袁州、永新各一名。可见当时修水"高考学子"的文化底蕴,也为后来莫氏、陈氏后裔一脉高中进士打下了坚实的基础。

手记之二:姜屿有《送张无梦归天台》诗,张无梦乃北宋时著名道士,字灵隐,号鸿蒙子,陕西周至人。出身儒士家庭,出家做了道士,与种放、刘海蟾为方外友,入华山拜陈抟为师。后"游天台、赤城,庐于琼台,行赤松导引,安期还丹之法",隐居天台琼台峰10余年,真宗曾召对,并以长歌赠行。99岁死于金陵。除姜屿《送张无梦归天台》诗之外,还有北宋查道《送张无梦归天台》诗两首,可能姜屿与张无梦、查道等为同窗、朋友之类关系。

手记之三:编者在查阅《宋会要辑稿》时发现姜屿参加朝廷殡葬事务的记载:至道三年九月二十八日,山陵仪仗使牛冕言:"灵驾发引后,诸司祠祭礼料、沿路桥道神祠之祭,旧例别无官员监辖。今请应启攒宫后,诸司祭奠并委权主判监察使、屯田郎中杨延庆点检。"诏以延庆为监察使。其后明德园陵亦命监察御史严颖为监察使,别命秘书丞、直史馆、判太常礼院姜屿一路监礼,点检行事。

手记之四:编者查阅南宋晁公武纂的《郡斋读书志》得知,姜屿著《明越风物志》七卷。(见右图)

手记之五:姜屿与宋代史学家、文学家宋祁工作上有交集,《明越风物

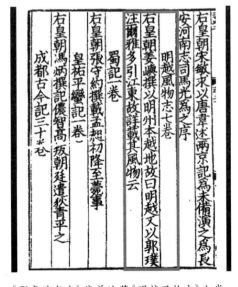

《郡斋读书志》载姜屿著《明越风物志》七卷

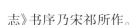

《志》书序乃宋祁所作。

9. 陈灌

【进士小传】

小传之一：泰乡龙峰人,官谏议大夫,一云皇祐己丑榜。见同治《义宁州志》卷十九。

小传之二：陈灌,分宁人。见光绪《江西通志》。

小传之三：端拱二年庚寅(己丑)陈尧叟榜,陈灌,分宁人,谏议大夫。见《南昌府志》卷二九。

小传之四：陈灌,修水龙峰始祖陈锃之父,举孝廉(举人),官任高安县丞,故于高安,葬于修水龙峰洞下。见《修水县姓氏志》第 273 页。

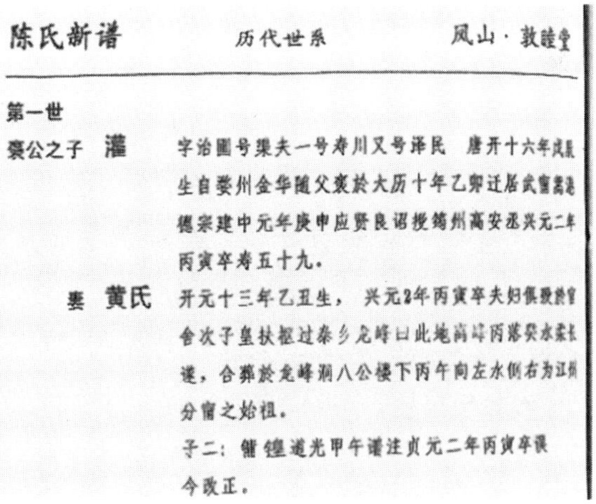

小传之五：孝廉,筠州高安县丞。见《龙峰陈氏宗谱》第 254 页。

龙峰陈氏一世祖灌公像

陈灌画像

【进士文史】

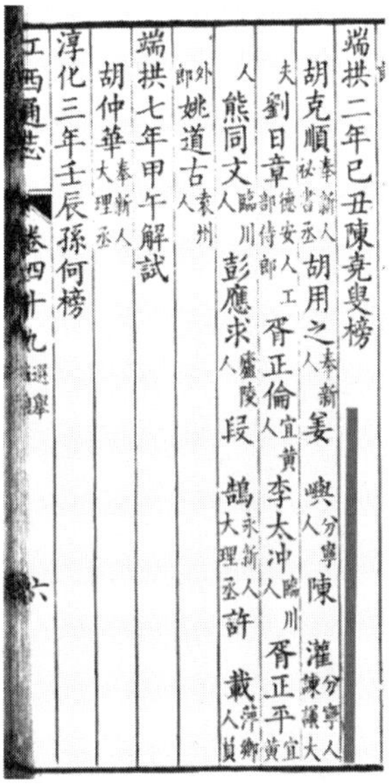

图一

图二

文史之一：图一为雍正《江西通志》卷四十九中记载陈灌的史料。

修
水
历
代
进
士
史
略

文史之二:图二为 1995 年《陈氏新谱·凤山·敦睦堂》中记载陈灌和其妻黄氏的史料。

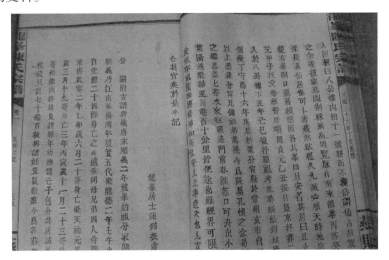

民国三十六年重修的《龙峰陈氏宗谱》卷一中记载陈灌之子陈锽撰的《且止居记》

文史之三:陈灌,字治圃,号寿川。据龙峰谱载,唐大历元年(766 年)自婺州金华随父陈褒迁居江西武宁县蒿溪港,公生子二,长曰钰(后易名镛),次曰锽。建中元年(780 年)举孝廉,任江西高安县丞,在任四年即与夫人黄氏同卒于高安官舍。唐兴元元年甲子(784 年),陈锽扶父母灵柩归葬于今修水县庙岭乡龙峰洞之八公楼下,后又移祖父陈褒及祖母合葬于龙峰洞之蜈蚣钳。于是陈锽一族便在龙峰筑庐而居,休养生息,绵延后世至今。

【世人评赞】

修水县山谷诗社原理事陈水《咏先贤陈灌》云:

八公楼下哭忠魂,一世清廉励子孙。

凿壁苦磨心志达,建中察举墨风存。

未妨官邸埋奸细,直使良才隐政门。

端拱墙高尧叟榜,龙峰脉脉后人尊。

【编者手记】

手记之一:编者在查陈氏迁修始祖情况时,在《修水县姓氏志》发现有这样一段有关陈灌的文字记载:建中元年庚申(780 年),陈锽侍父陈灌赴高安就任县丞,由居地武宁蒿溪(后改荷塘),途经今修水龙峰。陈锽见山川秀丽,景色宜人,意欲迁居于此,休养生息,绵延后世。后果迁分宁(修水)龙峰筑庐而居。陈镗其父陈灌,母黄氏皆卒于高安官舍,唐德宗兴元元年甲子(784年),扶父母柩归葬于龙峰洞之八公楼下。后又移祖父陈襃及祖母合葬于龙峰洞之蜈蚣钳。陈镗迁修后修谱以陈灌为一世祖。

手记之二:编者在龙峰考证时,听到当地村民口耳相传的传说,灌公为高安县丞,清廉简政,豪猾畏之,夫妻二人被恶势力谋害于官邸,陈铺嘱弟陈镗扶父母灵柩躲避于修水龙峰山。自己只身报仇,击杀仇家,逃避他乡。此传说之真伪虽无法证实,但对灌公在任四年与夫人黄氏同卒于高安官舍等疑点也不失为一种解释。黄庭坚《龙峰陈氏重修宗谱序》中有"至唐而有高安丞灌,魄兆于龙峰"的记载。

手记之三:编者查阅康熙辛亥年和同治十年的《高安县志》,未有陈灌任高安县丞的记载。

手记之四:编者从2000年3月出版的《修水县姓氏志》陈姓章节中,得知陈灌生子二,长子铺,名钰,号应虚;次子镗,名晋,号振虚。陈铺居江州,后创"义门陈氏"。陈镗迁分宁(今修水县)九都龙峰村,繁衍成为"龙峰陈氏"。故陈灌分别尊为迁江州、分宁始祖。

10. 莫铉

【进士小传】

2015年重修的《莫氏宗谱》上记载莫铉像、像赞和莫铉的个人史料

小传之一:莫铉,字仲圭,漫江人,历官太常博士,通判建州。见同治《义宁州志》卷十九选举志。

修水历代进士史略

小传之二：端拱二年庚寅(己丑)陈尧叟榜，莫铉，义宁州人，建州通判。见同治《南昌府志》卷二九选举。

小传之三：字孝溱，漫江人，宋端拱己丑进士，官建州通判，敕太常博士。见《修水县姓氏志》第293页。

【进士文史】

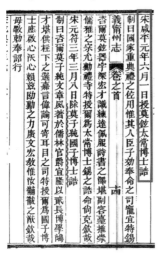

图一　　　　　　图二　　　　　　图三

文史之一：图一为《义宁州志》卷之首记载宋咸平元年六月一日授莫铉太常博士诰的史料。

文史之二：图二为宋咸平元年皇帝诰命"莫铉为太常博士"的珍贵文献。

文史之三：图三为道光四年《义宁州志》卷十四选举中记载莫铉的史料。

文史之四：道光四年《义宁州志》卷十五记载："庆历，莫旿，以子铉贵，赠殿中丞。"（见右图）

【世人评赞】

乾隆二十五年胡圣缃点评云："积德累功，儒者共推。"

【编者手记】

手记之一：编者查阅乾隆年间《南昌府志》卷三十七选举时,没有看到莫铉中进士的史料记载。太常博士,古官职名,为太常寺掌管祭祀之事的官员,正七品。

手记之二：《北宋江西籍进士考录》书中记载,这一年科举,江西考取 14 名进士,修水姜屿、陈灌、莫铉三人同科高中进士。

淳化三年壬辰(992 年)孙何榜进士

11. 徐赏

【进士小传】

徐赏之画像和徐禧所题像赞

小传之一：字春卿。授承德郎,任礼部主事。见同治《义宁州志》卷十九选举志。

小传之二：字春卿,号芳池,生于宋端拱二年己丑四月初五日丑时,宋祥符八年乙卯蔡齐榜进士,授承德郎任礼部主事,志载淳化壬辰孙何榜误,娶陈氏,生于宋淳化甲午年八月初八日午时,诰赠安人,生子一,陟步,公寿九十九岁,殁葬水沥碛,妣殁葬与夫同茔,进主公祠享祀。其侄孙徐禧题赞曰:一门炳蔚,累代簪缨。在家俊杰,在国公卿,建不朽业,享殁世名。勖哉后嗣,永矢志真。见《徐氏宗谱·南州堂》。

【进士文史】

文史之一:《南州徐氏大成宗谱》"仕宦"中记载:"徐赏,光曙三子,字春卿。宋仁宗皇祐辛卯举人,壬辰进士,授承德郎,任礼部主事。"

文史之二:道光四年《义宁州志》卷十五记载:"淳化,徐文贞,由贡授承德郎,乾德初任慈利县丞,以孙赏贵赠奉政大夫。"

【世人评赞】

江西省作协、书协会员徐天安赞先贤徐赏曰:

开徐门进士先河,自宋至清,一脉簪缨绵世泽;

共修水群贤盛德,忧民报国,千秋诗礼振家声。

【编者手记】

手记之一:编者在查阅《徐氏宗谱·南州堂》时,得知徐赏之子徐陟步,任湖广澧州同知。娶双井黄灝之女,山谷之堂姑,赠长安县太君。故徐赏与黄灝、山谷乃姻亲关系。黄山谷称徐陟步为姑爷。

手记之二:据考证,徐氏家族徐赏为修水徐氏第一个高中进士,他开启了修水徐氏宋朝高中进士的先河,徐氏后裔甲第连绵数百年,从宋至清高中进士 18 名,举人近 40 人,还有因徐禧而受荫的官职人数众多。这些徐氏后裔在为官从政、文学艺术、培养后代等诸多方面成绩斐然,颇受当时掌朝者、共事者和治下子民称赞。故在修水八贤排列中,徐禧居首位。

手记之三:编者查阅宋梁克家撰的《淳熙三山志》,书中记载:淳化三年这一榜为糊名考校,分五等,上三等赐及第,余赐出身。又知,宋朝高承撰的《事物纪原》记载:淳化三年三月四日,帝御崇政殿试进士,诏糊名考校,定其优劣为五等,第一至第二等赐及第,第三、第四赐出身,第五赐同出身。五等之分,自此为始也。天圣五年,始曰甲。

12. 莫升

【进士小传】

小传之一:字启明,武乡漫江人。见同治《义宁州志》卷十九选举志。

小传之二:字继升,漫江人,淳化三年壬辰榜进士。见《修水县姓氏志》第 293 页。

【进士文史】

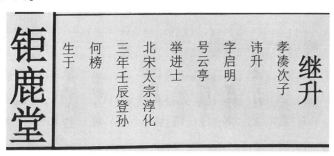

钜鹿堂

继升

孝凑次子

讳升

字启明

号云亭

举进士

北宋太宗淳化

三年壬辰登孙

何榜

生于

图为 2015 年重修的《莫氏宗谱》上记载莫升进士的文献。

【世人评赞】

暂缺。

【编者手记】

编者查阅乾隆年间《南昌府志》卷三十七选举和雍正《江西通志》时,没有看到莫升中进士的史料记载,也没有找到其担任某官职的信息。

13. 莫旭

【进士小传】

小传之一:字旦明,武乡漫江人。见同治《义宁州志》卷十九选举志。

小传之二:字继旭,漫江人,宋淳化三年进士。见《修水县姓氏志》第293 页。

【进士文史】

钜鹿堂

号濂斋

举进士

北宋太宗淳化

三年壬辰登孙

何榜

生于

殁于

二十日辰时

七年甲戌正月

北宋太祖开宝

二年乙亥七月

北宋仁宗景佑

二十八日丑时

享寿六十有二

葬庙背塘甲山

庚向

图为 2015 年重修的《莫氏宗谱》上记载莫旭进士的文献。

【世人评赞】

暂缺。

【编者手记】

编者查阅乾隆年间《南昌府志》卷三十七和雍正《江西通志》时,没有看到莫旭中进士的史料记载,也没有找到其担任某官职的信息。

至道元年乙未(995年)恩榜进士

14. 莫杲

【进士小传】

小传之一:字期明,武乡漫江人。见同治《义宁州志》卷十九选举志。

小传之二:字继杲,漫江人,宋至道乙未进士。见《修水县姓氏志》第293页。

【进士文史】

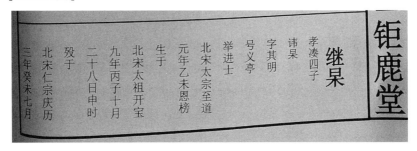

图为2015年重修的《莫氏宗谱》上记载莫杲进士的文献。

【世人评赞】

暂缺。

【编者手记】

编者查阅乾隆年间《南昌府志》卷三十七和雍正《江西通志》时,没有看到莫杲中进士的史料记载,也没有找到其担任某官职的信息。恩榜进士,即科举时代于正科以外另行考试的中式名单。宋苏轼《论特奏名》云:"臣等伏见恩榜得官之人,布在州县。"

景德二年乙巳(1005年)李迪榜进士

15. 莫澈

【进士小传】

小传之一:景德二年乙巳李迪榜,字南阳,武乡漫江人。见同治《义宁州志》卷十九选举志。

小传之二:漫江人,宋景德进士。见《修水县姓氏志》第293页。

【进士文史】

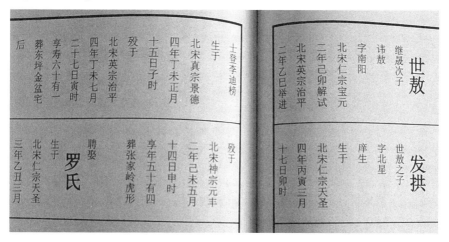

图为 2015 年重修的《莫氏宗谱》上记载莫激进士的文献。

【世人评赞】

暂缺。

【编者手记】

编者查阅乾隆年间《南昌府志》卷三十七和《雍正江西通志》时,没有看到莫激中进士的史料记载,也没有找到其担任某官职的信息。

大中祥符元年戊申(1008 年)姚煜榜进士

16. 王士甫

【进士小传】

小传之一:高乡官桥人,授奉政大夫,光禄少卿。见同治《义宁州志》卷十九选举志。

小传之二:字如初,今黄龙乡人,北宋大中祥符进士,官光禄少卿。见《修水县姓氏志》第 53 页。

小传之三:大中祥符元年姚煜榜,官桥人。见《迁宁始祖王琮一脉志》第 317 页。

【进士文史】

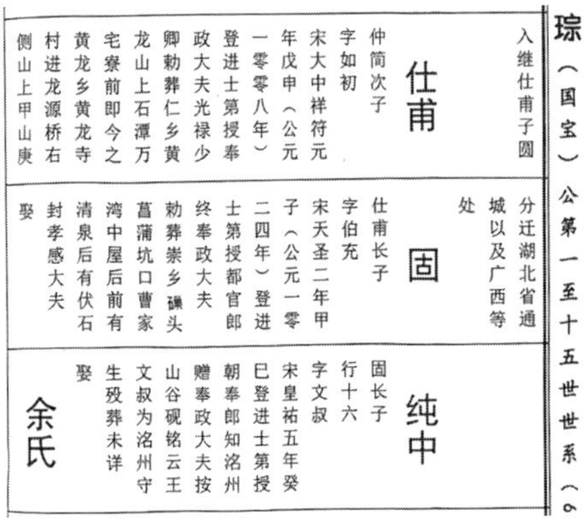

图一（《王氏宗谱》）：

琮（国宝）
公第一至十五世世系（6

入维仕甫子圆
分迁湖北省通城以及广西等处

仕甫
仲简次子
字如初
宋天中祥符元年戊申（公元一〇〇八年）登进士第授奉政大夫光禄少卿勒葬仁乡村龙山上石潭下宅眷前即今之黄龙乡黄龙寺村进龙源桥右侧山上甲山庚

固
仕甫长子
字伯充
宋天中祥符二年甲子（公元一〇一二年）二甲进士第授都官郎终奉葬大夫菖蒲坑口曹家湾中屋后前有清泉后有伏石封孝感大夫
娶

纯中
固长子
行十六
字文叔
宋皇祐五年癸巳登进士第授朝奉郎知洺州赠奉郎大夫按山谷砚铭云王文叔为洺州守生殁葬未详
娶
余氏

图二（《南昌府志》卷四十二 选举 二）：

一百六十三名贡生一百名江西特用四十名
明崇祯十三年庚辰赐进士榜等特用出身直省特用举人
授翰林冷奇孙宁州子科陈
正宁
王大成丙戌宁州特奏庆王子登宁州人余应龙名夷陵主簿宁州人余天汪宁州子科
人宁州王珍王子登宁州人王子登宁州人余珍宁州
批奉新 浙江 王祖 宁州人祝林宗 宁州人王祖主簿宁州人王仕甫
未人绍兴辛未特奏名黄宋昌特奏名化州推官黄城癸未特奏名嘉定
西昭行省右丞连武宁人娄莱妻武宁人娄莱妻武宁人娄深宁州人

图一　　　　　　　　　　图二

文史之一：图一为《王氏宗谱》上记载王仕甫中进士、任职、敕葬等的个人史料。

文史之二：图二为《南昌府志》卷四十二中记载"王仕甫，宁州人"的史料。

【世人评赞】

编者周武现云：

四世翰苑蝉联，盛名修江两岸；

个个政绩堪夸，人人名震朝野。

【编者手记】

手记之一：同治《义宁州志》卷十九中为王"士"甫，《南昌府志》《王氏宗谱》均为王"仕"甫。其父仲简→本人仕甫→子王固→孙王纯均为进士，为子孙四代进士家族。

手记之二：明李濂《汴京遗迹志》载：大中祥符元年，进士二百七人，诸科三百二十人。宋李攸《宋朝事实》载：赐袍笏，自大中祥符中姚晔榜始。编者查雍正《江西通志》时，没有看到王仕甫中进士的史料记载。

17. 莫碕

【进士小传】

小传之一：字韫之，武乡漫江人。见同治《义宁州志》卷十九选举志。

小传之二：字世奇，漫江人，宋大中祥符进士。见《修水县姓氏志》第293页。

【进士文史】

莫碕画像

图为《莫氏宗谱》上记载莫碕的史料。

【世人评赞】

编者周武现《题分宁莫氏三代进士》云："擢第祥符岁，青云有子承。台阁双旌贵，儒门数代兴。"

【编者手记】

手记之一：莫碕进士，其子莫援进士，敕赠工部尚书，其孙莫将工部尚书、礼部尚书、端明殿学士，子孙三代两进士三尚书，名藻江右，震动京师。

手记之二：编者查阅乾隆年间《南昌府志》卷三十七选举和雍正《江西通志》时，没有看到莫碕中进士的史料记载，也没有找到其担任某官职的信息。

大中祥符八年乙卯(1015 年)蔡齐榜进士

18. 黄茂宗

【进士小传】

黄茂宗画像　　　　　　黄茂宗中举人的旗杆石和中进士的进士墩

小传之一:字昌裔,双井人,崇信军节度判官,有传。见同治《义宁州志》卷十九选举志。

小传之二:字昌裔。双井人,二甲三十五名,有传。见《天一阁藏明代方志选刊续编》。

小传之三:字昌裔,洪州分宁县人。大中祥符八年登进士第二甲第三十五名,初授崇信军节度判官,寻卒。见《总录》第 1 册第 316 页。

小传之四:与弟滋、湜、淳、涣、灏、浃、注、渭、浚,十人并驰文声,时人号曰"十龙"。见嘉靖《宁州志》卷一七。

小传之五:黄沔(991—1055),字茂宗,黄中理长子。出仕之前为芝台书院和樱桃书院老师。宋大中祥符八年(1015 年)乙卯科二甲第一名进士,崇信军节度使判官。见双井进士园内《黄氏四十八进士》简介。

小传之六:字茂中,别号昌裔,宋大中祥符乙卯科二甲第一名进士,授崇信军节度使判官。见民国三十二年癸未双井堂刊《黄氏宗谱》。

小传之七:黄茂宗,即黄沔,字昌裔。洪州分宁人。登二甲第三十五名,初授崇信军节度判官。寻卒。子黄育,孙黄公器、黄公虞、黄公介。见温州黄建东整理的《历代黄氏进士录》。

【进士文史】

文史之一：怀赋上殿，才高八斗

黄茂宗，字昌裔，盖以字行也，双井人，登进士，父中理，尝筑书馆于芝台樱桃洞，四方来学者，常数百人，故诸子多以文学知名。茂宗，才高笃行，为两馆师，大中祥符间国学试进士，以木铎赋，主司拔王文第一，而黜，茂宗归次，蔚氏遇翰林学士胥偃，见茂赋，大惊，拉与俱还，以赋示主司曰，使举子能写此，何以处之，皆曰：王交不得为第一矣，胥以实告，皆相顾叹惜。因怀赋上殿，有诏特收试礼部，参知政事赵安仁、翰林学士刘筠，擢茂宗在十人中，授崇信军节度判官，卒于余杭，归葬云岩潭上，弟滋、湜、淳、涣、灏、浃、注、渭、浚并驰名，时号十龙。按王文书志以为王交，今考林志改正。见同治《义宁州志》卷二十三《人物志文苑》。

文史之二：《山谷集》中称："公，高才笃行，为诸士之师。以《木铎赋》抱屈，翰林学士胥偃见赋大惊，以示考试官，相顾叹绝。考试时实不见，因怀赋上殿，有诏特收试，及试礼部参知政事赵安仁、翰林学士刘筠，擢公在十人中登科，授崇信军节度使判官。"

文史之三：清乾隆二十五年《滑县志》录《孚济王庙》一文，民国重修的《滑县志》卷二十艺文金石内收录《重修孚济王庙记》，且文末尚有题署，曰"崇宁五年"。崇宁乃宋徽宗年号，崇宁五年即 1106 年。

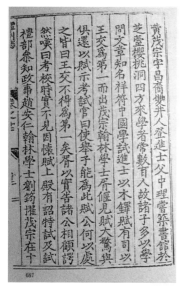

图一　　　　图二

图三

修水历代进士史略

文史之四：图一、图二分别为明嘉靖《宁州志》和《义宁州志》卷十八文苑中和光绪七年《江西通志》卷二百三十四列传中记载黄茂宗的史料。

文史之五：图三为雍正年间《江西通志》卷四十九中记载黄茂宗的史料。

文史之六：图为光绪二十四年《黄氏宗谱·双井堂》中记载"昌裔公传"的史料。

图一　　　　　　　　　　　　　图二

文史之七：图一为民国三十二年癸未双井堂刊《黄氏宗谱》江夏历代簪缨和

始祖歇公以下三十七世祖源流世传上记载黄茂宗的史料。

文史之八:图二为明嘉靖丁亥年《山谷全集·内集》豫章黄先生文集第二十四卷中记载黄庭坚所撰的《叔父和叔墓碣》。

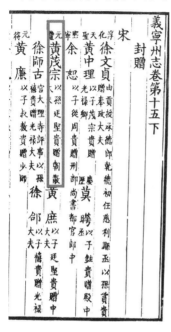

图一

图二

文史之九:图一为道光四年《义宁州志》中记载黄茂宗的文献。

文史之十:图二为《黄氏宗谱》中记载黄茂宗的史料。

【世人评赞】

黄茂宗后裔、一代文豪黄庭坚称:"高才笃行,为诸士之师。"

【编者手记】

大中祥符八年(1015年)黄茂宗中进士,这一年同榜进士还有写下名句"先天下之忧而忧,后天下之乐而乐"的范仲淹和王安石的父亲王益,以及范仲淹的挚友滕子京。范仲淹以"朱说"之名,中乙科第97名,由"寒儒"一举而成为进士,被任命为广德军司理参军,掌管讼狱、案件事宜,官居九品。王益,历任殿中丞,官至江宁通判。滕子京则被任命为泰州军事判官。《圣庙祀典图考》载,这榜进士还有周氏辅成,即周敦颐之父。其所历多善政,终贺州桂岭令,累赠谏议大夫。

天禧五年辛酉(1021年)进士

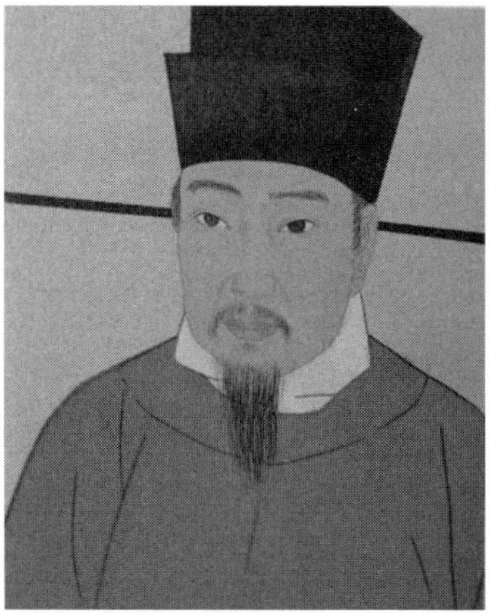

黄滋画像

19. 黄滋

【进士小传】

小传之一:茂宗弟。见同治《义宁州志》卷十九。

小传之二:黄滋(997—1063),字茂哲,号昌卿。黄中理次子。宋天禧三年己未(1019年)进士,承事郎。见双井进士园内《黄氏四十八进士》简介。

【进士文史】

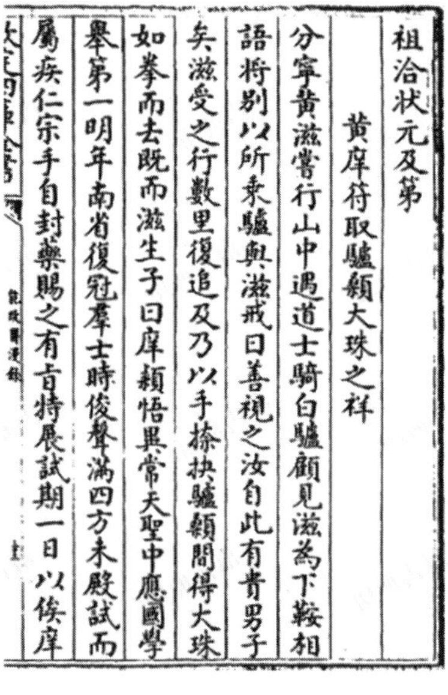

祖洽狀元及第

黄庠符取驢額大珠之祥

分寧黄滋嘗行山中遇道士騎白驢顧見滋爲下鞍相語將別以所乘驢與滋戒曰善視之汝自此有貴男子矣滋受之行數里復追及乃以手捺抉驢額間得大珠如拳而去既而滋生子曰庠穎悟異常天聖中應國學舉第一明年南省復冠羣士時俊聲滿四方未殿試而屬疾仁宗手自封藥賜之有旨特展試期一日以俟庠

图一

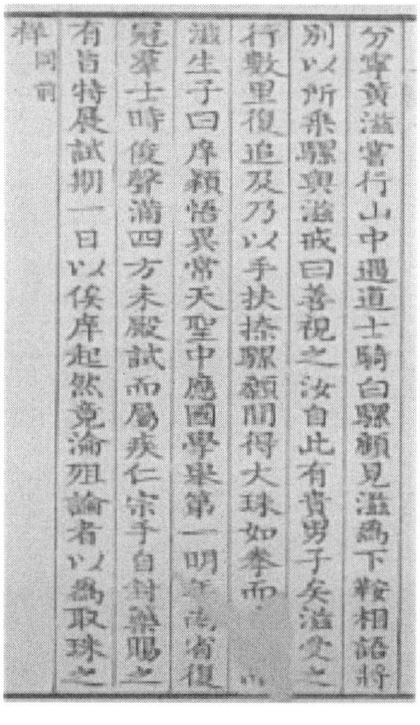

分寧黄滋嘗行山中遇道士騎白驢顧見滋爲下鞍相語將別以所乘驢與滋戒曰善視之汝自此有貴男子矣滋受之行數里復追及乃以手捺抉驢額間得大珠如拳而

滋生子曰庠穎悟異常天聖中應國學舉第一明年南省復冠羣士時俊聲滿四方未殿試而屬疾仁宗手自封藥賜之有旨特展試期一日以俟庠起然竟淪殂論者以爲取珠之祥同前

图二

文史之一:宋吴曾《能改斋漫录》中的《黄庠符取驴额大珠之祥》云:分宁黄滋尝行山中,遇道士骑白驴,顾见滋,为下鞍相语。将别,以所乘驴与滋,戒曰:"善视之。汝自此有贵男子矣。"滋受之,行数里,复追及,乃以手捺抉驴额间,得大珠如拳而去。既而滋生子曰庠,颖悟异常。天圣中,应国学举第一。明年,南省复冠群士。时俊声满四方,未殿试而属疾,仁宗手自封药赐之,有旨特展试期一日,以俟庠起。然竟沦殂。论者以为取珠之祥(见图一)。亦载《西江志》(见图二)。

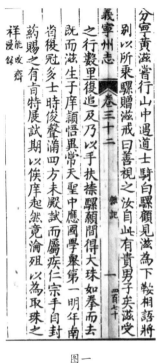 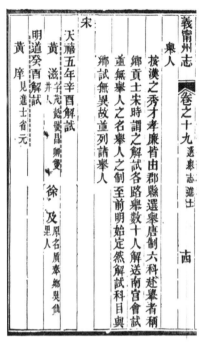

图一　　　　　　　　　　　图二

文史之二：图二为道光四年《义宁州志》中记载黄滋的史料。

文史之三：图三为同治《义宁州志》中记载"宋天禧五年辛酉解试，黄滋字茂懿，号昌卿"的文献。

图一　　　　　　　图二　　　　　　　图三

文史之四：图一、图二均为民国三十二年癸未双井堂刊《黄氏宗谱》江夏历

代簪缨和始祖歇公以下三十七世祖源流世传上记载黄滋的史料。

文史之五：图三为光绪二十四年《黄氏宗谱·双井堂》卷首历代名宦中记载黄滋的文献。

【世人评赞】

编者周武现云："有贵人相,佑于后昆!"

【编者手记】

手记之一：《黄氏四十八进士》简介云:黄滋(997—1063),字茂哲,号昌卿。而同治《义宁州志》上则为黄滋字茂懿,号昌卿。光绪癸巳年《黄氏宗谱》也记载,黄滋字茂懿。

手记之二：编者查阅同治《义宁州志》卷十九选举志举人章节得知,黄滋于天禧五年辛酉解试(举人),黄滋字茂懿,号昌卿,双井人。

手记之三：编者查阅道光四年《义宁州志》卷十四,书中记载:"又天禧辛酉黄滋……山谷全书俱载进士,未详何人榜,列入解试。"

天圣二年甲子科(1024 年)宋郊榜进士

20. 王固

【进士小传】

小传之一：王固,字伯充。见嘉靖《宁州志》卷三。

小传之二：王固,分宁人。一云南昌人。见同治《南昌府志》卷二九。

小传之三：字伯充,义宁州人,天圣二年甲子科宋庠榜进士。见道光四年《义宁州志》卷一四。

小传之四：王固,字伯充。见《天一阁藏明代方志选刊续编》。

王固画像

小传之五：王固,字伯充,洪州分宁县人,天圣二年登进士甲科,历知吉、信诸州。仕至尚书都官郎中。见郑獬《郧溪集》卷二一《尚书都官郎中王公墓志铭》。

小传之六：字伯充,今黄龙乡人,北宋天圣年间进士,宋孝宗御封奉政大夫。见《修水县姓氏志》第 53 页。

【进士文史】

图一

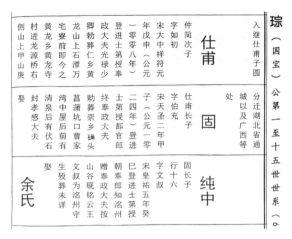

图二

文史之一：图一为雍正《江西通志》卷四十九中记载王固的史料。

文史之二：图二为《王氏宗谱》中记载王固中进士、任职、敕葬等的史料。

【世人评赞】

编者周武现《题王固》云："天圣题名耀甲科，一门三代入銮坡。父执银鱼迁光禄，子持玉节守州阃。"

【编者手记】

手记之一：编者查阅宋代郑獬《郧溪集》卷二一《尚书都官郎中王公墓志铭》时得知，广公之初登进士第，再调潭州司理参军……七迁尚书郎中……以嘉祐七年六月八日终于家，享寿七十五。公讳固，字伯充，其先……五代兵乱，徙于豫章之分宁。

手记之二：从《北宋江西籍进士考录》一书中得知，这一榜进士，江西共有22人，修水王固、余良肱为同乡同榜进士。

手记之三：这一榜状元为宋郊，据编者考证，宋郊、宋祁两兄弟曾游学修水，与王固、余良肱两人为同榜进士，不知两人中进士之前是否有交集，有待今后进一步考证。

21. 余良肱

【进士小传】

小传之一：字康臣，长茅人，先名贯，光禄卿，有传。见同治《义宁州志》卷十九。

小传之二：原名贯，长茅人，有传《天一阁藏明代方志选刊续编·嘉靖宁州志》。

小传之三：洪州人，字康臣。历知虔、明、润、宣诸州，治为江东最。见《宋史·卷三百三十三》。

小传之四：江南西路洪州分宁县人，字康臣。仁宗天圣四年进士。改知虔州，徙知明州，留提举汴河司，改太常少卿、知润州，迁光禄卿、知宣州，治为江东最。奉祠卒，年八十一。

【进士文史】

文史之一：字康臣，分宁人，天圣二年进士，历大理寺丞，出知虔州（即赣州），有惠政。先是，仕岭表者，卒于官，其妻若女不能自存，咸流落为人婢，良肱遇丧车过虔，必力为赈助，护之出境，孤女无所归着，捐俸嫁之。改知南康，累迁光禄卿。《宋史》有传。见《江西通志·余良肱传》。

图一　　　　　　　图二　　　　　　　图三

文史之二：图一、图二为清《荆州府志》卷二十五中记载余良肱的史料。

文史之三：图三为清程元愈辑《二楼小志》北楼卷中记载余良肱的史料。

文史之四：余良肱，字康臣，洪州分宁人。中进士，调荆南司理参军。改知明州。后改太常少卿、知润州，迁光禄卿、知宣州，治为江东最。见《宋史列传·第九十二》。

文史之五：任杭州通判，筑石堤二十里以障江潮，民无潮患。

图一　　　　　　　　　　　图二

文史之六：图一为雍正十年《江西通志》卷六十六人物中记载余良肱的史料。

文史之七：图二为《天一阁藏明代方志选刊续编·宁州志》中记载余良肱的史料。

图一　　　　　　　图二　　　　　图三

文史之八：图一为同治《义宁州志》卷二十二中记载余良肱的史料。

文史之九：图二为明《万姓统谱》中记载余良肱和其子卞、爽之仕宦的史料。

文史之十：图三为道光四年《义宁州志》中记载与余良肱曾祖余庠有关的史料。

  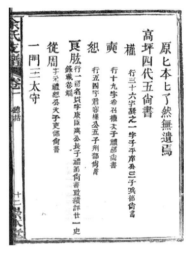

图一　　　　　　　　图二　　　　　　　　图三

文史之十一：图一为《义宁州志》卷五乡贤祠内记载"余良肱，天圣十一年进士，赠工部尚书"的文献。

文史之十二：图二为《江西通志》中记载余良肱的史料。

文史之十三：图三为同治八年《余氏宗谱》总括记载"高坪四代五尚书"的文献。

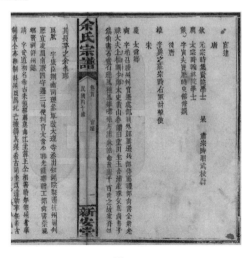 

图一　　　　　　　　　　　　　　　图二

文史之十四：图一、图二为民国丙子年修的《余氏宗谱》卷首宦达和忠节名贤中记载余良肱的珍贵文献。

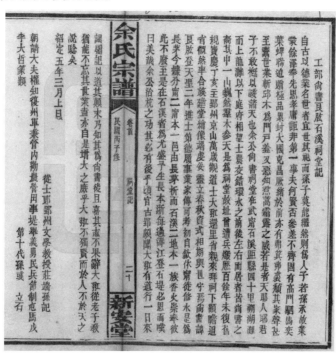

文史之十五：图为民国丙子年修的《余氏宗谱》卷首祠堂记中记载《工部尚书良肱石溪祠堂记》的珍贵文献。

文史之十六：右图为清光绪五年曾燠《江西诗徵》卷六中记载的余良肱诗作《和蒋颖叔泾溪》，其云：

画舸夷犹紫翠间，暮云如扫月如环。

三山六刺须臾过，恰似严陵七里滩。

【世人评赞】

评赞之一：中国楹联协会会员卢曙光题宋余良肱云：

为官抱忧国忧民，治汴水、修钱塘，俸银代嫁，勉力护孤，郁郁长茅恩再造；

绕膝欣元宗元族，科第优、芝兰茂，尚气苟龙，赋才洪范，蕈蕈余府景常新。

评赞之二:修水县山谷诗社副社长谢亚东题余良肱楹联云:

辨案识奸,恤民如子,守真抱直见刚正;

治河开径,问政匡时,为吏谁同几艰难。

评赞之三:李铁岩读"进士文史"之余良肱传云:

杭州筑埂碧湖湾,救弱锄邪判五奸。

三点两歧风雨泪,仕途崎峻道儿艰。

评赞之四:编者周武现云:

良肱公与人为善,赈助为乐。明察秋毫,断案如神。

【编者手记】

手记之一:余良肱有亶、廙、高、寀、卞、爽、衮七子,以卞、爽最知名。卞字洪范,初试校书郎,爽字荀龙,博学多大略,累官知明州,后与卞俱入党籍。

手记之二:余良肱考中进士后,调任荆南司理参军。其有诸多断案、治理地方的事迹,如在湘阴县解决逋米问题,在杭州治理江潮,在虔州帮助孤女等。他七个儿子中卞、爽最为知名。

余良肱在官场上的经历显示了他的多才多艺和职业上的成就。他请求退休后,被提举洪州玉隆观,表明他在政府中享有一定的声望。

手记之三:《二楼小志》北楼卷上记载:余良肱,字唐臣。编者认为"字唐臣"错误,道光四年《义宁州志》、元脱脱著《宋史》记载中均为康臣。

天圣五年丁卯(1027 年)王尧臣榜进士

22. 南宫诚

【进士小传】

小传之一:犀津人(即今西摆)。见同治《义宁州志》卷十九选举志。

小传之二:诚,分宁人,天圣登科。见《万姓统谱》。

【进士文史】

文史之一:下图一为宋江少虞编的《宋朝事实类苑》中记载南宫诚的史料。

文史之二:下图二为光绪《道州志》中记载南宫诚天圣间任道州通判的史料。

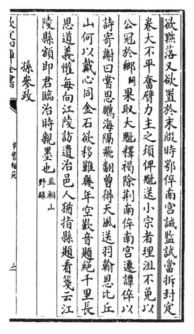 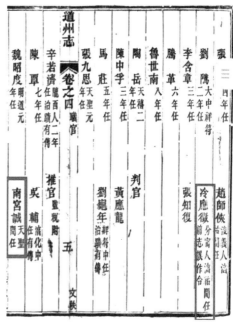

图一　　　　　　　图二

【世人评赞】

编者周武现赞："通判慧眼识珠,冯京之伯乐;宰相回报大德,恩荫让其子。"

(注:通判指南宫诚,宰相指冯京)

【编者手记】

手记之一:冯京(1021—1094),字当世。北宋大臣。宋仁宗皇祐元年(1049年)己丑科状元,为宋朝最后一位连中三元的状元,也是中国十七位连中三元的状元中最富传奇色彩的一位。

手记之二:南宫诚与庐陵彭思永为同榜进士,更为有缘的是,彭思永第二站就从南海调任南宫诚老家分宁,知分宁。可谓缘分不浅,估计他们两人之间有很多不为人知的故事。据《彭氏宗谱》彭氏源流总图世系载,彭思永为修水彭氏第一世祖。

手记之三:编者从《道州志》上发现,南宫诚天圣间(1023—1032)任道州通判,冷应澂淳祐间(1241—1252)任道州通判,其间相距220年。

23. 胡宾于

【进士小传】

义宁州志 卷十四 选举

宋

端拱二年巳丑陈尧叟榜

姜　屿 安乡龙峯人 官谏议大夫
　　　黄 　　　　　　　　　陈
　　　灌 云乡皇祐巳丑 官泰州

莫　铉 字仲圭 蔓江人 历官太常博士 通判建州

淳化三年壬辰孙何榜
徐　赏 字春卿 授承德郎 任礼部主事

大中祥符八年乙卯蔡齐榜
黄茂宗 字昌裔 双井人 崇信军节度判官有传

天圣二年甲子宋郊榜
王　固 字伯　余良肱 字康臣 长茅人 先名贯官终光

天圣五年丁卯王尧臣榜
南宫诚 犀津人
胡宾于 字大仪 武乡廿七都田心人 通志载南昌人误

天圣八年庚午王拱辰榜

一 三百二十

小传之一：字大仪，大理寺丞，武乡二十七都田心人，通志载南昌人错误。分别见道光四年《义宁州志》卷十四、同治《义宁州志》卷十九选举志。

小传之二：字大仪，洪州武宁（一作南昌人），宋仁宗天圣五年（1027 年）丁卯科王尧臣榜进士。见《历代胡氏进士名录》。

【进士文史】

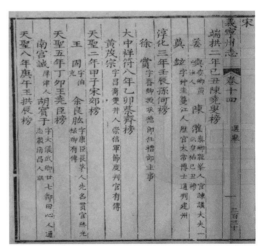

图一　　　　　　　图二

文史之一：图一、图二分别为乾隆年间《南昌县志》和《西江志》记载胡宾于的史料。

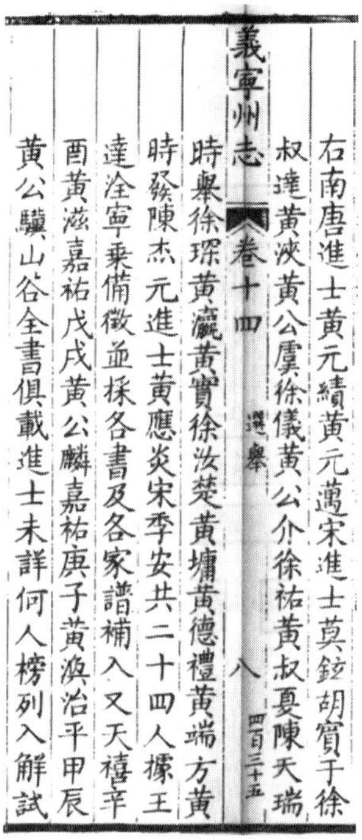

右南唐進士黃元績黃元邁宋進士莫鈜胡賓于徐
叔達黃浹黃公庾徐儀黃公介徐祐黃叔夏陳天瑞
時㷮陳杰元進士黃應炎宋季安共二十四人樣王
時㷮徐琛黃巖黃賢徐汝楚黃墉黃德禮黃端方黃
達全寧乘備微孟採各書及各家譜補入又天禧辛
酉黃滋嘉祐戊黃公麟嘉祐庚子黃渶治平甲辰
黃公驥山谷全書俱載進士未詳何人榜列入解試

義寧州志　卷十四　選舉　八　四百三十五

致虛庵　在武鄉東潭宋大理寺丞胡賓于之子字淵明季子
燮號逸老所建以延四方名士南豐先生聲布衣時過訪兄
弟適館授餐尊退在東潭蒲桃渡有詠白鷺詩云獨立灘頭
雪作身我來全不動穉神漁翁撥棹驚飛起只怕風波險處
人黃山谷有題胡逸老致虛庵及聞致政胡朝請多藏書以
詩借書目等律列藝文

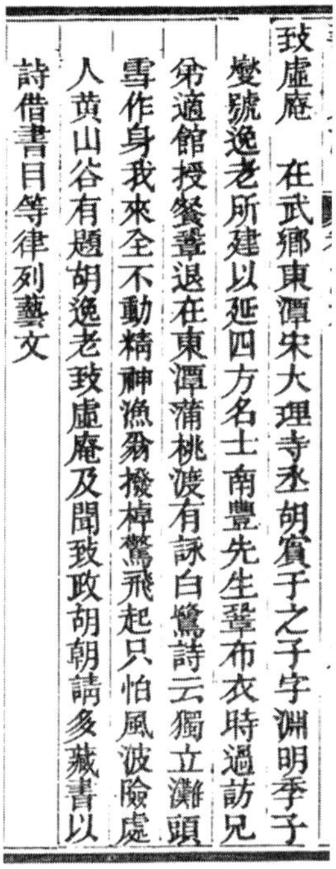

图一　　　　图二

文史之二：图一为道光四年《义宁州志》卷十四中记载胡宾于的史料。

文史之三：图二为同治《义宁州志》中记载胡宾于的史料。

【世人评赞】

中国楹联学会会员、江西省楹联学会名誉理事胡小敏题胡宾于联：

鹿鸣于野，声在高山，立巍巍进士门庭，武乡真有读书种；

鸿陆之仪，才堪远器，承赫赫满公姓字，赤子长怀报国心。

【编者手记】

手记之一：《西江志》载该榜江西进士共 27 名，胡宾于、南宫诚均与分宁知县彭思永为同榜进士。据《彭氏宗谱》彭氏源流总图世系载，彭思永为修水彭氏第一世祖。

手记之二：胡宾于与北宋名臣包拯为宋仁宗天圣五年（1027 年）丁卯科进士。

手记之三：编者委托修水胡氏文化研究人员查阅胡宾于的史料，并未查到

其"修水籍"记载。《江西通志》上记载胡宾于为南昌人。他是修水人还是南昌人？据《铜鼓县志》载,胡宾于为铜鼓大墩人,当时铜鼓县辖原宁州(今修水县)之武乡、崇乡各半。宋代时胡宾于应是南昌府宁州县人。从如今铜鼓县所管辖地来看,应是铜鼓县人。

手记之四:铜鼓县,历史上依次属于艾县、武宁县、分宁县、宁州(义宁州)等州县之地,归洪都府(南昌府)管辖。万历五年设铜鼓营,宣统二年改为铜鼓厅,民国二年(1913年)7月,铜鼓废厅建县,辖原宁州(今修水县)崇乡之一半以及武乡之一半。之后曾属浔阳道、直隶省政府、属第二行政区、属第一行政区等。1949年以后,隶属袁州分区、南昌专区、宜春专区、宜春地区等,2000年开始隶属于宜春市。铜鼓县旧无志,1989年编成《铜鼓县志》,载录属于铜鼓县的进士有8人,其中宋代胡宾于亦载原籍南昌。

天圣八年庚午(1030年)王拱辰榜进士

24. 黄注

【进士小传】

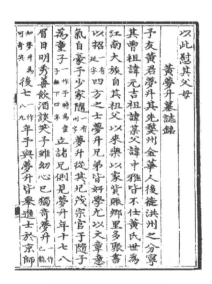

黄注画像　　　　　　　《黄梦升墓志铭》(局部)

小传之一:字梦升,茂宗之弟,郑州南阳主簿,有传。见同治《义宁州志》卷十九选举志。

小传之二:字梦升,茂宗之弟,三甲二十名。见《天一阁藏明代方志选刊续

　　小传之三：黄注（1006—1045），字梦升。黄中雅第三子。宋天圣八年庚午（1030年）进士，任永兴、公安、南阳主簿。著有《南阳集》《公安集》《破碎集》等。见双井进士园内《黄氏四十八进士》简介。

　　小传之四：中雅之子，老谱作中顺三子。字梦升，行七。宋天圣八年庚午（1030年）登王拱辰榜进士，官南阳主簿，著有《破碎集》《公安集》《南阳集》共三十卷。见《南昌府志》。

　　【**进士文史**】

　　文史之一：黄注，字梦升，茂宗弟也。注雅，以文章意气自豪，少从兄茂宗，官于随。年甫十八，眉目明秀，善饮酒谈笑。时欧阳文忠家随见注，奇之。后十七年，同举进士，注得丙科。初任兴国军永兴簿，以疾去。久之，调公安，时修谪夷陵令，相遇于江陵。后二年修徙乾德令，注复调南阳簿，又相遇于邓。问平生所为文章几何，注慨然叹曰："吾已违之矣，穷达有命，非世之人不知我，我自不欲闻于世耳。"注素刚，不苟合，负其所有，怏怏不得志。卒于南阳。所著有《破碎集》《公安集》《南阳集》，凡三十卷。旧志三千卷，误。见同治《义宁州志》卷二十三人物。

　　文史之二：予友黄君梦升，其先婺州金华人，后徙洪州之分宁。其曾祖讳元吉，祖讳某，父讳中雅，皆不仕。黄氏世为江南大族，自其祖父以来，乐以家资赈乡里，多聚书以招延四方之士。梦升兄弟皆好学，尤以文章意气自豪。

　　予少家随州，梦升从其兄茂宗官于随。予为童子，立诸兄侧，见梦升年十七八，眉目明秀，善饮酒谈笑。予虽幼，心已独奇梦升。

　　后七年，予与梦升皆举进士于京师。梦升得丙科，初任兴国军永兴主簿，怏怏不得志，以疾去。久之，复调江陵府公安主簿。时予谪夷陵令，遇之于江陵。梦升颜色憔悴，初不可识，久而握手嘘唏，相饮以酒，夜醉起舞，歌呼大噱。予益悲梦升志虽衰而少时意气尚在也。

　　后二年，予徙乾德令。梦升复调南阳主簿，又遇之于邓间。尝问其平生所为文章几何，梦升慨然叹曰："吾已讳之矣，穷达有命，非世之人不知我，我羞道于世人也。"求之不肯出，遂饮之酒，复大醉起舞歌呼，因笑曰："子知我者。"乃肯出其文，读之博辩雄伟，意气奔放，犹不可御。予又益悲梦升志虽困，而文章未衰也。

是时,谢希深出守邓州,尤喜称道天下士。予因手书梦升文一通,欲以示希深,未及而希深卒,予亦去邓。后之守邓者皆俗吏,不复知梦升。梦升素刚,不苟合,负其所有,常怏怏无所施,卒以不得志,死于南阳。

梦升讳注,以宝元二年四月二十五日卒,享年四十有二。

娶潘氏,生四男二女。将以庆历年某月某日葬于董坊之先茔。其弟渭泣而来告曰:"吾兄患世之莫吾知,孰可为其铭?"予素悲梦升者,因为之铭曰:

吾尝读梦升之文,至于哭其兄子庠之词曰:"子之文章,电激雷震。雨雹忽止,阒然灭泯。"未尝不讽诵叹息而不已。嗟夫,梦升!曾不及庠!不震不惊,郁塞埋葬。孰与其有,不使其施?吾不知所归咎,徒为梦升而悲!见欧阳修所撰《梦升公墓志铭》。

文史之三:《南昌府志》和《江夏流芳》云:公豪气貌四海,下笔成文章。贯穿百家事,辞妙见万物。与欧文忠公友善,会阳夏谢希深来守邓,叹赏其才异甚,纳以礼意。公亦自以得知己晚,方尽书平生所为文归之。不幸希深下世,公怀稿火于柩前,哭不成声。数日,公亦捐馆,享年四十有二。初葬双井,后葬董坊。欧阳文忠公撰有墓志铭。子五。配魏氏,世谱作温氏,墓志作潘氏,与夫合冢。生:昭、齐、敦、庚、㸅;女二:长适通直郎余宣;次适主簿南宫日休。

图一   图二

文史之四:图一为道光四年《义宁州志》卷十八文苑中记载黄注的史料。

文史之五：图二为民国三十二年癸未双井堂刊《黄氏宗谱》中记载欧阳修所撰的《梦升公墓志铭》（节选）。

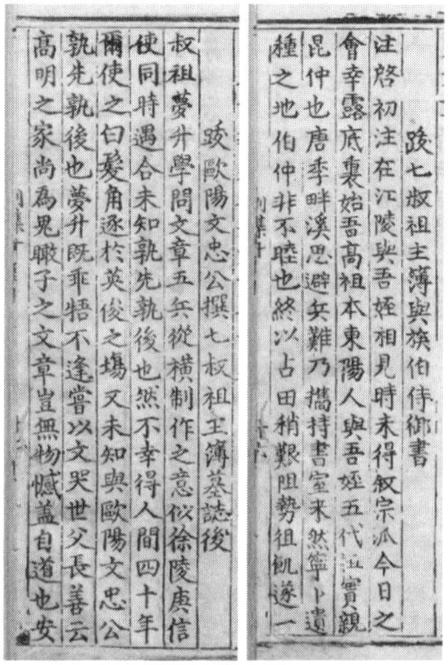

跋歐陽文忠公撰七叔祖主簿墓誌後
叔祖夢升學問文章五兵從横制作之意似徐陵庾信
使同時遇合未知孰先孰後也然不幸得人間四十年
兩使之白髮角逐於英俊之場又未知與歐陽文忠公
孰先孰後也夢升既乖牾不逢嘗以文哭世父長善云
高明之家尚爲鬼瞰子之文章豈無物憾蓋自道也安

跋七叔祖主簿與族伯侍御書
注啓初注在江陵與吾姪相見時未得叙宗派今日之
會幸露底裹始吾高祖本東陽人與吾姪五代祖實親
昆仲也唐季畔渙思避兵難乃攜持書室來然筮卜遺
種之地伯仲非不睦也終以占田稍夥阻勢徂飢遂一

图一

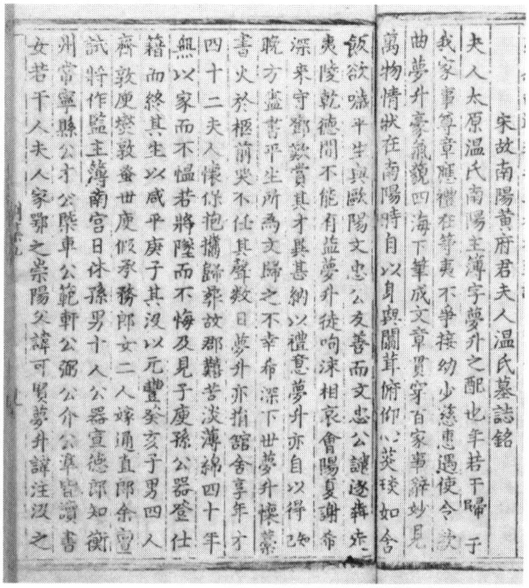

宋故南陽黄府君夫人温氏墓誌銘
夫人太原温氏南陽主簿字夢升之配也年若干歸子
我家事尊章應禮在等夷不爭接幼少慈惠遇使令決
曲夢升豪氣貌四海下筆成文章貫穿百家事辭妙見
萬物情狀在南陽時自以身與闒茸俯仰心英玦如含
飯欲噓平生與歐陽文忠公友善而文忠公謫逐彝陵
夷陵乾德間不能有益夢升徙呴沫相哀會陽夏謝希
深來守鄧欵賞其才異甚納以禮意夢升亦自以得知
既方盡書平生所爲文歸之不幸希深下世夢升懷慕
書火於柩前哭不仕其聲數日夢升亦捐館舍享年才
四十二夫人懷保抱攜歸葬故郡艱苦淡薄綿四十年
無以家而不愠若將隆而不悔及見子庚孫公器登仕
籍而終其生以咸平庚子其没以元豐癸亥子男四人
齊敦庚樊敷蚤世庚假承務郎女二人嫁通直郎余宣
試特作監主簿南宫日休孫男十人公器宣德郎知衡
州常寧縣公才公際東公範軒公溉公介公卒皆讀書
女若干人夫人家鄂之崇陽父諱可賢夢升諱注没之

图二

文史之六：图一、图二为嘉靖丁亥年《山谷全集》中记载黄庭坚所撰的《跋欧阳文忠公撰七叔祖主簿墓志后》《跋七叔祖主簿与族伯侍御书》《宋故南阳黄府君夫人温氏墓志铭》（均节选）。

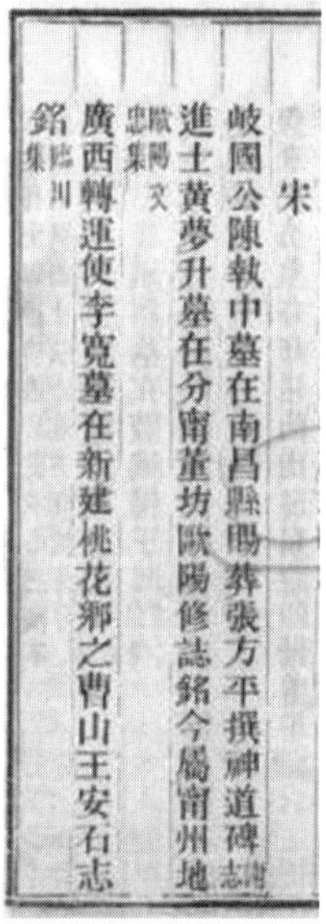

宋
岐國公陳執中墓在南昌縣陽芬張方平撰神道碑誌
進士黄夢升墓在分甯董坊歐陽修誌銘今屬甯州地（歐陽文忠集）
廣西轉運使李寬墓在新建桃花鄉之曹山王安石志銘（臨川集）

图一

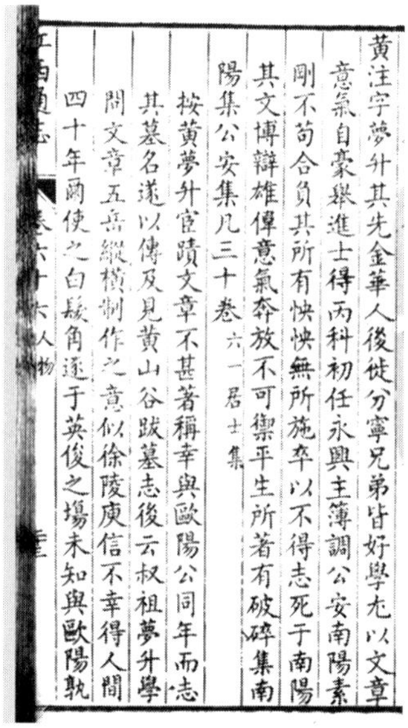

黄注字夢升其先金華人後徙分寧兄弟皆好學尤以文章
意氣自豪舉進士得丙科初任永興主簿調公安南陽素
剛不苟合負其所有怏怏無所施卒以不得志死于南陽
其文博辯雄偉意氣奔放不可禦平生所著有破碎集南
陽集公安集凡三十卷（六一居士集）
按黄夢升宦蹟文章不甚著稱幸與歐陽公同年而志
其墓名遂以傳及見黄山谷跋墓志後云叔祖夢升學
問文章五岳縱横制作之意似徐陵庾信不幸得人間
四十年兩使之白髮角逐于英俊之場未知與歐陽孰

图二

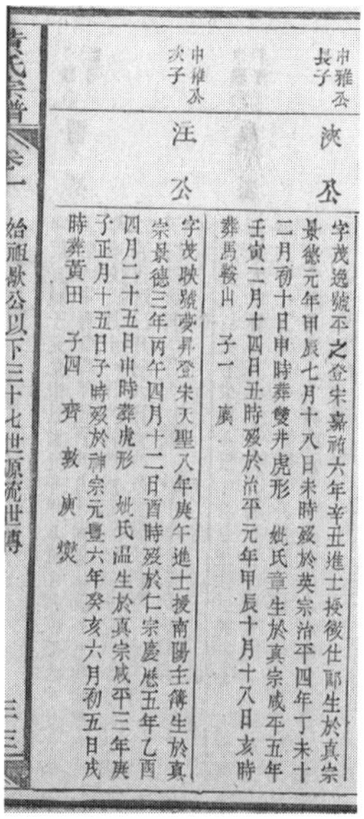

中雅公長子
浹公
字茂逸號平之登宋嘉祐六年辛丑進士授徵仕郎生於真宗景德元年甲辰七月十八日未時歿於英宗治平四年丁未十二月初十日申時葬雙井虎形　妣氏章生於真宗咸平五年壬寅二月十四日丑時歿於治平元年甲辰十月十八日亥時葬馬鞍山　子一　廣

中雅公次子
注公
字茂映號夢升登宋天聖八年庚午進士授南陽主簿生於真宗景德三年丙午四月十二日酉時歿於仁宗慶歷五年乙酉四月二十五日申時葬虎形　妣氏温生於真宗咸平三年庚子正月十五日子時歿於神宗元豐六年癸亥六月初五日戌時葬黄田　子四　齊　敦　庚　樊

黄氏宗譜　卷一　始祖歇公以下三十七世源流世傳　三三

图三

文史之七:图一为雍正十年《江西通志》上记载黄梦升所葬之地的史料。

文史之八:图二为雍正十年《江西通志》卷六十六人物上记载黄注的史料。

文史之九:图三为民国三十二年癸未双井堂刊《黄氏宗谱》始祖歇公以下三十七世祖源流世传上记载黄注的史料。

图一　　　　　　　　　图二

文史之十:图一为光绪六年《江西通志》上记载"《破碎集》《公安集》《南阳集》三十卷,黄注撰,欧阳修撰墓志,字梦升,分宁人"的史料。

文史之十一:图二为道光四年《义宁州志》上记载黄注撰的《与族侄晦甫书》(节选)。

【世人评赞】

评赞之一:黄庭坚所撰《跋欧阳文忠公撰七叔祖主簿墓志后》云:"叔祖梦升,学问文章五兵纵横,制作之意似徐陵庾信,使同时遇合未知孰先孰后也。"

评赞之二:《山谷别集》卷十《跋七叔祖主簿与族伯侍御书》就将"黄晦夫"写成"黄晦甫":"此书乃七叔祖作南阳主簿时,族伯父晦甫侍御叙宗盟书也。叔祖梦升是时年四十,文章妙一世。欧阳永叔爱叹其才,称之不容口。不幸明年遂捐馆舍于南阳耳。晦甫雅意本朝以孤远论国家大计,知无不言,应诏而西,不幸以疾殁于三衢。二先生皆吾宗之豪杰也,其大过人者,不得少见于世。于今两宗人物眇然,堪为流涕。建中靖国元年三月丙子诸孙朝奉郎新知太平州黄某敬跋。"

评赞之三：黄庭坚在《宋故南阳黄府君夫人温氏墓志铭》中称他"豪气藐四海,下笔成文章,贯穿百家事,辞妙见万物"。

评赞之四：欧阳修曾为他撰墓志铭,称黄梦升"好学,尤以文章、意气自豪",性格"素刚不苟合"。

评赞之五：欧阳修称赞黄注文章:"读之博辩雄伟,意气奔放,犹不可御。"

评赞之六：欧阳修所撰《梦升公墓志铭》曰:"吾尝读梦升之文,至于哭其兄子庠之词曰:'子之文章,电激雷震。雨雹忽止,阒然灭泯。'"

评赞之七：北宋文学家宋祁《黄注昆仲赴举》诗云:

君家日下有高名,骥子双驰嗣世灵。

沧海赋毫多洒白,南山书简偏蒸青。

县歌酒醴催鸣鹿,学舍练寒乱散萤。

昆玉林枝期帝问,差肩唱第迩尧蓂。

评赞之八：中国楹联协会会员卢曙光题黄注诗曰:

拥才华自得,与永叔同年,忆他日文章,知心知面相推重;

嗟俊杰天欺,有涪翁悼笔,惜韶龄生死,论命论时独感伤。

评赞之九：编者周武现云:"文章之意气,自豪且不凡!"

【编者手记】

手记之一：天圣八年庚午王拱辰榜进士,试题为"藏珠于渊赋,溥爱无私诗,儒者可与守成论"。修水仅黄注一人高中。

手记之二：黄注与欧阳修是有极深缘分的,当时交通不便,在偌大的中国,两人之间一生之中竟有四次谋面:第一次,黄注18岁时与欧阳修相识,欧阳修称其眉目明秀,善饮酒谈笑,称之奇;第二次,黄注35岁时在京城考场与欧阳修偶遇,同取进士,黄注取丙科,任兴国军永兴主簿,后怏怏不得志,以疾去;第三次在江陵邂逅,黄注颜色憔悴,初不可识,夜醉起舞,歌呼大噱;第四次在南阳相逢,欧阳修问其平生所为文章几何,黄注给以消极悲观的答复,遂饮之酒,复大醉起舞歌呼。黄注年仅42岁殁于南阳主簿任上。

手记之三：编者查阅民国二十七年重修的《黄氏宗谱》卷一双井世系得知,黄注生一子二女,其长女嫁于循州知州长茅余亶。故黄注和余亶是两家联姻的亲家之关系。

手记之四：北宋神宗元丰六年,黄庭坚撰写《南阳主簿黄梦升配温夫人墓志铭》，与世谱作温氏记载相符。在北宋哲宗绍圣元年五月，黄庭坚撰写了《跋欧阳文忠公撰七叔祖主簿墓志后》。

手记之五：中国进士藏书家可谓群星璀璨，黄注进士藏书甚多。编者查阅《中国进士藏书家考略》一书得知，欧阳修为其所作墓志铭称："黄氏世为江南大族，自其祖父以来，素以家资赈乡里，多聚书以招延四方之士。……其平生所为文，曰《破碎集》《公安集》《南阳集》，凡若干卷。"

景祐元年甲戌（1034 年）张唐卿榜进士

25. 黄庠

【进士小传】

小传之一：字长善，礼部第一，有传。见同治《义宁州志》卷十九选举志。

小传之二：黄庠，字长善。北宋分宁（今修水县）人。景祐元年（1034 年）进士。曾累试第一，名震京师。见陈荣华、陈柏泉、何友良主编的《江西历代人物辞典》。

小传之三：黄庠，字长善，洪州分宁人，祖黄中理，父黄滋，弟黄庞，省元，未参加殿试而卒。见《历代黄氏进士录》。

【进士文史】

文史之一：黄庠字长善，洪州分宁人。博学强记，超敏过人。初至京师，就举国子监、开封府、礼部，皆为第一。比引试崇政殿，以疾不时入，天子遣内侍即邸舍抚问，赐以药剂。是时庠，名声动京师，所作程文，传诵天下，闻于外夷，近世布衣罕比也。归江南五年，以病卒。见《宋史》卷四百四十三列传第二百二。

文史之二：黄庠（1014—1039），字长善，号道明。博学强记，超敏过人。宋明道二年癸酉（1033 年）解元。景祐元年甲戌（1034 年）进士，参加国子监、开封府、礼部考试，曾累试第一，名震京师，因病未参加

《一统志》四十九卷中记载黄庠的史料

殿试,与状元失之交臂。见双井进士园内《黄氏四十八进士》简介。

文史之三:黄庠(1014—1039),字长善,号道明。北宋诗人。洪州分宁人,今江西省修水县杭口镇双井村人,双井黄氏六世。北宋大文豪黄庭坚的堂伯父,双井十龙之一的黄滋(1021 年进士及第)的长子,芝台书院的创办者黄中理之孙。就读于芝台书院、樱桃书院,年纪轻轻,就为解元,宋景祐甲戌年(1034年)进士,20 岁就进士及第,是"书香世家,文化望族"的双井黄氏在宋朝最年轻的进士,也是双井黄氏宋朝四十八进士的佼佼者,其胞弟黄廉在 1049 年进士及第,追赠奉议大夫。

由于生病,黄庠回双井养病 5 年。在养病期间,他在芝台书院、樱桃书院主持教学。求学士子,纷至沓来,游学者常近百人。北宋诗僧尚能为此赋诗《送简长师陪黄史君归江右》,诗云:"相送随旌斾,离情亦万端。霜洲枫落尽,水馆月生寒。接话尝茶遍,联诗坐漏残。归期在岩壑,郡邸想留难。"1039 年,黄庠年仅 25 岁,英年早逝。生育三子:公文、公武、公起。

文史之四:分宁黄滋,尝行山中,遇道士骑白驴。顾见滋,为下鞍相语。将别,以所乘驴与滋。戒曰:"善视之,汝自此有贵男子矣。"滋受之,行数里,复追及。乃以手捺抉驴额间,得大珠如拳而去。既而滋生子,曰庠,颖悟异常。天圣中,应国学举第一。明年南省,复冠群士。时俊声满四方,未殿试而属疾,仁宗手自封药赐之。有旨特展试期一日,以俟庠起,然竟沦殂。论者以为取珠之祥。见宋吴曾撰《能改斋漫录》卷一八。

文史之五:景祐二年,省试《天子外屏赋》。是时,国子监元黄庠者,最有文称,同试问以所比证事。庠曰:"可用疏屏内屏。"闻者以皆有屏者,谓庠不诚。及庠程文第一。其辞曰:"清庙之饰用疏,是殊彝制。诸侯之设于内,麾僭常尊。"其人见之,始愧服。时庠以疾不能就御试,既愈,陈述于贡院。大略言:"三月中,偶感寒疾,蒙圣恩特降中使赐汤药并酒,遂得平愈。近多士皆被荣恩,而庠自胄筵登国。庠既于南宫,皆叨首荐。以母老,独未能甄录,乞赐奏别赐一试。"主文章郇公而下,为之进呈。仁宗曰:"是亦三元也。"询问欲何如?郇公曰:乞出自圣恩处分。仁宗许将来直就御试。徐曰:"令夺状元也。"见宋龚鼎臣《东原录》。

图一　　　　图二　　　　　　　　图三

文史之六：图一、图二分别为道光《义宁州志》和明《宁州志》中记载黄庠的史料。图三为民国七年重修的《黄氏宗谱》卷一双井世系中记载黄庠的史料。

图一　　　　图二　　　　　　　　图三

文史之七：图一为雍正十年《江西通志》卷六十六中记载黄庠的史料。

文史之八：图二为光绪己亥《黄氏家谱》中记载黄庠的史料。

文史之九：图三为宋司马光撰《涑水记闻》中记载黄庠的史料。

文史之十：北宋刘斧辑撰的《青琐高议后集》卷十八云：两元二家，黄庠、范镇作二元。黄庠州解元，南省省元；范内翰镇国学解元，南省首元。范公文学有重望，黄公省试后，卧病月余，唱和后不愈。二公才学优粹，凡为时所重，百余年始得二人,不亦小乎！

文史之十一：宋陆游撰的《老学庵笔记》云：庆历中,河北道士贾众妙善相,以为曾鲁公脊骨如龙,王荆公目睛如龙。盖人能得龙之一体者,皆贵穷人爵。见豫章黄庠手曰："左手得龙爪,虽当魁天下而不仕；若右手得之,则贵矣。"庠果为南省第一,不及廷对而死。

黄庠自撰诗云：

平明右右敞天扉,万笏中楹拱帝晖。

交旧尽知怀凤诏,伶俐何苦卧牛衣。

骨凡未遂淮禽化,祸转将随塞马归。

即日禁廷如给札,拜恩袍笏定牙绯。

【世人评赞】

评赞之一：黄庭坚称赞："雷霆一世,豫章豪杰。"又黄庭坚《跋欧阳文忠公撰七叔祖主簿墓志后》载其《哭长善》残文一篇,云："高明之家,尚为鬼瞰；子之文章,岂无物憾。"

评赞之二：黄氏家史曰："公以英妙之姿,魁奇之学,未究所用,惜哉。"

评赞之三：编者周武现云："宋史有记,人中龙凤；天妒英才,雄略未展！"

【编者手记】

手记之一：黄庠为双井黄氏在宋朝最年轻的进士,年仅19岁就为解元、会元,20岁进士及第,举国子监。遗憾的是黄庠参加殿试时,因疾不得入,错过了殿试鼎甲状元的大好机会,更为可惜的是英年早逝,葬送了一位惊世奇才。这一科状元最终幸运地落在了山东考生张唐卿的头上。黄庠与北宋著名词人、婉约派代表人物柳永为同科进士。

手记之二：右图为明李濂撰的《汴京遗迹志》中记载"省元黄庠"的史料。

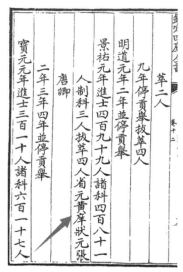

手记之三：民国二十七年重修的《黄氏宗谱》卷一双井世系记载,黄庠乃黄滋长子,为父子进士。

手记之四：黄渭同黄庠是叔侄关系。黄庭坚称黄渭为叔祖,称黄庠为堂伯父。黄渭同黄庠是叔侄同科金榜题名。

手记之五：编者阅读曾巩撰的《兜率院记》时，发现文中讲到了黄庠，云："……分宁县郭内外名为宫者百八十余所，兜率院在治之西十里，其徒尤相率悉力以俢之者也。其构兴端原，有邑人黄庠所为记，其后院主僧某又治其故而大之……"

26. 黄渭

【进士小传】

黄渭画像

小传之一：字子元，茂宗弟。见同治《义宁州志》卷十九选举志。

小传之二：字子元，茂宗之弟。见《天一阁藏明代方志选刊续编·嘉靖宁州志》。

小传之三：中雅次子，字子元，一字斗元，行八。宋景祐元年甲戌（1034年）登张唐卿榜进士，官朝奉郎太子中允。见《江西通志》。

小传之四：黄渭（1009—1071），字茂直（家谱与《义宁州志》皆作茂先），号子元。黄中雅第四子。曾经游学于欧阳修门下。宋景祐元年（1034年）进士，授朝奉大夫，太子中允。黄渭的文学造诣与江北段少连齐名，当时有"江南黄茂先，江北段少连"之誉。见双井进士园内《黄氏四十八进士》简介。

【进士文史】

文史之一：右图为民国三十二年癸未双井堂刊《黄氏宗谱》中记载黄渭的史料。

文史之二：黄渭，配李氏，世谱作南宫氏。其子有五：薬、方、兊、开、膏。

【世人评赞】

江南黄茂先,江北段少连。(注:其出处不详)

【编者手记】

手记之一:黄渭为黄沔之族弟,黄渭中进士时间是 1034 年,黄沔中进士时间为 1015 年,两人中进士时间相距 19 年。黄渭与黄庠为景祐元年甲戌(1034年)张唐卿榜叔侄同榜进士,乾隆年间《南昌府志》卷三十七选举中记载这一榜南昌府仅考取六名进士,奉新三人,修水两人,南昌一人。

手记之二:编者在《崇阳县志》名宦中发现有段少连的记载:字希逸,开封人,美姿表,倜傥有识度,仁宗时由秘书郎出任崇阳,通敏才决大小事,不为权贵所屈。

手记之三:编者在考证黄渭进士史料时,竟发现其与欧阳修有交集。欧阳修撰有《与黄渭小简》,云:"修启多事,不及周谨,鄙文或可刊石,望只依首尾,不须添他语,亦不必平空,及不用官衔,

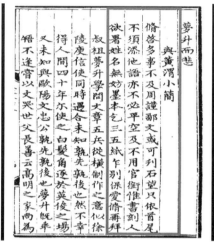

惟书,刻人,欲署姓名无妨,墨本乞三五纸。乍别,保爱。修再拜。"见《欧阳文忠公集》。

宝元元年戊寅(1038 年)吕溱榜进士

27. 黄淳

【进士小传】

小传之一:字符之,先名茂伦,双井人,仕终太常卿。省元有传。见《天一阁藏明代方志选刊续编·嘉靖宁州志》。

小传之二:黄淳(1003—1068),字茂伦,号元之。中理四子,字实之,一字符之。宋宝元元年(1038 年)登吕溱榜进士(见《江西通志》),授尚书职方郎,知剑州,官至太常寺正卿。见《山谷集·观叔祖少卿弈棋诗》。子

黄淳画像

二：褒、康。原配徐氏。继配王氏，并封金华县君。

小传之三：黄淳（1003—1068），字茂称，号元之。黄中理第四子。宋宝元元年戊寅（1038 年）进士，授尚书职方郎，知剑州，官至太常寺正卿。见双井进士园内《黄氏四十八进士》简介。

【进士文史】

图一

图二

文史之一：图一为雍正《江西通志》上记载黄淳中进士的史料。

文史之二：图二为黄淳中举人的旗杆石和中进士墩。

图一

图二

文史之三：图一为民国三十二年癸未双井堂刊《黄氏宗谱》中记载黄淳的史料。

文史之四：图二为光绪二十四年《黄氏宗谱·双井堂》卷首历代名宦中记载黄淳的史料。

文史之五：著《通干论》五卷。见《宋史·艺文志》。

【世人评赞】

编者周武现《颂黄淳》云："双井才名显，尚书意气昂。剑州施善政，太常守纲常。《通干论》传世，千载颂流芳。"

【编者手记】

手记之一：乾隆年间《南昌府志》卷三十七选举中记载宋宝元元年戊寅（1038年）这一榜南昌府仅考取三名进士，丰城两人，修水一人。黄淳乃人中龙凤。

手记之二：南宋宁宗嘉定十七年十一月佚名撰写的《宋太宜人黄氏墓志》记载，黄氏为黄淳之女，赵善彬妻。

庆历二年壬午（1042年）杨寘榜进士

28.徐民先

【进士小传】

小传之一：字崇之，鄂州掌书记事。见同治《义宁州志》卷十九。

小传之二：字崇之，生于宋祥符己酉年正月十四日未时，宋庆历壬午杨寘榜进士，敕授承德郎，任鄂州掌书记事，娶胡氏，生于宋祥符戊申年二月二十六日卯时，诰赠孺人，生子三：定、礼、常。公殁葬于武乡漫江，夫妇合茔。见《徐氏宗谱·南州堂》。

【进士文史】

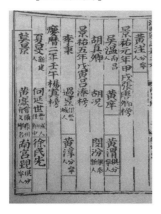

图一　　　　　　　　图二　　　　　　　　图三

文史之一:图一、图二为雍正《江西通志》上记载徐民先中进士的史料。

文史之二:图三为《徐氏宗谱》上记载徐民先中进士的史料。

【世人评赞】

编者周武现评云:"官虽为掌书记事,心却以民为先。"

【编者手记】

编者查阅资料得知,徐民先与王安石为同榜进士。分宁同王安石为同榜进士的还有莫景、南宫觐、黄庭坚的父亲黄庶。这一榜进士四百三十五人,制科一人。南昌府仅六人中进士,修水占了四个,可谓风骚独领,江右驰名。

29. 莫景

【进士小传】

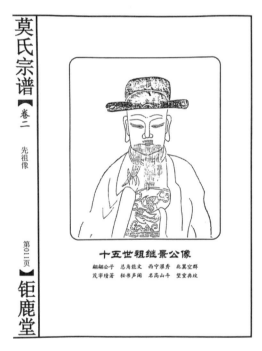

2015 年《莫氏宗谱》上的莫景像和像赞

小传之一:字子蒙,官秘书省校理,知衡州常宁县。见同治《义宁州志》卷十九选举志。

小传之二:漫江人。见《天一阁藏明代方志选刊续编·嘉靖宁州志》。

【进士文史】

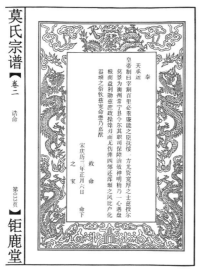

图一　　　　　　　　　　图二

文史之一：图一为宋庆历三年皇帝诰命记载"莫景为衡州常宁县令"的珍贵文献。

文史之二：图二为道光四年《义宁州志》卷十七宦迹中记载莫景的史料。

图一　　　　　　　　　　图二

文史之三：图一为雍正《江西通志》上记载莫景、徐民先、黄庶和南宫觐四人同科高中进士的影印史料。

文史之四：图二为内阁文库珍藏的明嘉靖丁亥年《伐檀集》36 卷中黄庶的《寄子蒙授常宁令》诗。

文史之五：图为 2015 年重修的《莫氏宗谱》上记载莫景进士的文献。

【**世人评赞**】

评赞之一：亚夫《莘下会里人子蒙饮》诗云：

平生金石心，颠倒独莫弃。

何时不搔首，共话医国计。

又《寄子蒙授常宁令》诗云：

号隐疑名福，贪归似姓陶。

常宁邑虽小，应合得牛刀。

评赞之二：中国楹联协会会员卢曙光题莫景联：

志同金石，性率萧疏，吏隐难舒医国计；

挚友亚夫，惠书兵部，言规更是感人心。

评赞之三：编者周武现曰："爽朗直率乃性情，砥节淡泊真君子。"

【**编者手记**】

手记之一：庆历二年壬午这一年，修水徐民先、莫景、黄庶和南宫觐四人为同乡一同高中进士，并与王安石为同榜进士。

手记之二：莫景与黄庶同乡同年，莫景曾经为宁乡尉，自号吏隐。《伐檀集》中有《莘下会里人子蒙饮》《寄子蒙授常宁令》二诗。莫景调官京师于铨吏不得意，黄庶入铨，遇到同乡莫景，知此遭遇，写下了《莘下会里人子蒙饮》，以勉励莫景，其实也是自勉。黄庶在得知莫景要辞官归隐时，他予以阻止，与此同时还为他另谋出路。黄庶向杨兵部举荐莫景，为莫景请托。于是黄庶写下了《寄子蒙授常宁令》，希望他不要归隐，继续在官场为国家效力。同时，《莫氏宗谱》里记载，他们两人之间友善，由此可见，两人一直有交往，颇知对方的情况，并互相关心、帮助，相互砥砺。

30. 黄庶

【进士小传】

小传之一：黄庶（1019—1058），字亚夫，号青社。黄庭坚之父。宋庆历二年壬午（1042 年）进士，官康州知府，卒赠大中大夫。读书之时，向往古代忠臣义士，奇功大节，渴望踏上仕途，效于君、补于国、资于民。25 岁以诗赋登进士，历佐一府三州，皆为从事，无法施展自己的才华与抱负，常有生不逢时之憾。嘉祐八年，黄庶任职于南雄州，访民疾苦，修复凌、连二陂，造福于民。届满离任之时，千余人留之，马不能进。著《伐檀集》2 卷传世。见双井进士园内《黄氏四十八进士》。

黄庶画像

小传之二：黄庶，字亚夫，天禧二年（1018 年）生，庆历二年（1042 年）进士及第。此时为长安转运使（明镐）幕府佐官。能诗善文，与欧阳修、苏舜钦等交往。并喜书法，关注篆隶古文。曾作《拟欧阳舍人古篆》《赋古碑》等诗。所著《伐檀集》二卷至今存世。见《黄庭坚年谱》。

小传之三：1055 年，黄庶知康州，为康州太守。康州地偏民困，暴乱不断。当时侬智高叛乱刚平定不久，哀鸿遍野，疮痍满目，百废待兴。黄庶不畏艰难，夙夜为公，以救民于水火为己任，鞠躬尽瘁，积劳成疾，壮年卒于任所。

【进士文史】

文史之一：黄庶，字亚夫，双井人。年二十五，以诗赋登进士第，历佐一府三州，皆为从事。常自言曰："其少而学也，观诗书以来，至于忠贤义士，奇功大节，常恨身不出于其时，不得与古人上下其事。每自奋，以为苟朝得位，夕必行之，使后之人望乎已，若今之慕乎古也。"因仕弗如其志，遂刻意为诗文，其题怪石诗云:"山魈水怪著薜荔,天禄辟邪眠莓苔。钩廉坐对心语口,曾见汉唐池馆来。"其所为诗,语法类皆如此。尝摄康州,治绩有声。卒,赠大中大夫。有《伐檀集》二卷行于世。见《宁州志》263页。

　　文史之二:黄庶,字亚夫,茂宗从子。年二十五岁,以诗赋登嘉祐进士。历州郡从事,曾摄康州,治有声。少读书至古来忠臣义士,奇功大节,未尝不津津乎,向慕之。以仕不得志,遂刻意为诗文,有诗云:渔家无乡县,满船载稚乳。鞭笞公私急,醉眠听秋雨。又题怪石诗云:山魈水怪著薜荔,天禄辟邪眠莓苔。大都奇语云。卒,赠大中大夫。有《伐檀集》二卷行世,子大临、庭坚、叔达,各有传。见同治《义宁州志》卷二十三人物志。

　　文史之三:北宋仁宗元祐七年陈师道撰的《李夫人墓铭》载:夫人连昌人,李姓,溧水尉、赠特进之子,大理丞、知康州黄庶之妻,集贤校理、佐著作郎庭坚之母也。五男:大临、叔献、叔达、仲熊,校理其次也。

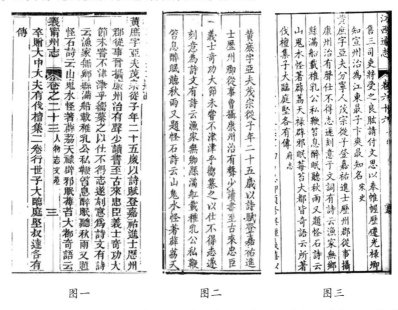

图一　　　　　　　图二　　　　　　　图三

　　文史之四:图一、图二分别为同治《义宁州志》和明《宁州志》上记载黄庶的传记文献。

　　文史之五:图三为雍正十年《江西通志》卷六十六上记载黄庶的史料,该书还记载黄庶中庆历二年壬午(1042年)杨寘榜进士的史料。

图一　**图二**　**图三**

文史之六：图一为宋陈振孙撰的《直斋书录解题》上记载的《伐檀集》二卷。

文史之七：图二为光绪癸巳年《黄氏宗谱》中记载黄庶的珍贵史料。

文史之八：图三为宋佚名《氏族大全》中有关黄庶的史料。

图一　**图二**

文史之九：图一为道光十五年《横林黄氏宗谱》卷二诰敕中记载"宋哲宗赠大中大夫黄庶诰"的文献。

文史之十:图二为明佚名《高上大洞文昌司禄紫阳宝箓》卷下第十三中记载黄庶的史料。

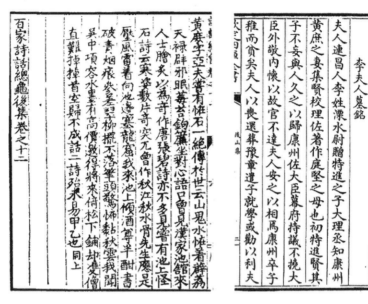

图一　　　　　　　　　　图二

文史之十一:图一为北宋阮阅《百家诗话总龟后集》卷十二中记载黄庶的珍贵文献。

文史之十二:图二为宋陈师道撰的《后山集·李夫人墓铭》(节选)。

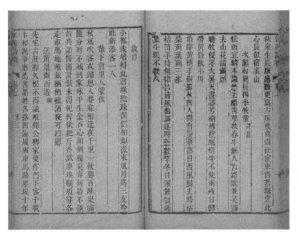

文史之十三:图为清光绪五年曾燠编辑的《江西诗徵》卷七中记载黄庶的进士小传和诗作28首文献。

文史之十四:编者查阅《九江府志》时,发现卷四十九艺文中记载黄庶所撰的《大孤山》诗。

文史之十五：黄庶诗作

家童来持双井芽数饮之辄成诗以示同舍

我疑醇浓千古味，寂寞散在山茶枝。

双井名人天下耳，建溪春色无光辉。

吾乡茶友若敌国，粪土尺璧珍刀圭。

嗟予奔走车马迹，尘埃荆棘生喉颐。

煮云为腴不可见，青泉绿树应相嗤。

长须前日千里至，百芽包裹林岩姿。

开缄春风若满手，喜气收拾人恐知。

江南阳和夜欲试，小斋独与清风期。

石鼎泉甘火齐得，混沌不死元气肥。

诗书坐对为客主，一啜已见沆瀣离。

通宵安稳睡物外，家梦欲遣不肯归。

不信试来与君饮，洗出正性还肝脾。

探春

雪里犹能醉落梅，好营杯具待春来。

东风便试新刀尺，万叶千花一手裁。

和陪丞相听蜀僧琴

百年生计一张琴，散轸枯弦抵万金。

世上几人曾入耳，樽前此日是知音。

清风明月虚无境，白雪阳春寂寞心。

莫讶南薰沉听久，致君基业用功深。

饮张承制园亭

小园岂是春来晚，四月花飞入酒杯。

都为主人尤好事，风光留住不教回。

和柳子玉官舍十首之怪石

山阿有人著薜荔，廷下缚虎眠莓苔。

手磨心语知许事，曾见汉唐池馆来。

望春偶书

信马寻春上古原,天工一幅绣平川。

花应笑我将诗句,便当游人费万钱。

图一   图二

图一为《八贤祠志》中记载的黄庶《辇下会里人子蒙饮》《寄子蒙授常宁令》
诗。图二为南宋吕祖谦编的《皇朝文鉴》中记载的黄庶《怪石》《白云庵》诗

送李室长庆州宁觐

我生南方长诗书,爱国区区肺如炙。

欲于塞外勒姓名,往往夜梦贺兰石。

看春榜偶成

每看春榜独嗟咨,蹭蹬尘埃已十期。

韩老有知应笑我,归时无计只痴儿。

教绳权学书偶成

文字有缘曾弄墨,见来官小免咨嗟。

喜将笔砚传生计,不失诗书作世家。

字识姓名能指点,写因梨枣不倾斜。

著鞭莫落时人后,三十尘埃监汝爷。

和柳子玉官舍十首之心适堂

一屏一榻无俗尘,左置枯琴右开易。

重门不闭谁往还,明月清风是相识。

过建成侯庙

鸣鸱古木末,饥鸟啄腐柯。

下有黄侯宫,清风在藤萝。

公昔为刺史,俗若闺门和。

德铭颖人心,千载不可磨。

至今奉如生,慢侮莫敢过。

破祠望道路,丹檐独峨峨。

春秋赛豚肩,里巫日婆娑。

牛童不知此,来往夕阳歌。

游石池潭

吾家溪潭动百尺,坐见游鱼可倒指。

月明无风水不动,钩丝鉴中出朱鲤。

乘闲具酒席草岸,呼网一举常百尾。

鲙霜炙玉眠鸱夷,树挂落日醉不起。

几年手板负青山,趁鱼舷声不入耳。

凉秋九月役吏事,瘦马奔走黄叶里。

有酒不得好景饮,访古或问刍牧子。

指我石池十里近,苍苔畏崖碧无底。

楚王北游叹寂寞,创奇造幽有遗址。

我来徘徊知是否,废兴尽可付流水。

仿佛故溪在吾目,濯手漱齿有余思。

开樽喜与风景遇,芦花入杯劝人醉。

渔翁有意助酒卮,青竹尽日垂空饵。

我疑溪灵靳异景,不遣红鳞满人意。

人生天地未归客,计较贵贱羞犬彘。

当须醉倒载月归,不信乡梦留下止。

文史之十六:黄庶《代祭章郇公文》曰:维年月日谨遣,某官以少牢之奠祭于故司空郇国文宪公,惟公茂德懿实映国之史,焜耀前人后来,所仰某忝守旧许公坟,实在乔木宿草,令名如新,乃今得请省墓于洛,左右版舆,出此便道,涉履之勤,意不能专牲酒勿腆,敢以吏告尚飨。见《章氏会谱》德庆初编。

文史之十七:黄庶《伐檀集自序》

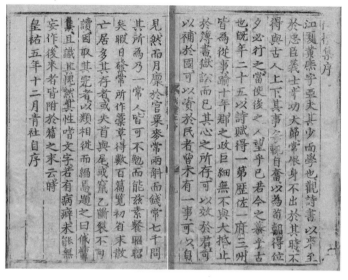

明嘉靖丁亥年《山谷全集》第36卷中记载的黄庶《伐檀集序》的珍贵文献(节选)

《钦定四库全书》中的《伐檀集序》(节选)　　　　同治《义宁州志》中的《伐檀集自序》(节选)

文史之十八:黄庶著有《伐檀集》2卷传世。《宋史·艺文志》著录《黄庶集》六卷,已佚。今仅存《伐檀集》二卷,乃皇祐五年(1053年)黄庶在青州任幕僚时自编。撰文《复唯识廨院记》。

文史之十九：黄庶于北宋仁宗庆历八年撰写了《徐君处士妻周氏墓志铭》。

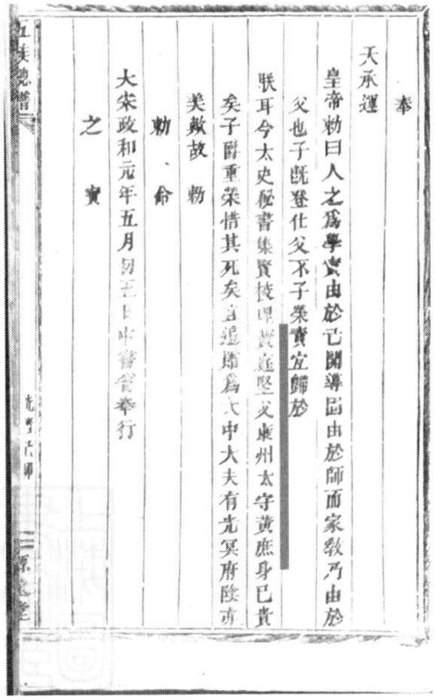

奉
天承運
皇帝勅曰人之爲學實由於己闕導啟由於師而家教乃由於
父也子既登仕父不子榮實宜歸於
朕耳今太史秘書集賢校理黃庭堅父康州太守黃庶身已貴
矣子爵重榮惜其死矣可追贈爲大中大夫有光冥府陸亦
美哉故勅
勅命
大宋政和元年五月初三日中書省奉行
之寶

图一

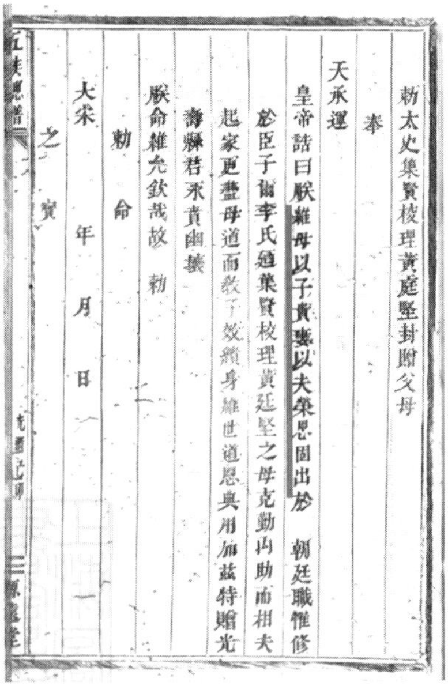

勅太史集賢校理黃庭堅封贈父母
奉
天承運
皇帝詔曰朕維母以子貴妻以夫榮恩固出於 朝廷職惟修
於臣子爾李氏迺集賢校理黃廷堅之母克勤內助而相夫
起家更豊母道而教子奴顯身雖世道恩典用加茲特贈光
壽縣君永貴由襃
朕命維允欽哉故勅
勅命
大宋 年 月 日
之寶

图二

文史之二十：图一、图二为光绪己卯年《黄氏宗谱》上记载的《勅太史集贤校理黄庭坚封赠父母》。

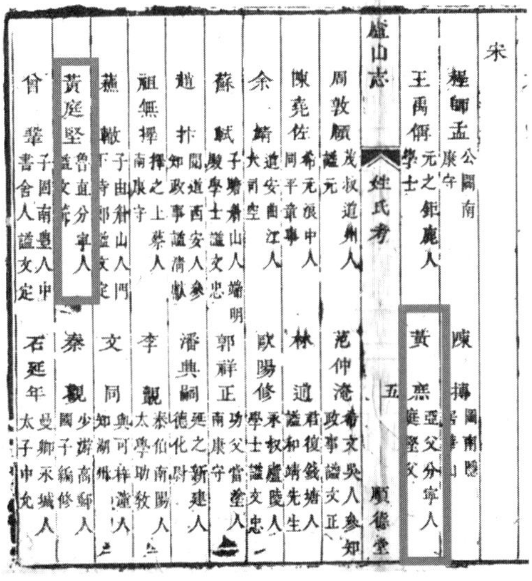

宋
耀卿孟 公闢南康守
陳 捧 圖南隱
王禹偁 元之鉅鹿人學士
黃庶 亞父分寧人庭堅父
廬山志 姓氏考 五 順德堂
周敦頤 茂叔道州人謚元
范仲淹 希文吳人參知政事謚文正
陳堯佐 希元閬中人同平章事
林逋 君復錢塘人謚和靖先生
余靖 安道曲江人大司空
歐陽修 永叔廬陵人學士謚文忠
蘇軾 子瞻眉山人端明殿學士謚文忠
郭祥正 功父當塗人南康守
趙抃 閱道西安人參知政事謚清獻
潘興嗣 延之新建人德化尉
祖無擇 擇之上蔡人南康守
李覯 泰伯南城人太學助教
蘇轍 子由眉山人門下侍郎謚文定
文同 與可梓潼人知湖州
黃庭堅 魯直分寧人謚文節
秦觀 少游高郵人國子編修
曾鞏 子固南豐人中書舍人謚文定
石延年 曼卿宋城人太子中允

图一

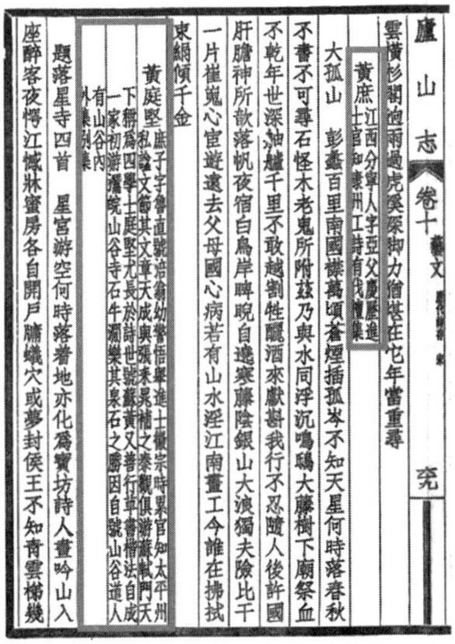

廬山志 卷十 藝文 究
雲橫衫謁泊雨過虎溪深御力僧塔在乜年當重尋
黃庶 江西分寧人字亞父慶歷進士官知康州工詩有伐檀集
大孤山　彭蠡百里南國襟萬頃蒼煙插孤岑不知天星何時落春秋
不書不可尋石怪木老鬼所附茲乃與水同浮沉鳴鵰大藤樹下廟祭血
不乾年世深汕艫千里不敢越割牲釃酒來獻斟我行不忍瞻人後許國
肝膽神所歆落帆夜宿白鳥岸睥睨自逸寒藤陰銀山大浪獨夫險比干
一片崔嵬心宦遊遠去父母國心病若有山水淫江南畫工今誰在拂拭
東絹傾千金
黃庭堅 庶子字魯直號涪翁幼警悟舉進士徽宗時累官知太平州天下辭私謚文節其文章天成與張耒晁補之秦觀俱游蘇軾門天下稱爲四學士庭堅尤長於詩世號蘇黃又善行草書楷法自成一家初游灊皖山谷寺石牛洞樂其泉石之勝因自號山谷道人有山谷內外集別集
題落星寺四首　星宮游空何時落着地亦化爲寶坊詩人晝吟山入
座醉客夜愕江撼牀蜜房各自開戶牖蟻穴或夢封侯王不知青雲梯幾

图二

文史之二十一：图一为康熙五十九年《庐山志》姓氏考中记载的黄庶、黄庭坚父子之大名。图二为民国二十二年《庐山志》卷十艺文中记载的黄庶、黄庭坚的诗词。

文史之二十二:名言

名言一:德铭颍人心,千载不可磨。

名言二:我心之所存,效于国,资于民。

名言三:我行不忍随人后,许国肝胆神所歆。

名言四:不以一郡喜为喜,喜忧天下公之公。

【世人评赞】

评赞之一:四库馆臣评其散文:"古质简劲,颇具韩愈规格,不屑为骈偶纤浓之词"。

评赞之二:黄庭坚曾书刻其父黄庶《大孤山》《宿赵屯》二诗,跋云:"先大夫平生刻意于诗,语法类皆如此。然世无知音。小子不肖,晚而学诗,惧微言之或绝,故刻诸星子湾,以俟来哲。"

评赞之三:编者周武现云:"其诗文炼字烹句,自辟蹊径,乃造就庭坚立江西诗派始祖之源流;其孝行言传身教,尔有德馨,为引领庭坚二十四孝之血脉。"

【编者手记】

手记之一:《黄庭坚年谱》记载,仁宗嘉祐三年十月二十六日,黄庶在康州任所逝世,年仅四十一岁。黄庶一生忠厚笃敬,胸存高义大志。但十年仕途不顺,报国无门。三十八岁得知康州时,正值南方侬智高叛乱初平,民贫地瘠,满目疮痍。他不辞地偏人远,而以兴废济民为己任,殚精竭虑,日夜工作。加之孤身一人生活无人照顾,终至积劳成疾,以身殉职。

手记之二:编者在查阅《全宋诗》时发现,《全宋诗》第八册收录黄庶诗 169 首,《全宋诗》第五十一册收录其文 78 篇,其中同治《义宁州志》上记载八首。其诗内容丰富,自成风格。编者编著的《修水历代进士诗徵》一书中有详细的史料记载。

手记之三:编者认为黄庶是双井黄氏一族中了不起的人物,其子大临、庭坚、叔达在《义宁州志》上各有传记。黄庶在诗歌方面,有章法陡折、炼字烹句、以故为新、运古于律的艺术手法和沉郁深厚、清新自然、飘逸豁达的艺术风格。黄庶的诗歌是黄庭坚及其江西诗派渊源所在。特别是对黄庭坚影响深远,故黄庭坚其书其诗其孝,独领风骚,引领江右,至今学习者、崇拜者如云。

手记之四:黄庶,其官一府三州,即长安府、许昌、青州、康州。为人刚正,为官清廉,忧公如家,品行端正,饱读诗书。

手记之五:黄庶的诗,以《探春》《怪石》最著名。明周季风在《宁对》中说"题石惊人句",其意指黄庶题怪石诗之妙。又《韵语阳秋》卷三中宋葛立方云:"黄庶字亚夫,尝有《怪石》一绝传于世……人士脍炙,以为奇作。唐张碧诗亦不多见,尝有池上怪石诗云……二诗殆未易甲乙也。"

手记之六:黄庶是西汉丞相黄霸的后裔,他在 25 岁时金榜题名,与著名的政治家、思想家王安石是同榜进士。他是双井村的第七位进士,也是分宁黄氏自金华迁至修水的第九位进士。黄庶的生平虽然不如他的儿子黄庭坚那样广为人知,但他在宋代的官场和文化史上也占有一席之地。他的家族背景、科举成就以及作为黄庭坚父亲的身份,都使他成为值得记忆的历史人物。

手记之七:黄庶之妻李氏,为江西建昌望族李东之女,一生尽心于夫,倾力于子。李东之子李布、李常、李莘等,均为一时名士,他们对黄庭坚的一生都有很大影响。

手记之八:编者发现黄庶与北宋时期文学家宋祁(黄庶随宋祁幕许州),文学家、政治家晏殊(黄庶随晏殊幕长安),政治家、书法家文彦博(黄庶改幕许州,受知于文彦博)等为上下级关系,工作上都有交集。从这种交集来看,黄庶的诗文入选《全宋诗》,其诗作应受上述文学家、政治家影响颇深。

手记之九:编者查阅明李贤奉敕修的《天下一统志》卷八十名宦时,寻找到其记载云:黄庶,嘉定间,知南雄州,询民疾苦,增修凌、连二陂,邦人利之。及去,民不忍释。

手记之十:黄庶属于金华黄氏之后,其传承世系为:黄玘→黄赡→元吉→中理→黄湜→黄庶→大临、庭坚、叔献、叔达、苍舒、仲熊。

31. 南宫觊

【进士小传】

小传之一:字希元,犀津人,有传。见同治《义宁州志》卷十九选举志。

小传之二:犀津人,循州知州。见《天一阁藏明代方志选刊续编·嘉靖宁州志》。

小传之三:觊,分宁人,庆历登科。见《万姓统谱》。

【进士文史】

文史之一:南宫觐,字希元,犀津人。家贫,嗜读书,天性肫挚。同邑黄朝散常云,希元孝而好学,必不终穷。应乡举时,里人屡献梦,长老以为吉祥。觐犹眷眷老亲,不忍遽行。朝散子亚夫别希元诗曰:君名在乡书,捧檄不肯去。高堂愧白发,有疾落鞭辔。里人献吉梦,四壁众所义。我喜先子言,在耳若龟筮。皆纪实也。庆历二年成进士。并注《伐檀集》。见同治《义宁州志》卷二十三人物志。

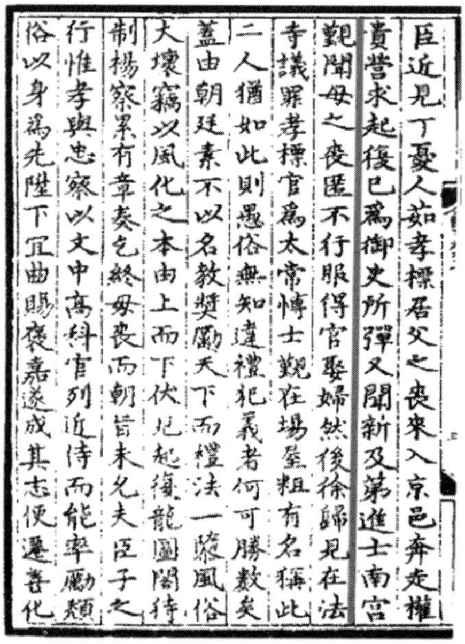

图一　　　　　　　　　　　　　　　图二

文史之二:图一为北宋欧阳修《欧阳文忠公集》卷九七中记载的《论杨察请终丧制乞不夺情札子》。

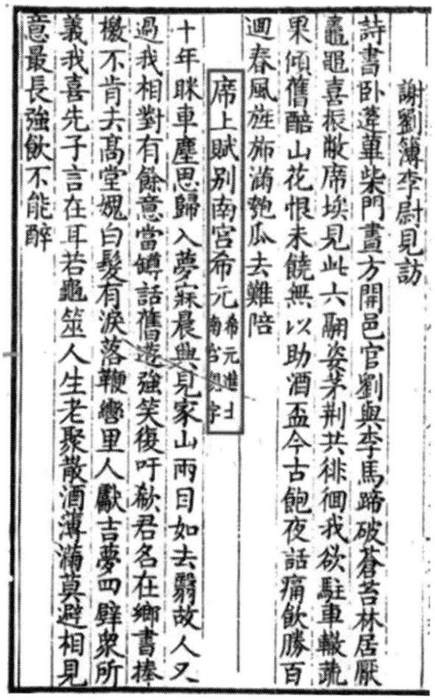

文史之三:图二为道光四年《义宁州志》上记载黄庶别希元的诗。

【世人评赞】

编者周武现评曰:"应乡举,捧檄不肯去而情真,可赞;中进士,得官娶新妇而失孝,可斥!"

【编者手记】

庆历二年(1042年),江西共考取进士59名,其中修水考取4名,徐民先、莫景、黄庶和南宫觐四人同乡同榜高中进士,并与王安石为同榜进士。

庆历六年丙戌（1046 年）贾黯榜进士

32. 黄昭

【进士小传】

小传之一：字晦甫，庶之兄，御史。见同治《义宁州志》卷十九选举志。

小传之二：字晦甫，庶之兄，四甲三十九名，授监察御史。见双井进士园内《黄氏四十八进士》。

小传之三：黄昭（1025—1092），字晦夫。宋庆历六年丙戌（1046 年）进士，官监察御史。见《天一阁藏明代方志选刊续编·嘉靖宁州志》。

小传之四：字晦甫。元祐中召拜侍御史，在家著孝友之誉，立朝有忠鲠之节。子友闻、友益、友颜。见明代万历年间凌迪知所撰的《万姓统谱》。

【进士文史】

文史之一：宋刘挚《忠肃集》卷十三《侍御史黄君墓志铭》曰："君讳照，字晦甫，黄氏世家长沙益阳县，其后徙江陵，今为郡人，君登庆历六年进士第，除归州司理参军，移岳州句容县令，至之日，遭岁大饥，亟谕富人出米，继发官廪，以哺流饿，盖活人以万计。邑西有田数千百顷，皆腴田也，而夏燥秋潦，民弃不耕。君筑堤置门，以时启闭之，遂常为丰岁。小吏敏秀可教者，授以经业，多至成士。民之输赋予府者，有洞庭之阻，回险淹费，君请受之于县，于是上疑下诽，而君亦自信不疑。其后逐以着令，改著作佐郎，知道州江华县事，靖民成物，益用恺悌，以秘书丞道判桂州，迁太常博士。嘉祐六年，诏遣使人分行天下，以宽民力。而君当使广南，受命明日即行，奏蠲伪刘以来丁米，民始不以多男为患，父子始不以避重就轻相去。朝廷第使者之状，君为诸路最。英宗即位，拜尚书员外郎。治平三年，召以为侍御史，行次衢州。五月二十六日，以疾终，享年五十四。君性端敏，治身立事，皎皎不妄，以才遭时，其小者，略已有试而已能如此；其大者，朝廷方将闻之世，方持其有轩然可观者，而君既亡矣，岂非所谓命欤？疾革犹扶力占疏，以极论当世事。呜呼，斯可以见其志焉尔，仕二十年不为私计，赒族人之孤婺，不能娶嫁者十余人，好文嗜诗，类数百篇，曰《漫为集》。"

文史之二：《山谷全书》正集卷三十二言："余之窜岭南，道出衡阳，见主簿君益阳黄成之，问宗派，乃同四世祖兄也，于是出嫂氏子妇，相见喟然。念高祖父之兄弟未远也，而殊乡异井，六十岁然后相识，亦可悲也。益阳兄弟之叔父晦夫侍御在家著孝友之誉,立朝有忠鲠之名,不幸五十有四被召而殁于道上,将启手足自力作疏,极论濮园事。所谓殁犹不忘谏君以德,其枝叶必将丰茂,有赫赫于世者,故作诗遗之。"

文史之三:《山谷别集》卷十《跋七叔祖主簿与族伯侍御书》云:"叔祖梦升是时年四十,文章妙一世。欧阳永叔爱叹其才,称之不容口。不幸明年遂捐馆舍于南阳耳。晦甫雅意本朝以孤远论国家大计,知无不言,应诏而西,不幸以疾殁于三衢。二先生皆吾宗之豪杰也,其大过人者,不得少见于世。于今两宗人物眇然,堪为流涕。建中靖国元年三月丙子诸孙朝奉郎新知太平州黄某敬跋。"

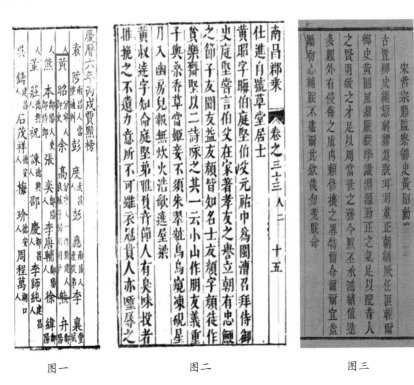

图一　　　　　　　　图二　　　　　　　　图三

文史之四:图一为雍正十年《江西通志》上记载黄昭中进士的史料。

文史之五:图二为康熙二年《南昌郡乘》卷三十三中记载黄昭的史料。

文史之六:图三为道光十年《横林黄氏宗谱》卷三中记载"宋哲宗赐监察御史黄昭敕"的珍贵史料。

图一　　　　　图二　　　　　图三

文史之七:图一、图二为民国三十二年癸未双井堂刊《黄氏宗谱》上记载黄昭的史料。

文史之八:图三为宋夏竦《文庄集》中记载黄昭的史料。

文史之九:黄昭,字晦甫,山谷伯父也。元祐中,为闽漕,召拜御史。山谷曰:"伯父在家著孝友之誉,立朝有忠鲠之节。"六男一女。子友端、友闻、友颜、友益、友谅、友直,皆举进士。

其《剑池》诗云:

一剑已飞去,千年池尚存。

浮图入云表,古寺倚山根。

虎踞石形险,龙潜水气昏。

阖间成底事,遗恨满乾坤。

文史之十:著有诗集《漫为集》。

【世人评赞】

评赞之一:黄庭坚云:"在家著孝友之誉,立朝有忠鲠之名。"

评赞之二:编者周武现曰:"君性端敏,治身立事。"

【编者手记】

手记之一:宋神宗熙宁七年十二月刘挚所撰的《侍御史黄君墓志》记载,黄昭于"五月二十六日,以疾终,享年五十四"。而《双井世家》第138页记载,黄昭"殁于熙宁丁巳(1077 年)九月十一日酉时",竟差了将近四个月时间。但据黄耀南撰的《北宋诗人黄昭身世考》所言:黄昭,又名黄照,字晦甫(亦写晦夫),北宋诗人,湖北江陵人,祖籍湖南益阳,庆历六年进士,生于大中祥符六年(1013年),治平三年(1066年)官至侍御史,赴任途中,五月二十六日以疾,殁于浙江衢州,寿五十四。为黄庭坚的族伯父。豪杰之士,在家著孝友之誉,立朝有忠鲠之节。有诗集《漫为集》。生子:友端、友闻、友颜、友益、友谅、友直。从上述资料来看,其殁时间应是五月二十六日。

　　手记之二:康熙二年《南昌郡乘》卷十九记载"黄招,庆历六年丙戌(1046年)贾黯榜进士",编者认为黄招应为黄昭。这一年,江西考取进士仅六人,修水余高、黄昭两位高中。

33. 余高

【进士小传】

　　小传之一:字子昂,良肱从弟,授归州司户。见《天一阁藏明代方志选刊续编·嘉靖宁州志》。

　　小传之二:字子昂,一作子良,江南西路洪州南昌县人。其余氏家谱作分宁人,一作新建人,余良肱三子,授归州司户。见万历《南昌府志》。

【进士文史】

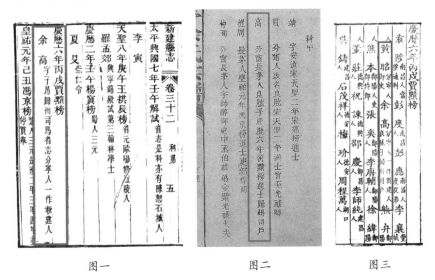

图一　　　　　　　　图二　　　　　　　　图三

　　文史之一:图一为同治十年重修的《新建县志》中记载余高的史料。

　　文史之二:图二为民国八年《长茅余氏宗谱》科甲中记载余高的史料。

文史之三：图三为雍正《江西通志》中记载余高的史料。

【世人评赞】

编者周武现撰联赞："进士家声远,司户政绩彰。"

【编者手记】

手记之一：《天一阁藏明代方志选刊续编·嘉靖宁州志》称余高为良肱从弟。而雍正《江西通志》、万历《南昌府志》、民国八年《长茅余氏宗谱》、2008年编辑的《中华余氏总谱》中均记载余高为余良肱之子,称余高为良肱从弟乃谬误。

手记之二：庆历六年丙戌(1046年)贾黯榜,江西共考取进士63名,其中修水考取两名。

皇祐元年己丑(1049年)冯京榜进士

34. 余从周

【进士小传】

小传之一：良肱之孙,授上骑都尉,知常州事、吏部侍郎。见《天一阁藏明代方志选刊续编·嘉靖宁州志》。

小传之二：江南西路洪州分宁县(今江西修水县)人,余良肱孙。宋仁宗皇祐元年己丑(1049年)冯京榜进士及第,授上骑都尉,历南康府通判、大理评事、知常州、三部员外郎、工部屯田郎中,升吏部侍郎,官至尚书。见万历《南昌府志》。

【进士文史】

| 图一 | 图二 | 图三 |

文史之一：图一、图二为道光四年《义宁州志》和雍正《江西通志》上记载余从周中皇祐元年己丑（1049）冯京榜的史料。

文史之二：图三为民国八年《长茅余氏宗谱》科甲中记载余从周的史料。

文史之三：制诰敕命

赐屯田郎中上骑都尉余从周诰

朝奉郎、尚书职方员外郎、上骑都尉、赐绯鱼袋余从周，朕嘉尔劳，序进厥官，往率职事祗勤，朕命茂哉。可特授尚书屯田郎中，仍加上骑都尉散官，赐如故。

熙宁五年

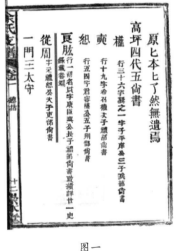

图一

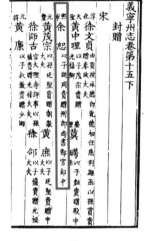

图二

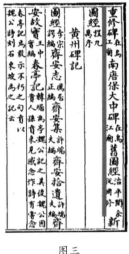

图三

文史之四：图一为同治八年《余氏宗谱》卷一中记载"余从周，字元礼，恕公次子，吏部尚书"的史料。

文史之五：图二为道光四年《义宁州志》卷第十五中记载"熙宁，余恕，以子从周贵，赠刑部尚书，都官郎中"的史料。

文史之六：图三为宋王象之《舆地碑记目》中记载余从周的史料。

【世人评赞】

编者周武现《赞余从周》云："郎中擢拜佩绯鱼，熙策勋增五载书。劝课溪山春未举，纾民犹继祖风余。"

【编者手记】

手记之一：乾隆年间《南昌府志》卷三十七中记载，余从周为余良肱之孙，吏部侍郎。

手记之二：明李濂撰的《汴京遗迹志》记载：皇祐元年己丑（1049 年）冯京榜进士四百九十八人，诸科五百五十人，制科一人，省元冯京，状元同。江西共考取进士 45 名，修水余从周、黄廱两人高中。与黄庭坚之舅父、御史中丞兼侍读、加龙图阁直学士李常（南康军建昌）为同榜进士。

35. 黄廱

【进士小传】

小传之一：黄廱，字富善，双井人，五甲第一百零六名，有传。见《天一阁藏明代方志选刊续编·嘉靖宁州志》。

小传之二：黄廱（1025—1092），字富善。宋皇祐元年己丑（1049 年）进士，授京兆府司法参军，后辞官隐居于芝台书院，著有《云樵居士集》。见双井进士园内《黄氏四十八进士》。

小传之三：黄廱，一作黄雍，字富善，洪州分宁人，中五甲第一百零六名。见温州黄建东整理的《历代黄氏进士录》。

【进士文史】

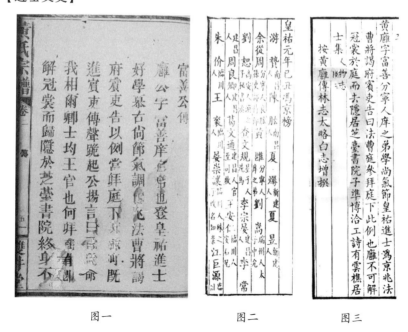

图一　　　　　　　图二　　　　图三

文史之一：图一为光绪二十四年《黄氏宗谱》中记载黄廱的珍贵文献。

文史之二：图二、图三为雍正十年《江西通志》卷六十六中记载黄廱的史料。

图一　　　　　　　　　　　　　　图二

文史之三:图一为民国三十二年癸未双井堂刊《黄氏宗谱》中记载黄廉的史料。

文史之四:图二为光绪二十四年《黄氏宗谱·双井堂》卷首历代名宦中记载黄廉的史料。

文史之五:著有《云樵居士集》。

【世人评赞】

评赞之一:明代御史周季凤《宁对》中赞曰:"冠赏轻直气。"称赞黄廉好学尚气节。

评赞之二:编者周武现云:"好学慕古后裔敬,崇尚气节众人夸;'何拜之有'同事赞,'谒拜拒礼'品洁高。"

【编者手记】

手记之一:黄廉乃黄庭坚的堂叔,他24岁时金榜题名,高中进士,好学慕古,崇尚气节,被当时黄家誉为双井陶渊明。他辞官不仕,回乡执教书院,调教出吏部尚书、大将军徐禧,名满天下。

手记之二:民国二十七年重修的《黄氏宗谱》卷一双井世系中记载一条极为重要的信息,黄廉生子二,女八娘适忠愍公徐禧,封韩国夫人。从徐禧与黄廉的

关系来看,应该是黄廉将女儿嫁给了学生徐禧,成为徐禧的岳父,徐禧成为黄廉的乘龙快婿,八娘成为徐禧的夫人。

手记之三:乾隆年间《南昌府志》卷三十七选举中记载:"黄廉,分宁人,庠之弟。"黄庠中进士时间为 1034 年,黄廉中进士时间为 1049 年,中进士时间相距15 年。

手记之四:黄廉与黄庭坚之舅父、御史中丞兼侍读、加龙图阁直学士李常(南康军建昌)为同榜进士。黄廉为黄庭坚之堂叔,从这种关系来看,与李常为姻亲关系。

皇祐五年癸巳(1053 年)郑獬榜进士

36. 王纯中

【进士小传】

小传之一:授朝奉郎,知洺州。见《天一阁藏明代方志选刊续编·嘉靖宁州志》。

小传之二:字文叔。北宋分宁(今修水县)人。皇祐五年(1053 年)进士。历官杭州司户参军、知鼎州桃源县(今湖南桃源县)、著作佐郎、知石门县(今湖南石门县)及瑞金县(今江西瑞金市)、秘书丞、泗州(治今江苏泗洪县)通判、朝奉郎、知洺州(治今河北邯郸永年区)。

王纯中画像

【进士文史】

文史之一:君讳纯中,字文叔,豫章艾城人。曾大父仲简;大父士夫,赠光禄少卿;父固,都官郎中,赠中大夫。君在少年书生中有声,登皇祐五年进士第。调杭州司户参军,迁鼎州桃源令。于格当迁,以忧去。除丧,昆弟四人来集吏部铨,乡老以为荣。是岁京师疾疫,二兄客死,君遂郁郁无仕进意,消摇(逍遥)林丘者七年,亲友强之乃起。调唐州录事参军,改著作佐郎,知澧州石门县,移虔州瑞金县。改秘书丞,换奉议郎,通判泗州。迁承议郎,恩加朝奉郎,知洺州。元祐元年闰月丙午,终于官所,得年六十有一。君寡言而力行,守约而泛爱,自行束修,白首不倦。年十四,太夫人捐馆舍,父兄官学在外,君身济大事,持丧甚有礼意。居家从仕,无日不读书赋诗,自始学讫于牖下,为日录凡四十有八年。游居欢悲,闻善见不贤,所自琢磨,无不疏记,读其书,可知其人有常度也。令桃源时尚少,已号为能吏。唐州守吏事,米盐一切,为小治办,以家人细故,任僚属作耳目,并逡君;已而荐其僚,君独不与。君初不听,后不悔,亦不为人道之。石门故有铁赋,以给船官,船官罢而民输赋如故;铁冶涸,民取铁它州,以供赋,价数倍。君请以田宅代铁赋,州上之,讫得请,民甚德君。瑞金前数令以罪去,君至则钩取奸黠主名,痛绳治之,讼为之衰。淮水溢泗州城守,君徒步风雨中,调护工役,弥月水以不灾,有诏褒谕。洺州河决后,民在丘陵,官寺府库,穷于水火。君调用财力,不疾不徐,劳民劝功,公私以济。及君丧行,倾城出祖祭,哭者皆失声。所谓古之遗爱,不近是耶。君两娶余氏,兄弟也,初室曰旌德县君,继室曰仁和县君。

黄庭坚所撰《宋朝奉郎王君墓志铭》(局部)

见修水县黄庭坚纪念馆珍藏的 1973 年出土的黄庭坚撰并书的《宋故朝奉郎知洺州军州兼管内劝农事上骑都尉借紫王君墓志铭》,现属国家一级文物。

文史之二:淮南东路提点刑狱范镗言:"见权领扬州,高丽使经过,臣官轻势微,已牒权转运副使李琮权州。"通判泗州、奉议郎、权发遣州事王纯中亦言:"今与高丽使相见,许与不许依知州服紫。"诏范镗借朝奉大夫,赐金紫;王纯中借金紫。这是王纯中在泗州为官任上的记载,谈到了王纯中作为地方官接待高丽使节穿衣的礼仪。见《续资治通鉴长编》。

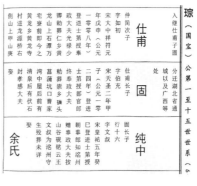

图一　　　　　图二　　　　　图三

文史之三：图一为雍正《江西通志》卷四十九选举中记载王纯中高中进士的史料。

文史之四：图二为道光《义宁州志》卷二十二方技中记载王纯中子王申的史料。

文史之五：图三为《王氏宗谱》上记载王纯中中进士、任职、敕葬等个人的家谱史料。

【世人评赞】

深圳知名作家、南山区作协副主席程效《赞北宋分宁籍贤官王纯中》云：

皇祐年间进士身，涪翁铭志赞能臣。

临民孝谨情堪信，事国勤忠政体仁。

崇慕清廉诚守洁，鄙夷浊俗贵求真。

焉知有女生秦桧，几欲埋名未玷尘。

【编者手记】

手记之一：从墓志铭内得知四个重要信息，一是"号为能吏"，二是"有诏褒谕"，三是"不疾不徐"，四是"公私以济"，从中可看出王纯中是一个处事能力强的"能吏"，也是尽心尽力尽职为官之人，但凡重要事情都亲力亲为，并且处理妥当，得到朝廷与当地百姓的赞誉。

手记之二：黄庭坚为王纯中撰写墓志铭，其墓志铭结尾时称呼其为"丈人"，足见非同一般关系。据说,王纯中儿子王申为感谢黄庭坚给父亲撰墓志铭,送父亲用的铜雀台瓦做的砚台给他,黄庭坚非常高兴,为此还特地写了篇铭文记之。另有一种说法是王纯中本人赠送的。

铜雀瓦砚

铜雀台瓦砚,为石质,清万承风(道光皇帝老师)仿,现珍藏于修水县博物馆

手记之三:黄庭坚《宋故王纯中墓志铭》于元祐七年(1092 年)作于修水,行楷书,24 行 548 字,74 cm×65 cm。原碑现藏于修水县黄庭坚纪念馆,现为国家一级文物。9 月 24 日,编者随同中央电视总台摄制组拍摄《一代宗师黄庭坚》时,拍摄到了该碑原碑。

手记之四:王纯中先辈世系为:琼公(迁修始祖)→裕公→尚公→矩公→仲简公→仕辅公→固公→纯中公。

37. 黄浚

【进士小传】

小传之一:茂宗弟,先名茂实,司理参军。见同治《义宁州志》卷十九选举志。

小传之二:中雅三子,字公亚,行九。宋皇祐五年癸巳(1053 年)登邓獬榜进士,官司理参军。见《江西通志》。

小传之三:字公亚,先名茂实,双井人,五甲第四十八名,授司理参军。见《天一阁藏明代方志选刊续

黄浚画像

编·嘉靖宁州志》。

　　小传之四:黄浚,初名黄茂实,字公亚,洪州分宁人,祖父黄元吉,父黄中理,兄黄茂宗。

　　小传之五:黄濬(1012—1078),字茂实,号亚英。黄中雅第五子。宋皇祐五年癸巳(1053年)进士,授司理参军。道光《义宁州志》与《黄氏家谱》皆名黄浚。见双井进士园内《黄氏四十八进士》。

　　【进士文史】

　　文史之一:图为雍正《江西通志》卷四十九中记载黄浚中进士的史料。

文史之二：图为民国三十二年癸未双井堂刊《黄氏宗谱》中记载黄浚的史料。

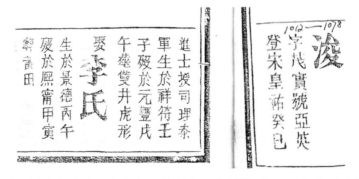

文史之三：图为民国二十七年重修的《黄氏宗谱》卷一双井世系中记载黄浚的史料。

【世人评赞】

编者周武现《颂黄浚》云："皇祐登科榜，双井俊才彰。十龙名远扬，司理志流芳。"

【编者手记】

手记之一：黄浚任司理参军，是通过"国考"成为皇帝钦点的官员，是一个比当今县长还要大的"正官"。在县志记载官秩时，从知军、参军、教授、知县、县丞、县尉、主学等，依次先后列述，我们可以从中看出司理参军的地位。

手记之二：黄浚为黄中雅之子,与黄灏、黄浃、黄注、黄渭为兄弟,并与黄中理之子黄沔、黄滋、黄湜、黄淳、黄涣为同一代兄弟,其兄弟10人高中进士,是双井"十龙"和"十龙墓"人物中实实在在的人物。

38. 黄序

【进士小传】

小传之一：黄序,字祖善,双井人,四甲三十一名,授道州通判。见《天一阁藏明代方志选刊续编·嘉靖宁州志》。

小传之二：黄序(1021—1103),字祖善。宋皇祐五年(1053年)中进士,授道州通判,以大理寺丞致仕,加奉议郎。见双井进士园内《黄氏四十八进士》。

小传之三：黄序,字祖善,分宁(今江西修水)人。仁宗皇祐五年(1053年)进士,累官道州通判。见清雍正《江西通志》卷四九。

小传之四：黄序,字祖善,分宁(今江西修水)人,以大理寺丞致仕。见《山谷集》外集卷八《章夫人墓志铭》。

【进士文史】

图一　　　　　　　　图二

文史之一：图一为雍正《江西通志》卷四十九选举中记载黄序的史料。

文史之二：图二为道光四年《义宁州志》卷九古迹中记载黄序的史料。

图一　　　　　　　　　　　　　　图二

文史之三:图一、图二为光绪二十四年《黄氏宗谱·双井堂》上记载黄序的史料。

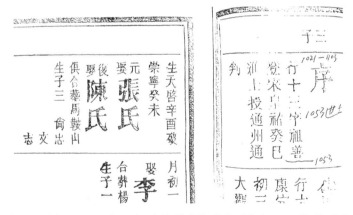

文史之四:图为民国二十七年重修的《黄氏宗谱》卷一双井世系中记载黄序的史料。

文史之五:元脱脱著的《宋史》云:嘉定八年,左司谏黄序奏:"雨泽愆期,地多荒白,知余杭县赵师恕请劝民杂种麻、粟、豆、麦之属。……庶几农民得以续食,官免赈救之费。"从之。

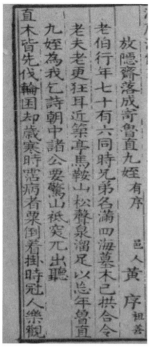

图一

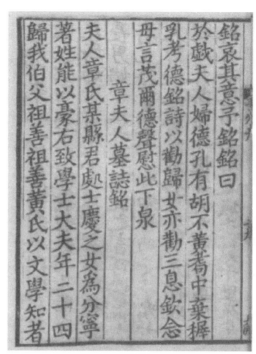

图二

文史之六:图一为《义宁州志》上记载的黄序《放隐斋落成寄鲁直九侄》。

文史之七:图二为黄庭坚《豫章先生外集》中记载的《章夫人墓志铭》。

【世人评赞】

编者周武现赞云:"通判端廉正,丞卿耀古今。"

【编者手记】

手记之一:黄序在皇祐五年(1053年)考中进士,官至道州通判,以大理寺丞退休回家,黄麃也在皇祐元年考中进士。黄序的二儿子黄尚文,在北宋大观年间迁徙到瑞州高安县折棠山(今江西高安市相城镇棠山村)。黄尚文有黄溢和黄献才两个儿子。黄溢的孙子黄佑国,进士出身,官至吏部尚书,曾出使金国,"使金不屈,尽节效忠"。经过数代繁衍,这支黄氏家族在折棠山瓜瓞绵绵,成为高安县的名门望族。

手记之二:温州黄建东整理的《历代黄氏进士录》中记载"黄序官至通州(今江苏南通市)通判",朱忠卫主编的《双井黄庭坚》中记载,授职为通州通判。

但在雍正《江西通志》、乾隆《南昌府志》、同治《义宁州志》、双井进士园内《黄氏四十八进士》中记载黄序均为"道州通判"。编者查阅了乾隆年间《直隶通州志》、万历年间《通州志》、光绪年间《道州志》，均没有其任通州、道州通判的记载。

手记之三：北宋神宗元丰八年黄庭坚撰写《章夫人墓志铭》，铭中记述章夫人为黄祖善之妻，章庆女。但编者从民国二十七年重修的《黄氏宗谱》卷一双井世系黄序的史料中，发现有黄序娶张氏、陈氏的记载，并没有娶章氏的记载。

手记之四：编者查阅《北宋江西籍进士考录》得知，"黄序，以文学受知，然仕奇不逢，曾任道州通判"。以大理寺承致仕，后又以奉议郎家居。晚年家居时，曾筑"放隐斋"，落成后作《放隐斋落成寄鲁直九侄》诗，庭坚为之和，朝士和篇亦多。《全宋诗》第11册收其诗一首。

39. 莫磐

【进士小传】

字公辅，武乡漫江人。见同治《义宁州志》卷十九选举志。

【进士文史】

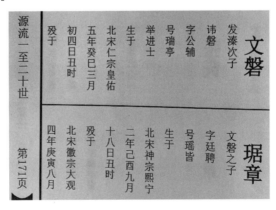

2015年重修的《莫氏宗谱》上记载莫磐进士的文献。

【世人评赞】

暂缺。

【编者手记】

手记之一：乾隆年间《南昌府志》卷三十七、《南昌郡乘》和《北宋江西籍进士考录》中均没有莫磐中进士的记载。这一榜南昌府中进士四人，修水占三人，

加之莫磐中进士,修水有四人之多。

手记之二:编者查阅《江西状元全传》得知,这一榜共取进士 520 名,状元为郑獬,为江西宁都梅江镇西门人。考官是翰林学士承旨王拱辰、翰林学士曾公亮、侍读学士胡宿、知制诰蔡襄、王硅。

嘉祐二年丁酉(1057 年)章衡榜进士

40. 黄孝宽

【进士小传】

小传之一:字符泽。宋嘉祐二年丁酉进士,娶孟氏,同葬双井,生子五:公侃、公式、公仪、综舜、纹华。见光绪癸巳年《黄氏宗谱》。

小传之二:黄孝宽(1028—1099),字符泽。宋嘉祐二年丁酉(1057 年)进士,授宣议郎。见双井进士园内《黄氏四十八进士》。

【进士文史】

图一

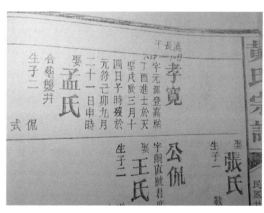

图二

文史之一:图一为光绪二十四年《黄氏宗谱·双井堂》卷首历代名宦中记载黄孝宽的史料。

文史之二:图二为民国二十七年重修的《黄氏宗谱》卷一双井世系中记载黄孝宽的史料。

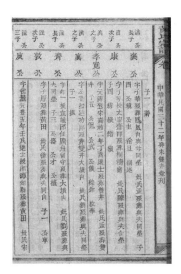

图一 　　　　　　　　　　图二

文史之三：图一为雍正《江西通志》卷四十九中记载黄孝宽的史料。

文史之四：图二为民国三十二年癸未双井堂刊《黄氏宗谱》中记载黄孝宽的史料。

【世人评赞】

暂缺。

【编者手记】

手记之一：这年"高考"，江西录取进士39名，修水六名高中，而双井黄氏可谓烧了高香，祖坟冒了青烟，黄孝宽与其叔黄湜、黄灏为双井"三黄"同榜进士，一门同榜三进士，宋英宗赐"联桂芳"以荣之，时人称"联桂芳三及第"，名重江右，荣耀分宁。

手记之二：编者查阅这年科举，获得很大信息量，堪称千年"最牛"科举。牛之一：嘉祐二年这场科考"殿试"参考人数是400人，登科人数388人，落选的比例只有3%，而分宁黄孝宽与其叔黄湜、黄灏三人同榜高中。牛之二：汇集了"唐宋八大家"中的五大文豪，欧阳修担任主考官，苏洵经欧阳修举荐一举成名，苏轼、苏辙和曾巩纷纷高中进士，天才似乎成群结队而来。牛之三：多为北宋各个领域的代表人物，政治界、思想界、文学界的各种新秀都在这两个月中崭露峥嵘。牛之四：宋诗的"开山祖师"梅尧臣为阅卷老师。牛之五："唐宋八大家"的苏轼、苏辙、曾巩，以及北宋理学创始人二程兄弟同榜及第。牛之六：这一榜中有一位名将，三位大文豪，前后还有九位宰相，群英荟萃，称得上千年科举考试第一名榜。

41. 黄湜

【进士小传】

黄湜画像

《黄氏宗谱》上的黄湜遗像

小传之一：字正论，茂宗弟，先名茂询，庶之父。见同治《义宁州志》卷十九选举志。

小传之二：中理三子，字正伦，行四。宋嘉祐二年丁酉（1057 年）与弟灏同登章衡榜进士。见《江西通志》。

小传之三：年八十六，葬双井。子五。原配刘氏，封桃源县君，殁葬台平。继配徐氏，封蓬莱县君。副室李氏。见《山谷集》。

【进士文史】

图一

图二

文史之一：图一为雍正十年《江西通志》卷四十九中记载黄湜的史料。

文史之二：图二为元脱脱《宋史》中记载黄湜的史料。

图一　　　　　　　　　　　图二

文史之三：图一、图二为光绪二十四年《黄氏宗谱·双井堂》卷首历代名宦中记载黄湜的史料和民国三十二年癸未双井堂刊《黄氏宗谱》上记载黄湜的文献。

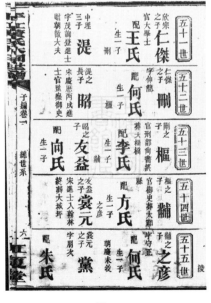

图一　　　　　　　　　　　图二

文史之四：图一、图二为光绪己卯年《黄氏宗谱》和《西江志》上记载黄湜的家谱史料。

【世人评赞】

评赞之一：黄庭坚《书十棕心扇因自评之》云："昔予大父大夫公，及外祖特进公，皆学畅整《遗教经》及苏灵芝《北岳碑》，字法清劲，笔意皆到，但不入时人眼尔。"

评赞之二：编者周武现评赞曰："黄湜是一位在科举道路上最顽强的拼搏者，也是一位最执着的追求者，将近半生时光奋斗在科举进士的征途上，三十年忙于备考、赴考和应考，愈挫愈坚，矢志不渝，至57岁终于荣登进士榜。虽然'雏凤清于老凤声'，但是天道酬勤，'有志者，事竟成'。"

【编者手记】

手记之一：黄湜乃黄中理第三子。宋嘉祐二年丁酉（1057年）进士。官给事中，赠通奉大夫，朝散大夫。黄庭坚祖父。与苏轼、苏辙、曾巩、张载、程颢等同榜进士，主考官为欧阳修，1057年进士榜被后人赞为千年科举第一榜。生有六子（民国二十七年重修的《黄氏宗谱》卷一双井世系中记载为五子），昭、襄、庶、廉、羽、昉，均为进士。他的第三子黄庶24岁中进士，比他早15年。

手记之二：民国二十七年重修的《黄氏宗谱》卷一双井世系中记载，黄湜"女淑静，适信州通判，长茅余彦伦"。

手记之三：编者在考证中发现，除《宋史》记载了黄湜与侯蒙之间的事件外，《高密县志》《畿辅通志》《睢州志》等均记载其事于志中。

42. 黄灏

【进士小传】

小传之一：字实之，茂宗弟。见同治《义宁州志》卷十九选举志。

小传之二：中顺长子，字瑶之。宋嘉祐二年（1057年）与兄湜同登章衡榜进士，初授燕王府教授，终太常寺丞。见《江西通志》。

小传之三：黄灏（1001—1092），字茂先（一说名黄浚，字茂实），号实之。黄中雅长子。宋嘉祐二年

黄灏画像

丁酉(1057年)进士,授太子太傅,刑部尚书。见双井进士园内《黄氏四十八进士》。

小传之四:黄灏(1001—1092),字茂先,号实之,黄中雅的长子,双井黄氏五世,为黄庭坚的叔祖父。他是"双井十龙"中官职最高、寿命最长者。1057年与兄黄湜侄黄孝宽同登进士第,时人称"联桂芳三及第"。后任王宫教授,升寺丞,终授太子太傅,刑部尚书。偿筑洪州府濂溪祠堂,文章与段少连比肩,时誉"江南黄茂先,江北段少连"。生子:廓、府、度。

【进士文史】

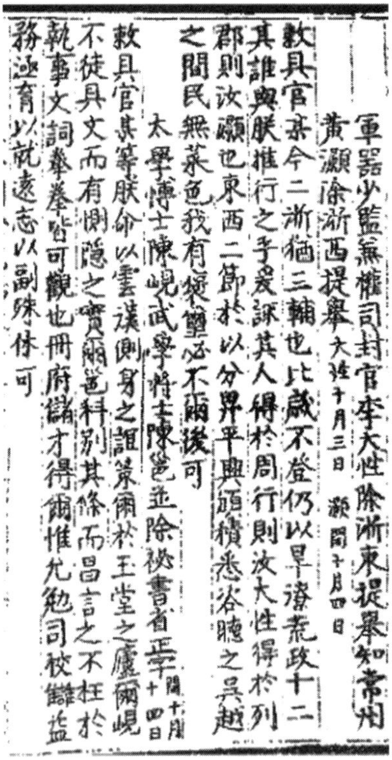

图一

图二

文史之一:图一为南宋陈傅良撰的《止斋先生文集》中记载黄灏的史料。

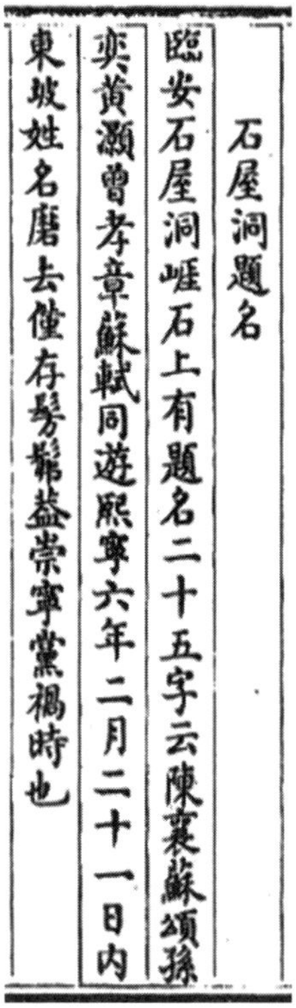

文史之二:图二为宋费衮撰的《梁溪漫志》中记载的《石屋洞题名》。

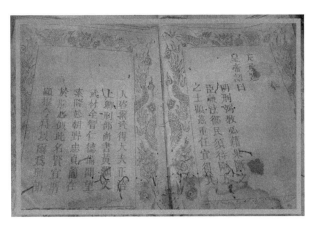

文史之三:图为江西修水义宁州清代《黄氏宗谱》上记载刑部尚书黄灏的珍贵史料。

文史之四:清侯荣圭纂修的《灵石县志》云:"乡贤祠、在戟门西,祀乡贤于学,非记其名位也。"宋黄灏曰:"不在六艺之科者不在列;不知五伦之事者不在列;不知诚正修齐之条者不在列。信如斯言,始可立脚圣门矣。不然,绐诬之而已。"

图一　　　　　　　　　　　图二

文史之五:图一为民国三十二年癸未双井堂刊《黄氏宗谱》中记载黄灏的史料。

文史之六:图二为光绪二十四年《黄氏宗谱·双井堂》卷首历代名宦中记载黄灏的史料。

【世人评赞】

评赞之一:宋朝仁宗皇帝诰命曰:

文武材全,智仁德备;闻望素隆于朝野,忠贞简在于朕心;似此名贤,宜膺显擢。

评赞之二:北宋文学家宋祁《送黄灏》诗:

横步文林二十春,华颠初得半通纶。

江边又濯沧浪水,堂上宁招肮脏人。

未分尘缨惭蕙帐,不缘羊酪弃莼菜。

思家夕梦还都信,并附秋波六六鳞。

评赞之三:北宋政治家、思想家、文学家范仲淹有《依韵酬黄灏秀才》诗:

再贬鄱川信不才,子规相爱劝归来。

客心但感江山助,天意难期日月回。

白雪孤琴弥冷淡,浮云双阙自崔嵬。

南方岁宴犹能乐,醉尽黄花见早梅。

评赞之四:北宋政治家、思想家、文学家范仲淹《送黄灏员外》诗:

三十余年交旧心,相逢那复议升沉。

卑飞尘土味诚薄,达宦风波忧更深。

自古荣华浑一梦,即时欢笑敌千金。

追陪未久还离索,早晚轩车重见寻。

【编者手记】

手记之一:黄灏,原名茂先,为黄茂宗之弟,先后游于欧阳文忠公门,登嘉祐二年进士,授卫府寺丞,官至朝奉郎,后授刑部尚书。江北有段少连者,与灏文章齐名,当时有江南黄茂先、江北段少连之誉。

手记之二:《宋史》中记载,黄灏曾任多个重要官职,包括隆兴府教授、德化县知县等。黄灏以其兴学校、崇政化为本,特别注重教育和政治改革。在遇到岁馑时,他行振给有方,有效地进行了救灾工作。由于他的才能和政绩,王蔺、刘颖向朝廷推荐了他,后被任命为登闻鼓院。光宗即位后,黄灏迁任太常寺簿,他上疏论今礼教废阙,请求朝廷重视礼仪教化。他还曾任太府寺丞,出知常州,并提举本路常平。

除了政治生涯,黄灏还留下了文化足迹。1073年,他与苏轼等人出游临安石屋洞,留下了《石屋洞游记》。据说在这篇游记中,黄灏详细描述了他们游览石屋洞的过程,以及洞内的自然景观和人文景观。文章生动地描绘了洞内的石壁、溪流、钟乳石等自然景观,以及洞内的碑刻、题名等人文景观。同时,文章还表现了作者与友人在游览过程中的愉悦心情和对大自然的赞叹之情。此外,他还参与了洪州府濂溪祠堂的建筑工作。

手记之三:黄灏,为北宋时期的著名人物,且为黄庭坚的叔祖父。

黄灏,是双井黄氏五世中的代表人物,被称为"双井十龙"之一。他在1057年与兄弟黄湜及侄儿黄孝宽同登进士第,被称为"联桂芳三及第"。在官场上,黄灏曾任王宫教授、寺丞,最终官至太子太傅和刑部尚书。他不仅在政治上有所成就,还致力于教育和文化建设,如修筑洪州府濂溪祠堂。

黄灏不仅是修水双井黄庭坚一族中的重要成员,还在当时的文坛和政界有着显著的影响力。他与著名政治家范仲淹保持着良好的友谊,范仲淹甚至撰写了《依韵酬黄灏秀才》和《送黄灏员外》等诗作赠予黄灏。这种关系彰显了黄灏自身的文化素养和交际能力。

43. 余仲荀

【进士小传】

小传之一:字师醇,系襄公(余靖)之次子,宋仁宋嘉祐二年(1057年)丁酉科章衡榜进士。至英宗时(1063—1067)为屯田员外郎,仕至金紫光禄大夫,葬于襄公(余靖)坟左,娶大理寺丞孙延龄之女,生二子:余嗣昌、嗣隆。见《广东省余氏典籍》。

小传之二:余仲荀,广南东路韶州曲江县人,余靖次子,其父余靖征侬智高时,仲荀在军中做将作监主簿,宋仁宗嘉祐二年(1057)进士及第。

余仲荀画像

后官至屯田员外郎。余靖《武溪集》便是由余仲荀整理编辑。其后裔遍及闽粤赣湘数省。《监簿余仲荀可太常寺太祝制》曰:"敕具官某等向遣枢臣,平定戎寇,还上功状之实,未纪驱驰之劳,尔等咸以材能,尝与军事,或进秘丘之列,或升礼寺之华,勉图进修,以对光宠。"见蔡襄《莆阳居士蔡公文集》卷十一。

【进士文史】

图一　　　　　　　　图二　　　　　　　　图三

文史之一：图一为手抄本《余氏宗谱》上记载余仲荀中进士、职务、婚姻、子女等的史料。

文史之二：图二为民国八年《长茅余氏宗谱》科甲中记载余仲荀的史料。

文史之三：图三为同治八年《余氏宗谱》上记载余仲荀的史料。

图一　　　　　　　　　　图二

文史之四：图一为宋蔡襄撰的《端明集》中记载的《监簿余仲荀可太常寺太

祝制》。

文史之五：图二为余仲荀编辑的《武溪集》（节选）。

【世人评赞】

编者周武现赞云："与父同心，平定戎寇；功高当赏，晋升礼寺。"

【编者手记】

手记之一：《余氏族谱》中记载，余靖生有三子：余伯庄，殿中丞，早亡；余仲荀，太常博士；余叔英，太常寺太祝。孙子四人，余嗣恭、余嗣昌皆太常寺奉礼郎；余嗣隆、余嗣徽未仕。

手记之二：嘉祐二年（1057 年），余仲荀进士及第，实现了自己的进士梦。这年的进士考试对于分宁县（今江西修水县）来说是一个丰收年，还有黄孝宽、黄湜（黄庭坚的祖父）、黄灏、徐昱、莫砺五个分宁人和曾巩同科高中进士。

44. 徐昱

【进士小传】

授翰林院检讨。见同治《义宁州志》卷十九选举志。

【进士文史】

暂缺。

【世人评赞】

暂缺。

【编者手记】

手记之一：编者在 2000 年查阅《修水县姓氏志》时发现，徐昱为高沙衍派十四支分支之一昼支（六世）之子，其母周氏，生子五，长子昱公，宋嘉祐二年进士，授翰林院检讨。三子大声，宋嘉祐五年进士，邵武军民总督，官至荣禄大夫，大司空。其七代孙应龙，刑部尚书兼侍读。昱公和大声为同胞兄弟。

手记之二：编者查阅《北宋江西籍进士考录》一书，书中没有徐昱进士的记载。

45. 莫砺

【进士小传】

小传之一：字公权，武乡漫江人。见同治《义宁州志》卷十九选举志。

小传之二：字文砺，公权，漫江人，宋嘉祐进士。见《修水县姓氏志》。

【进士文史】

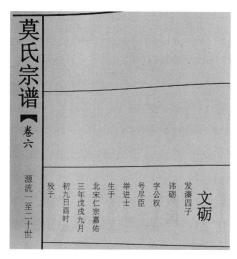

图为 2015 年重修的《莫氏宗谱》上记载莫砺进士的文献。

【世人评赞】

暂缺。

【编者手记】

编者查阅《北宋江西籍进士考录》一书，书中没有莫砺进士的记载。

宋嘉祐五年庚子（1060 年）进士

46. 黄涣

【进士小传】

小传之一：茂宗弟。见同治《义宁州志》卷十九选举志。

小传之二：中理五子，字合之，一字谱之。宋景祐元年甲戌（1034 年）登张唐卿榜进士。见《江西通志》。

小传之三：黄涣（1006—1063），字茂锡，号晋之。黄中理第五子。宋嘉祐五年庚子（1060 年）进士，太学学正。见双井进士园内《黄氏四十八进士》。

黄涣画像

【进士文史】

图一

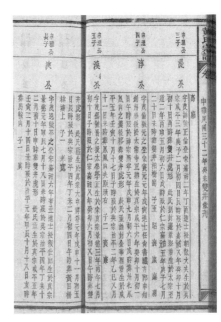

图二

文史之一：图一、图二为民国三十二年癸未双井堂刊《黄氏宗谱》上记载黄涣的史料。

图一

图二

文史之二：图一为光绪二十四年《黄氏宗谱·双井堂》卷首历代名宦中记载

黄涣的文献。

文史之三：图二为道光四年《义宁州志》卷十四选举中记载黄涣的史料。

【世人评赞】

暂缺。

【编者手记】

手记之一：编者查阅同治《义宁州志》卷十九选举志得知，黄涣为嘉祐五年庚子解试（举人），字茂锡，号晋之，双井人，知广州。

手记之二：编者查阅《北宋江西籍进士考录》一书，书中没有宋嘉祐五年庚子（1060年）和黄涣进士的记载。明《同姓名录》中记载，宋代还有两个黄涣，一个为灵山人，另一个为光泽人。

嘉祐六年辛丑（1061年）王俊民榜进士

47. 黄廉

【进士小传】

小传之一：字夷仲，庶弟，集贤殿修撰，终给事中，有传。见同治《义宁州志》卷十九选举志。

小传之二：黄廉（1027—1092），字夷仲，洪州分宁（今江西省修水县双井村）人。北宋诗人黄庶之弟、黄庠之从弟，北宋大文豪黄庭坚之叔父，双井黄氏六世。仁宗嘉祐六年（1061年）进士。历仕宣州司理参军、著作佐郎、司农丞、利州路转运判官、集贤校理、提点河东刑狱、户部郎中、直秘阁提举、左司郎中、起居郎、集贤殿修撰、枢密都承旨、陕西都转运使、给事中。

小传之三：黄廉（1027—1092），字夷仲。宋嘉祐六年辛丑（1061年）进士。官给事中、户部郎中、陕西转运使。见双井进士园内《黄氏四十八进士》。

【进士文史】

文史之一：《宋史·黄廉传》卷三四七记载：黄廉，字夷仲，洪州分宁人。第进士，历州县。熙宁初，或荐之王安石。安石与之言，问免役事，廉据旧法以对，甚悉。安石曰："是必能办新法。"白神宗，召访时务，对曰："陛下意在便民，法非不良也，而吏非其人。朝廷立法之意则一，而四方推奉，纷然不同，所以法行而民病，陛下不尽察也。……元祐元年，召为户部郎中。明年，进为左司郎中，迁起居郎、集贤殿修撰、枢密都承旨。上官均论其往附蔡确为狱，改陕西都转运使。拜给事中,卒,年五十九。"

图一　　　　　　　　图二

文史之二:图一、图二为光绪己亥《黄氏家谱》两个刻本中记载黄廉的史料。

文史之三:图为同治《义宁州志》卷十七名臣中记载黄廉的文献。

江西通志 卷六十六

安石服而谢之。同上

黄廉字夷仲分宁人库之从弟嘉祐进士历任州县擢利州路转运判官迁司农丞为监察御史裏行建议两制近臣及转运使各得举士诏安抚所活二十五万人元祐初为户部郎中改陕西转运使 林志

黄祠五修主谱

宋赐进士户部尚书 讳廉 字夷仲公
城上支
宋直奉大夫高邮州守 讳善 字仁端公
荷塘支
宋乡饮大宾 讳仕傑 字俊英 号涛山公
潘桥支
宋承务郎 讳时纯 号樸斋公
门楼支
宋乡饮大宾 讳仕烈公

三十二 攻塊堂

图一	图二	图三

文史之四：图一为雍正十年《江西通志》卷六十六中记载黄廉的史料。

文史之五：图二为民国二十二年《江西黄氏宗祠五修主谱》上记载黄廉的史料。

文史之六：图三为民国三十二年癸未双井堂刊《黄氏宗谱》上记载黄廉的史料。

文史之七：《宋史·黄廉传》云：元祐元年，召为户部郎中。陆师闵茶法为川、陕害，遣廉使蜀按察。至则奏罢其太甚者，且言："前所为诚病民，若悉以予之，则边计不集，蜀货不通，园庄将受其敝。请榷熙、秦茶勿罢，而许东路通商；禁南茶毋入陕西，以利蜀货。定俵马岁额为万八千匹。"朝廷可其议，使以直秘阁提举。为监察御史里行，建言："成天下之务，莫急于人才，愿令两制近臣及转运使各得举士。"诏各荐一人。继言："寒远下僚，既得名闻于上，愿令中书审其能而表用，则急才之诏，不虚行于天下矣。"又言："比年水旱，民蒙支贷倚阁之恩。今幸岁丰，有司悉当举催。久饥初稔，累给并偿，是使民遇丰年而思歉岁也。请令诸道以渐督取之。"论俞充结王中正致宰属，并言中正任使太重。帝曰："人才盖无类，顾驾御之何如耳。"对曰："虽然，臣虑渐不可长也。"

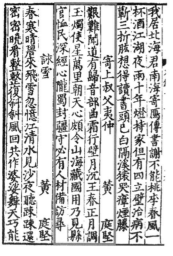

| 图一 | 图二 | 图三 |

文史之八：图一、图二、图三分别为南宋吕祖谦编辑的《皇朝文鉴》和明嘉靖丁亥年《山谷全书》、道光四年《义宁州志》中记载的文献。

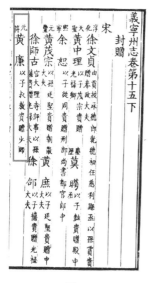

| 图一 | 图二 | 图三 |

文史之九：图一为道光四年《义宁州志》卷十五中记载黄廉被封赠的史料。

文史之十：图二为光绪己卯年《黄氏宗谱》中记载黄廉个人婚姻的史料。

文史之十一：图三为宋佚名《氏族大全》中记载黄廉的史料。

右臣近曾奏言益利等路茶實司以貫賣茶害四路生靈朝廷已差黃廉體量利害乞先罷茶官陸師閔聽任使四路官吏不憂後患敢以實害告黃廉今聞朝廷却差黃廉就領茶事臣竊以為黃廉若以尊使自領榷茶之弊則身無利害事有課利無以陳若身自領茶事有課利增損遷本為速民無知必謂朝廷安於為害勢必不肯盡言兼朝廷此使事未達而就除外官小民無知必謂朝廷特遣此虐民重於改法此事體大冝速有以救之朝廷必謂陸師閔蠹害四路爲目已又不欲別差替人淹延歲

朝散集
勑告
右臣近乞奏乞選差清強官與黃廉同體量蜀中茶法事蒙朝廷差杜紘前去既而詳定編勑所奏罷杜紘兹既不行而蜀中茶法至今未見差人同黃廉體量伏乞檢臣削奏別選差一人所責黃廉不敢以課利增虧自作身計盡具茶法利害聞奏謹錄奏聞伏候勑旨

論黃廉除起居郎不當事
臣竊惟左右之史紀人主之言動職清地要官莫比圖朝以來付界尤重搢紳之士一歷茲選必賛書命遂直禁林非器授方上下所信才學優贍中外所推者不歷授也臣伏見起居即黃廉立朝無正直之名沿官有附會之實家

| 图一 | 图二 | 图三 |

　　文史之十二：图一、图二为北宋苏辙《栾城集》上分别记载黄廉的《乞差官与黄廉同体量蜀茶状》《再乞差官同黄廉体量茶法状》。

　　文史之十三：图三为北宋刘安世《元城先生尽言集》一书中记载的《论黄廉除起居郎不当事》（节选）。

　　文史之十四：黄廉诗。

磨剑池

若畏倾万牛何足，言不然老崖壑合。

抱枝生孙死者不，可悔吾将遗后昆。

闻说旌阳旧筑坛，故浮修水一来看。

至今磨剑池犹在，冷浸一天星斗寒。

劝学

河东人物气劲豪，泽州学者如牛毛。

大家子弟弄文墨，其次亦复夸弓刀。

去年校射九百人，五十八人同赐袍。

今年两科取进士，十子钓海顿灵鳌。

迩来习俗益迁善，家家门户争相高。

驱儿市上买书读，宁使田间禾不薅。

我因行县饱闻见，访问终日忘勤劳。

太平父老知此否,语汝圣世今难遭。

欲令王民尽知教,先自乡里蒸群髦。

古云将相本无种,从今著意鞭儿曹。

寄云门运禅师

句溪曲曲剡山重,谁访桑门物外踪。

超世有言皆实际,示人无意在机锋。

平生怀抱佳高遁,壮岁衣冠锁俗容。

每想清蝉心暂寂,秋声萧瑟夜庵松。

留题洪庆观

隔岸山如戏狮子,背看松林闲掉尾。

天际苍茫落数峰,青虬下饮黄河水。

洪涛日夜洗崖脚,容易沙洲忽生嘴。

浮岚积霭增气象,因抱汤城来迤逦。

圣世封疆属乡县,令宰衙门对山起。

朝看片云浮檐栋,暮雨逡巡周百里。

可怜居民老苍翠,未省劳生有尘滓。

乘轺亦复愧斯人,特地邮亭解行李。

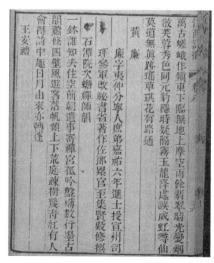

图一　图二

图一为黄廉撰的《留题洪庆观》。图二为清光绪五年曾燠编辑的《江西诗徵》卷八中记载的黄廉进士小传和《石潭院次蟾禅师韵》诗

调王辟之

高唐不是那高唐，风物由来各异乡。

若向此中求梦雨，只应愁杀楚襄王。

文史之十五：黄廉著有《文集》十卷，《奏议》二十卷，《南郊式》二十卷。

【世人评赞】

黄庭坚评赞曰："躬行之节，足以律贪。"

中国书法家协会学术委员、中国宗教学会会员、中华诗词学会理事、北京华夏翰林文化艺术研究院院长黄君咏修水乡贤黄廉曰：

才领中书为舍人，又传枢密作承旨。

一年三度累进阶，皇情倚重亦如此。

公何辞之不肯前？唯恐无功招俗齿。

乃以修撰充外官，紫衣赐作转运使。

廉公伟岸足堪模，忠良俊节耀青史。

经营四方二十年，盛功美德被蝼蚁。

百千冤狱仗公平，曲折唯使尽其情。

曹村河决灾千里，赈饥救死百万民。

也曾便殿谈新政，偶坐军兴论护兵。

荐与朝廷多俊彦，施为法式便公行。

呜呼！

盛德之人何遽死，倚天壮志难为起。

当时又擢给事中，无奈多少图强国策转成空。

【编者手记】

编者查阅黄廉史料时，得知其担任司农丞一职的来历。熙宁初年时，有人将他举荐给王安石。王安石跟他聊时政之事，问及免役法的事情，黄廉根据旧的法律答得很详尽。王安石说"这个人肯定能办理新法的事情"，于是向宋神宗皇帝报告。皇帝询问关于新法的时事要务，黄廉回答说："陛下的本意是要方便百姓，新法不是不好，只是任用的官吏不得其人。朝廷立法的本意统一，但是各地推行时各不相同，所以法令实行，却让百姓疲惫（深受其害），陛下无法完全察觉到。所以河北地区发生水灾，河南、山东、山西发生旱灾，而淮南、浙江发生蝗灾，江南地区发生瘟疫，陛下也无法一一知道。"于是皇帝任命黄廉为司农丞，去赈济济东道地区。黄廉回来后向皇帝报告情况,很合皇帝的心意,于是提拔他为利州路的转运判官,兼任司农丞一职,颇有政绩。

48.徐叔达

【进士小传】

小传之一:字廷庆,桂林通判,授承务郎。见同治《义宁州志》卷十九选举志。

小传之二:字仲先,生于宋景祐丙子年正月三十日申时,宋嘉祐辛丑王俊民榜进士,授承务郎,任广西桂林府通判,娶甘氏,生于宋景祐甲戌年九月十一日寅时,诰赠安人,生子三:善虚、大年、大庭。公殁葬费源,姚殁葬丹霞观。见《徐氏宗谱·南州堂》。

【进士文史】

文史之一:何市松林徐氏故居旁的回龙寺,也是早期徐氏子弟的私塾之所,据说是金湖书院所在地。

图一　　　　　　　　图二

文史之二:图一为《徐氏宗谱》上记载徐叔达进士的史料。

文史之三:图二为道光四年《义宁州志》卷十四选举上记载徐叔达的史料。

【世人评赞】

暂缺。

【编者手记】

编者查阅《北宋江西籍进士考录》得知,嘉祐六年辛丑(1061 年)王俊民榜,江西考取进士 26 名,修水考取 4 名。

49. 黄浹

【进士小传】

小传之一:茂逸,号平之,双井人。见同治《义宁州志》卷十九选举志。

小传之二:黄浹(1004—1067),字茂逸,号平之。黄中雅次子。宋嘉祐六年辛丑(1061 年)进士,翰林院编修。见双井进士园内《黄氏四十八进士》和《黄氏宗谱》。

黄浹画像

【进士文史】

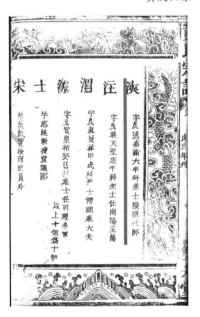

图一   图二

文史之一：图一为民国三十二年癸未双井堂刊《黄氏宗谱》中记载黄浃的史料。

文史之二：图二为光绪二十四年《黄氏宗谱·双井堂》卷首历代名宦中记载黄浃的史料。

【世人评赞】

暂缺。

【编者手记】

道光四年《义宁州志》卷十四记载："黄浃……共二十四人，据王达诠《宁乘备徵》并采各书及各家谱补入。"

50. 黄公虞

【进士小传】

小传之一：字仁仲,双井人,茂宗孙,公麟弟。见同治《义宁州志》卷十九选举志。

小传之二：黄公虞(1004—1067),字仁仲。宋嘉祐六年(1061年)进士,授翰林院学士。见双井进士园内《黄氏四十八进士》。

【进士文史】

文史之一：右图为道光四年《义宁州志》卷十四中记载黄公虞的史料。

文史之二：民国二十七年重修的《黄氏宗谱》卷一双井世系和光绪二十四年《黄氏宗谱·双井堂》卷首历代名宦中都有黄公虞的史料记载。

【世人评赞】

暂缺。

【编者手记】

编者在查阅史料时,发现有关黄公虞之父黄育的记载,"博记览,为文辞立成;性真率,论事无所回避。称奖子弟,文行如出于己"。

嘉祐八年癸卯(1063年)许将榜进士

51. 徐仪

【进士小传】

字德明,官琼州倅,兼广西提举。见同治《义宁州志》卷十九。

【进士文史】

文史之一：下图为道光四年《义宁州志》卷十四选举中记载徐仪的史料。

文史之二：徐仪,字德明,生于宋庆历丙戌年正月二十寅时,嘉祐八年癸卯许将榜进士,翰林院学士,任越州司理,授承直郎,寻授坎州倅,兼广西提举。娶周氏,生于宋嘉祐丙申年五月十九日未时,封仙源县君,生子四:蒙、巽、晋、革。公殁葬水沥礁,妣殁葬唐家湾,进主县祠享祀。见《徐氏宗谱·南州堂》。

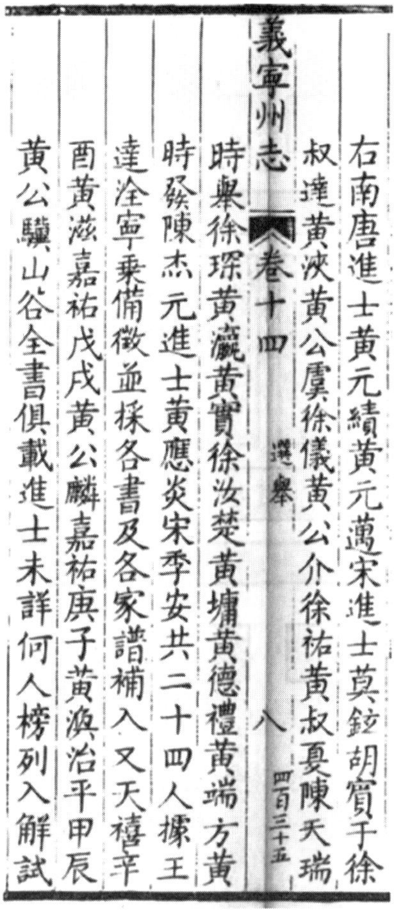

義寧州志 卷十四 選舉 八 四百三十五

右南唐進士黄元緒黄元邁宋進士莫鉉胡賀于徐
叔達黄泌黄公廙徐儀黄公介徐祐黄叔夏陳天瑞
時舉徐琛黄瀛黄實徐汝楚黄塘黄德禮黄端方黄
時縠陳杰元進士黄應炎宋季安共二十四人據王
達洤寧乘備微並採各書及各家譜補入又天禧辛
酉黄滋嘉祐戊戌黄公麟嘉祐庚子黄渙治平甲辰
黄公驥山谷全書俱載進士未詳何人榜列入解試

【世人评赞】

暂缺。

【编者手记】

编者查阅《北宋江西籍进士考录》得知,嘉祐六年辛丑(1061 年)王俊民榜,江西考取进士 24 名,书中记载修水仅徐仪一人考中。

52. 莫硅

【进士小传】

小传之一:字公佐,武乡漫江人。见同治《义宁州志》卷十九选举志。

小传之二:字文硅,公佐,漫江人,宋嘉祐进士。见《修水县姓氏志》第 393 页。

【进士文史】

莫氏宗谱【卷六】

源流一至二十世

文硅

发振次子
字玉白
生于
北宋真宗大中
祥符四年辛亥
二月十七日酉
时
殁于
北宋仁宗嘉佑
七年壬寅五月
初七日午时
享年五十有二

图为 2015 年重修的《莫氏宗谱》卷六中记载莫硅进士的文献。

【世人评赞】

暂缺。

【编者手记】

编者查阅《北宋江西籍进士考录》得知,嘉祐六年辛丑(1061 年)王俊民榜,江西考取进士 24 名,书中记载修水仅徐仪一人考中,而没有莫硅中进士的记载。

治平四年丁未(1067 年)许安世榜进士

53. 黄庭坚

【进士小传】

小传之一:字鲁直,庶之子,起居舍人,谥文节,有传。见同治《义宁州志》卷十九选举志。

小传之二:黄庭坚,宋治平四年丁未(1067年)进士,授翰林院编修,绍兴元年(1131 年)赠龙图阁学士加太史,谥号文节。见《修水县姓氏志》第 450 页。

小传之三:黄庭坚(1045—1105),字鲁直,号

《清宫殿藏画本》黄庭坚像

山谷。宋治平四年丁未(1067 年)进士,历任实录院编修、秘书丞、国史编修、叶县县尉、太和知县,赠龙图阁大学士,谥文节。中国古代著名诗人、书法家。列入二十四孝之一。黄湜之孙,黄庶次子。见双井进士园内《黄氏四十八进士》。

北大原校长周其凤书"黄庭坚故居"和苏轼赞黄庭坚语

【进士文史】

文史之一:黄庭坚相关传、列传、人物和名宦文献。

明万历二十七年汪廷讷撰的《人镜阳秋》中记载的《黄庭坚传》(节选)

图一　　　　　　　　　　　　　　图二

　　图一为民国二十六年《八贤祠志》上记载周季凤所撰的《山谷先生别传》（节选）。图二为光绪二十五年《黄氏家谱》中记载的《文节公列传》（节选）

光绪癸巳年《黄氏宗谱》中记载的《宋史山谷公本传》

《黄氏宗谱》卷三中记载的《文节公列传》(节选)和《太史山谷先生黄公行述》(节选)

《黄文节公年谱》封面书影和序

图一　　　　　　　　　　　　　　　　图二

　　图一为《江西通志》卷六十六中记载黄庭坚传记的史料。图二为《饶州府志》卷二十一名宦中记载黄庭坚传记的史料

　　文史之二:黄庭坚相关像赞文献。

图一　　　　　　　　　　　　　　　　图二

　　图一为清同治江右义宁州双井堂藏版《宋黄山谷先生全集》首卷序中元和后学理堂宋调元敬题的黄庭坚像赞。图二为《八贤祠志》中元和后学理堂宋调元敬题的黄庭坚像赞

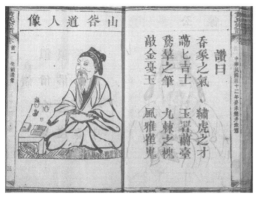

图一　　　　　　　　　　　　图二

图一为民国三十二年癸未双井堂刊《黄氏宗谱》中的山谷公像和后人为之作的像赞。图二为北宋释惠洪《石门文字禅》中的《山谷老人赞》

道光四年《义宁州志》上记载的《题黄文节公石刻像后》和黄山谷像赞

明高宗哲《历代君臣图像》中记载黄庭坚的史料

文史之三：黄庭坚相关诰敕、敕命文献。

黄庭坚考取第二甲 82 名赐进士出身的皇榜，放皇榜时间为大宋治平四年三月四日

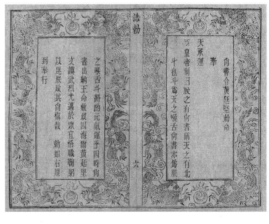

图一　　　　　　　　　　　图二

　　图一为清咸丰五年《黄氏宗谱》卷二中记载"太史赠龙图阁直学士黄庭坚谥文节议"的史料。图二为民国二十六年《黄氏家乘》上记载尚书令黄庭坚的敕命

图一　　　　　　　　　　　　　图二

　　图一为光绪癸巳年《黄氏宗谱》中记载的《宋敕黄庭坚国师归宁诰》。图二为光绪二十四年《黄氏宗谱》卷首诰敕中记载"宋太史黄文节公"的珍贵文献

同治《义宁州志》卷首记载的《宋高宗绍兴二年褒赠黄庭坚张耒晁补之秦观敕》文献

清光绪八年《黄氏宗谱》艺文类中记载黄庭坚《考功复议》的珍贵文献

修水历代进士史略

黄庭坚传世艺文文本数量览表

序号	文体	分类	数量	出处	卷数
1	赋		10		卷第一
2	楚辞		7		
3	诗	四言古	1		卷第二至卷第十
		五言古	159		
		七言古	86		
		五言律	44		
		七言律	44		
		五言绝句	29		
		六言绝句	47		
		七言绝句	175		
4	辞		103		卷第十一
5	序		12		卷第十三
6	记		29		卷第十五
7	赞		79	明周希令编的《重刻黄文节山谷先生文集》	卷第十六
8	铭		80		卷第十七
9	颂		88		卷第十八
10	论		3		卷第十九
11	表		9		卷第二十
12	奏状		3		
13	碑		2		
14	传		1		
15	杂著		7		
16	字说		26		卷第二十一
17	书		43		卷第二十二至卷第二十三
18	题跋		248		卷第二十四至卷第二十七
19	祭文		23		卷第二十八
20	墓志铭		26		卷第二十九至卷第三十
21	总计		1384		

文史之四：黄庭坚相关"诗"文献。

《山谷集》书影

《鹤林玉露》中记载的《江西诗文》　《黄山谷诗》封面书影　《黄文节公年谱》中记载的《诗派图》

图一　　　　　　　　　　　　　　图二

图一、图二为嘉庆九年刊清曾燠编辑的《江西诗徵》卷九辑录的黄庭坚诗作和黄庭坚进士小传

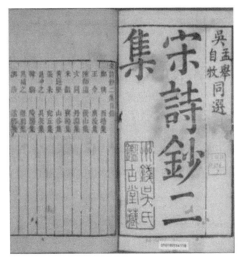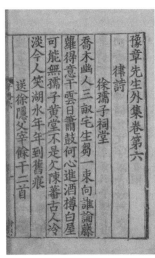

图一　　　　　　　　　　　　　图二

　　图一为康熙辛亥年编撰的《宋诗钞》二集中选录的黄庭坚诗《山谷集》。图二为《豫章先生外集》卷第六律诗中记载的《徐孺子祠堂》诗

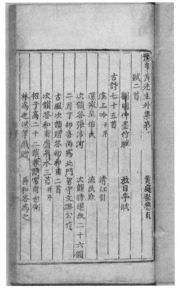

《山谷全集》封面和诗目录书影

《山谷诗注内集》封面和卷第九书影

少作

世傳山谷七歲作牧童詩云騎牛遠遠過前村吹笛風斜隔隴聞多少長安名利客機關用盡不如君　桐江詩話

魯直少警悟八歲作詩送人赴舉云送君歸去明主前

奇語

若問舊時黃庭堅謫在人間今八年此已非瞽稚語矣

山谷謂洪龜父曰甥最愛老舅詩中何語龜父舉蜂房各自開戶牖蟻穴或夢封侯王黃流不解酒明月碧樹

图一

題黃山谷詩後

蘇子瞻薦魯直有曰瑰偉之文妙絕當世孝友之行近古人平生盡之其詩與字畫持餘事爾後魯直盞禪配老晦堂開桂香悟道故超然於患難死生之表而視子瞻之論又大有逕庭矣因觀答任道教授詩評之如此使魯直復生必以予言為然

題米元章書後

元章多蓄晉人書帖作寶晉齋而其書豪放自成一家

图二

图一、图二分别为宋魏庆之撰的《诗人玉屑》和元释大䜣撰的《蒲室集》中记载黄庭坚的史料

黄庭坚一生所撰诗词甚多，据不完全统计有2393首，黄庭坚仅活了61年，平均下来每年约撰经典诗词39首。限于篇幅，本书仅选取最经典的，写尽人生

百味的 10 首千古佳作,以飨读者。

最动人的友情诗:《寄黄几复》

我居北海君南海,寄雁传书谢不能。

桃李春风一杯酒,江湖夜雨十年灯。

持家但有四立壁,治病不蕲三折肱。

想见读书头已白,隔溪猿哭瘴溪藤。

诗中名句为"桃李春风一杯酒,江湖夜雨十年灯"。曾记否,当年我俩春风下观赏桃李,共饮美酒,离别之后落魄江湖,一别已是十年,常独对孤灯,听着秋雨,思念着你。

此诗称赞黄几复廉正、干练、好学,而对其垂老沉沦的处境,深表惋惜,抒发了思念友人的殷殷之情,寄寓了对友人怀才不遇的不平与愤慨。全诗情真意厚,感人至深。

最欢快雄奇的诗:《雨中登岳阳楼望君山二首》

其一

投荒万死鬓毛斑,生出瞿塘滟滪关。

未到江南先一笑,岳阳楼上对君山。

其二

满川风雨独凭栏,绾结湘娥十二鬟。

可惜不当湖水面,银山堆里看青山。

名家张鸣评曰:"作者并不止于当前君山,而能融合今古,把眺望时的凝思引入奇境,借远来而登高,借登高而望远,借望远而怀古,借怀古而幻念,极迁想妙得之观。朱熹评山谷'措意也深',旨哉斯言!"

最隽雅绝伦的诗:《水调歌头·游览》

瑶草一何碧,春入武陵溪。

溪上桃花无数,枝上有黄鹂。

我欲穿花寻路,直入白云深处,浩气展虹霓。

只恐花深里,红露湿人衣。

坐玉石,倚玉枕,拂金徽。谪仙何处?无人伴我白螺杯。

我为灵芝仙草,不为朱唇丹脸,长啸亦何为?

醉舞下山去,明月逐人归。

名家唐圭璋称赞云:"这首词中的主人公形象,高华超逸而又不落尘俗,似非食人间烟火者。词人以静穆平和、俯仰自得而又颇具仙风道骨的风格,把自然界的溪山描写得无一点尘俗气,其实是要在想象世界中构筑一个自得其乐的世外境界,自己陶醉、流连于其中,并以此与充满权诈机心的现实社会抗争,忘却尘世的纷纷扰扰。"清代黄苏《蓼园词选》言:一往深秀,吐属隽雅绝伦。

最有哲理的诗:《牧童诗》

骑牛远远过前村,短笛横吹隔陇闻。

多少长安名利客,机关用尽不如君。

这首诗是黄庭坚七岁时所写。牧童、短笛、老牛,三者常完美地组合在一起,构成了一幅清新悠闲、朴实无华的田园风光。牧童世界的美好饱含着诗人的社会理想,也体现了诗人独特的批判视角。此诗表达了作者赞颂牧童清闲自在、不追求名利的生活情怀,他认为人应活得悠闲淡泊,不应受名利所驱。不浮躁,不贪婪,只有把生活表面的花哨除去,才能从容踏上远方的路。

最孤独寂寞的诗:《登快阁》

痴儿了却公家事,快阁东西倚晚晴。

落木千山天远大,澄江一道月分明。

朱弦已为佳人绝,青眼聊因美酒横。

万里归船弄长笛,此心吾与白鸥盟。

"至宋之山谷,诚不免粗疏涩僻之病。至其意境天开,则实能辟古今未泄之奥妙。而《登快阁》诗亦其一也。顾诋为小儿语,不知何处有此等小儿能具如许胸襟也。"清张宗泰如此评价之。

最空灵清逸的词:《清平乐·春归何处》

春归何处? 寂寞无行路。

若有人知春去处,唤取归来同住。

春无踪迹谁知? 除非问取黄鹂。

百啭无人能解,因风飞过蔷薇。

薛砺若《宋词通论》:山谷词尤以《清平乐》为最新,通体无一句不俏丽,而结句"百啭无人能解,因风飞过蔷薇",不独妙语如环,而意境尤觉清逸,不着色相。为山谷词中最上上之作,即在两宋一切作家中,亦找不着此等隽美的作品。

虢寿麓《历代名家词百首赏析》:这是首惜春词。耳目所触,莫非初夏景物。

而春实已去。飘然一结,淡雅饶味。通首思路回环,笔情跳脱,全以神行出之,有峰回路转之妙。

最消极伤感的诗:《清明》

佳节清明桃李笑,野田荒冢只生愁。

雷惊天地龙蛇蛰,雨足郊原草木柔。

人乞祭余骄妾妇,士甘焚死不公侯。

贤愚千载知谁是,满眼蓬蒿共一丘。

此诗作于诗人被贬宜州期间。官场受挫,仕途不顺,很自然地会令人对自身的人生价值产生怀疑。齐人骄其妻妾卑下若此,介子推焚死山中高义如是,然而如今千载之后不过各自一抔黄土而已。那么诗人自己坚持信念的理由何在呢? 这是对前途的迷茫,对人生无常的感慨,对人生价值的怀疑。然而,诗人终究不是轻易就会被击倒的。现今齐人、晋士虽然都变成了一蓬蒿草,但是人生的意义却不尽相同,千载贤愚,谁不尽知? 这其实也可以看成作者对自己的一种勉励。情感复杂,应如是也。

最豪迈乐观的诗:《念奴娇·断虹霁雨》

八月十七日,同诸生步自永安城楼,过张宽夫园待月。偶有名酒,因以金荷酌众客。客有孙彦立,善吹笛。援笔作乐府长短句,文不加点。

断虹霁雨,净秋空,山染修眉新绿。桂影扶疏,谁便道,今夕清辉不足? 万里青天,姮娥何处,驾此一轮玉。寒光零乱,为谁偏照醽醁?

年少从我追游,晚凉幽径,绕张园森木。共倒金荷,家万里,难得尊前相属。老子平生,江南江北,最爱临风曲。孙郎微笑,坐来声喷霜竹。

最伤感忧郁的诗:《虞美人·宜州见梅作》

天涯也有江南信。梅破知春近。夜阑风细得香迟。不道晓来开遍、向南枝。

玉台弄粉花应妒。飘到眉心住。平生个里愿杯深。去国十年老尽、少年心。

此词作于宋徽宗崇宁三年(1104年)到达宜州的当年冬天。

此词以咏梅为中心,把天涯与江南、垂老与少年、去国十年与平生作了一个对比性总结,既表现出天涯见梅的喜悦、朝花夕拾的欣慰,又抒写不胜今昔之慨,表现出作者心中郁结的不平与愤懑。

这首词写得极为深挚,是黄庭坚孤清抑郁的人格风貌的写照。在人与花的对照中,依然可见黄庭坚正直不屈的人格。

最快意清凉的诗:《鄂州南楼书事》

四顾山光接水光,凭栏十里芰荷香。

清风明月无人管,并作南楼一味凉。

清代冒春荣《葚原诗说》:山谷此诗确有太白的遗响,写景清新淡雅,抒情含蓄蕴藉而颇有理致。此诗通体散行,一意直叙如流水淙淙,直归于结句的"凉"字,而又妙在点到即止,留下了玩味想象的余地。诗句在散行中又参以当句相对,如首句之"山光"对"水光",第三句之"清风"对"明月"往复回环,摇曳生姿,增添了声情之美。笔者编著的《修水历代进士诗徵》一书有较详细的论述。

附:

排序	姓名	诗	词	文	作品总量
1	周必大	870	17	4770	5657
2	杨万里	4284	8	1137	5429
3	黄庭坚	2196	193	2603	4992
4	朱熹	1454	20	3428	4902
5	欧阳修	957	242	2580	3779
6	王安石	1749	29	1584	3362
7	洪适	796	108	1420	2324
8	刘敞	1728	2	479	2209
9	刘攽	1278		631	1909
10	文天祥	978	9	707	1694

数据来自《宋代江西地图》

文史之五:黄庭坚相关书法、摩崖石刻文献。

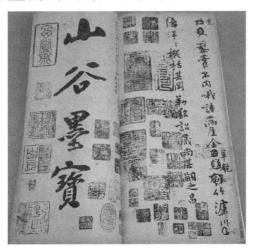

黄庭坚《幽兰赋》中的碑刻细节（局部）

黄庭坚行草书法《大江东去》原刻拓本（局部）　　　黄庭坚《诸上座帖》（局部）

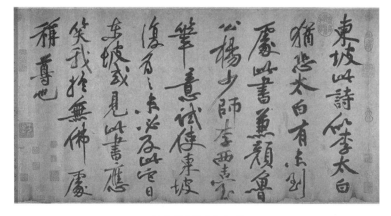

黄庭坚《论书》行书

  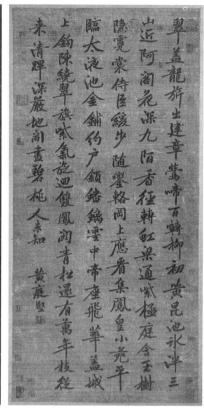

黄庭坚书法四条　　　　　　　黄庭坚书法

黄庭坚书法

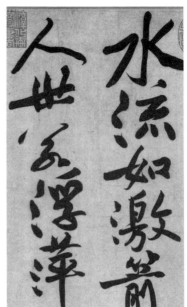

黄庭坚《怀人五绝》大字书法（局部）

涪翁題名正書篆二寸凡三行行三字

元符庚辰涪翁來

輿地紀勝紹聖丁丑伊川先生來涪於北巖晉靜院開堂

傳易閱再歲而成元符庚辰徙夷陵會太史黃公自沱移

戎過其堂因榜曰鉤深按此題名七字蓋同時所書也

　　黄庭坚题"元符庚辰涪翁来"。该书法称《白鹤梁题字》，亦称《石鱼题名》行书墨拓，3行，7字。书于元符三年，刻于四川涪陵的白鹤梁。此拓藏于上海博物馆。编者在中国国家图书馆找到清光绪年间姚觐元、钱保塘撰的《涪州石鱼文字所见录》文献

修水历代进士史略

位于修水双井的"钓矶"二字，无独有偶，编者在南山崖"佛"字右侧石崖发现字体较小的"钓矶"二字

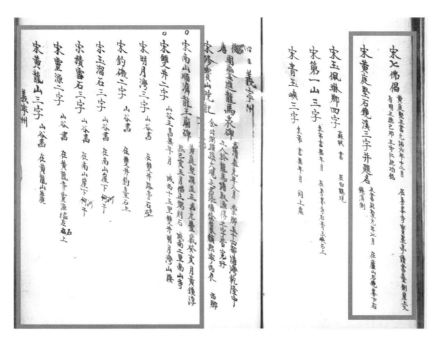

清吴式芬撰的《江西金石存佚总目》中记载山谷刻有南山顺济龙王庙碑、双井、明月湾、钓矶、玉溜石、积雪石、灵源、黄龙山等石刻文献。据编者考证，如今现存的仅有南山顺济龙王庙碑、双井、灵源、黄龙山石刻。据本书记载，山谷于武宁县龙潭书有"龙潭清影"四字，星子县书有"七佛偈""石镜溪"等石刻

文史之六：黄庭坚相关“赋”文献。

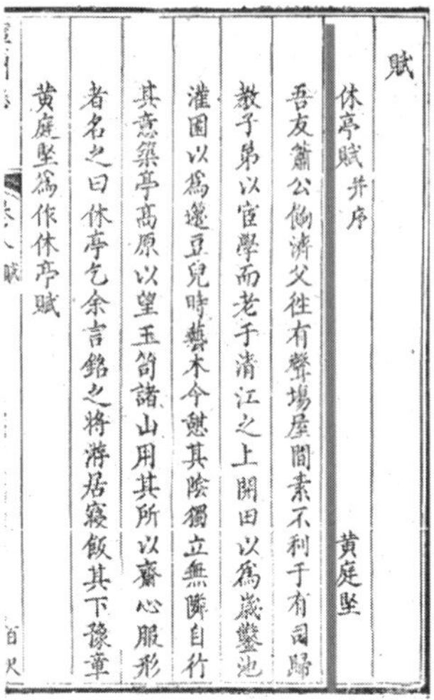
赋
休亭赋并序　黄庭坚
吾友萧公倘济父往有弊场屋间素不利于有司归
教子弟以宦学而老于清江之上开田以为岁凿池
灌圃以为笾豆儿时艺木今郁其阴独立无邻自行
其意筑亭高原以望玉笥诸山用其所以斋心服形
者名之曰休亭乞余言铭之将游居寝饭其下豫章
黄庭坚为作休亭赋

图一

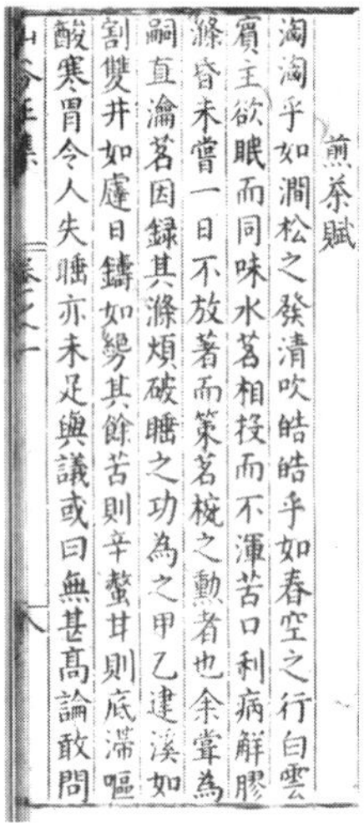
煎茶賦
洶洶乎如澗松之發清吹皓皓乎如春空之行白雲
賓主欲眠而同味水茗相投而不渾苦口利病解膠
滌昏未嘗一日不放著而策茗椀之勳者也余嘗為
嗣直瀹茗因録其滌煩破睡之功為之甲乙建溪如
割雙井如𨅊日鑄如絜其餘苦則辛螫甘則底滯嘔
酸寒胃令人失睡亦未足與議或曰無甚高論敢問

图二

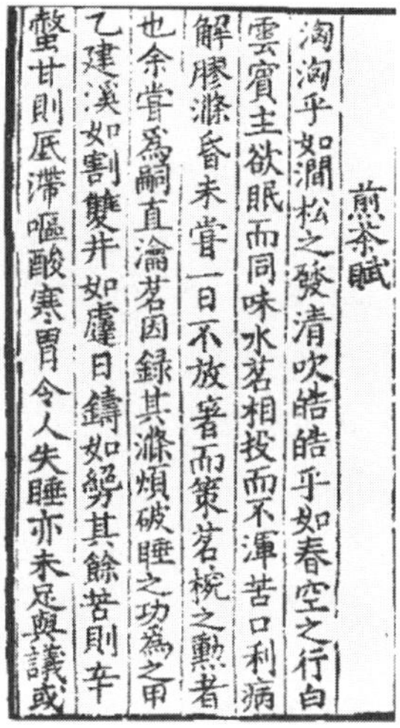
煎茶賦
洶洶乎如澗松之發清吹皓皓乎如春空之行白
雲賓主欲眠而同味水茗相投而不渾苦口利病
解膠滌昏未嘗一日不放著而策茗椀之勳者
也余嘗爲嗣直瀹茗因録其滌煩破睡之功爲之甲
乙建溪如割雙井如𨅊日鑄如絜其餘苦則辛
螫甘則底滯嘔酸寒胃令人失睡亦未足與議或

图三

图一为乾隆《宁州志》上记载黄庭坚撰的《休宁赋》并序（节选）。图二、图三分别为明里人周希令编的《重刻黄文节山谷先生文集》卷一、北宋黄庭坚撰的《豫章黄先生文集》中记载的《煎茶赋》（节选），两书均记载了黄庭坚的10篇赋

文史之七：黄庭坚相关“楚辞”文献。

元祝尧撰的《古赋辩体》云：“山谷长于诗，而尤以楚辞自喜，然不诗若者，以其大有意于奇也。晦翁云：古人文章，大率只是平说而意自长。如离骚，只是平白说去，自是好。后来黄鲁直恁地著气力做，只是不好。”

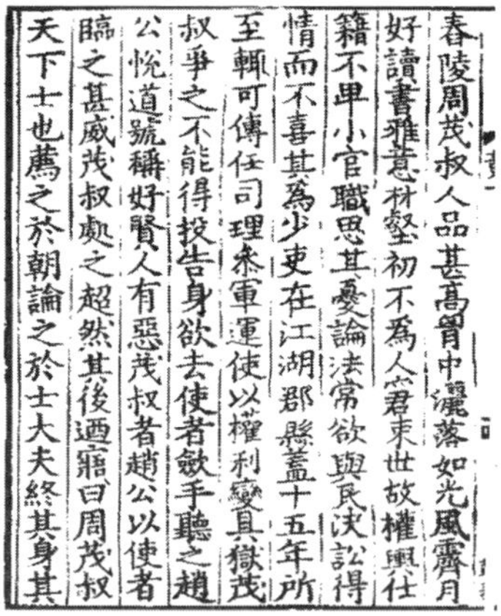
春陵周茂叔人品甚高胷中灑落如光風霽月
好讀書雅意林壑初不爲人窘束世故權輿仕
籍不卑小官職思其憂論法常欲與民決訟得
情而不喜其爲少吏在江湖郡縣蓋十五年所
至輒可傳任司理參軍運使以權利變具獄茂
叔爭之不能得投告身欲去使者斂手聽之趙
公悅道號稱好賢人有惡茂叔者趙公以使者
臨之甚威茂叔處之超然其後通守曰周茂叔
天下士也薦之於朝論之於士大夫終其身其

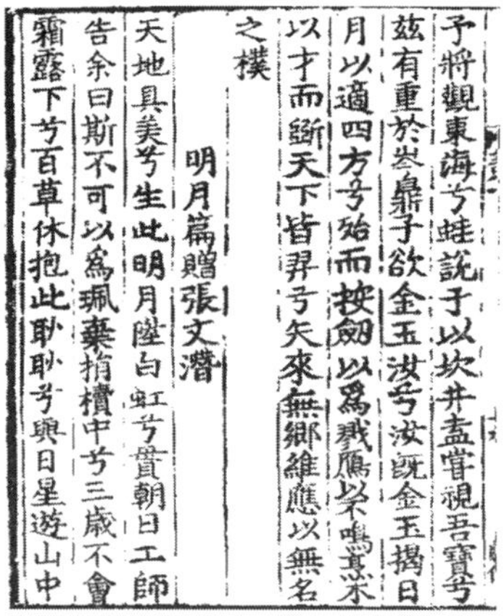
予將觀東海兮蛙說予以坎井盍嘗視吾寶兮
茲有重於岑鼎予欲金玉汝兮汝既金玉揭日
月以適四方兮殆而按劒以爲我鷹鳴寬求
以才而斷天下皆羿兮矢來無鄉維應以無名
之樸
明月篇贈張文潛
天地具美兮生此明月陛白虹兮貫朝日工師
告余曰斯不可以爲珮藥捐櫝中兮三歲不會
霜露下兮百草休抱此耿耿兮與日星遊山中

北宋黄庭坚撰的《豫章黄先生文集》卷一记载：“濂溪诗云：春陵周茂叔，人品甚高，胸中洒落，如光风霁月。好读书，雅意林壑初，不为人窘束……”

文史之八：黄庭坚相关“序”文献。

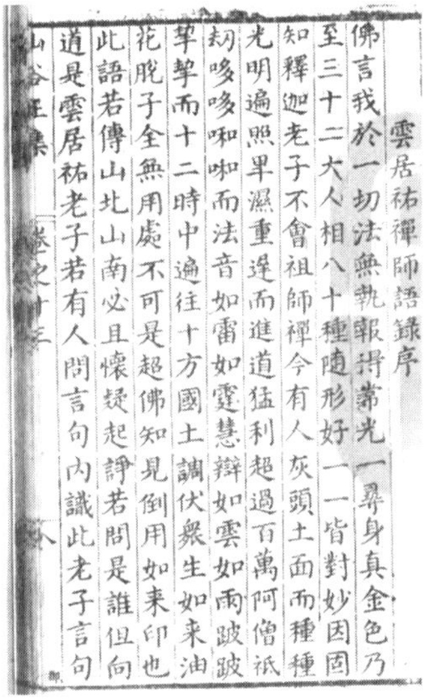

雲居祐禪師語錄序
佛言我於一切法無執報得蕭光一尋身真金色乃
至三十二大人相八十種隨形好一一皆對妙因因
知釋迦老子不會祖師禪令有人灰頭土面而種種
光明遍照畢竟重遲而進道猛利超過百萬阿僧祇
劫哆哆啝啝而法音如雷如霆慧辯如雲如雨跛跛
挈挈而十二時中遍往十方國土調伏衆生如来油
花胯子全無用處不可是超佛知見倒用如来印也
此語若傳山北山南必且懷疑起諍若問是誰但向
道是雲居祐老子若有人問言句内識此老子言句

图一

周渤字序
輒奉字曰惟深頗與名相稱滄溟渤澥所以能
無不容惟其深而已傳曰惟深也故能通天下
之志此德人之事業也彼得一先生之言則暖
暖姝姝惟其淺而已坳堂之上覆杯水焉置杯
則膠矣未嘗鉤致已之深遠安能通天下之志
哉古之人能知殊塗而同歸百慮而一致者無

陳師道字序
師道陳氏懷璧連城字曰無己我琢爲萬乘之
器維求王明我則無師道則是我其師道蓋水而爲波
高明一路入自聖門觀己無己而我尚何存入
以萬物出以萬物散聚法窟伏與用其律其入無底其出

图二

图一为明里人周希令《重刻黄文节山谷先生文集》卷十二中记载的《云居祐禅师语录序》。图二为北宋黄庭坚撰的《豫章黄先生文集》卷十六中记载的《陈师道字序》《周渤字序》

2024 年 6 月 29 日，编者到四都镇清水村办事，无意中寻访到《熊氏宗谱》，在谱内大事记中发现大宋元祐八年翰林院龙图阁大学士黄庭坚为熊氏重修族谱赐序。

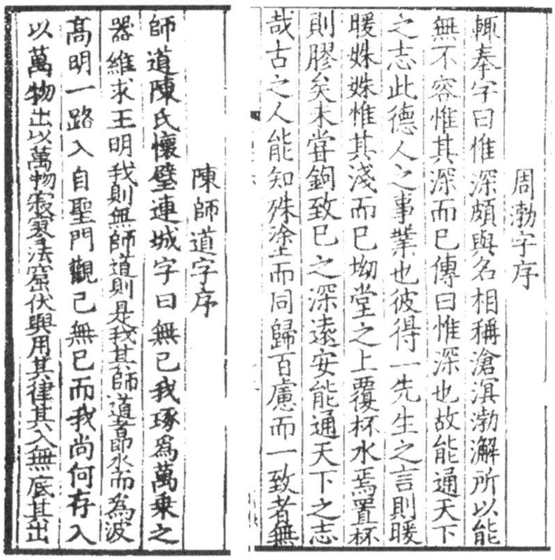

熊氏重修族谱序

宗法之废久矣，君子幸于族谱而得遗意焉。夫亲尽服穷则寝疏矣，有谱以叙之，则虽支分派别而一本共源之义，犹敦同姓之亲也，其于古人别生分类之意，殆庶几乎。豫章熊氏之先自黄帝有熊氏之后，绵历至于鬻熊为文王，师著书迄今也有三十八代焉。七世祖审常公仿欧阳永叔先生创修家谱，所谓族之有谱，死者不已，生者有传序之，百世而不泯，族之有谱由来尚矣。

……盖深念夫木本水源之意而又以示夫后之子孙，俾知前人之所以显大者，实由世德之积有不可之亘者，予嘉其立心之仁，故为书此于谱右，以为序。

旹　大宋元祐八年(1093)吉旦

翰林院官拜龙图阁大学士黄庭坚　撰

注：本序为节选，编者对照《江西丰城龙湖熊氏初修族谱序》有校正。

文史之九：黄庭坚相关"词"文献。

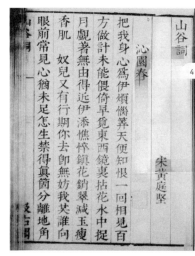

词目录和《沁园春》词

文史之十：黄庭坚相关"记"文献。

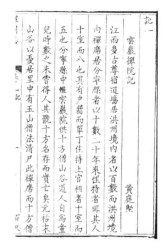

图一　　　　　　　　　　　图二

图一为乾隆《宁州志》上记载黄庭坚撰的《云岩禅院记》。图二为北宋黄庭坚《豫章黄先生文集》卷十七中记载黄庭坚撰的《太平州芜湖县吉祥禅院记》

清水岩记

黄庭坚

彼险而我易，则传说。熙然于版筑之间，无骜世不顾之讥。彼易而我险，则虞芮二子，释然于岐山之下，得迁善不争之美。由是观之，险易之实在人心，不在山川。夫其与常相倚也，险与易相乘也。古之人，正心诚意，而游于万物之表，故天经我之陈迹也。山林冠冕，吾又何择焉？因圣庚论好奇履险，故发予之狂言。

文史之十一：黄庭坚相关“赞”文献

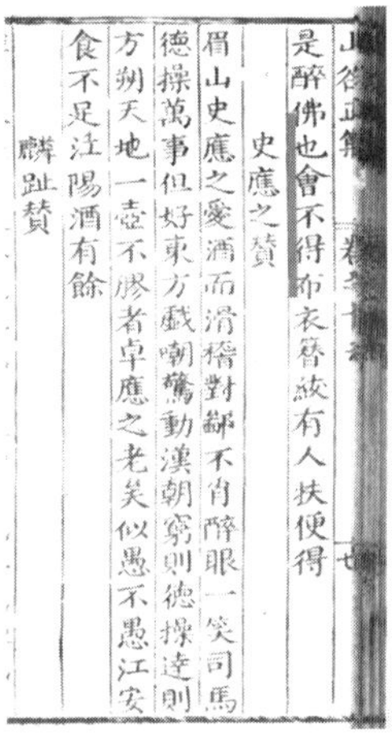
是醉佛也會不得布衣簪菽有人扶便得
史應之贊
眉山史應之愛酒而滑稽對鄙不肖醉眼一笑司馬
德操萬事但好東方戲嘲驚動漢朝窮則德操達則
方朔天地一壺不勝者卓應之老矣似愚不愚江安
食不足江陽酒有餘
麟趾贊

图一

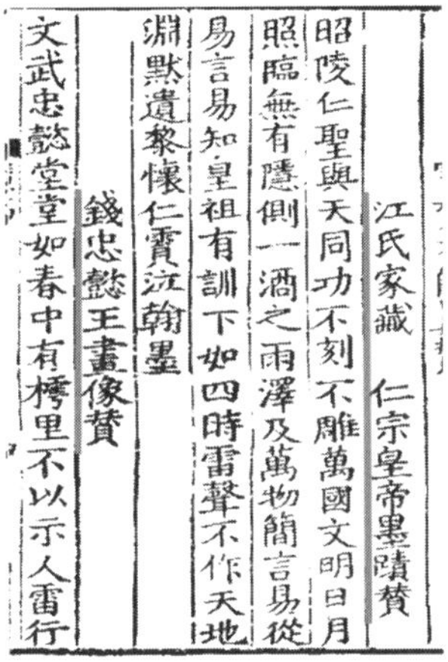
江氏家藏仁宗皇帝墨蹟贊
昭陵仁聖與天同功不刻不雕萬國文明日月
照臨無有隱側一洒之雨澤及萬物簡言易從
易言易知皇祖有訓下如四時雷聲不作天地
淵默遺黎懷仁實泣翰墨
錢忠懿王畫像贊
文武忠懿堂堂如春中有樗里不以示人雷行

图二

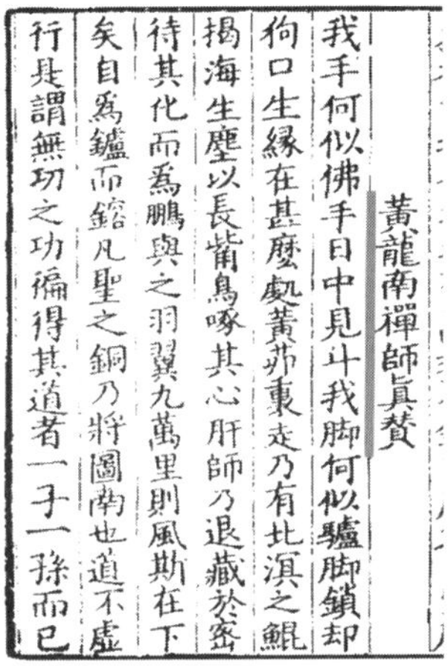
黃龍南禪師真贊
我手何似佛手日中見斗我脚何似驢脚鎖却
狗口生緣在甚麼處黃芥東走乃有北溟之鯤
揭海生塵以長觜鳥啄其心肝師乃退藏於密
待其化而為鵬與之羽翼九萬里則風斯在下
矣自為鑪而鎔凡聖之銅乃將圖南也道不虛
行是謂無功之功徧得其道者一子一孫而已

图三

图一为明里人周希令编的《重刻黄文节山谷先生文集》卷十六中记载的《史应之赞》。图二、图三分别为北宋黄庭坚《豫章黄先生文集》卷十四中记载的《江氏家藏仁宗皇帝墨迹赞》《钱忠懿王画像赞》和《黄龙南禅师真赞》

文史之十二：黄庭坚相关“铭”文献。

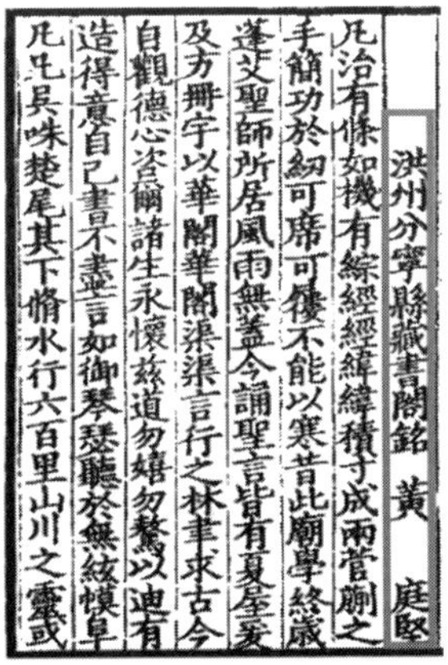
洪州分寧縣藏書閣銘 黃庭堅
凡治有條如機有綜經經緯緯積寸成兩菅蒯之
手簡功於紉可席可屨不能以寒昔此廟學終歲
蓬艾聖師所居風雨無蓋今謂聖言皆有夏屋爰
及方冊字以華閣華閣渠渠言行之林聿求古今
自覲德心咨爾諸生永懷茲道勿嬉勿驁以迪有
造得意自己書不盡言如御琴瑟聽於無絃慎阜
凡凡兵味斐尾其下脩水行六百里山川之靈或

图一

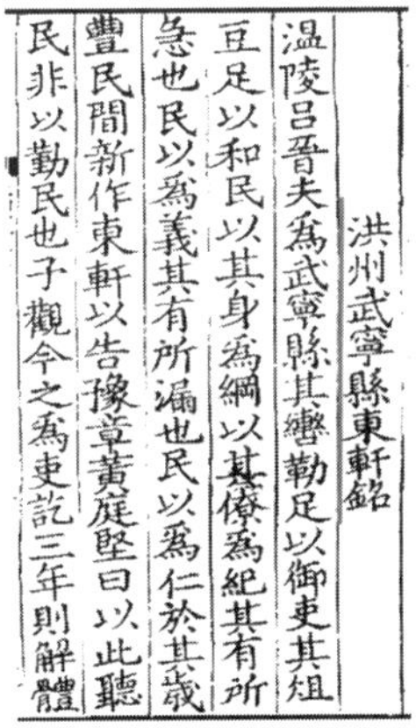
洪州武寧縣東軒銘
溫陵呂晉夫為武寧縣其轡勸足以御吏其俎
豆足以和民以其身為綱以其僚為紀其有所
急也民以為義其有所漏也民以為仁於其歲
豐民間新作東軒以告豫章黃庭堅曰以此聽
民非以勤民也子觀今之為吏訖三年則解體

图二

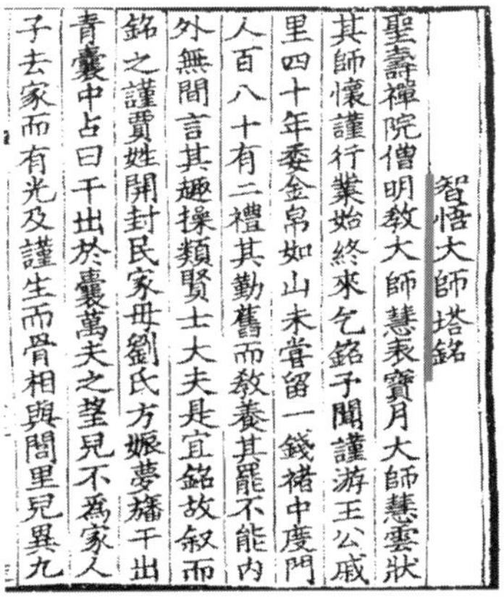
智悟大師塔銘
聖壽禪院僧明教大師慧表實月大師慧雲狀
其師懷謹行業始終來乞銘予聞謹游王公戚
里四十年委金帛如山未嘗留一錢補中度門
人百八十有二禮其勤舊而教養其罷不能內
外無間言其趣操類賢士大夫是宜銘故叙而
銘之謹賈姓開封民家母劉氏方娠夢嬉千出
青囊中占曰千出於囊萬夫之望兒不為家人
子去家而有光及謹生而骨相與閭里兒異九

图三

图一为南宋吕祖谦《皇朝文鉴》中记载黄庭坚撰的《洪州分宁县藏书阁铭》（节选）。图二为北宋黄庭坚《豫章黄先生文集》卷十四中记载的《洪州武宁县东轩铭》（节选）。图三为北宋黄庭坚《豫章黄先生文集》中记载的《智悟大师塔铭》

文史之十三：黄庭坚相关"颂"文献。

图一　　　　　　　图二　　　　　　　图三

图一、图二为明里人周希令《重刻黄文节山谷先生文集》卷十八中记载的《具茨颂》（节选）和《安乐泉颂》。图三为北宋黄庭坚《豫章黄先生文集》卷十五中记载的《为黄龙心禅师烧香颂三首》

文史之十四：黄庭坚相关"论"文献。

图一　　　　　　　图二

图一为明里人周希令《重刻黄文节山谷先生文集》卷十九中记载的《庄子内篇》（节选）。图二为北宋黄庭坚撰《豫章黄先生文集》卷二十中记载的《论语断篇》（节选）

文史之十五：黄庭坚相关“表”文献。

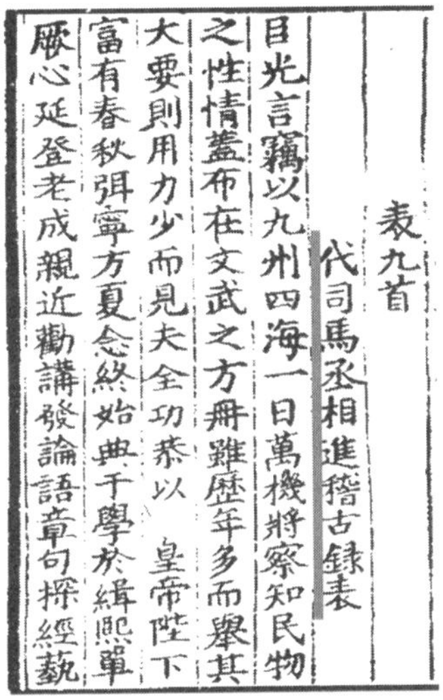

图一

表九首

代司馬丞相進稽古錄表

目光言竊以九州四海一日萬機將察知民物之性情蓋布在文武之方冊難歷年多而察其大要則用力少而見功恭以　皇帝陛下富有春秋弸寧方夏念終始典于學於緝熙單厥心延登老成親近勸講發論語章句探經蓺

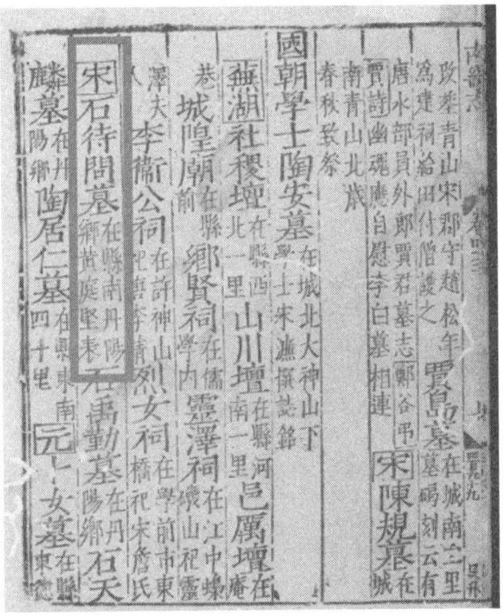

图二

（《南畿志》书影，含“宋石待問墓”等史料）

图一为北宋黄庭坚《豫章黄先生文集》卷二十中记载的《代司马丞相进稽古录表》（节选）。图二为明陈沂《南畿志》中记载黄庭坚的史料

文史之十六：黄庭坚相关“奏状”文献。

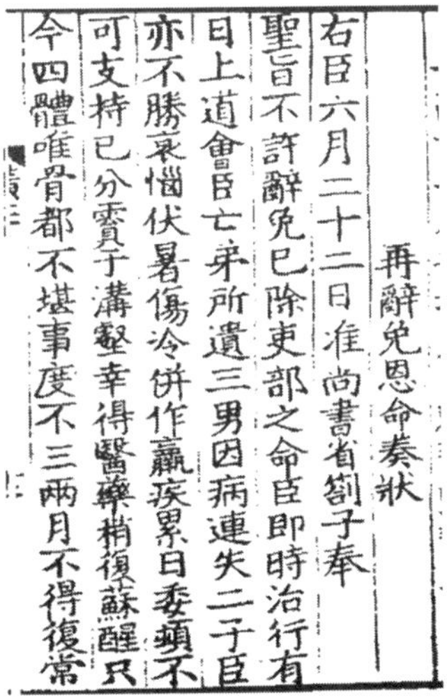

图一

再辭免恩命奏狀

右臣六月二十二日准尚書省劄子奉
聖旨不許辭免臣已除吏部之命臣即時治行有日上道會臣七弟所遺三男因病連失二子臣可支持已分賣于溝壑幸得醫藥稍復蘇醒只亦不勝承惘伏暑傷冷併作羸疾累日委頓不今四體唯骨都不堪事度不三兩月不得復常

图二

奏狀三首

修神宗實錄乞外任奏狀

無任

朝大典實録以為榮而臣才不逮人讀書有數見伏念臣日者蒙恩待罪著作討論史事預聞聖月在上葵敢志於傾心報德無階惟忠與孝臣鄉多惟苦霧常陰木石為親柳或幾於生肘日於寒餓兒女未知存亡不敢每懷惟深自愁窮感極涕零重念臣萬里戴天一身形影兄弟濱

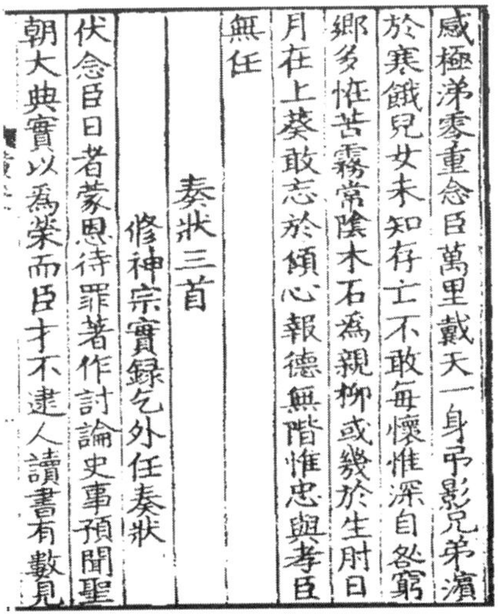

图一、图二分别为北宋黄庭坚撰的《再辞免恩命奏状》《修神宗实录乞外任奏状》

文史之十七：黄庭坚相关"碑"文献。

图一　　　　　　　　图二

图一为北宋黄庭坚《豫章黄先生文集》卷二十四记载的《全川盘石庙碑》。图二为宋王象之《舆地碑记目》中记载黄庭坚的史料

图一　　　　　　　　图二　　　　　　　　图三

图一为《御制戒石铭》碑。图二为明毛晋《牧云和尚懒斋别集》中记载的《题黄山谷书狄梁公碑》。图三为清李光地等撰《月令辑要》中记载黄庭坚的史料

文史之十八：黄庭坚相关"传"文献。

明里人周希令《重刻黄文节山谷先生文集》卷二十九中记载的《董隐子传》（节选）

文史之十九：黄庭坚相关"杂著"文献。

北宋黄庭坚《豫章黄先生文集》卷二十中记载的《解疑》《徐氏二子祝祠》《书萍乡县厅壁》

文史之二十：黄庭坚相关"字说"文献。

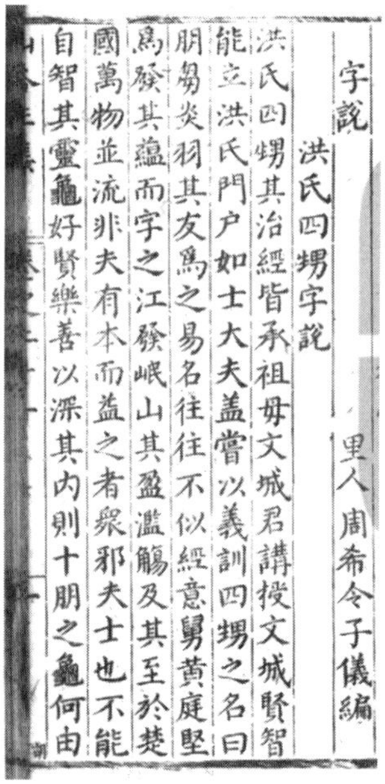
字說

洪氏四甥字說

里人周希令子儀編

洪氏四甥其治經皆承祖母文城君講授文城賢智能立洪氏門户如士大夫蓋嘗以義訓四甥之名曰朋曰芻曰炎曰羽其友爲之易名往往不似經意舅黄庭堅爲發其藴而字之江發岷山其盈濫觴及其至於楚國萬物並流非夫有本而益之者衆邪夫士也不能自智其靈龜好賢樂善以深其内則十朋之龜何由

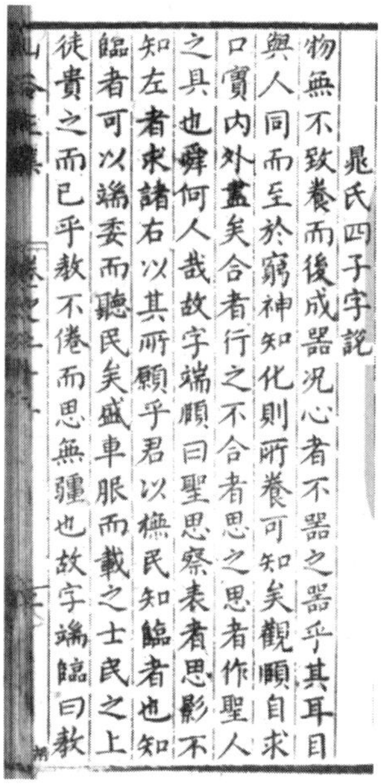
晁氏四子字說

物無不致養而後成器況心者不器之器乎其耳目與人同而至於窮神知化則所養可知矣觀頤自求口實内外盡矣合者行之不合者思之思者作聖人之具也舜何人哉故字端頤曰聖思察表者思影不知左者求諸右以其所願乎君以撫民知臨者也知臨者可以端委而聽民矣盛車服而載之士民之上徒貴之而已乎教不倦而思無彊也故字端臨曰教

明里人周希令《重刻黄文节山谷先生文集》卷二十一中记载的《洪氏四甥字说》《晁氏四子字说》

文史之二十一：黄庭坚相关“书”文献。

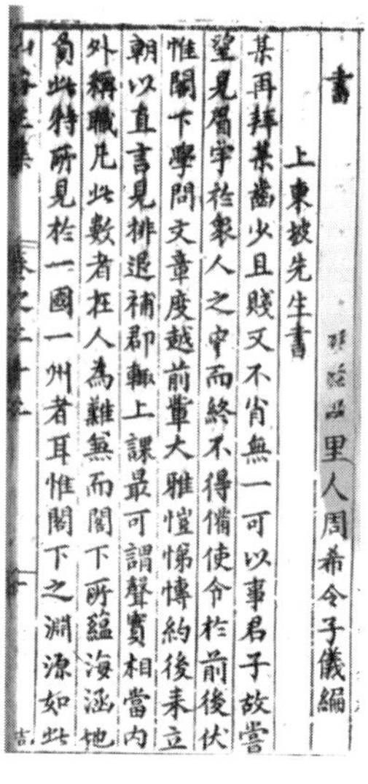
書

上東坡先生書

里人周希令子儀編

某再拜某齒少且賤又不肖無一可以事君子故嘗望見眉宇於衆人之中而終不得備使令於前後伏惟閣下學問文章度越前輩大雅愷悌博約後來立朝以直言見排退補郡輒上課最可謂聲實相當内外稱職凡此數者在人爲難兼而閣下所蘊海涵地負此特所見於一國一州者耳惟閣下之淵源如此

图一

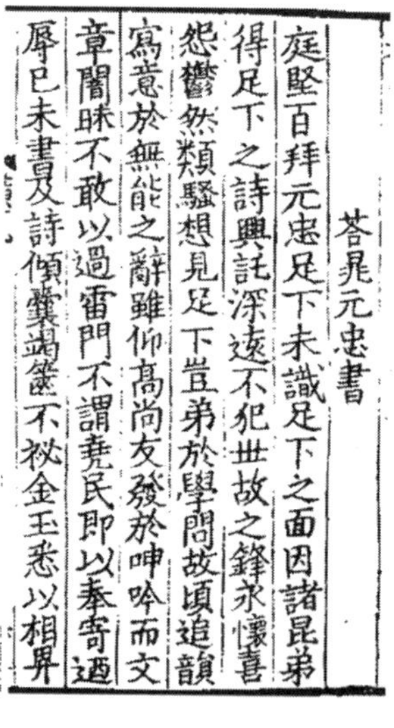
答晁元忠書

庭堅百拜元忠足下未識足下之面因諸晁弟得足下之詩興託深遠不犯世故之鋒求懷喜怨鬱然類騷想見足下豈弟於學問故須追韻寫意於無能之辭雖仰高尚友發於呻吟而文章闇昧不敢以過雷門不謂堯民即以奉寄適辱已未書及詩傾囊竭篋不啻金玉悉以相畀

图二

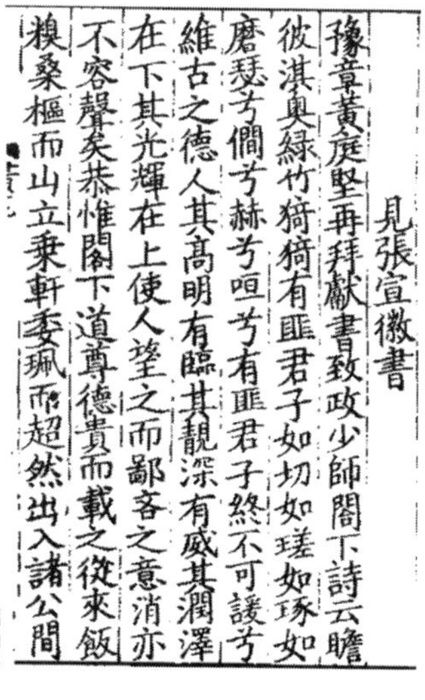
見張宣徽書

豫章黄庭堅再拜獻書致政少師閣下詩云瞻彼淇奥綠竹猗猗有匪君子如切如磋如琢如磨瑟兮僩兮赫兮咺兮有匪君子終不可諼兮維古之德人其高明有臨其靚深有威其潤澤在下其光輝在上使人望之而鄙吝之意消亦不容聲矣恭惟閣下道尊德貴而載之從來飯糗桑樞而山立乘軒委珮而超然出入諸公間

图三

图一为明里人周希令《重刻黄文节山谷先生文集》卷二十二中记载的《上东坡先生书》。图二、图三为北宋黄庭坚《豫章黄先生文集》卷十九中记载的《答晁元忠书》《见张宣徽书》

文史之二十二：黄庭坚相关"题跋"文献。

山谷题跋　又赏斋空本　宋袁率题

钦定四库全书
苏门六君子文粹卷四十
豫章文粹三
宋　黄庭坚　撰
题跋
书陶渊明责子诗后 新添
观渊明之诗想见其人岂弟慈祥戏谑可观也俗人便
谓渊明诸子皆不肖而渊明愁欢见於诗可谓痴人前
不得说梦也

黄庭坚撰的《苏门六君子文粹》中的题跋

清劲品也左方宋元人题识甚多世谓首阳之节韩
子之文与文正之书同为三绝范氏子孙尝模以刻
石真笔今存义庄
范文正公伯夷颂跋　范文正公书伯夷颂极得前人
笔意盖正书易为俗而小楷勤于清劲有精神如斯人
不必以书立名于来世也然翰墨乃工如此盖喜多能
虽大贤不免焉黄庭坚题 山谷题跋
范文正伯夷颂题跋一卷详载铁网珊瑚中词多不

常华法盖永同隋之气留金学元常困如近世宋宣献
黄山谷跋武德帖云武德中省曹符移掌薄摘有锺元
氏人物山水旨妙绝亦奇品也
宋绶
闲钱舜太湖图在洞庭蔡氏前后赤壁图住震泽王
塞之气耳
钱逸字舜举吴兴人小楷亦有法但未能脱去宋季
谓其胸次不在帝下也

图一　　　　　　　　　图二

图一为黄庭坚撰的《范文正公伯夷颂跋》。图二为张丑撰的《清河书画舫》
中记载黄庭坚题跋的史料

文史之二十三：黄庭坚相关"山谷祠"文献。

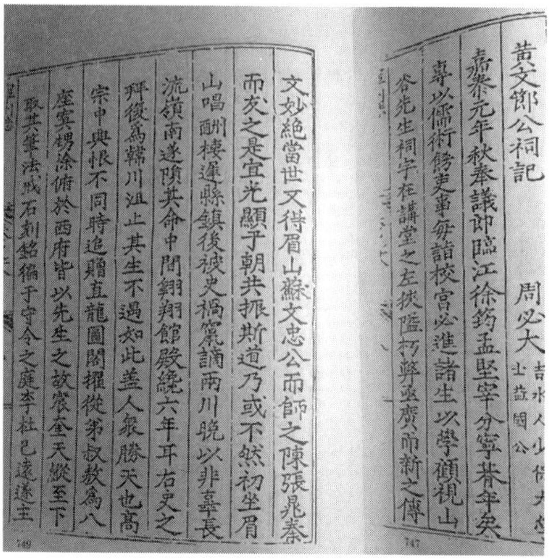

黃文節公祠記　周必大

嘉泰元年秋奉議郎臨江徐豹孟堅宰分寧者年矣尊以儒術飭吏事每詣校宮必進諸生以學顧視山谷先生祠宇在講堂之左狹隘圮弊亟廣而新之傳

文妙絕當世又得眉山蘇文忠公而師之陳張晁秦而友之是宜光顯于朝共振斯道乃或不然初坐眉山唱酬棲遲縣鎮後被史禍竄謫兩川晚以非辜長流嶺南遂隕其命中間翱翔館殿纔六年耳右史之拜復爲輔川沮止其生不過如此蓋人衆勝天也高宗中興恨不同時追贈直龍圖閣擢從弟叔敖爲八座寘甥徐俯於西府皆以先生之故寵奎天縱至下取其筆法戕石刻銘徧于守令之庭李杜已遠遂主

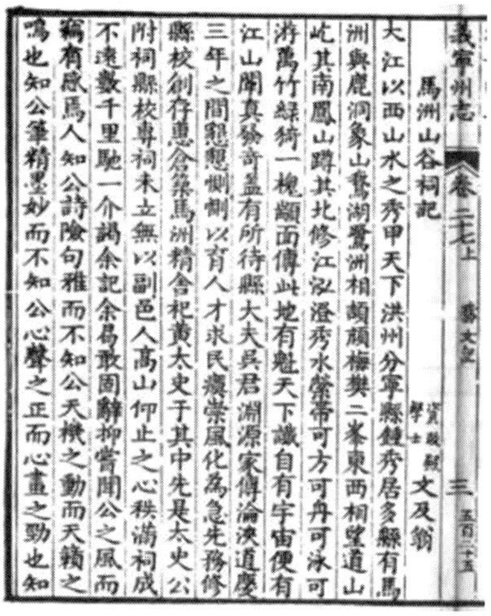

義寧州志　卷二十七上　藝文志

馬洲山谷祠記　資政殿學士　文及翁

大江以西山水之秀甲天下洪州分寧縣鍾秀居多縣有馬洲與鹿洞象山鵞湖鷺洲相頡頏梅槃二峯東西相望道山屹其南鳳山踞其北修江泓澄秀水縈帶可方可舟可泳可游萬竹綠猗一椀頫面傳此地有魁天下識自有宇宙便有江山關真發奇蓋有所待縣大夫吳君淵源家傳論漢道慶三年之間懇懇惻惻以育人才求民瘼崇風化爲急先務修縣校創存惠倉築馬洲精舍祀黃太史于其中先是太史公附祠縣校專祠未立無以副邑人高山仰止之心秩滿祠成不遠數千里馳一介謁余記余曷敢固辭抑嘗聞公之風而竊有感焉人知公詩險句雅而不知公天機之動而天籟之鳴也知公筆精墨妙而不知公心聲之正而心畫之勁也知

三　五百二十五

图一　　图二

图一为明嘉靖《宁州志》上记载周必大的《黄文节公祠记》（节选）。图二为《义宁州志》上记载祀黄庭坚祠的《马洲山谷祠记》

黄鲁直得洪州解头，赴省试，公与乔希圣数人待榜。相传鲁直为省元，同舍置酒。有仆自门披发大呼而入，举三指。问之，乃公与同舍三人，鲁直不与。坐上数人皆散去，至有流涕者，鲁直饮酒自若。饮酒罢，与公同看榜，不少见于颜色。见《宋代科举资料长编》。

文史之二十四：黄庭坚相关“名句”文献。

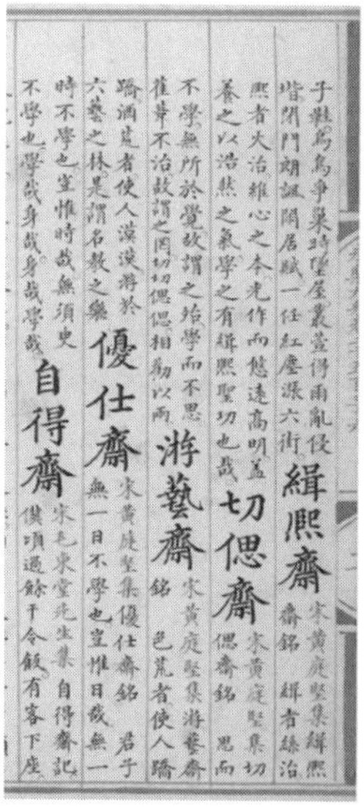

緝熙齋　宋黃庭堅集緝熙齋銘

切偲齋　宋黃庭堅集切偲齋銘

游藝齋　宋黃庭堅集游藝齋銘　色荒者使人蹻蹻酒荒者使人漠漠游於六藝之林是謂名教之樂

優仕齋　宋黃庭堅集優仕齋銘

自得齋　宋毛東堂先生集自得齋記

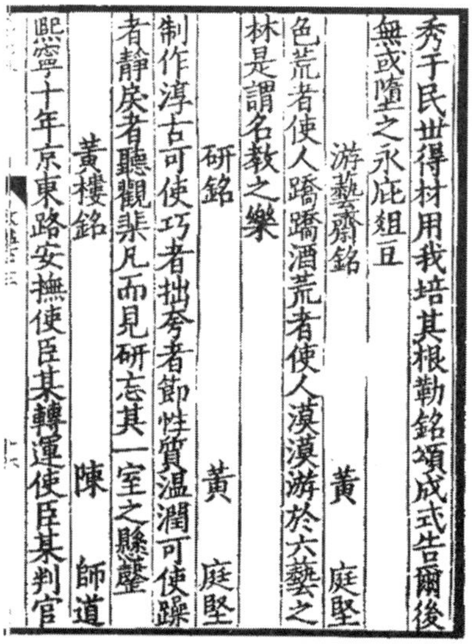

秀于民世得材用我培其根勒銘頌成式告爾後無或墮之永庇俎豆

游藝齋銘　黃庭堅

色荒者使人蹻蹻酒荒者使人漠漠游於六藝之林是謂名教之樂

研銘　黃庭堅

制作淳古可使巧者拙夸者節性質溫潤可使躁者靜戾者聽觀非凡而見研志其一室之懸磬

黃樓銘　陳師道

熙寧十年京東路安撫使臣某轉運使臣某判官

图一　　图二

图一为明解缙《永乐大典》中记载《宋黄庭坚集》的斋铭。图二为南宋吕祖谦《皇朝文鉴》中记载黄庭坚铭文的史料

民国辛未重修的《太原祝氏宗谱》中记载黄庭坚的史料

黄庭坚《送徐景道尉武宁二首其一》诗云："当官莫避事，为吏要清心。"

黄庭坚诗曰："随人作计终后人，自成一家始逼真。"

黄庭坚《家戒》云："无以小财为争，无以小事为仇；无以猜忌为心，无以有无为怀。"

文史之二十五：黄庭坚相关"道佛禅"文献。

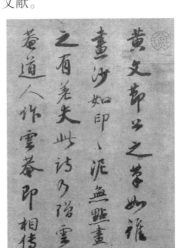

图一　　　　　　　　　　　图二

修水历代进士史略

图一为清李光映《金石文考略》中记载的《黄鲁直七佛偈》。图二为鲜于枢行书记载黄庭坚的史料

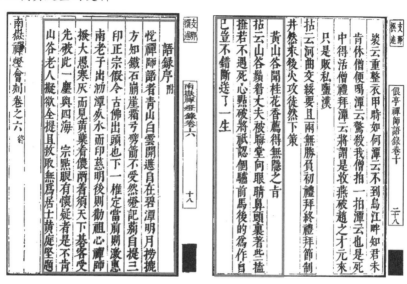

图一　　　　　　　　　　　图二

图一为清通际编的《南岳禅灯会刻》。图二为清智淙编的《悢亭禅师语录》

文史之二十六：黄庭坚相关"野史"文献。

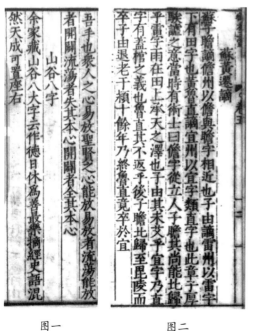

图一　　　　　　图二　　　　　　　图三

图一、图二为万历甲申年重刊的《鹤林玉露》中有关黄庭坚"山谷八字""苏黄迁谪""苏黄遗文"的文字史料。图三为双井黄庭坚故居内黄庭坚的三任妻子画像和文字介绍

弘赞辑的《六道集》中记载黄庭坚的史料

文史之二十七：黄庭坚相关"祭文"文献。

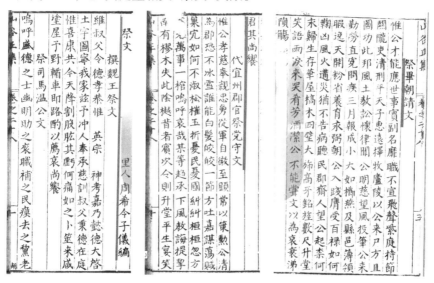

明里人周希令编的《重刻黄文节山谷先生文集》卷二十八中记载的《撰魏王祭文》《代宜州郡官祭党守文》《祭毕朝请文》

文史之二十八：黄庭坚相关"墓志铭"文献。

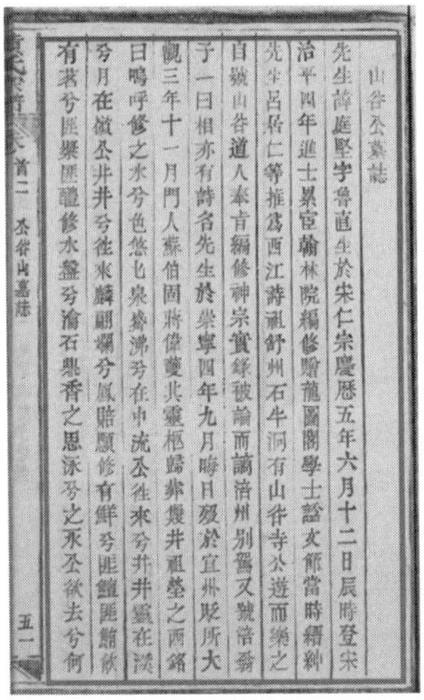
山谷公墓誌
先生諱庭堅字魯直生於宋仁宗慶歷五年六月十二日辰時登宋
治平四年進士累官翰林院編修贈龍圖閣學士諡文節當時縉紳
先生呂居仁等推爲西江詩祖舒州石牛洞有山谷寺公遊而樂之
自號山谷道人奉旨編修神宗實錄被論而謫涪州別駕又號涪翁
于一日相亦有詩名先生於崇寧四年九月晦日歿於宜州貶所大
觀三年十一月門人蘇伯固將偉護其靈柩歸葬雙井祖塋之西銘
曰嗚呼修之水兮色悠乜泉窈沸兮在中流公往來兮井井靈在淡
兮月在嶺公井井兮往來麟翩翩兮鳳晧顒修有鮮兮匪鐘匪鮨依
有茅兮匪槩匪醴修水盤兮淪石與香之思泳兮之來公欲去兮何
黃氏宗譜 卷二 公谷山墓誌 五一

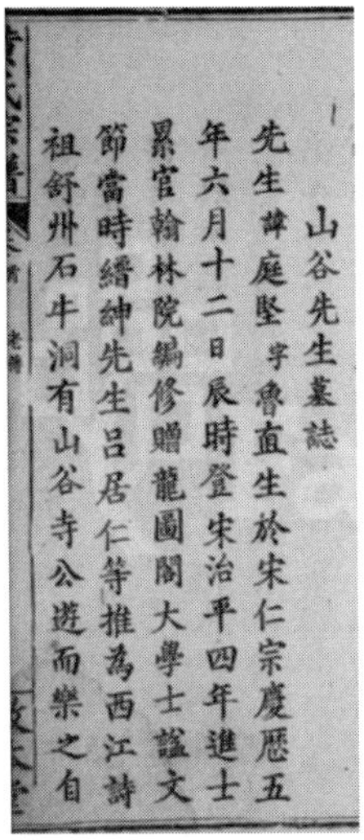
山谷先生墓誌
先生諱庭堅字魯直生於宋仁宗慶歷五
年六月十二日辰時登宋治平四年進士
累官翰林院編修贈龍圖閣大學士謚文
節當時縉紳先生呂居仁等推爲西江詩
祖舒州石牛洞有山谷寺公遊而樂之自

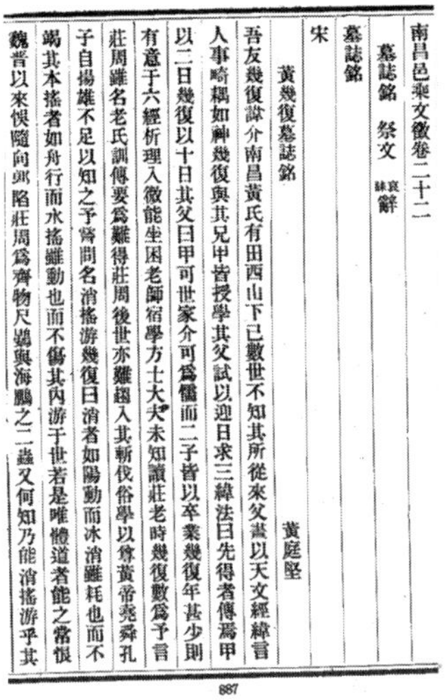
南昌邑乘文徵卷二十二
墓誌銘　祭文　哀誄辭
墓誌銘
宋
黃幾復墓誌銘　黃庭堅
吾友幾復諱介南昌黃氏有田西山下已數世不知其所從來父叢以天文經緯言
人事畸耦如神幾復與其兄甲皆授學其父試以迎日求三緯法曰先得者傳焉甲
以二日幾復以十日其父曰甲可世家介可爲儒而二子皆以卒業幾復年甚少則
有意于六經析理入微能坐困老師宿學方士大夫未知讀莊老時幾復數爲予言
莊周雖名老氏訓傳要爲雖得莊周後世亦難趨入其斬伐俗學以尊黃帝堯舜孔
子自揚雄不足以知之予嘗問名消搖游幾復曰消者如陽動而冰消雖耗也而不
竭其本搖者如舟行而水搖雖動也而不傷其內游于世若是唯體道者能之嘗恨
魏晉以來誤隨向郭陷莊周爲齊物尺鷃與海鵬之二蟲又何知乃能消搖游乎其
887

图一　　图二　　图三

图一为《黄氏宗谱》上记载的《山谷公墓志》。图二为《黄氏宗谱》上记载的《山谷先生墓志》。图三为《南昌邑乘》文征卷二十二墓志铭中记载的黄庭坚《黄几复墓志铭》

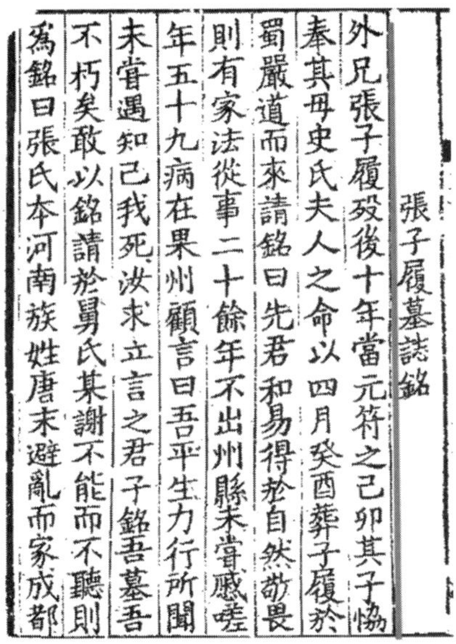
張子履墓誌銘
外兄張子履歿後十年當元符之己卯其子恊
奉其母史氏夫人之命以四月癸酉葬子履於
蜀嚴道而來請銘曰先君和易得於自然敬畏
則有家法從事二十餘年不出州縣未嘗慼嗟
年五十九病在果州顧言曰吾平生力行所聞
未嘗遇知己我死汝求立言之君子銘吾墓吾
不朽矣敢以銘請於舅氏某謝不能而不聽則
爲銘曰張氏本河南族姓唐末避亂而家成都

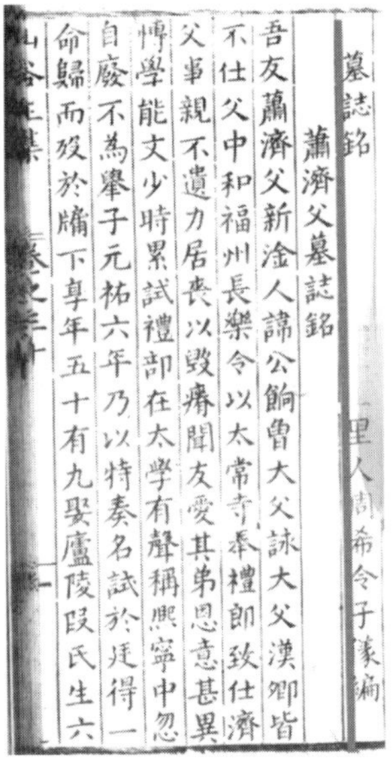
墓誌銘　里人周希令子豫編
蕭濟父墓誌銘
吾友蕭濟父新淦人諱公餉曾大父詠大父漢卿皆
不仕父中和福州長樂令以太常寺奉禮郎致仕濟
父事親不遺力居喪以毀瘠聞友愛其弟思意甚異
博學能文少時累試禮部在太學有聲稱熙寧中忽
自廢不為舉子元祐六年乃以特奏名試於廷得一
命歸而歿於牖下享年五十有九娶盧陵段氏生六
山谷全集 卷之二十

图一　　图二

图一、图二为北宋黄庭坚《豫章黄先生文集》卷二十三中记载的《张子履墓志铭》《萧济父墓志铭》

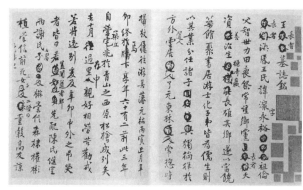

1990 年第一期《书法》杂志登载的黄庭坚《宋故徐纯中墓志铭》《王长者墓志铭》

附：黄庭坚所撰或书丹的墓志铭一览表

序号	墓志铭名称	墓志铭主人	备注
1	宋故徐纯中墓志铭	徐纯中	1988 年出土于江西修水县，现藏江西修水县黄庭坚纪念馆
2	宋故泸南诗老史翊正墓志铭	史翊正	字帖现藏于日本东京国立博物馆
3	王长者墓志铭		日本东京国立博物馆藏
4	宋故朝奉郎知洺州军兼管内劝农事上骑都尉借紫王君墓志铭	王纯中	1973 年出土于江西修水县，现藏于江西修水县黄庭坚纪念馆
5	黄文渊墓志铭		暂认定为黄庭坚于宋元祐八年（1093年）撰文并书的墓志铭
6	黄庭金墓志铭		钦定四库全书《山谷外集》卷八
7	黄几复墓志铭		《南昌邑乘》文征卷二十二
8	萧济父墓志铭		
9	王力道墓志铭		
10	晁君成墓志铭		
11	刘道原墓志铭	此处略	
12	张大中墓志铭		
13	陈少张墓志铭		明周希令编的《重刻黄文节山谷先生文集》卷二十九
14	胡宗源墓志铭		
15	刘咸宁墓志铭		
16	李元叔墓志铭		
17	李仲良墓志铭		
18	杨宽之墓志铭		
19	张子履墓志铭		

修水历代进士史略

续表

序号	墓志铭名称	墓志铭主人	备注
20	朝请大夫知吉州姚公墓志铭	姚原道	
21	朝请郎知吉州毕公墓志铭	毕 弼	
22	朝请大夫致仕狄公墓志铭	狄遵礼	
23	朝奉郎致仕王君墓志铭	王墨	
24	永议印致仕张君墓志铭	张 渭	
25	朝请郎湖南转运判官吴君墓志铭	吴 革	
26	东上阁门使康州团练使知顺州陶君墓志铭	陶 弼	明周希令编的《重刻黄文节山谷先生文集》卷二十九
27	西头供奉官潮州兵马监押尹君墓志铭	尹宗旦	
28	左藏库使知宣州党君墓志铭	党 侯	
29	朝奉郎通判泾川韩君墓志铭	韩 复	
30	朝奉郎通判汾州刘君墓志铭	刘 禹	
31	凤州团练推官乔君墓志铭	乔彦柔	
32	太子中允致仕陈君墓志铭	陈 庸	

文史之二十九：黄庭坚相关"表格"。

序号	艺文类别	数量		备注
1	诗	2428 首	诗歌数量仅次于唐朝诗人白居易，在宋代诗人中排第九名。《宋代江西地图》一书记载宋代江西籍进士作品量，黄庭坚的作品量总计为4292 首，排在周必大（5657）、杨万里（5429）之后，为江西前三之列	也有统计近 2900 首、2196 首、2401 首和 2353 首
2	词	193		
3	文	2603		
4	书法	暂无统计		
5	墓志铭	109 通		
6	著作	《山谷集》70 卷，《山谷全书》《山谷诗集注内集》二十卷、《山谷外集》十七卷、《别集》二卷、《山谷刀笔》二十卷、《书尺》十五卷		

【世人评赞】

后人对黄庭坚的评论、点赞,可谓多如牛毛,因篇幅所限,不一一列举,现编者选取部分摘录于下,供读者参阅。

评赞之一:宋徽宗《跋山谷帖》:"山谷书法如抱道足学之士,坐高车驷马之上,横斜高下,无不如意。"

评赞之二:北宋文学家、书法家、画家、唐宋八大家之一苏轼《黄庭坚自代状》:"瑰玮之文,妙绝当世;孝友之行,追配古人。"又对黄庭坚书法称赞曰:"鲁直小书尔雅,以平等观作欹侧字,以真实相出游戏法,以磊落人书细碎事。"又云:"读鲁直诗,如见鲁仲连、李太白,不敢复论鄙事。虽若不适用,然不为无补于世。"又云:"鲁直诗文如蝤蛑江瑶柱,格韵高绝,盘飧尽废,然不可多食,多则发风动气。"

评赞之三:北宋文学家、"苏门四学士"之一秦少游云:"每览此编,辄怅然终日,殆忘食事,邈然有二汉之风。今交游中以文墨称者,未见其比。所谓珠玉在旁,觉我形秽也。"

评赞之四:西清云:"山谷诗妙脱蹊迳,言谋鬼神,无一点尘俗气。所恨务高,一似参曹洞下禅,尚堕在玄妙窟里。"

评赞之五:南宋《山谷诗集注》著者任天社云:"山谷诗律妙一世,用意未易窥测,然置字下语,皆有所从来。"

评赞之六:南宋爱国诗人杨万里《诚斋诗话》:"我高宗初作黄字,天下翕然学黄。"

评赞之七:南宋文学家、诗人、评论家刘克庄《江西诗派黄山谷小序》:"豫章稍后出,荟萃百家句律之长,究极历代体制之变。搜猎奇书,穿穴异闻,作为古律,自成一家,虽只字半句不轻出……遂为本朝诗家宗祖,在禅学中比得达摩,真不易之论也。"

评赞之八:田雯《古欢堂集》:"余尝谓宋人之诗,黄山谷为冠。其体制之变,天才笔力之奇,西江诗派,世皆师承之。"

评赞之九:南宋理学家朱熹说:"江西于诗,山谷倡之,自为一家,并不踏古人町畦。"

评赞之十:南宋文学家、史学家、爱国诗人陆九渊说:"植立不凡,斯亦宇宙之奇诡也。"

评赞之十一:南宋右丞相章鉴云:"半夜过双井,不敢见先生。"

评赞之十二:明代御史周季凤《宁对》中赞曰:"诗派开江祖,儒源闯圣邱。"

评赞之十三:南宋宰相朱胜非说:"黄氏亲族,以至外姻,或迁官或白身命官殆无遗余,皆云以庭坚之故也。"

评赞之十四:雍正三年,熊勒在《双井黄氏重修宗谱序》中点赞:"盖黄氏文节公,节义文章,麟彪宇宙,如日月之扬辉,云霞之散彩,四海之遥,所将认之为祖,以藉其芳。是文节固有余芳可贾也。"

评赞之十五:清赠礼部尚书衔万承风称赞曰:"文节公以诗鸣,北宋为江西诗派之祖""双井贤嗣"。

评赞之十六:光绪癸巳年重镌的《黄氏宗谱》记载:"乾隆三年,通奉大夫刁承祖序宁州志云,宁州文人恒冠绝一时,如黄山谷其首推也。"

评赞之十七:《八贤祠志》一书中冷晟拟的《请循例举行祀典呈文》赞曰:"宋赠荣禄大夫、文渊阁学士文节公黄庭坚,风义炳于当代,孝友追配古人。为北宋之名臣,开西江之诗派。"

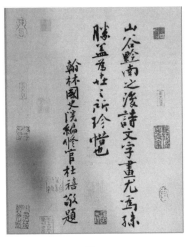
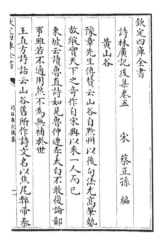

图一　　　　　　　　图二　　　　　　　　图三

评赞之十八:明朝翰林国史编修官杜禧敬题曰(见图一):"山谷黔南之后,诗文字画尤为殊胜,盖为世之所珍惜也。"

评赞之十九:南宋蔡正孙编著的《诗林广记》云(见图二):豫章先生传赞云:"山谷自黔州以后,句法尤高,笔势放纵,实天下之奇作。自宋兴以来,一人而已。"

评赞之二十:道光四年《义宁州志》卷三十下艺文诗中进士王模《宋黄文节公》诗云(见图三):

由来江夏无双士,又作南州第一家。

气节有官皆坎壈,文章何句不精华。

徐洪并出谁高足,观来同门悉后车。

还把菁英分草木,争传双井白毫茶。

评赞之二十一:清代诗人熊为霖《访山谷先生双井故居有感》云:

一月分宁客,载访涪翁居。转径入幽邃,烟水开林于。

湾势回明月,泱漭天旷如。石壁裂斧劈,石栈盘空虚。

酌我双井泉,台上窥游鱼。遗址委榛莽,约略存阶除。

丰碑不可读,字剥苔藓余。野老指陈迹,一一为嗟吁。

先辈一抔土,枫叶吹蘧庐。文章不可死,故宅无完区。

再拜想元祐,箬影清扶疏。白杨枯萧萧,天籁生长嘘。

评赞之二十二:清代孝廉静庄《拜黄山谷墓》云:

萧萧古墓几千春,落魄穷荒节独伸。

一自所在传法派,群从南宋仰名臣。

家傅双井山川旧,祀并濂溪俎豆新。

明月湾头秋一片,于今莫问钓鱼人。

评赞之二十三:民国年间《八贤祠志》匡世德咏八贤之黄文节诗云:

涪翁诗格最嶙峋,派衍西江独绝尘。

一瓣心香归梦永,南崖孤月正宜人。

评赞之二十四:民国年间《八贤祠志》冷石我咏八贤之黄庭坚云:

黄鹄摩长空,晓日浴蓬岛。

悠悠七百年,秋虫斗秋草。

评赞之二十五:中国书法家协会学术委员、中国宗教学会会员、中华诗词学会理事、北京华夏翰林文化艺术研究院院长黄君《咏修水乡贤黄庭坚》云:

岂唯诗派系西江,孝友之行百代扬。

赣上食莲怀子弟,京中侍母转幽肠。

投荒万死犹亲士,斩破三关更护王。

书法千年谁与似？金针欲度海茫茫。

评赞之二十六:修水县山谷诗社顾问饶小鹏《咏黄山谷》云:

华夏从来多圣贤，分宁垂世有庭坚。

涤亲溺器人间爱，搦管松风纸上巅。

双井钓矶修雅兴，一家诗祖著雄篇。

杭山明月辉今古，忠孝芳名铸永年。

评赞之二十七:中华诗词学会会员、修水县山谷诗社社长万华林广西谒山谷词:

宜山寻旧梦，孤冢向黄昏。

寂寞平生事，松菊伴岫云。

评赞之二十八:中华诗词学会会员、修水县山谷诗社副社长张玉清《咏黄庭坚》云:

名垂千载耸昆仑，道德文章举世尊。

唯孝唯忠留淑范，守廉守拙立公门。

西江派衍清流远，南岭云横谪客屯。

为有诗书称杰构，奎星阁上日暾暾。

评赞之二十九:中华诗词学会会员、修水县山谷诗社原理事陈水《咏黄庭坚》曰:

骑牛过村郎，历世美誉扬。世代进士第，门楣耀华堂。

读书勤为本，摩肩续荣光。抓周取毛笔，父寄飞鸟翔。

五岁六经诵，春秋又何妨。明月湾起笛，游学在淮庄。

随舅览群书，博采众家长。科举居榜首，二战三甲王。

叶县任衙尉，真龙得诸梁。尔后大名府，授教著文章。

东坡阅其文，念念不相忘。二者神交往，结义两异乡。

乌台诗案起，苏黄唱和觞。师生友情畅，万古亦流芳。

种德西南里，始被恶人伤。毕生呕沥血，宜州逝土黄。

纵眼观古艾，最数涪翁强。松风阁树帜，孝悌德传乡。

为官垂今古，治学照黉堂。诗书堪双绝，载史冠东方。

评赞之三十:修水县宁溪诗社社刊编委周炼钢《咏先乡贤黄庭坚先生》曰:

江西诗派尔为魁,一代宗师贯九垓。

书画羲之同媲美,诗文苏轼共登台。

孝亲涤器流芳远,入宦修身布德恢。

阅尽沧桑翻作健,人间声价属真才。

评赞之三十一:江西省作协、书协会员徐天安赞先贤黄庭坚云:

禅心瘦笔妙文章,孝范廉官国栋梁。

墨值连城超翰史,诗坛立派耀书乡。

夺胎换骨新潮涌,点铁成金雅韵扬。

山谷遗风传后世,声名千古并苏黄。

评赞之三十二:修水县山谷诗社副社长谢亚东题黄庭坚云:

品有誉,文称雄,书法高峰冠天下;

心通灵,性致远,诗才一派独江西。

【编者手记】

手记之一:宋高宗绍兴初特赠诏敕:"故朝奉郎黄庭坚等:自熙宁大臣用事变法,始以异同排斥士大夫。维我神祖,念之不忘。元丰之末,稍稍收召。接于元祐,英俊盈朝。而尔四人,以文采风流为一时冠,学者钦慕之。及继述之论起,党籍之禁行,而尔四人每为罪首,则学者以其言为讳。自是以来,缙绅道丧,纲纪日隳,驯致宣和之乱,言之可为痛心。肆朕纂承,既从昭洗,今尔四人,复加褒赠,斯足以见朕志矣!呜呼,西清之游,书殿之选,惟尔曹为称。使生而得用,能尽其才,亦何止于是欤? 举以追命,聊伸赍志之恨,亦以少慰天下士大夫之心。英爽不忘,歆此休显。"这封特赠诏敕,是宋高宗对黄庭坚的真实客观的评价,并对其进行了褒赠,足见宋高宗对黄庭坚之书、之诗、之人等方面的称赞。

手记之二:黄庭坚与修水黄龙乡黄龙寺渊源很是深厚,黄庭坚为黄龙祖师慧南写了《黄龙南禅师真赞》;为慧南弟子晦堂祖心写了《黄龙心禅师塔铭》和《为黄龙心禅师烧香颂三首》。黄庭坚与慧南徒孙、祖心弟子灵源禅师交往甚密。其诗《自巴陵略平江、临湘、入通城无日不雨,至黄龙奉谒清禅师继而晚晴邂逅禅客戴道纯款语作长句呈道纯》,黄庭坚此次赴黄龙寺,就是为了拜见灵源禅师,并为禅师校读其所著《南昌集》。黄庭坚还为灵源法师建了"灵源"桥,留下了"灵源"题刻二字。

手记之三：部编人教版语文教材八年级下《核舟记》一文中的微雕作品，其中就刻画了黄庭坚、苏轼、佛印等泛舟赤壁的场景，细致入微，惟妙惟肖，令人叹为观止！

黄庭坚、苏轼、佛印三人图

手记之四：《尚友录》记载：蒋湋，宜州人。黄山谷坐党事谪宜州，士夫畏祸不敢近，独湋日陪杖履。比庭坚疾革，湋往视，庭坚大喜曰：海外骨肉惟君，请以身后事托之。湋唯唯，后为棺殓具，舟送之归。宋徽宗崇宁四年（1105年）黄庭坚客死于广西宜州贬所。大观三年（1109年）由苏伯固、蒋湋扶柩回归双井安葬。编者在这里不得不大大地点赞蒋湋和苏伯固，在那样的政治条件下，如果不是蒋湋"日陪杖履"，黄庭坚在宜州更是孤独凄苦；如果不是蒋湋之"海外骨肉惟君"，其棺殓很难回到故里双井。庭坚之后裔，修水之百姓，向他点赞致敬之时，当记蒋湋之人品、之功劳。

手记之五：黄庭坚之聪明、之才智，有人称之文曲星转世投胎。有一个故事印证其天才一面：山谷自幼天资聪颖。一日，舅舅李常来庭坚书房，见书满架，说：架上诗书万卷。庭坚答：腹中礼仪全无。李常又出：桑养蚕，蚕结茧，茧抽丝，丝织锦绣。庭坚答道：草藏兔，兔生毫，毫扎笔，笔写文章。

黄庭坚之勤奋、之用功，也有一个传说来印证。传说修水有一种竹，微黑，像墨玉，与山谷有关。说山谷幼时读书勤勉，一生牢记"勤"字。书房临窗，窗外竹林一片。每日课后洗笔，水泼向窗外，久之，竹子渐黑，遂成墨竹。

手记之六：编者在查阅明朝《文致》一书时，发现黄庭坚撰写的《苏子瞻像赞》文献。无独有偶，又在光绪二十四年《黄氏宗谱》上发现苏轼撰的《赠山谷公谱诗》文献。最牛气的两师徒、两文人、两良友相互点赞，堪称佳话。

图一　　　　　　　　　　　　　　　图二

手记之七：编者在黄庭坚纪念馆看到一通《南山顺济龙王庙记》碑刻，据传，该碑由元祐元年（1086年）黄庭坚撰写，宋淳熙六年（1179年）鲁国祝住持僧重立，其祈祷"雷雨风涛，顺济县民，往来船只，安然无恙"。（见图一）

手记之八："黄龙山"三字，刻于黄龙乡黄龙村黄龙寺前一块长方形石壁上。"黄龙山"，每字宽约0.9米、纵1米，三字字迹硕大清晰。我县《修水县文物志》等大部分书籍均认为"黄龙山"三字为黄庭坚所书，但编者发现在黄龙山"黄"字处隐约可见"张孝祥"三字石刻。故编者认为应是张孝祥之书法。（见图二，

该"黄龙山"三字为仿制,立于修水县博物馆内)

手记之九:近年来修水县加大了对黄庭坚书法文献的宣传力度,于2021年3月正式启动了"问道山谷——黄庭坚书法文献全国巡展",截至2023年10月,先后走进江西武宁、湖口、彭泽,甘肃敦煌、会宁、陇西,湖北鄂州,云南保山、大理,四川丹棱、宜宾,西藏拉萨,重庆彭水,安徽亳州、淮南,广东佛山等地,深受各地群众喜爱,得到广大观众的一致好评。

| 书法一 | 书法二 | 书法三 | 书法四 |

书法一为宋黄山谷诗句:洞庭归客有佳句,庾岭梅花如小棠。(广东揭阳/谢海宾)书法二为黄庭坚诗:小雪晴纱不作泥,疏帘红日弄朝晖。年华已伴梅梢晚,春色先从柳阴归。(江西南昌/毛国典)书法三为黄山谷诗句成联:藏书万卷可教子,遗金满籝常作灾。(江西永丰/刘少坤)(均来自2024年修水县博物馆书法展览)书法四为黄庭坚名句:桃李春风一杯酒,江湖夜雨十年灯。(江西/东方啸)

黄庭坚纪念馆全景航拍

屹立在黄庭坚纪念馆的黄庭坚雕像

手记之十：无咎而有灵，有心而无憾！2024 年 11 月 2 日晚上，在编者心中永远的长者、学者、师者万明兄，与其小酌之后，其曰："修水焕焕古县、大县，进士文化悠远、厚重，撰写《修水历代进士史略》，任重且道远，但只要你心底里珍藏着每一位进士，在心底有着寻访进士史料、文献的久久为功的意念，不管年轮之久远，不管沧海之变幻，但只要你'有心'寻访，'无咎'于心，将在不经意之间让你有惊讶的收获。"如是，黄庭坚之"无咎通判学士老弟"文献，冥冥之中猛然"闪"现，补遗"进士文史"一节就是最好的明证！

再如是，必谢万兄有心之"教"酌，谢进士无咎之"心"佑！编者是为手记之！

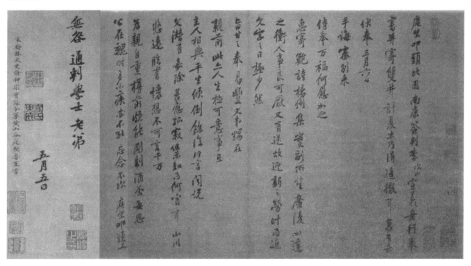

现藏于台北故宫博物院的黄庭坚的这封手书信札被后人称为《致无咎通判学士帖》，又称为《南康帖》，为纸本行书，纵 30.8 厘米，横 64.7 厘米

手记之十一：黄庭坚手书,立于修河岸边南崖悬崖绝壁之上的高清"佛"字,高 3 米,宽 2.5 米。编者多次伫立于修河岸边,在黄庭坚所书"佛"字前想读懂破译"佛"字和其两旁文字之密码。今编者大胆而无畏地认为其大意为"支波啄(一决定)毗尼波啄(二断结)呜苏波啄(三尽生死)",此咒平旦诵七遍,夜诵七遍,厌魅野道虫毒皆悉消灭,能得身、心、慧三解脱。后生不受生死之身,获得法身。一切恶人、鬼神、盗贼、虎狼

狮子、毒虫恶兽闻此咒声,皆口噤闭不相恼乱。此咒功能不可说尽。左侧为"唵三哆罗佉哆罗娑婆诃",左内侧还刻有黄庭坚敬书和印章。其佛教咒语,可以为过往船只祈福安全,劈风斩浪。据说刻了此字后,极具神通,此处乃至修河全境顺畅平安。编者在付梓之前,把"佛"字图片发给了山西一名好友,他转发给了山西省社科院五台山研究会崔玉卿会长指正,其回复云:"左边是文殊心咒","右边是普贤菩萨灭罪咒,支波啄(决定)毗尼波啄(断结)乌苏波啄(生尽)咒语",其解读之意与编者大致相同。

54. 莫哲

【进士小传】

字公明,武乡漫江人。见同治《义宁州志》卷十九。

【进士文史】

民国十五年和 2015 年重修的《莫氏宗谱》上记载莫哲的史料

【世人评赞】

暂缺。

【编者手记】

《宋会要·选举》记载,正月二十五日,以龙图阁直学士司马光权知贡举,知制诰韩维、邵亢并权同知贡举。准诏放合格进士许安世已下三百六人。这一榜进士 306 人,修水两人,黄氏黄庭坚、莫氏莫哲高中进士。

熙宁三年庚戌(1070 年)叶祖洽榜进士

55. 余宏

【进士小传】

小传之一:字延之,良肱侄,建昌知县。见同治《义宁州志》卷十九选举志。

小传之二:江南西路洪州新建县人。万历《南昌府志》作余良肱之孙。

小传之三:余良肱侄。官建昌知县。《江西通志》作江西分宁人。

【进士文史】

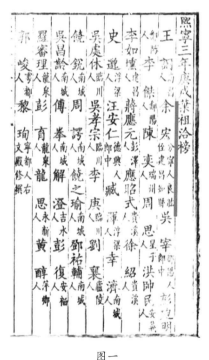

图一

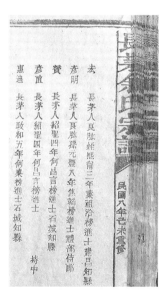

图二

文史之一:图一为雍正十年《江西通志》上记载余宏的史料。

文史之二:图二为民国八年己未重修的《长茅余氏宗谱》上记载余宏的史料。

【世人评赞】

暂缺。

【编者手记】

编者查阅北宋黄庭坚撰的《豫章黄先生文集》时有这样一段记载：（和叔）享年五十有一，有文集若干卷。娶游氏。子男四人：曰公麟，曰公虞，曰公骥，皆为进士；曰仲愈，早卒。女二人，适建昌录事参军余宏、进士夏扃和叔。卒于熙宁二年八月，十二月安葬于修口。元祐八年十二月，诸子乃克砻石碣于墓上。庭坚实泣叙始终而为碣，系之以诗。从中看出，余宏娶黄和叔之女为妻，与进士黄公麟、公虞、公骥为郎舅关系。

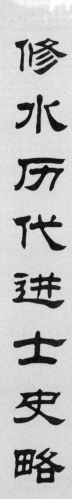

修水历代进士史略

下册

周武现◎著

江西高校出版社
JIANGXI UNIVERSITIES AND COLLEGES PRESS

图书在版编目(CIP)数据

修水历代进士史略. 下册 / 周武现著. -- 南昌：
江西高校出版社, 2025. 6. -- ISBN 978 - 7 - 5762 - 4397 - 0

Ⅰ. K827 = 2

中国国家版本馆 CIP 数据核字第 2025S8F486 号

策 划 编 辑	陈永林	责 任 编 辑	王良辉
装 帧 设 计	白 羽	责 任 印 制	李香娇

出 版 发 行	江西高校出版社
社 　 　 址	江西省南昌市新建区工业二路 508 号
邮 政 编 码	330100
总 编 室 电 话	0791 - 88504319
销 售 电 话	0791 - 88511423
网 　 　 址	www. juacp. com
印 　 　 刷	江西千叶彩印有限公司
经 　 　 销	全国新华书店
开 　 　 本	700 mm × 1000 mm　1/16
印 　 　 张	47. 25
彩 　 　 页	32 面
字 　 　 数	830 千字
版 　 　 次	2025 年 6 月第 1 版
印 　 　 次	2025 年 6 月第 1 次印刷
书 　 　 号	ISBN 978 - 7 - 5762 - 4397 - 0
定 　 　 价	268. 00 元(全两册)

赣版权登字 - 07 - 2023 - 978

目录

熙宁六年癸丑(1073年)余忠榜进士

56. 黄公器

【进士小传】

小传之一:字安仁,双井人。见同治《义宁州志》卷十九选举志。

小传之二:字安仁,南昌双井人,熙宁六年进士。见嘉靖《宁州志》。

小传之三:黄公器(1049—1120),字安仁。宋熙宁六年癸丑(1073年)进士,知衡州常宁县。见双井进士园内《黄氏四十八进士》。

小传之四:黄公器,系黄庭坚宗亲,为黄齐长子,字安世,行十三。宋熙宁六年癸丑(1073年)登余忠榜进士,宣德郎,知衡州常宁县。

【进士文史】

文史之一:黄公器题跋《步辇图》名画,其书体为行书,跋文为"豫章黄公器。元丰七年正月十二日长沙学舍观"。

文史之二:图为民国三十二年癸未双井堂刊《黄氏宗谱》双井历代簪缨中记载黄公器的史料。

【世人评赞】

暂缺。

【编者手记】

黄公器因一幅传世《步辇图》题跋千古留名。他题跋《步辇图》名画时,是登进士十一年后。《步辇图》为唐代著名画家阎立本的名作,是唐代绘画的代表性作品,也是中国历史上最杰出的绘画作品之一。该画卷为绢本,纵 962.5 px,横 3225 px,记载贞观十四年(640 年)唐太宗召见吐蕃王国使臣禄东赞的场景,是唐朝经济文化强盛和古代汉族与藏族友好往来的历史见证,具有珍贵的历史研究和艺术价值。该画卷现收藏于北京故宫博物院,为中国十大传世名画之一。黄公器等人的题跋使得《步辇图》不再限于视觉艺术的享受,也成为学术研究和文化传承的载体。这种跨越时空的交流,让现代的人们能够通过这些古老的画作和题跋,遥望过去的文化风采,真切感受到历史的流变。

熙宁九年丙辰(1076 年)徐铎榜进士

57. 黄培

【进士小传】

小传之一:字叔通,双井人。授含山知县。见同治《义宁州志》卷十九选举志。

小传之二:黄培(1054—1125),字叔通。宋熙宁九年(1076 年)进士,知含山县。见双井进士园内《黄氏四十八进士》。

【进士文史】

图一

图二

文史之一：图一为雍正十年《江西通志》上记载黄培的影印史料。

文史之二：图二为光绪二十四年《黄氏宗谱·双井堂》卷首历代名宦中记载黄培的文献。

【世人评赞】

暂缺。

【编者手记】

编者查阅云南省保山市《黄氏祖谱》，序中记载：黄叔敖生黄炯，黄炯生黄培，黄培生黄钦。

58. 冷态

【进士小传】

十一世祖光禄正卿庭叟公像

民国三十二年修的《冷氏宗谱》上记载的庭叟公像和像赞

小传之一：字庭叟，泰清人，光禄寺卿，有传。见同治《义宁州志》卷十九选举志。

小传之二：字庭叟，元丰进士，令钱塘，迁苏州判，转商州刺史。元祐间，拜光禄卿。见同治《义宁州志》卷二十二人物志名臣。

【进士文史】

图一　　　　图二　　　　图三

文史之一：图一为同治《义宁州志》卷二十二人物志名臣上记载冷态的史料。

文史之二：图二、图三分别为民国三十二年修撰的《冷氏宗谱》上记载的《宋朝分宁科甲仕宦》和"敕旨一道，给翰林学士冷态"的珍贵文献。

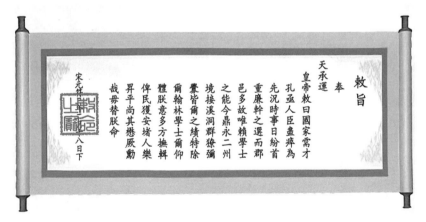

文史之三：图为《京兆冷氏宗谱》上记载宋元符三年朝廷给翰林学士冷态的敕旨史料。

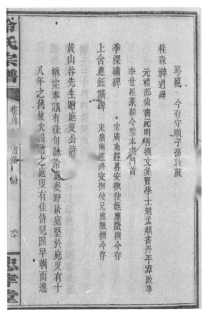

图一　　　　　　　　　图二

文史之四： 图一为民国三十二年《冷氏宗谱》上记载的《黄山谷先生赠庭叟公诗》。

文史之五： 图二为北宋黄庭坚《山谷外集诗注》中记载冷忞的史料。

图一　　　　　　　　　图二

文史之六：图一为民国三十二年《冷氏宗谱》中记载冷宬的史料。

文史之七：图二为道光《义宁州志》卷十七中记载冷宬的史料。

文史之八：右图为《钦定四库全书》中记载冷宬的史料。

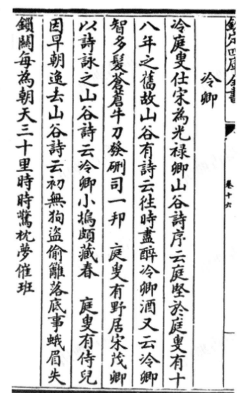

【世人评赞】

评赞之一：宋元符三年二月十八日皇帝敕命："尔仰体朕意，多方抚辑俾民获安，堵人乐升平尚，其懋厥勋哉。"

评赞之二：黄庭坚称："冷卿智多发苍苍，牛刀发硎思一邦。"

评赞之三：乐安姜硕赞："官居光禄，政举大礼；两袖清风，名垂青史。"

评赞之四：卢曙光题宋朝元丰进士冷宬曰：

宦迹每繁会名区，江南紫陌，日下琼楼，九寺得闲多醉酒；

智珠蒙乡枌青眼，赓歌鲁直，答语冷卿，几番推重自高情。

评赞之五：陈水题冷宬云：

童熟四书，草上养神，锋芒初试钱塘令；

师从诸子，衙前得志，牛刀发硎光禄卿。

【编者手记】

黄庭坚之女黄秀贞嫁冷宬之长子惟贤为妻，生二子，长子季玉，次子季琛。季玉生三子，应澂、应钰、应林。黄庭坚和冷宬不但是旧故，还是亲家，黄庭坚为应澂之外祖父，应澂为黄庭坚之亲外甥。见《修水县姓氏志》第230页。

59.徐祐

【进士小传】

字德延，通志作南昌人，徐氏谱云，德占胞弟，广东惠州府推官。见同治《义宁州志》卷十九选举志。

【进士文史】

右图为道光四年《义宁州志》卷十四选举中记载徐祐的史料。

【世人评赞】

暂缺。

【编者手记】

编者查阅嘉靖、康熙、光绪年间《惠州府志》均没有找到徐祐任广东惠州府推官的记载。

60. 徐彻

【进士小传】

南丰县令。见同治《义宁州志》卷十九选举志。

【进士文史】

文史之一：图为康熙癸亥《南丰县志》卷四官师年表中记载"徐彻，崇宁三年甲申任（知县）"的珍贵史料。

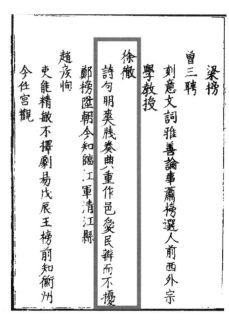

文史之二:南宋杨万里《诚斋集》记载:诗句明爽,笺奏典重,作邑爱民,辨而不扰。

【世人评赞】

见文史之二。

【编者手记】

编者查阅康熙癸亥《南丰县志》卷四官师年表得知,徐彻在 1104 年任南丰知县,1245 年,距其任职 141 年,同乡人黄端亮任南丰知县。

元丰五年壬戌(1082 年)黄裳榜进士

61. 黄庚

【进士小传】

小传之一:字德量。双井人,授湘潭知县。见同治《义宁州志》卷十九选举志。

小传之二:黄庚(生殁未详),字德量。宋元丰五年壬戌(1082 年)进士,知湘潭县。见双井进士园内《黄氏四十八进士》。

【进士文史】

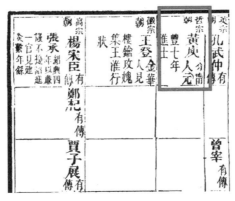

文史之一:图为光绪十五年《湘潭县志》卷五记载"哲宗朝,黄庚,分宁人,元丰七年进士"的珍贵史料。

图一

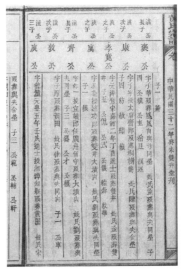

图二

文史之二:图一、图二为民国三十二年癸未双井堂刊《黄氏宗谱》上记载黄庚的史料。

【世人评赞】

暂缺。

【编者手记】

这一榜合格奏名进士 485 人,修水仅黄庚高中。

元丰八年乙丑(1085年)焦蹈榜进士

62. 余彦明

【进士小传】

小传之一:字晋叔,良肱孙,太常博士,东京提举,河北东路提刑,吏部侍郎。见同治《义宁州志》卷十九选举志。

小传之二:字晋叔,江南西路洪州分宁县(今修水县)人,余良肱之孙,宋神宗元丰八年乙丑(1085年)焦蹈榜进士及第,历任太常博士,东京提举河北东路提刑。官至礼部侍郎,《江西通志》作礼部尚书。见万历《南昌府志》。

小传之三:余彦明,籍贯不详,宋哲宗元祐五年(1090年)任浙江上虞县知县。据《水利本末》载:宋哲宗元祐五年(1090年)夏,盖湖奉旨复正为湖,知县事余彦明。见光绪《上虞县志》。

【进士文史】

文史之一:赐礼部尚书余彦明诰

诰曰:五曜悬晖,差池紫宫之曲;六官分职,班联端礼之门。盖春卿特号清曹,是掌邦礼必儒臣而任宗伯,乃为国华。咨尔具官余彦明,修江毓秀,古艾钟奇,掇高科于妙龄,名高玉署;著清风于仕路,宠溢金瓯。兹命尔为礼部尚书。呜呼!官司秩宗之重,望隆典礼之尊,秩序根乎性天,制作期于明备。服余休命,往哉汝谐。

八年十月二十日

图一　　　　　　　　图二　　　　　　　　图三

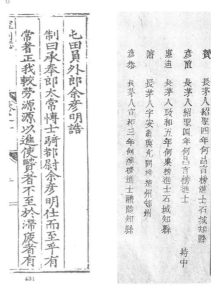

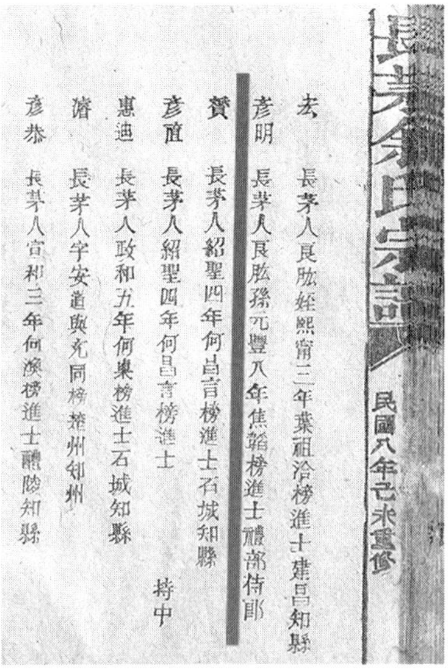

文史之二：图一为民国丙子年修的《余氏宗谱》中记载余彦明的珍贵文献。图二、图三分别为民国八年《长茅余氏宗谱》中记载彦明的个人史料和其所撰的《余氏宗谱》序。

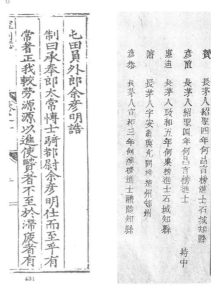

图一　　　　　　　　　　图二

文史之三：图一为《天一阁藏明代方志选刊续编·宁州志》上记载余彦明诰命的影印史料。

文史之四：图二为民国八年《长茅余氏宗谱》中记载彦明中进士的史料。

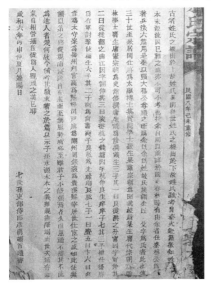

图一　　　　　　　　　　图二

· 349 ·

文史之五:图一为民国八年《长茅余氏宗谱》上记载政和六年余彦明所撰《余氏宗谱》序的珍贵史料。

文史之六:图二为民国丙子年修的《余氏宗谱》卷首中记载余彦明撰《余氏宗谱》序的珍贵文献。

【世人评赞】

评赞之一:江西省女子诗社副社长、修水作家协会副主席傅筱萍赞分宁余彦明云:

五纬汇华精,遥观天地明。

根乎源古艾,尊礼复君行。

评赞之二:李铁岩读进士文史之余彦明传《折桂》曰:

古今来,古艾钟奇。

秀修河,屡出朝帷。

宋哲宗朝,辉光耀紫,余彦明师。

祖孙辈,同朝职述。

祖安邦,仕职司仪。

礼部尚书,两袖清风,誉满前时。

【编者手记】

这一科的考场就选在了汴京城北大街的开宝寺。开考这一天,考生们排着队进了考场后,整个开宝寺就落了锁,考试不结束,这把锁是不许打开的。考场内所有人,包括考生、监考的兵丁、试官均不得出去,其间无论发生什么事儿,哪怕生了急病,也得在里面待着。好巧不巧,当天夜里,有人用火不慎,开宝寺发生火灾。号舍本来就是简易搭建的,一间挨着一间,火势一起,很快就烧成一片火海。据说是有人从起火的山墙上砸出个大洞来,余彦明和考生才从洞口里逃了出来,赴京考进士,险些把命丢。不过大难不死,必有后福。余彦明竟高中了进士。

这场科举的主考官是蔡京的弟弟蔡卞。

63. 王本

【进士小传】

小传之一:字观复,知扬州,兼淮南东路兵马铃辖,有传。见同治《义宁州志》卷十九选举志。

小传之二:王本,字观复,分宁人,登元丰进士,知祁门县调知海盐县,时导松江入海,民多役死者,明年议欲再举本率诸邑,请罢之,使者不能夺。见《南昌郡乘》。

小传之三:字观后(复),北宋元丰年间进士,扬州知府、户部侍郎。见《修水县姓氏志》第 53 页。

【进士文史】

文史之一:王本,生卒年不详,字观复,江西洪州分宁县(今修水县)人。六岁能诗,北宋元丰八年(1085 年),登乙丑科进士第(焦蹈榜),初授南雄州保昌簿。调袁州司户参军,改宣德郎。知浙江海盐县,时疏导松江入海,民多役死,明年议欲再举,本力请罢之。历京畿转运使,京邑吏牍多弛,本承命遍行查考校核,虽他司事都过问。历知扬州兼淮南东路兵马钤辖,岁旱,释放系囚数百人,天显灵大雨,遂五谷丰登。取郡事悉调理之,公私兼裕,流民复业。百姓相率立祠,以颂德政。与黄庭坚是同乡好友,多有唱和。见《江西通志》卷六十六。

文史之二:《王本传》

王本,字观复,六岁能诗,日诵千言。登元丰八年(1085 年)进士,授南雄州保昌簿,调袁州司户参军,迁歙州祁门令,调磁州录事参军,改宣德郎,知秀州海盐县通判保定军。以吏能称,擢提举荆湖南路,改任京畿,以古方田法,均尔赤县田,权贵慑服,特选朝议大夫,锡三品服,直龙图阁,提点京畿刑狱,升秘阁修撰,集英殿修撰,迁都水使者,辞以水事非所习,乃知洪都,未几,改京畿转运使。上召见,谓:“洪无事,不足以烦卿。”京邑吏多弛,其按行治之,本承命偏行勾校,虽他事悉以闻,上大悦,擢徽猷阁侍制,真定府路安抚使,兼知成德军府事,改知东平府,兼京东、西路安抚使,会扬州浐饥,诏知扬州兼淮南东路兵马钤辖。岁旱出,出击囚数百人,天大雨,遂为有年,取郡事悉调理之,公私兼裕,流民皆复,相率立祠颂德。居二年丐祠,诏提举南京鸿庆宫,明年请老,越三月,大会亲戚子弟于家,无疾,年六十三。见同治《义宁州志》卷二十二人物志。

文史之三:唐庚《送王观复序》(节选)

绍圣丙子岁,予官益昌,始从吾友王观复游。方是时,其文已如击石拊石,诚非世俗之乐,独音节未和尔。其后四年,相会于南隆,复得其文。读之遂觉雍容调畅,取意论事,益有条绪。……盖涪翁所告者法也,余所论者理也。告之以法,而观复又日进于理。今其归也,自言从苏子于湘南,过涪翁于宜城,又将尽得其所谓法者,则观复之于文,岂特如是而已耶? 观复其勉之哉!

据黄鹏《唐庚集编年校注》考证,此文作于崇宁元年(1102 年)。王本在哲宗、徽宗朝颇有文名,从唐庚的叙述来看,王本为文语句雍容调畅、有条有理,而且经常与师友反复推敲。黄庭坚很赞赏这种文法,称赞他为文"文主于气,气熟而文和"。可见王本不但有吏治的才干,步步高升,文学修养也非常高,这让他在徽宗时期成为朝野内外瞩目的官员。

文史之四:《敕葬侍郎王本墓碑》

侍郎王本公读书显贵,及第登科。辅国忠君,佐助宋朝。当年位列朝班,沐九载之洪恩,抚惜军民,留史之遗迹,及宦任满,使还家而祭祖;年老终身,居山前而敕葬。官居户部侍郎王本是也,生逢盛世,殁于圣朝。生寄死归,乃人道之常,亘古今而难免。呜呼! 我公之生也,世代簪缨,衣锦绣而登玉阙,顶懈冠而拜金门,铭碑一面,戒樵采之无侵。敕字三行,记先祖之名宦;虎踞龙盘,封马鬣鸾飞凤舞。葬龙眠,卜取佳城,兆报应,思皇多士。备簪缨,造乎奕世,鉴此碑铭。

康熙五十八年(1719 年)己亥岁月之吉

图一 　　　　　　图二

文史之五:图一、图二分别为明《宁州志》卷六和同治《义宁州志》卷二十二人物志名臣上记载王本的文献。

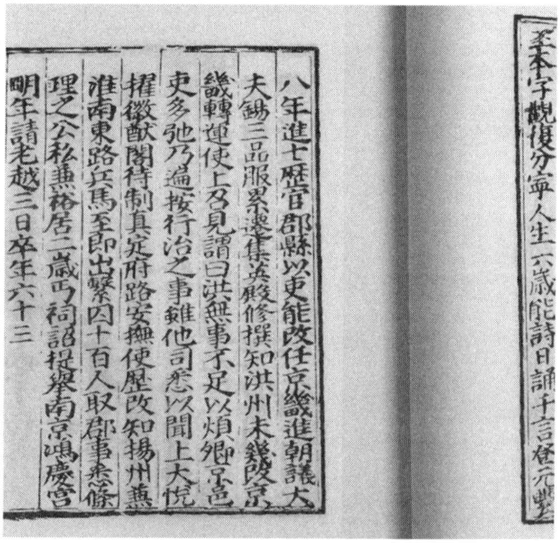
丕本字觀復分寧人生六歲能詩日誦千言登元豐
八年進士歷官郡縣以吏能改任京畿進朝議大
夫錫三品服累遷集英殿修撰知洪州未幾改京
畿轉運使上及見謂曰洪無事不足以煩卿京邑
吏多弛乃遍按行治之事雖他司悉以聞上大悅
擢徽猷閣待制真定府路安撫使歷改知揚州燕
淮南東路兵馬至即出繫囚十百人取郡事悉條
理之公私兼裕居二歲丐祠詔提舉南京鴻慶宮
明年請老越三日卒年六十三

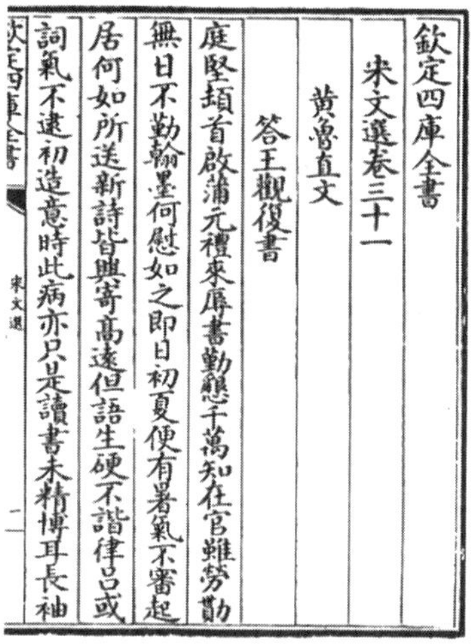
欽定四庫全書
宋文選卷三十一
黄魯直文
答王觀復書
庭堅頓首啟蒲元禮來辱書勤懇千萬知在官雖勞勩
無日不勤翰墨何慰如之即日初夏便有暑氣不審起
居何如所送新詩皆興寄高遠但語生硬不諧律呂或
詞氣不逮初造意時此病亦只是讀書未精博耳長袖

图一　　　　图二

文史之六：图一为《江西通志》中记载王本的传记史料。

文史之七：图二为《钦定四库全书·宋文选》卷三十一中记载王本的文献。

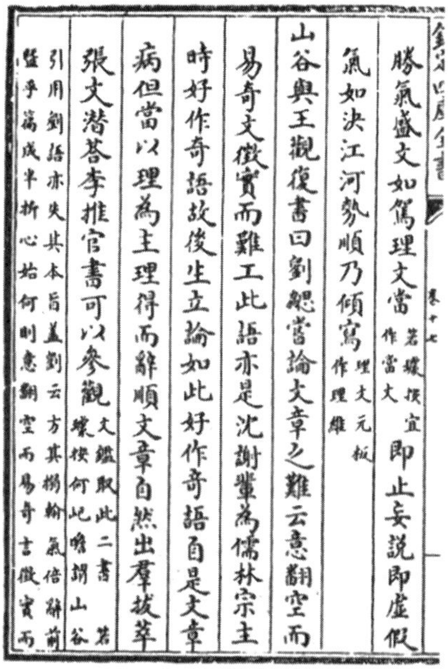
勝氣盛文如駕理文當若據撰宜作當文即止妄說即虛假
氣如決江河勢順乃傾寫理文元板作理雖
山谷與王觀復書曰劉勰嘗論文章之難云意翻空而
易奇文徵實而難工此語亦是沈謝輩為儒林宗主
時好作奇語故後生立論如此好作奇語自是文章
病但當以理為主理得而辭順文章自然出羣拔萃
張文潛答李推官書可以參觀文鑑取此二書若據撰何地喻謂山谷
引用劉語亦失其本旨蓋劉云方其搦翰氣倍辭前
暨乎篇成半折心始何則意翻空而易奇言徵實而

文史之八：《钦定四库全书》（右图）记载："山谷与王观复书曰：'刘勰尝论文章之难云：意翻空而易奇，文征实而难工。此语亦是。沈谢辈为儒林宗主时，好作奇语，故后生立论如此。好作奇语，自是文章病，但当以理为主，理得而辞顺，文章自然出群拔萃。'"

【世人评赞】

评赞之一：黄庭坚称："王观复、欧阳元老、高子勉三君子者，虽事业不同，要皆知为己之学，先行其言，而后从之者也。他日声名烜赫，而所为不录，然余言可信矣。"

评赞之二：黄庭坚称赞王本为文"文主于气，气熟而文和"。

【编者手记】

手记之一：湖南路提举、户部侍郎王本，谥公肃，敕葬进仁乡（今黄龙乡）六十五都黄龙山井冲龟形，原配徐氏，继配杜氏，均封一品夫人。

手记之二: 黄庭坚文学作品中有多首诗词文章涉及王观复,如《戏答王观复酴醾菊二首》,其一"谁将陶令黄金菊,幻作酴醾白玉花。小草真成有风味,东园添我老生涯",其二"吕园未肯轻沾我,且寄田家砌下栽。他日秋花媚重九,清香知自故人来";有《和王观复洪驹父谒陈无己长句》"陈君今古焉不学,清渭无心映泾浊。汉官旧仪重九鼎,集贤学士见一角。王侯文采似於菟,洪甥人间汗血驹。相见问道城南隅,无屋正借船官居。有书万卷绕四壁,樵苏不爨谈至夕。主人自是文章伯,邻里颇怪有此客。食贫各仕天一方,佳人可思不可忘。河从天来砥柱立,爱莫助之涕零浪";有《以古铜壶送王观复》"随俗易汩没,从公常纠纷。我观王隆化,入茨不改薰。未见蛇起陆,已看豹成文。爱君古人风,古壶投赠君。酌酒时在旁,可用弭楚氛。问君何以报,直谅与多闻"。

尤其是《与王观复书》,体现了黄庭坚的文学主张。黄庭坚在《与王观复书》中说:"好作奇语,自是文章病,但当以理为主,理得而辞顺,文章自然出群拔萃。观杜子美到夔州后诗,韩退之自潮州还朝后文章,皆不烦绳削而自合矣。"(《与王观复书三首之一》)可见在他的心目中,诗歌的最高境界是"无意为文""不烦绳削而自合","简易而大巧出焉,平淡而山高水深"。

手记之三:《修水县姓氏志》载王本字"观后",同治《义宁州志》以及唐庚《送王观复序》,都称之为观复,故《修水县姓氏志》所载错误。

64. 莫援

【进士小传】

小传之一: 漫江人。见同治《义宁州志》卷十九选举志。

小传之二: 字发援、云升,漫江人,宋元丰乙丑进士,官工部尚书。见《修水县姓氏志》。

【进士文史】

莫援公像和像赞

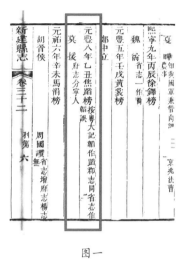 

图一　　　　　　　　　　　图二

文史之一：图一为道光二十九年《新建县志》卷三十二科第六中记载莫援中进士的史料。

文史之二：图二为《莫氏宗谱》中莫援和莫将父子俩世系、生卒等相关文字的记载。

【世人评赞】

2015年重修的《莫氏宗谱》像赞云："公著伟绩，卓拔尘嚣。三年学笃，两榜名标。文行并懋，忠孝兼高。令闻令望，久而弥旺。"

【编者手记】

手记之一：编者多次探访过尚丰村，其村位于漫江乡，境内风景秀丽，文人贤士，蝉联不绝。有"父子两尚书、三代五尚书"之美谈，故又名"尚书村"。村内有宋代名臣、修水八贤之一莫将及其父莫援衣冠冢1座，宋代义勇将军莫以忠古墓1座，古建筑莫氏宗祠和刘家大屋等古建筑。

手记之二：莫援与其子莫将乃工部尚书，莫将还担任过礼部尚书，为修水八贤之一，是"父子两尚书"称呼中的原型人物。

手记之三：《八贤祠志》记载：莫援，字翼之，武乡尚丰尚宝东坪人，莫姓一分主，元丰进士，敕赠工部尚书。莫援，因子莫将贵，在南宋高宗绍兴十年庚申十月八日敕赠工部尚书。2015年重修的《莫氏宗谱》亦有皇帝诰命的记载（如下图）。

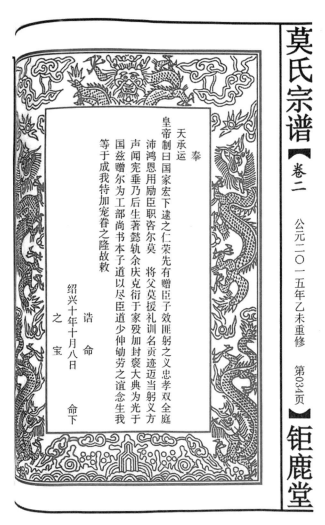

　　手记之四：《江西历代进士全传》中有莫援的记载,亦见新建县名录内。据考证,莫援逝后敕葬新建县五谏乡新城里。其后裔因祭扫不便,将其衣冠冢与其父亲合葬于尚丰村。从族谱等史料来看,其实莫援祖居地应该是尚丰村。

65. 徐阜

【进士小传】

知谭州刑曹。见同治《义宁州志》卷十九选举志。

【进士文史】

暂缺。

【世人评赞】

暂缺。

【编者手记】

徐阜知谭州刑曹,即掌管谭州(今湖南省长沙市)司法刑狱的官员。在宋代,刑曹负责审理刑事案件,包括谋杀、斗殴等重大刑事案件。徐阜在任期间,曾处理过一起盗杀案件,涉及家庭财产的继承问题。在这个案件中,由于家中父母遇害时儿子尚在世,徐阜认为财产应归儿子所有,而不是按照户绝法给出嫁的亲女。

元祐三年戊辰(1088 年)李常宁榜进士

66. 黄叔夏

【进士小传】

小传之一:字嗣功,双井人。见同治《义宁州志》卷十九选举志。

小传之二:黄叔夏,授给事中。见清光绪二十五年浙江浦西市《黄氏宗谱》。

小传之三:黄叔夏(1063—1125),字嗣功。宋元祐三年戊辰(1088 年)进士,静州推官。见双井进士园内《黄氏四十八进士》。

【进士文史】

图一

图二

文史之一:图一为民国三十二年癸未双井堂刊《黄氏宗谱》中记载黄叔夏的史料。

文史之二:图二为民国二十七年重修的《黄氏宗谱》卷一双井世系中记载黄

叔夏的史料。

【世人评赞】

暂缺。

【编者手记】

编者查阅明李濂撰的《汴京遗迹志》一书,书中记载元祐三年,进士五百二十三人,制科一人,省元章授,状元李常宁。《宋会要·选举》记载,以翰林学士、知制诰苏轼权知贡举,吏部侍郎孙觉、右谏议大夫孔文仲权同知贡举,合格奏名进士五百二十三人。这一榜全国参加进士考试 4732 人,考取 523 人,修水仅黄叔夏一人考中。

元祐六年辛未(1091 年)马涓榜进士

67. 黄叔敖

【进士小传】

黄叔敖遗像

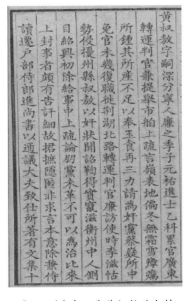

《西江志》中记载黄叔敖的史料

小传之一:字嗣深,廉子,户部尚书。见同治《义宁州志》卷十九选举志。

小传之二:黄叔敖(1069—1140),字嗣深。宋元祐六年辛未(1091 年)进士,官至户部侍郎。见双井进士园内《黄氏四十八进士》。

【进士文史】

文史之一：元符元年冬宋人题名，有东坡笔意，勒于泽州青莲寺释迦殿后檐石柱间。曰"元符戊寅十月十日高平郡别乘河南段约同晋城令耿敏、尉黄叔敖因按田自琵琶泓至青莲寺，登掷笔台，步月临流，传觞赋诗，明日去宿景德寺"。考此殿成于元祐四年，后十年高平郡通判段约偕晋城令耿敏、县尉黄叔敖勾当巡田公事，自琵琶泓行来。泓去青莲寺三十里，为晋城名胜，壁间唐宋题名甚伙，旧有琵琶寺，盖诸君前日所宿焉。掷笔台在青莲寺东，为北齐高僧慧远掷笔之所，上有款月亭，仰之则珏山吐月，俯瞰则丹水澄流。题名所谓步月临流，传觞赋诗，非虚指也。景德寺在高都镇，后殿成于元祐二年，至今尚存。访古所见，即九百二十年前诸君所游，思之泫然。按题名三人，段约、耿敏无考，黄叔敖为山谷从弟，登元祐六年进士第，绍兴中官至户部尚书，宋史有传。

黄叔敖游英德碧落洞记事石刻拓本

文史之二：黄叔敖，字嗣深，廉之季子，登六年进士，调光山令，除详定司，敕令删定官，出判颍昌府，迁广东转运判官兼提举市舶。疏言，岭表地偏，冬无霜雪，瘴厉所钟，其所产不足以奉玉食，再三力请。为蔡嶷中伤，免官，未几复职徙荆湖北路转运判官廉访使。时李滋怙势，侵扰州县，叔敖以奸状闻诏，鞠得实宦

滋衡州,中人侧目,时方复燕云用事者,恶其不附,已欲危以法,除秘阁修撰,知营州,又改涿州。自言儒生不知兵,恐误国事,力辞,且乞致仕。后知荆南府,绍兴初,除给事中,上疏论朋党未革,不可以为治,比来上封事者,颇有告奸细,故摭据隐匿,非求言本意。除兼侍读,迁户部侍郎进尚书,力论时政,大略谓,冗食莫甚于养兵,裕民莫甚于节用,诸所建白事多施行以言者,罢为徽猷阁学士。旋降充待制,五年除,知平江府,辞不行,请老,以通政大夫致仕,卒年七十二,计闻复徽猷阁学士,赠宣奉大夫。所著有《文集》十卷,《春秋讲义》三卷,奏议十卷。见同治《义宁州志》卷二十二。

图一　　　　　　　　　　图二

文史之三:图一为山西泽州青莲寺释迦殿石柱上黄叔敖题字的珍贵史料。

文史之四:图二为雍正十年《江西通志》卷六十六记载黄叔敖的史料。

文史之五:敕黄叔敖为户部尚书

亮彩惠畴,特重端揆之选;持盈保泰,急需坐论之人。故树望台端正,以专耳目股肱之托,秉衡宏化为明听之资。宜精白乎乃心,务勉期于一德。

谘尔户部侍郎黄叔敖,涵养深醇,天资朴实。持大中之理学,制而美锦无惭;操至正之衷补,衮而弥缝必大。文成火藻,欣赡云蒸霞蔚之奇;吉叶茅茹,立睹豹变龙骧之盛。兹特晋尔为户部尚书。吁戏!既荷恩纶,益扬休命。钦哉!

绍兴二年(1132年)二月朔旦

图一　　　　　　　　　　　　图二

文史之六：图一为道光四年《义宁州志》名臣上记载黄叔敖的史料。

文史之七：图二为黄龙寺左侧一石龛内的石刻，记载黄叔敖等人到此一游。

文史之八：黄叔敖（1066—1140），字嗣深，分宁（今江西修水）人。黄廉幼子，行十九。登宋元祐辛未（1091年）进士，授封丘主簿，光山令，徙湖北转运廉访使，迁太子太保，户部尚书，业兼侍读，南昌县开国国子食邑九百户，复徽猷阁学士，左宣奉大夫，赠少师，有文集十卷行世，豫章志有其传。生于治平丙年（1066年）九月，殁于绍兴庚申（1140年），殁葬修水双井黄庭坚公墓侧。

史载黄叔敖为元祐年间进士，历任封丘县主簿、广东转运判官兼提举市舶、荆湖北路转运使等职。史称他为官刚直不阿，严惩奸吏，深得民心。因政绩突出，后又从给事中升为户部侍郎、户部尚书，最后以通议大夫致仕退休，曾著有《文集》十卷、《春秋讲义》三卷、《奏议》十卷行世。

黄庭坚是北宋的文坛大师，他的同辈兄弟中亦有多人与他同时蜚声文坛。其中最出色的是黄叔敖，是黄廉的幼子，母亲是著名学者刘涣（1000—1080）之女，舅父刘恕（1032—1078）亦是著名史学家、文学家。黄大临曾说他"初生骨骏神秀，气见万里"。他中进士后由主簿入仕，官至广东转运判官兼提举市舶、湖北转运判官、秘阁修撰。南渡后官至户部尚书、猷阁学士。叔敖的原配夫人是李常之女，继室为李莘之女，二人分封秦国、魏国夫人。李常、李莘都是当时名人，以文学著称于世。

文史之九：图为民国二十七年重修的《黄氏宗谱》卷一双井世系中记载黄叔敖中进士、生卒、婚姻等的史料。

黄叔敖葬于双井，距黄庭坚墓约 10 米，其双井黄氏后裔对墓地进行了修缮和立碑

图一　　　　　　　　　　图二

文史之十：图一、图二分别为民国二十二年《江西黄氏宗祠五修主谱》和民

国三十二年癸未双井堂刊《黄氏宗谱》中记载黄叔敖的史料。

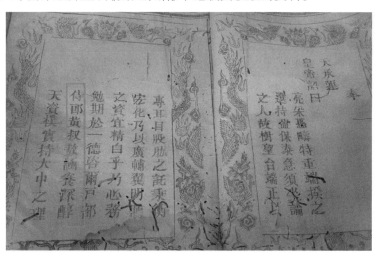

文史之十一：图为江西修水《黄氏宗谱》中记载黄叔敖的珍贵史料。

文史之十二：《续资治通鉴·宋纪·宋纪一百二十》云："先是御笔增选人、小使臣俸以养廉,辅臣进呈,帝谕以今饮食衣帛之直,比宣和不啻三倍,衣食不给而责以廉节,难矣。宜变旧法以权一时之宜。"户部尚书黄叔敖言："文武官料钱,各有格法,不可独增选人、小使臣;乞令提刑司均州县职田于一路,通融应副,无职田及职田少者增支。"从之。

图一

图二

文史之十三：图一、图二分别为道光三十年撰修的《省会黄祠主谱》和光绪二十五年撰修的《黄祠四修主谱》上记载黄叔敖的史料。

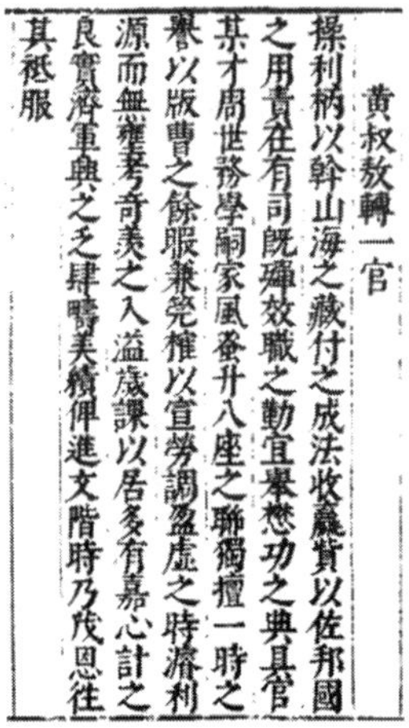

图一

黄叔敖轉一官

操利柄以幹山海之藏付之成法收贏貲以佐邦國

之用實任有司旣殫效職之勤宜畢懋功之典具官

其才周世務學嗣家風蚤升八座之驪獨擅一時之

譽以版曹之餘服兼怨以宣學調湯虛之聯擅一時之

源而無權茗考奇義之入溢歲課以居多有嘉心計之時濟利

良寶府軍典之之肆聘美稽俾進文階時乃戈恩往

其祗服

图二

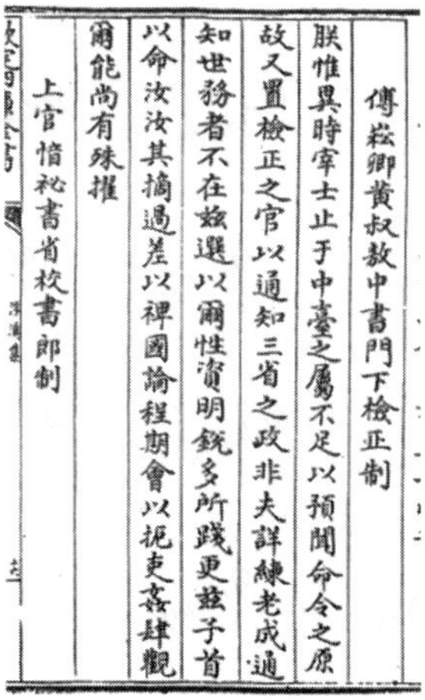

傳崧卿黄叔敖中書門下檢正制

朕惟異時寧士止于中臺之屬之不足以預聞命令之原

知世務者不在銓選以爾性資明銳多所踐更兹子首

故又置檢正之官以通知三省之政非夫詳練老成通

上官懵秘書首校書郎制

爾能尚有殊撰

以命汝汝其搞過差以裨國論程期會以記吏考肆觀

图三

知河中府席益落職制

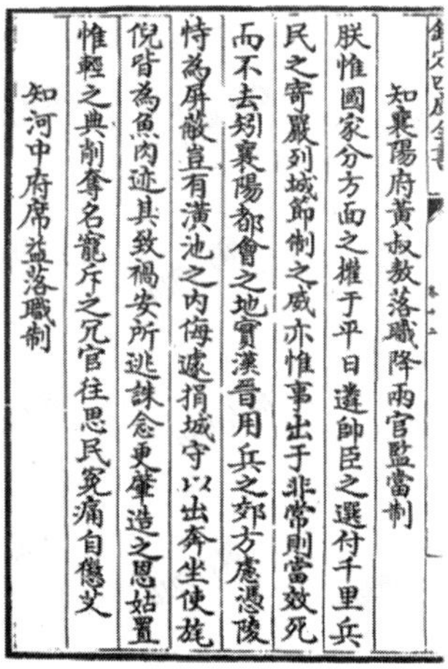

知襄陽府黄叔敖落職降兩官監當制

朕惟國家分方面之權于平日遘帥臣之推于

民之寄蔑列城節制之威亦惟日遣師臣之選付千里兵

而不去刻襄陽都會之地實漢晉用兵之郊方應憑陵

特為屏蔽豈有瀟池之內侮遺捐城守以出奔坐使驍

倪皆為魚肉迹其逃竄安所逭誅造之恩兹

惟輕之典削奪名寵斥之冘官往思懲痛自懲艾

图一　　　　　图二　　　　　图三

文史之十四：图一为宋张纲《华阳集》中记载黄叔敖的史料。

文史之十五：图二、图三为宋汪藻《浮溪集》中记载黄叔敖的史料。

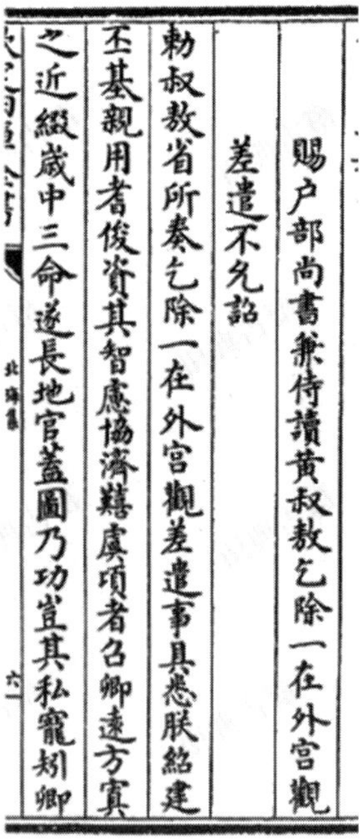

图一

賜戶部尚書兼侍讀黄叔敖乞除一在外宮觀

差遣不允詔

勑叔敖省所奏乞除一在外宮觀

盃基親用者俊資其智慮協濟艱虞頃者名卿遠方實

之近緻歲中三命遂長地官蓋圖乃功豈其私寵刿卿

图二

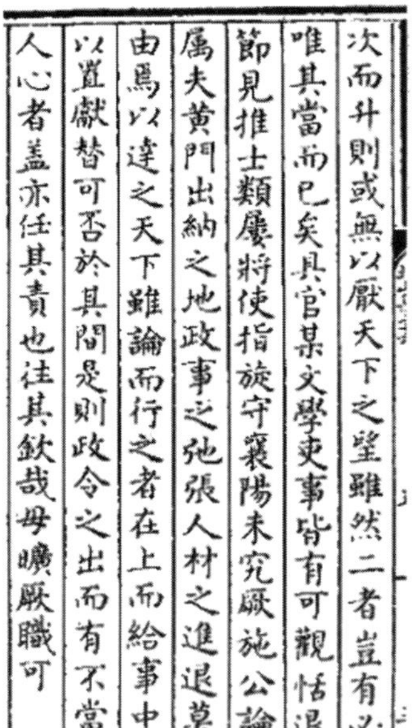

次而升則或無以厭天下之望雖然二者豈有必哉

唯其當而已矣具官某文學吏事皆有可觀恬退之

節見推士類屢將使指旋守襄陽未究厥施公論弥

屬夫黄門出納之地政事之弛張人材之進退莫不

由焉以達之天下雖論而行之者在上而給事中得

以置獻替可否於其間是則政令之出而有不當於

人心者蓋亦任其責也注其欽哉母曠厥職可

图一　　　　　图二

文史之十六：图一为宋綦崇礼《北海集》中记载黄叔敖的史料。

文史之十七：图二为北宋程俱《北山小集》中记载黄叔敖的史料。

文史之十八：三则清廉逸事

尚书堂前，旧有十支银盏，终身只用此盏，不会别置。尝记尚书帅荆南，官满，会计余俸不多，遂只置得百匹纱、打得数个银盏子归，到家分与族亲贫者，遗之以纱或增以盏子数枚耳。

尚书为监司时，出巡州郡馈送，多不肯受，如河东一道宾棣德博四州，号为富盛，尚书识大体，以水清律己，每遇巡历，便不肯过此。

四州解组时，与谢尚书、王尚书同归，他皆洪船蔽江，惟尚书坐船一只，夫人甚耻之，尚书扬言曰："有船在后来。"夫人日日遥望不见，请问尚书，笑而答曰："有船在后来。"夫人尚未晓其说，再问，则明以告曰："谢尚书、王侍郎归侈捆载，乃一时之盛事，吾独不愿丰腴存一二与后人耳。"夫人乃不复言。

文史之十九：诗

建炎丞相成国吕忠穆公退老堂·其一

今代勋名第一人，聊从小筑艺松筠。

风云天上千龄运，雨露人闲万井春。

莫倚丘园甘独乐，须知海宇仰洪钧。

行闻勉为苍生起，衮绣来归耸缙绅。

建炎丞相成国吕忠穆公退老堂·其二

望隆江左谢太傅，功冠淮西裴晋公。

何事东山却高卧，空余绿野想遗风。

矫情镇物端谁似，晚节全身与俗同。

再拜祝公追往辙，中兴周室赖元功。

文史之二十：序

宋绍兴三年（1133年），时任太子太保、户部尚书、徽猷阁大学士黄叔敖撰写《黄氏源流序》。因序文中并没有谈到双井，故不录入书中。为《尹氏宗谱》作序（1210年作序）。

文史之二十一：右图为光绪七年《江西通志》卷二百七艺文略中记载黄叔敖的史料。

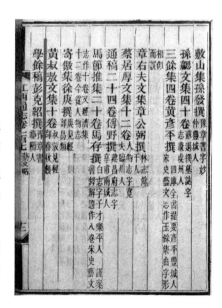

【世人评赞】

评赞之一:北宋文学家苏轼有诗说:"何人修水上,种此一双玉。"

评赞之二:宋朝萍乡令黄大临曾称赞他"忠奋义勇,忧国爱君,壁立千仞",当有"蟠空奇崛之语形容大节"。

评赞之三:中国楹联协会会员卢曙光题黄叔敖诗云:

十奏疏、诸讲义,满座朝堂,唯利奸谀多侧目;

论冗食、争裕民,屡怀忧系,忘身得失见虚怀。

评赞之四:江西省女子诗社副社长、修水作家协会副主席傅筱萍赞进士黄叔敖曰:

是非清白间,何足语词蛮?

鞠得为民裕,天成一玉山。

评赞之五:编者周武现曰:"涵养深醇,天资朴实;刚直不阿,严惩奸吏。"

【编者手记】

手记之一:编者在《宋会要辑稿》中查到,在绍兴三年八月四日条中,户部尚书黄叔敖上奏:"即今车驾驻跸临安,诸路岁额上供事,须权宜别立季限。今乞两浙路分两限拘催,收桩数足,上限今年十二月终,次限次年二月终。江南东西、荆湖南北并分三限,第一限本年终起发,第二限次年二月终,第三限五月终。"

手记之二:北宋哲宗元祐八年九月,北宋时期文学家,"苏门四学士"之一晁补之撰写《李氏墓志铭》,其李氏正是黄叔敖之妻。

68. 黄成允

【进士小传】

黄成允(1064—1115),字元功。宋元祐六年辛未(1091 年)进士,朝散郎。见双井进士园内《黄氏四十八进士》。

【进士文史】

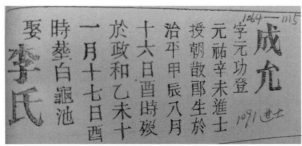

文史之一:图为民国二十七年重修的《黄氏宗谱》卷一双井世系中记载黄成允的文献。

文史之二:诗

无名

白首青山届壮图,先生便腹五车书。

辙环下天行将老,传食诸侯计已疏。

三万六千云暮矣,东西南北盖归欲。

乞身我亦须强健,终钓云山共荷锄。

文史之三:撰有《棣华轩记事》。见《双井世家》第 71 页。

【世人评赞】

编者周武现楹联云:"叔侄同题龙虎榜,文光双映斗牛间。"

【编者手记】

手记之一:黄成允为户部叔豹、尚书叔敖之侄也。

手记之二:元祐六年辛未榜全国考取进士 519 人,修水两人,为双井黄氏,且为叔侄。

绍圣元年甲戌(1094 年)毕渐榜进士

69. 姜蹈中

【进士小传】

小传之一:字安乡,长溪人,授博士。见同治《义宁州志》卷十九选举志。

小传之二:长溪人,宋进士,博士。见《修水县姓氏志》第 372 页。

【进士文史】

暂缺。

【世人评赞】

暂缺。

【编者手记】

绍圣元年甲戌科全国考取进士 513 人,修水仅姜蹈中一人入列。

绍圣四年丁丑(1097年)何昌言榜进士

70. 余彦直

【进士小传】

小传之一:余彦直,江西分宁长茅人。余彦明之弟。见万历《南昌府志》。

小传之二:字叔温,长茅人,彦明弟,授承议郎,大名府士曹。见同治《义宁州志》卷十九选举志。

【进士文史】

右图为民国八年《长茅余氏宗谱》上记载余彦直的史料。

【世人评赞】

暂缺。

【编者手记】

《修水县姓氏志》第219页上记载:余直,承议郎,大名府士曹。

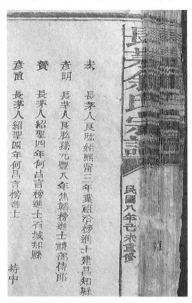

71. 黄肩

【进士小传】

小传之一:字君倚,高乡迢濑人,山谷族,授浏阳县知县。见同治《义宁州志》卷十九选举志。

小传之二:黄肩,曰文之子,字君倚,娶章氏,夫妇合葬双井后庄埚,生子五:綮、曁、果、束、寮。见黄氏宗亲网。

小传之三:黄肩(1065—1138),字君倚。宋绍圣四年丁丑(1097年)进士,知浏阳县。见双井进士园内《黄氏四十八进士》。

【进士文史】

文史之一:下图一为道光《义宁州志》卷之十建置志祠祀中记载黄肩的史料。

文史之二:下图二为光绪二十四年《黄氏宗谱·双井堂》卷首历代名宦中记载黄肩的文献。

图一

图二

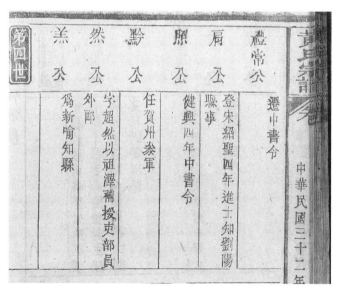

文史之三：图为民国三十二年癸未双井堂刊《黄氏宗谱》上记载黄肩的史料。

【世人评赞】

暂缺。

【编者手记】

编者查阅雍正、康熙、同治三个朝代的《浏阳县志》，均未有黄肩知浏阳县的记载。

72. 余持中

【进士小传】

小传之一：余持中，字祖圣，江西分宁县长茅人。见同治《义宁州志》卷十九和万历《南昌府志》。

小传之二：北京士曹兼南北二京分司。见《修水县姓氏志》第 219 页。

【进士文史】

同治八年《余氏宗谱》上有"余持中，曲江人，辟授大名府士曹"的记载。

【世人评赞】

暂缺。

【编者手记】

《宋会要·选举》记载，正月十四日，以翰林学士林希权知贡举，刑部侍郎徐铎、起居郎沈铢同知贡举，合格奏名进士五百六十九人。绍圣四年丁丑（1097年）登进士第 569 人，修水余持中、余彦直、黄肩、帅扬、余赟五人高中进士。

73. 帅扬

【进士小传】

小传之一：泰乡，安坪人。见同治《义宁州志》卷十九选举志。

小传之二：修水泰乡人，北宋绍圣年间进士。见《修水县姓氏志》。

【进士文史】

文史之一：1085 年，帅扬因见《帅氏族谱》毁于黄巢之乱，为挽救帅氏谱史，编修族谱。让世人称奇的是，此次由帅扬修撰的《帅氏族谱》有三位大名鼎鼎的北宋文学家的题词，其中黄庭坚题"将相名世，忠孝传芳"，苏轼题"帅氏族谱，子孙宝之"，欧阳修题"家宗国史"。宋右丞相章鉴为《帅氏族谱》作跋有云："西安（修水古称）巨族甚多，其繁衍盛大，莫出于帅氏。"

南昌縣志 《卷之二十一 科第上》 四

洪 芻 朋之子字駒父　洪 炎 芻之弟字王父

陳 常

洪 熙

紹聖三年丙子解試

洪 羽 芻之弟字鴻父 生上書入黨籍

紹聖四年丁丑何昌言榜　帥 揚 字裘卿 范志

紹聖七年庚辰

文史之二：图为乾隆十六年《南昌县志》卷二十一中记载帅扬的史料。

【世人评赞】

暂缺。

【编者手记】

编者查阅相关史料得知，汉至晋代，帅姓族人均姓师。西晋（265—290）时，师昺任当朝大司徒，兵部尚书，因避景王司马师的名讳，改"师"姓为"帅"，后世尊师昺为帅姓始祖。师的二十世孙帅逢原，宋代任江陵都统制使，其子帅正甫任豫章教授。职期满后，父子同游于分宁之李村（今修水县黄沙镇李村），因喜其地山水秀丽，于宋天圣三年（1025年）从浙江金华迁来定居。因而帅逢原被尊为江西帅氏之始祖，帅正甫被尊为二世祖。帅正甫的大弟帅端在河北任职；二弟帅扬，进士及第，敕授武功大夫、四川兵马都监使；三弟帅挺，四弟帅振，均进士及第，在浙江为官。

74.余赟

【进士小传】

小传之一:字祖传,长茅人,授赣州石城县知县。见同治《义宁州志》。

小传之二:余赟,江西南昌新建县人。见万历《南昌府志》。

【进士文史】

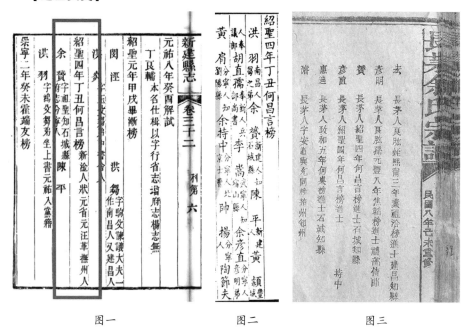

图一　　　　　图二　　　　　图三

文史之一:图一为道光二十九年《新建县志》卷三十二中记载余赟的个人史料。

文史之二:图二为雍正十年《江西通志》中记载余赟的影印史料。

文史之三:图三为民国八年《长茅余氏宗谱》中记载余赟的史料。

【世人评赞】

暂缺。

【编者手记】

余赟高中进士这一榜共考取进士 609 人,其与《宋会要·选举》中的记载,合格奏名进士 569 人出入较大,相差 40 名,待考证。其记载考官为翰林学士林希、刑部侍郎徐铎、起居郎沈铢。

元符三年庚辰（1100 年）李釜榜进士

75. 黄无悔

【进士小传】

小传之一：字观复，双井人，授咸宁县尉。见同治《义宁州志》卷十九选举志。

小传之二：黄无悔，进士，登李釜榜三甲一百七十三名。见清光绪二十五年浙江浦西市《黄氏宗谱》。

小传之三：黄无悔（1072—1140），字观复。宋元符三年庚辰（1100 年）进士，授咸宁县尉。见双井进士园内《黄氏四十八进士》。

【进士文史】

文史之一：蒋举，字时举，清湘人。久住太学。一日，告友黄无悔曰："学者所以学为忠与孝也。有亲弗养，孝乎？忠既未立，孝焉可忘？我其归矣。"无悔感其言，歌以送之曰："秋风起兮白云飞，南园远兮心欲归。归心切兮亲庭闱，后相见兮复何时？"及母葬，庐墓产芝十株，路允迪赠诗有"百年风木感，数本石芝芳"之句。绍兴十一年，旌其门。见清谢启昆《广西通志》。

文史之二：右图为光绪二十四年《黄氏宗谱·双井堂》卷首历代名宦中记载黄无悔的文献。

【世人评赞】

评赞之一：北宋诗人陈师道《黄无悔挽词四首》云：

敏慧仍江夏，风流更妙年。

贫焚酒家券，病得里胥钱。

精爽来鹰隼，清明泻涧瀍。

无儿传素业，有泪彻黄泉。

玉箸凝潮后，丝桐艺业余。

远涂憎早悟，旷度得中疏。

子逝今何遽，吾生孰与居。

岂无文士传，未有茂陵书。

骨秀神仙数,诗清雅颂才。

识高悬日月,韵胜脱尘埃。

去就堪同事,摧残尽一哀。

了知天上去,不似世间来。

志大期千里,身宜置一丘。

英词真盖世,爽气已横秋。

地要黄金骨,天成白玉楼。

平生研泥手,斤斧恐长休。

评赞之二:北宋诗人陈师道《次韵黄无悔惜梅》云:

雪拥寒门鹊不来,江南春信小迟回。

遥知诗力生春早,一抹江梅趁眼开。

【编者手记】

《宋史全文》记载,庚寅,敕下礼部,正奏名进士李釜以下五百六十一人,第一、第二等赐及第,第三、第四等赐出身,第五等赐同出身。元符三年庚辰科登进士第 561 人,修水仅黄无悔一人金榜题名。

崇宁二年癸未(1103 年)霍端友榜进士

76. 黄公概

【进士小传】

小传之一:字平世,双井人,授承议郎。见同治《义宁州志》卷十九选举志。

小传之二:黄公概(1058—1129),字平世。宋崇宁二年癸未(1103 年)进士,授承议郎。见双井进士园内《黄氏四十八进士》。

【进士文史】

下图一、下图二分别为光绪二十四年《黄氏宗谱·双井堂》卷首历代名宦和民国三十二年癸未双井堂刊《黄氏宗谱》中记载黄公概的文献。

【世人评赞】

暂缺。

图一

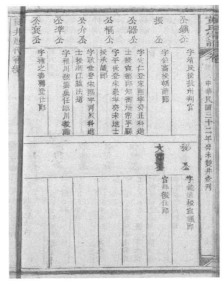
图二

【编者手记】

《宋会要·选举》记载,正月十八日,以兵部尚书安惊权知贡举,尚书吏部侍郎刘拯、尚书吏部侍郎邓洵武、尚书兵部侍郎范致虚权同知贡举,合格奏名进士五百三十八人。修水仅黄公概一人金榜题名。

崇宁四年乙酉余桌榜进士

77. 莫绵

【进士小传】

暂缺。

【进士文史】

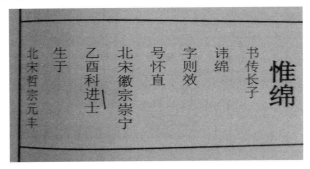

图为 2015 年重修的《莫氏宗谱》上记载莫绵进士的文献。

【世人评赞】

暂缺。

【编者手记】

暂缺。

大观三年己丑(1109年)贾安宅榜进士

78.陈天瑞

【进士小传】

小传之一:府志分宁人,通志作武宁人,误。见同治《义宁州志》卷十九。

小传之二:陈天瑞,武宁人,知九江府。见清谢旻编撰的《江西通志》卷四十九。

小传之三:陈天瑞,北宋大观年间进士。见《修水县姓氏志》第273页。

【进士文史】

 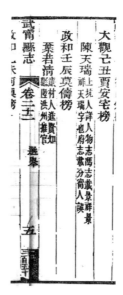

图一　　　　　　　　　　　图二

文史之一:图一为道光四年《义宁州志》卷十四选举中记载陈天瑞的史料。

文史之二:图二为《武宁县志》中记载陈天瑞的史料。

文史之三:诗

《大暑松下卧起》二首

迅翮趋炎歊,高标闭幽雅。

隐士何所营,芨之清阴下。

故居永黍生,姘蠓若大厦。

熟卧南风边,飞梦游虞夏。

五弦天上鸣,击襄歌满野。

起来记遗音,析薪有樵者。

月岩

怪石堆云蠢太空,女娲炼出广寒宫。

一轮常满阴晴见,万古无亏昼夜同。

捣药声繁驱白兔,漏天孔正透清风。

肖明自照如来境,肯学嫦娥西复东。

图一　　　　　　　　　　　　　图二

图一为清翟均廉《海塘录》中记载的《陈天瑞题月岩》。图二为清方景濂《台州府志》中记载的《陈天瑞大暑松下卧起》

【世人评赞】

暂缺。

【编者手记】

手记之一:《修水县姓氏志》记载陈元瑞,应为陈天瑞。

手记之二:《宋会要·选举》记载,得贾安宅以下七百三十一人,赐及第、出身、同出身特奏名阙。这一榜进士731人,修水仅陈天瑞一人高中。

政和二年壬辰（1112 年）莫俦榜进士

79. 王濬

【进士小传】

暂缺。

【进士文史】

暂缺。

【世人评赞】

暂缺。

【编者手记】

《宋会要·选举》云：正月八日，以翰林学士蔡葬知贡举，尚书吏部侍郎慕容彦逢、给事中宇文粹中、起居舍人张崇并同知贡举，合格奏名进士七百一十三人。编者从中得知，这一榜进士达 713 人，其中修水 4 人中进士。

80. 陈晕

【进士小传】

小传之一：府志误载新建。见同治《义宁州志》卷十九选举志。

小传之二：陈晕，龙峰世系，洞下人，北宋政和年间进士。见《修水县姓氏志》第 273 页。

小传之三：历任将士郎、衡州司兵曹事、长沙令。见《龙峰陈氏宗谱》254 页。

【进士文史】

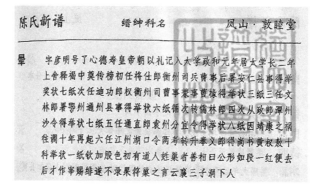

图为 1995 年编撰的《陈氏新谱·凤山·敦睦堂》上记载陈晕的珍贵文献。

【世人评赞】

暂缺。

【编者手记】

手记之一：道光二十九年《新建县志》卷三十二中记载陈晕为政和二年壬辰莫俦榜进士。

手记之二：《宋会要·选举》记载，"正月九日，御笔：契勘，今次（指政和二年壬辰）科举，赴省试人数颇多，取数甚少，深虑遗逸人才。如增解额，即于学校非便。若依崇宁、大观年例，增添省额，自与贡士两不相妨。今次可特添省额一百人。以朝廷之大，增士百人食禄，亦不为过。举宜依此行下。"编者从中看出，虽然此榜有 713 人之多，但时任皇帝宋徽宗还是"特添省额一百人"，并"以朝廷之大，增士百人食禄，亦不为过"，可见其爱才之心。

81. 莫钟

【进士小传】

2015 年重修的《莫氏宗谱》上的莫钟进士像

莫钟，字大用，武乡漫江人，南宁太守。见同治《义宁州志》卷十九选举志。

【进士文史】

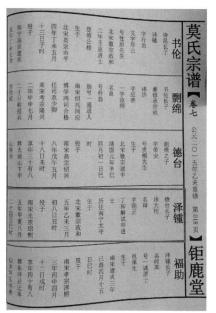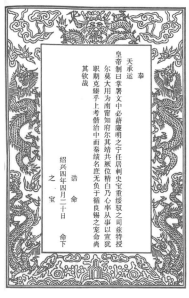

图为 2015 年重修的《莫氏宗谱》卷七中莫钟的生平介绍和绍兴四年皇帝特授"南宁知府"诰命的文献。

【世人评赞】

《莫氏宗谱》像赞云："淹贯经书，博通于史。"

【编者手记】

编者在查找《莫氏宗谱》时发现，莫钟本人寿高 61 岁，而其妻徐氏竟高寿 97 岁，在当时的医疗条件下，如此近百岁高寿者，比较罕见。

82. 黄彦辅

【进士小传】

小传之一：得礼长子，吉水知县，有传。见清道光五年刊本《丰城县志》卷七。

小传之二：字伯强，得礼长子，徽宗政和二年壬辰（1112 年）莫俦榜进士，后为吉水令，有传。见《黄氏大成宗谱》名贤录 221 页。

小传之三：彦辅，得礼长子，字伯强，行派一，北宋宣和二年辛丑（1120 年）进士，初任袁州府万载县宰，后任吉安郡吉水县令，升吉安郡太守，以政绩突出迁朝列大夫。

【进士文史】

文史之一：黄彦辅，字伯强，得礼长子，政和进士。著论是非刊落，陈言所至有声，事辩而不扰。尝推魏贵卿为古循吏第一贵卿。为所难龚黄，为所易陈瓘。谪合浦，以书慰之。瓘以书答曰：长沙问鹏，不如忠州，论药三复，来示吾间。然彦辅豪爽蕴藉，尝在京师樊楼酒酣，赋月词十，为皆以望江南歌之，都人聚观，谓谪仙堕世，明日，词闻禁中。后为吉水令，卒。见《双井世家》。

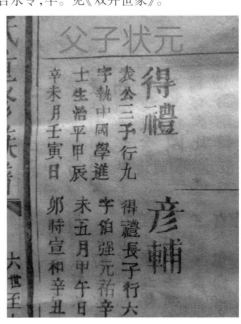

图一　　　　　　　　　　　图二

文史之二：图一为雍正《江西通志》上记载黄彦辅的史料。

文史之三：图二为《黄氏重修族谱》六世至十世中记载黄彦辅和其父黄得礼的谱牒史料。

【世人评赞】

江西省女子诗社副社长、修水作家协会副主席傅筱萍赞政和进士黄彦辅联云：

一榜一门三进士，樊楼饮酒赋诗忙。

人称太白复来世，曲韵风声松竹扬。

【编者手记】

手记之一：宋徽宗赵佶曾亲自接见同榜进士黄彦辅、黄彦平、黄彦正三兄弟，并作诗一首："黄河曾见几番清，未见人间有此荣，千里朱幡迎五马，一门黄榜占三名。奎星昨夜朝金阙,皂盖今朝拥玉京。胜似状元并榜眼,探花皆是弟和兄。"受到皇帝御诗的赞美,这在当时封建社会是莫大的殊荣,是一个家族的无上荣光。

手记之二:《义宁州志》记载黄彦辅为政和二年壬辰(1112 年)莫俦榜进士,知扬州府。编者查阅双井 48 名进士资料,并未有黄彦辅之名,但在《双井世家》第一部第 51 页中有彦辅公传。其实宋代丰城黄得礼家族,与著名文人黄庭坚所属分宁黄氏同为一脉。虽黄得礼之祖外迁到了丰城,但仍属双井一脉,双井 48 进士也包含了双井外迁家族中的黄得礼进士。黄得礼家族是一个典型的科举世家,自黄得礼考中进士之后,子孙登科者众多。

手记之三:编者查阅《丰城沇江黄氏》得知,黄彦辅,得礼长子,字伯强,行六,元丰辛酉(1081 年)五月甲午卯日时生,登政和壬辰(1112 年)莫俦榜进士第,宣和辛丑年(1121 年)殿试状元。初任袁州万载县主簿,次任吉安吉水县知县,于宣和乙巳年(1125 年)卒,娶赣州光禄大夫李名先公之女,合葬会昌杨林秧坑,弟彦平铭其墓,生四子:镆、铠、鑰、铚。

政和五年乙未(1115 年)何㮚榜进士

83. 黄榛

【进士小传】

小传之一:字德秀,双井人。见同治《义宁州志》卷十九选举志。

小传之二:黄榛(1075—1153),字德秀。宋政和五年乙未(1115 年)进士。征仕郎。见双井进士园内《黄氏四十八进士》。

【进士文史】

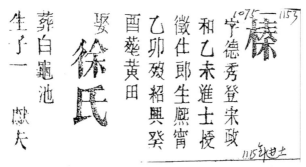

图为民国二十七年重修的《黄氏宗谱·双井堂》卷一双井世系中记载黄榛

的文献。

【世人评赞】

暂缺。

【编者手记】

暂缺。

84. 余惠迪

【进士小传】

小传之一:余惠迪,江西新建人。见万历《南昌府志》。

小传之二:字元吉,长茅人,石城知县。见同治《义宁州志》卷十九选举志。

【进士文史】

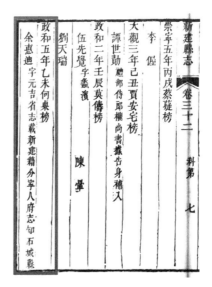

图一   图二

文史之一:图一为顺治年间《石城县志》卷五官秩中记载余惠迪的史料。

文史之二:图二为道光二十九年《新建县志》卷三十二科第中记载余惠迪的个人史料。

【世人评赞】

暂缺。

【编者手记】

编者查阅了乾隆、光绪年间的《石城县志》,均没有余惠迪任石城知县的记载。

85. 徐天庭

【进士小传】

字申之,授承务郎,筠州司户。见同治《义宁州志》卷十九选举志。

【进士文史】

文史之一:徐天庭,字申之,生于宋皇祐庚寅年十月十一日午时,政和五年乙未何棨榜进士,筠州司户,娶黄氏。生于宋皇祐庚寅年二月十九日戌时,诰封安人,生子一,元圭,殁葬未详。见《徐氏宗谱·南州堂》。

332

文史之二:图为 2013 年编撰的《南州徐氏大成宗谱》中记载徐天庭的史料。

【世人评赞】

暂缺。

【编者手记】

暂缺。

86. 徐成可

【进士小传】

字汝弼,一作南昌人,衡州教授转河南道。见同治《义宁州志》卷十九选举志。

【进士文史】

图为乾隆十六年《南昌县志》卷二十一中记载徐成可的史料。

【世人评赞】

暂缺。

【编者手记】

《宋会要·选举》云:"六日,以户部尚书兼侍读王甫知贡举,刑部尚书兼侍读慕容彦逢、给事中同修国史翟汝文、大司成同修国史冯熙载同知贡举,合格奏名进士六百七十人。"这一榜全国考取进士 670 人,修水考取黄榛、余惠迪、徐天庭、徐成可四人。

宣和元年戊戌（1119 年）进士

87. 王铠

【进士小传】

北宋宣和元年进士。见《修水县姓氏志》。

【进士文史】

图为乾隆十六年《南昌县志》卷二十一科第上记载"王铠，范志"的史料。

【世人评赞】

暂缺。

【编者手记】

《宋会要·选举》云："宣和元年正月二十一日，以御史中丞陆德先知贡举，给事中赵野、起居郎李纲同知贡举，合格进士五十四人。"这一榜全国仅 54 人考取进士，其中修水占了四位，即王铠、陈昂、陈升、徐可行四人高中进士，同时陈昂、陈升为两兄弟，乃兄弟同科高中进士。

88. 陈昂

【进士小传】

小传之一：字德彰，检校，襄子，龙峰人，官监察御史。见同治《义宁州志》卷十九选举志。

小传之二：龙峰世系，洞下人，北宋宣和戊戌年进士，授监察御史。见《修水县姓氏志》第 273 页。

小传之三：北宋宣和戊戌年进士，授监察御史。见《龙峰陈氏宗谱》254 页。

【进士文史】

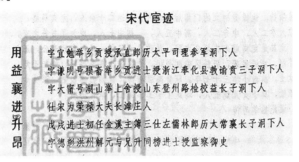

宋代宦迹

用　字宜勉举乡贡授承直郎历太平司理参军洞下人

益　字谦明号损斋举乡贡进士授浙江奉化县教谕贡三子洞下人

襄　字大甯号湖山举上舍授山东登州路检校益长子洞下人

进　仕宋为荣禄大夫长浒庄人

升　戊戌进士初任金溪主簿三仕左儒林郎历太常襄长子洞下人

昂　字德彰洪州解元与兄升同榜进士授监察御史

文史之一：图为 1995 年编撰的《陈氏新谱·凤山·敦睦堂》上记载陈昂"字德彰，洪州解元，与兄升同榜进士，授监察御史"的文献。

文史之二：图为康熙二年《南昌郡志》上记载的陈昂《紫清宫》《乌晶道中》诗。

【世人评赞】

暂缺。

【编者手记】

暂缺。

89. 陈升

【进士小传】

小传之一:字德绍,从弟,官太常卿。见同治《义宁州志》卷十九。

小传之二:龙峰世系,陈襄长子,洞下人。北宋宣和年间进士,初任金陵主簿,三任左儒林郎,历任太常。见《修水县姓氏志》第 273 页。

小传之三:初任金陵主簿,三任左儒林郎,历任太常。见《龙峰陈氏宗谱》254 页。

【进士文史】

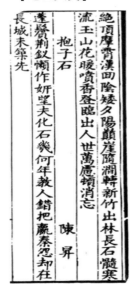

图一

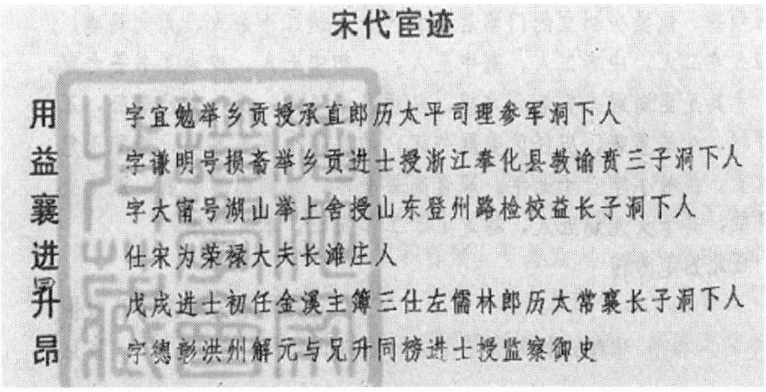

宋代宦迹

用 字宜勉举乡贡授承直郎历太平司理参军洞下人
益 字谦明号损斋举乡贡进士授浙江奉化县教谕贡三子洞下人
襄 字大窗号湖山举上舍授山东登州路检校益长子洞下人
进 仕宋为荣禄大夫长滩庄人
升 戊戌进士初任金溪主簿三任左儒林郎历太常襄长子洞下人
昂 字德彰洪州解元与兄升同榜进士授监察御史

图二

文史之一:图一为同治《义宁州志》卷三十四艺文中记载的陈升《抱子石》诗。

文史之二:图二为 1995 年《陈氏新谱·凤山·敦睦堂》上记载陈升的史料。

【世人评赞】

编者周武现云:"初履金陵主簿有政绩,三任左儒林郎无私邪。"

【编者手记】

同治《义宁州志》卷二十五中记载:"陈升宁饥出粜五千一百石赈之。"周季凤《宁对》中也有记载陈升赈饥之义举。编者考证得知,《宁对》中"赈饥"之陈升非此处所说进士陈升。进士陈升,为北宋宣和年间进士,而陈升之"赈饥"为正统六年之义举。宣和年间为 1111 至 1118 年,而正统六年为 1441 年,政和和正统年间竟相差了 300 多年,且进士陈升记载为龙峰世系,陈襄之子,洞下人,而"赈饥"陈升为州治凤山人,孝廉鼎之子,故进士陈升与"赈饥"陈升非同一人。

90. 徐可行

【进士小传】

暂缺。

【进士文史】

暂缺。

【世人评赞】

暂缺。

【编者手记】

徐可行考取进士这一年,正是宋徽宗宣和元年(1119 年),宋江聚众 36 人在梁山泊起义,率众攻打河朔、京东东路(今山东青州),转战青州、齐州(今山东济南)至濮州(今山东鄄城北)间,攻陷十余州县城池。

宣和三年辛丑(1121 年)何涣榜进士

91. 宋瀚

【进士小传】

小传之一:丁巳志补遗。开宝中,官吏部员外郎。见同治《义宁州志》卷十九选举志。

小传之二:南昌(今属江西)人。徽宗宣和三年(1121 年)进士。见清道光《南昌县志》卷一一。

小传之三:北宋开宝时进士,吏部员外郎。见《修水县姓氏志》第 243 页。

小传之四:字文端。宣和五年官吏部员外郎六路总领功,升本部左侍郎,宰豫宁八载,致仕,遂家分宁之梁溪。娶黄夫人,生子一。见《宋氏宗谱》。

宋氏后裔保留下来的宋瀚画像

【进士文史】

文史之一：八年四月二十七日,以翰林学士朱震知贡举,给事中张致远、起居舍人勾龙、如渊同知贡举,右司员外郎程克俊,吏部员外郎庄必强,户部员外郎钱观复、宋瀚,祠部员外郎高闳,工部员外郎李良臣,监察御史施庭臣、黄缓并充参详官。见《宋会要辑稿》。

图一　　　　　　　　　图二

文史之二：图一、图二为同治丁卯年《宋氏宗谱》中记载宋瀚的史料。

附:**开宝间失年登第进士:**

【王同节】　汾州人。开宝年间登进士第。历宝鼎县令。《光绪山西通志》卷一四《贡举谱·宋进士》

【吴应炎】　岳州平江县人。开宝年间登进士第。《嘉庆湖南通志》卷九〇《选举二·进士一》

【宋瀚】　开宝年间登进士第。仕至吏部员外郎。《同治汝宁州志》卷一九《选举志·进士》

【蒙英昂】　韶州人。开宝年间登进士第。明凌迪知《万姓统谱》卷一

【曲拱】　开宝年间登进士第。宋郑樵《通志·氏族略》卷四《周人名》

文史之三：图为《宋代科举资料长编·北宋卷》中记载宋瀚的史料。

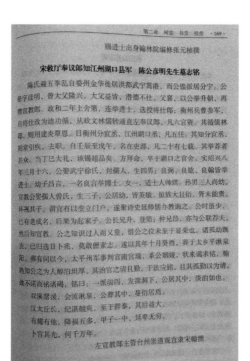

文史之四：图为宋瀚撰的《陈公彦明先生墓志铭》。

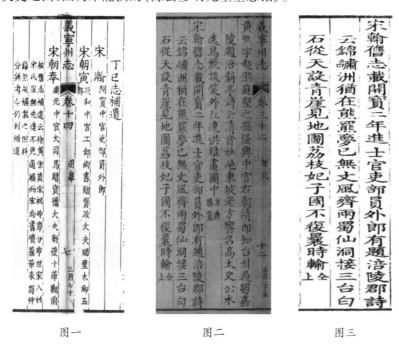

图一　　　　　　图二　　　　　　图三

文史之五：图一为道光四年《义宁州志》丁巳志补遗中记载宋瀚的史料。

文史之六：图二为《义宁州志》卷三十二杂记上记载的宋翰的史料。

文史之七：图三为宋翰撰的《题涪陵郡》诗。

【世人评赞】

编者周武现云："豫宁从仕八载，政声官绩俱佳；致仕寓居梁溪，后裔阀阅众夸。"

【编者手记】

手记之一：编者发现同治丁卯年重镌的《宋氏宗谱》记载为"翰"，宋宣和三年进士，吏部左侍郎；清道光《南昌县志》记载为徽宗宣和三年（1121 年）进士；而同治《义宁州志》和吴都宋氏宗祠则记载为"瀚"，开宝中，官吏部员外郎。从中看出，其中进士时间和名字"翰"和"瀚"有出入，是否另有他人，或是同一人，有待今后考证。

手记之二：《宋氏宗谱》记载，十八世祖商公生子瀚，官升左侍郎，后宰豫宁八载，致仕，遂家分宁之梁溪。从这段文字记载得知一个重要信息，应该是宋瀚担任豫宁县宰八年之久，退休后，便将家安居在梁溪，即现在的宁州镇吴都村，这里仍有宋瀚后裔在此居住。

手记之三：同治《义宁州志》中有关宋瀚的史料在咸淳四年戊辰陈文龙榜杨应时之后，"丁巳志补遗，宋瀚开宝中，官吏部员外郎"。而编者则按年代顺序将其编入此处，以便查考。

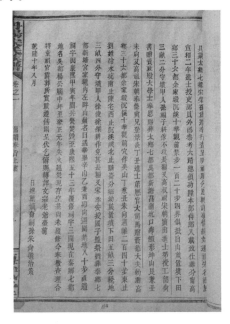

手记之四：宋瀚这样一位做到吏部员外郎的高官,其夫妇墓葬之地至今仍不知所终。吴都宋氏后裔曾在吴都周边大山中努力寻找过,均无所获。其68世后裔宋小华指着周围高耸的群山说:祖宗宋瀚公墓地应该就在这大山之中,期待今后在不经意之间发现其墓葬。编者查阅丹阳《宋氏宗谱》,谱中记载,宋瀚葬分宁高乡三十六都余家墩沉溪十观华前。

92. 黄咎

【进士小传】

黄咎(1076—1147),字承烈。宋宣和三年辛丑(1121年)进士。知宜章县。见双井进士园内《黄氏四十八进士》。

【进士文史】

文史之一:图为民国二十七年重修的《黄氏宗谱》卷一双井世系中记载黄咎的史料。

文史之二:光绪二十四年《黄氏宗谱·双井堂》卷首历代名宦中记载:"黄咎,字承烈。登宣和辛丑进士。任宜章县。"

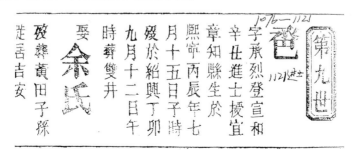

文史之三:图为民国二十七年重修的《黄氏宗谱》卷一双井世系中记载黄砻的史料。

【世人评赞】

暂缺。

【编者手记】

编者查阅了《宋会要·选举》,书中云:"得何涣以下六百三十人,赐及第、出身特奏名阙。"从这一句话中看出,这一榜共考取进士630人,状元何涣为江西余干习太乡湾头何家村人。考官为翰林学士赵野、尚书兵部侍郎黄齐、给事中黄三益。当时分宁黄砻、余彦恭、黄无咎三人高中,其中黄砻、黄无咎为双井人。时赵鼎臣《榜出即事戏成》云:"黄纸争看淡墨书,人人自恐姓名无。用心正似争蛮触,出手何如得雉卢。路入广寒人共羡,捷传城濮气争呼。回思三十年前事,华发萧萧一病夫。"

93. 余彦恭

【进士小传】

小传之一:江南西路洪州南昌县(新建县)人。见《江西通志》。

小传之二:余彦恭,字敦礼,分宁县长茅人,官醴陵知县。宋徽宗宣和三年(1121年)辛丑科何涣榜进士。见《南昌府志》、《义宁州志》卷十九选举志。

【进士文史】

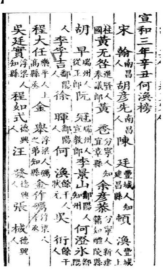

图一　　　图二　　　图三

文史之一：图一为同治十年重修的《新建县志》上记载余彦恭的史料。

文史之二：图二为万历《南昌府志》上记载余彦恭的史料。

文史之三：图三为民国八年《长茅余氏宗谱》上记载余彦恭的史料。

【世人评赞】

编者周武现云："余氏长茅赞敦礼，盛族新枝常彦恭。"

【编者手记】

编者在查阅万承风史料时，发现有这样一段文字记载：北宋时长茅余氏有名彦恭，字敦礼者，登宣和三年何涣榜进士，任醴陵县知县。

94. 黄无咎

【进士小传】

小传之一：字观过，双井人，授奉议郎。见同治《义宁州志》卷十九选举志。

小传之二：黄无咎（1078—1147），字观过。宋宣和三年辛丑（1121年）进士。授奉议郎。见双井进士园内《黄氏四十八进士》。

【进士文史】

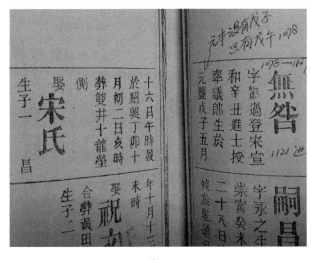

图一　　　　　　　　　　　　　　图二

文史之一：图一为民国二十七年重修的《黄氏宗谱》卷一双井世系中记载黄无咎的文献。

文史之二：图二为光绪二十四年《黄氏宗谱·双井堂》卷首历代名宦中记载黄无咎的文献。

【世人评赞】

编者周武现赞曰："常记无咎天地宽，知新观过品自高。"

【编者手记】

黄庭坚书有《致无咎通判学士帖》，又称为《南康帖》，该帖为纸本行书，纵30.8厘米，横64.7厘米，现藏于台北故宫博物院。但黄庭坚与之通信的非黄无咎，而是大名鼎鼎的晁补之(1053—1110)，字无咎，北宋著名文学家。晁补之和黄庭坚是同一年拜师于苏轼门下的，他们相识于1079年，即宋神宗元丰二年。

宣和六年甲辰(1124年)沈晦榜进士

95. 余充

【进士小传】

小传之一：字伯光，长茅人，修职郎，授南康县知县。见同治《义宁州志》卷十九选举志。

小传之二：字伯光，江南西路洪州分宁县长茅(今修水县)人，宋徽宗宣和六年(1124年)甲辰科沈晦榜进士及第。修职郎，授南康县知县。见万历《南昌府志》。

【进士文史】

图一　　　　　　　　　　　图二

文史之一：图一为同治十年重修的《新建县志》上记载余充的史料。

文史之二：图二为《南昌府志》卷三十六中记载"余充，宁州人，宁波府经历"的史料。

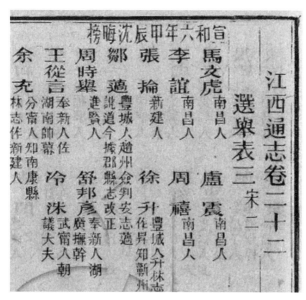

文史之三：图为光绪七年《江西通志》卷二十二选举表三中记载"余充，分宁人，知南康县，林志作新建人"的史料。

【世人评赞】

暂缺。

【编者手记】

暂缺。

96. 余浚

【进士小传】

字安道，江南西路洪州分宁县长茅人，万历《南昌府志》作余璇，宋徽宗宣和六年（1124年）甲辰科沈晦榜进士及第。朝请大夫，楚州知州。见同治《义宁州志》卷十九选举志。

【进士文史】

图一　　　　　　　　　　图二

文史之一:图一为民国八年《长茅余氏宗谱》上记载余濬(浚)的史料。

文史之二:图二为乾隆年间《南昌府志》卷三十七选举中记载余濬(浚)的史料。

【世人评赞】

暂缺。

【编者手记】

余濬、余浚、余璇可能为同一个人,各志记载舛误,濬误作璇。

建炎二年戊申(1128年)李易榜进士

97. 时举

【进士小传】

小传之一:时举,字正起,号讷斋,武乡蛟山人。建炎元年戊申科李易榜进士。任肇庆府四会县令,改潭州宁乡,调南康星子。府志误载新建人。见同治《义宁州志》卷十九选举志。

小传之二:建炎二年戊申李易榜时举,新建人,一作分宁,四会令。见同治《南昌府志》卷二十九选举。

【进士文史】

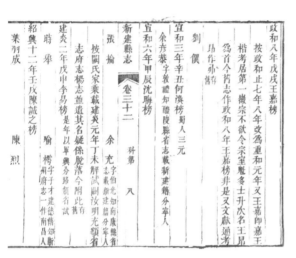

图一　　　　　　　　　　　　　　　图二

　　文史之一:图一为同治十年重修的《新建县志》卷三十二科第中记载时举的史料。

　　文史之二:图二为道光四年《义宁州志》卷十四中记载时举的史料。

【世人评赞】

　　暂缺。

【编者手记】

　　1989年《铜鼓县志》记载,时举为今铜鼓县古桥人。《江西历代进士名录》亦将其编入铜鼓县进士章节内。

绍兴二年壬子(1132年)张九成榜进士

98. 徐琛

【进士小传】

　　字师玉,历敷文阁直学士,工部侍郎,封南昌郡开元伯。见同治《义宁州志》卷十九选举志。

【进士文史】

图一　　　　　　　　　　　图二

文史之一：图一为宋《吴郡志》卷七中记载徐琛的影印文献。

文史之二：图二为 2013 年《南州徐氏大成宗谱》中记载徐琛的史料。

文史之三：敷文阁待制知平江府徐琛，以疾求去，升敷文阁直学士，提举江州太平兴国宫。见《建炎以来系年要录》卷一百六十四。

文史之四：明王鏊等纂的《姑苏志》记载：徐琛，绍兴二十年五月，以右中大夫充敷文阁待制除任。二十三年三月，除敷文阁直学士、提举江州太平兴国宫。

文史之五：《四明图经》卷十二记载：徐琛，右中奉大夫充敷文阁待制，绍兴十七年四月二十六日到任，二十年四月十日除知平江府。

【世人评赞】

暂缺。

【编者手记】

编者查阅道光四年《义宁州志》卷十四，发现“徐琛……共二十四人，据王达淦《宁乘备徵》并采各书及各家谱补入”的记载。

绍兴四年甲寅（1134 年）陆亮榜进士

99. 黄厷

【进士小传】

小传之一：双井人。见同治《义宁州志》卷十九选举志。

小传之二：双井人，绍兴四年甲寅（1134 年）进士，生殁官职不详。见《双井世家》。

【进士文史】

暂缺。

【世人评赞】

暂缺。

【编者手记】

暂缺。

绍兴八年戊午(1138 年)黄公度榜进士

100. 南宫瑞

【进士小传】

小传之一:瑞,分宁人,绍兴登科。见《万姓统谱》。

小传之二:修水人,南宋绍兴年间进士。见《修水县姓氏志》第 350 页。

【进士文史】

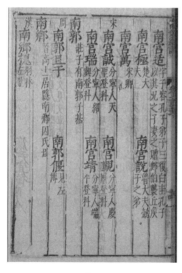 

图一   图二

文史之一:图一为明代凌迪知编撰的汲古阁刻本《古今万姓统谱》上记载进士南宫诚、南宫觐、南宫瑞、南宫靖等的史料。

文史之二:图二为雍正《江西通志》上记载南宫瑞的史料。

文史之三:崇宁壬午时届宾兴,邑侯赵公开筵荐举,赴试者五十人,而陈氏子十有三焉。仲秋朔日,陈氏祖珑三花并发,似桂似杏芬馥,龙峰周三十里咸称预兆。揭晓之日,而陈氏子昂,果冠洪州榜首,升、绪铭同榜联芳,猗欤盛哉。吾宁自开科以来,虽明道、癸酉黄庠发解,然从太学京闱,未有如今日之升肇元于洪州省也。一时人士咸咏三花之瑞,以征发源,有自余佐尹上都晋阶中议,礼闱与试,欣看五百名贤桑梓,征诗乐诵三花佳韶,毓其秀者,必祖宗积德累仁;应其瑞者,斯子孙昌其名世。见《龙峰陈氏宗谱》第 184 页。

【世人评赞】

暂缺。

【编者手记】

南宫诚、南宫觊、南宫瑞、南宫靖这四人都是进士,加南宫日休(主簿),这五人都是江西修水人。南宫氏在宋代时期是江西修水的望族之一,且与当地的望族黄氏家族、余氏家族联姻。

101. 黄元量

【进士小传】

小传之一:黄元量,省志黄讹为董。见同治《义宁州志》卷十九选举志。

小传之二:黄元量(1117—1154),字子默。宋绍兴八年戊午(1138 年)进士,官工部侍郎。见双井进士园内《黄氏四十八进士》。

【进士文史】

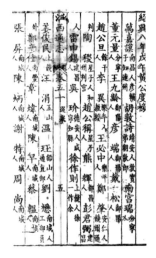

图一　　　　　　　　　　　　　图二

文史之一:图一为雍正《江西通志》上记载黄元量的影印史料。

文史之二:图二为光绪二十四年《黄氏宗谱·双井堂》卷首历代名宦中记载黄元量的史料。

文史之三:光绪二十四年《黄氏宗谱·双井堂》卷首历代名宦中记载黄元量有诗集行世,但编者未找到其诗集。

【世人评赞】

暂缺。

【编者手记】

光绪七年《江西通志》卷二十二记载:"绍兴八年戊午黄公度榜,董元量,分宁人"。同治《义宁州志》卷十九选举志云:"黄元量,省志黄讹为董。非董元量,应为黄元量。"

绍兴十二年壬戌(1142 年)陈诚之榜进士

102. 黄元之

【进士小传】

双井人。见同治《义宁州志》卷十九选举志。

【进士文史】

图一　　　　　　　图二　　　　　　　图三

文史之一：图一为《南昌府志》卷三十七选举中记载"黄元之，奉新人，莆田令"的史料。

文史之二：图二为光绪七年《江西通志》卷二十二选举中记载"黄元之，奉新人，知莆田县"的史料。

文史之三：图三为《丰城县志》中记载黄元之的史料。

【世人评赞】

暂缺。

【编者手记】

从《义宁州志》《江西通志》《丰城县志》的记载来看，三处各有不同，可能系黄氏先祖迁徙之故。

绍兴二十一年辛未（1151 年）赵逵榜进士

103. 余松

【进士小传】

小传之一：宋代吴郡人，宋高宗绍兴二十一年（1151 年）辛未科赵逵榜进士一甲第三名探花。见宋范成大《吴郡志》。

小传之二：《江西通志》作余良肱孙，江南西路洪州分宁县（今修水县）人，官提刑。

小传之三:余松,字茂老,分宁长茅人,余良肱曾孙,历官文林郎,江东提举刑狱司干办公事。见同治《义宁州志》卷十九选举志。

【进士文史】

图一　　　　　　　　　　　　图二

文史之一:图一为绍兴二十三年三月十二日余松所撰的《绍兴癸酉修谱跋》。

文史之二:图二为民国八年《长茅余氏宗谱》中记载余松的史料。

文史之三:绍兴二十一年(1151年)辛未科登进士第共422人,赵逵为状元,蒋芾为榜眼,余松为探花。

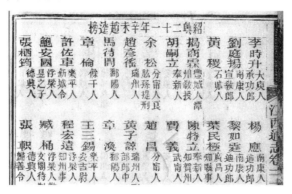

文史之四:图为光绪七年《江西通志》卷二十二选举中记载"余松,分宁人,良肱孙,提刑"的史料。

图一　　　　　　　　　　　图二

文史之五：图一、图二为民国丙子年修的《余氏宗谱》卷首科第中记载余松"字茂老，绍兴辛未探花"和其撰写的《绍兴癸酉修谱跋》的珍贵文献。

【世人评赞】

编者周武现《题探花余松》云：

长茅毓俊英，辛未跃云程。

探花开史牒，千古一奇松。

【编者手记】

编者在《江西进士地图》一书中看到，余松为绍兴二十一年（1151 年）辛未科赵逵榜探花，这是自科举开始至终止，修水第一个探花。在宋朝，江西籍进士三鼎甲中状元 12 名，榜眼 11 名，探花 13 名。据编者考证，修水没有士子中过状元、榜眼记录，自余松之后，再没有中过探花，可谓是前无古人，后无来者。

104. 余深

【进士小传】

余深,字仁老,江南西路洪州分宁县(今修水县)人,余持中之子,余彦直侄,宋高宗绍兴二十一年(1151 年)辛未科赵逵榜特奏名,通直郎。见同治《义宁州志》卷十九。

【进士文史】

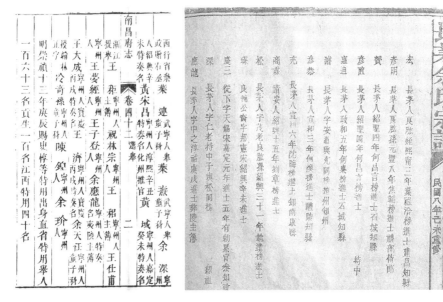

图一　　　　　　　　　　　　　　　图二

文史之一:图一为《南昌府志》卷四十二选举中记载"余深,宁州人,绍兴辛未特奏名"的史料。

文史之二:图二为民国八年《长茅余氏宗谱》中记载余深的史料。

【世人评赞】

暂缺。

【编者手记】

暂缺。

105. 赵昌

【进士小传】

宋绍兴年间进士。见《修水县姓氏志》。

【进士文史】

 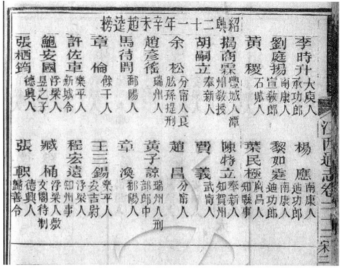

图一　　　　　　　　　图二

文史之一:图一为《南昌府志》卷三十七选举中记载赵昌的史料。

文史之二:图二为光绪七年《江西通志》卷二十二中记载"赵昌,分宁人"的史料。

【世人评赞】

暂缺。

【编者手记】

暂缺。

隆兴元年癸未(1163年)木待问榜进士

106.徐庭玉

【进士小传】

小传之一:德化县尉,调淮南西路陆安县军事,一作南昌人。见同治《义宁州志》卷十九选举志。

小传之二:徐庭玉,南昌人。见《江西通志》卷五十。

【进士文史】

隆興元年癸未木待問榜
徐庭玉
　萬源　禮部尚書
乾道二年丙戌蕭國梁榜
石孝友　有傳
乾道五年己丑鄭僑榜
汪膠
乾道七年辛卯解試
歐陽鼎
乾道八年壬辰黃定榜
王岵
南昌縣志《卷之二十一　科第上　七

文史之一：图为乾隆十六年《南昌县志》卷二十一科第上记载"徐庭玉，隆兴元年癸未木待问榜"的史料。

文史之二：宋吕祖谦《金华汪君将仕墓志铭》中记载其长女适迪功郎江州德化县尉徐庭玉。

【世人评赞】

暂缺。

【编者手记】

隆兴元年癸未（1163 年）木待问榜登进士第共 538 人，修水仅徐庭玉一人高中进士。

淳熙五年戊戌（1178 年）姚颖榜进士

107. 黄瀛

【进士小传】

小传之一：黄瀛（生殁未详），字阆苑。诸司审计。见同治《义宁州志》卷十九选举志。

小传之二：黄瀛（生殁未详），字阆苑。宋淳熙五年戊戌（1178 年）进士，诸司审计。见双井进士园内《黄氏四十八进士》。

【进士文史】

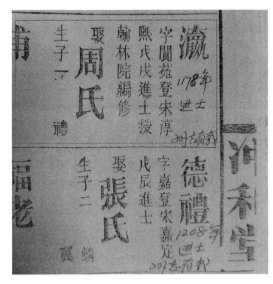

图一 　　　　　　　　　　　　　　图二

　　文史之一:图一为民国二十七年重修的《黄氏宗谱》卷一双井世系中记载黄瀛的史料。

　　文史之二:图二为道光四年《义宁州志》卷十四选举中记载"黄瀛……共二十四人,据王达泉《宁乘备徵》并采各书及各家谱补入"的史料。

　　【世人评赞】

　　暂缺。

　　【编者手记】

　　编者发现,同治《义宁州志》和双井进士园内《黄氏四十八进士》的介绍中,黄瀛职官为诸司审计,而《黄氏宗谱》其职官则为翰林编修。诸司审计的职责是对中央各部门、地方、军镇等所有的收入、支出及物资等进行审计。翰林院编修,一般来说是科举考试的殿试之后,由榜眼、探花担任编修。翰林官的主要活动多为朝廷日常性工作,如从事诰敕起草、史书纂修、经筵侍讲等,品级为正七品。

淳熙八年辛丑(1181 年)黄由榜进士

　　108. 王智中

　　【进士小传】

　　字明仲,固之后,官桥人,承事郎。见同治《义宁州志》卷十九选举志。

【进士文史】

文史之一：王智中，修水黄龙山黄龙寺前人，宋朝王琼九世孙，淳熙二年进士，承事郎，事亲至孝，甫除安乡县令，无心仕进，即乞归养寝，食不离父母，越月不宿妻房，亲殁筑舍冢傍三年，事闻于朝，嘉封"纯孝大夫"以彰其孝。见《迁宁始祖一脉志》第 466 页。

文史之二：图为《王氏宗谱》中记载王智中及其儿子的史料。

【世人评赞】

暂缺。

【编者手记】

暂缺。

109. 徐大声

【进士小传】

邵武军民总漕。见同治《义宁州志》卷十九选举志。

【进士文史】

暂缺。

【世人评赞】

暂缺。

【编者手记】

编者在 2000 年查阅《修水县姓氏志》时发现徐大声，为高沙衍派十四支分支之一昼支（六世）之子，其母周氏，生子五，长子昱公，宋嘉祐二年进士，授翰林院检讨。三子大声，宋嘉祐五年进士，邵武军民总督，官至荣禄大夫，大司空。

其七代孙应龙,刑部尚书兼侍读。昱公和大声为同胞兄弟。

110. 黄宋昌

【进士小传】

黄宋昌像

字成之,双井人,特奏名第一,化州推官。见同治《义宁州志》卷十九选举志。

【进士文史】

文史之一：图为《南昌府志》卷四十二中记载"黄宋昌，宁州人，淳熙辛丑特奏名，化州推官"的史料。

文史之二：光绪二十四年《黄氏宗谱·双井堂》卷首历代名宦中记载黄宋昌"状元及第，化州推官"。

【世人评赞】

暂缺。

【编者手记】

编者查阅光绪十四年《化州志》，并未有黄宋昌担任化州推官的记载。

推官，是古代官名。唐朝始置，节度使、观察使、团练使、防御使、采访处置使下皆设一员，位次于判官、掌书记，掌推勾狱讼之事。五代沿袭唐制。

特奏名是宋代科举制度的一种特殊规定：考进士多次不中者，另造册上奏，经许可附试，特赐本科出身，叫"特奏名"，与"正奏名"相区别。

111. 王概

【进士小传】

宜春主簿。见同治《义宁州志》卷十九选举志。

【进士文史】

暂缺。

【世人评赞】

暂缺。

【编者手记】

编者查阅康熙四十七年和同治九年《宜春县志》记载，宋朝之时，只有程如式、王漠两人任主簿，却没有王概任宜春主簿的记载。

淳熙十一年甲辰（1184年）卫泾榜进士

112. 黄实

【进士小传】

小传之一：黄实（生殁未详），字子先。凤图阁学士。见同治《义宁州志》卷十九选举志。

小传之二：黄实（生殁未详），字子先。宋淳熙十一年甲辰（1184年）进士，凤图阁学士。见双井进士园内《黄氏四十八进士》。

【进士文史】

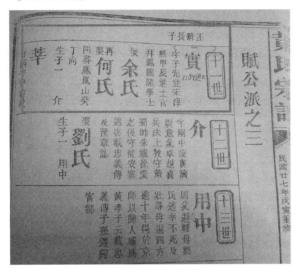

图一   图二

文史之一: 图一为民国二十七年重修的《黄氏宗谱》卷一双井世系中记载黄实和其子孙的史料。

文史之二: 图二为道光四年《义宁州志》卷十四中记载"黄实……共二十四人,据王达洤《宁乘备徵》并采各书及各家谱补入"的史料。

【世人评赞】

暂缺。

【编者手记】

编者在寻找黄实资料时发现,其子黄介与谱上介绍的黄公介,经历、遇难之地、儿子用中等史料竟80%相同,黄介是否就是黄公介,是否编撰《黄氏家谱》时出错,有待今后考证。

113. 黄遵

【进士小传】

双井人。见同治《义宁州志》卷十九选举志。

【进士文史】

暂缺。

【世人评赞】

暂缺。

【编者手记】

编者查阅《江西进士全传》一书,书中记载这一榜进士只有黄实一人,没有黄遵高中淳熙十一年甲辰(1184 年)卫泾榜进士的记载。

至和乙未(1055 年)进士

114. 莫磊

【进士小传】

字公亮,武乡漫江人。见同治《义宁州志》卷十九选举志。

【进士文史】

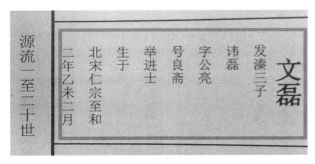

图为 2015 年重修的《莫氏宗谱》上记载莫磊进士的文献。

【世人评赞】

暂缺。

【编者手记】

至和乙未是 1055 年,同治《义宁州志》卷十九选举志中顺序为何放在淳熙十一年甲辰(1184 年)卫泾榜黄实、黄遵之后,有待考证。编者暂且按同治《义宁州志》顺序不变。

庆元年间(1195—1200)进士

115. 宋朝奉

【进士小传】

小传之一:庆元中,官大司马。见同治《义宁州志》卷十九选举志。

宋朝奉像

宋朝奉夫妇像

小传之二：南宋庆元年间进士，大司马。见《修水县姓氏志》。

小传之三：四十八世祖朝奉公名幽，字嵚芳，号静政。幼聪异超群，年十五擢庠明五经。庆元丙子中式联举进士。第官翰林院编修，授兵部侍郎，升本(兵)部尚书，赠资德大夫。至元五年壬辰卒，寿六十九。见吴都宋氏宗祠。

小传之四：义宁州双井人，庆元年间进士，官大司马，赠资德大夫，赐葬十华观前。见道光《义宁州志》卷一四。

【进士文史】

集贤大学士兼领太史院事许衡
为宋朝奉撰的像赞

周季麟撰的《宋氏义学会序》(部分)

图一　　　　　　　　　　图二

文史之一：图一为同治戊辰（1868年）丹阳《宋氏宗谱》卷一中记载宁州知州杨元钧题、集贤大学士兼领太史院事许衡书宋朝奉夫妇像赞的珍贵文献。

文史之二：图二为道光四年《义宁州志》卷十四选举中记载宋朝奉的史料。

【世人评赞】

评赞之一：江西省女子诗社副社长、修水作家协会副主席傅筱萍赞庆历进士宋朝奉云：

心沐千遗泽，文藏太学风。

朝阳鸣凤举，随桂乐融融。

评赞之二：编者周武现云："聪异超群，联举进士。"

【编者手记】

手记之一：编者查阅各类资料，宋朝奉个人史料不多，后本人致电吴都宋小华，宋小华带编者来到吴都宋氏宗祠，才查到其相关史料，补其进士小传遗缺。

手记之二：从吴都宋小华口中得知，宋瀚乃十九世祖，而宋朝寅、宋朝奉为四十八世祖，相隔了二十九代。同时得知，宋朝寅、宋朝奉为亲兄弟，一为工部尚书，一为兵部尚书。按进士家族标准，其宋氏一族可为进士之家族，但编者未找到《宋氏宗谱》，未有可信史料，故未撰写其进士家族之文。

手记之三：道光四年《义宁州志》云，宋朝奉为"义宁州双井人"，编者查阅

修水历代进士史略

道光四年《义宁州志》，没有"义宁州双井人"六字记载，属错误。其实为义宁泰乡吴都人。

嘉泰二年壬戌（1202年）傅行简榜进士

116. 沈连

【进士小传】

小传之一：字少逸，华容县丞。见同治《义宁州志》卷十九选举志。

小传之二：修水人，宋嘉泰年间进士，华容县丞。见《修水县姓氏志》。

【进士文史】

右图为同治十年重修的《新建县志》卷三十二科第中记载沈连的史料。

【世人评赞】

暂缺。

【编者手记】

编者查阅乾隆二十五年《华容县志》，没有沈连任华容县丞的记载。

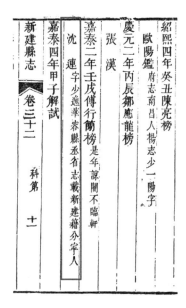

117. 徐汝楚

【进士小传】

小传之一：字德义，奉议郎，醴陵知县。见同治《义宁州志》卷十九选举志。

小传之二：宋进士，昭武知县。见《修水县姓氏志》。

小传之三：璧公孙，字德义，嘉泰二年壬戌进士，授奉议郎，任湖广醴陵县知县。见《徐氏宗谱》。

【进士文史】

右图为道光四年《义宁州志》卷十四选举中记载"徐汝楚……共二十四人，据王达诠《宁乘备徵》并采

各书及各家谱补入"的史料。

【世人评赞】

暂缺。

【编者手记】

编者查阅同治九年《醴陵县志》,书中没有徐汝楚任湖广醴陵县知县的记载。

嘉定元年戊辰(1208 年)郑自诚榜进士

118. 黄垶

【进士小传】

小传之一:字孚之,双井人,授朝请郎,直秘阁,福建盐运使,判建宁府。见同治《义宁州志》卷十九选举志。

小传之二:黄垶(1159—1231),字孚之。宋嘉定元年戊辰(1208 年)进士,授朝请郎,直秘阁,福建盐运使,判建宁府。见双井进士园内《黄氏四十八进士》。

【进士文史】

文史之一:图为光绪二十四年《黄氏宗谱·双井堂》卷首历代名宦中记载黄垶的史料。

文史之二:下图一为康熙癸酉《建宁府志》卷十八职官中记载"黄孚,闽书作垶"的史料。

文史之三:下图二为民国三十七年重修的《雁门童氏宗谱》中记载黄垶撰《大斌公墓志铭》的史料。

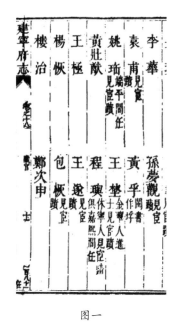 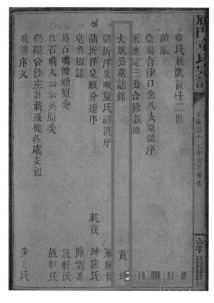

图一

图二

文史之四：黄埠《寿徐仓使》诗

四明山水远且清，秀气钟作千人黄。

南州高士真济美，天地正粹涵中襟。

学问渊源派伊洛，文章典丽铿韶韺。

射策丹墀压群彦，声名一日蜚玉京。

粤从臒仕久扬历，政事所至皆有称。

雠较芸编上群玉，蕃宣茹水腾颂声。

凝旒简眷异俦正，追班文石焕郎星。

清规屹立朝誉振，儒术既行邦计赢。

论思献纳众所瞩，其奈宵旰怀远氓。

咨诹出揽澄清辔，肃持庚节赒列城。

视时敛散民食足，观风按察吏胆惊。

侧听赐环驲骑速，行看荷橐天衢亨。

节过清明才六日，欣逢吉梦叶长庚。

和气却随春气足，福星还并寿星明。

已闻好语日边至，莫辞烂漫倾罍觥。

自惭小草依松柏，臭味相投意甚真。

修水历代进士史略

矢诗不但为公寿，八荒寿域更跻民。

【世人评赞】

南宋洪咨夔撰的《平斋文集》记载："夫镇危疑之情，活雕瘵之俗，固守职也。揠苗常患于助长，种木亦忌于太恩，行所无事而不求赫赫，其吏治之良乎？"

【编者手记】

黄垺与黄墉为"兄弟同科进士"。同时，黄墉、黄垺与黄德礼三人为黄氏同榜进士。

119. 黄墉

【进士小传】

小传之一：字庸之，巴陵主簿。见同治《义宁州志》卷十九选举志。

小传之二：黄墉（1161—1223），字庸之。宋嘉定元年戊辰（1208年）进士，巴陵主簿。见双井进士园内《黄氏四十八进士》。

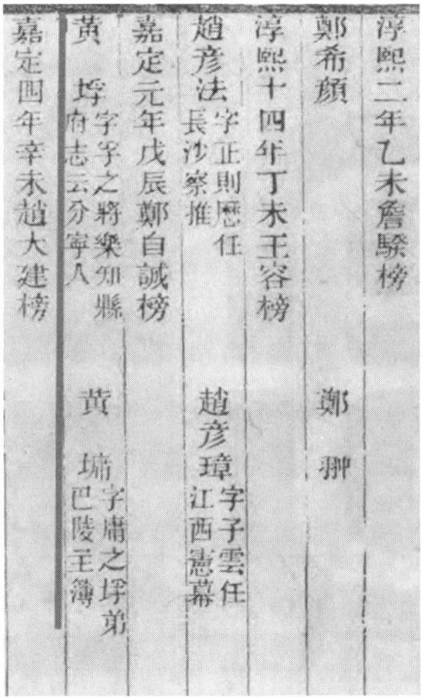

【进士文史】

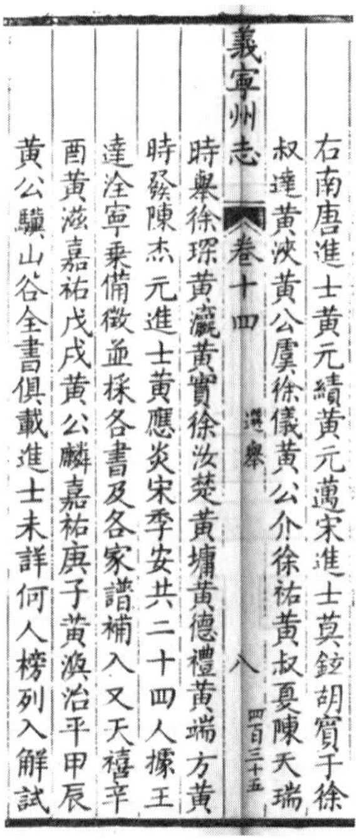

图一

图二

文史之一：图一为道光四年《义宁州志》卷十四选举中记载"黄墉……共二

十四人,据王达诠《宁乘备徵》并采各书及各家谱补入"的史料。

文史之二:图二为光绪二十四年《黄氏宗谱·双井堂》卷首历代名宦中记载黄墉的史料。

【世人评赞】

暂缺。

【编者手记】

手记之一:编者查阅乾隆丙寅十一年《岳州府志》,其中记载"元朝之前主簿无考",查嘉庆、同治、光绪年间《巴陵县志》均为"宋元主簿无考"。

手记之二:黄墉之父黄荣历知筠州,居家处官皆有法度。

手记之三:黄墉与弟黄垾为"兄弟同科进士"。

120. 黄德礼

【进士小传】

小传之一:字耕之,双井人。见同治《义宁州志》卷十九选举志。

小传之二:黄德礼(生殁未详),字畊之。宋嘉定元年戊辰(1208年)进士。见双井进士园内《黄氏四十八进士》。

小传之三:黄德礼,字执中,登元祐进士,终柳州推官。靖国初,应诏言事,其略曰:嘉祐、熙宁之法,仁祖、神宗之所为也。而主熙宁之说者曰:必为之更变。主嘉祐之说者曰:必为之守常,分曹为朋,迭立胜负,宿怨快于私门,实祸归于公家。朝廷顾何所赖?唯天子建中和之极,择其善者,从而增损之,此行法之要也。人才实难,国论异同,口语疑似无四凶之罪,而加以流窜之刑。瘴雾蛮烟,不死不已,遗旅骸槎,虽死不还。士有持平守正,如彭砺、叶涛之徒,其言未必见省,此风不革,异日必有以服刑都市,参夷五族之法,闻于上者矣。愿朝廷退人以礼,宰辅为国受言,变缙绅锲薄之风,增社稷灵长之福,此任人之要也。世皆以为笃论。见《双井世家》第51页。

【进士文史】

文史之一:黄德礼,字耕之,号嘉登,宗谱及清道光四年《义宁州志》均有载。是双井黄氏的十五世。

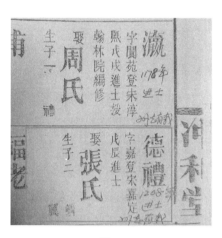

图一

图二

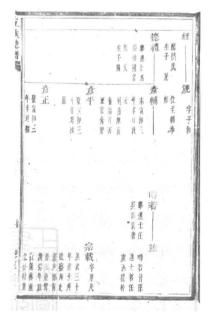

图三

图四

文史之二：图一为《黄氏宗谱》记载黄德礼的传记史料。图二为《一统志》

中记载黄得(德)礼的个人史料。

文史之三:图三为民国二十七年重修的《黄氏宗谱》卷一双井世系中记载黄德礼的史料。图四为《丰城县志》记载黄得(德)礼和其儿子彦辅高中状元的史料。

文史之四:艺文诗

宿皇恐滩

倦客逢长至,扁舟泊远滩。

居常谙寂寞,童稚笑相欢。

景福院

娟娟竹影薄,决决溪流浅。

风生秋意回,野塘天容远。

【世人评赞】

编者周武现撰联云:元祐司宪龙城振家声,鳌头琼林双井毓秀彦。

【编者手记】

手记之一:李书豪在《宋代丰城黄得礼家族事迹考略》一文中说:"家世隆兴府之外邑,初居分宁,与双井同谱,七世祖迁丰城沇江。"其实宋代丰城黄得礼家族,与著名文人黄庭坚所属分宁黄氏同为一脉。虽黄得礼之祖外迁到了丰城,但仍属双井一脉,双井48进士包含了双井外迁的家族所中进士。黄得礼家族也是一个典型的科举世家,自黄得礼考中进士之后,子孙登科者众多。

手记之二:《义宁州志》和《双井世家》所述黄德礼与《宋代丰城黄得礼家族事迹考略》中黄得礼,应属同一人。

嘉定七年甲戌(1214年)袁甫榜进士

121. 黄峦

【进士小传】

小传之一:字山甫,双井人。见同治《义宁州志》卷十九选举志。

小传之二:黄峦(1156—1232),字山甫。宋嘉定七年(1214年)甲戌进士,兵部侍郎兼枢密副使。见双井进士园内《黄氏四十八进士》。

【进士文史】

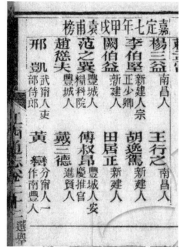 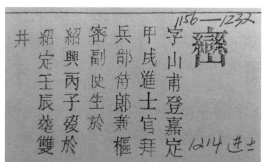

图一　　　　　　　　　　　　　　图二

文史之一：图一为光绪七年《江西通志》卷二十二中记载"黄峦，分宁人，一作南丰人"的史料。

文史之二：图二为民国二十七年重修的《黄氏宗谱》卷一双井世系中记载黄峦中进士的史料。

【世人评赞】

暂缺。

【编者手记】

暂缺。

122. 莫廷才

【进士小传】

武乡漫江人。见同治《义宁州志》卷十九。

【进士文史】

暂缺。

【世人评赞】

暂缺。

【编者手记】

编者查阅《江西进士全传》一书,其书中记载这一榜进士只有黄实一人,其中没有莫廷才高中嘉定七年甲戌(1214 年)袁甫榜进士的记载。

嘉定十三年庚辰(1220 年)楼钥榜进士

123. 平仲信

【进士小传】

字大通,崇乡静林人,任福建海澄知县。见同治《义宁州志》卷十九选举志。

【进士文史】

主修《平氏宗谱》。

【世人评赞】

暂缺。

【编者手记】

手记之一:同治《义宁州志》卷十九选举志记载:字大通,崇乡静林人。应为崇乡靖林人。

手记之二:编者查阅乾隆二十七年《海澄县志》,书中无平仲信任海澄知县的记载。

手记之三:编者查阅《修水县姓氏志》,得知平大通,宋嘉定十二年进士(同治《义宁州志》卷十九选举为嘉定十三年庚辰科进士),与南昌吴浩、高安幸溥中、进贤陶蒉桂、临川邓泳、南丰曾铣、永新邓大兴七人同榜,时有“江南七才子”之称。任福建省海澄知县,因为官清正廉明,后人塑像纪念,至今供奉。

嘉定十六年癸未(1223 年)蒋重珍榜进士

124. 黄域

【进士小传】

字益之,双井人,特奏名第二,文林郎,浙江提举。见同治《义宁州志》卷十九选举志。

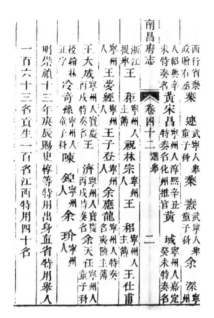

【进士文史】

图为《南昌府志》卷四十二选举中记载"黄域,宁州人,嘉定癸未特奏名"的史料。

【世人评赞】

暂缺。

【编者手记】

暂缺。

宝庆二年丙戌(1226年)王会龙榜进士

125. 黄端亮

【进士小传】

小传之一:双井人。见同治《义宁州志》卷十九选举志。

小传之二:黄端亮(生殁未详),字正斋。宋宝庆二年丙戌(1226年)进士,饶州都司。见双井进士园内《黄氏四十八进士》。

【进士文史】

文史之一:《通济桥记》

南丰据盱江上游,东南有浮梁,旧矣。刑部朱公彦始更梁以石。石密水怒,逾年而圮。绍兴淳祐辛丑,水大决,自是桥废者。六年乙巳,端亮来宰。是邑始

至,问民疾苦,耆老蹙额相告,浮梁久绝,操舟者利焉。舣棹湍流,掀舞浪涛中,满所欲乃已。一不幸则沦胥以溺。端亮为之恻然。值盗发平西震于其邻,方以军旅之事极力保境。欲筹划,未能也。明年二月,召匠计之捐俸缗,为邑里倡。见《钦定古今图书集成方舆汇编职方典》第八百八十卷。

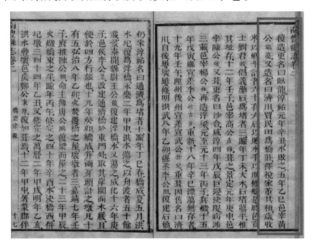

文史之二:图为康熙癸亥二十二年《南丰县志》上记载黄端亮修通济桥的史料。

| 图一 | 图二 |

文史之三:图一为同治《南丰县志》卷三十七艺文上记载的《淳祐重修学记》。

文史之四:图二为康熙癸亥《南丰县志》卷四官师年表中记载"黄端亮,宣教郎转奉议郎,淳祐五年乙巳任八年戊申去官,改临安府佥判"的珍贵史料。

| 图一 | 图二 |

文史之五:图一为民国二十七年重修的《黄氏宗谱》卷一双井世系中记载黄端亮的史料。

文史之六:图二为光绪七年《江西通志》卷二十二中记载"黄端亮,分宁人"的史料。

【世人评赞】

暂缺。

【编者手记】

编者查阅了《宋史》,书中记载:"八月丁亥,诏督府官属各特进一秩,令具名衔闻奏。诏知建昌军南丰县黄端亮夺官一等放罢,以其增收苗赐,科罚多私也。"

126. 祝如川

【进士小传】

小传之一:字圭方,官至秘阁校理。见同治《义宁州志》卷十九选举志。

小传之二:秘阁校理。见《修水县姓氏志》。

【进士文史】

文史之一:双井黄裎长女适祝如川。

文史之二:右图为光绪七年《江西通志》卷二十二中记载"祝如川,分宁人"的史料。

【世人评赞】

暂缺。

【编者手记】

因宁宗去世,理宗守丧,未亲加策试,便诏令以省试名次作为殿试名次。祝如川即是以省试名次高中进士。其秘阁校理,为官名。北宋太宗端拱元年(988年)置,以京朝官充任,与直秘阁通掌阁事。

127. 熊苗

【进士小传】

小传之一:仁乡莲溪人,任云南监察御史。见同治《义宁州志》卷十九选举志。

小传之二:义宁州仁乡莲溪,咸淳元年乙丑阮登炳榜,任云南监察御史。见《江西熊姓进士总名录》。

小传之三:分宁人。见钦定四库全书《江西通志》卷五十一。

小传之四:熊苗(生卒失详),号实困。宋隆兴(1163—1164)举人,宝庆二年丙戌(1226年)进士,官至云南监察御史。见《渣津镇志》第359页。

小传之五:修水人,亨泰莲溪支十三孙,南宋隆兴年间举人,宝庆二年丙戌岁进士,官至云南监察御史。宦鉴志俱载,墓葬高乡三十八州(今修水上杭乡)道岭下蛤蟆古井。见《修水县姓氏志》。

【进士文史】

文史之一:下图一为光绪七年《江西通志》卷二十二中记载"熊苗,分宁人"的史料。

文史之二:下图二为《南昌府志》卷三十七选举中记载"熊苗,分宁人"的史料。

图一　　　　　　　　　图二

文史之三:其子熊学夫,嘉定年间以父苗荫授广东潮州太守。

【世人评赞】

暂缺。

【编者手记】

《江西熊姓进士总名录》中记载"熊苗中咸淳元年乙丑阮登炳榜进士,任云南监察御史",而《义宁州志》《南昌府志》《渣津镇志》《修水县姓氏志》上均记载为"宝庆二年丙戌(1226年)王会龙榜,任云南监察御史"。

128. 王仲雅

【进士小传】

小传之一:高乡官桥人,历官中议大夫,金紫光禄大夫。见同治《义宁州志》卷十九选举志。

小传之二:分宁人,光禄少卿。见钦定四库全书《江西通志》卷五十一。

小传之三:王琮第六世,宋进士,授金紫光禄大夫。见《修水县姓氏志》。

【进士文史】

文史之一:下图一为《王氏宗谱》中记载王仲雅的史料。

文史之二:下图二为光绪七年《江西通志》卷二十二中记载"王仲雅,分宁人,光禄少卿"的史料。

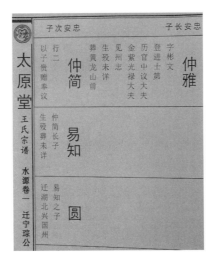

图一　　　　　　　　　　图二

【世人评赞】

暂缺。

【编者手记】

暂缺。

129. 王�濬

【进士小传】

特奏名。见同治《义宁州志》卷十九选举志。

【进士文史】

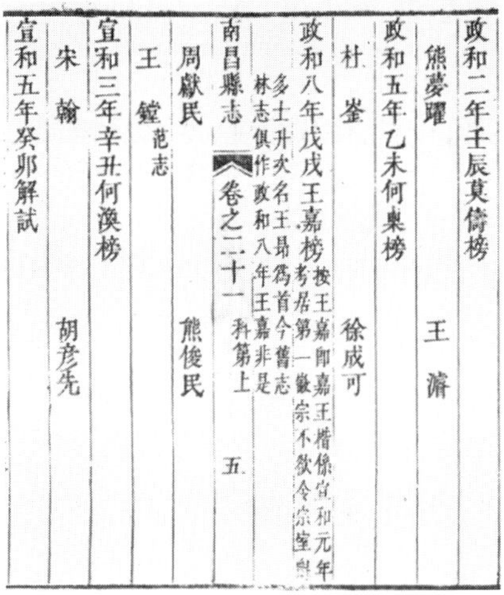

图为乾隆十六年《南昌县志》卷二十一科第上记载王濬的史料。

【世人评赞】

暂缺。

【编者手记】

暂缺。

130. 王大成

【进士小传】

特奏名。见同治《义宁州志》卷十九选举志。

【进士文史】

　　　　　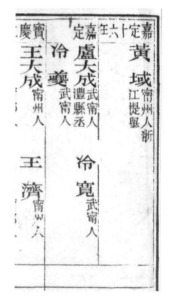

图一　　　　　　　　　　图二

文史之一：图一为《南昌府志》卷四十二选举中记载"王大成，宁州人，宝庆丙戌特奏名"的史料。

文史之二：图二为清光绪七年刊本《江西通志》上记载王大成的史料。

【世人评赞】

暂缺。

【编者手记】

暂缺。

131. 黄端方

【进士小传】

小传之一:号咏归,双井人。见同治《义宁州志》卷十九选举志。

小传之二:黄端方(生殁未详),字咏归。宋宝庆二年丙戌(1226 年)进士,吏部文选司。见双井进士园内《黄氏四十八进士》。

【进士文史】

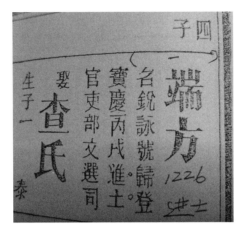

图为民国二十七年重修的《黄氏宗谱》卷一双井世系中记载黄端方的史料。

【世人评赞】

暂缺。

【编者手记】

民国二十七年重修的《黄氏宗谱》记载,端方,名锐咏,号归,与同治《义宁州志》上"号咏归"的记载不相同。

132. 黄时发

【进士小传】

小传之一:字清操,井人。见同治《义宁州志》卷十九选举志。

小传之二:黄时发(生殁未详),字清操。宋宝庆二年丙戌(1226 年)进士,迪功郎。见双井进士园内《黄氏四十八进士》。

小传之三:黄时发,字清操,双井黄氏十二世,黄赋(武宁支)后裔,登宋宝庆丙戌(1226 年)进士,宗谱有载。见《双井黄氏探源》。

【进士文史】

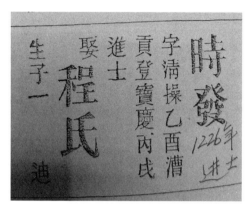 

图一　　　　　　　　　　　图二

文史之一：图一为民国二十七年重修的《黄氏宗谱》卷一双井世系中记载黄时发的史料。

文史之二：图二为道光四年《义宁州志》卷十四中记载"黄时发……共二十四人，据王达洤《宁乘备徵》并采各书及各家谱补入"的史料。

【世人评赞】

暂缺。

【编者手记】

黄端亮、黄端方、黄时发为宋宝庆二年丙戌（1226 年）双井同科进士。

绍定二年己丑（1229 年）黄朴榜进士

133. 冷应澂

【进士小传】

小传之一：字公定，号觉斋，泰清人，直宝阁学士，有传，宋史云宝庆元年进士。见同治《义宁州志》卷十九选举志。

小传之二：冷应澂，字公定，号觉斋，南宋时隆兴府分宁县（今修水县）人，生于宋孝宗淳熙十四年（1187 年）十月。宋理宗宝庆元年（1225 年），冷应澂荣登进士榜，步入仕途。

十四世祖大学士应澂公像

冷应澂画像和像赞

时任国民政府考试院院长
戴传贤撰的冷应澂遗像赞

【进士文史】

图一　　　　　　　　　　　　　　图二

文史之一：图一为民国三十二年修撰的《冷氏宗谱》记载清代冷采芸所绘的西乡七十一都泰清学士墓图。图二为冷学士墓图。

文史之二：民国三十二年修撰的《冷氏宗谱》记载："宝章阁大学士应澂公簪缨接踵，与徐忠愍公德詹，黄文节鲁直等，以经天纬地之才，济世安民之略，卓然名世,其丰功盛烈,铭彝鼎被弦歌,崇祀八贤祠,与古圣贤昔俎豆其间,所谓邦家之光,非仅闾里之荣,荟萃于修江者,至今照人耳目赫赫。"

图一　　　　图二　　　　图三

文史之三: 图一为同治《义宁州志》上记载冷应澂的传记史料。

文史之四: 图二为明代李贤奉敕修的《一统志》中记载冷应澂的史料。

文史之五: 图三为清代刘显祖撰的《泰清过冷学士觉斋故址》诗。

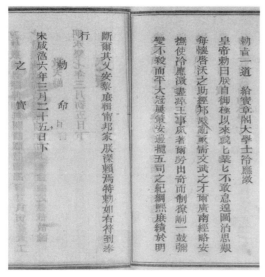

图一　　　　　　　　图二

修水历代进士史略

　　文史之六：图一、图二为宋咸淳六年三月二十五日敕命，分别见《冷氏宗谱》和同治《义宁州志》卷之首。

图一　　　　　　　　　　　　　　　　图二

　　文史之七：图一为民国三十二年《冷氏宗谱》中记载冷应澂的个人史料。
　　文史之八：图二为雍正《江西通志》卷六十七中记载冷应澂的传记文献。

图一　　　　　　　　　　　　　　　　图二

文史之九：图一、图二为民国二十六年《八贤祠志》中记载的《冷应澂公传》（节选）和《元丰元年诰敕》。

 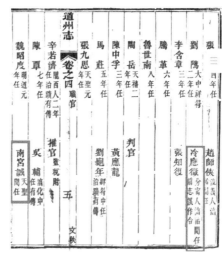

图一　　　　　　　　　　　　　　　　图二

文史之十：图一为编者在黄龙乡洞下村一冷氏祠堂内拍摄到的记载冷应澂世系等的史料。

文史之十一：图二为光绪《道州志》中记载冷应澂任道州通判的史料。

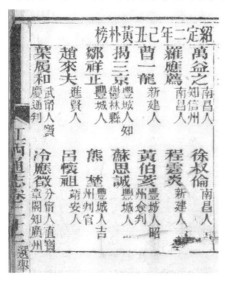 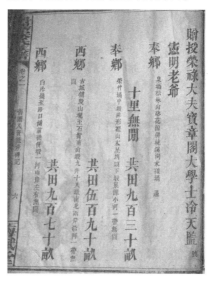

图一　　　　　　　　　　　　　　　　图二

文史之十二：图一为光绪七年《江西通志》卷二十二中记载"冷应澂，分宁人，直宝章阁，知广州"的史料。

文史之十三：图二为同治戊辰（1868年）重修的丹阳《宋氏宗谱》中记载冷应澂公为云岩寺捐赠田产的史料。

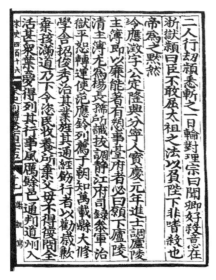

图一　　　　　　　　　　　图二

文史之十四：图一为元脱脱《宋史》中记载冷应澂的史料。

文史之十五：图二为明张应图纂集的《大明一统志辑录》中记载冷应澂的文献。

文史之十六：诗

听月楼

听月楼高接泰清，楼高听月最分明。

转空轧轧冰轮响，捣药叮当玉杵鸣。

乐奏广寒音细细，斧侵丹桂韵丁丁。

更须一派天风起，吹下嫦娥笑语声。

述怀

位列三台贵，旌旄障雨深。

仁廉两个字，忠孝一生心。

出省轻侯印，归宁问俸金。

携家半窗月，撑转古榕阴。

谢御赐紫金鱼袋乌纱象简

日映翠罳晓殿深，君恩稠叠驾亲临。

褒衣红濯天机锦,束带黄分内帑金。

何幸清班容宦辙,自惭白发点朝簪。

拨乱致治平生学,消得君王念苦辛。

文史之十七:撰《上舍应钰圹碑》,此碑存于修水县水源乡梅田村应钰公墓,今碑石尚存,字迹尚不清。

文史之十八:书法真迹和仿制书法对比。

清礼部进士查望洋称赞其书法云:"公劈窠草书诗四帧,如雕鹗盘云,龙蛇飞舞,六百余年来,犹想见其浩气英风,真墨宝也。"

文史之十九:名言

苏俊卿/北京

修水历代进士史略

【世人评赞】

　　评赞之一:《天一阁藏明代方志选刊续编·宁州志》上记载了刘立雪的《挽冷应澂觉斋》,诗云:

> 人物今陶侃,襟怀皆隐之。
>
> 云占华山起,月向郁孤移。
>
> 白发重阳酒,黄花晚节诗。
>
> 西风明日蝶,相对不胜悲。
>
> 曾作东湖客,同陪西涧翁。
>
> 芝山乘暇日,花悬醉春风。
>
> 生死荣枯际,交游感慨中。
>
> 忍看卿滚泪,飞此寄云鸿。
>
> 地位郎星贵,旌旄瘴雨深。
>
> 仁廉两个字,经济一生心。
>
> 出省轻侯印,归宁问俸金。
>
> 携家半窗月,撑转古榕阴。

　　评赞之二:民国二十六年《八贤祠志》中冷晟拟《请循例举行祀典呈文》赞曰:宋宝章阁学士、广南安抚使冷应澂,缮兵御寇,朝廷需文武之能;治狱平情,政绩著仁廉之美。

　　评赞之三:《八贤祠志》匡世德咏八贤之冷应澂云:

老成谋国有宏猷,韬略罗胸备患周。

忠孝仁廉关治本,循良报最迈群流。

评赞之四:民国二十六年《八贤祠志》冷石我咏八贤之冷应澂云:

治狱兼平恕,顺流去其激。

治獠除猎渔,豪吏为之寂。

评赞之五:《宋史》中对冷应澂有"光昭简册,寿世功勋"之赞。

评赞之六:明宣德九年,乡贡进士清陆逵在《忠厚堂记》中云:"冷应澂以文章政事,闻于岭海之南。"

评赞之七:中华楹联协会会员卢曙光题冷应澂联曰:

才气自庐陵卓尔,磊落襟怀,宦海生涯初试玉;

功勋从经略斐然,沧桑岁月,名山相业永留声。

评赞之八:修水县西平文艺社社员周先谷诗赞曰:

分宁学士着朝衣,今问尊居何处归。

官至宝章名远播,肃贪通鉴史留威。

文光射斗风潮涌,清正廉明世所祈。

最慕满门声赫赫,后人依旧笔生辉。

评赞之九:修水县山谷诗社理事冷金鹤撰联题修水八贤之一冷应澂云:

南天尽瘁,北阙消辛,袋简登楼同夜月;

一脉驰名,千秋效绩,忠仁贯世共贤声。

【编者手记】

手记之一:编者的故里与冷应澂学士之故里泰清相距不到一公里,小时候父亲在冬季常带我到泰清温泉沐浴,每次总是指着冷学士故里,边走边说着冷学士一族的传奇故事。什么听月楼之高,所建桥之长,冷学士文化之深、书法之妙,让我肃然起敬,至今膜拜不止。到冷学士故里探访,编者不少于10次,每次都虔诚膜拜。《修水县姓氏志》云:其"学士屋场"地处泰清中心,近有温泉。脉接幕阜黄龙,山堵全丰噪口、水藏洞井海底,水道双溪,一水出辅山左,经灵源、跌梅溪,鸣水洞跳龙门,进昌江入洞庭(注:昌江即湖南平江县)。一水经西平,过杏苑,越渣田出双井,趋行七百里入彭蠡。后人有诗云:"黄龙气接泰清天,修水文澜此占先。雾释七崖丹凤著,云霄八斗瑞龙鲜。双溪美尽东南水,一井奇分冷暖泉。学士芳庭留胜迹,真君宝殿焕新椽。拔地尖山峰秀起,苍岭景色并

争妍。"相传学士屋场占地 50 余亩,建有 48 个天井,40 口吊水井,屋宇东西二端和后面建有花园,至今人称故址为东花园、西花园、后花园、马房,还修有通往温泉的花桥、听月楼。听月楼前的田称楼前坂,可见屋宇规模之宏伟。大学士冷应澂曾怀景生情,作诗云:"听月楼高接泰清,楼高听月最分明。转空轧辀水轮响,捣药叮当玉杵鸣。乐奏广寒音细细,斧侵丹桂韵丁丁。更须一派天风起,吹下嫦娥笑语声。"

手记之二:冷应澂《述怀》诗曰:"仁廉两个字,忠孝一生心。出省轻侯印,归宁问俸金。"他为官的著名格言是"治官事当如家事,惜官物当如己物"。这样的为官之思想、之胸怀、之格局,正是当下从政者、为官者学习之楷模、之典范、之榜样。

手记之三:编者阅读到《三沙饶氏源流序》,该序作者为祝彬,序中有这样一段话:"时咸淳十年甲戌秋七月,度宗晏驾,元伯颜师渡江兵势大震,十一月己丑时,宁有冷应澂(1187—1276)字公定者,知广州主管广南东路,经略安抚司公事,马步军都总管。转运统兵往援襄阳未至。十二月丁巳襄阳陷。德祐二年丙子(1276 年),澂募兵以欲复宋祚,卜日将行,群臣遁三宫入海,会元诏下,应澂事寝,月湾偕弟同澂来宁。"序中提供了一个重要信息,即鉴公偕弟与冷应澂于德祐二年(1276 年),避元寇由湖北同来修水的事实。

手记之四:修水冷姓有"三件宝"。第一件是大学士冷应澂(修水八贤之一)手迹四幅,有真迹与仿迹两种存世,现存修水档案馆,据传北京文物馆有真迹字幅。第二件是呵砚。传云乃冷应澂所用之物。所谓"呵砚",只需要向砚池呵一口气,即可舔笔沾墨书写。此物已流失民间。第三件是神道碑。冷芳叔任柳州乐容县尉时"兴利队行之有效"功著,享誉朝野。此碑是礼部尚书元明善撰文,集贤学士赵孟頫书篆体文,平章政事李芦安雕刻的冷方叔颂功碑,也已流失民间。

手记之五:冷应澂于宝庆元年进士及第,为官期间展现出诸多才能和优秀品质。在庐陵任主簿时以廉洁能干著称,在静江府司录参军任上治狱平恕。任万载县令时大修学舍、招揽俊秀并旌表通经饬行者,在岁歉时妥善处理弃孩问题。还曾通判道州,入监行在榷货务,迁登闻鼓检院。景定元年,奉使督饷江上,后知德庆府,擒变乱獠众,处理豪吏,在属县租赋问题上处理得当,奏罢抑配盐法等五事,首劾守令贪横不法者,主管广南东路相关事务。他常以治官事如

家事、惜官物如己物自勉,闻襄、樊受围积极做准备,屡平大寇,临事果断,审慎处理。

134. 徐榕

【进士小传】

小传之一:授奉训大夫,知青州事。见同治《义宁州志》卷十九选举志。

小传之二:宋进士,青州知事。见《修水县姓氏志》第 415 页。

【进士文史】

图为 2013 年编撰的《南州徐氏大成宗谱》中记载徐榕的史料。

【世人评赞】

暂缺。

【编者手记】

2013 年编撰的《南州徐氏大成宗谱》记载,徐榕登宋理宗宝庆己丑进士,奉训大夫,知青州事,为徐琛之三子,为父子进士。

端平二年乙未(1235年)吴叔吉榜进士

135. 南宫靖一

【进士小传】

小传之一:字仲靖,号坡山,犀津人,有传。见同治《义宁州志》卷十九选举志。

小传之二:南宫靖,修水县城犀津人,南宋端平年间进士。见《修水县姓氏志》第350页。

【进士文史】

文史之一:南宫靖一,字仲靖,犀津人,登端平二年进士,尝著《小学史断》二卷,其论周秦,谓作史者,当于庄襄之元年,东周既灭,特书周亡,然后进秦使接周统于庄襄之终年,吕政嗣立,特书秦亡,然后正其姓氏。别为后秦,斯实录矣。今东周未灭,遂进昭襄之秦,吕政嗣立,犹冒嬴秦之姓,于周则绝之,如恐其不亟,于秦则进之,如恐其不及,是非逆置,为之何哉?其持论如是。自号坡山主人。见同治《义宁州志》卷二十三人物志。

图一   图二

文史之二:图一为明刊本《小学史断》二卷的记载(节选)。

文史之三:图二为同治《义宁州志》中记载南宫靖一的史料。

图一

欽定四庫全書　江西通志　卷六十七　人物志

南宮靖一字仲靖分寧人端平進士嘗著小學史斷二
卷謂作史者當于莊襄之元年東周既滅特書周亡
然後進秦使接周統于莊襄之季年呂政嗣立特書
秦亡然後正其姓氏別為後秦斯實錄矣今東周未
滅遽進昭襄之秦呂政嗣立猶冒嬴秦之姓于周則
絕之如其不丞恐其不及是非逆置
謂之何哉其持論如此自號逍坡山主人　人物志
甘茂榮字榮可豐城人紹定進士調常德府戶曹轉江

图二

義寧州志　卷六十七　人物

南宮靖一字仲靖分寧人端平進士嘗著小學史斷二
卷謂作史者當于莊襄之元年東周既滅特書周亡
然後進秦使接周統于莊襄之季年呂政嗣立特書
姓氏別為後秦斯實錄矣今東周未

图三

南宮靖一字仲犀津人登端平二年進士嘗著小學史斷
二卷其論周秦謂作史者當於莊襄之元年東周既滅特
書周亡然後進秦使接周統於莊襄之季年呂政嗣立特
書秦亡然後正其姓氏別為後秦斯實錄矣今東周未滅
遽進昭襄之秦呂政嗣立猶冒嬴秦之姓於周則絕之如
恐其不丞於秦則進之如恐其不及是非逆置為之何哉
其持論如是自號逍坡山主人

图一	图二	图三

文史之四：图一、图二、图三为钦定四库全书《江西通志》、雍正十年《江西通志》卷六十七人物和道光四年《义宁州志》上记载南宫靖一的史料。

图一

北匈奴雖遣使入貢而殺鈔不息
秌郡國十四大
禁中國人不許諂白馬寺燒香止許胡人奉之中國人由此始
作史新曰明帝開德為世禪氏之禍秌中國人不許奉胡
馬寺立其廟曰寺因白馬駅其金人像至帝以佛為六卿
使取其像而觀之其胡名曰佛既至帝以佛為
之爵止許胡人奉之中國人不許諂
屢得國人祀天金人乃西方之神得
人如金人傅奕曰金屬西方之土神也昔乃遣
乱求平八年詔聽有罪亡命者令贖各有差　帝夢神

图二

席上賦別南宫希元　南宫靖一

十年眠車塵思歸入夢採晨興見家山兩目如去翁故人又
過我相對有餘意當嘯話舊遊強笑後呼秌君名在鄉書捲
懶不肯去高堂觀白髮有淚落鞭彎里人獻吉夢四犀泉所
義我喜先子言在耳若龜筮人生老泰歡酒漓淋莫逆相見
意最長強飲不能醉

图一	图二

文史之五：图一为明朱权编的《汉唐秘史》中记载南宫靖一的史料。

修水历代进士史略

文史之六：图二为道光四年《义宁州志》卷三十中记载的黄庶《席上赋别南宫希元》诗一首。

| 图一 | 图二 |

文史之七：图一、图二分别为《宁州志》和道光四年《义宁州志》中记载的《小学史断》自序的乡塾课蒙读本。

| 图一 | 图二 |

· 448 ·

文史之八：图一为豫章南宫靖一叔靖甫纂述的《小学史断》。

文史之九：图二为理宗端平三年南宫靖一《小学史断》自序的珍贵文献。为明刊本，现存内阁文库。

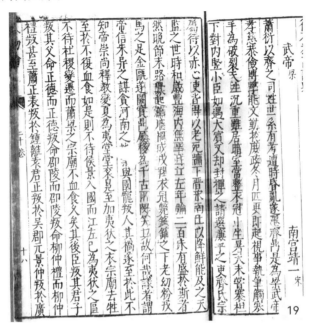

文史之十：图为明万历刻本《古今人物论》二十卷中记载南宫靖一撰写梁武帝传记的珍贵文献。

文史之十一：著《小学史断》二卷、《续集》一卷、附《通鉴总论》一卷（浙江巡抚采进本）。《小学史断》上起周平王，下迄五代，叙述史事而裒集宋儒论断，联络成文。所采《读史管见》《说斋讲义》为多，《通鉴》及《程朱语录》《吕祖谦集》次之。至邵子之诗，亦摘句缀入。其他苏洵父子之属，则寥寥数则而已。知为讲学家也。前有端平丙申自序。其中持论最悖者，如谓始皇当别为后秦，晋元帝当复姓牛氏，皆祖胡寅之说，不能纠正。盖其书全取旧文，有如集句。遇先儒之论则收之，不敢有所异同故也。《续集》一卷，明庐陵晏彦文所编宋、元二代之事，附以辽、金，又附以西夏、安南，殊无义例。……盖乡塾课蒙之本也。见《四库总目》卷八十九，史部四十五史评类。

文史之十二：其名言曰："经以载道，史以载事。古人尝有是言。虽然，事不离道，道不外事，一而已矣，可二乎哉。自古国于天地间者，能使朝廷清明，彝伦攸叙，君君臣臣父父子子夫夫妇妇各尽其分，而小人不得胜君子，夷狄不得以干中夏者,以其能扶植此道也。"

【世人评赞】

评赞之一:编者周武现《题南宫靖一先生》云:

端平文脉一灯传,史笔曾裁两汉烟。

独抱冰襟昭万古,遗编长映大江天。

评赞之二:编者周武现云:"著小学史断,留大名于史。"

【编者手记】

手记之一:同治《义宁州志》记载的南宫靖一和《修水县姓氏志》中的南宫靖,考中进士时间都是端平年间,应是同一人。但从理宗端平三年《小学史断》一书自序中署名南宫靖一可知,同治《义宁州志》上记载的南宫靖一之名无误。

手记之二:同治《义宁州志》卷十九中记载南宫氏进士共有南宫诚、南宫靖一、南宫瑞、南宫覻四人,均为分宁犀津人(今修水西摆人),但四人是什么样的族亲和亲属关系?是否为修水进士家族?编者查找各类文献,均未找到记载。据2006年3月出版的《修水县姓氏志》记载,南宫子孙于后唐年间,避连年水患,从河南洛阳迁江西分宁芦塘村小水居住,已传22代,现有86人。

南宫氏在宋朝时期人丁多少,不得而知,从后裔繁衍来看,应不属于修水大姓之列,但在宋朝之时,从天圣五年丁卯(1027年)至端平二年乙未(1235年),208年时间里,高中四名进士,在人丁基数极少的情况,当属非常不易,其四人为何种关系,在今后考究中加以完善。

同治《义宁州志》记载的南宫靖一,其所摘原文有多处不符,"终年"改为"季年",意相同,都是末年之意。原文"如恐其不多好恶不幺",而同治《义宁州志》上所载为"如恐其不及",并少了"好恶不幺"四字。原文"诸谓之何哉",同治《义宁州志》上则为"为之何哉",今编者作了对比,以供后学者研究。

手记之三:编者发现,明万历刻本《古今人物论》二十卷记载南宫靖一撰写《梁武帝》记述的珍贵文献,该书修水仅有两人入辑,另一名就是修水黄庭坚撰写《庄子》的记述。

手记之四:编者查阅清方功惠藏编的《碧琳琅馆藏书目录》,史部十五史评类记载:明本,《小学史料》二卷二册一函。

嘉熙二年戊戌(1238 年)周坦榜进士

136. 黄端简

【进士小传】

黄端简(生殁未详),字叔象,号敬斋。宋嘉熙二年戊戌(1238 年)进士,德安县尹。见双井进士园内《黄氏四十八进士》。

【进士文史】

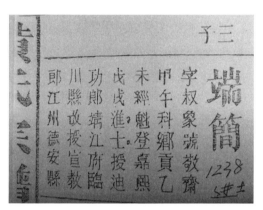 

图一　　　　　　　　　　　　图二

文史之一:图一为民国二十七年重修的《黄氏宗谱》卷一双井世系中记载黄端简的史料。

文史之二:图二为光绪七年《江西通志》卷二十二中记载"黄端简,分宁人"的史料。

【世人评赞】

宋李昂英《送连推黄端简赴班》诗赞云:

端简山谷之后,其兄端亮,余丙戌同年也。

别我谷之盘,今谁似二难。

西江诗种好,南斗剑光寒。

千里依莲重,三年食蘖安。

头班人品称,春意暖征鞍。

【编者手记】

手记之一:黄氏宗亲网记载,十三世黄端简,小驷之子。因金人乱自楚返梅林,见三桥山水环秀,足立子孙无穷之基,遂决意定居。

手记之二:编者查阅同治《义宁州志》卷十九选举志得知,端平元年甲午解试(举人),字叔象,双井人。

137. 黄钾

【进士小传】

小传之一:字文子,双井人,宁都尉。见同治《义宁州志》卷十九选举志。

小传之二:黄钾(生殁未详),字文子。宋嘉熙二年戊戌(1238 年)进士,宁都县尉。见双井进士园内《黄氏四十八进士》。

【进士文史】

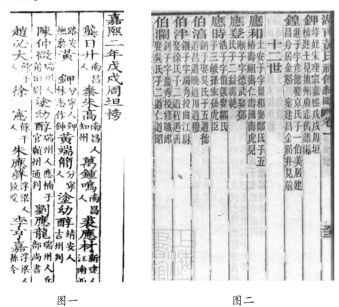

图一　　　　　　　　　　图二

文史之一:图一为《义宁州志》卷十九选举志中记载黄钾中进士的史料。

文史之二:图二为《湖南黄氏祠馆纪略》中记载"钾,埠侄,宋理宗嘉熙戊戌周坦榜进士,见抚州府志旧谱遗漏"的史料。光绪二十四年《黄氏宗谱·双井堂》卷首历代名宦中也有黄钾的记载。

【世人评赞】

暂缺。

【编者手记】

《西江志》记载,宋嘉熙二年这一榜进士,江西高中进士 69 人。其中黄钾有两人,一分宁人,一临川人。《义宁州志》记载,修水 7 人,其中黄端简、黄钾两黄氏后裔同时高中。南宋晚期权相贾似道亦为该榜进士。

138. 王秬

【进士小传】

小传之一:主簿。见同治《义宁州志》卷十九选举志。

小传之二:王秬,迁宁十三世,南宋嘉熙年间进士,授太平州芜湖县主簿。见《修水县姓氏志》第 53 页。

【进士文史】

右图为《南昌府志》卷四十二选举中记载"王秬,宁州人,主簿"的史料。

【世人评赞】

暂缺。

【编者手记】

张孝祥所撰的《太平州学记》记述,甲申秋,直秘阁王侯秬(王侯秬即王秬,侯是古代对士大夫的尊称)来领太守事,于是方有水灾,尽坏堤防,民不粒食。及冬,则有边事,当涂兵之冲,上下震摇。侯下车,救灾之政,备敌之略,皆有次叙。饥者饱,坏者筑。赤白囊,昼夜至,侯一以静填之。

张孝祥在《太平州学记》中以"客"的口吻盛赞王秬贤于当涂历任长官,就是因为他真正认识到修葺州学的重要性,故能事济而功成。

139. 王稆

【进士小传】

小传之一:主簿。见同治《义宁州志》卷十九选举志。

小传之二:迁宁十三世,字甲黄,南宋嘉熙年间进士,授主簿。见《修水县姓氏志》第53页。

【进士文史】

图为《南昌府志》卷四十二选举中记载"王稆,宁州人,主簿"的史料。

【世人评赞】

暂缺。

【编者手记】

暂缺。

140. 祝林宗

【进士小传】

宋嘉熙年间进士,浙江廉访使。见《修水县姓氏志》第376页。

【进士文史】

文史之一:林宗,字有道,熙丰间从山谷游,山谷为书帖云:士大夫胸中不时时以古今浇之,则俗尘生其中,照镜则面目可憎,对人则语言无味。见《万姓统谱》《氏族大全》。

文史之二:黔川祝林宗,因知命问字于涪翁,涪翁字之曰,有道而告之曰:"汉东国士,惟郭有道,尚友千载,虽远可到。廓尔胸次,以观群躁。"见黄鲁直《江南祝有道字序》。

文史之三：山谷自注云："余亲书此词遗祝有道云，诸乐府虽有赏叹其词，而未深解其意味者，故并奉寄。"祝有道，名林宗。《别集》卷十一《游中岩行记》云："黄某、杨辇、祝林宗、了贤、慈元、步自思蒙江唤鱼潭，长老圆亮来迎，酌玉泉，乃上岩寺。元符三年八月戊午。"

图一　　　　　　　　　　　　　　　　图二

文史之四：图一为《黄庭坚年谱》中记载祝林宗的史料。

文史之五：图二为宋佚名《氏族大全》中记载祝林宗的史料。

图一　　　　　　　　　　　　　　　　图二

文史之五:图一为明《万姓统谱》中记载祝林宗的史料。

文史之六:图二为《祝氏宗谱》中记载祝林宗创办流芳书院的史料。

【世人评赞】

编者周武现《题宋廉访使祝林宗》云:

嘉熙淬剑笔,柏台悬月明。

三行传涪墨,九域振金声。

杏坛滋浙水,芸阁聚群英。

流芳岂在碣？松筠自晚晴。

【编者手记】

编者曾两次到何市寻找流芳书院的痕迹,终因年代久远,未能找到其踪迹。但在《祝氏宗谱》里查到,流芳书院由祝林宗所建。并且,双井书院展览馆中也有祝林宗建流芳书院的记载。

141. 王梦经

【进士小传】

官桥人,历官资政大夫。见同治《义宁州志》卷十九选举志。

【进士文史】

图为《南昌府志》卷四十二选举中记载"王梦经,宁州人"的史料。

【世人评赞】

暂缺。

【编者手记】

暂缺。

142. 王子登

【进士小传】

小传之一:梦经侄,历官大中大夫。见同治《义宁州志》卷十九选举志。

小传之二:南宋嘉熙年间进士,大中大夫。见《修水县姓氏志》第 53 页。

【进士文史】

图为《南昌府志》卷四十二选举中记载"王子登,宁州人"的史料。

【世人评赞】

暂缺。

【编者手记】

宋嘉熙二年戊戌(1238 年)周坦榜进士,修水有七人,黄姓两人,祝姓一人,而王姓竟占了四人,其中王梦经和王子登为叔侄关系。王稆和王秬不知是何种关系,但两人均任主簿。

淳祐四年甲辰（1244 年）留梦炎榜进士

143. 章鉴

【进士小传】

小传之一：字公秉，杭口人，右丞相兼枢密使，有传。见同治《义宁州志》卷十九选举志。

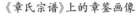

《章氏宗谱》上的章鉴画像　　　　《八贤祠志》上的章鉴画像

小传之二：章鉴，号杭山，别号万叟，杭口杨坊人（章授之八世孙）。宋度宗咸淳十年（1274 年）拜右丞相兼枢密院使。后被尊为"修水八贤"之一。见《修水县姓氏志》第 478 页。

【进士文史】

图一　　　　　　　　　　　　　图二

文史之一：图一为元脱脱《宋史》中记载章鉴的史料。

文史之二：图二为同治《义宁州志》卷十二人物志中记载章鉴的史料。

文史之三：广济桥位于杭口老街正前方，始建于宋咸淳十年（1274 年），系宋右丞相章鉴独资兴建，历时 3 年竣工。广济桥后被洪水冲塌，章氏裔孙于公元 1503 年和 1740 年两次捐资重修，即现在所见的三眼石墩桥。

文史之四：右丞相章鉴为御史王应麟所劾，削官，放归田里，太皇太后命仍与祠禄。鉴居相位，号宽厚，与人多许可，时目为"满朝欢"。见《续资治通鉴·宋纪》。

《敕论经筵讲读官章鉴》

图一　　　　　　　　　　　图二

文史之五：图一为修水章鉴纪念馆内"皇封鉴公为右丞相兼枢密院使圣旨"的文献。

文史之六：图二为道光四年《义宁州志》中记载章鉴丞相之寄春园、在朝为官、晚年生活和《过毛竹山》诗文等的史料。

图一　　　　　　　　图二　　　　　　　　图三

文史之七：图一为南宋刘克庄撰的《后村先生大全集》中记载章鉴除太常博士的文献。

文史之八：图二为宋王应麟撰的《四明文献集》中记载章鉴特授端明殿学士同签书枢密院事诰。

文史之九：图三为元刘一清撰的《钱塘遗事》中记载的《二相遁去》。

图一　　　　　　　　图二　　　　　　　　图三

文史之十：图一、图二分别为《章氏会谱》中记载的《章杭山共春园记》和清陈士业《书杭山丞相轶事》，图三为《章氏会谱》中记载的章鉴从仕经历。

《章氏会谱》中还记载了文天祥《通章签书鉴启》的史料、王义山《除架阁谢参政章杭山启》《章丞相卖金带帖跋》的珍贵史料。

| 图一 | 图二 | 图三 |

文史之十一：图一、图二分别为《八贤祠志》中记载的《章杭山公传》和淳祐六年诰敕的珍贵文献。

文史之十二：图三为清曾燠编辑的《江西诗徵》卷二十中记载章鉴的进士小传和《杭山》等诗数首。

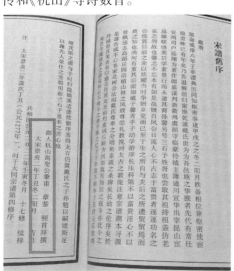

| 图一 | 图二 |

文史之十三:图一为光绪二十四年《戴氏宗谱》上记载章鉴撰《宋谱旧序》的史料。

文史之十四:图二为同治戊辰(1868年)重修的丹阳《宋氏宗谱》上记载章鉴公捐赠田产1700亩给云岩禅寺的史料。

文史之十五:《张氏玢公宗谱》中记载了章鉴所撰写的序。序言曰:

吾宁多巨族,其繁衍盛大莫出于张氏之最。其大概本之以质朴,信之以忠厚,泽之以诗书礼乐,其积愈丰,其发愈峻,其传愈远。端于宗族,皆英耆俊彦;秀于阶庭,皆佳美子弟;升于学贡,于乡皆魁儒杰士也。远而五盐、怀德、同安、横冈,近而分宁观前、枫槎、高乡乾坑,绳绳蜇蜇,繁衍未艾。若此者弗传弗图后将焉考。异时屡书不一,将止如今日之所观。

宋咸淳十年麦秋之吉旦右丞相兼枢密使邑人杭山章鉴　拜撰

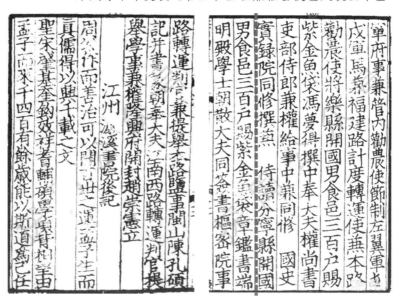

文史之十六:图为宋刻本《元公周先生濂溪集》卷十中记载章鉴的文献。

文史之十七:其《杭山八景》诗

古洞春泉一脉遥,骤施雷雨过清宵。

飞湍直下三千丈,急溜横穿十二桥。

雪洒石矼琼练碎,翠分柳树玉花飘。

晓来醉倚高楼望,疑是银河堕碧霄。

内史名题古钓台，高风凛凛势崔嵬。
晚烟杨柳垂青缕，春雨桃花点绿苔。
百尺丝纶波荡漾，一宗诗派水潆洄。
何时来借闲灯览，涤尽尘襟万斛埃。

同云收尽日曈曈，晓霁分明见九宫。
百里远排银笔架，半峰高叠玉屏风。
螺鬟矗矗深藏翠，石剑棱棱欲露锋。
纵使丹青施妙手，难将写入画图中。

一邦佳景萃峰头，宇宙钟灵自有由。
银竹霏霏山气盛，火轮颗颗水光浮。
年逢旱涝他方苦，世际丰穰此处优。
瞻望巍峨殊不远，登临仿佛帝王州。

万个长松覆短墙，碧流深处读书房。
香生石甂春云湿，影落篝灯夜雨凉。
亘代陶镕周礼乐，百年嘉会宋文章。
天机悟到忘言表，又喜涛声送夕阳。

达邦大道两迢迢，金辔玲珑匹马骄。
腰袅嘶风蹄躞蹀，骧腾掣电尾萧骚。
雄声已骋才人德，猛气尤思大将骁。
凤臆龙鬐谁可并，郭家狮子著先朝。

泠泠双涧泻秋音，万齿溪头奏一琴。
雨后更添猿鹤操，夜寒真是水龙吟。
年光送尽从朝暮，律调含来自古今。
借得许由当日耳，听频谁不为清心。

昔贤曾此著名香,地位双清四座凉。

吹送几多攀桂客,照来无数探花郎。

光浮盏面龙鳞动,声透琴心兔魄扬。

爽我襟怀明我德,步蟾拟驾大鹏翔。

章鉴画像

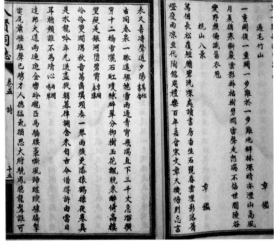

《八贤祠志》中的章鉴《过毛竹山》《杭山八景》诗

文史之十八:《千秋观记》(节选)

凡山间林下幽僻处,可以宾送日月者,无不游息。千秋观其一也。……今黄高士既能新美斯屋,而法嗣又益充,拓之亦可为难矣!古人奖善之法,虽微必录,若是,吾安能默然。乃取其语次弟之,使后之览者,有所稽焉。

文史之十九:《开国公右丞相章杭山跋》

国朝盛时,衣冠之盛,余与黄实相伯仲,尝溯而求其初,往往前辈识见高,规模大,本领正,气味真,愈积而愈丰,愈培而愈茂。余氏自钦公以来,皆唐时显宦,讨击公以保境功庙食兹士。尚书公则散财聚书筑馆聘闻士,以教子若孙。光禄公既仕,平反狱,再蠲亡户租,活流民以万计。而从公则孝道可嘉。靖公则忠襄赐褒懿哉!渊乎!绵是梯世级,踏华途或以名节著党籍,或以文章魁大廷,簪笏蝉联,庬节相望。故家乔木其繁衍盛大者,固未艾也。续忠厚之传,振诗书之乡,方林林焉,有出而亢其宗者,予虽老,犹及拭目焉。

杭山章鉴因阅余氏家谱敬书

(宋)咸淳(1265 年)乙丑年仲冬月

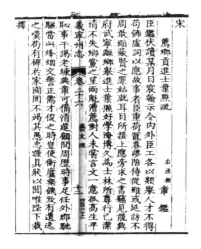
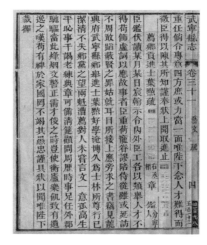

图一　　　　　　　　　　　图二

文史之二十：图一为道光四年《义宁州志》卷二十六艺文、图二为《武宁县志》卷三十一艺文中记载章鉴撰的《荐乡贡进士叶点疏》。

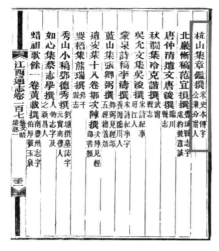

图一　　　　　　　　　　　图二

文史之二十一：图一为光绪六年《江西通志》中记载章鉴撰《杭山集》的史料。

文史之二十二：图二为清同治四年（1865年）重修的《饶氏宗谱》卷一题表中记载故朝右宰章鉴恭赠题字"贤良师济"的书法史料。这应是修水首次发现的章鉴传世书法，极为珍贵。

文史之二十三：南宋刘克庄《后村先生大全集》记载："章鉴除太常博士。士君子立身大节，常于离合去就之际见之。尔揭贵名而挟高科，尝有列于朝矣。出而倅，袁凶相方以多簿录，穷隐寄广连，逮为富强，堂楗三倅，各行一郡。尔当之衡，独不肯受风旨，且昌言其非，遂触相嗔，罢去其大节。有可劝者，使之横经，进之掌礼，非曰为尔光宠。顾今奉常古夷夔之任，宜属之清流。夫仪礼盖曲台淹中诸家聚讼之案祖也。谥笔亦华衮斧钺，只字褒贬之遗意也。人将于尔有考焉可。"

图一　　　　　　　　　　　　　　图二

文史之二十四：图一为南宋文天祥《文山先生全集》中记载"二十二日，贾似道师溃，章鉴乃启除右文殿修撰等职"的史料。

文史之二十五：图二为渡渎《章氏宗谱》上记载的《敕谕经筵讲读官章鉴》。

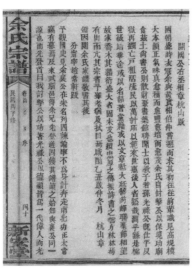

图一　　　　　　　　　　　　　　图二

文史之二十六：图一、图二为民国丙子年修的《余氏宗谱》卷首序中记载章鉴两次为《余氏宗谱》撰跋的珍贵文献。

【世人评赞】

图一　　　　　　　　　　　　　图二

评赞之一：图一为南宋宰相吕颐浩题赞。赞曰："伟才硕望，绝俗清标。状元之枕，德业其昭。胸怀珪璧，珠玑挥毫。天生英哲，文士之翘。"

评赞之二：图二为南宋宰相文天祥赞（左学元书/北京）。赞曰："国之遗老，时之清臣；政教区画，风俗维新；富贵不淫，患难奚恤；神明其心，始终厥德。"

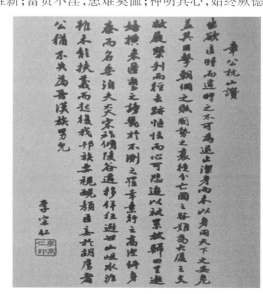

图一　　　　　　　　　　　　　图二

评赞之三：图一为《章氏会谱》中记载的清袁翼《嘉祐寺怀宋杭山丞相》。

评赞之四：图二为民国二十六年（1937年），担任过国民党代总统的李宗仁在《八贤祠志》中为章鉴题写的《章公杭山赞》。

评赞之五：明朝御史周季麟拜撰称："我宁仕宦，公为巨擘。浡登相位，如顺风翩。休休有容，皦皦清白。虏骑长驱，临安兵逼。公如夷齐，山林托迹。"

评赞之六：孙中山之子，国民政府行政院院长、立法院院长孙科的修水八贤赞中有"……宋祝冷章，文学政事。后先辉映，史册并载。奕叶流芬，人文炳蔚。俎豆馨香，八贤宛在"。其章字乃指章鉴也。

评赞之七：《八贤祠志》中冷晟拟《请循例举行祀典呈文》赞曰："宋尚书、右丞相、开国伯章鉴，立朝宽厚，持躬谨严。时许清臣，国称遗老。"

评赞之八：草庐吴氏称赞："鉴清谨，虽为宰相府，犹如布衣。"见《修水县姓氏志》第604页。

评赞之九：清代冷开泰《杭口访章丞相轶事》诗云：

千仞缘江立，余杭旧得名。龙坡笼树色，华观殿钟声。

宰辅清时迹，渔樵节后情。驱车回望迥，一抹白云横。

评赞之十：《八贤祠志》匡世德咏八贤之章杭山诗云：

衣冠败类汩纲常，太息中原恣犬羊。

闲与野樵争席罢，杭山终古郁苍苍。

评赞之十一：《八贤祠志》冷石我咏八贤之章鉴云：

陟身于危巅，涉足于滂浩。何当履坦途，终不易吾道。

评赞之十二：清袁翼杭山岚诗赞曰：

诗不敲来酒不斟，言还梓里马骎骎。

一生事业君民计，千里山河救国心。

评赞之十三：清代孝廉静庄《过章杭山故里有感》曰：

空山埋却宰官身，遗里千年尚有尘。地下若曾逢宋主，应将大义责逋臣。

漫言富贵等鸿毛，报国宜存烈士操。幸矣当年全首领，千秋清议也难逃。

位依金殿五云遥，买屋无钱官兴销。案吏一争樵客席，谁从杭口溯清标。

心迹宁如许与巢，宫廷重寄等闲抛。欲凭旧宅寻丞相，故土春生一片茅。

评赞之十四：中华楹联协会会员卢曙光题章鉴联曰：

清望讶朝堂，崇俭戒奢，载道口碑追田窦；

荣身居宰辅，恤民忧国，扬公珠句有文山。

评赞之十五:中华诗词学会会员,修水山谷诗社副社长张玉清《咏章鉴》曰:

身居宰辅列朝班,忧国忧民岂等闲。

欲战不能心戚戚,媾和争忍泪潸潸。

江河易下残阳暗,奸佞难防世路艰。

留得清廉归故里,长教士庶仰杭山。

评赞之十六:修水县西平文艺社社员周先谷诗赞曰:

终身幸素行高洁,国势之衰只隐藏。

时值元兵侵入境,又遭奸党害归乡。

晚年著有杭山集,炳耀千秋翰墨香。

评赞之十七:章鉴后裔、修水县山谷诗社理事章秋生《瞻仰鉴公丞相墓》诗云:

祥光缕缕照山头,漫步陵园万象收。

雕像平和心志远,牌楼高耸画图浮。

上朝理政怜民苦,退位归田解众愁。

一卷诗文思故里,清廉风范誉神州。

评赞之十八:江西诗词学会、天津诗词学会、中外散文诗学会会员,山谷诗社社员,《九岭风》诗刊执行主编谢小明《谒章鉴丞相墓》曰:

卧野孤坟八百年,今朝泪洒缅杭山。

一生颠沛纷纭说,两载辅君纨绔篇。

漫说临安原是梦,且看广济正为禅。

无题韵赋箫声远,换得愁思缕万千。

评赞之十九:修水县山谷诗社原副秘书长曾祥秀《临江仙·敬读章鉴丞相史》曰:

位居丞相枢密使,胸藏大志鸿篇。欲匡时政化时艰。却遭奸佞误,辞相入乡田。

任凭世道多混浊,素来身洁如莲。玉杯无语向朝官。守廉能若此,谁更胜杭山。

【编者手记】

手记之一:编者在章鉴故里发现其雕像旁书有"烹茶鹤舞烟"五字,其石碑上云:"章鉴丞相归乡托迹山林之时,曾与乡贤一道品茗双井春茶,他在烹茶时观察到茶叶在水中如仙鹤般翩翩起舞,时起时伏,不禁联想到自己的人生历程,感叹几经浮沉,最终化为烟雾,遂执笔书'烹茶鹤舞烟'五字于绢布上。该书法字体端正,笔法圆润流畅,有颜真卿笔意,曾悬于杭山章氏祠堂,为镇祠之宝。"后编者在《八贤祠志》中发现章文凤撰写的《书鉴公墨迹后》短文,才知其后裔一直作为宝物珍藏之。其云:汉寿亭侯印,明弘治八年淘于扬州河中。山谷顺济龙王庙碑及铜雀台瓦砚,清道光年间,一得之于修水,一购之于京师,人皆以为奇。吾祖宋右丞相鉴公"烹茶鹤舞烟"五字墨迹,自咸淳迄今七百有余岁,屡经世变,子孙珍藏无恙,奇耶?否耶!天下事以寻常视之,奇者不奇。而一思其艰难曲折,则不奇者亦奇。展览斯幅,吾祖在天之灵,千载下凛然存焉。然其艰难曲折,世世子孙当奉为彝训,毋稍忘耳!

手记之二:章鉴故里古迹有始建于宋代的"千秋观""柳山书堂""竹溪宫殿""杨坊古崇树"等,均早已毁损,不复存在。

手记之三:杭山位于杭口镇东北隅。杭口镇,古时即为西通湘鄂,东连九江、南昌之交通要道。而杭山之名实由章鉴在余杭为相时宋度宗皇帝封其家乡之山为"杭山"。此山原名"黑石靖",相传周代即有高僧在此修炼。晋代,许逊(许旌阳,世称许真君)自湖广追逐老蛟(孽龙)路过此地,见山中紫气升腾,入山寻得刘真君,结为好友,共擒老蛟。因而该地留有"龙池""浴澡池",又因山奇多林秀,景色宜人,章鉴曾作"八景诗"赞美之。

章鉴古墓

2016 年章氏后裔捐款重修的章鉴墓

手记之四:"章鉴墓"始建于元代至元二十一年(1284 年),位于杭口下杭村贺坑佛塔垅相公山。其墓立有七碑八柱,刻有生平事迹及墓志铭,唐贞观年间李世民赐章氏的"百字歌"等。1954 年"章鉴墓"被列为省级文物保护单位。2016 年,章鉴后裔捐款重修。

手记之五："宰相第"石碑,相传为章鉴择相时,由宋度宗皇帝亲笔所书。碑的右上角有"大宋咸淳十年诰赐",左下角有"右丞相兼枢密院使章鉴惠立"两行小字。此碑现供奉于杭口章氏宗祠内,但编者探访时未见到此石碑。

手记之六:编者查阅 2015 年重修的《莫氏宗谱》时发现,进士莫降之曾孙、进士莫溱之孙玉章(莫子纯)之女嫁章鉴为妻。莫家与章家在南宋之时已是姻亲关系。

手记之七:章氏家族自南唐以来就重视对家庭规矩的制订,初步建立了一套家庭道德规范。修水章氏家族在《章氏家规》中延续下来,按照前辈制定的家规族法,一代代遵规守纪、接续传承、和睦相处。更令人欣喜的是,编者在杭山章鉴故里还看到每家每户竟将自己拟的家规张贴在自己家门口,以警示和教育后人,这应该是全国首创之举,也为秀美乡村建设增添了亮点。

淳祐十年庚戌(1250 年)方逢辰榜进士

144. 余应龙

【进士小传】

小传之一:江西南昌分宁县人,特奏名,官夷陵主簿。见万历《南昌府志》。

小传之二:字中之,江南西路洪州分宁县长茅人,宋理宗淳祐十年(1250年)庚戌榜特奏名三甲。迪功郎,官夷陵主簿,宋理宗景定三年(1262 年)任宁德县主簿。见《福宁州志》。

【进士文史】

图一　　　　　　　　图二

文史之一：图一为《南昌府志》卷四十二选举中记载"余应龙，宁州人，特奏名，夷陵主簿"的史料。

文史之二：图二为《宁州志》卷六中记载余应龙中淳祐十年庚戌榜进士的史料。

【世人评赞】

暂缺。

【编者手记】

暂缺。

145. 陈杰

【进士小传】

陈杰，字寿夫，义宁州人，淳祐十年庚戌科方逢辰榜进士。制置司属官，有《自堂存稿》，见《宋诗纪事》。通志、府志误作丰城人。见道光四年《义宁州志》卷一四选举。

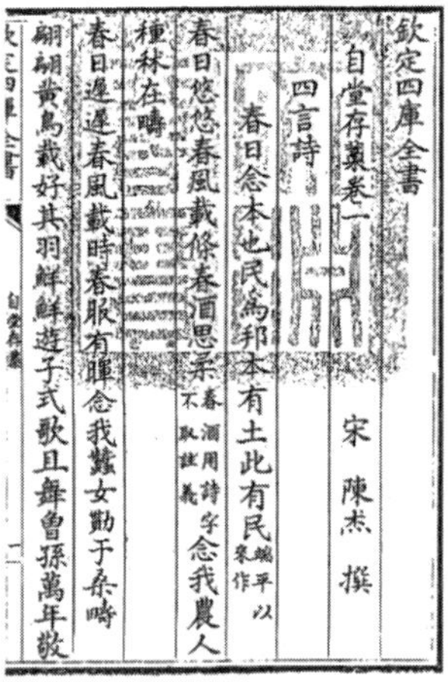

【进士文史】

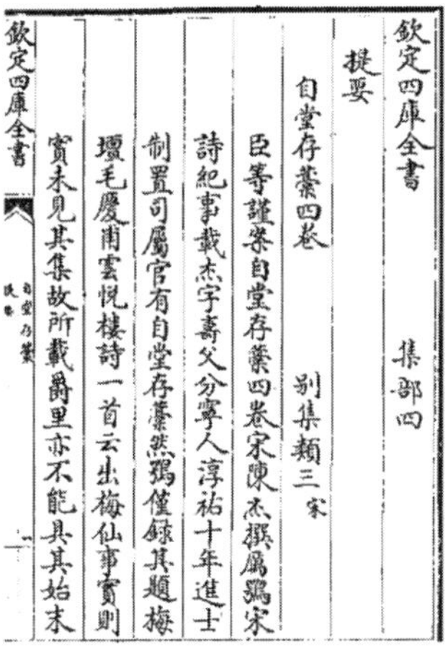

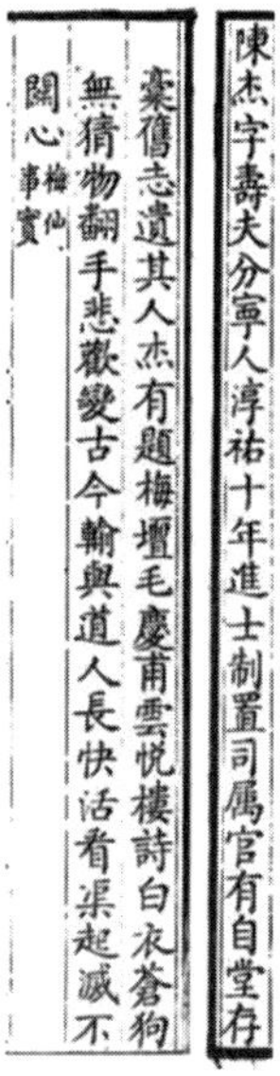

图一   图二   图三

文史之一：图一为《钦定四库全书》卷一六五中记载陈杰的史料。图二为陈杰《自堂存稿》一书中的四言诗诗作。

文史之二：图三为道光四年《义宁州志》上记载陈杰的个人史料。

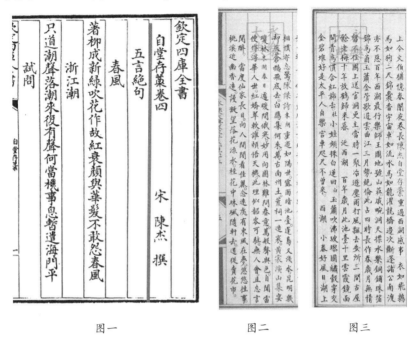

图一　　　　　　　图二　　　　　图三

文史之三：图一为《钦定四库全书》中记载"自堂存稿卷四，宋，陈杰撰"的史料。

文史之四：图二、图三为《永乐大典》中记载陈杰的两首诗。

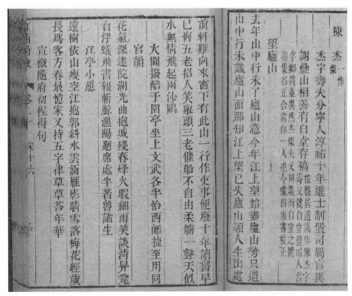

文史之五：图为清曾燠编辑的《江西诗徵》卷二十中记载陈杰的进士小传和

《望庐山》等诗多首。

文史之六：诗

乙丑元日寿昌拜表

盛服黎明起，瞻天咫尺东。

舒迟寅出日，清淑艮来风。

阴尽恰亭午，景长疑再中。

初元调玉烛，勉勉圣神功。

题梅坛毛庆甫云悦楼

白衣苍狗无情物，翻手悲欢变古今。

输与道人长快活，看渠起灭不关心。

元旦南郊庆成

熙朝政化谨三元，有事郊南典礼全。

嗣圣万年初见帝，小臣十起夜瞻天。

想回玉辂红云晓，更揭金鸡暖雨前。

但愿庆成天下福，赋诗岂必从甘泉。

【世人评赞】

暂缺。

【编者手记】

编者查阅道光四年《义宁州志》卷十四选举,发现"陈杰……共二十四人,据王达淦《宁乘备徵》并采各书及各家谱补入"的记载。

开庆元年己未（1259 年）周震炎榜进士

146. 谌贤甫

【进士小传】

谌贤甫,开庆元年己未周震炎榜,有传。乾隆十六年《南昌县志》卷二十一。

【进士文史】

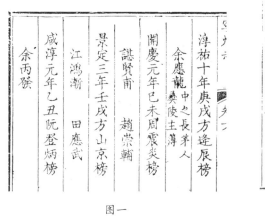 

图一　　　　　　　　　　图二

文史之一:图一为《宁州志》卷六上记载谌贤甫中"开庆元年己未周震炎榜"进士的史料。

文史之二:图二为乾隆十六年《南昌县志》卷二十八中记载谌贤甫的珍贵史料。

【世人评赞】

暂缺。

【编者手记】

谌贤甫与赵崇辅、余丙发、田应武、江鸿渐均为同科进士。但《江西通志》记载谌贤甫为南昌人,赵崇辅为丰城人,余丙发为靖安人,田应武为新建县人,江鸿渐为南昌人,一为分宁人,江姓。

147. 赵崇辅

【进士小传】

赵崇辅（分宁人，一作丰城人）。见《南昌府志》。

【进士文史】

右图为雍正《江西通志》上记载赵崇辅的影印史料。

【世人评赞】

暂缺。

【编者手记】

《江西通志》记载赵崇辅为分宁人，一作丰城人。《修水县姓氏志》则没有赵崇辅的记载，同治《义宁州志》则记载为分宁人。

景定三年壬戌（1262 年）方山京榜进士

148. 江鸿渐

【进士小传】

江鸿渐为南昌人，一为分宁人，江姓。见乾隆《南昌府志》卷三十七。

【进士文史】

右图为乾隆十六年《南昌县志》卷二十一科第上记载汪（江）鸿渐"景定三年壬戌方山京榜"的史料。

【世人评赞】

暂缺。

【编者手记】

编者在查阅光绪七年《江西通志》卷二十三时（如下图），发现"汪鸿渐，南昌人，景定三年壬戌方山"的记载，而《义宁州志》则记载"江鸿渐，景定二年辛酉（1261 年）方山京榜"，乾隆十六年《南昌县志》卷二十一记载汪鸿渐"景定三年壬戌方山京榜"。三志记载，有的记载名字为"江鸿渐"，有的为"汪鸿渐"；有的记载为"景定二年"，有的为"景定三年"；有的记载为"方京山"，有的为"方

山"，均不一致，让人莫衷一是。

149. 田应武

【进士小传】

新建县人。见乾隆《南昌府志》卷三十七。

【进士文史】

右图为同治十年重修的《新建县志》卷三十二科第中记载"田应武，府志分宁人"的史料。

【世人评赞】

暂缺。

【编者手记】

暂缺。

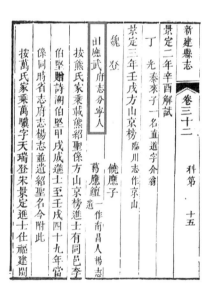

咸淳元年乙丑（1265 年）阮登炳榜进士

150. 余丙发

【进士小传】

江西南昌靖安县人，官判官。见万历《南昌府志》。同治《义宁州志》作分宁人。

【进士文史】

图为《宁州志》上记载余丙发中咸淳元年乙丑（1265 年）阮登炳榜进士的史料。

【世人评赞】

暂缺。

【编者手记】

暂缺。

咸淳四年戊辰（1268 年）陈文龙榜进士

151. 黄䨞

【进士小传】

图一　　　　　　　　　　　　图二

　　小传之一：图一、图二分别为光绪八年、光绪二十四年《黄氏宗谱·双井堂》卷首历代名宦中记载黄𫮃的珍贵文献。

　　小传之二：黄𫮃（1141—1214），字子耕，号复斋。宋淳熙五年戊戌（1178年）进士，知台州、袁州。著有《复斋漫稿》《编录朱子语类》《山谷先生年谱》等。见双井进士园内《黄氏四十八进士》。

　　小传之三：黄𫮃，字子耕，号复斋，分宁（今江西修水）人。早从郭雍、朱熹学。孝宗淳熙进士，调瑞昌主簿。历知卢阳县，通判处州。召为主管官告院、大理寺簿、军器监丞。宁宗嘉定二年（1209 年），知台州（《嘉定赤城志》卷九）。五年，改袁州，道卒，年六十三。有《复斋集》，已佚。事见《水心文集》卷一七《黄子耕墓志铭》，《宋史》卷四二三有传。今录诗三首。

【进士文史】

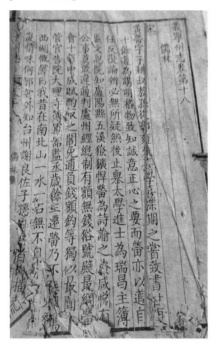

　　　　　　图一　　　　　　　　　　　　　　图二

　　文史之一：图一、图二为道光和同治《义宁州志》卷第十八儒林和卷第二十三儒林中记载黄𫮃的史料。

| 图一 | 图二 |

　　文史之二:图一为道光三十年撰修的《省会黄祠主谱》历代贤达中记载黄訔的史料。

　　文史之三:图二为清光绪二十五年《黄祠四修主谱》仕宦中记载"宋进士,理学,讳訔,字子耕,号松山公"的文献。

| 图一 | 图二 | 图三 |

　　文史之四:图一为光绪七年《江西通志》中记载"黄子耕墓在分宁(今修水县)双井,鲁直从祖也"的文献。

　　文史之五:图二为南宋叶适撰的《水心集》中记载的《黄子耕墓志铭》(节选)。

　　文史之六:图三为南宋叶适撰的《水心先生文集》中记载黄訔的史料。

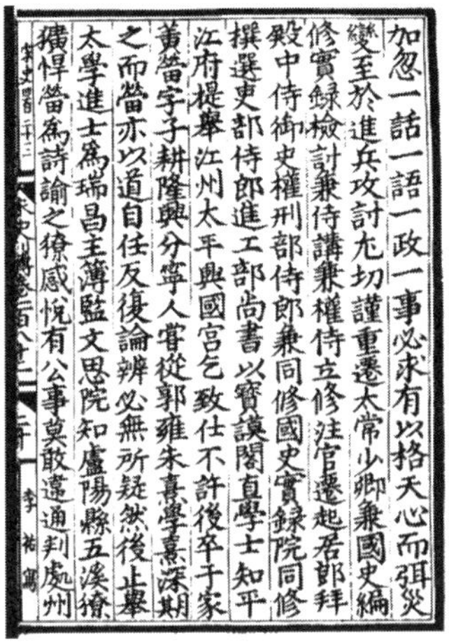
加忽一話一語一政一事必求有以格天心而弭災
變至於進兵攻討尤切謹重遷太常少卿兼國史編
修實録檢討兼侍講兼權侍立修注官遷起居郎拜
殿中侍御史權刑部侍郎兼同修國史實録院同修
撰選吏部侍郎進工部尚書以寶謨閣直學士知平
江府提舉江州太平興國宫乞致仕不許後卒于家
黄䈥字子耕隆興分寧人嘗從郭雍朱熹學熹深期
之而䈥亦以道自任及復論辨必無所疑然後止舉
太學進士爲瑞昌主簿監文思院知盧陽縣五溪獠
獷悍䈥爲詩諭之獠感悅有公事莫敢違通判處州

图一

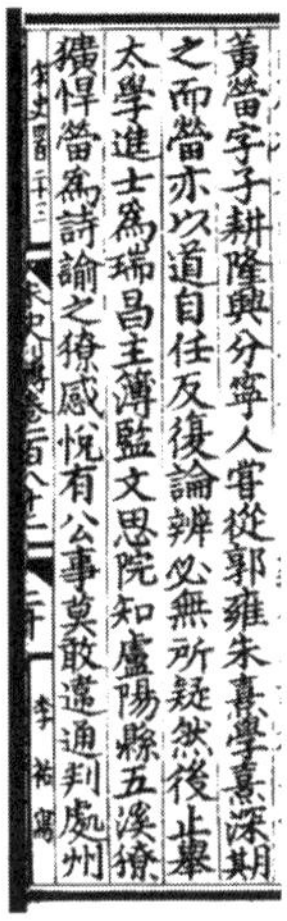
黄䈥字子耕隆興分寧人嘗從郭雍朱熹學熹深期
之而䈥亦以道自任及復論辨必無所疑然後止舉
太學進士爲瑞昌主簿監文思院知盧陽縣五溪獠
獷悍䈥爲詩諭之獠感悅有公事莫敢違通判處州

图二

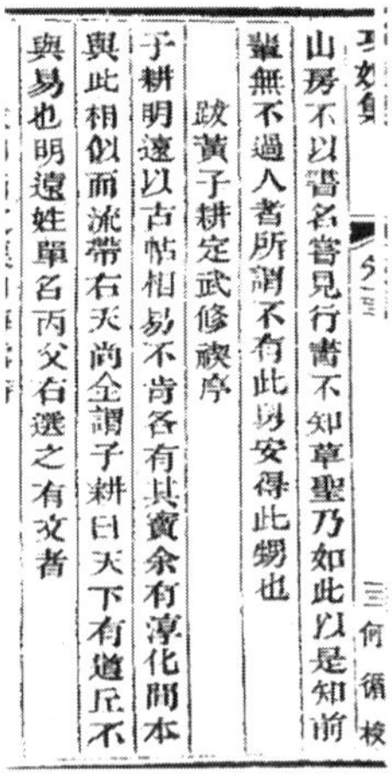
山房不以書名嘗見行書不知草聖乃如此以是知前
輩無不過人者所謂不有此身安得此錫也
跋黄子耕定武修禊序
子耕明遠以古帖相易不肯各有其實余有淳化閣本
與此相似而流帶右天尚全謂子耕曰天下有道丘不
與易也明遠姓單名丙父右選之有文者

图三

文史之七：图一、图二为元脱脱著的《宋史》中记载黄䈥的史料。

文史之八：图三为南宋楼钥撰的《攻媿集》中记载的《跋黄子耕定武修禊序》。

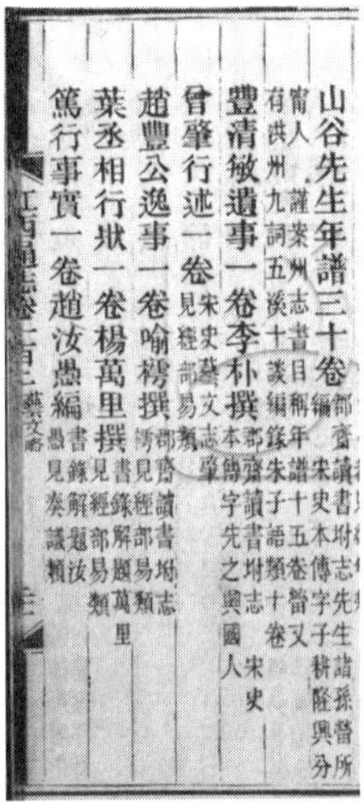
山谷先生年譜三十卷
豐清敏遺事一卷李朴撰
曾肇行述一卷
趙豐公逸事一卷喻樗撰
葉丞相行狀一卷楊萬里撰
篤行事實一卷趙汝愚編

图一

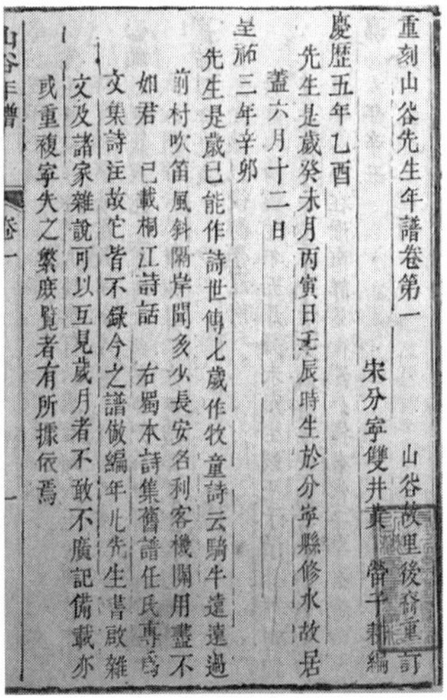
重刻山谷先生年譜卷第一
宋分寧雙井黄䈥子耕編
山谷故里後裔重訂
慶歷五年乙酉
先生是歲癸未月丙寅日壬辰時生於分寧縣修水故居
蓋六月十二日
皇祐三年辛卯
先生是歲已能作詩世傳七歲作牧童詩云騎牛遠遠過
前村吹笛風斜隔岸聞多少長安名利客機關用盡不
如君 已載桐江詩話 右蜀本詩集舊譜任氏專爲
文集詩注故它皆不録今之譜倣編年凡先生書啟雜
文及諸家雜說可以互見歲月者不敢不廣記備載亦
或重複穿失之繁庶覽者有所據依焉

图二

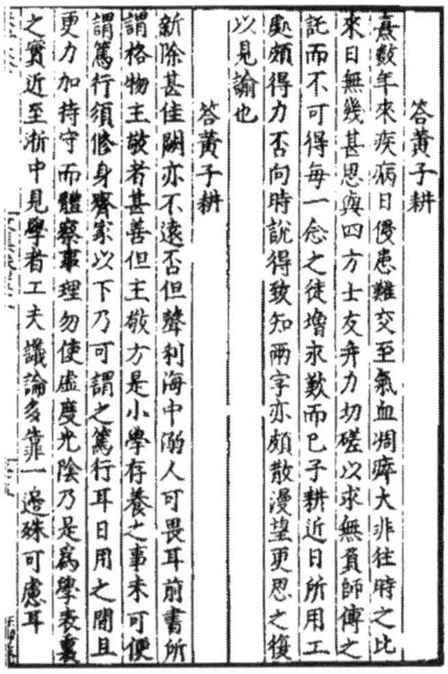
答黄子耕
熹數年來疾病日侵患難交至氣血凋瘁大非往時之比
來日無幾甚思與四方士友奔力切磋以求無負師傳之
託而不可得每一念之徒增永歎而已子耕近日所用工
夫頗得力否向時說得致知兩字亦頗散漫望更思之後
以見諭也
答黄子耕
新除甚佳闕亦不遠否但瘴利海中胊人可畏耳前書所
謂格物主敬者甚善但主敬方是小學存養之事未可便
謂篤行須修身齊家以下乃可謂之篤行耳日用之間且
更力加持守而體察事理勿使虛度光陰乃是爲學表裏
之實近至浙中見學者工夫議論多非一邊殊可慮耳

图三

文史之九：图一为光绪七年《江西通志》上记载黄䈥编撰的《山谷先生年谱》和《重刻山谷先生年谱》内页。

文史之十：图三为南宋朱熹著的《朱熹文集》第五十一卷中记载的《答黄子耕》。

黄子耕題台州郡圃桃源詩本自深村老圃來偶分符竹到
天台漫山幸可容桃李莫待劉郎去後裁見赤城志葉水
心慕誌云子耕詩詞如徑幽薄超高邱宇宙寄曠風露峥
的人謂非子耕所能魯直遺墨散落收拾未盡爾
陳志字壽夫分寧人淳祐十年進士制置司屬官有自堂存

黄章黃子耕少所樹立便入高人勝士之目不獨倚先
世為重也詩文似太史有洪州九詞五溪十韻與指子
奮之徵追古人而過今人矣出守天台一錢細碎皆藉
之條目建為窮人衣食居處計輒費數百千萬人但
言其能愛民如家不知其家事乃落拓不理未嘗自愛
也余每嘆學者含具材品唯識趣爲最難乎子耕難以慧
利德於一州然異此必將有時而盡不若刻二書
巾山之上使讀之者識趣增長後生及知古人源流教

黄子耕監丞挽詩
籍籍夷陵郭白雲紫陽猶足重斯文當年臭味傳天壤
絕代聲華隔世氛邂逅月邊蘭槧駐從容日下竹符分
傷哉逝矣空遺薹雙井風高信不羣
哭徐子融
膽氣巍而硬脊梁茅齋叔冀未云荒自知友道無同異
共仰師門有在亡逢世尚能卜地安時應許老耕耒
一擧一劍山楓外雲影吹空白月光

图一	图二	图三

文史之十一：图一为道光四年《义宁州志》上记载的黄子耕题桃源诗。图二为宋叶适撰的《水心集》中记载的《黄子耕文集序》（节选）。图三为宋韩淲撰的《涧泉集》中记载的《黄子耕监丞挽诗》。

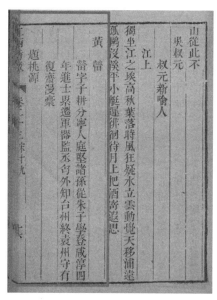

文史之十二：图为清光绪五年曾燠编辑的《江西诗徵》卷二十三中记载黄䎛的史料。

文史之十三：宋淳熙八年（1181年）辛丑撰写的《分宁黄氏旧谱源流序》（节选）

……按唐五代,独婺之金华族为盛。讳琛、玘、璞、瑕、瑶五兄弟各著系,于今可推。分宁黄氏,自金华来也,盖玘之子赡,以策干南唐李氏,言不合,只受著作郎,知洪州之分宁县……尝念黄氏谱录广且备,而莫究鼻祖之所由,窃谓古者受氏受姓,或以王父之字,或以先世之谥,或因所居之官,或因所封之邑,名宗望族,必自修著谱系,然后可以序昭穆,百事不得相乱。矧谱牒多废,自惭学浅,不足以叙论,偶因暇日,考古订今,粗得土苴,敬笔之补所缺,非傅会于世云。

宋淳熙八年辛丑夏五月朔旦
山谷公侄孙子耕序

文史之十四:康州使君《伐檀集》跋

曾伯祖康州使君《伐檀集》,盖平生著述之一,仅存于煨炉中,字画传录不无小误。屡加参考,复得馆阁藏本,更相订正。但古律诗,间存参错,不敢以己意更定。而杂文上下又多不以类相从意,是作序之后续作,或不专用岁月先后为次,悉从其旧,亦疑以传疑之意云。

淳熙乙未冬月诸孙莟谨识

图一

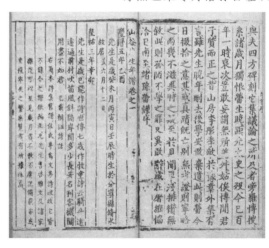
图二

文史之十五:图一为光绪二十四年《黄氏宗谱·双井堂》卷一序中黄莟撰写的《黄氏宗谱》序(局部)。

文史之十六:图二为内阁文库珍藏的明嘉靖丁亥年《山谷全集·伐檀集》卷一中黄莟所撰的《年谱》序。

【世人评赞】

评赞之一:南宋思想家、文学家叶水心其墓铭曰:

其文也鸷,其情也鹤,虽竞于善,而实无作。

鲁直之宗,百年再振,双井有名,为子复新。

评赞之二:叶水心又云:"子耕诗词如径幽薄超高邱,宇宙寄旷,风露绰约。"见道光四年《义宁州志》。

【编者手记】

手记之一:黄嵂在宁宗嘉定二年(1209年)知台州,置养济院,又创安济院以居病囚,理政事夙夜勤苦,郡称平治。五年,迁知袁州,病死。

手记之二:黄子耕是朱熹的弟子之一,根据朱熹的描述,黄子耕在疾病中不宜思虑,应放下一切事务,专心存心养气。朱熹建议黄子耕在病中练习佛家盘腿静坐和道家意守丹田的功夫,这表明朱熹对佛道两家的气功有一定的研究。此外,朱熹与黄子耕的交往也体现了朱熹晚年的生活态度和思想变化,他开始更加重视个人的精神修养和内在的修炼,而非外在的功名利禄。朱熹与黄子耕之间的交往不仅体现在学术思想的传承上,还包括诗词的唱和和个人情感的交流。这些记录为我们深入了解朱熹及其同时代文人的日常生活和精神世界提供了宝贵的资料。

152. 莫正(祯)

【进士小传】

廿九世祖兵部尚书祯公(昌善)像

小传之一：字益和,历官兵部尚书。见同治《义宁州志》卷十九选举志。

小传之二：莫祯,字昌善,漫江人,宋咸淳戊辰进士,官至兵部尚书。见《修水县姓氏志》第393页。

【进士文史】

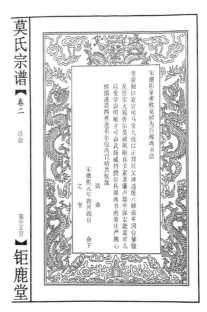

图一　　　　　　　　　　图二

图一、图二分别为同治《义宁州志》和2015年重修的《莫氏宗谱》卷二上记载莫贞(祯)任兵部尚书的史料。

【世人评赞】

江西省女子诗社副社长、修水作家协会副主席傅筱萍赞漫江莫祯进士曰：

扬威奋武才,素著向廉开。

幕府勋劳积,清风一一裁。

【编者手记】

莫正、莫贞、莫祯,应属同一人。

153. 冷秉

【进士小传】

小传之一：历官广东廉宪,廉访使的俗称。见同治《义宁州志》卷十九选举志。

小传之二：咸淳年间进士，官至广东廉宪。见《修水县姓氏志》第 231 页。

【进士文史】

图一　　　　　　　　　　　　图二

文史之一：图一为民国三十二年修的《冷氏宗谱》中记载冷秉"咸淳进士，仕至广东廉宪"的史料。

文史之二：图二为光绪七年《江西通志》卷二一三中记载冷秉的史料。

【世人评赞】

暂缺。

【编者手记】

暂缺。

154. 王仲明

【进士小传】

王规之孙，克铭之子，迁宁第六世，宋进士，官拜员外郎。又由进士历官员外郎。分别见《修水县姓氏志》第 53 页和《迁宁始祖一脉志》第 380 页。

【进士文史】

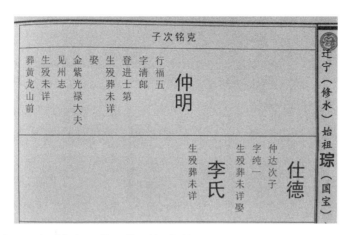

图为《王氏宗谱》中记载王仲明的史料。

【世人评赞】

暂缺。

【编者手记】

暂缺。

155. 王从登

【进士小传】

小传之一:宋咸淳年间进士。见《修水县姓氏志》第53页。

小传之二:由进士授行人司。见《迁宁始祖一脉志》第381页。

【进士文史】

暂缺。

【世人评赞】

暂缺。

【编者手记】

同治《义宁州志》卷十九选举志上只有"王从登"三字,没有其他文字记载。行人司,主要是供差遣出使。

156. 杨应时

【进士小传】

修水人,宋咸淳年间进士。见《修水县姓氏志》第301页。

【进士文史】

图为清光绪七年刊本《江西通志》上记载"杨应时,新建人"的史料。

【世人评赞】

暂缺。

【编者手记】

同治《义宁州志》卷十九选举志上只有"杨应时"三字,没有其他文字记载。

咸淳甲戌年(1274 年)池梦鲤榜进士

157. 宋朝寅

【进士小传】

民国年间《八贤祠志》、当代《宋氏祠堂》、同治戊辰年重镌的丹阳《宋氏宗谱》三个版本中的宋朝寅画像

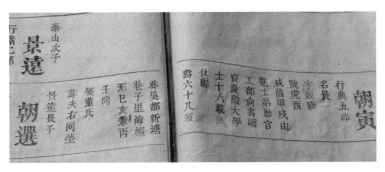

同治戊辰(1868 年)重修的丹阳《宋氏宗谱》中记载宋朝寅家谱的史料

宋朝寅(1231—1297),号虎西,生于南宋理宗绍定四年(1231 年)四月十二日。修水梁溪人,宋代名臣。寅幼颖过人,咸淳甲戌年(1274 年)中进士,捷越擢晋资政殿大学士、工部尚书。见《修水县姓氏志》第 603 页。

【进士文史】

文史之一:在南宋王朝败局已定时,宋朝寅保持"不为敌所俘,不为敌所侮"之高节,毅然弃官为民,返回故里梁溪设馆教书育人。他恒以忠义,普善济世而著称于世。元成宗大德元年(1297 年)十二月二十四日卒于家。见《修水县姓氏志》。

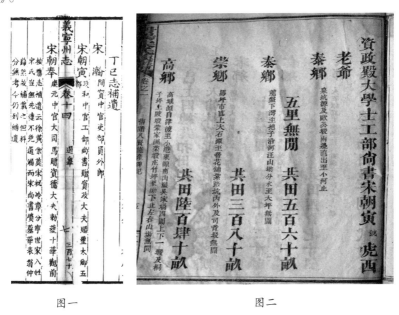

图一   图二

文史之二:图一为道光四年《义宁州志》上记载宋朝寅"丁巳志补遗"的史料。

文史之三：图二为同治戊辰（1868 年）重修的丹阳《宋氏宗谱》上记载宋朝寅公为云岩寺捐赠田产的史料。

文史之四：端宗景炎二年（1277 年），民族英雄文天祥率士兵入赣抗击元兵时，朝寅与江西豪杰尽其能支持，使抗元战争在赣暂获胜利，收回许多失地，但终因国力殆尽，无回天之力。

图一　　　　　　　　　　　　　图二

文史之五：图一为《八贤祠志》上记载宋朝寅所撰的《宋氏府场》。

文史之六：图二为同治戊辰（1868 年）重修的丹阳《宋氏宗谱》上记载宁州知州杨元钧拜题书的宋朝寅像赞。

文史之七：图为民国年间《八贤祠志》中教育家、时任国民党中央宣传部部长邵力子所撰的《宋尚书虎西遗像》赞。

文史之八：图为民国年间《八贤祠志》卷四艺文序中也先不花所撰的《宋虎西先生序》。

【世人评赞】

评赞之一：时杰称其："有谓汉高祖入关除秦之果敢，有汉文帝执法之坚毅。"

评赞之二：原国民党中宣部部长、著名民主人士邵力子赞宋尚书虎西遗像曰："六百余年久，名贤事未湮。时衰空感忾，政简识弥伦。投老仍忧国，挥戈尚勉人。清芬垂道貌，祠庙肃明禋。"

评赞之三：元朝宁州知州杨元钧赞曰："卓立殿阙，变理阴阳。恩泽推暨，世德发祥。俨若生面，正大堂皇。祠谱两垂，奕祀并扬。久视后嗣，姓字流香。"

评赞之四：《八贤祠志》中冷应澂后裔冷文彬《观宋虎西先生序》诗曰："乐善犹来属盖臣，云岩一记亦前因；乾坤浩荡东风里，何处宜人不是春。"

评赞之五：《八贤祠志》中冷晟拟《请循例举行祀典呈文》赞曰："宋资政殿

学士宋朝寅,政响卓著,学问淹通。"

评赞之六:《八贤祠志》匡世德咏八贤之宋虎西诗云:

解组归来启象贤,梁溪精舍溯薪传。

朱门半作田横客,一片丹忱映后先。

评赞之七:《八贤祠志》冷石我咏八贤之宋朝寅云:

梗楠朽穷谷,其何谓自害。

杞梓称牺尊,安得夸时会。

评赞之八:中华楹联协会会员卢曙光题宋朝寅联曰:

居京诚捧日,每果敢艰难,同朝屡赞拿云手;

投老尚忧天,纵已然迟暮,撌甲还思报国心。

评赞之九:修水县西平文艺社社员周先谷《颂八贤宋朝寅》:

政声卓著耀修城,学问淹通更炽情。

宋室将亡为进士,与文奋力抗元兵。

虽然殉国无儿女,可是朝廷有美名。

最慕功勋今远播,胸怀天下盼时明。

评赞之十:编者周武现云:"除秦果敢,执法坚毅。恒以忠义,普善济世。"

【编者手记】

手记之一:编者在修水报社从事记者工作时,于2001年3月14日接到修水县宁州镇走马村村民谢邦强的来电,称:他和邻近吴都村宋家组的数名村民,在走马村车前组新塘菖蒲坑口山上发现一座古墓,有可能是南宋工部尚书、修水八贤之一的宋朝寅墓葬之所。

古墓背靠山坡,坐北朝南。墓区占地约250平方米,墓体高0.7米,用黄泥土堆成圆形,前小半部分已塌凹,后大部分墓体上长着数株笛管粗的小树。环墓体后壁衬砌有15层的扁平小河石,高2米,很多小河石上都长有枯萎的苔藓和杂草,后壁下是一条环形排水沟,间或砌有小河石。村民在刨挖墓体坍塌下来的黄泥土时,竟惊讶地发现墓右侧有一个篮球大小的上为圆形、下为四方形的石头,石上的雕刻花纹很是醒目。

在古墓前面,有占地宽敞的三级拜祭台,村民们清除杂树杂草和泥土后,可见台地上面铺设的也是小河石,错落有致,极为规整。

当时 44 岁的宋家组村民、宋朝寅后裔宋小华指着古墓和小河石介绍说：墓壁砌垒小河石是为了防止后山滑坡，防止壁土松动而掩盖墓体。从墓地占地、铺砌河石和置有石座来看，这座古墓当时的造价肯定很"烧钱"。

在场的宋朝寅后裔多数认为，此古墓很可能是宋朝寅的墓葬之地。一是地点地形符合历史记载。民国二十六年（1937 年）修水县人冷开运倡修刊印的《八贤祠志》第四十页，明确记载宋朝寅卒后葬于泰平乡吴都新塘菖蒲坑口海虾形坤山垠上；《宋氏宗谱》也有同样记载。二是此地名与周边清朝古墓墓碑上所记载的安葬地"菖蒲坑口坤山垠"相同。这点很关键，不致产生古地名认定上的差错。而且，史书所载的山头、田土方位与名称，与现状及称呼对应准确。三是《八贤祠志》上还记载了"清乾隆十一年（1746 年），续查官冢一案，据裔孙尚选、尚策禀报转详公茔墓地址如前。续查全案载宋氏宗谱"。从此记载可知，在乾隆十一年，此墓仍完好。四是此古墓占地广阔气派，建筑档次较高，非一般百姓所葬之墓，疑似官葬。当然，最后认定要由文物部门做考古认证。如能找到墓碑、墓志铭或其他文物铁证，则可确认。

手记之二：《修水发现疑似宋代名臣墓》一文见报后，当时修水县文化局副局长陈跃进等一行 4 人在宁州镇宋家组村民、宋朝寅后裔宋小华等人的带领下，来到古墓现场对古墓进行了考证。到达现场，陈跃进等人细致观察后，认为此古墓外观、结构、大小，不像官冢，也不是合葬墓，因为在光绪丙戌重修的《宋氏宗谱》中记载"宋朝寅娶董氏，葬夫右，同茔"，可以排除不是南宋工部尚书、修水八贤之一的宋朝寅墓葬。为了进一步验证，村民在古墓前面掏开泥土，几锄下去，竟掏出一块宽约 30 厘米、厚约 10 厘米的褐色石碑，待稍作擦拭后，发现石碑中间有文字，经辨认为"故父"二字。前去考察的文化局人员肯定此墓不是宋朝寅墓葬。因为《宋氏宗谱》中记载宋朝寅无子嗣。当掏到石碑约 30 厘米处时，石碑上便显现出"故父王公秉方号……"，石碑右侧则有"生于己巳，死于庚午"，左侧则有"葬于万历五……"（为 1577 年，距今 434 年）的记载。几位村民试着将埋藏在土中的石碑取出时，因石碑年长月久深埋土中，竟然折断。已出土的残碑上主要信息明了，考古人员和村民遂停止了对坟墓的发掘。经考证，此墓葬实为明朝墓葬。

　　手记之三:2023 年 7 月 21 日,编者在县图书馆找到了民国二十六年(1937年)刊印的《八贤祠志》,书中记载宋朝寅卒后葬于泰平乡吴都新塘菖蒲坑口海虾形坤山艮上。在乾隆十一年还对宋朝寅进行了续查,其后裔禀报转详:公茔墓地址如前。其续查全案载于《宋氏宗谱》。编者采访其后裔宋小华时,他指着吴都四周群山很遗憾地说,虽然我们宋氏后裔在吴都方圆几里的大山很努力地寻找其墓葬,但事与愿违,至今仍难寻其踪。为何后来就找不到了呢? 这个谜底有待今后去考证。

　　手记之四:编者到修水吴都寻访宋朝寅史料时,宋朝寅的后裔说:"听一辈辈老人传下来的故事,在南宋王朝败局已定时,我们宋氏朝寅公保持'不为敌所俘,不为敌所侮'之高节,毅然弃官为民,返回故里梁溪设馆教书育人。恒以忠义,普善济世而著称于世。"

第四节　元代进士总概括

元代：恰似没落夕阳，只是政治考量

1313 年，元仁宗下诏恢复科举。1315 年第一次开科取士，以后三年一次，直到元亡。元惠宗时期，又因丞相伯颜擅权，执意废除科举，1336 年科举和 1339 年科举停办。元朝科举共举行了十六次（简称"元十六考"），十六次考中进士共计 1139 人。

《天一阁藏明代科举录选刊》总序作者龚延明先生说：元代科举考试行废颇为曲折，元朝开国三十六年后，才于元仁宗延祐二年（1315 年）开进士科科目考试，中间又停开六年，至元惠宗至正二十六年（1366 年）最后一次廷试，前后共举行会试十六次，共录取进士 1139 名，是历朝录取人数最少的朝代之一。

元代蒙古政权有一套自己的用人制度，虽然保留了科举制度，但开国初期的 40 年间不曾开科取士。从皇庆年间开始科举至元朝灭亡的 60 年间只举行过"元十六考"，每次录取进士人数多则 100 余人，少则不足 50 人。此间元政权还把中国人分为三六九等，蒙古人、色目人是上等人；汉人、南人是下等人。无论社会地位、法律地位、经济文化地位都非常不平等。反映在科举制度上，蒙古人、色目人考二场；汉人、南人考三场。考试内容汉人、南人也要难得多。发榜时还分左右榜，蒙古人、色目人在右榜；汉人、南人在左榜。许中丞有壬序《秋谷文集》曰："贡举倡于草昧，条于至元，议于大德，沮尼百端，而始成于延祐，亦戛戛乎其难哉！"

丁卯，和礼霍孙请设科举，诏中书省议，会和礼霍孙罢，事遂寝。

冬十月己卯，敕中书省议行科举。封不答失里为安德王。辛未，徙昆山州治于太仓，昌平县治于新店。癸未，以辽阳路之懿州隶辽阳行省。复置蒙阴县，隶莒州。乙酉，旌表高州民萧义妻赵氏贞节，免其家科差。

甲辰，行科举。诏天下以皇庆三年八月，天下郡县兴其贤者、能者，充贡有司，次年二月，会试京师，中选者亲试于廷，赐及第出身有差。帝谓侍臣曰："朕所愿者，安百姓以图至治，然匪用儒士，何以至此。设科取士，庶几得真儒之用，而治道可兴也。"

辛未，中书省臣言："科举会试日期，旧制以二月一日、三日、五日，近岁改为十一、十三、十五。请依旧制。"从之。

学校农桑、孝义贞节、科举取士、国学贡试，并依旧制。

三月己丑朔，诏："科举取士，国子学积分、膳学钱粮，儒人免役，悉依累朝旧制；学校官选有德行学问之人以充。"

十一月庚辰，敕以所在儒学贡士庄田租给宿卫衣粮，诏罢科举。

礼部侍郎忽里台请复科举取士之制，不听。

十二月，复科举取士制。国子监积分生员，三年一次，依科举例入会试，中者取一十八名。

壬戌，诏定科举流寓人名额，蒙古、色目、南人各十五名，汉人二十名。

编者查阅《元史》列传第七十七得知："延祐初，诏以科举取士，学者多以文法为请，性语之曰：'今之贡举，悉本朱熹私议，为贡举之文，不知朱氏之学，可乎？《四书》《六经》，千载不传之学，自程氏至硃氏，发明无余蕴矣，顾行何如耳。有德者必有言，施之场屋，直其末事，岂有他法哉！'凡经其口授指画，不为甚高论而义理自胜，不期文之工而不能不工，以应有司之求，亦未始不合其绳尺也。士有一善，必为之延誉不已，及辨析是非，则毅然有不可犯之色。"

窝阔台九年(1237 年)八月，诏中原诸路以论、经义、辞赋三种考试儒生，"其中选儒生，若有种田者纳地税，买卖者出纳商税，开张门面营运者依例供差发除外，其余差发并行蠲免……与各任达噜噶齐、管民官一同商量公事勾当着。随后依照先降条例开辟举场，精选入仕，续听朝命"。诸路考试，均于次年(戊戌年)举行，故称戊戌选试。自金亡，北方停科，迄于元代中叶复科，科举取士制度在元朝政权下停废长达八十年，是科举制推行一千三百余年间停废最久的时期。在此期间，凡用人或由贵戚世臣、军功武将，或由吏职杂途。这固然与蒙古统治者缺乏"以儒治国"的中原社会传统观念，利用汉人和南人时主要以其"趣办金谷""钩稽朱墨"的能力的取才标准有关，同时也曲折反映了汉地社会舆论本身对金、宋两朝的读书人溺于奔竟，惟务诗赋空文，结果以所谓"学术"误天下的厌恶和不满。

关于元朝的用人体制，元代中期的文人姚燧曾有过一段十分著名的叙述："大凡今仕惟三途：一由宿卫，一由儒，一由吏。由宿卫者言出中禁，中书奉行制敕而已，十之一；由儒者则校官及品者，提举、教授出中书，未及者则正、录以下出行省宣慰,十分之一之半;由吏者省台院、中外庶司、郡县,十九有半焉。"及至元末,时人论及入官途径,仍然说"首以宿卫近侍,次以吏业循资。……自此,或以科举,或以保荐"。可见尽管自仁宗朝开始设立了科举取士的制度,但有元一代铨补官员的基本格局并未因此发生重大变化。

编者分析元朝只举行十六考;蒙古人、色目人考二场,汉人、南人考三场;考试内容难度,汉人、南人也要难得多;或是两年直接取消科举等举措,原因之一,生怕汉人、南人中进士者多,为官者众,拉帮结派,抱团篡位,从而影响新成立的元朝政治根基和稳定;原因之二,生怕仕子一旦"霸占"朝中重要岗位,势必会把控和篡夺政权;原因之三,蒙古人、色目人考试绝难考过汉人、南人,在录取时稍不公平、公正,会引起或激化矛盾,影响政治稳定等。

编者从修水仅考取 11 人,且他们在官声、政绩、艺文上查考无特大建树,就可见当时元朝政治集团对汉人、南人的压制与挤迫。

修水(宁州)元代进士一览表

序号	姓名	考取进士年号	官职
1	冷和叔	至元五年癸未(1268 年)	官辰州主簿,迁苍梧县尹
2	冷敬先	大德二年戊戌(1298 年)	户部员外郎,宣政院客史副使
3	黄鸿荐	延祐二年乙卯(1315 年)张起岩榜	历官吏部侍郎
4	祝 彬	延祐五年戊午(1318 年)霍希贤榜	同知制诰,国史馆编修
5	黄应炎	延祐六年己未(1319 年)	西台御史
6	余 贞	泰定四年丁卯(1327 年)李黼榜	翰林院修撰
7	冷孟公	元统元年癸酉(1333 年)李齐榜	昌州路判官
8	陈 植	元统年间(1333—1335)进士	上高县尉,湖广道州通判
9	孙子初	元统年间(1333—1335)进士	太常博士
10	陈 榛	至正二年壬午(1342 年)陈祖仁榜进士	道州判官
11	宋季安	至正年间(1341—1368)进士	中官祭酒

至元五年癸未(1268年)进士

158. 冷和叔

【进士小传】

小传之一:字顺孙,应澂儿,官辰州主簿,迁苍梧县尹。见同治《义宁州志》卷十九选举志。

小传之二:宁州人,正奉大夫宣政副使。见《钦定四库全书·江西通志》卷五十一。

小传之三:宁州人,苍梧令。见《钦定四库全书·江西通志》卷五十一。

【进士文史】

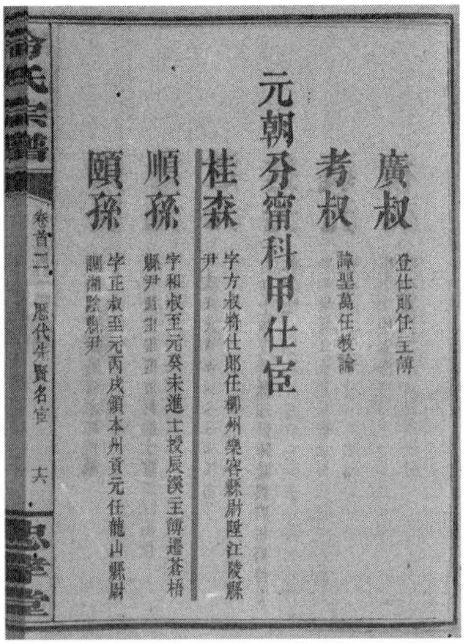
卷首二 歷代升賢名宦 六

元朝分甯科甲仕宦

廣叔 登仕郎任主簿

考叔 諱墨萬任教諭

桂森 字方叔將仕郎任郴州桑容縣尉陞江陵縣尹

順孫 字和叔至元癸未進士授辰溪主簿遷蒼梧縣尹

頤孫 字正叔至元丙戌領本州貢元任龍山縣尉調湘陰縣尹

图一

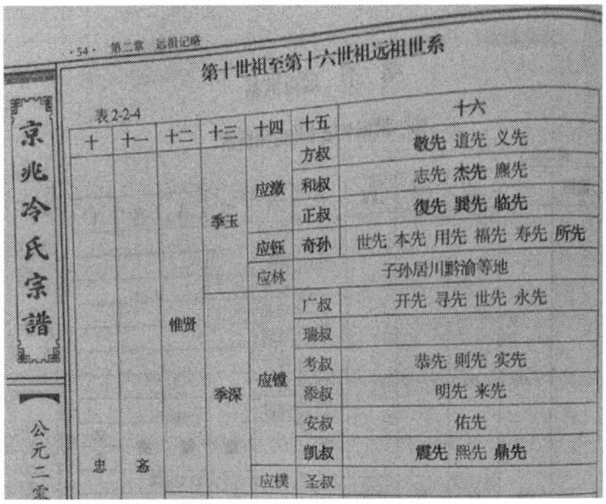
·54· 第二章 远祖记略

京兆冷氏宗谱

第十世祖至第十六世祖远祖世系

表 2-2-4

十	十一	十二	十三	十四	十五	十六
			季玉	应澂	方叔	敬先 道先 义先
					和叔	志先 杰先 庶先
					正叔	復先 巽先 临先
				应钰	奇孙	世先 本先 用先 福先 寿先 所先
				应林	子孙居川黔渝等地	
		惟贤	季深	应镗	广叔	开先 寻先 世先 永先
					瑞叔	
					考叔	恭先 则先 实先
					添叔	明先 来先
					安叔	佑先
忠	斋				凯叔	震先 熙先 鼎先
				应模	圣叔	

图二

文史之一:图一为民国年间《冷氏宗谱》中记载冷和叔的史料。

文史之二:图二为《京兆冷氏宗谱》中记载冷和叔的世系表。

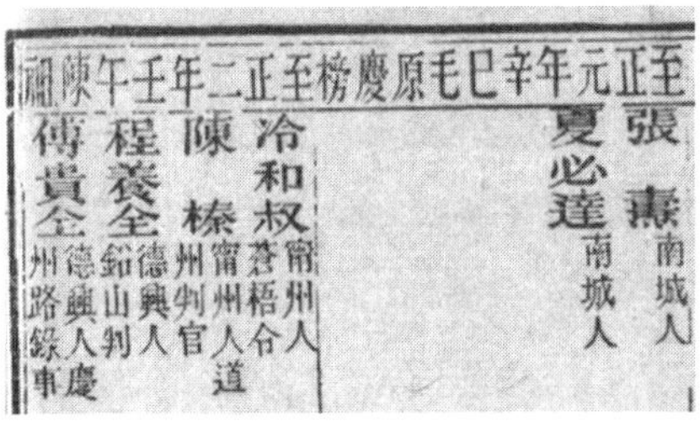
至正元年辛巳毛原慶榜 至正二年壬午陳祖

張壽 南城人

夏必達 南城人

冷和叔 甯州人 蒼梧令

陳椿 甯州人 州判官

程養全 德興人 鉛山判

傅貴全 德興人 州路錄事

图一

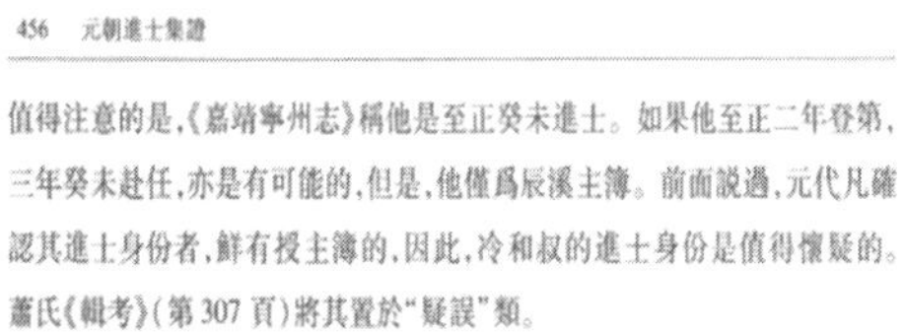
456 元朝進士集證

值得注意的是,《嘉靖寧州志》稱他是至正癸未進士。如果他至正二年登第,三年癸未赴任,亦是有可能的,但是,他僅爲辰溪主簿。前面説過,元代凡確認其進士身份者,鮮有授主簿的,因此,冷和叔的進士身份是值得懷疑的。蕭氏《輯考》(第307頁)將其置於"疑誤"類。

图二

文史之三: 图一为光绪七年《江西通志》上记载"冷和叔,宁州人,苍梧令"的史料。

文史之四: 图二为 2016 年沈仁国著的《元朝进士集证》中记载冷和叔的史料。

【世人评赞】

暂缺。

【编者手记】

冷和叔的亲属关系:曾祖父冷应钰→祖父冷瀛→父冷应澂→冷和叔。

大德二年戊戌(1298 年)进士

159.冷敬先

【进士小传】

小传之一: 字有革,应澂孙,仁乡人,户部员外郎,宣政院客史副使,有传。见同治《义宁州志》卷十九选举志。

小传之二: 宁州人,正奉大夫,宣政副使。见《钦定四库全书·江西通志》卷五十一。

【进士文史】

宣政院副使冷敬先公像

文史之一: 图为民国三十二年修的《冷氏宗谱》中记载冷敬先的家谱史料。

文史之二：图为元苏天爵编的《元文类》和道光四年《义宁州志》上记载冷敬先的史料。

图一　　　　　　图二　　　　　　图三

文史之三：图一为同治《义宁州志》卷二十二人物志名臣上记载冷敬先的史料。

文史之四：图二为《天一阁藏明代方志选刊续编·宁州志》上记载冷敬先的史料。

文史之五：图三为清光绪七年刊本《江西通志》上记载"冷敬先，宁州人，正奉大夫，宣政副使"的史料。

文史之六:《秋日经抱子梅岭宿城东云严禅院有怀宋静正文昆季》诗:

西风袭禅林,秋色苍然暮。

灯上鲸钟吼,月下藓碑露。

墙阴凇摩挲,彷徨起四顾。

高人出世情,牙弦何处遇。

我来梅岭东,山石横江路。

隔陇鸡犬声,桃源谁径渡?

夜梦水石间,扶疏半烟树。

一叩敲琼轩,恍若于生悟。

文史之七:右图为《钦定四库全书》中记载的《送客省副使豫章冷敬先》诗。

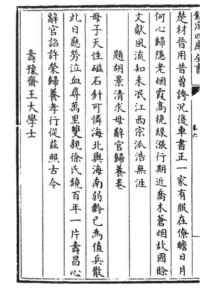

【世人评赞】

评赞之一:《京兆宋氏宗谱》云:十六世祖宣政院副使敬先公像赞曰:

年轻揭榜入朝堂,奏对敏捷露锋芒。

满腹经纶识治体,频官要位有循良。

权臣不附辞宣院,挚友难留归故乡。

清正一生终不悔,晚将余俸济乡邦。

评赞之二:中国楹联协会会员卢曙光联题冷敬先进士云:

一言忤重权,退避争荣,相善元虞诗惜别;

万担分贫户,桑榆流景,独亲梓里竹葱茏。

评赞之三:修水县山谷诗社原理事陈水题冷敬先进士曰:

木溪本无意,治体遵规纠士论;

万石当有为,恤民忤政壮飞禽。

【编者手记】

编者查阅《南昌府志》得知,"仕绩"条目中称之为"有严肃声""敏捷深藏,深识治体",可惜的是"以言忤执政,遂乞解任,去时论惜之"。

延祐二年乙卯（1315 年）张起岩榜进士

160.黄鸿荐

【进士小传】

小传之一：号菊庄，山谷之裔，历官吏部侍郎。见同治《义宁州志》卷十九选举志。

小传之二：宁州人，一作丰城人，吏部侍郎。见《钦定四库全书·江西通志》卷五十一。

小传之三：名藻，宋延祐乙卯年（1315 年）进士。见《双井世家》第 60 页。

【进士文史】

文史之一：鸿荐为铎公之子，行小八，原名藻，字少洵，又字景颜，号菊庄，又号克斋。庚子、乙酉两科漕贡，甲子乡贡都魁，壬子中潜藩恩试，刺谐不仕。归乡更名鸿荐，复登元延祐乙卯进士，官至吏部侍郎。葬双井后庄窝。有传详载州乘。娶余氏，生子六：附凤、辉凤、韶、贵郎、罔凤、逢吉。见《双井黄氏探源》。

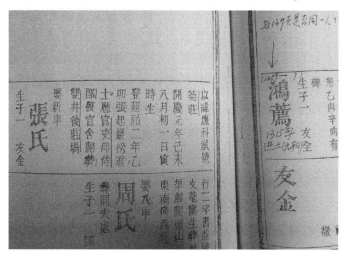

文史之二：图为民国二十七年重修的《黄氏宗谱》卷一双井世系中记载黄鸿荐的史料。

文史之三：下图一为乾隆十六年《南昌府志》卷三十七选举中记载"黄鸿荐，分宁人，吏部侍郎"的史料。

文史之四：下图二为清光绪七年刊本《江西通志》上记载"黄鸿荐，宁州人，一作丰城人，吏部侍郎"的史料。

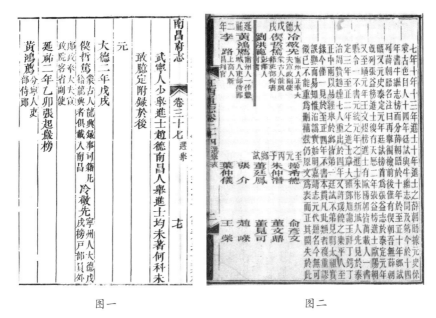

图一　　　　　　　　　　　　图二

文史之五：元延祐三年（1316年）黄鸿荐纂修《黄氏宗谱》。

【世人评赞】

暂缺。

【编者手记】

编者查阅元朝的十六次科举考简介得知，黄鸿荐参加进士考试为"元一考"，这次考试时间为延祐二年（1315年）农历二月，大都会试取中选者一百人。农历三月七日，举行殿试（廷试）五十六人及第。护都答儿、张起岩分别为左右榜状元。黄晋、杨载、欧阳玄等赐进士及第。

延祐五年戊午（1318年）霍希贤榜进士

161. 祝彬

【进士小传】

小传之一：字文夫，吴仙里人，同知制诰，国史馆编修，有传。见同治《义宁州志》卷十九选举志。

小传之二：宁国人，同知制诰，国史编修。见《钦定四库全书·江西通志》卷五

祝彬画像

十一。

【进士文史】

图一　　　　　　　　　　　图二

　　文史之一：图一为著名的南社诗人，时任国民党中央执委秘书长、立法院副院长叶楚伧撰的《祝悠然先生像赞》。

　　文史之二：图二为道光四年《义宁州志》上记载元泰定四年十月朔给翰林院编修祝彬敕的珍贵文献。

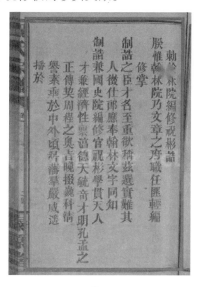

图一　　　　　　　　　　　图二

　　文史之三：图一、图二为民国三十一年《祝氏宗谱》上记载祝彬的史料，该谱中还记载其撰的《原故祝编修旷记》、其子祝益撰的《悠然外碑传》等珍贵史料。

图一　　　　　　　　　图二　　　　　　　　　图三

　　文史之四：图一为乾隆《宁州志》上记载祝彬撰的《丹霞观记》（节选）。图二为《祝氏宗谱》上记载的《丹霞碑文》（节选）。

　　文史之五：图三为同治戊辰（1868年）重修的丹阳《宋氏宗谱》上记载祝悠然公捐赠田产1820亩给云岩禅寺的史料。

图一　　　　　　　　　图二　　　　　　　　　图三

　　文史之六：图一为祝悠然考察民情图。

文史之七:图二为《江西通志》上记载祝彬延祐四年丁巳乡试的史料。

文史之八:图三为民国二十六年《八贤祠志》上记载的《祝悠然公传》和泰定四年诰敕。

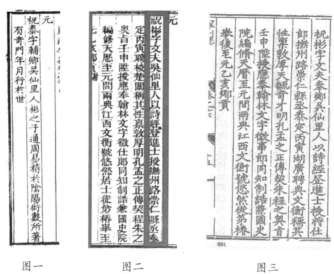

图一　　　　　　　图二　　　　　　　图三

文史之九:图一为道光四年《义宁州志》上记载祝彬之子祝泰的史料。

文史之十:图二为同治《义宁州志》上记载祝彬的史料。

文史之十一:图三为《天一阁藏明代方志选刊续编·宁州志》上记载祝彬的史料。

文史之十二：图为道光四年《义宁州志》上记载的祝彬《春日寓大都寄弟仁山》诗和学士揭傒斯《书悠然先生道院》诗。

文史之十三：祝彬所撰《丹霞碑文》，该碑文现在仍立于丹霞观前。

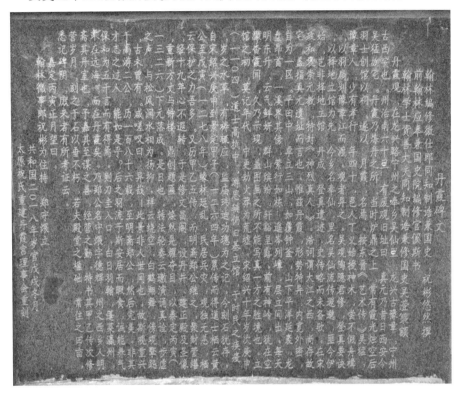

2018年重刻的《丹霞碑文》

忠臣传

陈袤字大宁号湖山读诗书二经中宣和六年沈晦榜授将士郎归省闻钦宗皇帝金驱遥北行设香案中庭凤夜面北号泣移时方止五日不食人问其故曰人臣事主既不能致国家之安有难又不能兴师以复之生竟何益遂辟踊长呼而卒有司以事闻时边机危急不报呜呼当时为人臣者何帝千万见危授命者几人若湖山者居忠臣之列宜矣

　　　　　　　　　　　　　　　　　　　吴仙里祝悠然撰

文史之十四：图为《陈氏新谱·凤山·敦睦堂》上记载祝彬所撰的《忠臣

修水历代进士史略

传》。

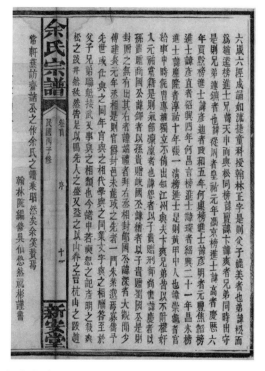

文史之十五:图为民国丙子年修的《余氏宗谱》卷首序中记载祝彬为《余氏宗谱》撰《元至顺元年壬申序》的珍贵文献。

【世人评赞】

评赞之一:《八贤祠志》中冷晟拟《请循例举行祀典呈文》赞曰:"元翰林院编修祝彬,敦诗说礼,曾称君子之儒。"

评赞之二:《八贤祠志》匡世德咏八贤之祝悠然诗云:

学阐朱程多士宗,吴仙里畔剩遗踪。

茫茫坠绪悲来日,桑梓先民孰敬恭。

评赞之三:《八贤祠志》冷石我咏八贤之祝悠然诗云:

未竟山泉钓,声华可自全。

文章无定累,七十服官年。

评赞之四:元泰定四年(1327年)《敕翰林院编修祝彬诰》赞曰:"学贯天人,才兼经济。性禀淳德,天毓奇才。明孔孟之正传,契程朱之奥旨。晚掇巍科,清誉素垂于中外;顷居藩郡,严威遥播于朝野。伟哉礼乐之英,卓尔文章之杰!"

评赞之五：元朝著名文学家、书法家、史学家揭傒斯有诗："一吊悠然士，今安道者寮。"

评赞之六：元朝文学家、书法家、史学家揭傒斯为题外圹："其得理学真。"

评赞之七：清冷开运评价："楷模程朱，上窥圣域。"

评赞之八：民国小说家、南社诗人叶楚伧称赞："学莫切于慎独，治莫急于求贤。俯仰无愧，洵自乐其性天。本修己以衡寸，庶体用而俱全。谁克臻斯旨者，吾惟想像夫悠然。"

评赞之九：中国楹联学会会员卢曙光题祝彬云：

承孔孟效程朱，天下奇才，积学传衣贤者性；

擢江西除湖广，朝中循吏，虚怀应物古人风。

郑秀平/太原

【编者手记】

手记之一：冷开运称祝彬与程颢、程颐、朱熹相近，达到了圣人的境界，对其评价很高，也正如祝彬自己在《临终自颂》诗中说："显扬仅足，俯仰无愧。惟君子儒，七十七岁。"其意是甘于淡泊，但无愧于心，君子之意，其实就是做人的品质和一个人的高度。元泰定帝诰之为"明孔孟之正传，契程朱之奥旨"，是对其中君子儒之风的中肯评价，并非溢美之词。

手记之二：编者多次探访祝彬故居。在新农村建设之时，该村已建成了祝彬故里流芳书院示范点，示范点上建起了孝贤文化馆，分门别类地对祝彬考取进士、仕途、建设家乡书院、孝心等文化做了展示。

手记之三：祝彬参加这次进士考试为"元二考"，延祐五年（1318年）三月廷试，五十人及第。忽都答儿、霍希贤分别为左右榜状元。见《元朝的十六次科举考简介》。

延祐六年己未（1319年）进士

162. 黄应炎

【进士小传】

字清颖，号梅麓，双井人。

【进士文史】

文史之一：初，立信之未仕也，家窭甚。会岁大祲，吴渊守镇江，命为粥以食流民，使其客黄应炎主之。应炎一见立信，与语，心知其非常人，言于渊，大奇之，礼以上客，凡供张服御视应炎为有加，应炎甚怏怏。渊解之曰：此君，吾地位人也，但遭时不同耳。君之识广志业，皆非其伦也，盍少下之。见《宋史·汪立信传》。

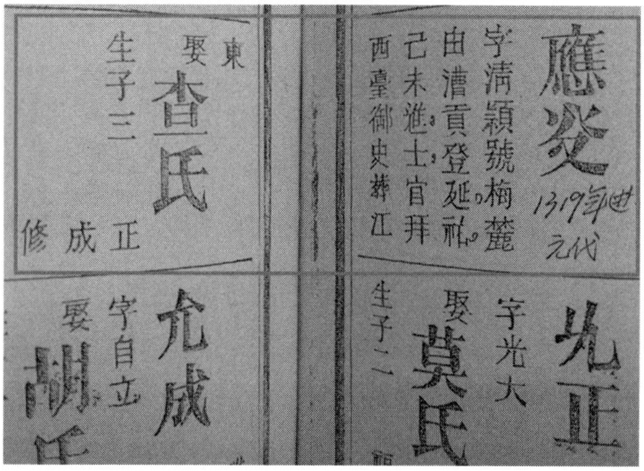
應炎
字清穎號楠麓
由漕貢登延祐己未進士官拜
西臺御史葬江
1319年进
元代
東
娶查氏
生子三
正 成 修
光正
字光大
娶莫氏
生子二
允成
字自立
娶胡氏

图一

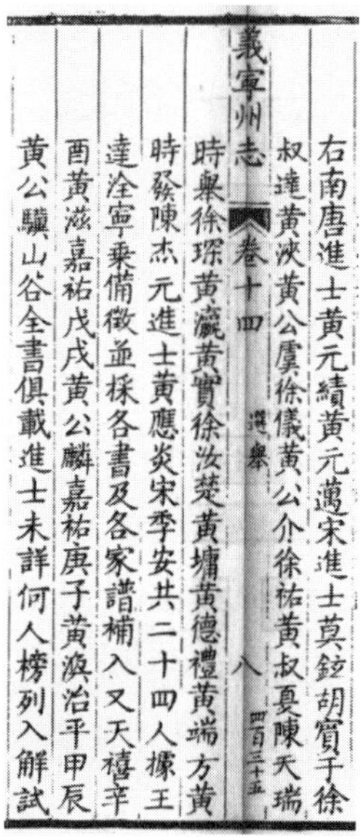
右南唐進士黃元績黃元邁宋進士莫鉉胡賓于徐
叔達黃泱黃公㝢徐儀黃公介徐祐黃叔旻陳天瑞
義寧州志 卷十四 選舉 八 四百三十五
時舉徐琛黃瀛黃實徐汝楚黃墉黃德禮黃端方黃
時發陳杰元進士黃應炎宋季安共二十四人據王
達淦寧乘備徵並採各書及各家譜補入又天禧辛
酉黃滋嘉祐戊戌黃公麟嘉祐庚子黃渙治平甲辰
黃公驥山谷全書俱載進士未詳何人榜列入解試

图二

文史之二：图一为民国二十七年重修的《黄氏宗谱》卷一双井世系中记载黄应炎的史料。

文史之三：图二为道光四年《义宁州志》卷十四选举中记载“黄应炎……共二十四人，据王达淦《宁乘备徵》并采各书及各家谱补入”的史料。

【世人评赞】

暂缺。

【编者手记】

暂缺。

泰定四年丁卯（1327年）李黼榜进士

163. 余贞

【进士小传】

小传之一：字复卿，高市三图人，翰林院修撰，有传。见同治《义宁州志》卷十九选举志。

小传之二：宁州人，翰林修撰。见《钦定四库全书·江西通志》卷五十一。

小传之三：《余氏宗谱》记载：余贞，字复卿，宁州（今属江西修水）人，元泰定三年（1326年），中湖广乡试第五名，四年（1327年）登进士，授上海县丞，枣阳尹，所至有善政。居乡，四方来学者不断。后至元六年（1340年），招为翰林修撰，与修宋、辽、金三史。书成归。存《冯祐墓志铭》等。

小传之四：余贞，字复卿，江西湖东道一龙兴路宁州（今江西省修水）人。师夏景孙。授上海丞，调枣阳县令。见范涞修、章潢纂万历《南昌府志》。

【进士文史】

文史之一：余贞，字复卿，良肱之裔。登进士，历官枣阳尹，所至有善政。父至孝，及居乡，四方来学者，不远千里。后至元庚辰秋，召为翰林修撰，修宋辽金三史，史成即乞归养，中途闻父丧，恸哭徒跣数百里，居丧以礼，旋疾卒。见《义宁州志》卷二十五。

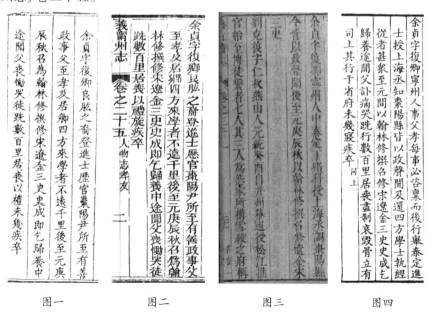

图一　　　　图二　　　　图三　　　　图四

文史之二：图一、图二、图三、图四分别为《宁州志》《义宁州志》《松江府志》

修水历代进士史略

《江西通志》上记载余贞的史料。

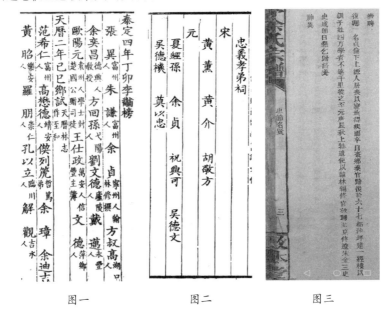

图一　　　　　　图二　　　　　　图三

文史之三:图一为道光四年《义宁州志》上记载余贞中进士的史料。

文史之四:图二为道光四年《义宁州志》上记载余贞入祀忠义孝悌祠名单的史料。

文史之五:图三为民国八年《长茅余氏宗谱》上记载"征聘……特遣使以翰林编修官敦聘至京修辽宋金三史,史成,即日恳乞归终养"的珍贵文献。

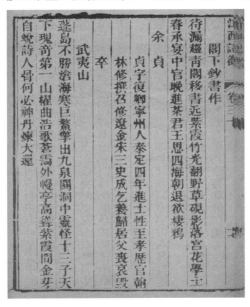

文史之六:图为清光绪五年曾燠编辑的《江西诗徵》卷三十中记载余贞诗作《武夷山》的文献。

【世人评赞】

编者周武现赞曰:"善政民赞,孝感动天!"

【编者手记】

手记之一:余贞担任宋、辽、金三史修撰,颇有名望。时曾力荐隐居不仕的同乡夏经孙参加编撰《宋史》,可惜的是在等待召之时而卒,可见余贞对同乡人才的重视。

手记之二:余贞参加这次考试为"元五考",泰定四年(1327年)三月廷试,八十六人及第。阿察赤、李黼分别为左右榜状元。杨维桢、萨都剌等赐进士及第。见《元朝的十六次科举考简介》。

手记之三:编者查阅同治《义宁州志》卷十九得知,余贞,泰定三年丙寅乡试(举人)。

元统元年癸酉(1333年)李齐榜进士

164. 冷孟公

【进士小传】

民国三十二年《冷氏宗谱》上的冷孟公像

小传之一:字小山,进士,仁乡东皋。昌州路判官,见《八贤祠志》卷三。

小传之二:宁州人,昌州路判官。见《钦定四库全书·江西通志》卷五十一。

【进士文史】

图一

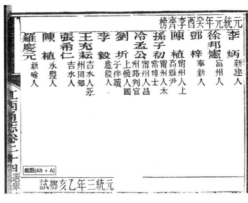

图二

文史之一：图一为民国三十二年《冷氏宗谱》上记载冷孟公的史料。

文史之二：图二为清光绪七年刊本《江西通志》上记载冷孟公"宁州人，昌州路判官"的史料。

【世人评赞】

暂缺。

【编者手记】

冷孟公参加进士考试为"元七考"，为元统元年（1333 年）三月廷试，此次一百人及第。同同、李齐分别为左右榜状元。刘伯温、余阙等赐进士及第。见《元朝的十六次科举考简介》。

165. 陈植

【进士小传】

小传之一：字强本，上高县尹。见同治《义宁州志》卷十九选举志。

小传之二：宁州人，上高县令。见《钦定四库全书·江西通志》卷五十一。

小传之三：字宗立，号强本，泰乡人。元统年间（1333—1335）进士，上高县尉，湖广道州通判。见《修水县姓氏志》第 274 页。

小传之四：上高县尹，湖广道州判。见《龙峰陈氏宗谱》第 255 页。其著有经类《春秋玉钥匙》，已佚。见黄虞稷《千顷堂书目》卷二。

【进士文史】

元代官迹

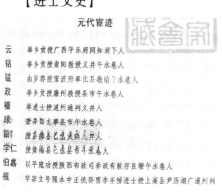

图一

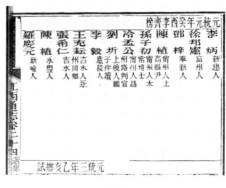

图二

文史之一：图一为 1995 年编撰的《陈氏新谱·凤山·敦睦堂》上记载陈植"字宗立，号强本，中正统癸酉李齐榜进士，授上高县尹，历湖广道州判"的史料。

文史之二：图二为清光绪七年刊本《江西通志》上记载陈植"宁州人，上高县尹"的史料。

【世人评赞】

暂缺。

【编者手记】

手记之一：元代时，先后陈氏裔孙陈必强、陈本强、陈植（元统元年进士，官上高县尹）"辞官归教，讲学书院，以兴起斯文为己任，四方名儒多从之游"。

手记之二：编者查阅清光绪七年刊本《江西通志》时发现，元统元年癸酉（1333 年）李齐榜这一榜进士有两名同名同姓的陈植，一为宁州人，一为永丰人，但并未有丰城人的记载。同时还有一名元统三年乙亥乡试者陈植中举人，为富州人。

166. 孙子初

【进士小传】

小传之一：字吾与，太常博士，一作富州人。见同治《义宁州志》卷十九选举志。

小传之二：宁州人，太常博士。见《钦定四库全书·江西通志》卷五十一。

【进士文史】

修水历代进士史略

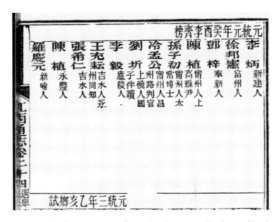

图为清光绪七年刊本《江西通志》卷二十四选举中记载孙子初"宁州人，太常博士"的史料。

【世人评赞】

暂缺。

【编者手记】

孙子初与刘伯温为同科进士。孙子初参加进士考试为"元七考"，元统元年（1333 年）三月廷试，此次一百人及第。同同、李齐分别为左右榜状元。刘伯温、余阙等赐进士及第。见《元朝的十六次科举考简介》。

至正二年壬午（1342 年）陈祖仁榜进士

167. 陈榛

【进士小传】

小传之一：泰乡人，授道州判官。见同治《义宁州志》卷十九选举志。

小传之二：陈榛，宁州人，道州判官。见《钦定四库全书·江西通志》卷五十一选举。

小传之三：陈榛，义井人。元代至正年间（1341—1368）进士，湖广道州通判。见《修水县姓氏志》第 274 页。

【进士文史】

文史之一：右图为雍正《江西通志》卷五十一选

举中记载陈榛的史料。

文史之二：1995 年《陈氏新谱·凤山·敦睦堂》记载,陈榛"举进士,授道州通判,义井人"。

【世人评赞】

暂缺。

【编者手记】

陈榛参加进士考试为"元八考",至正二年(1342 年)三月廷试,七十八人及第。拜住、陈祖仁分别为左右榜状元。见《元朝的十六次科举考简介》。

168. 宋季安

【进士小传】

小传之一：至正中,官祭酒。见同治《义宁州志》卷十九选举志。

小传之二：宋季安,义宁州人,至正年间进士,至正中官祭酒。见道光《义宁州志》卷一四选举。

【进士文史】

图一　　　　图二

文史之一：图一、图二为同治和道光四年《义宁州志》卷十七宦绩中记载宋季安的文献。

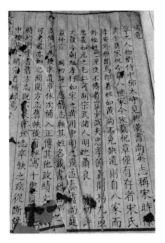

图一　　　　　　图二　　　　　　图三

文史之二：图一为道光四年《义宁州志》补遗卷中记载宋季安的史料。

文史之三：图二为同治戊辰（1868 年）重修的丹阳《宋氏宗谱》中记载宋季安安葬之地的珍贵文献。

文史之四：图三为道光四年《义宁州志》卷十四选举中记载"宋季安……共二十四人，据王达浍《宁乘备徵》并采各书及各家谱补入"的史料。

【世人评赞】

暂缺。

【编者手记】

宋季安参加进士考试为"元八考"，正二年（1342 年）三月廷试，七十八人及第。拜住、陈祖仁分别为左右榜状元。见《元朝的十六次科举考简介》。

第五节　明代进士总概括

明代：三级八股取士，以成文定去取

明朝一代，《义宁州志》上记载宁州考取进士 13 名，但在《明代江西进士考证》一书中宁州只有 12 名，编者查阅书中缺了洪武二十四年辛未（1391 年）许观榜的陈仕鼎中进士的记载。

在《义宁州志》上记载的 13 名进士中，其中周氏 6 名，占整个修水明朝进士的近 50%，且这些周氏进士，进士甲第名次靠前，走向仕途，官级高者为刑部尚书、资政大夫，最小的官职也是管理一县之长的知县之职。明代，修水周氏一族，进士一枝独秀，受于朝命，光耀一时。编者在此大胆提出，在修水，宋朝进士文化看双井，明代进士文化品湾台，清朝进士文化读桃里；也大胆提出，修水第三座文化高峰，非周氏一族莫属。修水周氏后裔，成立周氏文史研究会，正在朝着这个方向做不懈努力。

编者翻阅《明朝进士登科录汇编》22 册和《明代进士登科录》21 册，记录之详备，科举之规范，阅卷之严谨，足见明朝对科举的重视和对人才的渴盼。

在查阅史料时，编者在无形之中感觉到，开国之帝自有开国之谋略、之雄才、之霸气。

改了朝代，换了皇帝，有了气象！明代的科举制度又是怎样的呢？

《天一阁藏明代科举录选刊》总序作者龚延明先生说：中国科举制在明代得到复振，并进入成熟、健全、鼎盛时期，可以说继宋之后，科举考试出现第二个高峰期。明代于洪武四年（1371 年）首开进士科科举考试，其后罢辍十三年，至洪武十八年（1385 年）重开，继而三年一大比试，没有中止，共举行了 89 榜科举考试（崇祯十三年赐特用榜不计在内），每榜进士人数平均在 270 人上下，共录取进士 24594 人，为明王朝培养了大批治国安邦的人才。

明代江西考取了多少进士呢？《明代江西进士考证》一书第 46 页中写道："关于江西进士的统计，已经有数篇研究论文。郑建明《试论江西进士的地理分布》一文，对唐至清各朝江西进士进行了统计，其中明代江西进士为 3008 人，依据是康熙《西江志》卷 49 至 52《科目》。谢宏维的《论明清时期江西进士的数量变化与地区分布》专门论述明清时期的江西进士,认为明代江西进士有 2728 人,其主要依据是《明清历科进士题名碑录》。沈登苗《明清全国进士与人才时空分布及其相互关系》认为明代江西进士有 3114 人,依据是《索引》。"

《明代江西进士考证》一书第 50 页提到,从考证中得出两组数据:一是依照户籍统计,明代江西进士总数为 2719 人(包括原籍在外省的 13 人);二是依照乡贯统计(减去原籍在外省的 13 人),则总数为 3067 人,其中外省中式者 361 人。

在科举制度的发展史中,每一个开国帝王都有着深远的谋略,隋、唐、宋即如此,但与历代开国皇帝不同的是,朱元璋对科举制建立的构想,并不是在他做了明朝皇帝以后,而是早在明朝建立前繁忙的军事战争中就已经有所考虑。

明代科举制度通过科举考试的组织形式来表达其制度内容,这种表达方式最突出的表征是明代三级考试即乡试、会试、殿试的详密措施与八股取士的模式化要求。乡试时间除个别情况外,基本上是三年一开科。乡试从一开始即明确了各地的名额,从而在一定程度上避免了因名额分配的不确定性所造成的乡试地域纷争情况的出现。在乡试结束后,便进入了科举的第二级考试,即会试阶段,地点设在京师,又因为在春天举行,故又称为"春闱"。

殿试,是三级科举考试中的最后一级,也称廷试,即由皇帝在殿廷之上亲自策问考生,并决定一甲进士前三名名次等的考试方式。考试内容相比较于前两场考试要简单得多,只考策一道。殿试录取的进士,其地位尊显是明代殿试的一个突出特点,明代"使中外文臣皆由科举而进,非科举者毋得与官"。一代名臣张居正从小便是远近闻名的神童,12 岁考中秀才,23 岁中进士。

八股文,是明代科举制度的重要特点之一,也是明代科举考试中一种独有的应试文体。八股文,又称四书文、八比文、时艺、制艺、时文、制义、经义等等,其基本写作形式的次序为破题、承题、起讲、入题、起股、出题、中股、后股、束股、收结。明朝政府以八股文作为科举取士的标准文体,从主观动机上说,也体现了统一标准的认识,今人称之为标准化考试是有一定道理的。它有利于大规模公开考试的阅卷和评判,同时也能达到考查应试士子的文字能力和行文语言水平的目的。

南北卷制度也是明朝科举的一大特征,即在举行科举会试的时候,将全国按地区划分为南方和北方,最后按照一定的比例录取进士的一项制度。明洪武三十年(1397年)因所录51名全系南方人,故又称南榜,北方人一名未取。南北榜事件的出现,尽管对明朝初年的科举考试造成了相当大的震动,但它同时也把长久以来所存在的科举考试录取的地域分配问题提上了日程。经过一定的发展,产生了南北卷制度,主要是为了照顾相对落后的北方考生而设立的。然而明代所创立的这一考试制度,却为后来的清代所沿用,并且发挥了巨大作用。

作为大规模的全国统一考试,明代科举制度创造了一个极佳的范例,即在学校培养、分级选拔、科举取士、政治选官的系统化工程之下,将一种政府的主动化行为转变为一种民众自觉参与的政府与社会互动行为。"一切以程文定去留"作为录取的唯一标准,从合理、公正、公开的视角在全社会营造了一种公平竞争的良好氛围,同时对促进全社会向学风尚的形成和全民文化素质的提高起到了积极的助推作用。

修水(宁州)明代进士一览表

序号	姓名	考取进士年号	考取进士名次	官职
1	艾旭	洪武二十一年戊辰(1388年)	二甲第四名	历官监察御史、刑科给事中
2	陈仕鼎	洪武二十四年辛未(1391年)	二甲二十二名	授户部员外郎,历任两淮运使
3	石彦诚	建文二年庚辰(1400年)	三甲五十七名	徐闻县,多惠政。召修《永乐大典》
4	曾希贤	永乐二年甲申(1404年)	三甲三十七名	任建始知县,升工部侍郎
5	周季麟	成化八年壬辰(1427年)	二甲五十名	历官巡抚,右副都御史,赠左都御史
6	周季凤	弘治六年癸丑(1493年)	二甲二十五名	授刑部主事,历湖广左布政使,累官南京刑部侍郎
7	周季邦	弘治九年丙辰(1496年)	三甲一百三十六名	官终松阳县令
8	周期雍	正德三年戊辰(1508年)	三甲一百二十五名	官南京御史,迁浙江参议,再迁湖广按察使,官至刑部尚书
9	周昺	正德九年甲戌(1514年)	三甲第一百名	南昌府宁州人,贵州永宁卫军籍,历马湖知府

续表

序号	姓名	考取进士年号	考取进士名次	官职
10	查仲道	正德九年甲戌（1514年）	二甲五十三名	授兵部武库司主事,谏武宗"南巡",被廷杖。后官知杭州府,谪福建都转运司同知,改汀州知府
11	陈由正	正德十六年辛巳（1521年）	三甲九十八名	授行人,选授南京礼科给事中
12	陈以朝	隆庆五年辛未（1571年）	二甲二十四名	授山西蒲州知州,升营缮司员外,谪河间府通判,升湖州府同知
13	周希令	万历四十一年癸丑（1613年）	二甲二十七名	授翰林院庶吉士,历官兵部礼,户科给事,晋阶太常寺卿

洪武二十一年戊辰（1388年）任亨泰榜进士

169. 艾旭

【进士小传】

小传之一:字惟寅,名仪凤,历官监察御史、刑科给事中,有传。见同治《义宁州志》卷十九选举志。

小传之二:旭,江西宁州人,洪武进士。见《万姓统谱》。

小传之三:艾旭,赐名仪凤,字惟寅,南昌府宁州泰乡七都人,初授监察御史,历刑部郎中。见《明代江西进士考证》第313—314页。

【进士文史】

文史之一:艾旭,海清公第15世孙,字秋部,一字东光,一字惟寅,号扶桑,明洪武二十一年戊辰（1388年）进士,初授刑部主事,升刑部员外郎,洪武二十五年（1392年）二月授刑部郎中,同年五月改授浙江道监察御史。癸酉（1393年）出使琉球王国,赐名仪凤,出使时赐一品服。还朝改任吏部给事中。江西修水县人。见中华艾氏网。

文史之二:艾旭,字惟寅,别字扶桑,泰乡桐树岭人。父雍,元顺帝至正时,举孝廉,教授湖州。复倡经义治事之学,与顾阿瑛、杨维桢结立诗社,往来唱和,才名大著。

著有《艾丰文集》行世,子仁甫、义甫,有学行。

　　按旧志载,旭洪武戊辰进士,初授浙江道监察御史,升刑部郎中,丰姿俊伟,学问赅博,屡平大狱,皆得其情。石彦诚为之赞曰:"光华俊伟,杰出谋猷。登名甲第,蔚为柱石之珍;折狱大廷,严凛乌台之简。"又尝奉使琉球,得使臣体,琉球国王有诗赠之。卒于官。传文简略,故通志未录,今从横云山人《明史拟稿》补正,又,万姓统谱,"旭"作"煜",尤误。见同治《义宁州志》卷二十二人物志。

图一　　　　　　图二　　　　　　图三

文史之三:图一为明《宁州志》卷六宦绩上记载艾旭的史料。

文史之四:图二为雍正《江西通志》上记载艾旭的文献。

文史之五:图三为同治《义宁州志》上记载艾旭的史料。

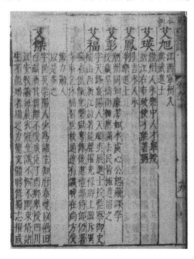

图一　　　　　　　　　　　图二

文史之六:图一为明《万姓统谱》中记载艾旭的史料。图二为哥伦比亚大学中文图书馆珍藏的 1937 年《明清两朝历科题名碑录》中记载艾旭的个人史料。

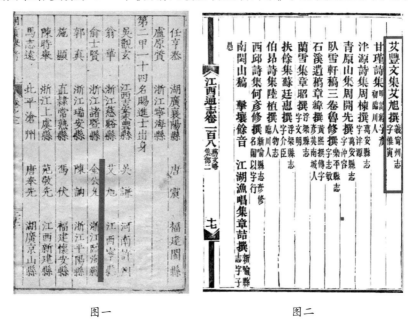

图一　　　　　　　　　　图二

文史之七:图一为明张朝瑞撰的《皇明贡举考》卷二中记载"艾旭,江西宁县"的史料。

文史之八:图二为光绪六年《江西通志》卷一百八记载艾旭撰《艾丰文集》的史料。

【世人评赞】

评赞之一:旧志称:"丰姿俊伟,学问赅博,屡平大狱,皆得其情。"

评赞之二:琉球国王:"此真尧天舜日,凤凰来仪也。"赠诗有"四方专对诗三百,东海归来路十千"之句。

评赞之三:中国楹联协会会员卢曙光题艾旭赞曰:

弹劾不畏权臣,鞠谳能明冤讼,胸有谋猷,太祖依之为柱石;

仪凤名承帝命,琉球心服尧天,帆扬出使,满堂见者赞风流。

评赞之四:修水县山谷诗社原理事陈水题艾旭曰:

才名尝梦,知缓急则强坚泰山柱石;

仪凤归来,重谳囚而俊杰舜日光华。

【编者手记】

　　手记之一:编者查阅艾旭的史料时,竟发现石彦诚对艾旭有两次评价。第一次称赞曰:"光华俊伟,杰出谋猷。登名甲第,为柱石之珍;折狱大廷,严凛乌台之简。"之后石彦诚又为之赞曰:"光华俊伟,蕴天地之经;巍巍科第,驰烨然之名;辩狱大廷,著铿剑之声。"两次称赞有大同小异之差别,可能是其修改之故,或是后人篡改之,但其意义相近。

　　手记之二:艾旭出使琉球距今已有630多年之久,编者认为应是江西乃至全国最早出使琉球的使者之一,为当时两国邦交做出了贡献。

洪武二十四年辛未(1391年)许观榜进士

170. 陈仕鼎

【进士小传】

　　小传之一:泰乡一都人,二甲二十二名,授户部员外郎,历任两淮运使。见同治《义宁州志》卷十九选举志。

　　小传之二:宁州人,澜沧卫籍运使。《江西通志》卷五十二。

　　小传之三:泰乡一都人,明洪武年间进士,户部员外郎。见《修水县姓氏志》第274页。

【进士文史】

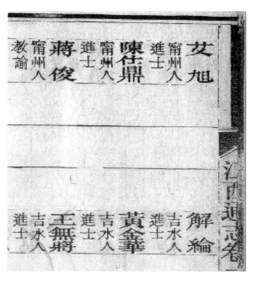

图为清光绪七年刊本《江西通志》上记载"陈仕鼎,宁州人,进士"的史料。

【世人评赞】

暂缺。

【编者手记】

编者查阅哥伦比亚大学中文图书馆珍藏的 1937 年《明清两朝历科题名碑录》一书,书中没有陈仕鼎个人史料的记载。

建文二年庚辰（1400 年）胡靖榜进士

171. 石彦诚

【进士小传】

民国二十六年重修的《石氏宗谱》卷首上的石彦诚画像、像赞和《大平彦诚公墓周围禁步记》

小传之一:字诚之,大坪人,二甲第五十七名进士,官知县。见同治《义宁州志》卷十九选举志。

小传之二:石彦诚,字诚之,号养拙,修水黄沙镇大坪(泉源)人。明建文二年进士、浙江武义县丞、广东徐闻县令,明时纂修《永乐大典》。见《修水县姓氏志》第 87 页。

小传之三:石彦诚,一名作彦成,字诚之,江西南昌人。建文二年(1400

年),石彦诚中式三甲第五十七名进士。大学士杨溥欲举荐,可惜早逝。

小传之四:《石氏宗谱》曰:石彦诚(1369—?),一名作彦成,字诚之,江西南昌人。明朝政治人物。建文二年(1400 年),石彦诚中式三甲第五十七名进士。担任徐闻知县,多有政绩。后参与修编《永乐大典》。其父为石钧武,先祖为石守信(守信为六十一世,彦诚为七十四世)。

小传之五:石彦诚,明建文二年(1400 年)三甲五十七名进士。一名作彦成,江西南昌人,字诚之。知徐闻县,多惠政。召修《永乐大典》。见潘荣胜《明清进士录》。

小传之六:字成之,一字性衷,南昌府宁县太平人,官至徐闻知县,卒于任,终年 50 岁。见《明代江西进士考证》第 317 页。

《石氏宗谱》上的石氏祠图　　　石彦诚祖先建造,后经几次修缮的石氏宗祠

【进士文史】

文史之一:彦诚,字诚之,大坪人。先世居豫章西山,迁分宁,曾祖亨云,宋江州都统。彦诚生而爽,有气岸,长好学,慎操履,择交游。登洪武庚辰进士,授武义县丞。下车召父老,立厅事,再拜谕,以相勉为善,或饥其迁,彦诚曰,吾诚心,必能感人。府檄所部供亿武义数独多,彦诚诣守白之,或谓此不足渎上官。彦诚曰,吾民省一钱,即受一钱之惠,况武义不加多,独可重敛乎,守感其诚,减三分之一。其为政以忠厚仁爱为本,吏民悦服。曾召修《永乐大典》,父老送之,皆垂涕。校雠秘阁五年,书成。翰林有荐彦诚为国子司业者,有司拘资格升广

东徐闻令治,一如武义时,虽急遽中,未尝妄挞一人,而公事亦未尝不集,上官按部有以私意干者,彦诚不应,由是小人交扇,以挫抑之,而终不以此易志。家食时,扁其居,曰孝友,题其室,曰养拙,年五十,未有子,尝曰吾不为不善,未必无后,既殁之,五月侧室生子度人,以为天道。有知云,大学士杨溥尝荐其孝友廉平,学术醇正,官居近侍,未及征用而卒。盖才不尽用于世,而道足收于君子,其彦诚乎。见《石氏宗谱》。

文史之二:彦诚,永乐三年,任武义县丞,笃学守道,廉政爱民,明年征翰林院修书,父老赠诗曰,身持雅操同水蘗,人播清名满道途。书成,升徐闻县知县。见明《金华府志》。

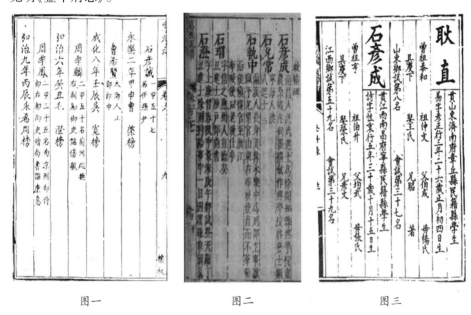

图一　　　　　　　　图二　　　　　　　　图三

文史之三:图一为《宁州志》卷六中记载石彦诚"一甲五十七名,任县尹"的个人史料。

文史之四:图二为明《万姓统谱》中记载石彦成(诚)中进士的史料。

文史之五:图三为《清代进士科举录》中记载石彦成(诚)的相关史料。

文史之六:《石氏宗谱》中石彦诚像赞曰:与修大典,秘阁校雠。出宰两邑,士民蒙庥,持赐翰林。用昭才猷,乡贤享祀,千载名留。见民国二十六年丁丑重修的《石氏宗谱》。

图一　　　　　　　图二　　　　　　　图三

文史之七:图一为民国二十六年丁丑重修的《石氏宗谱》中记载石彦诚的史料。

文史之八:图二为雍正十年《江西通志》卷六十八人物中记载石彦诚的史料。

文史之九:图三为《明代登科录汇编》中记载"第三十九名,石彦诚,江西南昌府宁县人县学生,诗"的史料。

图一　　　　　　　　　　　图二

文史之十:图一为哥伦比亚大学中文图书馆珍藏的 1937 年《明清两朝历科题名碑录》中记载石彦成(诚)的个人史料。

文史之十一:图二为民国二十六年丁丑重修的《石氏宗谱》中记载石彦诚从

仕的史料。

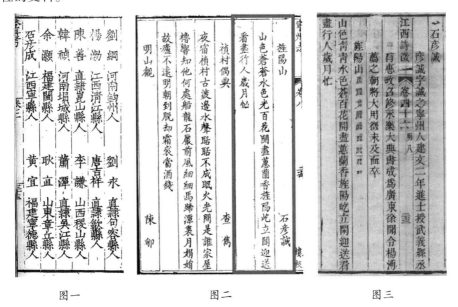

图一　　　　　　　图二　　　　　　　图三

文史之十二：图一为《登科考》卷三中记载"石彦成（诚），江西宁县人"的史料。

文史之十三：图二、图三分别为《宁州志》卷八和清光绪五年曾燠编辑的《江西诗徵》卷四十六中记载的石彦诚诗作《旌阳山》。

【世人评赞】

评赞之一：父老赠诗赞曰："身持雅操同水蘗，人播清名满道途。"

评赞之二：明代杨荣诗赞：

世俗尚智巧，惟拙众所嗤。

缅彼机警徒，致用随厥施。

浮华竞夸靡，宛转无不宜。

巧言乃如簧，听者皆忘疲。

纷纷若此流，意气高当时。

卓哉徐闻令，独耻事瑰奇。

守拙心自甘，安分以养之。

斋居揭华扁，淳朴志不移。

涖官思尽职，宁计崇与卑。

政化尚岂弟，襟度亦坦夷。

乃知一寸心，上与古人期。

勖兹崇令德，允矣芳誉垂。

评赞之三：明杨士奇《送石彦诚徐闻知县》诗曰：

朔风起严冬，凛凛亘晨暮。

我友整行装，迢遥戒长路。

祖饯集朋俦，睽离黯情绪。

念子敦德义，雍容古人度。

饮水必澄源，涉蹊无枉步。

伊昔丞小邑，□婺乐仁恕。

揭承公车征，同游玉堂署。

遂荷迁秩荣，还婴理民务。

扬舲溯江湖，停舻展丘墓。

行行睇岭海，稍稍侵烟雾。

恭惟承宣重，岂复驱驰虑。

会兴中牟治，终流单父誉。

嗟予托久要，惭乏赆者具。

惟期保贞素，永副心所慕。

评赞之四：《永乐大典》记载，明金幼孜《赠石彦诚之官徐闻》云：

故人取别太匆忙，行李朝来发帝乡。

当代求贤思治理，昔人做县重循良。

过家腊尽怀桑梓，度岭春来避雪霜。

海上到时官事少，题诗日日对桄榔。

评赞之五：明临川吴溥铭曰：

有伟石君，如石斯介。其位斯屯，其声则大。

高堂峨峨，孝友是敦。齐居养拙，不愧前闻。

分宁之源，风气完厚。窀穸是安，式昌厥后。

评赞之六：修水县山谷诗社原理事陈水题石彦诚联云：

勤学问，善交游，阅览湖山聚豪气，承一脉清流歌永乐；

守真诚，施仁爱，操劳琐碎秉忠心，仗西山风格树高标。

评赞之七：编者周武现云：

气岸好学,学术纯正之典范;

笃学守道,廉政爱民之标杆!

【编者手记】

位于黄沙镇彭桥村的石彦诚墓

手记之一:编者于2023年7月30日一清早,来到黄沙镇彭桥村,在一位石姓中年男子的带领下找到了石彦诚墓地。从《重建彦诚公坟序》中得知,该墓地在石氏后裔合力下,花费近2万元于2018年4月进行了全面维修,让古墓重现了古时风采。碑刻上史料详尽,记载石彦诚后裔375人,皆为社会俊杰。为石氏后裔捐资修复"洪武榜登进士石公彦诚墓"孝心之举点赞。

手记之二:与石彦诚有关的古迹较多。一是"乡贤祠"。位于修水县城青云门圣庙左侧,是为崇祀石彦诚所建的建筑。彦诚,明建文年间庚辰进士,初为浙江金华武义县丞,诏修《永乐大典》为纂修,历时五年,费尽艰辛,后任徐闻县令,复荐为国子司柔,为州人争得荣誉,义宁州故建祠崇祀,现为城市建设需要而拆毁。二是"孝友堂"。位于修水黄沙泉源,建于明永乐二年(1404年)十二月,为石钧武之子彦文、彦诚两兄弟所建。钧武,字天然,号耕叟,事母至孝,一次遇贼将其母捆绑勒索,钧武跪地以死相救,贼感其孝,而释其母。又念旧谱毁于兵乱,他精心整理增补,并央学士解缙为之序。年老时欲建"孝友堂",集材将半,未果而卒。彦文、彦诚两兄弟遵父训,于翌年堂成。时奉议大夫翰林侍读庐陵胡广为之记云:分宁数百年间,前见文节(即黄山谷)而今复见彦诚兄弟,岂山川清淑之气融结于斯而钟为而是之人耶。以黄山谷之孝而比彦诚兄弟之贤。还有当时名人为序或诗歌咏彦诚兄弟之举。石氏兄弟所建"孝友堂"却毁于兵乱，后人多有不知。

手记之三：编者考证得知，"养拙斋"，故址在环山秀水之大坪（黄沙泉源），是石彦诚所建。彦诚其人刚毅，平生喜议论，不狂屈于人，往往触犯忌讳，故以养拙为斋号。"养拙斋"是石彦诚的一所私人居室，清末毁于兵燹。编者阅读其参编的《永乐大典》，发现杨荣曾为石氏养拙斋作五言古诗《养拙斋为石彦诚作》，得知石氏与杨士奇、杨荣皆有交往。

手记之四：杨士奇与石氏有同乡之谊，且私交甚笃，在他赴广东徐闻知县任时作《送石彦诚徐闻知县》诗以赠，还曾为其母画像撰赞文《石彦诚母像赞》。金幼孜和吴溥皆江西人，与石氏同科，曾分别作诗《赠石彦诚之官徐闻》和《别石彦诚同年》。

手记之五：编者于 2024 年 5 月 16 日来到黄沙镇艾溪石氏宗祠查阅《石氏宗谱》得知，石彦诚和陈氏结为伉俪多年未曾生养，遂将兄长彦文第四子士襄过继为子。陈氏殁后，继娶熊氏，生一子名士度。石彦诚在乡家居几年之后，永乐二十二年甲辰（1424 年）殁于安乡太平，享年 55 岁，葬于彭桥源虎形，后享祀宁州文庙乡贤祠。

手记之六：石彦诚入朝迁秘阁纂修《永乐大典》。《永乐大典》是明永乐年间编纂的一部汇集中国古代典籍于大成的类书，全书 22877 卷，11095 册，约 3.7 亿字，汇集了图书七八千种。石彦诚参与了《永乐大典》的修纂，并因修纂有功，晋升为徐闻县令。石彦诚为当时宁州唯一一个参与修纂《永乐大典》的人。编者查阅《永乐大典》，查到有《赠石彦诚之官徐闻》《养拙斋为石彦诚作》两篇相关史料。

永乐二年甲申（1404 年）曾棨榜进士

172. 曾希贤

【进士小传】

小传之一：号树圆，泰乡回龙石南抱子石人，三甲 315 名，任建始知县，升工部侍郎。见同治《义宁州志》卷十九选举志。

小传之二：南昌府宁县人，历工部郎中。见《明代江西进士考证》第 322 页。

小传之三:泰乡人,明永乐进士。见《修水县姓氏志》第 527 页。

【进士文史】

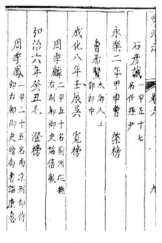

图一　　　　　　　　　图二　　　　　　　　　图三

文史之一:图一为哥伦比亚大学中文图书馆珍藏的 1937 年《明清两朝历科题名碑录》中记载曾希贤的个人史料。

文史之二:图二为明《宁州志》上记载"永乐二年甲申(1404 年)曾棨榜,曾希贤,太乡人,工部郎中"的史料。

文史之三:图三为明张朝瑞撰的《皇明贡举考》中记载"曾希贤,江西宁县"的史料。

文史之四:辛卯,元使者曾希贤、严忠范至建康。希贤请兵自卫,巴延曰:"行人以言不以兵,兵多反致疑耳。"希贤固请,遂以兵五百送之。巴延仍下令诸将各守营垒,勿得妄有侵掠。希贤等至独松关,张濡部曲杀忠范,执希贤送临安,希贤病创死。见《续资治通鉴·宋纪》。

【世人评赞】

修水县山谷诗社原副秘书长曾祥秀《缅怀曾公希贤进士》云:

家门有幸出希贤,知县司空谱牒镌。

遗憾无书留墨迹,心寒出使赴黄泉。

生年卒月从何讲,壮去老归少嫡传。

纵使宗亲深究考,其功其绩未能全。

【编者手记】

手记之一:编者查阅《江西通志》得知,按彦诚登科考作彦成,又按洪武初,改宁州为宁县,弘治十六年,从巡抚林俊请复改宁州,故彦诚在洪武中为宁县人。先是戊辰科有艾旭,后永乐甲申有曾希贤,亦属宁县籍可考而知。

手记之二:编者查阅同治《义宁州志》卷十九选举志得知,曾希贤,永乐元年癸未乡试(举人)。

手记之三:编者查阅《江西状元全传》得知,永乐二年甲申(1404年)曾棨榜共取进士472名,状元曾棨是江西吉安永丰弋都沙园曾家村人。科考官为翰林学士兼右春坊大学士解缙(江西吉水人),武英殿大学士、户部尚书黄淮。

成化八年壬辰(1472年)吴宽榜进士

173. 周季麟

【进士小传】

小传之一:字公瑞,号南山,高市人,二甲二百五十五名,历官巡抚,右副都御史,赠左都御史,谥僖敏,有传。见同治《义宁州志》卷十九选举志。

小传之二:字公瑞,南昌府宁县高市三王巷人,历河南布政使,官至右副都御史,巡抚甘肃,正德十三年十二月卒,时年74岁,僖敏。见《明代江西进士考证》第369页。

小传之三:季麟,字公瑞,宁州人。成化壬辰进士,历都御史。见明《万姓统谱》。

季麟公画像

【进士文史】

文史之一：图为《周氏宗谱》卷六维良支下世系中记载周季麟世系的史料。

图一

图二

图三

文史之二：图一、图二、图三为《中华周氏联谱江西修水汝南堂首卷》上有关周季麟的珍贵史料。

图一

图二

文史之三：图一为道光四年《义宁州志》中记载周季麟的史料。

文史之四：图二为元、明、清三朝进士题名碑录中记载周季麟中进士的珍贵石碑实物史料。

清张廷玉等著的《明史》和清查继佐撰的《罪惟录》中记载浙江参政周季麟的史料

文史之五：周季麟为官一任，可谓造福一方。明弘治七年（1494 年），浙江布政司参政周季麟自乌程至宜兴修筑湖堤 70 余里，至今小沉渎村还留存一段 600 余米长的明代石堤。

右副都御史、江右周季麟，以龙首、通济二渠是利济军民之渠，既有损坏，不可不修，慨然以增修为己任。这项工程开工于弘治十五年（1502 年）七月，完工于九月。周季麟提倡修渠这一工程用人得当，财不枉费，成事神速，坚固耐用，利益长远。清张廷玉等著的《明史》中记载，浙江参政周季麟修嘉兴旧堤三十余里，易之以石，增缮湖州长兴堤岸七十余里。

图一　　　　　　　图二　　　　　　　图三

文史之六：图一为《南昌府志》卷十六学校中记载乡贤祠祀周季麟的史料。

文史之七：图二为明嘉靖《宁州志》卷六记载的周季麟《寿簪说》（节选）。

文史之八：图三为《明代进士登科录》中记载周季麟籍贯、出生年月、家庭成员情况和江西乡试第八名、会试第二十三名等的珍贵文献。

图一　　　　　　　　图二　　　　　　　　图三

文史之九：图一为哥伦比亚大学中文图书馆珍藏的 1937 年《明清两朝历科题名碑录》中记载周季麟的史料。

文史之十：图二为道光四年《义宁州志》中记载周季麟的两则传说。

文史之十一：图三为《钦定四库全书》中记载周季麟的史料。

图一　　　　　　　　　　　　图二

文史之十二：图一为《义宁州志》卷五记载“周季麟，成化进士，仕至都察院右副都御史，谥僖敏”的史料。

文史之十三：图二为《八贤祠志》上记载周季麟所撰的《宋氏义学会序》（节选）。

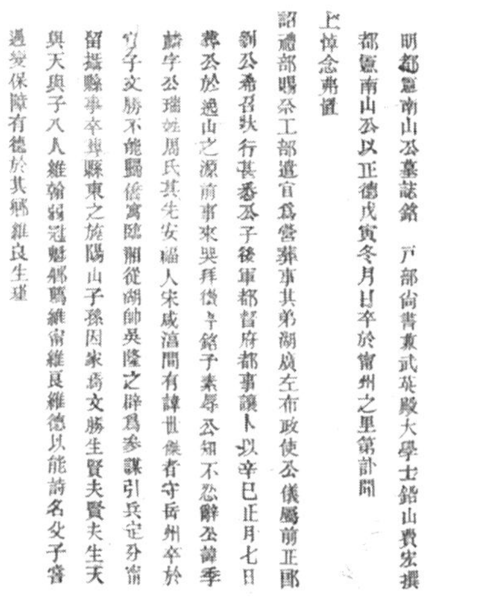

明都憲南山公墓誌銘　戶部尚書兼武英殿大學士鉛山費宏撰
都憲南山公以正德戊寅冬月廿卒於甯州之里第訃聞
上悼念弗置
詔禮部賜祭工部遣官為營葬事其弟湖廣左布政使公儀屬前正郎
劉公希召狀行其爵公子後軍都督府都事讓卜以辛巳正月七日
葬公於逸山之源前事來哭拜借予銘予素辱公知不忍辭公諱季
麟字公瑞姓周氏其先安福人宋咸淳間有諱世傑者守岳州卒於
官子文勝不能歸僑寓隆興從湖帥吳隆之辟為參謀引兵定分甯
留據縣事卒葬縣東之旌陽山子孫因家焉文勝生賢夫賢夫生天
與天與子八人維翰弱冠魁鄉薦維甯維良維德以能詩名父子齊
過受保障有德於其鄉維良生璉

图一

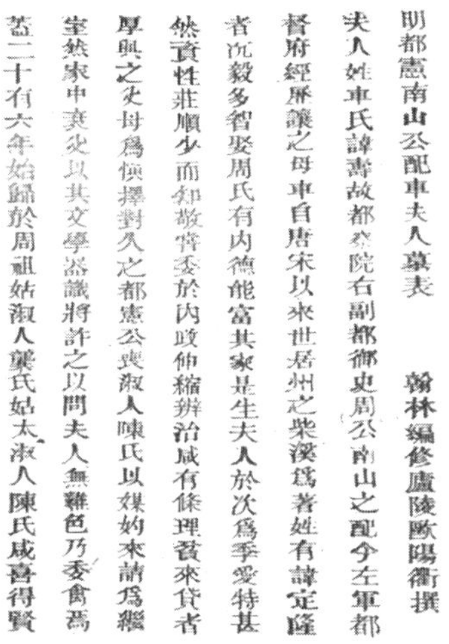

明都憲南山公配車夫人墓表　翰林編修廬陵歐陽衢撰
夫人姓車氏諱壽故都察院右副都御史周公南山之配今左軍都
督府經歷讓之母車自唐宋以來世居州之柴溪為著姓有諱定隆
者沉毅多智娶周氏有內德能富其家是生夫人於次為季愛特甚
然資性莊順少而知敬嘗委於內政仲縮辨治咸有條理養來貸者
厚與之史母為慎擇對久之都憲公喪淑人陳氏以媒妁來請為繼
室然家中衰史以其文學器識將許之以問夫人無難色乃委禽焉
甚二十有六年始歸於周祖姑淑人龔氏姑太淑人陳氏咸喜得賢

图二

文史之十四：图一为《中华周氏联谱汝南堂八维支旧谱外编》上记载户部尚书兼武英殿大学士铅山费宏撰的《明都宪南山公墓志铭》（节选）。

文史之十五：图二为《中华周氏联谱汝南堂八维支旧谱外编》上记载翰林编修庐陵欧阳衢撰的《明都宪南山公配车夫人墓表》（节选）。

文史之十六：诗

送郑用材之任分宁

宁踞吴头控楚尾，幕阜西峙独几几。
势连衡岳走匡庐，修水一泓清澈底。
山农随处傍林居，耕桑乐业勤耘锄。
士气雍容尚礼让，衣冠比户敦诗书。
曩者曾见烽烟作，暴客跳梁门击柝。
诘捕多赖有司良，三尺严明首除恶。
君侯循吏汉家贤，西江凫舄飞翩翩。
随身带得郇膏雨，万家枯朽发华妍。
圣情孜孜重民牧，临轩简拔同梦卜。
暂屈百里试牛刀，伫听弦歌流蔀屋。

劝善有赏罚有刑，豪强不敢相纵横。
清勤看报三年绩，憩彼甘棠贻令名。
我今饯别心偏喜，祝向君侯惠仁里。
摇鞭得意出京华，一路清风马头起。

垒金净刹

幽静堪修炼，云霞满碧山。
黄冠无路入，衲子念经还。
病目浑如洗，羸躯颇觉闲。
子房曾避谷，勘破利名关。

南山寄兴

每到夜深闻钟鼓，南山寺对月华浓。
一尊斗健宁论客，万事信天谁笑侬。
最爱僧闲还命驾，不妨吏隐亦看松。
高怀忽起飘然念，丈室惟堪着懒慵。

宿南山僧房

僧房假息一枝安，睡觉东窗日两竿。
竹影横斜风戛玉，舟行上下水流湍。
冠云亭外群峰秀，跨浦桥边残月寒。
老懒山灵招我饮，遥瞻御阙五云端。

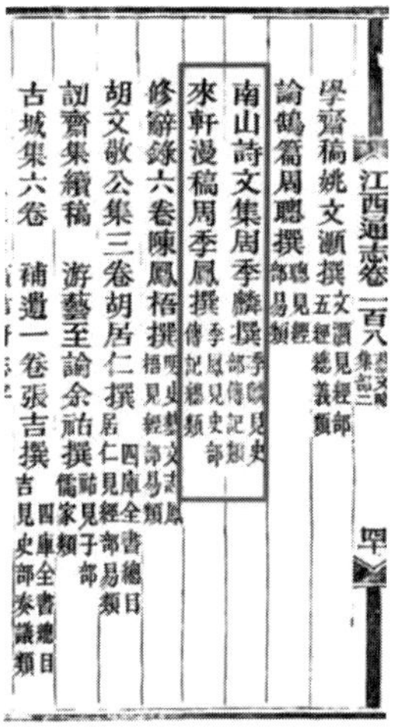
江西通志卷一百八 集部三
學齋稿 姚文灝撰 文灝見經部五經總義類
論鶴篇 周聰撰 聰見經部易類
南山詩文集 周季麟撰 季麟見史部傳記類
來軒漫稿 周季鳳撰 季鳳見史部傳記總類
修辭錄六卷 陳鳳梧撰 明史藝文志 鳳梧見經部易類
胡文敬公集三卷 胡居仁撰 四庫全書總目 居仁見經部易類
訒齋集續稿 游藝至論 余祐撰 祐見子部儒家類
古城集六卷 補遺一卷 張吉撰 四庫全書總目 吉見史部奏議類

图一

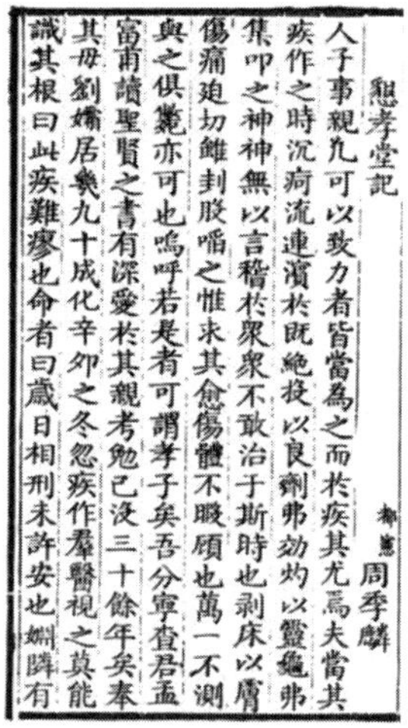
慰孝堂記 周季麟
人子事親凡可以致力者皆當爲之而於疾其尤焉夫當其疾作之時沉痾流連瀕於既絶投以良劑弗効灼以靈龜弗集叩之神神無以言禱於衆衆不敢治于斯時也剥床以膚傷痛廹切雖刲股啗之惟求其愈傷體不暇顧也萬一不測與之俱斃亦可也嗚呼若是者可謂孝子矣吾分寧查君孟富甫讀聖賢之書有深愛於其親考勉已沒三十餘年矣奉其母劉孺居幾九十成化辛卯之冬忽疾作羣醫視之莫能識其根曰此疾難瘳也命者曰歲日相刑未許安也孀醻有

图二

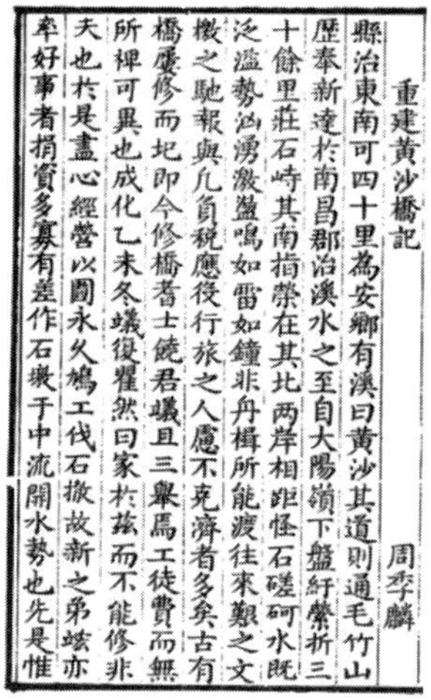
重建黃沙橋記 周季麟
縣治東南可四十里爲安鄉有溪曰黃沙其道則通毛竹山歷奉新達於南昌郡治溪水之至自大陽嶺下盤紆縈折三十餘里莊石崎其南猗禁在其北兩岸相距怪石磋砢水既泛溢勢洶湧激盪鳴如雷如鐘非舟楫所能渡往來艱之文檄之馳報與凡負稅應役行旅之人慮不克濟者多矣古有橋屢修而圮即今修橋耆士饒君曦且三舉焉工徒費而無所裨可與也成化乙未冬曦復瞿然曰家於茲而不能修非天也於是盡心經營以圖永久鳩工伐石撤故新之弟崍亦率好事者捐貲多寡有差作石墩于中流開水勢也先是惟

图三

文史之十七：图一为光绪六年《江西通志》上记载周季麟撰《南山诗文集》和周季凤撰《来轩漫稿》的史料。

文史之十八：图二为道光四年《义宁州志》上记载周季麟撰的《恳孝堂记》。

文史之十九：图三为道光四年《义宁州志》上记载周季麟撰的《重建黄沙桥记》。

图一　　　　　　　　　　图二

文史之二十：图一为道光四年《义宁州志》上记载周季麟撰的《义塚记》。

文史之二十一：图二为道光四年《义宁州志》上记载周季麟撰的《跨浦桥记》。

文史之二十二：图为道光四年《义宁州志》上记载周季麟撰的《重修杭口溪广济桥记》。

图一　　　　　　　　　　　图二

文史之二十三：图一为道光四年《义宁州志》上记载周季麟撰的《赠萧光甫之任宁州序》。

文史之二十四：图二为道光四年《义宁州志》上记载周季麟撰的《赠州守沈景明三载秩满序》。

图一　　　　　　　　　　　图二

文史之二十五：图一为清光绪七年刊本《江西通志》中记载周季麟的史料。

文史之二十六：图二为清曾燠编辑的《江西诗徵》卷五十二中记载周季麟的进士小传和《南山寄兴》《宿南山僧房》诗。

文史之二十七：周季麟为官之名言云："为官须称职，无论大小也。既至，筹国计，搜剔隐蠹，毫厘不取。"

【世人评赞】

评赞之一：皇帝在《赠右都御史周季麟诰》中称赞周季麟"远抚甘凉、西域，成兴复之效；再巡陕、蓟两地，收镇靖之风"。

评赞之二：吏部尚书、大学士杨一清在神道碑中称其曰：

春秋明经，儒以饬吏。以断大狱，以决大事。

文治既阐，武略用张。北控胡虏，西抚氐羌。

即是二者，足表于世。况所自立，一节靡愧。

市虎袭讹，众口铄金。彼哓哓者，不谅公心。

公曰在我，我不敢有。其不在我，内省何疚？

明明修江，公泽与长。弗究厥躬，将后之昌。

群言乱真，莫适与兢。而要其终，盖棺乃定。

生也负公，殁当我铭。揭之丽牲，永永是征。

评赞之三：明孝宗尝问刘健、谢迁曰："周季麟何如人？"对曰："季麟好官。"论曰："季麟论处官，无分大小，务称其职。故历官所至，皆能有功，而卒以守正。"

评赞之四：少傅兼太子太傅、吏部尚书杨延和称赞季麟："历官中外皆有声。"

评赞之五：修水县宁溪诗社社刊编委周炼钢《缅怀先贤周季麟御史》云：

御史平生壮志酬，宗人谁不赞风流。

省躬察恶民声颂，乐善施仁德范讴。

宇量恢宏持玉节，性资豪爽冠清猷。

功名励世传高誉，一代英贤万户侯。

【编者手记】

手记之一：周季麟为明所建的乡贤祠中九个人物之一，也是当今修水县博物馆中"明朝双凤"展示的人物之一。

手记之二：周季麟《跨浦桥记》记述了跨浦桥所在之地："或一造马桥，旧名跨浦，源出湘竹，迂流合于修水，桥既久圮，人皆病涉。明清明德又协心劝义官王君庭蕙为倡,得陈君沾诸大家出资,鸠工伐石,即遗址作桥,视旧规尤壮观坚好,弘治乙丑秋七月始工,正德丙寅四月八日,予寻幽养疴诣院是日落成。"在2004年之前编者见过位于两株硕大重阳木之间的跨浦桥,很是壮观,后因修水抱子石水库建设蓄水和黄庭坚纪念馆改扩建,此桥已掩埋在土内。好多地方在出土文物,打造景点,而我们竟将文物掩埋土内,500多年历史的跨浦古桥不再见其桥之身影和雄姿,甚是遗憾和可惜。

手记之三:编者在阅读《宁州志》时得知,周季凤在《宁对》中写有"中丞逐獯鬻,北极伏咽喉。兴灭昭表史,辞荣对白鸥"之诗句。其一记述周季麟为都御史时,巡抚甘肃,计划周密,贼惊遁;其二记述先朝立元后为哈密王,屡为吐鲁番侵夺,周季麟抚安之,朝廷嘉其绩,赏赉甚厚,遂养病归。

手记之四:《中华周氏联谱汝南堂八维支旧谱外编》记载周季麟墓志铭于1973年出土。志铭中记载"赐进士及第太子太保户部尚书铅山费宏撰文""赐进士及第礼部尚书太仓毛澄书""赐进士及第刑部右侍郎鄱阳胡诏篆盖"等文献。

手记之五:周季麟亲属关系:曾祖周瑾→祖父周铭→父周叔襄、母陈氏→周季麟、妻陈氏、继室董氏、兄弟季骢、季鸾、季鹏、季虎、季凤→族侄孙周期雍。

弘治六年癸丑(1493年)毛澄榜进士

174. 周季凤

【进士小传】

小传之一:字公仪,号来轩,二甲二十五名,累官南京刑部尚书,右都御史,赠尚书,谥康惠,有传。见同治《义宁州志》卷十九选举志。

小传之二:字公仪,号来轩,南昌府宁县三王巷人,历湖广左右布政使、右副都御史,巡抚保定,终官至右都御史,嘉靖七年卒于家,时年65岁,谥康惠。见《明代江西进士考证》第383页。

小传之三:周季凤(1464—1528),明弘治六年(1493年)二甲二十五名进士。江西宁州(今武宁)

周季凤画像

人,字公仪,号来轩。授刑部主事,历湖广左布政使,平郴州乱。累官南京刑部侍郎。有《来轩漫稿》。见《明清进士录》。

【进士文史】

文史之一:周季凤,字公仪,宁州人。授刑部主事,转郎中,擢四川副使,督学云南,迁行太仆寺卿,湖广按察左布政使。平郴寇有功,陟都御史,抚治保定,寻掌南台,进南京刑部侍郎。卒赠刑部尚书,谥康惠。其在湖广最久,德泽最深。凿井于会城汲福,刘绩铭有文于上。见明《万姓统谱》。

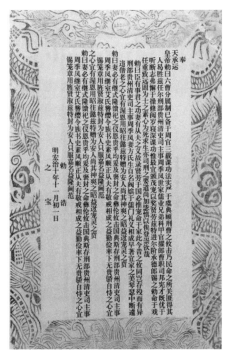

图一

图二

文史之二:图一为《中华周氏联谱江西修水汝南堂首卷》上记载的明弘治十年关于季凤的敕诰。

文史之三:图二为《中华周氏联谱江西修水汝南堂首卷》上记载的明嘉靖十九年关于季凤的制诰。

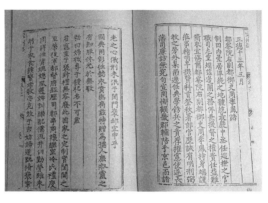

图一　　　　　　　　　　　　　图二

文史之四:图一为《中华周氏联谱江西修水汝南堂首卷》上记载的明嘉靖元年关于季凤的制诰。

文史之五:图二为《宁州志》上记载的《都察院右副都御史周季凤诰》。

文史之六:都察院右都御史、赠资政大夫周季凤诰。制曰:朕升报高穹,尊崇二祖,复邃古宗祀之上仪,溥率土昭申之湛泽。顾兹督府之臣,厥考总宪,可无异渥,以示酬庸。咨尔原任都察院右都御史周季凤,乃右军都督府经历司都事询之父,粤自擢第先庙,简属司寇,明刑茂绩,擢佐外台。典学伤兵,文武为宪。寻正御于牧寺,荐总宪于廉车。歇历滋深,晋长方岳,载迁中辖,附循两几。佐邦禁于旧都,振风纪于南服。勋庸昭著,为时具瞻。宜溶庆源,致有贤子。才猷行业,克绍家声。兹者布庆,祀条是用,赠为资政大夫职。如故明灵未迁,歆此殊渥。

嘉靖十八年正月(见《明嘉靖》癸卯版)

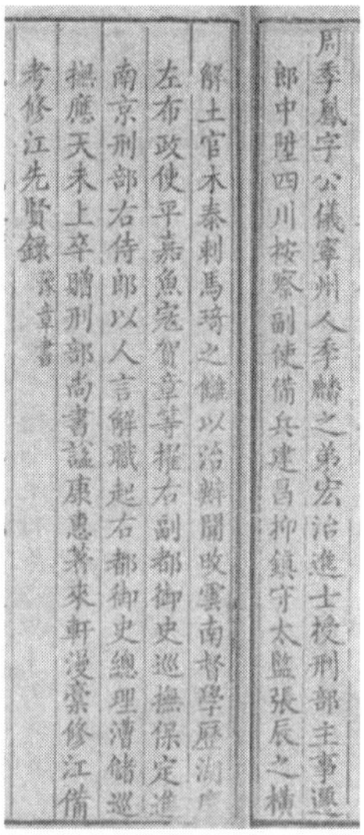

图一

周季凤字公仪号来轩宁州人季龄之仲以治易登弘治六年进士授刑部主事……四川按察副使……南京刑部右侍郎以人言解职……右都御史总理漕储巡……天未上卒赠刑部尚书谥康惠等来轩漫稿修江备考修江先贤录……书

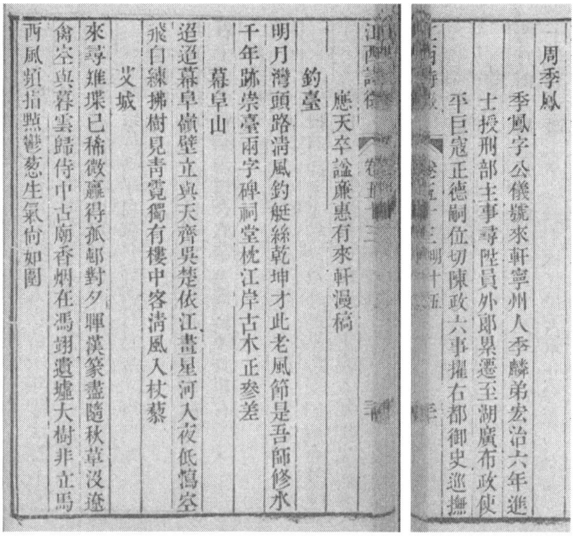

图二

周季凤

季凤字公仪号来轩宁州人麟弟宏治六年进士投刑部主事历员外郎累迁至湖广布政使……平巨寇正德制位切陈政六事擢右都御史巡抚……应天卒谥康惠有来轩漫稿

钓台

明月……路……风钓艇乾坤才此老风简是吾师修水
千年迹……碑祠堂枕江岸古木正参差

幕阜山

迢迢幕阜岭壁立与天齐吴楚依……星河入夜低……室
飞白练拂树见青霄独有楼中客清风人杖藜

艾城

来寻堆堞已稀微……得孤……
禽客与暮云归侍中古庙香烟在冯翊遗墟大树非……马
西风频指点葱葱生气尚如闻

文史之七：图一为雍正《江西通志》上记载周季凤的史料。

文史之八：图二为清曾燠编辑的《江西诗徵》卷五十三中记载的周季凤进士小传和《钓台》《幕阜山》《艾城》诗三首。

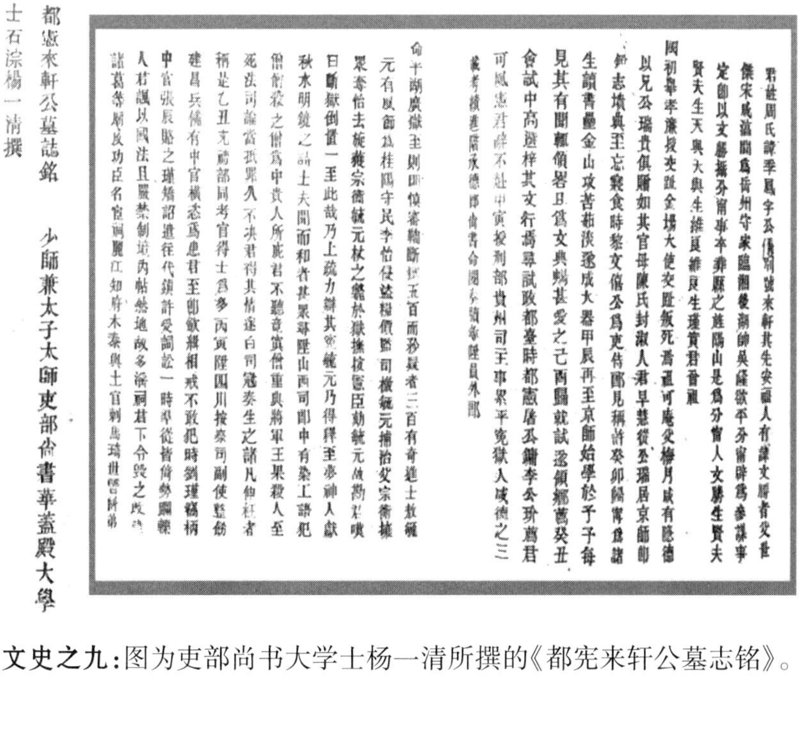

都宪来轩公墓志铭

少师兼太子太师吏部尚书华盖殿大学士石淙杨一清撰

文史之九：图为吏部尚书大学士杨一清所撰的《都宪来轩公墓志铭》。

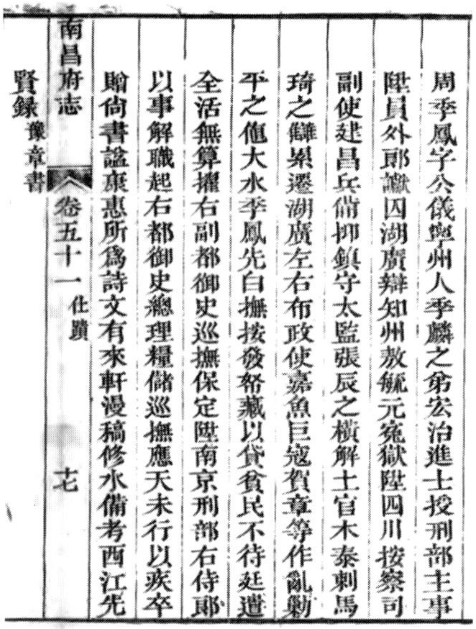

图一　　　　　　　　　　　　　图二

文史之十：图一为《南昌府志》卷五十一仕绩中记载周季凤的史料。

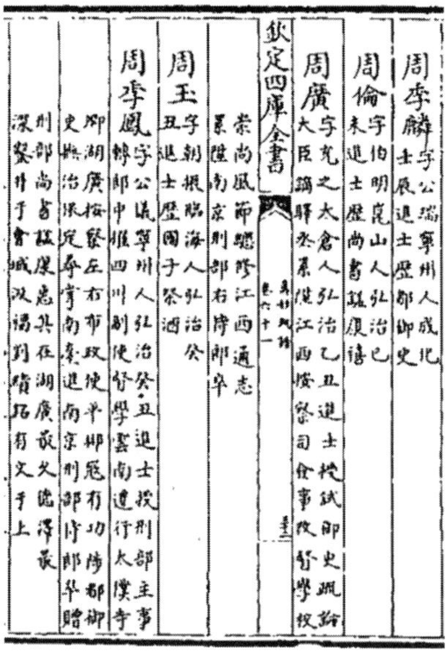

文史之十一：图二为《钦定四库全书》卷六十一中记载周季凤的史料。

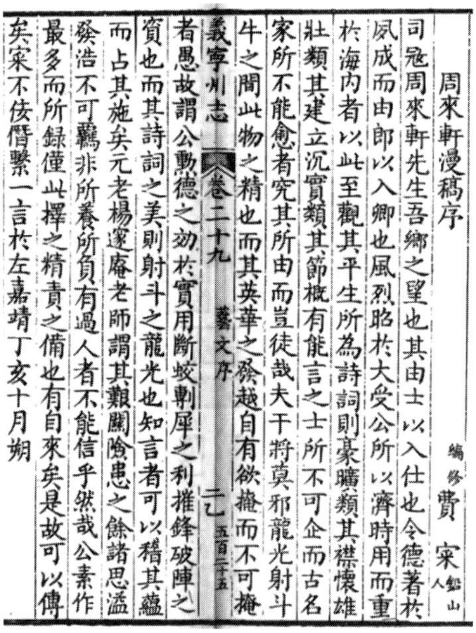

图一　　　　　　　　　　　　　图二

文史之十二：图一为道光《义宁州志》卷二十九中记载编修费寀所撰的《周来轩漫稿序》。

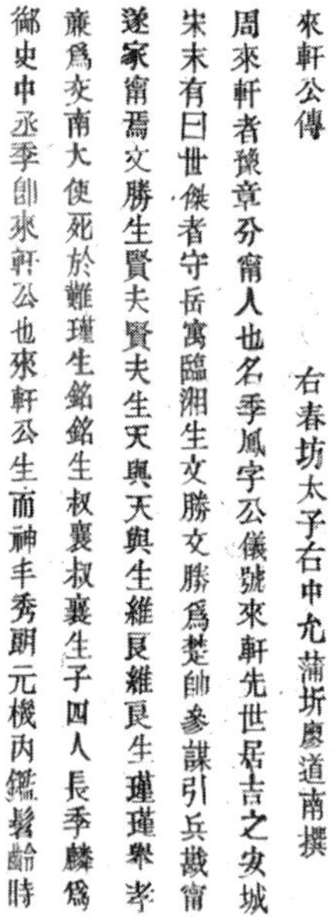

文史之十三：图二为《中华周氏联谱汝南堂八维支旧谱外编》上记载右春坊太子右中允蒲圻廖道南撰的《来轩公传》。

图一

图二

文史之十四：图一为《钦定四库全书》中记载周季凤的史料。

文史之十五：图二为哥伦比亚大学中文图书馆珍藏的 1937 年《明清两朝历科题名碑录》中记载周季凤的史料。

图一

图二

文史之十六:图一为道光四年《义宁州志》卷二十六中记载的《尚书谥康惠诰》。

文史之十七:图二为《弘治二年己酉江西乡试录》中记载周季凤中第三十九名举人的史料。

文史之十八:周季凤撰《山谷公别传》(节选)

山谷黄先生、宋洪州分宁县高城乡双井人也。六世祖赡世家金华,以策干江南李氏,用为著作佐郎知分宁县,念山川幽邃可以避世,无如分宁,遂家焉。

先生讳庭坚、字鲁直。幼颖悟过人,读书行五俱下,数过辄成诵。康州奇之。七岁能诗,舅李公择见其架上书纷错,因乱抽取试之,无不通者。惊曰:一日千里。治平三年,乡试出野无遗贤题,先生诗有渭水空藏月,傅岩深锁烟之句。考官询击节称赏,知其当以诗名四海,遂登四年进士。

先是从永州未闻命而卒,初谪宜州与零陵蒋玮相友善,士大夫畏祸不敢往返,独玮日陪杖履疾,革见玮往之,大喜握手曰:身后事委君矣!及卒,玮为棺送归,葬双井祖茔之西。绍兴间赠龙图阁学士加太师,谥曰:文节。

先生早岁受知东坡,与张耒、晁补之、秦观并游其门,天下称苏门四学士。……谥曰文节,谁不其然!或者以好交僧人,岂知其流落无聊消遣世虑之为哉!及称翰墨盛美,一纸千金者,抑末矣!

赞曰:

诰诰黄公,古之君子。德行纯全,匪由袭取。

文轶秦汉,诗兼杜李。汪洋澄深,直闯阙里。

炉香隐几,灵台空明。养心之学,轲也弟兄。

澄江落木,以天胜人。克复之效,庶乎归仁。

程洛苏蜀,党分互攻。超然物表,不为雷同。

春陵大儒,潘赵犹懵。光风霁月,一语形容。

清老之规,评评侃侃。半山执迷,流而不返。

神宗实录,词严义正。晋之董狐,唐之吴竞。

勿令上知,欺君曰荆。耻为佞史,叱彼门生。

爱及绍圣,国是不恤。祸构群小,顾谓不实。

圻甸根埋,众竦失据。随问随答,从容与语。

龙爪治河,儿戏匪闻。直词正气,勇夺三军。

文致其罪,以成诸因。三徙穷荒,处之裕如。

御风骑气,浩然不死。堂堂大节,凛凛千古!

仕隐按:山谷公文特长于诗,其书末耳,然其文,后世多忽,原朱右、唐顺之、茅鹿门之故也,宜入唐宋十大家,孰为文钞?

文史之十九:诗

修水

卜宅临江上,幽情逐日生。

浮鸥时片片,小艇日轻轻。

牛马烟波阔,鱼龙春树平。

灌缨深闭户,云锁暮天横。

梅山

昔有梅仙子,炼丹憩此山。

丹成人已去,山在鹤空还。

古树经千载,飞峦逼九关。

云开天未暝,有路接尘寰。

文史之二十:图为《黄氏宗谱》中记载的周季凤题《钓台》诗。

图一　　　　　　　　　　　图二

　　文史之二十一: 图一为同治《义宁州志》卷三十三艺文上记载周季凤所撰的《修水备考序》。图二为清光绪七年刊本《江西通志》上记载周季凤所撰的《修江先贤录》和《周氏世德录》。

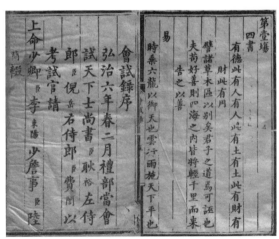

图一　　　　　　　　　　　图二

　　文史之二十二: 图一为道光四年《义宁州志》卷三十中记载周季凤所撰的《宁对》(节选)。

文史之二十三：图二为周季凤参加弘治六年会试的题目。

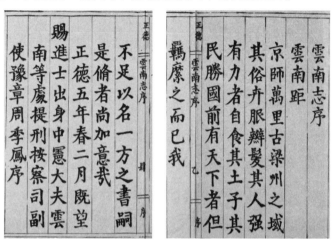

文史之二十四：图为周季凤撰的《云南志序》(节选)。

图一　　　　　　　　　　图二

文史之二十五：图一为《中华周氏联谱汝南堂八维支旧谱外编》上记载周季凤所撰的《友松记》(节选)。

文史之二十六：图二为《中华周氏联谱汝南堂八维支旧谱外编》上记载周季凤所撰的《明浙江松阳县尹公达公行状》(节选)。

文史之二十七：图为道光四年《义宁州志》上记载费寀撰的《周来轩漫稿序》和状元舒芬撰的《寿都御史周来轩六十序》（节选）。

【世人评赞】

评赞之一：少傅兼太子太傅、吏部尚书杨延和称赞季凤曰："方以才行，显用于时。"

评赞之二：明朝吏部尚书、大学士杨一清在神道碑中称其曰：

春秋明经，用罔弗宜。引以折狱，汉隽不疑。

既达于政，亦善夫教。督学于滇，多士有造。

讹言乱真，君不与争。涅而不缁，天子圣明。

胡畀之才，而用乎竟。谓天难谌，君子曰命。

修江洋洋，其流汤汤。敛其有余，遗后之庆。

评赞之三：明朝文学家、史学家、刑部尚书王元美《艺苑厄言》云：本朝谥典昆季并膺又同出一母者，推分宁周僖敏康惠为第一。见道光四年《义宁州志》卷三十二杂记（右图）。

【编者手记】

手记之一：《明代江西进士考证》和《明清进士录》中均记述"字公仪，号未轩"，应为来轩；《明清进士录》中说周季凤为"今武宁人"，应为今修水人；著有《未轩漫稿》，应为《来轩漫稿》。

手记之二：编者查阅了《宁州志》校点本，其《修水备考序》一文中，署名为"修江主人周季凤公仪序"，故得知周季凤又自称为"修江主人"。

手记之三：编者查阅了清顾炎武撰的《天下郡国利病书》，书中六次记载周季凤修堤之政绩。

清顾炎武撰的《天下郡国利病书》中记载周季凤的史料

从记载中可以看出，周季凤任湖广按察左布政使时，对当地筑堤防水患十分重视，其为官一任，政绩可见一斑。

手记之四：编者查阅并综合"宁州双凤"史料，竟发现周季麟、周季凤兄弟俩有十二大惊人的相同之处，称为奇闻。一是均同出一母。王元美《艺苑厄言》云：本朝谥典昆季并膺又同出一母者，推分宁周僖敏康惠为第一。二是均以春秋高中进士入仕。三是均为都御史，周季麟为左都御史，周季凤为右都御史，一左一右，履职都堂。四是均军功卓著。周季麟洗冤平寇，平甘肃战乱，周季凤整饬建昌兵备。五是均治水有功。清张廷玉等著的《明史》记载，浙江参政周季麟修嘉兴旧堤三十余里，易之以石，增缮湖州长兴堤岸七十余里；《天下郡国利病书》六次记载周季凤修堤之政绩，载入当地史志。六是诗作均入录《江西诗徵》。七是个人史料均入录《钦定四库全书》。八是均为修水乡贤，州志有载。九是均获金文绮奖励。因两人业绩卓著，皇帝均赠其金文绮，以示嘉奖。十是均遭宦

官诬陷。周季麟受诬陷，被夺职，不再复出；周季凤降职，任云南提学副使。十一是均获谥号殊荣。周季麟以僖字冠者四额，谥僖敏公；周季凤以康字冠者十额，谥赠康惠公，与北宋黄庭坚谥文节公一样荣光无比。十二是均葬归修水故里。一个葬在宁州逸山（四都彭姑），一个葬在犀津，魂归故土，佑护后裔！

周季麟、周季凤兄弟俩以春秋登进士，以军功起家，以监察为任，官居高位，朝野咸钦，与侄孙刑部尚书周期雍等明朝湾台周氏一族，继双井黄庭坚、桃里陈寅恪之后称之为修水第三座文化高峰，当之无愧！

手记之五：周季凤在明弘治六年（1493 年）考取进士，他的官职经历包括担任刑部主事、湖广左布政使，最终累官至南京刑部侍郎。周季凤在官场上的最高职位是右都御史、应天巡抚，这表明他在明朝的政治体系中达到了相当高的级别。周季凤著有《来轩漫稿》，这本书反映了他的文学成就和当时的文化背景。

周季凤与黄庭坚同是修水人，两故里相距不到 20 公里。他的著作《山谷公别传》记载了黄庭坚获赠"龙图阁学士"的事迹，因此他在研究黄庭坚方面及江西文史上具有一定的权威性。

周季凤于嘉靖七年（1528 年）去世，谥号为"康惠"，这是对他生前功绩的一种肯定。周季凤的生平和作品对研究明代的历史和文化有着重要的价值。

弘治九年丙辰（1496 年）朱希周榜进士

175. 周季邦

【进士小传】

字公达，高市人，季麟族弟。三甲一百三十六名，官终松阳县令，有传。见同治《义宁州志》卷十九选举志。

【进士文史】

文史之一：周季邦，江西人。由进士成化间任建安知县，廉明刚介，政先穷民，其待士尤有礼，以直忤当道调，至今人思焉。见《嘉靖建宁府志》卷六。

文史之二：字公达，南昌府宁县人，弘治九年榜三甲 126 名，历官知县。按：嘉靖《宁州志》卷四记载："丙辰朱希周榜周季邦，字公达，高市人，季麟族弟。三甲一百三十六名。任建安知县，调松阳。"《登科考》（第 534 页）、《碑录》（第 476 页）等均作三甲 126 名，州志当是误"二"作"三"。见《明代江西进士考证》

第 200 页。

图一　　　　　图二　　　　　图三

文史之三：图一为《南昌府志》卷五十一中记载周季邦的史料。

文史之四：图二为明《宁州志》上记载周季邦的史料。

文史之五：图三为《中华周氏联谱汝南堂八维支旧谱外编》中记载来轩公所撰的《明浙江松阳县尹公达公行状》。

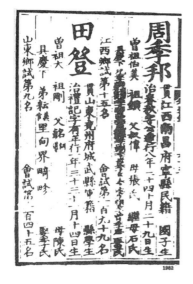

图一　　　　　　　　　　图二

文史之六：图一为《明代进士登科录》中记载周季邦乡试时的史料。

文史之七:图二为哥伦比亚大学中文图书馆珍藏的 1937 年《明清两朝历科题名碑录》中记载周季邦的史料。

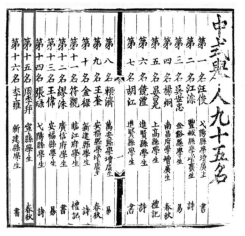

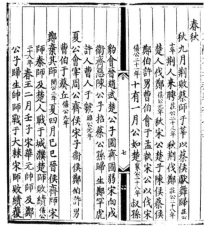

图一　　　　　　　　　　　　图二

文史之八:图一、图二分别为《弘治二年己酉江西乡试录》中记载周季邦中第十五名举人和考举人时所出《春秋》考题。

【世人评赞】

评赞之一:明《宁州志》上称周季邦:"为官居清介,不怵于权势。"

评赞之二:《宁对》上称,周季邦为建安知县,百姓耆老杨某赞其像曰:"宽平广大,福我百里。"

【编者手记】

手记之一:弘治二年己酉年江西这次乡试共中式举人 95 名,其中修水两名,乃汝南堂八维支周季凤(39 名,春秋)和周季邦(15 名,春秋),两人同榜中举,湾台举杯相庆。

手记之二:在同治《义宁州志》卷十九中,记载周季邦为亚魁,即第六名举人,但在《弘治二年己酉江西乡试录》中记载周季邦中第十五名举人,排名有出入,待今后考证。

手记之三:编者梳理周季邦亲属关系:曾祖父周伯美→祖父周鑛→父周叔伟、母张氏、继母石氏→周季邦。

正德三年戊辰（1508 年）吕柟榜进士

176．周期雍

【进士小传】

小传之一：字汝和，号泉坡，崇乡官段人，季麟族侄孙，三甲 125 名，历官右都御史，刑部尚书，致仕，有传。见同治《义宁州志》卷十九选举志。

周期雍画像

周期雍铜像

小传之二：字汝和，南昌府宁州崇乡四十二都人，乡试第 5 名，初授南京监察御史，历巡抚、大理寺卿，官至刑部尚书，嘉靖庚子八月致仕。见《明代江西进士考证》第 393 页。

小传之三：周期雍（1479—1551），明正德三年（1508 年）三甲一百二十五名进士。江西宁州人，字汝和。官南京御史，强直敢言。嘉靖间，迁浙江参议。再迁湖广按察使，官至刑部尚书。见《明清进士录》。

小传之四：周期雍，字汝和，江西宁州人。正德三年进士。授南京御史。清军广东，劾武定侯郭勋，勋被责。出为福建佥事。宸濠反，简锐卒赴讨。嘉靖初，为浙江参议。讨平温、处矿盗。再迁湖广按察使。擢右佥都御史，巡抚顺天。入为大理卿，历拜刑部尚书。郭勋修前郤，会风霾劝帝罢免大臣，期雍遂去位。家居十年卒。见《明外史·周期雍传》。

清王鸿绪编的《明史列传》中的周期雍史料(局部)

小传之五：周期雍，字汝和，江西宁州人。正德三年进士。授南京御史。刘瑾既诛，为瑾斥者悉起，而给事中李光翰、任惠、徐蕃、牧相、徐暹、赵士贤，御史贡安甫、史良佐、曹闵、王弘、葛浩、姚学礼、张鸣凤、王良臣、徐钰、赵佑、杨璋、朱廷声、刘玉，部郎李梦阳、王纶、孙磐等，以兼劾群阉未得录。期雍偕同官王佩力请，皆召用。兵部尚书王敞附瑾进，期雍请斥之。焦芳、刘宇犹在列，而刘大夏、韩文、杨守随、林瀚、张敷华未雪，期雍皆极论。陈金讨江西贼，纵苗杀掠，期雍发其状。寻清军广东，劾镇守武定侯郭勋，金与勋皆被责。出为福建佥事。宸濠反，简锐卒赴讨。会贼平乃还。嘉靖初，为浙江参议。讨平温处矿盗，予一子官。再迁湖广按察使。九年擢右佥都御史，巡抚顺天。蓟州、密云关堡数十，以避寇警移入内地，关外益无备，期雍悉修复之。数列上便宜。入为大理卿，历刑部左、右侍郎，右都御史，拜刑部尚书。大计京官，言官劾期雍纳贿。吏部白其诬，诏为饬言者。十九年，郭勋修前郤，因风霾劝帝罢免大臣，期雍遂去位。家居十年卒。见《明史列传》第七十九。

【进士文史】

文史之一：周期雍撰有《谢允请致仕疏》，著有《泉坡奏议二卷》《西征纪录》。

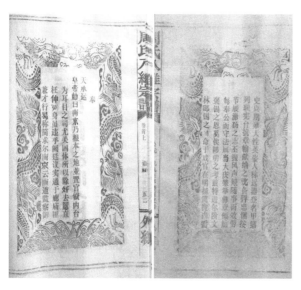

图一　　　　　　　　　　　　　　　　　　　　图二

文史之二：图一、图二分别为《周氏八维宗谱》和《中华周氏联谱江西修水汝南堂首卷》上记载周期雍的敕命。

图一　　　　　　　　　　　　　　　　　　　图二

文史之三：图一为雍正《江西通志》上记载周期雍的史料。

文史之四：图二为《中华周氏联谱汝南堂八维支旧谱外编》上记载汪宗元所撰的《明大司寇泉坡公行状》（节选）。

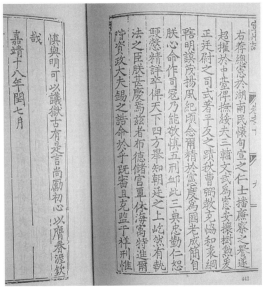

文史之五: 图为《刑部尚书周期雍进阶资政大夫诰》。

图一   图二

文史之六: 图一为明《万姓统谱》中记载周期雍的史料。图二为哥伦比亚大学中文图书馆珍藏的 1937 年《明清两朝历科题名碑录》中记载周期雍的史料。

文史之七：图为《明史》卷二百二刻传第九十中记载的《周期雍传》。

图一　图二　图三

文史之八：图一为康熙《南昌郡乘》卷三十七中记载周期雍的小传史料。

文史之九：图二为《义宁州志》中记载周期雍的史料。

文史之十：图二为道光四年《义宁州志》中记载周期雍传说的史料。

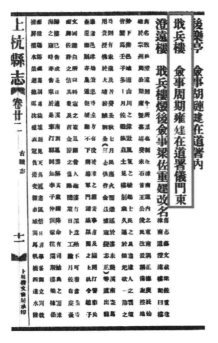

图一　　　　　　　　图三

文史之十一：图一为《上杭县志》上记载周期雍在上杭县任佥事时建了戢兵楼的史料。

文史之十二：图二为民国二十七年修撰的《连城县志》中记载周期雍修缮崇报祠的史料。

图一　　　　　　　　图二

文史之十三：图一为道光四年《义宁州志》卷十七乡贤上记载周期雍的文献。

文史之十四：图二为《上杭县志》上记载周期雍在上杭县任佥事时建松风亭的史料。

文史之十五：正德十四年（1519 年），福建按察使司兼分巡漳南道佥事周期雍巡视连城，看到瓮城还是土城，于是令连城县丞黄钟岳用巨石垒筑，建造砖式瓮墙，高一丈七尺（5.44 米），城门 6 个不变。这是瓮城历史上第一次用城砖建造。

图一　　　　　　　　　　　　　　　图二

文史之十六：图一为嘉靖《汀州府志》上记载周期雍建滑石桥的史料。图二为今仍遗存下来的滑石风雨桥。

图一　　　　　　　　　　　　　　　图二

文史之十七：图一为道光四年《义宁州志》上记载明王守仁《书佛郎机遗事后》一文中周期雍的相关史料。

文史之十八：图二为道光四年《义宁州志》上记载的《嘉靖十八年闰七月刑部尚书周期雍进阶资政大夫诰》。

图一　　　　　　　　　　　　　　　　图二

文史之十九：图一为同治《义宁州志》卷二十五人物志中记载周期雍父亲周彦中的个人史料。

文史之二十：图二为收藏于黄庭坚纪念馆顺济亭下的鹦鹉石，与黄庭坚撰的《南山顺济龙王庙记》碑刻安放在一起，供人观赏。据说这块鹦鹉石是周期雍退休后从南京沿长江水道，再至修河逆河而上运到修水的，如此重之物，以当时的交通条件，可见运输之艰难。时间大约是嘉靖十九年（1540年）前后。运至修水后，安置在周氏八维祠内，供人观瞻。

其后裔作鹦鹉石铭曰：

惟祖泉坡，博物好古。转有明时，得石鹦鹉。

隐见不常，以水为注。其状若蹲，其势欲舞。

昔作桥梁，与径径伍。今置庙堂，作彝器抚。

我为斯铭，昭兹来许。著手摩挲，当思祖武。

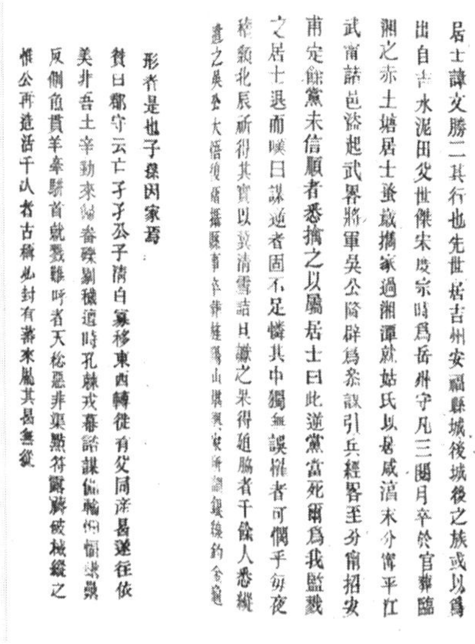
臯坡公集　列傳
承軒公作傳
翰林院編修徐穆作讚
二巽士
居士諱文勝二其行也先世居吉州安福縣城後城役之族或以爲
出自宋水泥田父世傑宋度宗時爲岳州守凡三閱月卒於官葬臨
湘之赤土塘居士貲藏攜家過湘潭就姑氏以居咸淳末分寧平江
武甯諸邑盜起武畧將軍吳公隆辟爲參議引兵經畧至分甯招安
甫定餘黨未信順者悉擒之以屬居士曰此逆黨當死爾爲我監戮
之居士退而嘆曰謀逆者固不足憐其中獨無誤從者可憫乎㑹夜
形者是也子孫因家焉
惟公再造活千人者古稱必封有萧來胤其昌無後

图一

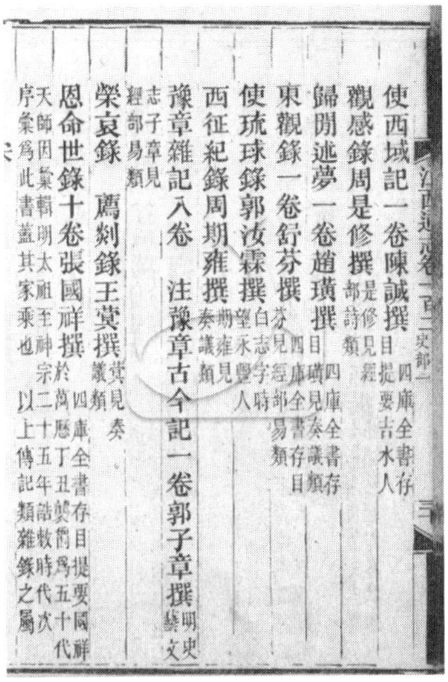
使西域記一卷陳誠撰　四庫全書存目提要吉水人
觀感錄周是修撰　是修見經部詩類
歸閒述夢一卷趙璜撰　四庫全書存目璜見奏議類
東觀錄一卷舒芬撰　芬見四庫全書存目經部易類
使琉球錄郭汝霖撰
西征紀錄周期雍撰　期雍見奏議類
豫章雜記八卷　注豫章古今記一卷郭子章撰　明史藝文志子章見經部易類
榮哀錄　厲剡錄王寅撰　寅見奏議類
恩命世錄十卷張國祥撰

图二

文史之二十一：图一为《中华周氏联谱汝南堂八维支旧谱外编》上记载周期雍为其先祖撰写的文胜公列传。

文史之二十二：图二为清光绪七年刊本《江西通志》上记载周期雍撰写了《西征记录》的史料。

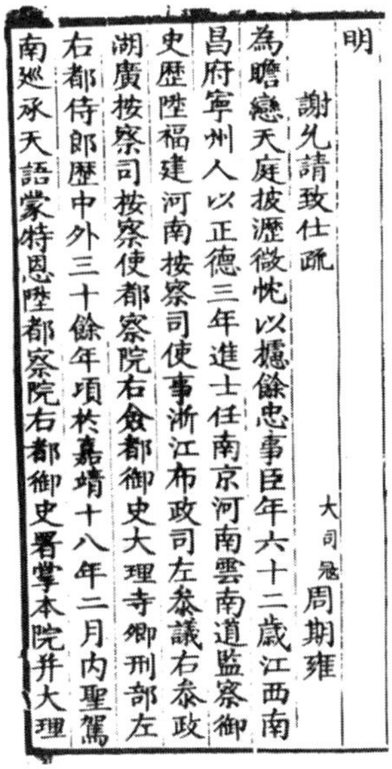
明
謝允請致仕疏　大司寇周期雍
為瞻戀天庭披瀝微忱以攄餘忠事臣年六十二歲江西南
昌府寧州人以正德三年進士任南京河南雲南道監察御
史歷陞福建河南按察司使事浙江布政司左參議右參政
湖廣按察司按察使都察院右僉都御史大理寺卿刑部左
右都侍郎歷中外三十餘年頃於嘉靖十八年二月內聖駕
南巡承天語蒙特恩陞都察院右都御史署掌本院幷大理

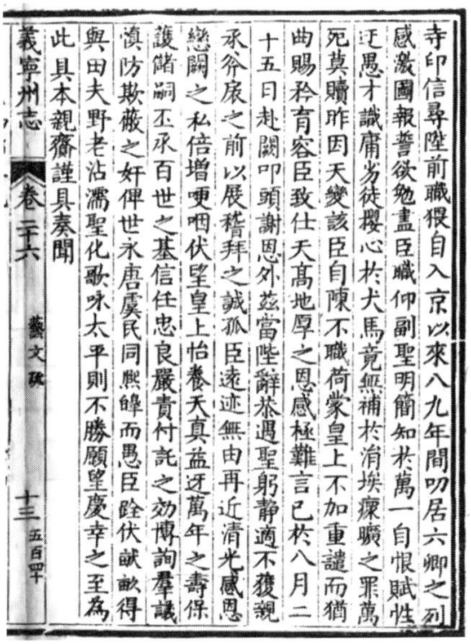
寺印信尋陞前職很自入京以來八九年間叨居六卿之列
感激圖報誓欲勉盡臣職仰副聖明簡知於萬一自恨賦性
迂愚才識庸劣徒擬心於犬馬竟無補於涓埃瘝曠之罪萬
死莫贖昨因天變該臣自陳不職荷蒙皇上不加重譴而猶
曲賜矜宥容臣致仕天高地厚之恩感極難言已於八月二
十五日赴闕叩頭謝恩外茲當陛辭恭遇聖躬靜適不獲親
承斧扆之前以展稽拜之誠孤臣遠迹無由再近清光感恩
戀闕之私倍增哽咽伏望皇上怡養天真益迓萬年之壽保
護儲嗣丕承百世之基信任忠良嚴責付託之効博詢羣議
慎防欺蔽之奸俾世永唐虞民同熙皞而愚臣跧伏畎畝得
與田夫野老沾濡聖化歌詠太平則不勝願望慶幸之至為
此具本親齋謹具奏聞
義寧州志　卷二十六　藝文疏　十三

文史之二十三：图为道光四年《义宁州志》上记载周期雍所撰的《谢允请致辞仕疏》(节选)。

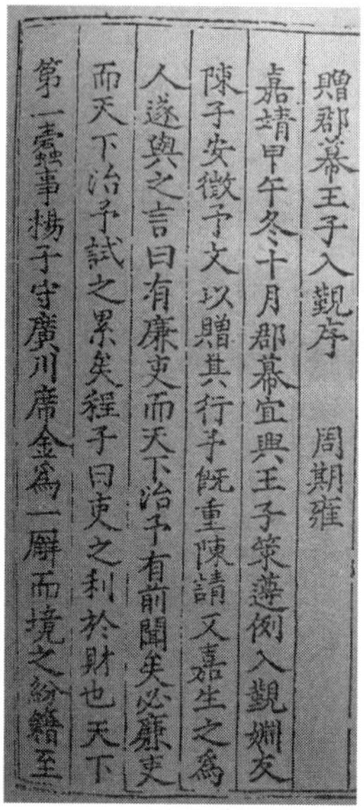

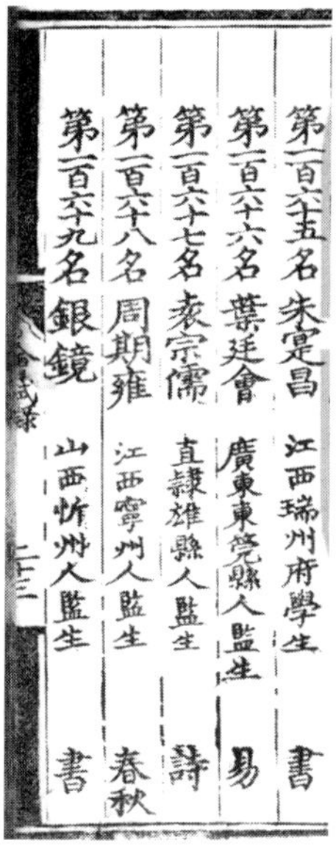

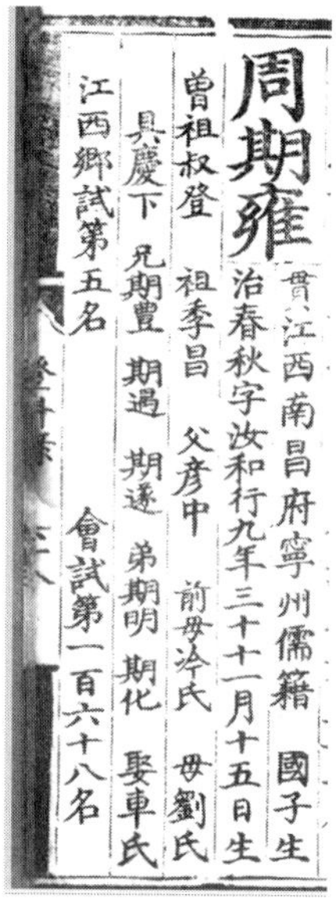

图一　　　　　　　图二　　　　　　　图三

　　文史之二十四：图一为明嘉靖《宁州志》上记载周期雍撰的《赠郡幕王子入觐序》。

　　文史之二十五：图二为《会试录》中记载周期雍的史料。图三为《登科录》中记载周期雍的史料。

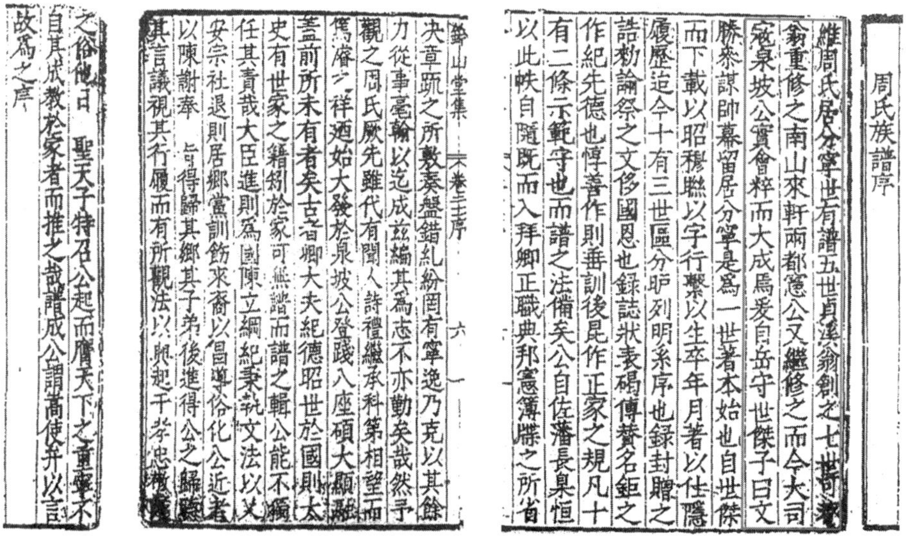

　　文史之二十六：图为《钤山堂集》卷第二十中记载明朝权臣严嵩为周期雍家族撰写的《周氏族谱序》。

文史之二十七：右图为清同治四年（1865年）重修的《饶氏宗谱》卷一题表中记载兵部尚书周期雍恭赠题字"诗派簪冑"的书法史料。

文史之二十八：周期雍撰《洁斋记》。见《中华周氏联谱汝南堂八维支旧谱外编》。

文史之二十九：佚名撰写《送司寇泉坡周公南还》。见明嘉靖《宁州志》。

尘满空庭一榻虚，南州高士梦徐苏。

烟霞已闭重泉玉，门巷犹来长者车。

薤露我应悲楚梦，若堂谁复致生刍。

诒谋为卜三槐第，信有床头万卷书。

文史之三十：明夏言撰《碧空月词·寿周泉坡司寇六十》。

汉廷真老吏，中台旧豸冠。威仪风节重朝端。自是庙堂器宇，足人看。

鬓带星星白，胸藏炳炳丹。六旬寿酒醉长安。正值碧空霜月，净团团。

【世人评赞】

评赞之一：明朝王阳明赞刑部尚书周期雍曰："足见本官勇略多谋，预备有素。忠义之诚，足以感激人心；敏捷之才，足以综理庶务。"又点赞其"皆才识过人，可以任重致远"。

评赞之二：《义宁州志·人物志·乡贤》称之为，"聪明绝佳，以春秋魁省试"。

评赞之三：修水县宁溪诗社社刊编委周炼钢《咏周期雍》云：

神州板荡识英雄，四十为曹戴德风。

跨马钟山司按劾，在廷楚水结汪公。

漳南仗剑妖邪尽，江浙参知海国崇。

仰肚晒书酬壮志，荣归故里夕阳红。

评赞之四：舒列甫《谒周期雍墓》云：

马鞍山上觅君侯，近水遥岑一望收。

松下螭龟愁落日，云中鹰隼举高秋。

樊伟华/山西

弓悬甲帐尘纷靖,鉴辨忠奸奏草留。

莫恨风霾罪乌有,溪河好放范公舟。

评赞之五:汝南周氏第七十二世佚名《赞累官刑部尚书周期雍公》云:

战伐临戎,单骑退贼,勇略精诚功盖世;

恩威载德,一笑谈兵,才猷忠愤计匡时。

【编者手记】

手记之一:周期雍从小时候起就展现出聪明机智的一面,编者在湾台村寻访时,就听到当地村民耳熟能详地讲述其"仰肚晒书,气倒财主"的传说。编者将撰写周期雍的传说系列,并在《修水周族人》杂志开设了《尚书传奇》栏目。

手记之二:编者查阅史料得知,周期雍为官从政多有政绩。

一、正气凛然,直言进谏。《明史·列传·卷九十·周期雍》记载:"陈金讨江西贼,纵苗杀掠,期雍发其状,寻清军广东,劾镇守武定侯郭勋,金与勋皆被责。"《明大司寇泉坡公行状》中称赞周期雍"以言责为己任","不畏权势,秉公执法"。曾有一皇亲国戚夺民煤窑,科道郡县等官李凤来、王杲等被连累至 20 多人,法司避忌不敢处理,便上奏行抚。周期雍按照律法,帮百姓追还煤窑,所累官员全部官复原位。

二、冲锋陷阵,保家护国。《明史·列传·卷九十·周期雍》记载:"出为福建佥事,宸濠反,简锐卒赴讨,会贼平乃还。"这一点,编者查阅明王守仁《阳明先生集要》后得到印证。

明王守仁撰的《阳明先生集要》中记载周期雍的史料

三、遍历险阻,修复关隘。周期雍任都察院右佥都御史巡抚顺天等府时,遍历险阻,阅视形胜,采诸舆论。上疏筑马兰谷等,并增修四路长城共 47000 多丈,修复桑岔谷等关,及量移界领口等营共 36 处。

手记之三:2023 年 8 月 26 日下午,编者作为周氏文史研究会会长在周期雍后裔 16 世孙周绍和等人的邀请陪同下,驱车近 50 公里来到周期雍致仕后的居住地——黄潭寺。编者在寺内发现有周期雍石雕像、道光十年石碑上刻有"周公期雍"等文字记载,可初步印证周期雍与黄潭寺有一定渊源。同时编者在《修河志》第十四章中发现有这样一段文字记载:黄潭寺在修水县大椿乡,明刑部尚书周期雍倡建。寺内尚存较完整的石雕像 21 尊,均为石胎妆彩菩萨,其中大厅大士像高 2 米,其余皆在 52 至 80 厘米高度之间。造像体态朴实深厚,衣饰飞动而简洁概括,具有浓重的世俗感情和随意自然的艺术特色,在鄂赣边区罕见。这天,编者还在溪口陈坊刘氏宗祠发现周期雍外婆家为其立的下马石和系马石。

黄潭寺和寺内石刻

手记之四:编者在查阅雍正《江西通志》时发现,明朝之时"修水三周"之称的来历。《江西通志》记载:"按期雍与族祖季麟、季凤先后立朝,皆著风绩,时称修水三周。"

手记之五:编者查阅明嘉靖《宁州志》时,书中记载其御书楼藏书有《御制文集》《皇明制书》《皇明政要》《洪武正韵》《大明会典》《大学衍义》《性理大全》《文献通考》《仪书经传》等 22 部古书籍。

手记之六:2024 年 7 月 16 日,编者到北京国子监寻访到周期雍中明正德三年戊辰科进士的题名碑和其题名碑录的民国拓本。

手记之七:编者查阅《汝南堂八维宗谱》后,发现周期雍世系如下:

世系简一:

周世杰→周文胜→周贤夫→周天佑→周维仲→周伯珊→周仲美→周叔登→周季昌→周彦中→周期雍,兄期丰、期过、期遂,弟期明、期化。

世系详二:

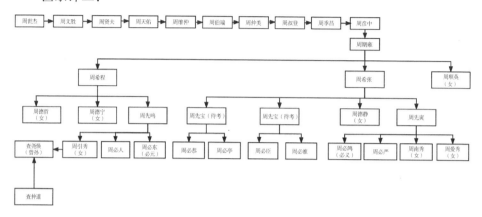

正德九年甲戌(1514年)唐皋榜进士

177. 周昺

【进士小传】

小传之一:南昌府宁州人,贵州永宁卫军籍,历马湖知府。见《明代江西进士考证》第459页。

小传之二:周昺,字文卿,季麟族侄,授黄陂知县,升南京刑部主事,历官员外郎,迁四川马湖知府。见同治《义宁州志》卷十九选举志。

【进士文史】

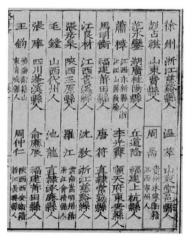

图一

图二

文史之一:图一为哥伦比亚大学中文图书馆珍藏的 1937 年《明清两朝历科题名碑录》中记载周昺的史料。

文史之二:图二为雍正《江西通志》卷四十九上记载周昺的史料。

【世人评赞】

暂缺。

【编者手记】

图一　　　　　　　　　　　图二

手记之一:周昺时任马湖知府,嘉靖乙卯年《马湖志》有记载(图一),其任黄陂知县时,同治《黄陂县志》有文字记载(图二),均记载为贵州永宁人。在同治《义宁州志》上记载为季麟族侄,据说以贵州永宁卫军籍参加考试。

手记之二:编者查阅同治《义宁州志》卷十九选举志得知,周昺,弘治五年壬子乡试(举人),贵州永宁卫籍,中云贵乡试。

178. 查仲道

【进士小传】

小传之一:字文夫,号北村,二甲第 53 名,历兵库车驾司郎中,历任杭州、汀州知府,赐赠康敏,有传。见同治《义宁州志》卷十九选举志。

小传之二:查仲道,字文夫,号北村,南昌府宁州武乡三十二都人,官至汀州知府,卒,追谥康敏。见《明代江西进士考证》第 398 页。

查仲道公画像

小传之三:查仲道,明正德九年(1514 年)甲戌科,殿试金榜第二甲第 53 名,进士出身。

小传之四:明正德九年(1514 年)二甲五十三名进士。江西宁州人,字文夫。授兵部武库司主事,谏武宗"南巡",被廷杖。后官知杭州府,织造太监吴勋暴横害民,仲道力阻,谪福建都转运司同知,改汀州知府,卒官。见《明清进士录》。

清查继佐撰的《罪惟录》和清张廷玉等著的《明史》中记载查仲道的史料

小传之五:查仲道,正德进士,授兵部武库司主事。会当"南巡",伏阙号谏,杖于廷。见《南昌郡乘》。

小传之六:查仲道,字文夫,宁州人,以谪知汀州,有惠政,卒于官。民立祠祀焉。见乾隆《汀州府志》卷二十。

【进士文史】

文史之一:兵部车驾、清吏司署郎中事、员外郎查仲道诰。制曰:兵部之属四司,各分其务;郎官之职五品,式长乃僚。顾惟车驾之繁,均系兵机之重。匪资才俊,曷副简求。尔兵部车驾、清吏司署郎中事员外郎查仲道,拔俊贤科,列官夏署,华秩荐升于五品,兼御署掌乎一司,综理惟精,才有裨乎邦政,操持罔懈,行无忝于官箴,阅历浸深,声称益著,不俟陟明之考,预加褒锡之荣。兹特进

尔阶奉直大夫,锡之诰命于戏。治国以安攘为重,每赖忠良守官,以明鉴为先,勿忘儆诫,尚加愍懋,嗣有超登。钦哉！嘉靖元年五月。见《明嘉靖》癸卯版。

文史之二:奉天敕命

奉天承运

皇帝敕曰:夏卿总戎务之权,任为特重;主事佐郎官之政,责亦匪轻。故必才行之俱优。庶其职业之能举。兹惟慎选,不轻授人。志淳行笃,贤科擢第,武库分司,综理详明。功既迈乎常伦,褒宠宜申乎茂典。兹特进尔阶承德郎,锡之敕命。于戏！官在明扬简拔尚需于来效,才堪大用懋修勿替于初心。勉副词训,用光朕命,钦哉。

正德十二年闰十二月二十日

图一　　　　　　　　　　　　图二

文史之三:图一、图二为明武宗朱厚照于正德十二年(1517年)十二月二十日给查仲道夫妇的敕命。这道敕命是考证查仲道的极为重要的史料。

文史之四:明李贤奉敕修的《天下一统志》记载:"查仲道,宁州人。举进士,授兵部主事,疏谏武贤祠庙南巡,被杖几死。嘉靖初,录直言,擢郎中,出守杭州。因织造太监暴横,民不堪命,力抗阻之,遂为所诬,械至京,谪运同,擢知汀州府。卒于官,民祠祀之。平生性刚介,以直道自云。"

修水历代进士史略

图一　　　　　　图二　　　　　　　　图三

文史之五:图一为雍正《江西通志》上记载查仲道的个人史料。

文史之六:图二为明《宁州志》上记载查仲道父亲查孟常的个人史料。图三为《义宁州志》卷二十中记载查孟常的个人史料。

图一　　　　　　　图二　　　　　　　图三

文史之七:图一、图二分别为道光四年《义宁州志》、明嘉靖《宁州志》上查仲道所撰的《黄山谷文集序》。

文史之八:图三为哥伦比亚大学中文图书馆珍藏的1937年《明清两朝历科题名碑录》中记载查仲道的个人史料。

· 576 ·

文史之九：查仲道,字文夫,号北村,孟常季子。内刚而外和,言笑不苟。早岁游邑庠,与兄仲儒才名竞爽,提学敖公以国器目之。未几,游太史程公楷门,学日遂,名益振。正德戊辰由岁贡入太学,癸酉举应天乡试,甲戌成进士,授兵部武库司主事。才识精练,言论侃侃,凡执事奏对,虽匆遽间,悉中程度大,司马王公琼称,老吏不能过之。武宗"南巡"时,在朝无敢言者,仲道独抗疏谏曰:臣伏观陛下,违弃京师根本重地,举"南巡"之典,声言讨贼,臣窃有杞焉。陛下去江西之贼易,去肘腋之贼难也。意指刘瑾、江彬诸佞幸。武宗大怒,诏廷杖八十,几毙。忽有神人传药,骨断复联,久之,思仲道言有验,升职方司员外郎,肃皇登极,擢车驾司郎中,益以直道自任,不阿权贵。会奉迎章圣太后,条陈夫役事,极缜密。旋出守杭州,时织造太监吴勋,肆暴于民,民不堪命,仲道与右史马卿每事抗之,势仍横,仲道愤然曰:吾职在牧民,安能忍民困厄至是耶? 即与白藩臬两司协力沮抑之,竟为勋所媒孽,械逮至京。谪福建盐运司同知,清节直声,抑而弥著。己丑擢汀州知府,汀大水,仲道出安灾黎,计口给食,屏舆勿进,跣行泥淖中三日,遂得疾,卒于官,年六十有四,汀民号泣如丧其亲,竞买附郡山构祠塑像以祀,环山植木,号曰查公山。杭郡亦祠名宦,万历初下诏,核郡邑乡贤。言官称,仲道正直之气,百折不回,可以廉顽立懦,于是命礼部议谥曰"康敏",御书"两朝忠节"旌之,诏郡邑立坊崇祀贤良,仲道生平向慕黄文节公,校刊全集序,以行世。见同治《义宁州志》卷二十二乡贤。

文史之十：查仲道为官之余,搜集编印了北宋江西诗派开创者黄庭坚的《山谷全书》并为之撰序。

【世人评赞】

评赞之一：嘉靖皇帝下旨谥号"康敏",追赠礼部尚书,亲笔御题"两朝忠节"。

评赞之二：明代相国张洪阳在《康敏公行状》中对查仲道高度评价说:"溯分宁人物,六七百年来,能追配文节(黄庭坚)者,推查仲道一人。"

评赞之三：查仲道十七世孙,江西省诗词学会会员、修水县山谷诗社理事、修水县渣津古艾诗社秘书长查迎春《来苏渡怀查康敏》曰:

诤士知何去? 家书有姓名。

杖刑犹弹铗,忠节总关情。

遗泽汀杭在,九贤星斗横。

心头客船远,兀自向燕京。

评赞之四:编者周武现点赞曰:"品正刚阿,学富缥湘。敦气节于朝廷,增师资于汀州,捐躯体于洪灾,唤查公于山名,树坊表于言行。"

【编者手记】

手记之一:编者综观查仲道的仕宦,风起云涌,大起大落。不难看出其秉性耿介,刚正不阿,在明中期阉党当朝的特定历史时期,仍敢于仗义执言,为民请命,且能勤于政,抚于民,而殉于职,是极为难能可贵的。

手记之二:查仲道太祖父克隽,祖父勘己,父孟常,兄仲儒。明万历年间,遭遇灾荒,百姓饥困,其太祖父克隽公慷慨解囊,捐粮一千一百石赈济饥困,被明王朝举为孝廉,敕封为"义士"。其次子勘己,赠兵部武库司郎。勘之子孟常,孙仲儒、仲道,敕封"两朝忠烈",并在漫江尚丰建"忠烈"牌坊。故尚丰又称"牌楼下"。勘己公祠位于县城黄土岭华光巷内,1948至1949年,修水县农工民主党曾在此办公。2024年宁州古城改造,勘己公祠修葺一新,供游人参观。

手记之三:编者听查姓后裔说,查仲道完善龙山、鄞江、龙江等书院的师资配置,在任期间,人文鼎盛,当地百姓额手称庆。

手记之四:宋靖康元年(1126年),北宋龙图阁待制查道公之重孙,大理寺评事查循之公之曾孙,礼部侍郎查德澄公之孙、查进爵之子查实浣公自安徽休宁县迁入分宁程坊担粮坑,为迁宁始祖。浣公之十六世孙(大明中叶)克隽公生八子,勉、勘、恕、昶、循、重、正、成,号八己。始簪缨代袭,占籍郡首。查氏大姓与本县名人周季麟、周季凤、周期雍为世交,从其诗中可见一斑。

周季麟《怀好友查公恕己》云:

凤山归去一身轻,天上俄惊白玉成。

斗帐夜寒蝴蝶梦,修江秋冷鹭鸥盟。

黄金尚义颂乡国,白首无官留盛名。

华表永归辽海鹤,新烟芳草四时新。

周期雍《贺朴斋查公昶己九十寿》曰:

凤山遥望德星华,九十高年世共夸。

膝下儿孙孙又子,盘中桃实实生花。

衣冠荣沐恩波阔,泉石偏耽逸兴赊。

寿域天开宜景运,九重指日再褒加。

周季风《登楼邀查沙溪饮》云:

游子三冬返,雕栏复此凭。

群山排闼入,远水照天澄。

新酒邀宾尝,狂吟道我曾。

明朝还有约,诸子再同登。

周季风《赠友查兄兆祺》云:

五十年前同笔砚,于今都是白头翁。

我惭天上恩波渥,君喜山中隐兴浓。

午夜更星联北斗,隔溪春酒醉东风。

新诗相赠还相约,占断蓬莱第一峰。

手记之五:修水查氏自进爵公之子讳实浣由婺州金华峦山迁江西宁州之程坊乡担粮坑,是为修水(义宁)查氏始迁祖。至实浣公之十六世孙,明孝廉讳克隽(1340—1436),始迁宁州城居住。克隽公生八子,排"己"字辈;八子衍二十四子,排"孟"字辈,世称八己衍二十四孟。由是查氏,始称修水望族,门庭阀阅,人文蔚起。

修水查姓曾于清代在修城冷家巷建有"查氏宗祠",祠址在今地税局宿舍所在地。修水查氏首届谱始于明朝永乐十六年(1418年),1995年续修,为第十届谱。其内有查仲道相关文史。

正德十六年辛巳(1521年)杨维聪榜进士

179. 陈由正

【进士小传】

小传之一:字楷卿,武乡人,三甲九十八名,授行人,选授南京礼科给事中,未任而卒。见同治《义宁州志》卷十九选举志。

小传之二:字楷卿,南昌府宁州武乡三十都人,初授行人,升南京礼科给事中,未任而卒。见《明代江西进士考证》第402页。

小传之三:字楷卿,武乡人,明正德年间(1506—1521)进士,授南京礼科给事中。见《修水县姓氏志》第 274 页。

【进士文史】

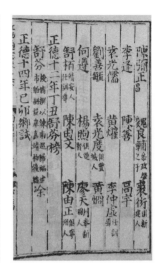

图一　　　　　　　　图二　　　　　　　　图三

　　文史之一：图一为正德十一年《江西乡试录》中记载陈由正以春秋答题中第三十名举人的史料。

　　文史之二：图二为哥伦比亚大学中文图书馆珍藏的 1937 年《明清两朝历科题名碑录》中记载"陈由正，江西南昌宁州民籍"的个人史料。

　　文史之三：图三为《江西通志》中记载陈由正乡试的史料。

图一　　　　　　　　　　　　　　图二

　　文史之四：图一为 1995 年《陈氏新谱·凤山·敦睦堂》上记载陈由正的史料。

　　文史之五：图二为清光绪七年刊本《江西通志》上记载"陈由正，宁州人，行人"的史料。

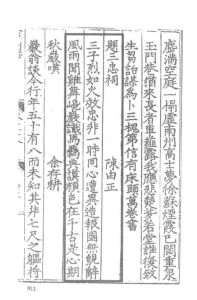

文史之六:图为《天一阁藏明代方志选刊续编·宁州志》上记载陈由正题《三忠祠》的史料。

【世人评赞】

编者周武现赞云:"正德登科第,南台职未行。遗诗三杰颂,浩气永留名。"

【编者手记】

手记之一:正德十一年江西这次乡试共有95人考中举人,其中宁州考取3人,分别是陈由文(第76名,诗)、陈由正(第30名,春秋)、周间,而陈由正为陈由文之弟,陈门两兄弟高中举人。

手记之二:陈由正的亲属关系:曾祖陈郿→祖父陈凤彰→父陈洽、母王氏→陈由文(举人),陈由正(进士)、妻刘氏,弟陈由置、陈由工。

隆庆五年辛未(1571年)张元忭榜进士

180. 陈以朝

【进士小传】

小传之一:号凤隅,南昌府宁州人,初授知州,历湖广同知,甲申致仕。见《明代江西进士考证》第435页。

小传之二:字观甫,高乡黄土岭人。明隆庆年间(1567—1572)进士,官任山西蒲州知州,浙江湖州同知。见《修水县姓氏志》第274页。

小传之三:陈以朝,字观甫,高市黄土岭人。二甲二十四名,授山西蒲州知州,升营缮司员外郎,谪河间府通判,升湖州府同知。见同治《义宁州志》卷十九选举志。

【进士文史】

图一

图二

文史之一:图一为 1995 年《陈氏新谱·凤山·敦睦堂》上记载陈以朝的文献。

文史之二:图二为道光四年《义宁州志》上记载陈以朝建设洗烦居的史料。

图一

图二

图三

文史之三:图一为哥伦比亚大学中文图书馆珍藏的 1937 年《明清两朝历科

题名碑录》中记载陈以朝的个人史料。

文史之四:图二、图三分别为《乡试录》、光绪七年《江西通志》上记载隆庆四年庚午陈以朝中式举人第九十四名的史料。

【世人评赞】

暂缺。

【编者手记】

手记之一:隆庆四年庚午江西这次乡试共有95人考中举人,其中宁州考取3人,分别是吴从周(第30名,易)、陈利器(第49名,诗)、陈以朝(第94名,诗),陈以朝与临川戏曲家、文学家汤显祖为同科举人,时年21岁的汤显祖为第8名。

手记之二:吴从周、陈以朝中举之后参加会试,于隆庆五年(1571年)高中进士,而陈利器未有中进士的记载。

手记之三:陈以朝的亲属关系:曾祖陈介→祖父陈由教→父陈思忠、母周氏、继母王氏→兄陈德,陈以朝、妻卢氏、弟陈以期、陈以符、陈以节、陈以简等。

手记之四:编者查阅《南昌府志》得知,陈以朝父陈思忠,为一义民、义官。志中记载,河工告成,即乞归终养,有司移牒优礼焉;敦邻睦族,出己产以供祭祀;属有筑城之役,暴骸无主者予以棺瘗之;捐金修延安寺及跨鳌桥,计费不赀。

181. 吴从龙

【进士小传】

小传之一:原名从周,字希德,武乡寨上人,三甲二百六十名,观政未仕,卒。见同治《义宁州志》卷十九选举志。

小传之二:吴从龙,号拙庵,南昌府宁州人,吏部观政,卒。见《明代江西进士考证》第399页。

小传之三:吴从龙(周),宁州人。隆庆五年(1571年)辛未科张元忭榜。见《吴氏家族·江西吴氏历朝进士(明代)》。

小传之四:吴从龙,字希德,江西南昌府宁州人,民籍,明朝政治人物。江西乡试第三十名举人。隆庆五年(1571年)中式辛未科三甲第二百六十名进士。家族曾祖吴仲默;祖父吴胜,布政司都事;父吴全,母时氏,继母周氏。

【进士文史】

图一　　　　　　　　　　图二

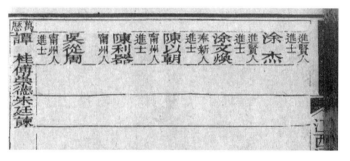

图三

文史之一：图一为哥伦比亚大学中文图书馆珍藏的 1937 年《明清两朝历科题名碑录》中记载吴从龙的史料。

文史之二：图二、图三分别为《乡试录》、清光绪七年刊本《江西通志》上记载隆庆四年庚午吴从周（吴从龙）中式举人第三十名的史料。

【世人评赞】

暂缺。

【编者手记】

手记之一：因吴从龙及进士第后并未立即授官，而是被派遣至六部九卿等衙门实习政事，因此记载中称其观政未仕，且不久卒。故其个人史料很少，其贡献、名言、艺文更是难以查寻。

手记之二:1989 年《铜鼓县志》记载,吴从龙,今铜鼓县温泉人。清代则属义宁州上武乡二十四都。《江西历代进士名录》亦将其编入铜鼓县进士章节内。

手记之三:《修水县姓氏志》记载"吴从龙,修水武乡人,明隆庆年间进士",又载"吴从周,明进士"。吴从龙又名吴从周,实乃一人也。

手记之四:吴从龙的亲属关系:曾祖吴仲默→祖父吴胜→父吴全、母时氏、继母周氏→吴从龙、妻刘氏、弟吴从庞、吴从龚、吴从陇。

万历四十一年癸丑(1613 年)周延儒榜进士

182. 周希令

【进士小传】

小传之一:字子仪,犀津丁田人,季麟族侄孙,二甲二十七名,授翰林院庶吉士,历官兵部礼科给事中,户科给事,晋阶太常寺卿,任卒,有传。见同治《义宁州志》卷十九选举志。

小传之二:号浒西,南昌府宁州人,选庶吉士,初授兵科给事中,历太常寺卿卒。见《明代江西进士考证》第 459 页。

【进士文史】

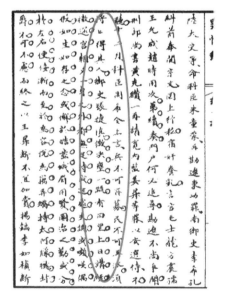

清查继佐撰的《罪惟录》中记载的周希令史料和道光四年《义宁州志》上记载其修撰《万历志》的史料

文史之一：嘉靖二十二年（1543年），兵部议准启用各地废闲将领（退役武将返聘），以充实九边军力。兵科给事中周希令建议"如有家丁，尽其随带，仍与行粮"，得到朝廷采纳。见《明世宗实录》。清查继佐撰的《罪惟录》一书记载："十二月，科臣周希令上言：兵不可再募，民不可再派，须将得其人。"

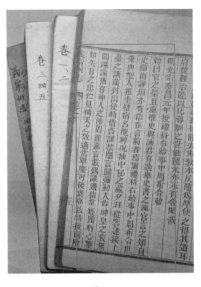

图一

图二

文史之二：图一为《义宁州志》上记载周希令传记的史料。

文史之三：图二为大学士王应熊所撰的《明太常寺卿周希令墓志铭》。

图一

图二

文史之四：图一为同治《义宁州志》上记载周希令撰的《与熊贞夫书》（节选）。

文史之五：图二为道光四年《义宁州志》上记载周希令所撰的《治要疏》（节选）。

图一　　　　　　图二　　　　　　图三

文史之六：图一为道光四年《义宁州志》上记载周希令的史料。

文史之七：图二、图三为《中华周氏联谱江西修水汝南堂首卷》上记载明泰昌元年和明天启元年有关周希令的制诰的文献。

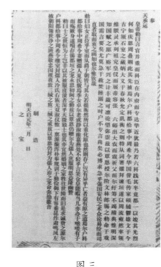

图一　　　　　　　　　　图二

文史之八:图一为道光四年《义宁州志》卷十七乡贤中记载周希令的文献。

文史之九:图二为《中华周氏联谱汝南堂八维支旧谱外编》上记载卢陵萧命官撰的《明太常寺卿浒西公行状》(节选)。

图一　　　　　　　　　　图二　　　　　　　　　　图三

文史之十:图一为道光四年《义宁州志》卷二十六艺文诰敕上记载的《明光宗泰昌元年授礼科右给事中周希令敕》。

文史之十一:图二为编者从孔夫子旧书网上查阅到的珍贵文献,图中记载"春二房文林郎户科都给事中周希令、江西宁州人和其门生"等。编者也从这个文献中发现文徵明曾孙,状元、宰相、明代诗人、书法家文震孟乃是周希令得意门生之一。

文史之十二:图三为明万历四十一年科举进士题名碑录中记载"周希令,江西南昌府宁州民籍"的史料。

图一　　　　　　　　　　　　　　　图二

文史之十三：图一为《天问略》中记载"豫章周希令、秣陵孔贞时、巴国王应熊全阅"的史料。

文史之十四：图二为周希令《题天问略》和周希令书法的珍贵文献。

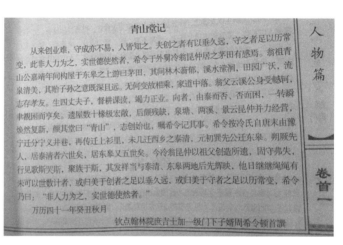

图一　　　　　　　　　　　　　　　　图二

文史之十五：图一为道光四年《义宁州志》上记载周希令撰的《过丹霞观》诗。编者还在《铅山县志》一书中找到其《鹅湖山》诗一首。

文史之十六：图二为《京兆冷氏宗谱》中记载周希令撰的《青山堂记》。

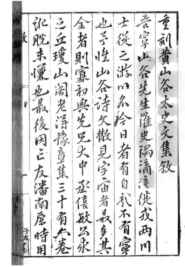

文史之十七:图为明万历三十二年周希令撰的《重刻黄山谷太史文集叙》。

文史之十八:与方尚恂撰《新刻春秋谈虎讲意》。

文史之十九:周希令撰《王氏续修谱序》,见《王氏宗谱》。

文史之二十:其名言曰:"一使恩威俱出自朝廷,一谓内外之臣宜同一心。"见《治要疏》。

【世人评赞】

评赞之一:崇祯十七年岁次甲申仲春月礼部尚书王应熊在《浒西公墓志铭》中赞曰:

睹斯岳渎,昂激真人。玉金温度,诞顺时征。锱铢山谷,尺寸濂溪。昌廷坦步,孝与忠俱。模式綏缨,春闲剑没。风流未远,遐休靡测。烈烈英英,表壮佳城。无疆荣问,载广芝兰。蒸尝永矣,光对尼山。

评赞之二:中华楹联协会会员卢曙光《题周希令进士》云:

摘辞妙对,治体深知,隆誉载庙廊,翰苑和衷佳吉士;

谏乃诚言,忠能贯日,要疏呈肝胆,州庠俎豆老儒臣。

【编者手记】

手记之一:周希令之奇,《义宁州志·人物志·乡贤》称之为:"实心奇之弱冠,乡试以文奇,在摘例不与会闱。"编者查阅《汝南堂八维支旧谱外编·浒西公墓志铭》得知,制诰纂修玉牒副总裁、年弟王应熊称之为:"弱冠,举童子第一,首等饩廪。"王应熊在墓志铭中前后两次发出慨叹:"有明太常周公,其古之所谓功存社稷而人不知者乎!""著其功存社稷而人不知者。"意思是,周希令对国家民族有很大功绩,而又不为人所知。

手记之二:编者在《汝南堂八维支旧谱外编》中看到这样的记载:在湾台村,有一乡绅徐某,因儿子某事遭人诬告,几乎不能证明自己的清白,后在周希令的帮助下,力证清白,确受诬陷,徐某遂赠送基地数亩感谢周希令。周希令笑着说:"我了解你的难处,难道是为了获取利益吗?"至今乡人对周希令之为人,常称道不已。

手记之三:编者查阅其宗谱得知其世系:周希令乃周季珊之曾孙,宁州双凤周季麟、周季凤族曾孙,周贲之孙,周期亮之长子,刑部尚书周期雍族侄。

手记之四:周希令的官职生涯始于授庶吉士,后授兵科给事中,并在明光宗登基后上奏《中兴十二要疏》,在熹宗继位后详细论及李可灼进献红丸一事,最终升为户科都给事中。

　　周希令以其敏锐的政治洞察力和坚持原则的态度著称。他在魏忠贤擅权时期，与杨涟分别上书弹劾，展现了其不屈不挠的政治勇气。

　　1613 年中进士后，周希令与同榜进士王应熊、孔贞时以及欧洲人阳玛诺合作，引进西方科技，两年后刊印了科技著作《天问略》。该书的出版，说明周希令在推动科技文化交流方面具有远见卓识。

　　周希令晋太常少卿九天后便去世了，明代朝廷失去了一位忠诚而有能力的官员。自他出仕直到去世，五次获授白金文绮金花，入祀宁州和江西乡贤祠，显示了他在生前已获得较高荣誉。

周希令夜间观察天象画像

第六节　清代进士总概括

清代：顺应新政时势，科举"寿终正寝"

在竹塅陈家老屋，这里可看到仍然完整保留且相互辉映着的中举的旗杆石和考中进士的进士墩。在瑶村余氏宗祠、梅田村卢家大屋前也能看到旗杆石屹立在风雨中不倒，从这些历经三百多年风雨仍静静伫立于乡野的古文物中，我们可以感受到清代科举制度的一个个活生生的科举历史场面，触摸到一些科举制度的历史印迹。

清代科举制度，是唐、宋、元、明之朝一代一代沿袭下来的一种通过考试选拔官吏的制度，但在其基础上既有传承又有创新。延至大清的科举制度，正式考试分为乡试、会试、殿试三级。

江西省义宁州生员樊祖东秀才考试文章《观云悟笔赋》

第一级考试是乡试。乡试是地方考试，故称乡闱，凡本府本省科举生员和监生均可参加考试，考试地点在南京、北京两府以及布政使司驻地，每三年一次，逢子、卯、午、酉年举行，考期大都在秋季八月，故又称秋闱，考中者为举人，第一名称解元。举人已具备了做官的资格，只是补缺比较难而已。

第二级考试是会试。会试是由礼部主持的全国考试，故称礼闱。于乡试的第二年即逢丑、辰、未、戌年举行。全国举人在京师会试，考期在春季二月，故又称春闱，考中的称为贡士，第一名称为会元。

第三级考试是殿试。殿试在会试后当年举行，应试者为会试考中的贡士。贡士在殿试中均不会落榜，实际上是一次重新排名，只不过安排排名的是皇帝而已。殿试一般由皇帝亲自主持，只考时务策一道。殿试结束后，次日读卷并发榜，录取分三甲：一甲三名，赐进士及第，第一名状元，第二名榜眼，第三名探花，合称三鼎甲。二甲赐进士出身，三甲赐同进士出身。因进士榜用黄纸书写，故称金榜，考中进士被称为金榜题名。科举制的推行，让普天下的士子奔着举人进士金榜题名而来，冲着官宦仕途飞黄腾达而上。在清朝268年的时间里，一共举行过112次殿试，录取进士26849人，平均一次录取200多名进士。顺治三年录取449名进士，为清朝历次殿试人数最多的一年。

在清朝，修水中进士仅有12名，在整个江西其他县市中，进士人数应排在较后名次，与元朝、明朝数量不相上下，但与宋朝相比，就相去甚远，值得我们今后去研究、探讨。

在这12名进士中，万承风、陈三立应是其中突出代表，在其个人文献、艺文、逸事中可见一斑。

到清朝晚期，随着西学的传播和洋务运动的发展，科举制度在清末发生了一些改变。1888年，清政府增设了算学科取士，在1898年又加设经济特科。1905年9月2日，袁世凯、张之洞等洋务派大臣奏请立停科举，以便推广学堂，迫于形势，清廷诏准，自1906年开始，所有乡试、会试立即终止，从此，在我国延续了1300多年的科举制至此"寿终正寝"。应该说，清代科举有其独特而又悲泣的一面。

清廷废除科举是在晚清开明人士的压力之下，为延续王朝寿命而不得不采取的新政，而因为推行了这所谓的新政，中断了社会精英的升迁之路，迫使他们走上了推翻旧王朝的革命之路，清朝随之灭亡。

古往今来，制度的变迁无不体现时势的易转，科举的废除反映了当时的社会生态，也象征着新时代的来临。在传统中国向现代迈进的过程中，已经腐朽的科举制度被废除正是顺应时势的必然选择，科举制度最终拖着"马拉松"式长长的尾巴，退出了1300多年的历史舞台。

修水(义宁州)清代进士一览表

序号	姓名	考取进士年份	考取进士名次	官职
1	周孔从	乾隆七年	第三甲 44 名	翰林院检讨
2	陈 瑛	乾隆十三年	第三甲 116 名	海澄知县
3	徐耀祖	乾隆十七年	第三甲 27 名	花县知县
4	徐文干	乾隆四十三年	第二甲 19 名	兵部主事
5	荣锡楷	乾隆四十六年	第二甲 53 名	开泰知县
6	万承风	乾隆四十六年	第三甲 1 名	授检讨,官至兵部左侍郎
7	陈鹤鸣	乾隆五十五年	第三甲 22 名	武功知县
8	陈世章	乾隆五十八年	第三甲 4 名	保康知县
9	荣怀藻	道光三年	第三甲 48 名	湖南临湘知县
10	陈文凤	同治四年	第三甲 107 名	安溪知县
11	陈世求	光绪三年	第三甲 103 名	江苏截取知县
12	陈三立	光绪十五年	第三甲 45 名	吏部主事
13	徐鉴铭	光绪六年	第二甲 118 名	兵部职方清吏司主事

乾隆七年壬戌(1742 年)金甡榜进士

183. 周孔从

【进士小传】

小传之一:字监二,号白亭,犀津人,翰林院编修。见同治《义宁州志》卷十九选举志。

小传之二:字监二,南昌府义宁州人,乾隆六年举人,乾隆七年第三甲 44 名进士,官至翰林院检讨。见毛晓阳《清代江西进士丛考》第 478 页。

【进士文史】

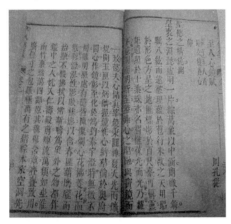

文史之一：图为清木刻《律赋偶筏》卷二中周孔从所撰的《至人心镜赋》和卷三中的《春社赋》。

图一　　　　　　　　　　　图二

文史之二：图一、图二分别为同治《义宁州志》和光绪七年《江西通志》中记载周孔从的影印文献。

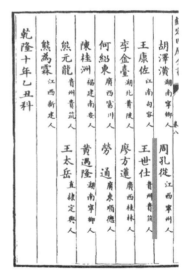

图一　　　　　　　　　　　图二

文史之三：图一为明治十四年《题名碑录》卷三中记载周孔从的影印史料。

文史之四：图二为清鄂尔泰撰的《词林典故》中记载"周孔从，江西宁州人文献”的史料。

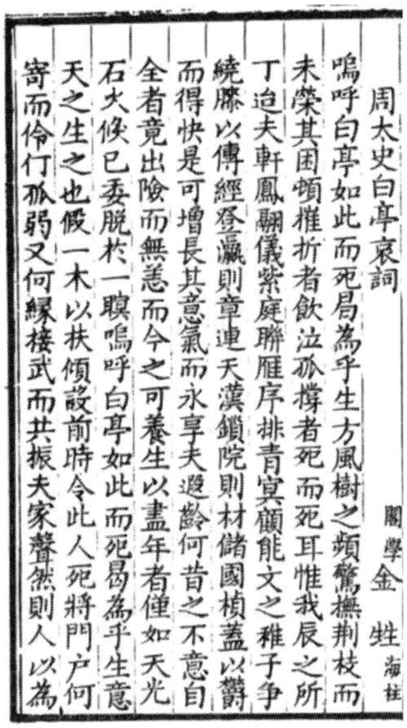
周太史白亭哀詞　閣學金　甡 海柱
嗚呼白亭如此而死曷為乎生方風樹之頻驚撫荆枝而
未榮其困頓摧折者飲泣孤撐者死而死耳惟我辰之所
丁迫夫軒鳳翮儀紫庭聯雁序排青冥顧能文之稚子爭
繞膝以傳經登瀛則章連天漢鎖院則材儲國楨蓋以鬱
而得快是可增長其意氣而永享夫遐齡何昔之不意自
全者竟出險而無恙而今之可養生以盡年者倠如天光
石火倏已委脫於一瞑嗚呼白亭如此而死曷為乎生意
天之生之也假一木以扶傾設前時令此人死將門户何
寄而伶仃孤弱又何緣接武而共振夫家聲然則人以為

图一

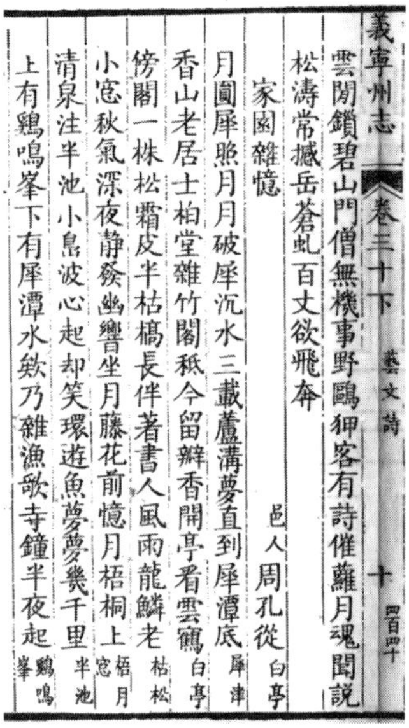
義寧州志　卷三十下　藝文詩　十　四百四十
雲閑鎖碧山門僧無機事野鷗狎客有詩僊蘿月魂閒説
松濤常撼岳蒼虬百丈欲飛奔
家園雜憶　邑人周孔從 白亭
月圓犀照月月破犀沉水三載蘆溝夢直到犀潭底 犀津
香山老居士柏堂雜竹閣秖今留瓣香開亭看雲鶴 白亭
傍閣一株松霜皮半枯槁長伴著書人風雨龍鱗老 枯松
小窓秋氣深夜静發幽響坐月藤花前憶月梧桐上 梧月窓
清泉注半池小島波心起却笑環遊魚夢夢幾千里 半池
上有鷄鳴峯下有犀潭水欸乃雜漁歌寺鐘半夜起 鷄鳴峯

图二

文史之五：图一为同治《义宁州志》上记载状元金甡撰《周太史白亭哀词》的影印史料。

文史之六：图二为《义宁州志》上周孔从著的《白亭诗集》。现摘录几首，供读者欣赏。

犀津

月圆犀照月，月破犀沉水。

三载芦沟梦，直到犀潭底。

白亭

香山老居士，柏堂杂竹阁。

祇今留瓣香，开亭看云鹤。

枯松

傍阁一株松，霜皮半枯槁。

长伴著书人，风雨龙鳞老。

梧月窗

小窗秋气深，夜静发幽响。

坐月藤花前，忆月梧桐上。

半池

清泉注半池，小岛波心起。

却笑环游鱼，梦梦几千里。

鸡鸣峰

上有鸡鸣峰，下有犀潭水。

欸乃杂渔歌，寺钟半夜起。

游官溪

高斋上与白云齐，屯落深沉列岫低。

短短桃花红遍野，遥遥柳色绿当溪。

烟中钓艇鱼吹浪，林外秧歌鸟和啼。

怪得小僧忙入寺，一声钟打夕阳西。

文史之七：著有《金鳌应制集》二卷。

文史之八：图为周孔从撰的《御览经史讲义》（节选）。

文史之九：所撰《陈一山先生传》，见民国丁丑《陈氏宗谱·凤山谱》。

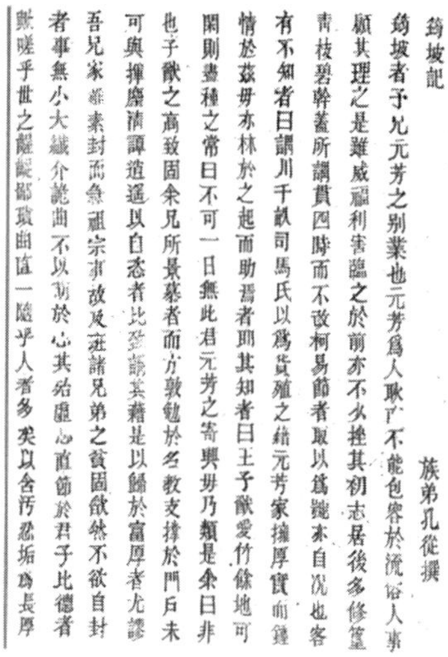
筠坡記　族弟孔從撰

筠坡者予兄元芳之別業也元芳爲人耿介不能包容於流俗人事頗其理之是雖威福利害臨之於前亦不少挫其初志居後多修篁青枝碧幹蓄所謂貫四時而不改柯易節者取以爲鑑亦自況也客有不知者曰讀川千畝司馬氏以爲貨殖之緒元芳家擁厚貲而鍾情於茲毋亦林於之趣而助焉者耶其知者曰王子猷愛竹倘地可開則盡種之嘗曰不可一日無此君元芳之寄興毋乃類是余曰非也子猷之高致固余兄所景慕者而方敦勉於名教支撐於門戶未可與揮麈清譚逍遙以自恣者比……吾兄家業素封而急祖宗事故及諸兄弟之貧固欲然不欲自封者事無小大纖介……不以苟於心其殆虛心直節於君子比德者歟嗟乎世之齷齪鄙瑣曲隨一隨乎人者多矣以含污忍垢爲長厚

图一

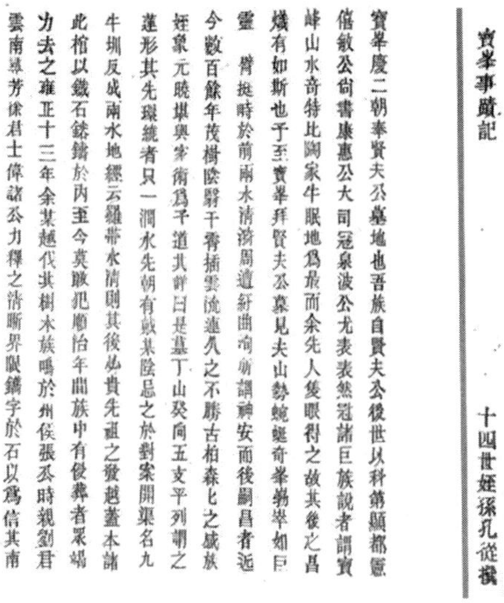
寶峯事蹟記　十四世姪孫孔從撰

寶峯慶二朝奉贊夫公墓地也吾族自贊夫公後世以科第顯都憲僖敏公尚書康惠公大司寇泉波公尤表表然冠諸巨族說者謂寶峰山水奇特比陶家牛眠地爲最而余先人隻眼得之故其後之昌熾有如斯也予至寶峯拜贊夫公墓見夫山勢蜿蜒奇峯聳翠如巨靈　臂挺時於前兩水清漪……紆曲……謂神安而後嗣昌者……今數百餘年茂樹陰翳干霄插雲流連久之不勝古柏森森之感族姪泉元曉與吳宗衛爲予道其詳曰是墓丁山癸向五支平列明之蓮形其先環繞者只一澗水先朝有戚某陰忌之於對案開渠名九牛圳反成兩水地經云雖帶水清則其後必貴先祖之靈趍蓋本諸此栢以鐵石錮鑄於內至今莫敢犯……年間族中有侵葬者衆竭力去之雍正十二年余某越代其樹木族鳴於州侯張公時親劉君雲南尋芳徐君士偉諸公力釋之請斷界限鐫字於石以爲信其南

图二

文史之十：图一为《中华周氏联谱汝南堂八维支旧谱外编》上记载周孔从所撰的《筠坡记》（节选）。

文史之十一：图二为《中华周氏联谱汝南堂八维支旧谱外编》上记载周孔从所撰的《宝峰事迹记》（节选）。

文史之十二：周孔从撰有《高祖新我公述略》《重建公祠序》《雍睦堂记》《石谭记》《万氏重修族谱序》等。

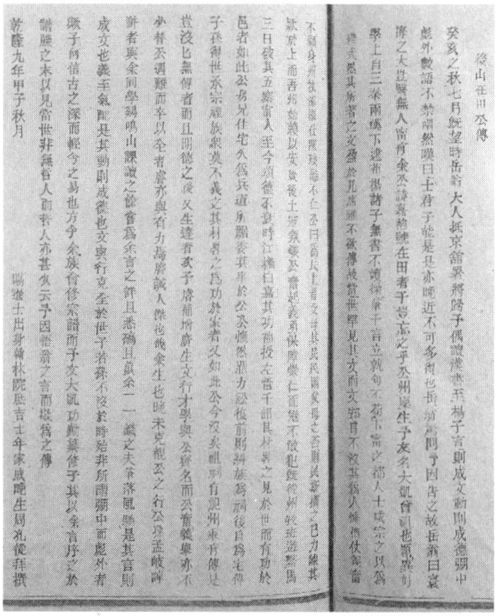
乾隆九年甲子秋月

賜進士出身翰林院庶吉士年家眷晚生周孔從拜撰

图一

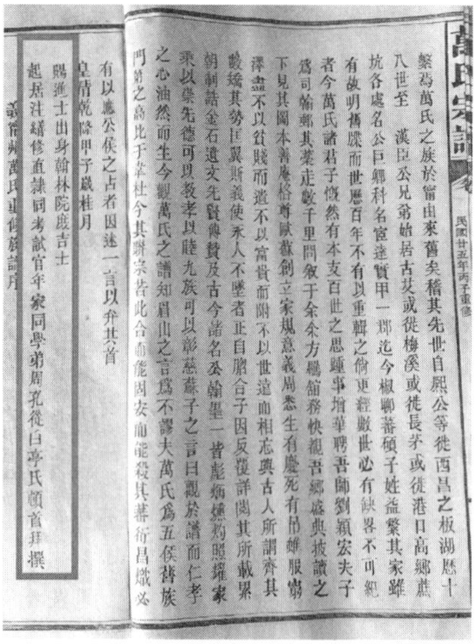
萬氏之族於甯由來舊矣稽其先世自熙公等徙西昌之板湖歷十八世至　漢臣公兄弟始居古坊或徙梅溪或徙長矛或徙港口高鄉……各處名公巨卿科名宦迹實甲一邦迄今根盤蒂碩子姓益繁其家雖有……而世遠百年不有以重輯之……

皇清乾隆甲子歲桂月

賜進士出身翰林院庶吉士

起居注纂修直隸同考試官年家同學弟周孔從曰亭氏頓首拜撰

图二

文史之十三：图一为民国八年《长茅余氏宗谱》上记载周孔从所撰的《后山在川公传》。

文史之十四：图二为民国二十五年重修的《万氏宗谱》上记载周孔从所撰的《万氏族谱源流序》。

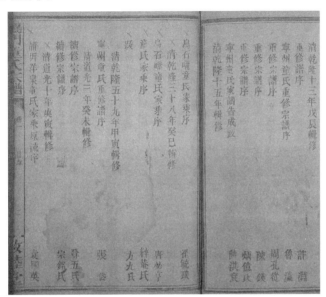

文史之十五：图为民国三十七年重修的《雁门童氏宗谱》中记载周孔从所撰的《重修宗谱序》。

【世人评赞】

修水县宁溪诗社社长周可爱《赞举人进士联捷天才周孔从》诗云：

掌撰英才慧绝伦，可怜三五殒青春。

学于古训慎修谨，士至朝仪识省身。

四岁千文超圣哲，秋帏一卷异天人。

鸡鸣峰隐犀津渡，月照芦沟格外亲。

【编者手记】

编者多次到修水西港湾台探访，当地村民周孔从后裔谈到周孔从时，总是怀着无比崇敬之心，诉说着其"神童""天才""学富五车"的故事，但极为惋惜的是周孔从因病而卒，仅活 35 春，其才学、仕途均随其寿终而止，让后人颇为叹息。

乾隆十三年戊辰（1748 年）梁国治榜进士

184. 陈锁

【进士小传】

小传之一：字冠千，号耐亭，高市人，福建海澄县知县，有传。见同治《义宁州志》卷十九选举志。

小传之二：义宁州高乡人，乾隆年间进士，福建省海澄县知县。见《修水县姓氏志》第 274 页。

小传之三：字冠千，南昌府义宁州人，乾隆九年举人，乾隆十三年第三甲 116 名进士，官至顺昌知县。见毛晓阳《清代江西进士丛考》第 483 页。

【进士文史】

图一　　　　　　　　　　　　　　　　图二

文史之一：图一为同治《义宁州志》卷二十二人物志中记载陈锁的史料。

文史之二：图二为清曾燠编辑的《江西诗徵》卷七十九国朝十五中记载陈锁的进士小传和《丁令威故居》诗。

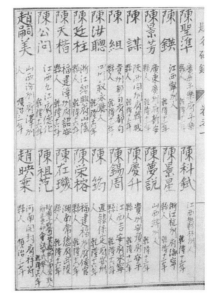

図一　　　　　　　　　　　　　　図二

文史之三：图一为光绪七年重刊的《顺昌县志》记载江西宁州进士陈镆乾隆二十年任顺昌知县的史料。

文史之四：图二为明治十四年《题名碑录》卷一中记载陈镆的史料。

图一　　　　　　　　　　　　　　图二

文史之五：图一、图二分别为陈镆主修的《海澄县辛巳志》和所撰的《邑志引言》。

图一　　　　　　　　　　　　图二

文史之六：图一为同治《义宁州志》卷二十三人物志文苑中记载陈锁、周孔从乃刘显祖之得意门生的史料。

文史之七：图二为民国三十七年重修的敦睦堂《雁门童氏宗谱》卷一目录中记载陈锁所撰的《重修宗谱序》。

文史之八：《吊愍节墓》诗云：

南渡之时事可之，荒城仅保亦可神。

一夫孤愤犹能苑，谁遣金牌诏六师。

《永昌见雪》诗云：

其一

不遣花飞到海垠，幽情若失素心人。

寒威昨夜署水生，艳同云糁玉尘色。

共鬓华天欲老光，分魄素月疑新丰。

三登有兆若来岁，未举厨烟几时贫。

其二

晓来练色透窗纱，布被生寒晏放衙。

冻入玉峰森嫩笋，光瑶琼树散轻花。

唯凭白战诗思减，但竭清欢酒入奢。

门外方俗谁沿立，龟山道脉忆三华。

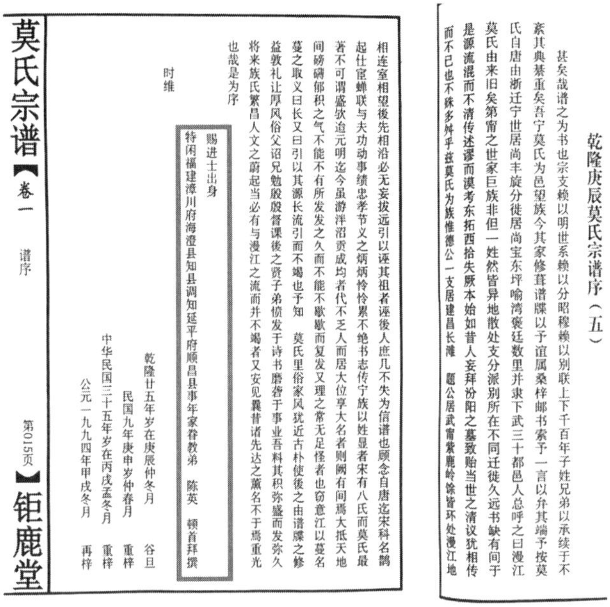

何处望西陵无复旧台榭美人埋芳草片玉存古瓦义经
冰与菊遗兹千载下淜然祭宝光应墨寒涛泻谁镌古铭
词遗音仰大雅姓字依稀识昔我同乡者

铜雀瓦砚

邑人　陈镆

上镌黄山谷铭此良

图二

相连望后先相沿必无妄拔远引以诬其祖者诱后人庶几不失为信谱也顾念自唐迄宋科名鹊起仕宦蝉联与夫功勋事绩忠孝节义之炳炳烺烺者来千百年之……

乾隆庚辰莫氏宗谱序（五）

莫氏宗谱【卷一】
谱序
第015页
钜鹿堂

时维
乾隆廿五年岁在庚辰仲冬月　谷旦　重梓
中华民国三十五年岁在丙戌冬月　再梓
公元一九九四年甲戌冬月

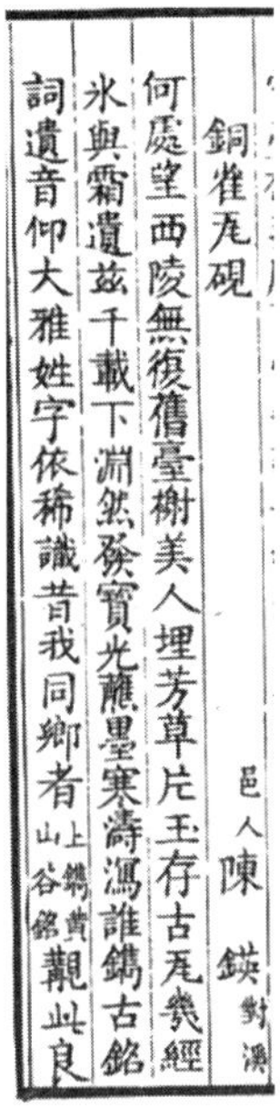

特闲福建漳川府海澄县知县调知延平府顺昌县事家眷教弟　陈英　顿首拜撰
赐进士出身

图一

文史之九：图一为 2015 年重修的《莫氏宗谱》卷一谱序中记载陈镆撰的《乾隆庚辰莫氏宗谱序》。

文史之十：图二为道光四年《义宁州志》中记载陈镆撰的《铜雀瓦砚》诗。

文史之十一：主修《海澄县志》并撰《邑志引言》。

文史之十二：撰《良塘孝斋暨查太君合传》《查林春山公乔梓传》。

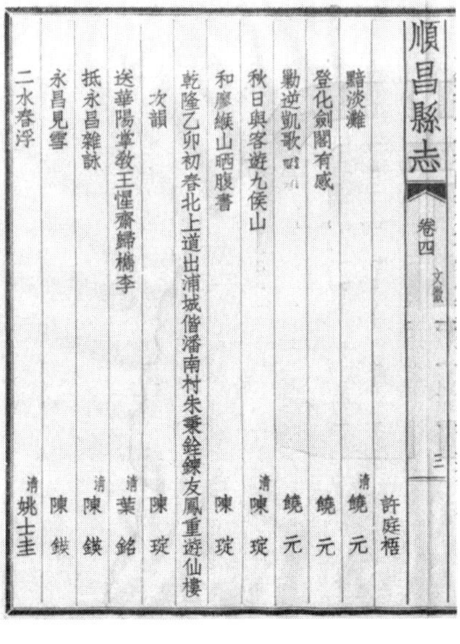

修水历代进士史略

文史之十三:图为清光绪七年重修的《顺昌县志》卷四文征中记载陈镇的诗文。

【世人评赞】

评赞之一:江西省作家协会会员何明生题进士陈镇曰:

县志编修,遂令多少海澄名士,个个留青史;

民心凝聚,只因三千吏治良方,条条护白丁。

评赞之二:编者周武现云:"其不畏豪家真豪杰,还田于民众人夸。"

【编者手记】

手记之一:编者查阅《海澄县辛巳志》得知,其志有二十四卷,为清陈镇纂修。陈镇,乾隆年间任海澄县知县。县志首修于明崇祯五年,再修于清康熙三十二年。陈镇任县令后,以旧志多有欠缺,又设局重修,而成此书。乾隆二十七年(1762年)刻印。兹篇所载,大都平平。惟艺文所收十分丰富。特别是首列书目,便于查阅。另外,载有邑中有影响之著作,如刘宗周祭明天启年间遭魏忠贤陷害之周起元、高攀龙、周顺昌、周宗建、李应升、黄尊素诸人的文章及黄道周绵贞先生墓志铭等,皆传世之作,读之令人有千载同悲之感,有一定参考价值。此志尚有民国十五年(1926年)重印本。

手记之二:同治《武宁县志》卷三十九中记载,其有《四望山》和《丁令威故居》诗两首。

手记之三:2024年7月14日,编者在通州时,发现《顺昌县志》记载陈镇为总裁,撰写了《顺昌县志》序,并在艺文一节中有多篇记和诗文。

乾隆十七年壬申(1752年)恩科秦大士榜进士

185.徐耀祖

【进士小传】

小传之一:字湘芷,号鹚桥,高市人,任福建屏南、连江、光泽,广东花县知县,有传。见同治《义宁州志》卷十九选举志。

小传之二:字湘芷,南昌府义宁州人,乾隆十七年举人,同年第三甲27名进士,官至花县知县。见毛晓阳《清代江西进士丛考》第486页。

徐耀祖画像

小传之三：徐耀祖（生卒不详），暹公次子，字湘芷，号鹉桥。乾隆十七年壬申（1752 年）联捷进士，授知县，累任福建屏南、连江、光泽县知县，壬午、乙酉两科同考试官，内艰服阕，补授广东广州府花县知县，丁酉年同考试官加六级，随带加一级卓异侯升分府。见《修水徐氏祠堂》举人进士专栏介绍。

【进士文史】

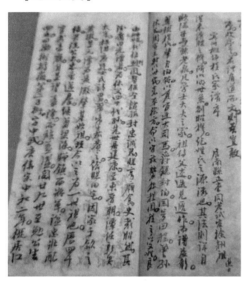

图一　　　　　　　　　　　　　　　图二

文史之一：图一为光绪年间当地文人用墨笔抄写的屏南县正堂同考试官徐耀祖所撰的《宁州桃坪程氏家谱序》。

文史之二：图二为光绪七年《江西通志》卷三十二中记载国朝进士徐耀祖的史料。

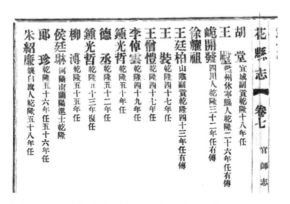

文史之三：图为《花县志》卷七中记载徐耀祖任花县知县的史料。

奉
天承运
皇帝制曰分符百里必矜出宰之材报最三年
爰重懋官之典尔福建福州府屏南县知县徐
耀祖雅擅才能克宣慈惠抚绥有要常深疾痛
在己之心怀保无穷不忘顾复恩民之责兹以
覃恩授尔为文林郎赐之敕命于戏前劳已茂用
褒制锦之能来轸文澜益励饮冰之操
制曰良臣宣力于外效厥勤劳贤媛襄职于中肩
兹宠锡尔福建福州府屏南县知县徐耀祖之
妻温氏终温且惠既静而专綦缟从夫克赞秦

图一

奉
天承运
皇帝制曰求治在亲民之吏端重循良教忠励资
敬之忱聿隆褒奖尔徐懋选乃福建福州府屏
南县知县徐耀祖之父是躬淳厚垂训端严业
可开先式谷乃宣犹之本泽堪启後贻谋裕作
牧之方兹以
覃恩赠尔为文林郎福建福州府屏南县知县锡
之敕命于戏克承清白之风嘉兹报政用慰显
扬之志昭乃遗谟
制曰朝廷重民社之司功推循吏臣子凛冰渊之

图二

徐耀祖字湘沚州城鸚鵡橋人乾隆壬申進士任屏南知
縣勵廉隅勤政事創書院勸富民捐田益膏火調光澤
縣案牘積剖决如流丁憂服闋補花縣因病乞休未
幾卒上仝

图三

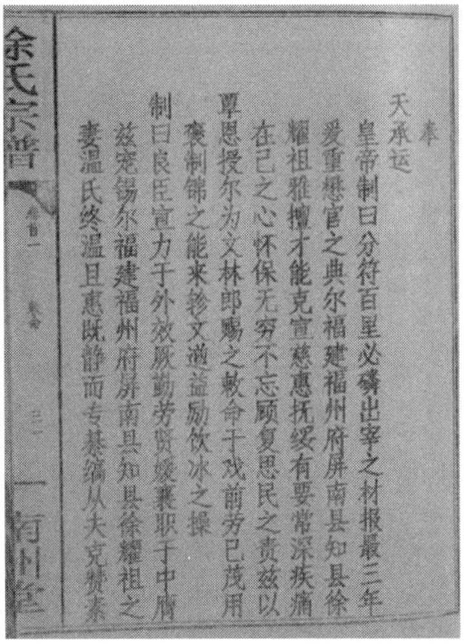

文史之四：图一、图二为民国三十二年修的《徐氏宗谱》卷一敕命中记载皇帝对徐耀祖之父、之妻的诰命史料。

文史之五：图三为道光四年《义宁州志》上记载徐耀祖的个人史料。

文史之六：《莲花书屋记》

雷潭溪两山辟立，如巨灵手臂，跨流数十里，绿溪行步仄径，约里许叠嶂攒簇间，豁然开朗。因山结庐，庐外负郭田数顷，田外曲水一泓清荧洞彻，而桑麻鸡植时闻，亦今之桃源也。吾族隐君子者文轩先生承厥祖和玉公暨又东公之旧壤廓而家焉，以其环村皆山，秀色团簇，如莲萼之仰承，故名莲蓬。因其地新其肯构，先生之家嗣曰：莲村。又于家居之左筑室数椽，以为延师课读之地。榜其门，曰莲花书屋，屋之成同治甲子岁也。辛未春而予来请谒，得其闻其始末，又亲见其尊崇师友之意甚渥也。心窃嘉之，既馆于是屋而去，越数年以书来属为之记。予盖常升其人堂其室而山水之奇，丘壑之胜，栋宇之坚良，结构之朴实，与夫天地之变态，风云之离合，佳日之从容，素节之迁流，一一可遇之心目间。当夫春和景明，翠花吐艳，苍崖翠壁间万紫千红，互相点染而幽禽时鸟嘤嘤然，鼓吹笙簧间作求友声，入夏则开门见山，浓黛欲滴，熏风泠然，修竹戛然，顷而黑云起山雨欲来，烦暑净涤，心地一清。若夫皓月流天，了无尘翳涧水澄碧，红叶乱飞，林稍树杪隐然有声，如咽流泉，如激始涛，如鸣金铁，其欧阳子读书之秋夜乎？至于林空石出，寒气逼人，老松古柏凛然有冬，心又或冻云凝地，积雪在门，明窗净几，玲珑四映，郎朗如玉，山上行皎皎如水晶宫中，此皆莲之胜也。朝于

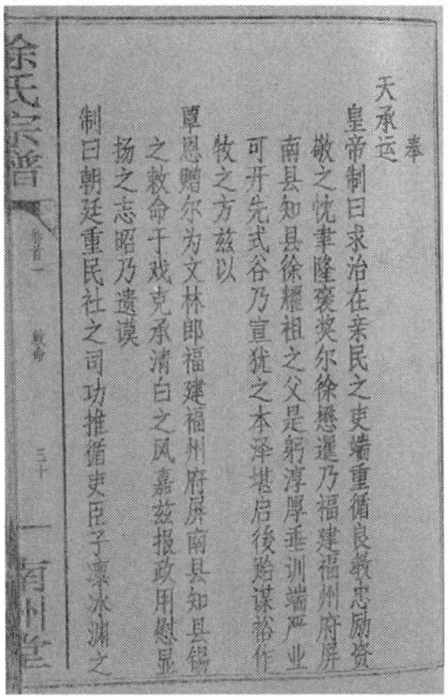

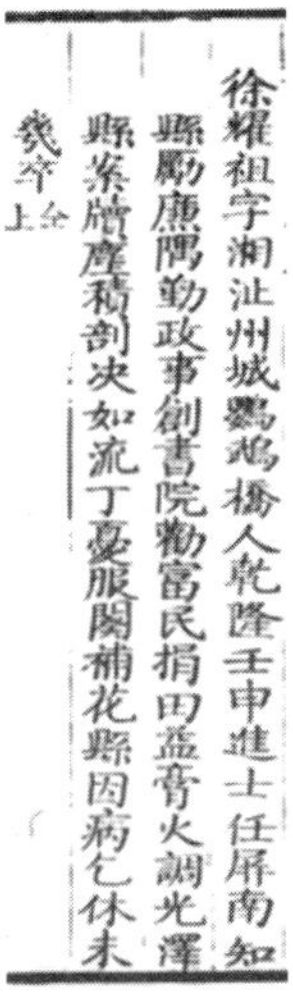

斯夕,于斯咏歌,于斯者自领之矣。抑尤有进焉。人杰则地灵,得莲花条回,掮下有莲也,则莲花也,中心有潜鳞,待举人仰止云。光绪元年五月。见《徐氏宗祠志》。

文史之七:徐耀祖于乾隆二十五年撰写《东坪友直公传》。见 2015 年重修的《莫氏宗谱》。

【世人评赞】

编者周武现赞:"其为官一任,造福一方。励廉隅,勤政事,创书院,劝富民捐田,益膏火,颇有政绩。"

【编者手记】

编者在查阅徐耀祖史料时发现,这榜进士共 237 名,其中有六人未参加殿试,徐耀祖与清代书法家、文学家、金石学家翁方纲乃同科进士。见明治十四年的《题名碑录》。

乾隆四十三年戊戌(1778 年)戴衢亨榜进士

186. 徐文干

【进士小传】

小传之一:字导埙,号筠亭,泰市人,翰林院庶吉士,改兵部车驾司主事武英殿分校,有传。见同治《义宁州志》卷十九选举志。

小传之二:字导埙,南昌府义宁州人,乾隆四十二年举人,乾隆四十三年第二甲十九名进士,官至兵部主事。见毛晓阳《清代江西进士丛考》第502 页。

小传之三:徐文干,字导埙,别字筠亭,泰市人。少好学,有俊才,甫弱冠游,游庠序有声,督学侍郎蒋公元益,观风阅其课卷,重加叹赏,以国士目之。丙申科试考取第一,选入拔贡,旋中丁西亚

徐文干画像

元联捷南宫,授翰林院庶吉士,辛丑散馆,改授兵部车驾司主事。文干天资敏妙,风流自赏,为文独清真奥峭,深探五家风味,书法妍媚,诗律沉雄。年未四十,遽以疾卒。蒋公闻之流涕,与同馆作元相语曰"韩愈可惜"。著有《筠亭文

稿》。见同治《义宁州志》卷二十三人物志文苑。

小传之四：徐文干（1738—1776），字道熏，号文干、懋伯。生于清乾隆戊辰年八月初六寅时。自幼聪明好学，苦读诗书，被誉为神童。丁酉年拔贡本科亚元，戊戌会考连捷进士。授为翰林，官至车马司主事。著有《筠亭文稿》行世。可惜英年早逝，只活三十七春。见《修水徐氏祠堂》举人进士专栏。

【进士文史】

文史之一：图为哥伦比亚大学中文图书馆珍藏的 1937 年《明清两朝历科题名碑录》中记载徐文干的史料。

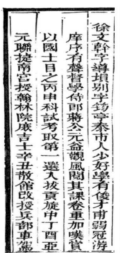

图一　　　　　　　图二　　　　　　　图三

文史之二:图一为道光四年《义宁州志》卷十八中记载徐文干的史料。

文史之三:图二为同治《义宁州志》卷二十三中记载徐文干的史料。

文史之四:图三为2013年《南州徐氏大成宗谱》中记载徐文干的史料。

文史之五:万承风《祭徐筠亭文》

呜呼!筠亭其长逝耶,才士数奇,仰天而嗟,天予以德,不予以年。曾不四十,遽陨重泉。天畀以名,不畀以禄。官止省郎,夺之何速。人才之难,自古所叹。得而复失,有泪汍澜。呜呼!君之德器,博雅渊冲。虚怀秋水,朗抱春风。君之孝友,入事闺帏,乡党宗族,人无闲言。君之文章,足以华国,珥笔西清,淋漓翰墨。君之政事,始勤南省,端服粉闱,群英引领。以才若此,以遇若彼。需之岁时,公辅可俟。胡天不吊,遂至于斯。英雄气短,贤愚一词。呜呼!人谁不死,亦各有私。母老子幼,君独何之。追维曩昔,得侍同朝。共敦梓谊,燕会招邀。曾几何时,恍如梦寐。岁在龙蛇,贤人捐弃。先民有言,盖棺论定。没世无称,虽寿犹夭。君年则短,君名则扬。孰得孰失,辨之宜详。南山奕奕,修水滔滔。远莫能至,使我心劳。临风举觞,同侪气结。灵如不昧,鉴此清冽。

文史之六:《古城八景》诗

纱帽石

何年炼石落芳洲,化作冠弁踞上流。

怪不平泉呼醒醉,浮名长伴水悠悠。

团山寺

团山秃律拽江中,透顶涵虚万窍通。

古寺烟沉钟馨杳,踏空乡应玉玲珑。

桃峰山

何人遗核种高岑,峰以桃名直到今。

疑是西池传异果,移来蓬岛树森森。

安家寨

高悬一寨耸云霞,峭壁棱棱八面遮。

小丑闻声皆胆落,乡村到处乐安家。

张仙桥

徒舆功成非偶然,嘉名浪说唤张仙。

长途若有题桥客,莫让相如志独坚。

严姑渡

隔江到处阻征夫,古渡何年建此都。

利涉功成遗泽远,至今犹自唤严姑。

绿野村

绿野耕耘到处忙,此村风土最为良。

农人共嘱多加粪,早答皇恩莫欠粮。

青灯阁

年来深阁永青灯,太乙燃藜未也曾。

一段文光高烛斗,书堆万轴架层层。

文史之七:《过修溪口》诗

芝台馆畔长菰蒲,燕子崖前听鹧鸪。

东去修溪如瓮口,犹传黄氏旧粉榆。

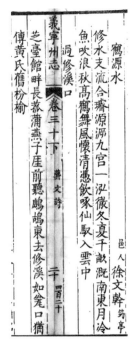

图一

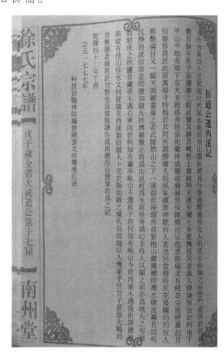

图二

文史之八:图一为道光四年《义宁州志》上记载徐文干所撰的《鹤源水》和《过修溪口》诗。

文史之九:图二为徐文干所撰的《伯通公迁西溪记》。

【世人评赞】

评赞之一：乾隆皇帝对他的才学大加赞赏，夸他有天官之才。

评赞之二：清金浴王谟拜题像赞云：

有伟人兮，乃在兰台金门之侧，蛮坡凤阁之前。升降丹墀，青琐出入粉暑，花砖被服乎？儒雅履蹈乎？名贤经纶，内蕴文采；外宣洵曲，江之翘楚。作雁塔兮，孤骞羔鸿，轩而凤兴，俨鹭序与剡联。岂云泥之遐陋，竟参辰之绝悬，遂使繁霜促节，急景凋年。修文下地，作赋上天。兰摧玉折，蝉蜕尘捐。载瞻遗像，本末华颠。角犀丰满，髯辅承权。垂绅缙笏，一望俨然。嗟斯人之不禄，将何德而免焉。幸菁华之未竭，托花荫以连绵，孕三珠于赤水，钟片玉于蓝田，凤毛翩其济美，一经世以相传。先生其亦骖鸾鹤，无遗憾于重泉。清嘉庆壬戌季秋。

评赞之三：江西省作家协会会员何明生题进士徐文干云：

金殿诵联，敏妙风流惊帝座；

朱门及第，穷通才学泽黎民。

【编者手记】

手记之一：造公之下高沙衍派 14 支中冕支（六世），世居梅山和县城迎恩门。元朝时七世孙伯通，迁居泰乡七都下徐，后迁居本县西溪（即今义宁镇的桃里）。后裔发展为洪、鉴、楼、和四大支，元明清三朝时人丁旺盛。此地 20 里秀溪，二水分流，程山、右山两关水口，内有桃花尖、天门洞等八景，山清水秀，风藏气聚，多出贤才，是清联捷进士、翰林院学士、兵部车驾司主事徐文干与荆州知府徐家干之故里。

徐文干故居隔岸屋场与诰封"资政大夫"徐家干故里相距不到 100 米

徐文干、徐家干故里的中举旗杆石

手记之二:编者于 2006 年 6 月和 2023 年 7 月 28 日到徐文干、徐家干故里采访,看到有 7 对旗杆石,立在石大门框前。可惜上面雕刻的字迹已风化,模糊不清。编者考证得知,徐文干为乾隆四十二年丁酉乡试举人。

手记之三:编者查阅《江西进士全传》得知,该科共取进士 157 人,修水仅徐文干一人高中。其状元戴衢亨为今江西大余南安镇人,考官是内阁大学士于敏中、吏部侍郎王杰、内阁大学士嵩贵。

乾隆四十六年辛丑（1781 年）钱棨榜进士

187. 荣锡楷

【进士小传】

小传之一：字树东，号鲁峤，上奉乡乌石坪人，贵州开泰知县，有传。见同治《义宁州志》卷十九选举志。

小传之二：清乾隆辛卯科进士，曾任贵州开泰知县。著有《鲁峤诗案》。见《修水县姓氏志》第 340 页。

小传之三：字树东，南昌府义宁州人，乾隆十四年举人，乾隆四十六年第二甲 53 名进士，官至开泰知县。见毛晓阳《清代江西进士丛考》第 505 页。

【进士文史】

文史之一：荣锡楷，字树东，号鲁峤，奉乡人。幼颖敏，大父廷彦爱之。年十三，入郡庠，肄业豫章，中乾隆辛卯副榜，己亥乡举，辛丑成进士，壬子授贵州知县，署安平。安平，冲邑也，楷抚恤周至，民不疲役，旋署开泰县。甲寅乡闱充同考官。回任，适楚苗蠢动，铜仁苗相应滋扰，抚军檄委兼程趋赴管铜仁府粮务。乙卯二月，奉公相福敬斋委往麦地讯办理粮站，跟役二三人，过豹子场正大营，一路皆贼巢，至麦地汛，万山岑寂，中立粮台，环以木栅，屯军二百名，日夕戒严，楷衣不解带者月余。一日苗百户告曰："楚苗觊觎粮台，今必来。"未几，前山贼众拥至。楷曰："大营嗷嗷，需转运甚急，敢误军食乎？"众感激奋击之，贼稍退。越五日，有吴半生者，骑白马领苗匪数千，复自前山直逼粮台，众错愕。环楷泣，楷曰："无怖，尚可守。万一台破粮劫，我唯一死以报国也！"口呼指画，麾屯兵拒贼，张佛郎机轰，击伤苗匪数十人，苗众奔，粮台卒保无虞。初，夫役闻警多逃逸，而站上又不得一日停运，楷焦思筹划，转运如期，后接办正大营站务，地冲事据，调理悉井井，抚军奏补开泰。嘉庆丙辰春，撤站，额二埭，以新旧三载，从戎有功，拟以同知升用。楷回开泰任。惟以文教化俗，以仁心恤下，土著苗民皆安之。嗣以军营，积劳成疾，恳告归里。著有《鲁峤文稿》《诗集》行世。见《义宁州志》卷十七宦绩。

图一	图二

文史之二：图一为道光四年《义宁州志》卷十七宦绩中记载荣锡楷的史料。图二为哥伦比亚大学中文图书馆珍藏的 1937 年《明清两朝历科题名碑录》中记载荣锡楷的个人史料。

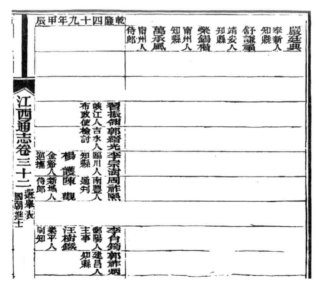

文史之三：图为《江西通志》卷三十二中记载国朝进士荣锡楷的史料。

文史之四：越岁辛丑，余（万承风）与鲁峤同举进士。桂岩、廿圃、胡此园，均以一等出知县事，论者咸以是举，为转移风气之渐，而江西之人，由是皆知有所谓宁州会馆者。见《万承风的家乡关注研究及相关文献辑录》。

文史之五：右图为道光四年《义宁州志》卷三十艺文诗中记载荣锡楷所撰的《登灵石峰》《乌石溪桥》《旌阳得日观怀古》《过上坑岭值雪》等诗。

文史之六：《桥溪环带》诗云：

千里涟漪注，平辅雁齿齐。

鹤汀开一面，晶镜夹双溪。

直拟川如抱，应教柱何题？

卷帘新翠拥，人在柳桥西。

文史之七：荣锡楷撰《下坪武京先生传》。见《王氏宗谱》。

文史之八：荣锡楷世系：荣六

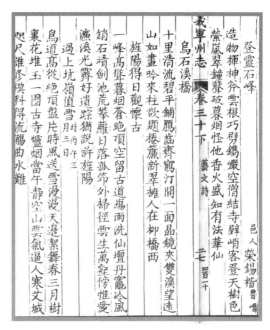

韬（高祖父）→荣美章（曾祖父）→荣廷秀（祖父）→荣万伦（父）→荣锡楷。

【世人评赞】

江西省作家协会会员何明生题进士荣锡楷云：

勇战豺狼，灭匪保粮，忠谋传楚地；

心怀桑梓，编诗撰韵，文泽惠苗民。

【编者手记】

手记之一：同治《义宁州志》卷十九选举志中记载荣锡楷为乾隆四十六年辛丑（1781年）钱棨榜进士，而《修水县姓氏志》则记载为清乾隆辛卯（1771年）进士。辛丑和辛卯，丑、卯一字之差，竟相差了十年。明治十四年的《题名碑录》卷一中荣锡楷的个人史料记载为"乾隆四十六年辛丑（1781年）钱棨榜进士"，与同治《义宁州志》上记载一致，故《修水县姓氏志》上记载为"清乾隆辛卯（1771年）进士"是错误的。

手记之二：编者查阅乾隆十七年《开泰县志》，没有荣锡楷任开泰知县的记载，因为荣锡楷任开泰知县在《开泰县志》编撰之后。

手记之三：荣锡楷祖父荣廷彦修缮城墙时捐银四百两，又为其孙锡楷捐银二百两，其祖孙之热心公益事业的大爱之举，可见一斑。

手记之四:荣锡楷一族重文修礼,家风淳朴,历代文人诗赋记载于史志。明朝修水籍进士周季凤编撰的《修江先贤录》云"崇仁诛泗",即指荣氏第七十六世荣应瑞出任崇仁学正,学博渊厚,人品高尚,为时人称赞。民国二十四年重修《荣氏宗谱》时,其整理修水荣氏艺文典籍共百余篇,其中不少佳作。如《鲁桥公题八景诗》之《桥溪环带》,清新爽朗,脍炙人口,曾选入清道光四年重修的《义宁州志》。

手记之五:这一榜,修水有两人高中进士,荣锡楷乾隆四十四年举人,四十六年第二甲53名进士,任开泰知县。万承风乾隆四十二年举人,乾隆四十六年第三甲第一名进士,官至兵部左侍郎,晋赠礼部尚书,谥"文恪",加太傅。荣锡楷考中进士虽在二甲之列,而官职却比三甲万承风不可同日而语。

188. 万承风

【进士小传】

小传之一:字卜东,号和圃,安乡长茅人,兵部左侍郎,晋赠礼部尚书,谥"文恪",加太傅,有传。见同治《义宁州志》卷十九选举志。

万承风(中)铜像

万承风故里汤桥集镇上万承风壁画

小传之二:字卜东,一字和圃,南昌府义宁州人,乾隆四十二年举人,乾隆四十六年第三甲第一名进士,官至兵部左侍郎。见毛晓阳《清代江西进士<u>丛考</u>》第

505 页。

小传之三：万承风(？—1813)，清乾隆四十六年(1781 年)三甲一名进士。江西宁州人，字卜东，号和圃。授检讨，直上书房，侍太子读书，官至兵部左侍郎。卒谥"文恪"。有《思不辱斋诗文集》。见《明清进士录》。

【进士文史】

文史之一：图为道光四年《义宁州志》上记载皇帝上谕的史料。

文史之二：图为乾隆五十年道光皇帝老师万承风所书"德润花辉"四字金匾，现金匾高悬于黄坳乡朱砂村三幢堂正堂内。万承风的姑妈嫁给瞿必义，三幢堂属瞿必义所建，万承风赠匾以示祝贺。"德润花辉"意指厚德载物，润泽后人，家族友爱，手足情深之意。

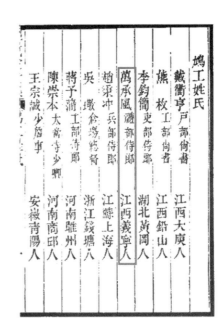

图一　　　　　　　　　　　　　图二

文史之三：图一为清嘉庆三年木刻线装王凤喈《续广事类赋》中记载万承风所撰的《续广事类赋序》。

文史之四：图二为民国姜殿扬校补的《权载之文集》中记载"万承风，礼部侍郎，江西义宁人"的史料。

文史之五：图为万承风审定的《宋黄文节公法书》卷一。

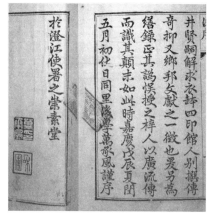

图一　　　　　　　图二　　　　　　　图三

文史之六：图一为同治《义宁州志》卷二十二人物志乡贤上记载万承风的个人史料。

文史之七：图二、图三为万承风校刊的《黄律卮言》和后序。

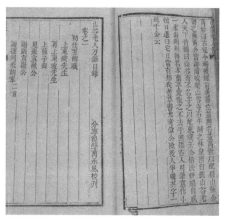

文史之八：图为万承风校刊的《山谷刀笔》和所作后序。

文史之九：万承风世系：万瑞麟（曾祖父）→万舞（祖父）→万鉉（父）→万承风。均以承风贵，诰赠或晋赠为荣禄大夫，兵部右侍郎。

文史之十：万承风，汤桥人，生于乾隆十七年，卒于嘉庆十八年。乾隆丁酉科举人，辛丑科进士。官任翰林院检讨、学士，尚书房行走，内阁学士兼礼部侍郎，江西、浙江乡试主考官，广东、浙江、山东、江苏、安徽等省学政。诰授荣禄大夫。卒后，嘉庆二十五年，晋赠礼部尚书衔，追谥文恪公，赐祭立碑。道光十二年加赠太傅衔。万承风乃道光皇帝之师。万承风还全力推介修水墨砚。把修水生产的墨砚敬献给道光皇帝和赠送给好友,道光爱不释手。视其色赐名赫砚,列为清宫贡品。

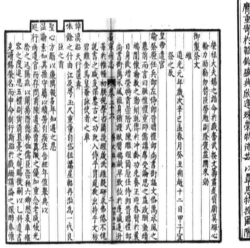

文史之十一:图为道光四年《义宁州志》上记载万承风的史料。

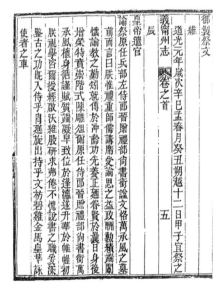

图一　　　　　　　　　　　　　　　图二

文史之十二:图一为《江西通志》卷三十二中记载国朝进士万承风的史料。

文史之十三:图二为同治《义宁州志》上首次记载关于万承风的御制祭文。

文史之十四：嘉庆九年，万承风督山东学政期间，家乡有人致信提重修文峰塔事（右图），万承风积极响应，除作为主要倡导人外，还予以资助。文峰塔成为县城标志性建筑，后在"文化大革命"中被毁。

文史之十五：万承风等在北京正阳门之东建成宁州会馆。在《宁州会馆创始记》中，万承风叙述了自己二十九岁中进士（乾隆四十六年，1781年）之前上京赴考时，深感宁州人进京赴

万承风倡导和资助建设的文峰塔

考居无定所、四处漂泊之苦，故而，与当时的宁州同考考友及宁州商人一道出钱出力，将宁州会馆建好的故事。乾隆庚子余下第，与余桂岩、袁廿圃、荣鲁峤、余仞山、胡禹梢诸君子同留京师，因谋创建。适同知陈曙轩、知县王堂需次都门，慨然各出白金若干，以为倡爱。于正阳门之东市民居十数椽，择其就圮者，撤材而新之，为屋二重各四间，东西厢二间，各翼以小室，土木之费计六百金有奇。以是年秋，与诸君子落成而居焉。这充分显示出万承风对家乡文化事业的关心、对家乡举子的殷切期盼之心。他这种急公而忘私的精神，很值得后人学习。见《万承风的家乡关注研究及相关文献辑录》。

图一　　　　　　　　　　　图二

文史之十六：图一、图二为民国丙子年修的《余氏宗谱》卷首中记载万承风撰写《宋瓷椀记》的珍贵文献。

文史之十七：图为清同治四年（1865年）重修的《饶氏宗谱》卷一题表中记载云南学政万承风恭赠题字"理学懿亲"的书法史料。

文史之十八：2024年6月29日，编者到四都镇清水村办事，无意中寻访到《熊氏宗谱》。在第二章《历届谱牒》中发现翰林院庶吉士万承风为该谱撰写的《郭城熊氏重修谱序》，并为熊氏容老姻伯翁撰写了"人如李白云中鹤，笔是江淹梦里花"对联。其落款为姻教弟万承风。

郭城熊氏重修族谱序

吾州诸大族自宋称极盛者，郭城熊氏其最著焉。溯其祖由婺迁丰，递及纲公即来兹土，椒当衍处，而实斯蕃，实甲于一州，余世居安乡之长茅，安与奉接壤于郭城，犹比邻而居也。累世叨联姻娅，其族之名儒硕彦，忠孝节义，遗韵流风，余盖凤仰慕焉。辛丑春幸邀馆选，得奉恩命，给假南旋，而知熊氏之谱盖五十余年又一重修矣。夫人道之大，莫重于尊亲，而尊亲之道，莫大于睦族，今熊氏自清雅公长发之后，而干远枝繁，绵绵瓜瓞，至纲公而尤大扩，其绪举蒸尝之祭，倡合谱之修，探本究源，不遗余力，后嗣睦族之道，仁孝之思莫大于是矣。诗曰：孝子不匮，永锡尔类，其是之谓乎。至其谱之条分而缕晰，简切而详明，前有戊申诸先辈，今有重修诸君子，博闻参考，实如经之绪史之质，更古今而莫易焉。宜其家科第蝉联，英才焕发而行谊复多高明磊落之士云，是为序。

赐进士出身翰林院庶吉士武英殿分校加一级年家姻世晚生万承风拜撰

图一 图二

文史之十八：图一为《八贤祠志》卷五诗中记载万承风撰的《胡雪蕉水部韵答谢》（节选）。图二为嘉庆丙子年万承风著的《思不辱斋诗集》。

文史之十九：诗

无名

巨龙剖山腹，便便极精好。

造设想盘娲，岁月无稽好。

柯然当谷口，龙门乃天灶。

钟鼓发清越，俗韵从兹扫。

岩泉混混清，岩树亭亭好。

有本者如斯，此理宜参考。

雪堆种玉田，云封煮药灶。

至今石上尘，谁为读书扫。

长茅八景

南谷温泉

石髓供烘煅，如烧势腾上。

元气凝谷南，融和恣幽赏。

兆岸松琴

我爱松风清，闲倚苍松听。

风来韵独弹，无弦资三径。

双溪渔唱

钓罢天机触,新腔声断续。

隔溪明月上,闲伴鸳鸯宿。

程岭樵歌

暮云萦碧岫,幽响来何处。

青条满担归,歌声相借助。

合港花桥

雨水漾晴溪,堤红杂绿絮。

沽酒过桥东,竟折花枝去。

五脑梅峰

巨灵斫山骨,五花遥指数。

暮雨锁峰头,暗香不得度。

十里渊泉

水静波痕细,涓涓流未已。

沿溪溯落花,泉声微到耳。

明慧书院

当年辟蓬蒿,学道探元窟。

片石剥风霜,夜雨书声歇。

　　文史之二十:万承风撰《朱砂阴家塅瞿公济德配张孺人夫妇合传》《瞿学清姻先生八十寿序》《瞿裕源姻先生传既德配雷孺人序》《石垅松盘公传》。

　　文史之二十一:万承风推崇黄庭坚,曾经为《山谷刀笔》作后序,又于嘉庆十三年(1808年)五月主持刻成了《黄律卮言》,并为《黄律卮言》作后序。

文史之二十二：图为道光四年《义宁州志》卷二十六艺文表中记载的万承风《钦改宁州为义宁州谢表》。

文史之二十三：撰写《长茅汤桥记》。

长茅汤桥记

南去钧宅数百步有汤溪，为长茅四境要津，上有温泉。先此非无津梁，惟屡成屡废，行人恒为所阻。雍正庚戌岁，家君同舅氏陈公远声，暨姜君维质，持椽修建石墩石梁，桥成，旋创神祠市肆于桥南，立戏台于河畔，岁首迎神赛社，岁终演戏酬祚。若春和景明，炎威酷暑，汤可浴而祠可风；秋凉寒夜，水冻冰凝，市可栖而桥可渡。由是达市高人，行商过客，步斯桥，如履周行大道；游斯市，如归巨镇名区。浴乎汤者，在春风沂水之中，入乎祠者，如登蓬莱仙子之境。可以修禊，可以利涉，可以宿客而和神，可以怡情而适志。境之美不一而足，实为长茅第一名胜。佥命予以记其概，予思非家君数人，不能偈斯举，苟无境内诸君，亦奚以成厥美弗。桥由汤设，境以桥宏，人因以汤名其桥，余即籍，是为汤桥记。

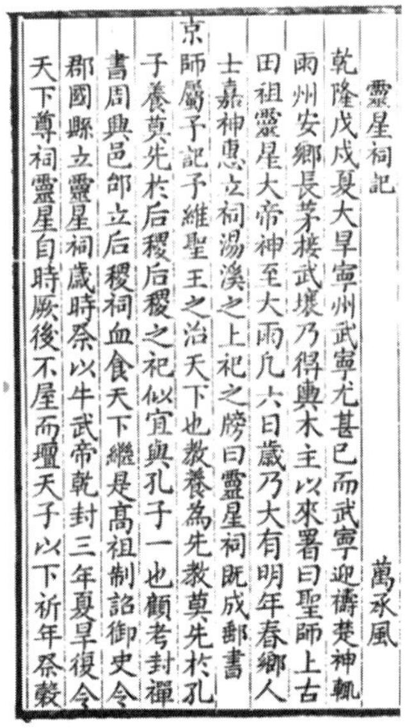

（《万氏宗谱》卷一）

文史之二十四：万承风书联。在渣津镇朴田村熊家，用长 1.3 米、宽 0.3 米的杉木做成一副油漆长匾对联，黑底金字。其对联内容是“人如李白云中鹤，笔是江淹梦里花”，字为行书体，署名“姻教弟万承风”，距今已二百余年。

秋山義田記　萬承風
承風少侍先大夫尚論往事每言及范文正公義田一舉
輙欣欣樂道以為親祖睦族之道無有逾於此者顧力不
能逮嘗自引為己慼承風叨先人餘蔭通籍十數年官卑
祿薄不克即承先志己未春奉
命典學粵東廉俸稍厚三年期滿爰撿每歲節存餘項得白
銀壹千兩付二弟私間四弟颺園購墩子背湯橋水田二
處共租壹百零玖石作為公產以贍族衆承風德凉能鮮
義寧州志　卷二十八　藝文記　二八　五百六十
非敢上希前哲要譽後人耿耿此衷亦惟兢兢焉聊以竟
先大夫未竟之志云爾故特署之曰秋山公義田而詳其
條目於後

图一

靈星祠記　萬承風
乾隆戊戌夏大旱寧州武寧尤甚已而武寧迎禱楚神輒
雨州安鄉長茅揆武壤乃得輿木主以來署曰聖師上古
田祖靈星大帝神至大雨凡六日歲乃大有明年春鄉人
士嘉神惠立祠湯溪之上祀之牓曰靈星祠既成郵書
京師屬予記予維聖王之治天下也教養為先教莫先於孔
子養莫先於后稷后稷之祀似宜與孔子一也顧考封禪
書周興邑郘立后稷祠血食天下繼是高祖制詔御史令
郡國縣立靈星祠歲時祭以牛武帝乾封三年夏旱復令
天下尊祠靈星自時厥後不屋而壇天子以下祈年祭穀

图二

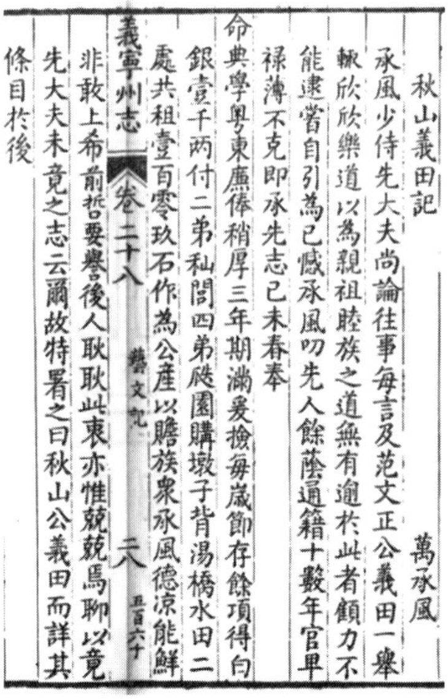

文史之二十五：图一、图二为道光四年《义宁州志》卷二十八记中记载万承风撰的《秋山义田记》和《零星祠记》。

文史之二十六：《徐氏家谱》记载，御书先生、礼部尚书万文恪（字承风）为仁乡（现渣津东堰村）徐彩五妻匡氏手书"节孝崇坊"匾额，以颂其节孝和品德之事。还撰写了《补庐夫子元配师母老孺人寿序》。见《修水县姓氏志》第120页。

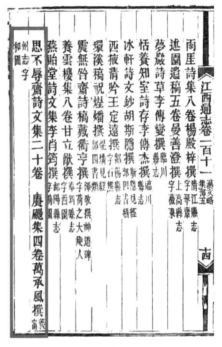

图一　　　　　　　　　　　　　　　图二

文史之二十七：图一为道光四年《义宁州志》卷二十八艺文记中记载万承风撰的《铜爵瓦砚记》。图二为光绪六年《江西通志》卷一百十一艺文略集部五中记载万承风著有《思不辱斋文集》和《赓飔集》的史料。

万承风为人正直，品格高尚，精通政务，勤于写作，为后人留下了不少诗、赋、序、跋、传、记、书、说、佳作、行状、谢折、墓志铭，可谓学富五车，著作等身。万承风所著的这些文化典籍是研究万承风的珍贵文献，也是留给我们后人的一份珍贵财富。其艺文现录表于下，供读者参考。

序号	艺文分类	数量	标题
1	序	43	喻柘南金台草序、分宁万氏重修族谱序、云南乡试录后序、江南乡试录后序、先大夫补田山房遗稿后序、粤东试要序、粤秀书院课文序、客游臆说序、李歉夫重游粤东稿序、朱微园衢尊论序、饶旁唐前辈桐阴书屋诗序、粤东拔贡同门齿录序、胡桐门瑶溪春草序、公余忆旧图序、张鹤舫诗文集序、山东乡试录前序、边华泉全集序、山谷刀笔后序、重刻李沧溟全集序、军野竹石居稿后序、浙江乡试录前序、宦拾录序、今古地理述序、虞山人文续钞序、虞山制义钞序、二东试草一斑录序、景间仙文集序、黄律后言后序、海州志序、岱览序、耆士陈汇亭序、江苏考卷文醇序、天下郡国利病害小序、方舆纪要小序、明周恭节公全集序、张闽楄集后序、彰傅堂续编琅琊王氏谱序、万氏续修族谱序、黄太安人寿序、循孩寿谱序、杨荫轩六十寿序、张德涛先生七十寿序、循陵寿谱后序
2	跋	14	跋偕寿同仁卷后、跋游龙泉观观梅记、南陔遗训后跋、万氏重修族谱后跋、跋所赠朱坦垣福字后、吴香亭先生年谱后跋、跋陈研斋廉访年谱后、问心亭跋、跋梅庵前辈重编友军干文帖后、思不辱斋后跋、陈见复文集跋、跋山谷书顺斋龙王庙记后、跋山谷书伏波神祠诗后、跋蒋东桥前辈与厉樊榭杭董浦诸公唱和诗册后
3	传	14	跣足佣者传、徐斋松先生传、伯祖寒松公传、叔祖华亭公传、伯父白斋公传、从伯母陈孺人传、伯父松亭公传、族叔祖联元公传、族叔祖勤圃公传、外祖余公外祖母邓孺人传、樊子简传、李国玺太翁传、原配刘夫人传、蒋母陆太孺人传
4	记	15	记溪山书屋、记环秀书屋、记灵星祠、记石门、记艾城桥、记铜雀瓦砚记、宁州会馆创始记、宋瓷碗记、重修会同县学记、清远县学重修文庙碑记、古瓦山房记、昆新文庙洒扫会记、义宁州重建文峰塔记、婺源程氏义仓艺塾记
5	书	5	答王七宣书、答谭古愚中丞书、上谭古愚中丞书、答冯鱼山前辈书、复张闰楄书
6	说	5	张氏石门说、胡近思字说、熊越群字说、陈志新字说、陈利光字说
7	墓志铭	13	陈隐君墓志铭、何损斋先生墓志铭、何师母黄孺人墓志铭、熊母谢安人墓志铭、冯松山墓志铭、罗梦醒先生圹志铭、女圆圹志、祝在天先生暨配陈太宜人墓志铭、长女再生墓志、原配刘夫人墓志铭、李荫芗墓志铭、汪仰山先生墓志铭、胡宇斋暨配王孺人墓志铭
9	行状	1	显考秋山公行状
10	赋	14	蝉以翼鸣赋、河鲤登龙门赋、龙舟竞渡赋、春台赋、文史三冬足赋、五经萃室赋、清黄交汇赋、冬权赋、鹤知夜半赋、刻桐为鱼扣石鼓赋、九方皋相马赋、天道如张弓赋、附本引纲赋、一树百获赋

续表

序号	艺文分类	数量	标题
11	试律		略
12	谢恩折	33	入直上书房谢恩折、授广东学政谢恩擢升右赞善谢恩折、升右春坊右中允谢恩擢升侍讲谢恩折、宁州奉旨改为义宁州谢恩、擢升右春坊右庶子谢恩、擢升侍读学士谢恩折、学政任满还京奉恩旨仍直上书房谢折、暑日讲起居注官谢恩折、长子方雍以拔贡引见奉旨以七品小京官用分部学习谢恩折、充署文渊阁直阁事谢恩折、升詹事府少詹事谢恩折、恩赐詹事府匾额谢折、奉恩命典试山东谢折、升詹事府詹事谢恩折、授山东学政谢恩折、升内阁学士兼礼部侍郎谢恩折、升内阁学士兼礼部侍郎仍留学政任谢恩折、升礼部右侍郎谢恩折、奉旨回京供职谢恩折、署兵部左侍郎谢恩折、奉恩命与试浙江谢折、授江苏学政谢恩折、转补礼部左侍郎谢恩折、恩赏味余书室全集谢折、调补兵部右侍郎谢恩折、奉旨开复处分谢恩折、升兵部右侍郎谢恩折、转补兵部左侍郎谢恩折、署工部右侍郎管理钱法堂事务谢恩折、奉恩命充署经筵讲官郎谢恩折、长子方雍七品京官在刑部行走六年二次期满引见留部作为额外主事谢恩折、奉恩命仍直上书房谢折、奉恩命充经筵官谢折

【世人评赞】

评赞之一:右图为时任皇帝颁发的一份圣旨,从中可看出皇帝对万承风人品学识的肯定,更是对其一生为朝廷所做贡献之褒奖。

评赞之二:中国书法家协会学术委员、中国宗教学会会员、中华诗词学会理事、北京华夏翰林文化艺术研究院院长黄君《咏修水乡贤万承风》云:

知遇天庭作帝师,当年儒教未凌迟。

实心力勉图恩报,铁骨铮铮萧宇祠。

以恨奸邪轻拂袖,为思不辱笑题诗。

只今道义无人会,莫向南窗叹日西。

评赞之三:中国楹联学会卢曙光题万承风故里牌坊联:

僻地紫烟稠,且看那万家硕望,一代良臣,风范嶙峋思不辱;

官声清誉远,最难得侍读宣宗,钦差粤海,皇恩浩荡赐归荣。

评赞之四：九江市诗词学会理事、山谷诗社社长万华林题万承风联曰：

为学政，领钦差，三朝元老，不辱君王全使命；

入翰林，值南斋，廿载帝师，终封太傅享哀荣。

评赞之五：江西诗词学会、天津诗词学会、中外散文诗学会会员，山谷诗社社员，《九岭风》诗刊执行主编谢小明《谒万承风故居》诗云：

清风穆穆远嚣尘，瓦断梁斜旧貌存。

陌上花开尤滴露，田边草盛自侵人。

旗杆石下言师表，槐里堂前惜西麟。

慕仰帝师才八斗，遥看碧水抱荒门。

评赞之六：修水县西平文艺社社员周先谷诗赞曰：

帝师却是令人崇，造福荫民显政通。

正气凛然谁可比，大权在握有奇功。

每临官吏生矛盾，总在皇宫解决中。

多少鸿儒歌不止，至今赞美尽相同。

【编者手记】

手记之一：万承风个人史料较多，特别是在《万氏宗谱》《余氏宗谱》《瞿氏宗谱》中有其记述和为他人所撰的寿序和传记等。

手记之二：《黄律卮言》现珍藏于修水县图书馆，这部书为清嘉庆十三年（1808年）五月义宁人万承风根据明万历年间的抄本主持刊印而成。本书题为《黄律卮言》，扉页上注明"古瓦山房校刊"，卷首有"编辑黄律卮言自序"，卷尾有刻书者万承风的后序，极具史料价值。

手记之三：2011年1月，编者正在《浔阳晚报》从事记者工作，受万承风后裔之邀请参加了其成孝书院修建典礼。当时做如下报道："一代帝师、礼部尚书万承风幼年时曾在此就读，年轻时曾执教于此。更值得称道的是，1799年这一年，万承风捐白银千两，用于购置租产达百余担水田多处，作为成孝书院经费，其时由万承风父亲万秋山担任书院经理。"

清朝江西学政何延谦在《培元书院记》中说道："乾隆间曾于所居里许，独立捐建成孝义塾，以教其族子弟。厥后人文蔚起，若太傅文恪公，其最著焉。"由此可见，成孝书院当时之兴盛。

手记之四：编者查阅《万氏宗谱》得知，万承风藏书甚富，共计231部，5864

册,法帖63部,名人字画55种,其书斋名"古瓦山房"。虽然藏书数量不是很多,但藏书质量很高,大部分为善本、珍本,卷帙浩繁,内容颇为丰富,经史子集,样样俱全,且万氏所藏的字画、碑帖等都非常珍贵,大多是难得的真品。大部分是皇帝赏赐的书籍和墨刻,足见万承风不愧帝师之名。不过,编者于2002年探访万承风故里时,其古瓦山房几近垮塌,2023年8月前往寻访,其古瓦山房已荡然无存,甚是惋惜。

清朝时期所建的成孝书院

2011年1月竣工的成孝书院

手记之五:2011年5月25日编者发现万承风书写的卷轴真迹,卷轴长2米,宽1米。其书法卷轴的四句诗为黄庭坚《观化》十五首中的第二首,即"生涯萧洒似吾庐,人在青山远近居。泉响风摇苍玉珮,月高云插水晶梳"。左侧落款为"慕老叔祖正""和轩万承风",红印为"万承风印",从中可真切地感受到一代帝师书法的风采。为何万承风引用此诗作为卷轴书写的内容,来赠送叔祖,是否有劝其叔祖之意,抑或自己有感而发。同时,感到惋惜的是,此卷轴没有发现书写时间,可能书写在"万承风书"红印下面,但已破损,不得而知。此卷轴书写于何时？据编者推测，应是万承风在修水故里居住，或是丁忧之时，距今应在200年以上，有待进一步考证。

修水一收藏家珍藏的道光皇帝旻宁赐给启蒙之师万承风祖父祖母诰命的珍贵文献

手记之六：龙蓓、梁洪生所撰写的《万承风的家乡关注研究及相关文献辑录》一文中对万承风做了全面的评价。其评价说："在清朝江西乡绅中，万承风无愧是杰出代表。他二十九岁之前一直求学于修水及周边地区，对基层社会感情很深。二十九岁中进士，选庶吉士，成为当时刚出生不久的道光皇帝的启蒙老师，对道光皇帝颇有影响。其后他几经宦海沉浮，一直担任着经筵讲官，并凭借着持中秉正的精神屹立不倒，最终坐到了兵部侍郎的位置。道光皇帝即位之后，感念万承风昔日之教诲及为官之政绩，追赠他为礼部尚书，荣耀之至。作为一名清朝官员，万承风兢兢业业，敢于指摘时弊，为民谋利。作为一名江西乡绅，无论身处何方，他都保持着厚重的家乡情结，心系家乡修水，与家乡的亲朋、故师、好友保持着紧密联系，与家乡文人时有唱酬交接。他热心家乡建设，关注并弘扬家乡历史文化与先贤风貌，发挥着比基层乡绅更加强大的作用。作为一名文人，他也是十分出色的，他的《和圃自述年谱》，以平实自然的笔调书写了自己的一生，为后人研究自己及家乡修水提供了可信的素材。他的《思不辱斋全集》是他毕生作品的总集，包括《思不辱斋文集》四卷、《思不辱斋外集》三卷、《思不辱斋诗集》四卷、《思不辱斋赓飏集》四卷、《思不辱斋附赓飏集》一卷，内容丰富，涵盖面广，具有一定的乡村社会研究价值，有助于我们更好地了解清朝乡绅对家乡的关注，有整理研究的必要性。"

乾隆五十五年庚戌(1790年)石韫玉榜进士

189.陈鹤鸣

【进士小传】

小传之一:改名懋敬,字殿颁,号止臣,下武乡征村人,陕西武功县知县,有传。见同治《义宁州志》卷十九选举志。

小传之二:义宁州武乡征村人。乾隆年间进士,陕西省武功县知县。见《修水县姓氏志》第275页。

小传之三:殿颁,改名懋敬,南昌府义宁州人。乾隆五十五年进士,官至武功知县。见毛晓阳《清代江西进士丛考》第271页。

【进士文史】

文史之一:陈懋敬,原名鹤鸣,字殿班,别字止臣,武乡征村人。幼俊颖绝伦,读书能通奥义,应童试冠军,乾隆丙午,举于乡,庚戌成进士。时年逾弱冠,风神秀朗,每以未得入词馆为歉。辞不就选,嘉庆四年援例授内阁中书,七年加捐主事,又以母老,不获供职,家居日以诗文自娱。仿唐初,四子体皆可观,既而幡然曰,吾成进士将三十年,上不能报效朝廷,下不能邀移赠予先人,岂丈夫哉。戊寅夏赴京镌级就选,签发陕西试用知县,委审巨案,累滞不决者,尽得其情,而剖雪之,当道称其廉能。道光元年署任武功县,县俗喜奢靡、优娼,樗蒲之戏,丛集墟市,敬至下令禁绝,捕其桀骜者,置之法;旧有陋规入官,皆革除之。任四十日而病起,遂卒。著有《茗仙诗文集》若干卷。见同治《义宁州志》卷二十三人物志。

图一　　　　　　　　　图二　　　　　　　　　图三

　　文史之二：图一为哥伦比亚大学中文图书馆珍藏的 1937 年《明清两朝历科题名碑录》中记载陈鹤鸣的个人史料。

　　文史之三：图二为陈鹤鸣的读书笔记。

　　文史之四：图三为《江西通志》卷三十二中记载国朝进士陈鹤鸣的史料。

　　文史之五：图为同治《义宁州志》卷二十三中记载陈懋敬的史料。

　　文史之六：光绪二十四年《黄氏宗谱·双井堂》卷首序中记载了陈鹤鸣所撰的《黄氏重修宗谱序》。

图一　　　　　　　　图二

文史之七:图一为道光四年《义宁州志》上记载邑人陈懋敬的《清水岩》《犀津渡口》。

文史之八:图二为《京兆冷氏宗谱》中记载陈鹤鸣撰写的《太学生晖斋序》。

文史之九:赐进士出身、敕授文林郎知陕西武功县事陈鹤鸣撰《龙章夏赉》云:

凤诏春温,猗欤休哉,何其济美一堂。先世之幸有公者,而公又幸有子耶。乡君子每论及此,未常不竟传盛德,谓公之安富尊荣,其润泽为无穷矣。鸣生同时居同里,素分余润,感佩不忘。既而出宰武功,与公契阔,每因家使,时问起居。适接诸故老书,嘱鸣为序。嗟乎! 公之芳徽,达于朝野,何俟鸣言? 鸣即言,岂能表其万一耶? 第以谊之厚,知之深,谨撮其大略如此,后之兴者,必将有感于斯文。

嘉庆十二年十月十三日。

文史之十:赐进士出身、候补主事陈鹤鸣于嘉庆十七年撰写了《从汜公序》。见 2015 年重修的《莫氏宗谱》。

【世人评赞】

修水县山谷诗社常务理事陈光文《遥祭宗族先贤陈懋敬》云:

秋阳起处寨洲通,欲问坑源族可同。

方竹桑田传奥义,谱文俚俗漏诚忠。

且将馆阁悲新典,时把诗情效古风。

镌级依然翻滞屈,隔朝至此读遗雄。

犀津石月星常灿,清水泉仙景未穷。

远裔追寻西陕史,北乡零落楚江翁。

关中漆渭垂山德,更越黄龙耀隐功。

【编者手记】

编者查阅同治《武功县志》、光绪《武功县续志》和道光八年风满楼刻本《武功县志》,县志中没有陈鹤鸣任武功知县的记载。

乾隆五十八年癸丑(1793年)潘世恩榜进士

190. 陈世章

【进士小传】

小传之一:义宁州高乡良塘人。乾隆年间进士,湖北省保安县知县。见《修水县姓氏志》。

小传之二:字懿占,南昌府义宁州人,乾隆五十二年举人,乾隆五十八第三甲四名进士。官至保康知县。见毛晓阳《清代江西进士丛考》。

【进士文史】

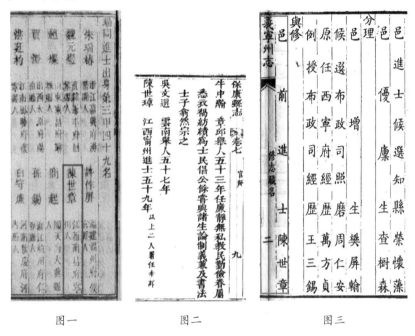

图一   图二   图三

文史之一:图一为哥伦比亚大学中文图书馆珍藏的1937年《明清两朝历科题名碑录》中记载陈世章的史料。

文史之二:图二为同治《保康县志》卷七官师上记载陈世璋(章)江西宁州进士五十九年任乾隆期间保康知县的史料。

文史之三:图三为《义宁州志》修志职名上记载"与修,邑前进士陈世章"的史料。

图一

图二

文史之四：图一为《保康县志》卷五人物列（烈）中记载陈世璋（章）之妻朱氏和陈世璋（章）戍塞外八年等的史料。

文史之五：图二为元、明、清三朝进士题名碑录中记载陈世章中进士的碑刻史料。

图一

图二

文史之六:图一为《各省选拔同年齿录》中记载陈世章"南昌府宁州人"的史料。

文史之七:图二为《江西通志》卷三十二选举表中记载国朝进士陈世章的史料。

文史之八:撰《清嘉庆甲子燕贻堂重修宗谱序》《重修龙峰宗谱系》《良塘剑亭公传》《良塘两虹公传》《良塘云亭公传》《良塘松园、竹香、姓公传》《锽孙试卷会序》。见《龙峰陈氏宗谱》。

文史之九:撰《石垅英贤、宣职公传》《石垅厚禄公传》。见嘉庆甲子《龙峰陈氏宗谱》。

文史之十:著有《桐荫斋》一卷(清同治四年)、《制艺全模》(清同治四年)。见道光四年《义宁州志》。

文史之十一:图为民国八年《长茅余氏宗谱》上记载陈世章于嘉庆十年所撰的《上源别驾余和甫纪略》。

【世人评赞】

江西省作家协会会员何明生题进士陈世章伉俪曰:

尽忠知县战城垣,悲矣,官衙失守;

怒斥贼兵搜敕印,壮哉,命妇捐躯。

【编者手记】

手记之一:《修水县姓氏志》中记载陈世章为湖北省保安县知县,但据编者考证,不是保安县,而是保康县,从其撰的《上源别驾余和甫纪略》落款中可印证。

手记之二:编者阅读《清史稿》,在其列传二百九十七中得知,陈世章妻朱氏,义宁人。世章为湖北保康知县。嘉庆元年,曾世兴为乱,保康故无城,贼骤至,朱怀印坐。贼挟刃索印,朱曰:"我命妇,印在此! 汝曹何敢夺?"贼以矛贯其胸死。

手记之三:《清实录·嘉庆朝实录》卷三记载,毕沅等奏保康、竹山二县,向无城垣,被贼贱破。知县陈世章、刘大成等均以遇贼被害。得旨事定后咨部议恤。寻又奏保康县知县陈世章遇贼被羁,骂贼不屈,经乡民救免。嗣西安将军恒瑞查奏陈世章并无骂贼不屈实据,请革职发往新疆效力赎罪。从之。又陕甘总督宜绵查奏竹山县知县刘大成、署游击孙魁抡、典史吴国华,贼至不能固守,均自尽。上以刘大成等虽未骂贼捐躯,究与偷生者有闲,仍下部议恤。寻议,均照伤亡例减等赐恤。从之。

道光三年癸未(1823 年)林召棠榜进士

191. 荣怀藻

【进士小传】

小传之一:字邦显,号德庄,本乡乌石坪人。广东增城知县,特调湖南临湘县知县,有传。见同治《义宁州志》卷十九选举志。

小传之二:字邦显,南昌府义宁州人,道光二年举人,道光三年第三甲 48 名进士,官至湖南临湘知县。见毛晓阳《清代江西进士丛考》。

【进士文史】

文史之一:荣怀藻,字邦显,号德庄,本乡乌石坪人,道光甲申科进士,性豪迈,论事皆洞彻中理,博览群书,行文有昌黎汪洋恣肆之概,授湖南临湘县知县,甫就任,疾卒,人多惜之,著有《经史辑要》。见同治《义宁州志》卷二十三人物志。

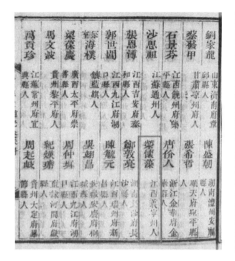 

图一　　　　　　　　　图二

文史之二：图一为哥伦比亚大学中文图书馆珍藏的 1937 年《明清两朝历科题名碑录》中记载荣怀藻的史料。

文史之三：图二为同治《义宁州志》卷二十三人物志上记载荣怀藻的史料。

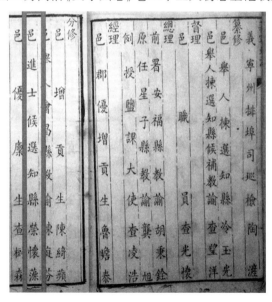

文史之四：图为道光四年《义宁州志》上记载"分修，邑进士候选知县荣怀藻"的史料。

文史之五：图为道光四年和同治《义宁州志》卷二十六人物志中记载荣怀藻祖父荣润之善举的史料。

文史之六：荣怀藻著有《经史辑要》。

【世人评赞】

编者周武现《歌荣怀藻》云：

乌石英才号德庄，豪情博学比韩章。

临湘赴任身先逝，经史长存翰墨香。

【编者手记】

手记之一：编者查阅《临湘县志》，在卷九秩官志中只有荣怀珍"江西义宁州人八年代理"的史料记载（右图），县志中未有荣怀藻的记载，荣怀珍是否就是荣怀藻，有待考证。

手记之二：同治《义宁州志》卷十九选举志中记载，荣怀藻为广东增城知县，编者查阅民国辛酉《增城县志》未有记载。

道光六年丙戌（1826年）朱昌颐榜进士

192. 袁鸣谦

【进士小传】

字川学，号至轩，武乡东浒人，铨选知县，有传。见同治《义宁州志》卷十九选举志。

【进士文史】

文史之一：袁鸣谦，字川学，号至轩，武乡东浒人。幼聪颖，弱冠补弟子员，旋举壬午乡试，成丙戌进士。平生品行端谨，恂恂似不能言。州各刺史雅重其人，聘主讲濂山书院十年。鸣谦非公不入城，所往还皆以诗古文词相好尚，厥后从游者日益众，造就多一时俊髦，历科登贤书者不绝。家多藏书，字句逐加丹黄，键户课业，一如诸生。时年四十，铨选知县，将之任，即返道山，人为惜之，所著有《澹墨斋诗文集》若干卷。见同治《义宁州志》卷二十三人物志。

图一　　　　　　　　　　图二　　　　　　　　　　图三

文史之二：图一为哥伦比亚大学中文图书馆珍藏的 1937 年《明清两朝历科题名碑录》中记载袁鸣谦的史料。

文史之三：图二、图三为同治《义宁州志》修志职名和人物志中记载袁鸣谦的个人史料。

图一　　　　　　　　　　　　　图二

文史之四:图一为当时袁鸣谦私家珍藏的清代大书法家王铎的《拟山园帖》。

文史之五:图二为《江西通志》卷三十二选举表中记载国朝进士袁鸣谦的史料。

【编者手记】

手记之一:1989年出版的《铜鼓县志》记载袁鸣谦今为铜鼓县三都人,清代为武乡东浒。编者多次到东浒寨探访,并未寻找到有价值的史料。《江西历代进士名录》亦将其编入铜鼓县进士章节内。

手记之二:袁鸣谦为签发湖南以知县试用,袁珥之季子,道光五年(1825年)进士。见《铜鼓县人物》。其与《义宁州志》上记载的道光六年丙戌朱昌颐榜,相差了一年时间。编者还在名人简历中查到道光六年(1826年)丙戌科殿试金榜名单,第二甲赐进士出身一百十名中有袁鸣谦的记载,同时还找到平江天鹅山人编撰的《题名碑录道光丙戌科》,其赐进士出身第二甲一百十名中袁鸣谦名字赫然在列。

手记之三:编者考证袁鸣谦资料时,发现袁鸣谦原先珍藏的清代大书法家王铎《拟山园帖》真迹的珍贵史料,上有澹远斋图书印和玉田藏书印两枚。

同治四年乙丑(1865年)崇绮榜进士

193. 陈文凤

【进士小传】

陈文凤像　　　　　　　　陈文凤故居

小传之一:字如金,南昌府义宁州人,同治元年举人,同治四年第三甲 107 名进士,官至安溪知县。见毛晓阳《清代江西进士丛考》。

小传之二:义宁州武乡客家怀远都人,同治年间进士。福建省安溪同知。见《修水县姓氏志》。

小传之三:咸丰元年举人,同治乙丑进士,曾任福建省松溪、安溪同知,正堂加三级,诰授朝议大夫。

【进士文史】

文史之一:陈文凤(1819—1897),字范锡,号鸣冈,祖籍广东嘉应(梅县)州,出生于铜鼓梅洞客家书香门第。文凤天性聪颖,勤奋好学,年方十五,熟读经史子集,入州考第一名,弱冠补廪。清咸丰元年(1851 年)恩科以优增生中举人,清同治四年(1865 年)赴京会考,经殿试中选崇绮榜进士。

太平军兴,文凤应诏组织团练,随官军连克铜鼓营、义宁州两城,论功擢任金溪教谕加同知衔,未就回乡潜心修业。举进士后,钦点知县,派往福建,至而主办省会环局,明能断狱、平反冤案甚众。清同治六年(1867 年),敕授建宁府松溪县令,沿例提升三级,领府州衔,政理清平。清同治九年(1870 年),调充庚午科福建乡试考官。清同治十年(1871 年),补泉州府安溪县正堂,"举堕废,惩豪猾,除虎患,威惠著闻""为民歌颂弗衰之"。清同治十一年(1872 年)春,记大功一次,以同知加级,诰授奉政大夫。

始自清朝康熙初年,即有广东、福建、赣州客家人迁入铜鼓,至雍正三年(1725 年)八月,方得圣谕新立怀远都,允准注册入籍,置产纳赋,分配科举名额,给予参加考试权益。文凤优先得中文科进士,县境客家居民,举额扬眉称庆。

晚清时期,卖官鬻爵,政乱捐苛,文凤感伤世风日下,借母丧丁忧回归故里,遂不复出。地方公举其出长奎光书院后,殷勤教学,循循善诱,培育客家子弟,卓著勋劳。

文凤颜貌温毅,待人接物,持以仁厚。年逾古稀,犹孜孜勤治老庄之学,自称虆坛仙子。暇时则徜徉山水之间,乐天知命,生平善举甚多,诸如首倡捐资修建祠庙、书院、义学,赞助造桥铺路,兴办育婴堂等,泽惠乡里,群情感戴,后裔传闻其著述甚丰,惜多散佚,今仅《卢氏族谱》刊载其撰《卢毓英公传》及任奎光书院山长时,为重修之文昌阁新写楹联:"文运初开昭日月,昌期永际奠乾坤。"见《宜春市铜鼓县历史人物》。

文史之二:公讳文凤,字鸣冈,义门陈氏之支裔也。其先几世祖自嘉应迁于义宁铜鼓营,城功奖教谕,加同知衔。乙丑成进士,用知县,发福建。至则充会澉局员,平反冤狱甚众。摄篆松溪,政理清平。解任,充庚午乡试同考官,是岁补安溪。安溪素患虎,岁噬数十百人。公之官,入境,即夜见黑虎渡河去,自是患息。典史王澍贪横,至捕系平民,取财物,又以贿操纵狱囚,前令或讥问,辄挟白刃相要劫,莫敢谁何,公至喟曰:"此为黑虎者类也。"因具揭其事,传讯得实,谴戍边。竟公在安溪数年,举废坠、除弊害,最以辟虎、去王典史为民歌颂弗衰。丁母忧还里,遂不复出,卒于光绪廿□年十二月□日,享年八十有□。

公颜貌温毅,御事接物一将以仁厚。于先侍郎世次为伯叔行,两家累世故相得,又与先侍郎同举于乡,益亲善。忆儿时读书穷山中,所谓四觉草堂者也,公当赴官,尝过别,先侍郎置酒高会,三立从户牖间望见公谈笑挥斥,意气甚伟,由是得拜识公。后辄于城中祠祭,从公游处,公亦时时顾三立为乐。公于祠事必敬必诚,族中诸父老子弟咸取决公一言为重。自公之殁,老成萎谢,盖无复敦庞持重可矜式如公者矣,然即吾州荐绅士夫称名德硕望,亦无以逾公。(陈三立《福建安溪知县陈公墓志铭》,《散原精舍文集》卷六,辽宁教育出版社,1998年;参见《陈宝箴集》卷三九附载陈文凤《光耀堂谱跋》,又参见同治《义宁州志》卷一九选举志)。

文史之三:光绪五年(1879年),陈宝箴、陈文凤共商修缮义宁州城光远祠(位于今黄土岭)大计。两人各义捐100两作为倡导,陈氏族众踊跃捐款,共达900余两,对光远祠堂进行了第三次大维修。

图一　　　　　　　　　　　　　图二

文史之四：图一为哥伦比亚大学中文图书馆珍藏的 1937 年《明清两朝历科题名碑录》中记载陈文凤的史料。

文史之五：图二为陈文凤中举人的旗杆石。

文史之六：图为经殿试中进士、与陈宝箴同科同族的陈文凤所撰写的《功甫先生花甲荣寿敬次原韵送呈雅正》未定稿的一页诗稿。详见编者编著的《修水历代进士诗徵》一书。

文史之七：图为位于铜鼓县排埠镇梅洞村的"令公洞天"和"捧诰石"书刻，乃陈文凤所书。

 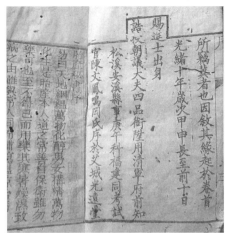

图一　　　　　　　　　　　图二

　　文史之八：图一、图二为义宁陈文凤鸣冈氏于光绪甲申年重刊的《胎产秘书》和所写的序史料。

　　文史之九：图为民国十三年修撰的铜鼓聚星堂《陈氏祠志》中记载陈文凤捐助陈氏祠堂的史料。

　　文史之十：陈文凤撰《光耀堂谱》跋。见《陈三立年谱长编》。

　　【世人评赞】

　　评赞之一：后人对陈文凤多有评价，据《陈氏族谱》记载，陈文凤自幼好学，过目不忘。乡考州府第一，相当于现在九江市第一名。清咸丰年间恩荫举人，与修水的陈宝箴同科，同治时中进士。

　　评赞之二：江西省作家协会会员何明生《卜算子·读州志见清朝怀远都首

位进士陈文凤》云：

> 展卷阅丹青,赫赫功名列。除虎安民有政声,字幕心头叠。
>
> 同作客家人,恁是书词札。捧起清辉文曲星,置放新诗箧。

又题修水客家首位进士陈文凤曰：

> 威镇安溪,严打恶霸称干吏；
>
> 名留正史,直教后学仰先贤。

【编者手记】

手记之一:义宁州武乡客家怀远都人,原铜鼓居义宁管辖,今铜鼓排埠镇梅洞村人,是清朝怀远第一位考中的进士。

手记之二:1989 年《铜鼓县志》记载,陈文凤,今为铜鼓县排埠人,清代铜鼓当时仍属武乡,属修水辖地,故为修水进士。《江西历代进士名录》亦将其编入铜鼓县进士章节内。

手记之三:陈文凤祖父陈朝清百岁的时候,作为同科举人,陈宝箴联络乡绅向咸丰皇帝进表,请求建立牌坊进行表彰。咸丰皇帝恩准,但觉得"冷公洞"三个字俗气,便用朱笔将"冷"字改为"令"字,这便是令公洞的由来。

手记之四:民国《万载县志》卷一记载,义宁进士陈文凤从游蓝光苑处七载,受益尤多。蓝光苑,号艺圃,二十四都西坑人,邑增生。为文不苟随时俗,屡荐不受。教人以敦本务实,恂恂雅饬。

手记之五:《陈氏族谱》记载,陈文凤自幼聪敏好学,读书过目不忘。以县试第一名进入州学,咸丰元年(1851 年)考中举人,年近半百的他于同治四年(1865 年)中进士,与官至湖南巡抚的陈宝箴同宗同科举人。授福建安溪县令,后官至三品朝议大夫。

陈文凤虽然满腹诗书,却生不逢时,正处在清朝晚期,世风日下。他曾短暂为官,看不惯官场的倾轧与腐败,又不愿随波逐流。父亲去世后,他回到铜鼓山里,守孝三年,不想入仕,而是流连于山野之间,农耕南山下,过着田园般的桃源生活。

手记之六:编者于 2023 年 11 月 23 日应邀参加修水书院文化研究会开展的调研修水古城书院活动时,建设工地上刚开挖出来一块高约 2 米、宽 50 厘米的旗杆石,上面记载"同治乙丑科会试中式进士陈文凤立",为陈文凤中进士的珍贵文物。

手记之七：文风天性聪颖,勤奋好学,年方十五,熟读经史子集,入州考第一名,弱冠补廪。清咸丰元年(1851年)恩科以优增生中举人,清同治四年(1865年)赴京会考,经殿试中选崇绮榜进士。

光绪三年丁丑(1877年)王仁堪榜进士

194. 陈世求

【进士小传】

小传之一：南昌府义宁州人,同治十二年举人,光绪三年第三甲103名进士,官至知县。

小传之二：南昌府义宁州人,同治十二年举人,光绪三年第三甲82名进士,官至主事。见2014年毛晓阳《清代江西进士丛考》第509页。

小传之三：光绪年间进士。见《修水县姓氏志》第275页。

小传之四：陈世求,义宁州人,光绪三年丁丑科王仁堪榜进士。见《明清进士题名碑录》《光绪二年丙子恩科会试同年齿录》。

陈世求画像

【进士文史】

文史之一：图为民国三十六年丁亥重修的《龙峰陈氏宗谱》上记载陈世求进士的史料。其记载："书公长子,字鸣珂,号绎我,名世求,禀赋灵颖,卓荦不羁,

为文不待思索。由监生中式同治癸酉科本省乡试第五十四名举人，光绪丙子会试中式第三百二十五名贡士，丁丑殿试钦点刑部主事签分广东司行走，在京供职三年，改江苏截取知县，乙酉科江南乡试同考官。恭遇覃恩诰封奉政大夫，晋赠朝议大夫。光绪丙戌秋听鼓金陵，一日得家信报父丧，披览未终，神昏仆地，稍甦即痛哭南望，衰绖稽颡，咯血数升，哀毁成疾，自是几不欲生，果未及一年，竟相殉于地下，呜呼孝矣。殁年才三十四岁，才丰寿啬，大府闻之咸痛惋焉。易箦之日，方柏许公振祎率僚属往躬，经理丧事，并题其主赠挽联云：

少年仙桂气凌云，连弋高科，群羡舍香趋琐闼；

往日宫槐居隔巷，重逢吴会，岂其执绋送江船。

爵督曾公国荃赞其遗像曰：公讳世求，号绎我，江西义宁人也，弱冠通籍，以进士历刑部主事，截取以知县候补江苏省。岁乙酉，国荃来领两江，每接僚属，问是科分校中之弋士，最盛者，必公以对，固知名下无虚士也！讵未几，以忧去，今夏更以讣闻，于戏天竟丧斯人！与爰为赞像曰：惟鹤千岁，惟松百龄。山空海廓，用是长生。孰如公少，甲弟令名。方荣轩冕，遽谢优昙。乃知造化之钟毓，不靳乎物，而靳乎人生。

清咸丰四年甲寅二月初三日申时殁，光绪十三年（1887 年）丁亥七月十日，葬泰乡白鹇坑，夫妇合墓，内外有碑志。

娶张氏，奉乡湖山颜谐之女。生于咸丰元年（1851 年）辛亥四月二十八日未时。幼承母教，长励闺箴。未归以先，早娴内则。来侄而后，式嗣徵音。事女舅姑孝，养无亏和，妯娌兼冲，自下如族戚乡邻，能尽其礼；待婢仆监，克推厥恩。持己守必戒之章，相夫凛无违之训。不矜才高而贬德，不恃夫贵以骄人。官辙追随，时本如宾之敬；名区欢聚，深惧宴安之怀。何期老人星陨，遽传噩耗于金陵，致使孝子心锥，竟殉身躯。于泉壤三十六年华，分钗西去三千里外，扶榇南归。在抱之儿女，皆幼举目之出入无亲，此时未亡人之所以不所死者，大有不可以一死了之也。于是抚训诸孤，母兼父职。奉养层妣，妇替姑劳。嫠居严内外之防，节操禀乾坤之气。痛夫志之未伸，传经高悬，韦母慢恐世业之将堕，教子猛著祖生鞭。而旦积德，累仁好施。乐善扶危，竭能为之，力济困无望报之心。谁谓荼苦其甘如饴，纵使清贫，吾处有素女字男，昏悉了向平之夙愿，节衣缩食，倍形母氏之劬劳。方当子已成名，获图乌哺之报。何堪母也，不禄顿促。鸾驭之游，播贤声于百世；孺妇咸钦，启令绪于千枝。蛰蟊有庆，诰封宜人，晋赠恭人。

生咸丰元年癸亥四月二十八日未时,寿五十八。殁于光绪三十四年(1908年)戊申十月二四日未时,弃养之日,乡里痛哭。往吊者,男妇千余人则纯德所感云。葬泰乡白鹇坑,于民国十九年(1930年)庚午改葬本里巷斗口,与姑张宜人合墓,有碑。子三:锡麟、骏、夔。生女四:长玉兰,适本省新建进士夏献列之子五品衔承纪。次淑贞,幼殁。三玉棠,适仁乡上衫光绪戊子科举人朱林之孙太学生兆奎之子名圻铸。四玉荃,幼殁。"(注:此史料由陈世求曾孙女、修水县人大常委会副主任陈荣霞提供给编者)

图一   图二

文史之二:图一为《龙峰陈氏宗谱》上记载清光绪七年光绪皇帝颁奖给陈世求的敕命。

文史之三:图二为哥伦比亚大学中文图书馆珍藏的1937年《明清两朝历科题名碑录》中记载陈世求的史料。

图一   图二

文史之四：图一为光绪七年《江西通志》卷四十中记载国朝进士"陈世求，义宁州人，主事"的史料。

文史之五：图二为陈氏宗祠内悬挂的"勉承先绪"牌匾上记载陈世求进士的史料。

文史之六：曾撰《丰溪公夫妇传》。见民国丁丑《陈氏宗谱·凤山谱》。

【世人评赞】

评赞之一：清光绪帝赞曰："职兹邦禁，隶在秋官，用罚宽平，克赞好生之德。宅心矜恕，式敷止辟之麻。"

评赞之二：编者周武现《咏陈世求》云："弱冠登云阙，铁笔镇天刑。星沉秋榜夜，石裂大江声。"

【编者手记】

手记之一：同治《义宁州志》是1873年编纂的，而这一年正好是陈世求考取举人，州志上记载："陈世求，字鸣珂，号绎我，高乡良塘人。"陈世求考取进士是光绪三年（1877年），出书早在陈世求中进士前4年，故未录入同治《义宁州志》选举志进士章节中。

手记之二：编者查阅陈世求曾孙女、修水县人大常委会副主任陈荣霞提供的《龙峰陈氏宗谱》得知，陈世求于19岁中举人，21岁高中进士，22岁殿试被钦点刑部主事，31岁被任命为江南乡试同考官，参与审评试卷，可谓大名鼎鼎，但英年早逝，其逝世时湘军统帅曾国藩的弟子、广东巡抚，与湖南巡抚陈宝箴号为"江西二雄"的许振祎前往经理其丧事并撰联悼念。清末湘军主要将领之一，曾任山西巡抚、两江总督，大学士曾国藩之弟曾国荃为其遗像作赞。让编者感到极为惋惜的是，陈世求仅活到34岁，便与世长辞，倘若高寿，其政绩、文采亦必名扬于世。

光绪六年庚辰（1880年）黄思永榜进士

195.徐鉴铭

【进士小传】

徐鉴铭画像

小传之一：江西省南昌府义宁州人，清朝政治人物，进士出身。光绪六年（1880年），参加庚辰科殿试，登进士二甲第118名。同年五月，着分部学习。见《大清德宗同天崇运大中至正经文纬武仁孝睿智端俭宽勤景皇帝实录》卷一百一十三。

小传之二：光绪庚辰六年（1880 年），江西省南昌府义宁州 2 甲 119 名。

小传之三：南昌府义宁州人，同治九年举人，光绪六年第二甲 118 名，官至主事。见毛晓阳《清代江西进士丛考》。

小传之四：徐鉴铭，光绪六年庚辰科黄思永榜进士，《清实录·光绪六年》记载：五月丙子，引进新科进士。徐鉴铭等人俱着分部学习。见王炜编校的《清实录科举史料汇编》，武汉大学出版社，2009 年。

【进士文史】

文史之一：徐鉴铭（1847—1882）生于清道光丁未年三月初三日巳时，殁于光绪壬午年十一月初九日卯时，盈宏，讳鉴铭，字海文，号古盘，一名又新，江西省铜鼓县大墩镇古桥泽里徐家村人。徐鉴铭出身贫苦，发奋读书，由州庠生中式同治庚午年（1870 年）举人，光绪庚辰年（1880 年）进士，历任钦点主正签分兵部职方清吏司、京师兵部职方清吏司、京师主考官。先后娶何、戴、查，共生三子。徐鉴铭在故里大墩古桥泽里徐家兴建徐家大屋一幢，坐北朝南，青砖黛瓦，一进三重，现保存完好。见《修水徐氏祠堂》举人进士专栏。

图一

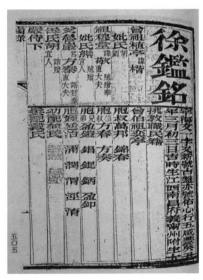

图二

文史之二：图一、图二分别来自全国图书馆文献缩微复制中心的光绪庚辰科《会试同年齿录》《中国科举录续编》中记载徐鉴铭的史料。

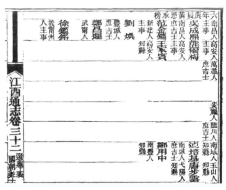

图一　　　　　　　　　　　　　　　　图二

文史之三：图一为徐鉴铭故乡老宅。

文史之四：图二为光绪七年《江西通志》卷三十二选举表中记载"徐鉴铭，义宁州人，主事"的史料。

文史之五：图为光绪庚辰科《会试朱卷》中记载"中式第百十四名进士徐鉴铭，江西南昌府宁州附生，民籍"的文献。

【世人评赞】

编者周武现撰联云："寒门苦读，志在青云终折桂；仕路勤耕，职方京师显英才。"

【编者手记】

手记之一：同治《义宁州志》是1873年编纂的，徐鉴铭考取进士是光绪六年（1880年），出书早在徐鉴铭中进士前7年，故未录入同治《义宁州志》中。

手记之二：1989 年《铜鼓县志》记载，徐鉴铭，今为江西省铜鼓县大墩镇古桥泽里徐家村人，清代铜鼓当时仍属武乡，属修水辖地，故为修水进士。

光绪十五年己丑（1889 年）张建勋榜进士

196. 陈三立

【进士小传】

陈三立八十岁像　　　　　　　陈宝箴与子孙们合影

小传之一：字伯严，号散原，南昌府义宁州人。光绪八年举人，光绪十二年贡士，光绪十五年第三甲 45 名进士，官至吏部主事。见毛晓阳《清代江西进士丛考》第 570 页。

小传之二：陈三立（1853 年 10 月 23 日—1937 年 9 月 14 日），字伯严，号散原，江西义宁（今修水）人，近代同光体诗派重要代表人物。

小传之三：桃里人。光绪年间进士，吏部主事。见《修水县姓氏志》第 276 页。

小传之四：陈三立，义宁州人，光绪十五年己丑张建勋榜进士。见《明清进士题名碑录》。

小传之五：陈三立（1853—1937），清光绪十五年（1889 年）三甲四十五名进士。江西义宁（今修水）人，字伯严，自号散原老人。官吏部主事，曾参与戊戌变法。辛亥革命后，在南京筑散原精舍闲居，吟咏自娱，以清室遗老自居。其诗初学韩愈，后学黄山谷，风格奇崛艰涩，所谓避俗避熟、力求生涩是也，号为同光体。有《散原精舍诗》。见 2006 年潘荣胜主编的《明清进士录》。

散原中学,修水唯一一所以陈三立(散原)进士名字命名的中学,在散原老人的厚学和精神传承下,早已成为国内一所叫得响的品牌中学

【进士文史】

文史之一:陈三立出身名门世家,为晚清维新派名臣陈宝箴长子,国学大师、历史学家陈寅恪、著名画家陈衡恪之父。与谭延闿、谭嗣同并称"湖湘三公子";与谭嗣同、徐仁铸、陶菊存并称"维新四公子",有"中国最后一位传统诗人"之誉。他于1892年壬午乡试中举,历任吏部行走、主事。

1898年戊戌政变后,陈三立与父亲陈宝箴一起被革职。

1937年发生"卢沟桥事变"后北平、天津相继沦陷,日军欲招致陈三立,陈三立为表明立场绝食五日,不幸忧愤而死,享年85岁。赢得生前身后名,陈三立的殉国受到世人的高度赞美。

文史之二:陈三立:不攀权贵德堪夸

宣统皇帝的老师陈宝琛,对陈三立的才学十分赞赏,曾推荐陈三立进宫给溥仪讲授古文。陈三立不愿入帝王家,婉言谢绝,并推荐进士朱益藩以自代。

曾任国民政府主席、行政院院长的谭先生有一女,其女贤淑善文,求婚者众,而谭先生看中陈三立的五公子登恪,并托人三次上陈家说媒,但陈三立一再拒绝,说:"谭是大官,我不能高攀。"谭只好作罢。

明末清初,士大夫之流纳妾者众多,但陈三立对此深恶痛绝。原配夫人罗氏,早卒,续配俞夫人,感情很深,相敬如宾。陈三立恪守一妻制,不置侧室,这种操守在当时是难能可贵的。

文史之三:陈三立,字伯严,义宁人,清巡抚宝箴子也。起甲科,为吏部主事,以赞其父行新法于湖南,政变,并革职永不叙用。父死,遂家于江宁,后端方等皆欲沴其复起,坚辞弗应。尝被推为南浔铁路总理,然三立实纨绔,不达情伪,任事久,殊无寸效,众诟丛之,乃自辞职。国变后,日与诸逸老诗酒流连,然不求声誉,犹岭际白云,只自悦怡。少少厌沪嚣,返江宁居焉。宝箴志节清挺,以好谈经济,有叶水心、陈同甫之风。三立既秉家学,少掇高科,志在用世,其招梁启超等创置学堂,任黄遵宪立保卫局,皆所主持。德宗亦知其贤,骎骎向用,乃扼于牝鸡,遂遭屏斥,自是放情诗酒,搜考书画,用以自遣。鉴别颇精,而论画失之苛。诗怀古拔,晚益趋宋人,精锐大减,近作视郑孝胥有愧色矣。疏旷似魏晋间人,不解治生,而笃于友谊,真挚缠绵,足风末俗。见沃丘仲子《当代名人小传》卷下,台湾文海出版社《近代中国史料丛刊三编》第八辑。

图一　　　　　　　　　　　图二

文史之四:图一为立于陈家老屋前的进士墩,上书"光绪己丑年主政陈三立"。

文史之五:图二为立于陈家老屋前的高中举人的旗杆石。

文史之六:陈三立,字伯严,义宁人。光绪壬午乡荐,丙戌成进士,官吏部主事。助其尊人右铭先生抚湘,网罗海内豪俊,力行新政。戊戌之役,同罹遣罢官。嗣侨居金陵,屡征不起,辛亥避地海上。文章道德为世宗仰,称为散原先生者也。近岁挈家隐居庐山松树林松门别墅,年已登八十矣。著述满家,所刊行者惟《散原精舍诗》若干卷。按有清三百年来,诗坛作者踵起,类多趣于神理声调,不敢少越新城、秀水、瓯北、樊榭诸子之绳武。及至同光间,遵义郑子尹、独山莫子偲、长洲江弢叔辈出,始稍稍矫其趣。至先生而益皎明昌大,天下靡然向风,称为陈郑体。然世尚多以先生之诗瓣香其乡先辈山谷,为江西派中宗匠。

及至先生之集出，方晓然如郑君序先生之诗，所谓越世高谈，自开户牖，不仅隶于江西社里也。先生之文，金石铭志，早已光烛四裔，其不拘拘于桐城，亦正如其诗之不可囿于双井也。承学之士，自能辨之。际兹世风板荡，俗学浇漓，幸硕果仅存，皤然一老，为群流仰止，不独为吾乡耆献之光，其高蹈灵襟，亦镇自与名山永垂不朽也。壬申季冬，南丰吴宗慈附识。见吴宗慈《庐山志》纲之六、目之二八。

文史之七：图为立于桃里的《辞海》一书石像。翻开新编的《辞海》，陈宝箴、陈三立、陈衡恪、陈寅恪四人分立条目，在文化史上，一家三代、祖孙四人享此殊荣者，实属罕见。

修水历代进士史略

文史之八：图为立于修水黄田里的陈门五杰石雕像，陈三立像为右二。

文史之九：图为位于杭州九溪十八洞的陈三立与夫人合葬墓。

图一　　　　　　　　　图二

文史之十：图一、图二为同治《义宁州志》卷二十五人物志孝友上记载陈三立之曾祖父陈克绳和父亲陈宝箴的史料。

序

庐山志自康熙时毛德琦编纂後距今二
百餘年矣其间天时人事之推迁与夫盛衰
存废之迹不可胜原而毛德琦一隅为海寰贵
为遐暑地屋宇骈列萬象㑹萃宬定成一部
㑹犬庐山保世爱沿革之大者不可不綜始
末備掌故也歲庚午余与南豊吴君霭林同
居牯牛嶺霭林有嫩於此慨然以续毛志
为己任余亟赞之于是霭林再三𪩘意山南
北穷搜博桒目验心解历覆叅彼然後援據
庙堂援求秘本致之铭槧断夕不㦛瑜二歲
而书成眎景为若干卷其義例约立之纲以贯

文史之十一：图为民国二十二年陈三立81岁时撰的《庐山志》序。

文史之十二：诗

渡湖至吴城

钉眼望湖亭，烘以残阳柳。

中兴数人物，都在寒鸦口。

十一月十四夜发南昌月江舟行

露气如微虫，波势如卧牛。

明月如茧素，裹我江上舟。

遣兴

而我于今转脱然，埋愁无地诉无天。

昏昏一梦更何事，落落相看有数贤。

懒访溪山开画轴，偶耽醉饱放歌船。

诗声尚与吟虫答，老子痴顽亦可怜。

晓抵九江作

藏舟夜半负之去，摇兀江湖便可怜。

合眼风涛移枕上，拊膺家国逼灯前。

鼾声临榻添雷吼，曙色孤篷漏日妍。

咫尺琵琶亭畔客，起看啼鸦万峰巅。

九日从抱冰宫保至洪山宝通寺饯送梁节庵兵备

啸歌亭馆登临地，今日都成隔世寻。

半壁松篁藏梵籁，十年心迹比秋阴。

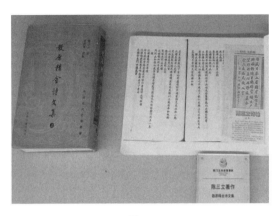

图一　　　　　　　　　　　　　　　　　图二

　　文史之十三：著有《散原精舍别集》一卷、《散原精舍诗集》二卷、《散原精舍续集》三卷、《散原精舍文集》十七卷、《匡庐山居诗》等。图一为陈家老屋中陈三立著作展览。图二为陈三立的《散原精舍诗》一书。

　　文史之十四：图为《山谷内集诗集注》二十卷，清光绪二十一至二十五年陈三立刻本和陈三立题词。

江西通志館稿紙　　卷

江南南潯鐵路總理　吳鈁
譽理　　　　　　　陳三立
經理　羅兆棣　　　湯壽潛
取締役代表　　　　白岩龍平
駐滬代表　　　　　河野久太郎

宋鼋興業銀行會社
名譽總裁

右證明
大正三年五月十五日
日本帝國駐上海總領事署第八條第二次續借抵押借本公司鉄道二百四十萬元建照
同時根據續借數合同第八條第二次續借抵押借本公司鉄道限二十年担金每年二四，救服二千四百元。

南段工程建到南昌始行，正式通車。另永記抵借本公司欽道擴頌恭日，濟，均照會社期限二十年担金，每年二四，救服二千四百元。

江西通志館稿紙　卷

公司雖辦，惟須四五六辦理
入鐵路公司五年出雲業及會計教書二次，届時須寄交東。
興業會社一分

江南南潯鐵路總監　　彭租萬
代理　　　　　　　　包葆瑜
董事　　　　　　　　羅兆棣
董事　　　　　　　　趙世暖
董事　　　　　　　　陳三立
總理　　　　　　　　古市公威代理
協理　　　　　　　　白岩龍平代理
協理　　　　　　　　河野久太郎

東亞興業株式會社大倉組上海支店長
東亞興業會社社長
林武會社大倉組長

文史之十五：图为《江西通志》手稿中记载陈三立担任江西南浔铁路名誉总理、总监职务的文献。

文史之十六：陈三立撰《皇授光禄大夫头品顶戴赏戴花翎、原任兵部侍郎、都察院右副都御史、湖南巡抚先府君行状》和《诰封一品夫人先妣黄夫人行状》。见《陈三立年谱长编》。

文史之十七：民国二十五年，陈三立先生挥毫赞瞿门曰：蔚起耆儒，学裕行修，益务施济，惠泽长留。允副举选，介重琳缪，名德孔彰，风概谁俦。见《修水县姓氏志》第599页。

郭君墓誌銘　　　　義寧陳三立撰

君郭氏名顯球字季和又字夢石唐中書令汾陽王
宋時有通判龍興路者曰孟達公始遷居江西新建
山君高祖良義公自太湖同知龍歸再遷寬莊村以
累官至甘肅布政使諱文匯者是爲君祖考侯選同
慶森者是爲君考君年十八補府學生旋食廩餼舉
科鄉試聯捷成進士用知縣分雲南故事州縣官必
獻局號學習君至同官以書生易之君察色聽詞剖

文史之十八:陈三立为他人撰写了多篇墓志铭,如《力田春霆公墓志铭》《江宁陈先生墓志铭》《吴昌硕墓志铭》《清故兵部主事曾君墓志铭》《郭君墓志铭》(上图)、《清例赠文林郎冷公纶阁墓志铭》等近数十篇。

文史之十九:撰有《和斋公夫妇传》。见民国丁丑《陈氏宗谱·凤山谱》。

文史之二十:图为《八贤祠志》中记载陈三立撰的序。

文史之二十一:陈三立有书法《啸石山馆》。见《义学里》展览馆和彩页。

陈三立书法作品

662

陈三立为刘海粟题《扬国之光》

文史之二十二：义宁陈氏世系简图。见张会求《陈寅恪的家族史》。

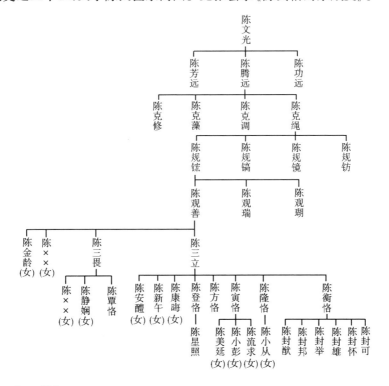

【世人评赞】

评赞之一：在《散原精舍诗集》中，山阴俞大纲敬记："先生诗造辞精妙，不苟下一字，侔色揣称，务极深美之致。稿端窜异之迹，斑然可征。颖悟之士，抽绎巧缋,宜有会心。"

评赞之二:山阴俞大纲敬记:"先生书法法山谷,略参以北碑,不假勾勒而幽姿古趣横溢毫端。故为诗名所淹。"

评赞之三:国学大师汪辟疆著的《光宣诗坛点将录》,按中国古典名著《水浒传》中梁山英雄排座次的方法来评点光绪、宣统年间的清末诗坛,共评点同光诗家一百零八人。该书对陈三立极为推崇,称他为同光体诗派的都头领及时雨宋江。

评赞之四:杨声昭评价曰:"光宣诗坛,首推陈(三立)、郑(孝胥)……若论奥博精深,伟大结实,自以散原为最。散原生平孤芳自赏,不屑驰逐时誉,而领袖诗坛,名实并茂。"

评赞之五:近代思想家梁启超在《饮冰室诗话》中对陈三立的诗做了极高的评价:"其诗不用新异之语而境界自与时流异,浓深俊微,吾谓于唐宋人集中罕见伦比。"

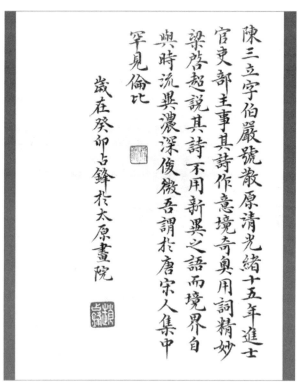

陈三立字伯严號散原清光绪十五年进士官吏部主事其诗作意境奇奥用詞精妙梁啓超說其诗不用新異之語而境界自與時流異濃深俊微吾謂於唐宋人集中罕見倫比

歲在癸卯占鋒於太原畫院

占锋/山西太原

评赞之六：现代作家、评论家张慧剑在《辰子说林》中云："故诗人陈散原先生，为中国诗坛近五百年来之第一人，不仅学力精醇，其人格尤清严无滓，足以岸视时流。"

评赞之七：现代著名作家钱锺书曾说，唐以后的大诗人可以用一个地理词语来概括，叫作"陵谷山原"。"陵"乃杜少陵，"谷"即黄山谷，"山"称李义山，"原"号散原也。

评赞之八：中国书法家协会学术委员、中国宗教学会会员、中华诗词学会理事、北京华夏翰林文化艺术研究院黄君院长《咏修水乡贤陈三立》云：

神州袖手不寻常，独立苍茫顾大荒。

肝胆已涂湘土热，悲怀难遣散原凉。

弥天忧愤怜龙虎，旷世孤衷寄羽觞。

殉死终留千古恨，托人诗句费评量。

评赞之九：九江市诗词联学会《浪井今声》余松生诗赞：

名门饱学贵公子，才冠诗坛雅韵长。

拒寇捆奸行两绝，高风亮节自流芳。

段兴朝诗赞：

助父维新正义张，忧民爱国气淳刚。

研诗共树同光体，美德功名与世长。

杨世龙诗赞：

皇榜题名三甲开，累亲罢黜别京台。

时人若识同光味，继宋追黄势未衰。

评赞之十：深圳知名作家、南山区作协副主席程效《咏乡贤陈三立》曰：

一代宗师众望崇，神州袖手未言功。

诗歌承续江西派，学养开源义宁风。

业力湖湘初志显，书沿馆阁渐谙通。

维新梦断华胥路，殉节拒倭为鬼雄。

评赞之十一：江苏扬州戎劲松《咏诗人陈三立》曰：

湖湘自古出诗人，山到分宁水至亲。

阅尽陈门士君子，伯严风骨莫轻论。

评赞之十二：中华楹联学会会员卢曙光题陈三立云：

为大臣公子,为贤哲家严,看执蘖同光,久有鸿名彰雅望;

痛社稷衰颓,痛山河板荡,纵放言袖手,依然忧愤付弥留。

评赞之十三:江西省作家协会会员何明生《拜谒陈公三立先生故居》曰:

乱世风云变,时人沮丧多。

厉言批鼠辈,绝食对猖倭。

评赞之十四:郭启福《题先贤陈三立进士》曰:

堪称五杰数陈翁,才识超人举世崇。

续集行刊留巨著,维新革制誉奇功。

诛倭绝食铮风鲠,变法图强襟宇融。

一代名臣归净土,犹存傲气撼苍穹。

【编者手记】

手记之一:陈三立,因同治《义宁州志》是 1873 年编纂的,而陈三立是光绪十五年(1889 年)考取进士,出书早在陈三立中进士 16 年前,故未录入同治《义宁州志》中。

手记之二:陈三立与本县中坜乡举人卢以恕来往密切,经常通过书信等形式交流对国家形势和时事的看法。《修水县志·卢以恕》传记中说:"另收存自己与本县陈三立、徐家干及其他同事、乡绅议论时事风尚答和诗词的信札。"

手记之三:如今设立在县城的散原中学是修水一所历史悠久、无人不知的名校,但少有人知学校前身设在何处,事实上,散原中学是在漫江乡成立的。七七事变后,赣西北临时中学于 1944 年 11 月迁至漫江乡大源塘下,当时为纪念修水籍文化名人陈三立先生(号散原),由当时的国民政府申请更名为"散原中学"。散原中学的初中部设于漫江杜家庄,高中部设于大源塘下(即原"厚生隆"茶行),时任校长为浙江籍人士吴邦英。

至 1946 年散原中学才迁校至修水县城现在校址。

手记之四:陈宝箴希望儿子陈三立建校舍,陈三立闻知,满口答应,将自己寓所后院一厅堂作教室。这所学校遂名"思益小学",课程除经书外,还设多种形式课程,是南京新制小学之始,学生有陈家、俞家及周叔弢等世家子弟。学生穿操衣(学生服),学校有操场。两江总督端方称三立为清流领袖,他到学校视察,看见学生穿制服列队操演,行举手礼。端方很是满意,赠学生每人一套"文房四宝"。

陈三立之父亲陈宝箴的史料

益藩、陈宝琛、陈三立合影（从左至右）

手记之五：陈三立为己丑科（1889年）张建勋榜进士，这榜进士江西中了19名。陈三立有三个之最，他是科举制度下修水最后一个高中的进士，他中进士之后，修水进士如一缕青烟，烟消云散，不复再有；他是科举制度下修水最后一个吏部主事，因他的逝去，在修水任职吏部的不复再有；他是为抗日而绝食、悲壮而死的最后一位近代同光体诗派的重要代表人物，中国传统诗人随风而逝。随着陈三立的逝去，叱咤风云的"清末四令郎"人物已逝去之三，让后人唏嘘惋惜。

手记之六：陈三立的子女在各自领域取得了显著成就，如长子陈衡恪成为著名画家，次子陈隆恪成为诗人，尤其是三子陈寅恪，成为中国现代最负盛名的学者之一。

第七节　修水武进士概述

中国封建社会的武举考试始于唐武则天长安二年(702年),明以前不定期举行。明成化十四年(1478年)开始,每六年一次。清代武进士考试是清朝政治、文化和军事的重要组成部分,也是中国近代化进程中的重要推手之一。

图一　　　　　　　　　　　　图二

图一为道光四年《义宁州志》上记载武进士之渊源。图二为清光绪戊戌年间刊《黄氏宗谱》中记载了黄赋的史料。黄赋中武探花之后,与黄赡一同迁入修水。

文以载道,武以振魂!《清文献通考·选举七》载:“顺治十二年兵部奉谕旨,国家用人,文武并重,今科武进士俱照文进士殿试大典一体举行。”

同治《义宁州志》卷二十一选举武进士曰:翘关负米,古有其科,不闻称为武进士,明成化中,从太监汪直请,设武科乡、会试,悉视文科例,此武进士所由称钦,而殿试传胪,尽如文榜,则始自崇祯四年。前明,宁无武进士,志亦不载武举。至国朝赳桓之选,司马频升,是不可以不志也。

修水自清乾隆四十五年以来,同治《义宁州志》上记载登武科进士第的有8名。

同治《义宁州志》于1873年成书,成书之后有冷在中、冷春魁、黄朝甲、郭如凤4名中武进士,因在成书之后考取武进士,并未收录其中,所以,1873年成书的同治《义宁州志》上记载登武科进士第的有8名,加之成书之后4名,修水武进士总数应是 12 名。同治《义宁州志》卷二十一武举章节中记载,武举人数 261 人。

嘉庆六年《江西武举乡试齿录》中记载考武举人的考题和义宁州曹定元的《论不战而屈人之兵》答卷

从清代武进士考试的历史发展来看,考试人数从创设之初的几十人逐渐增长,尤其在 19 世纪上半叶迅速增加,达到巅峰。这与清朝政治、军事和文化的发展有着密切的关系。在这个过程中,武进士的选拔标准在不断完善,考试形式、内容和难度也有所改变。

清代武进士考试,不仅是中国科举考试制度的重要组成部分,也是中华民族文化和思想的珍贵遗产。

黄港镇花臣武寨

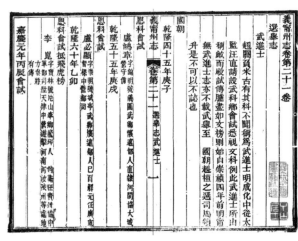

图一 　　　　　　　　　图二

图一、图二为《义宁州志》上记载武进士的史料

编者在《黄氏宗谱》《双井世家》中查阅到黄赋为武探花的记载。这是编者找到的第一个武进士的记载。但其考取武进士,应该在迁居修水之前,故同治《义宁州志》未有记载。

编者在查阅《徐氏宗谱·南州堂》时发现修水第一个宋朝时期的武进士的记载。徐禔,字德修,宋元符庚辰科武进士,授军民道,以边功补侍禁,终宫苑使。徐禔武进士,为识公次子。因《江西通志》、同治《义宁州志》上未有记载,编者未将其纳入武进士之内。有关徐禔的其他史料有待进一步考证。

同治《义宁州志》上记载的修水县清代武进士一览表

序号	姓名	籍贯	考取进士时间	官职
1	卢鸿章	武乡怀远都人	乾隆四十五年庚子恩科会试	直隶河间协大城营守备
2	卢必显	武乡怀远都人	乾隆五十五年庚戌恩科会试	己酉解元,任广东督标中营都司
3	李　崑	奉乡龙坪人	乾隆六十年乙卯恩科会试邸飞虎榜	任贵州协中军都,升天津中营游击,河南河汝、陕州等地方参将
4	李世芬	武乡怀远都人	嘉庆元年丙辰会试	
5	卢必沅	武乡怀远都人	嘉庆十三年戊辰会试	升任广东左营都司,新会参将,提升顺德,协镇调洋江总镇
6	卢吉临	武乡怀远都人	道光三年癸未会试张从龙榜	即用营守备
7	胡应星	武乡带溪人	同治七年戊辰陈桂林榜	即用卫守备
8	李国华	武乡怀远都人	同治七年戊辰陈桂林榜	即用卫守备

同治《义宁州志》上没有记载的修水县武进士一览表

序号	姓名	籍贯	考取进士时间	官职	
9	冷在中	仁乡人	光绪丁丑（1877年）（注：州志出版之后，故未录入）	兰翎侍卫銮仪尉行走	《修水县姓氏志》
10	冷春魁	仁乡人	光绪年间进士（注：州志出版之后，故未录入）	大挑二等兵部差官加二级	《修水县姓氏志》
11	黄朝甲	武乡人	清光绪丁丑武科中式32名进士，殿试名列三甲	湖广督标右营守府	《修河钩沉》
12	郭如凤	山口人	清光绪甲午中武进士，殿试三甲九名（为三甲第）	官至五品千总	《修水县姓氏志》

注：编者到黄龙乡黄龙寺采访，路过洞下村时，发现洞下屋为同治五年冷在容、在中兄弟重建。光绪年间冷在中登武进士第，钦点御前侍卫，加建，称钦点御前侍卫府，诰封昭武大夫第。这段文字印证了冷在中中武进士的事实。

乾隆四十五年庚子（1780年）恩科会试黄瑞榜武进士

197. 卢鸿章

【进士小传】

字锦明，号仪圃，武乡怀远都人，直隶河间协大城营守备。见同治《义宁州志》卷二十一选举志。

【进士文史】

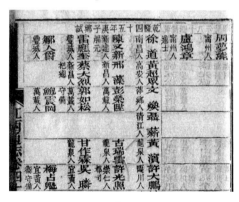
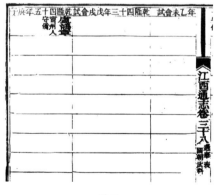

图一　　　　　　　　　　图二

文史之一：图一为光绪七年《江西通志》卷四十中记载"卢鸿章，宁州人，进士"的史料。

文史之二：图二为光绪七年《江西通志》卷四十中记载"卢鸿章，宁州人，守备"的史料。

【世人评赞】

暂缺。

【编者手记】

手记之一：编者查阅《修水县姓氏志》，只有"卢鸿章，清武进士"的记载。

手记之二：同治《义宁州志》卷二十一武举章节中记载，卢鸿章，乾隆四十四年己亥恩科乡试武举。

手记之三：编者查阅到民国二十一年修撰的《江西卢氏通谱》选举武举章节中有"乾隆四十五年庚子，卢鸿章，宁州人，见进士"的记载。

乾隆五十五年庚戌（1790 年）恩科会试玉福榜武进士

198. 卢必显

【进士小传】

小传之一：字崇明，号斌亭，武乡怀远都人，己酉解元，任广东督标中营都司。见同治《义宁州志》卷二十一选举志。

小传之二：字崇明，号斌亭，武乡怀远都人，己酉解元，乾隆五十五年庚戌恩科会试进士，任广东督标中营都司。见《客家人在修水》。

【进士文史】

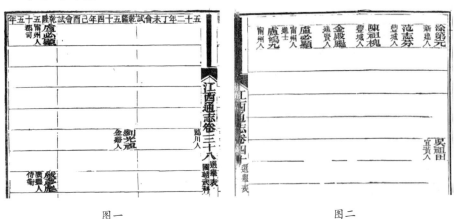

图一　　　　　　　　　　　图二

文史之一：图一为光绪七年《江西通志》卷三十八中记载国朝武科"卢必显，宁州人，都司"的史料。

文史之二：图二为光绪七年《江西通志》卷四十中记载"卢必显，宁州人，进士"的史料。

【世人评赞】

暂缺。

【编者手记】

手记之一：编者查阅《修水县姓氏志》，书中没有卢必显的史料记载。

手记之二：同治《义宁州志》卷二十一武举章节中记载，卢必显，乾隆五十四年己酉恩科乡试武举。

手记之三：编者查阅到民国二十一年修撰的《江西卢氏通谱》选举武举章节中有"乾隆五十四年己酉，卢必显，宁州人，见进士，解元"的记载。

乾隆六十年乙卯（1795 年）恩科会试邸飞虎榜武进士

199．李崑

【进士小传】

字宝林，号片山，奉乡龙坪人，任贵州协中军都，升天津中营游击，河南河汝、陕州等地方参将，有传。见同治《义宁州志》卷二十一选举志。

【进士文史】

文史之一：图为道光四年《义宁州志》卷十七宦绩中记载李崑的史料。

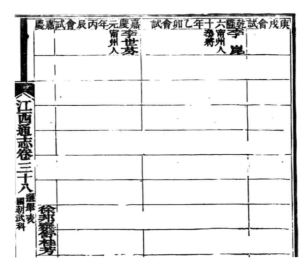

文史之二:图为光绪七年《江西通志》卷三十八中记载国朝武科"乾隆六十年乙卯会试,李崑,宁州人,参将"的史料。

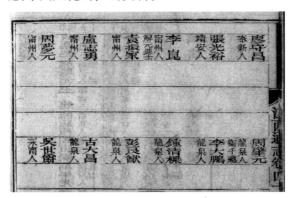

文史之三:图为光绪七年《江西通志》卷四十中记载"李崑,宁州人,解元,进士"的史料。

【世人评赞】

道光四年《义宁州志》上评赞曰:"喜宾客,好谈文史,有雅歌投壶之风。"

【编者手记】

手记之一:编者查阅《修水县姓氏志》,其记载"李崑,清乾隆年间武进士,官拜河南汝河参军"的史料。

手记之二:同治《义宁州志》卷二十一武举章节中记载,李崑,乾隆五十一年丙午乡试解元(武举)。

嘉庆元年丙辰（1796 年）会试

200. 李世芬

【进士小传】

武乡怀远都人，嘉庆元年丙辰会试。见《客家人在修水》。

【进士文史】

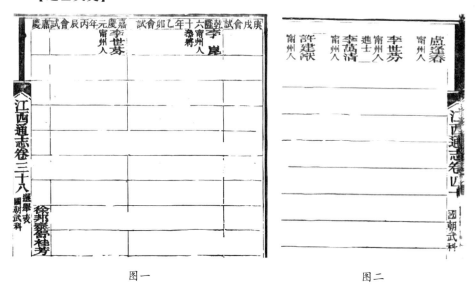

图一   图二

文史之一：图一为光绪七年《江西通志》卷三十八中记载国朝武科"嘉庆元年丙辰会试，李世芬，宁州人"的史料。

文史之二：图二为光绪七年《江西通志》卷四十中记载"李世芬，宁州人，进士"的史料。

【世人评赞】

暂缺。

【编者手记】

手记之一：编者查阅《修水县姓氏志》，只有"李世芬，清武进士"的记载。

手记之二：编者查阅《客家人在修水》一文，得知李世芬，武乡怀远都人，乾隆六十年乙卯（1795 年）乡试中举，一年之后高中武进士。

手记之三：同治《义宁州志》卷二十一选举志武进士中记载，李世芬，乾隆六十年乙卯乡试中举。

嘉庆十三年戊辰（1808年）会试徐华清榜武进士

201.卢必沅

【进士小传】

小传之一：字广明，号岳亭，武乡怀远都人，升任广东左营都司，新会参将，提升顺德，协镇调洋江总镇。见同治《义宁州志》卷二十一选举志。

小传之二：字广明，号岳亭，武乡怀远都人，嘉庆十三年戊辰会试武进士，时任广东左营都司，新会参将，提升顺德，协镇调洋江总镇。见《客家人在修水》。

【进士文史】

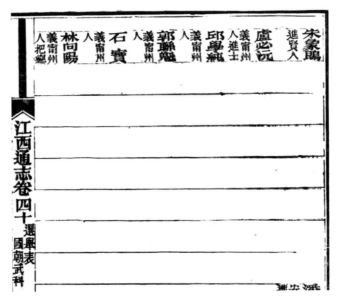

图为光绪七年《江西通志》卷四十中记载国朝武科"卢必沅，义宁州人，进士"的史料。

【世人评赞】

暂缺。

【编者手记】

手记之一：编者查阅《修水县姓氏志》，只有"卢必沅，清进士"的记载。

手记之二：同治《义宁州志》卷二十一选举志中记载，卢必沅，嘉庆九年甲子乡试（武举）。

手记之三：编者查阅到民国二十一年修撰的《江西卢氏通谱》选举武举章节中有"卢必沅，宁州人，见进士，亚元，嘉庆十二年丁卯"的记载。

道光三年癸未（1823年）会试张从龙榜武进士

202.卢吉临

【进士小传】

小传之一：字晶明，号嵩亭，武乡怀远都人，即用营守备。见同治《义宁州志》卷二十一选举志。

小传之二：字晶明，号嵩亭，武乡怀远都人，道光三年癸未会试武进士，即用营守备。见《客家人在修水》。

【进士文史】

右图为光绪七年《江西通志》卷三十八中记载国朝武科"嘉庆十三年戊辰会试，卢吉临，义宁州人，卫守备"的史料。

【世人评赞】

暂缺。

【编者手记】

手记之一：编者查阅《修水县姓氏志》，书中没有卢吉临的史料记载。同时,同治《义宁州志》记载为"道光三年(1823年)癸未会试张从龙榜",而光绪七年《江西通志》卷三十八中记载为"嘉庆十三年(1808年)戊辰会试",之间竟相差了两个朝代,15年时间,待后考证之。

　　手记之二:编者查阅《客家人在修水》一文,得知卢吉临于嘉庆二十一年丙子(1816年)乡试中举,七年之后中张从龙榜武进士。

　　手记之三:同治《义宁州志》卷二十一选举志武进士中记载,卢吉临,嘉庆二十一年丙子乡试(武举)。

同治七年戊辰(1868年)陈桂林榜武进士

　　203. 胡应星

　　【进士小传】

　　字晨方,号奎垣,武乡带溪人,即用卫守备。见同治《义宁州志》卷十九。

　　【进士文史】

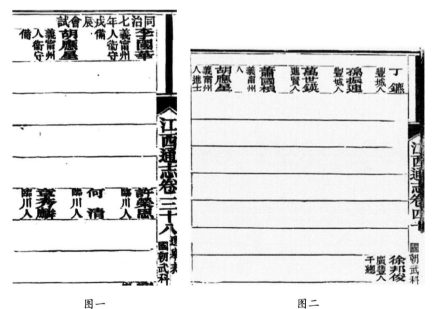

图一　　　　　　　　　　　　　　　图二

　　文史之一:图一为光绪七年《江西通志》卷三十八中记载"同治七年戊辰会试,胡应星,义宁州人,卫守备"的史料。

　　文史之二:图二为光绪七年《江西通志》卷四十中记载"胡应星,义宁州人,进士"的史料。

【世人评赞】

暂缺。

【编者手记】

手记之一：编者查阅《修水县姓氏志》，只有"胡应星，进士"五个字记载。

手记之二：编者查阅同治《义宁州志》卷二十一选举武举章节得知，胡应星为同治丁卯乡试武举。

204. 李国华

【进士小传】

小传之一：号经六，武乡怀远都人，即用卫守备。见同治《义宁州志》卷十九。

小传之二：号经六，武乡怀远都人，同治七年戊辰陈桂林榜会试武进士。见《客家人在修水》。

【进士文史】

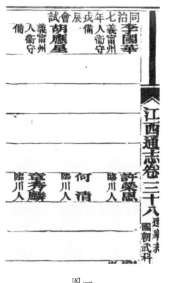

图一

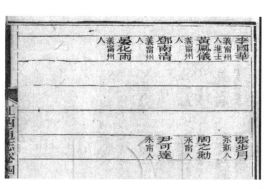

图二

文史之一：图一为光绪七年《江西通志》卷三十八中记载"同治七年戊辰会试，李国华，义宁州人，卫守备"的史料。

文史之二：图二为光绪七年《江西通志》卷四十中记载"李国华，义宁州人，进士"的史料。

【世人评赞】

暂缺。

【编者手记】

手记之一：编者查阅《修水县姓氏志》，只有"李国华，清武进士"的记载。

手记之二：编者查阅同治《义宁州志》卷二十一选举武进士得知，李国华为同治三年甲子科并补行辛酉正科乡试武举，与黄仪凤、邓南清、晏化雨为同乡同科武举。

手记之三：《客家人在修水》记载，自乾隆四十五年开科至同治七年七次会试，修水共取武进士八名，而怀远都占六名，本地居民只有两名。

冷在中故居

光绪三年丁丑(1877年)会试佟在堂榜武进士

205. 冷在中

【进士小传】

字午生，钦点卫前侍卫，仁乡东源。见《八贤祠志》卷三。

【进士文史】

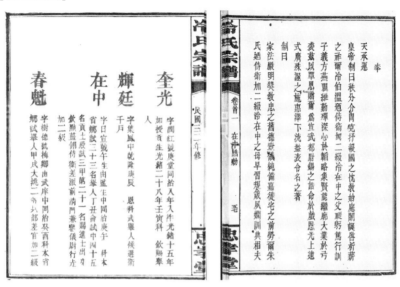

图一　　　　　　　　　图二

文史之一：图一为民国三十二年《冷氏宗谱》中记载冷在中的史料。

文史之二：图二为《冷氏宗谱》中记载皇帝诰敕冷在中父母的文献。

文史之三：在修水县城 130 多座祠堂中有"冷家祠堂一枝花"之称的冷氏宗祠。其州祠由清同治年间武进士冷在中督修。

文史之四：冷在中撰写《应澂公墨迹》云：

十四世祖应澂公墨迹二幅：最爱幽居好，青山在屋边。竹窗留宿雾，石槛接飞泉。晓云飞紫属，秋水浴金鹅。林下风霜少，山中草本多。四十字，生龙活虎，如一笔书。余携入都，悬銮仪卫直室。见者皆叹为神物，同乡徐京章少云工书，摹之数日，不可得。曰："真有呵护者存，不然，垂七百余年，何墨色纸色若是光彩逼人也。"余观山谷晦堂云严开堂疏墨迹，横幅数丈，视幽兰赋笔法尤为俊伟。他日当与公书归之内府，为修江文献之吉光片羽云。光绪四年夏五，识于宣武门外义宁会馆东轩。见《八贤祠志》卷四。

文史之五：丁丑科钦点蓝翎侍卫冷在中为乡贤所撰写的挽联：

为科房中勤公第一伟绩上闻生岂寻常刀笔吏；

是吾乡内干事有终雄才天厄死应长件玉京人。

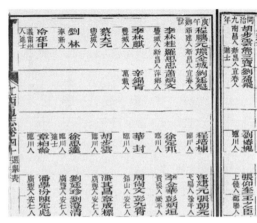

图一　　　　　　　　　　　图二

文史之六:图一为光绪七年《江西通志》卷三十八中记载"光绪三年丁丑会试,冷在中,义宁州人,侍卫"的史料。

文史之七:图二为光绪七年《江西通志》卷四十中记载"冷在中,义宁州人,进士"的史料。

【世人评赞】

暂缺。

【编者手记】

手记之一:编者查阅同治《义宁州志》卷二十一选举武举章节得知,冷在中为同治九年庚午乡试武举。冷在中中武进士时间为 1877 年,而同治《义宁州志》成书于 1873 年,成书之后四年冷在中中进士,故同治《义宁州志》未有其中武进士的记载。

手记之二:编者查阅民国三十二年《冷氏宗谱》时,在敕命中得知冷在中父冷伯温、兄冷在春。

206. 冷春魁

【进士小传】

小传之一:字树德,号梅卿,由武庠中同治癸酉本省乡试举人甲戌大挑二等兵部差官加二级。见民国三十二年《冷氏宗谱》。

小传之二:冷春魁,清光绪年间武进士。见《修水县姓氏志》。

小传之三:梅卿,树德,进士。钦点营守备,安徽候补都司。见《八贤祠志》

卷三。

【进士文史】

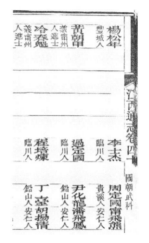

图一　　　　　　　　　　图二

文史之一：图一为《冷氏宗谱》中记载的给兵部差官加二级冷春魁之祖父母的诰敕。

文史之二：图二为光绪七年《江西通志》卷四十中记载"冷春魁，义宁州人，进士"的史料。

【世人评赞】

编者周武现赞云："武举高魁承圣眷，一门诰敕沐荣光。"

【编者手记】

手记之一：编者查阅民国三十二年《冷氏宗谱》时，在敕命中得知其祖父冷元寿、其父冷永熙、其兄冷定元。

手记之二：冷春魁在当时仕宦中，应是风生水起，很受朝廷器重，其不但个人有诰命，其祖父母、父母、兄嫂凭借冷春魁之名，均受到皇帝"奉天承运，皇帝制曰"的敕封。

207. 黄朝甲

【进士小传】

字焕荣，号东垣。清光绪丁丑武科中式 32 名进士，殿试名列三甲。见《修河钩沉》第 318 页。

【进士文史】

文史之一:黄朝甲(1849—1898),字焕荣,号东垣。铜鼓夏塘村人。身材魁梧,臂力过人,气度恢弘,寡言慎行。年方十六,赴义宁州考中同治乙丑(1865年)武科库生;二十五岁,去南昌府参加癸酉(1873年)武科乡试,录取中式第六名举人;二十八岁进京会试,荣选光绪丁丑(1877年)武科中式第 32 名进士,殿试名列三甲。光绪嘉其耿直忠诚,特授湖广督标右营守府。同治十三年(1874年)冬月,被谪迁荆州府守营守府。次年仲春,光绪密谕湖广总督保奏调其官复原职,卫戍省垣。时清廷滋生"后党""帝党",明暗纷争,朝甲站在光绪一边,抱负改革朝政之志。任职十年,宵衣旰食,治军严整,城防安堵。惜其年刚五十,竟罹染沉疴,不幸早逝。

生前戎马遗闲,喜爱诗文,勤习书法,素著儒将风度,辞世之后,家族将其诗文手稿,穿戴袍笏,珍视收藏。见《修河钩沉》第 318 页。

图一　　　　　　　　　　　　　　图二

文史之二:图一为"光绪三年丁丑会试进士,钦点御前侍卫,臣黄朝甲立"匾额。

文史之三:图二为光绪七年《江西通志》卷三十八中记载"光绪三年丁丑会试,黄朝甲,义宁州人,侍卫"的史料。

图一　　　　　　　　　　　图二

文史之四：图一为光绪七年《江西通志》卷四十中记载"黄朝甲，义宁州人，进士"的史料。图二为黄朝甲像和钦赐光绪三年会试进士"御前侍卫"牌匾。

【世人评赞】

编者周武现撰长联云：

十六岁弯弓，同治飞丑魁星耀，廿八缨枪动帝京，看龙韬豹略，荆楚风雷叱虎帐，卅载丹忱扶危鼎，任后党嚣尘，独抱孤忠悬日月；

五十秋遗恨，光绪丁丑剑气沉，九重诰命锁雕鞍，叹墨痕笏影，夏塘烟雨泣麟台，一囊诗稿证儒襟，纵湘鄂浪涌，终留铁骨镇山河。

【编者手记】

编者查阅《修水县姓氏志》，只有"黄朝甲，清进士"的记载。编者查阅同治《义宁州志》，并没有找到黄朝甲的记录。从黄朝甲1849年出生年份来看，同治《义宁州志》成书时是1873年，黄朝甲中进士是1877年，成书在前，故未有黄朝甲中进士的记载，编者今补遗之。

清光绪二十年甲午（1894年）张鸿翥榜武进士

208. 郭如凤

【进士小传】

小传之一：郭如凤，字丹吾，山口镇南溪村人，生于清咸丰十一年辛酉（1861

年),殁于民国八年己未(1919 年),甲午恩科会试中武进士,殿试三甲第九名。见民国年间《郭氏宗谱》。

小传之二:郭如凤,山口人,清光绪甲午中武进士,殿试三甲第九名(为三甲第),官至五品千总。见《修水县姓氏志》。

【进士文史】

郭如凤,字丹吾,山口镇南溪村人,生于清咸丰十一年辛酉(1861 年),殁于民国八年己未(1919 年),身材魁梧,高六尺三寸,腰粗二尺七寸,人称郭长胖子,30 岁时,乡试中武举,光绪二十年,甲午恩科会试中武进士,殿试三甲第九名。是年日本兵侵略中华,清帝下令与日作战。时年 34 岁的郭如凤任千总,驻防浙江、福建。被派前线参战,一连数月,日夜苦战,乃因敌强我弱,伤亡惨重。次年光绪帝命李鸿章与日议和,签订《马关条约》,损失甚大,此役便是国耻史上之"甲午战争"。清光绪帝见如凤战略有策,用兵得法,加封三甲及第,擢升守备,赐五品蓝翎。35 岁时他在南昌募兵补充,一年后,驻防南康、南安、广信等地。38 岁回京,奉旨调驻山东、陕西之间驻防,49 岁民军起义,宣统下台,送至承德,卸职归里。59 岁在家病故。以七尺一寸棺木殡葬。见民国《郭氏宗谱》。

【世人评赞】

周武现赞曰:

战略有策武进士,用兵得法郭如凤;

擢升守备尽己职,帝赐蓝翎入史册。

【编者手记】

编者查阅同治《义宁州志》,并没有找到郭如凤的记录,从郭如凤 1861 年出生年份来看,同治《义宁州志》成书时是 1873 年,郭如凤仅 12 岁,故未有记载,编者今补遗之。

附录

附录一　同治《义宁州志》中进士名臣、乡贤、宦业、儒林、文苑一览表

名称	进士人名	年龄	古八乡出生地	朝代	考取进士时间	历任官职
名臣	黄　廉	59	高乡双井	宋	嘉祐六年进士	陕西转运使,拜给事中
	冷庭叟	78	西乡泰清	宋	元丰进士	光禄卿
	王　本	63	泰乡阳山	宋	元丰八年进士	扬州兼淮南东路兵马钤辖
	黄叔敖	72	高乡双井	宋	元祐六年进士	户部尚书,通政大夫致仕
	祝　彬	77	奉乡何市	元	延祐五年进士	同知制诰,国史编修
	冷敬先	待考	西乡泰清	元	大德二年进士	政奉大夫,宣政副使
	艾　旭	待考	泰乡桐树岭	明	洪武二十一年进士	历官监察御史,刑科给事中
乡贤	余良肱	81	安乡长茅	宋	天圣四年进士	光禄卿
	黄庭坚	61	高乡双井	宋	治平四年进士	翰林院编修,赠龙图阁大学士
	冷应澂	88	西乡泰清	宋	宝庆元年进士	直宝阁学士
	章　鉴	80	高乡杭山	宋	淳祐四年进士	右丞相兼枢密院使
	石彦诚	52	安乡彭桥	明	建文二年进士	武义县丞、《永乐大典》编修、徐闻县知县
	周季麟	77	三王巷	明	成化八年进士	左都御史
	周季凤	65	三王巷	明	弘治六年进士	右都御史
	查仲道	64	泰乡七都	明	正德九年进士	汀州知府
	周期雍	68	高乡湾台	明	正德三年进士	刑部尚书,赠资政大夫
	周希令	57	犀津丁田	明	癸丑进士	兵科给事中,太常寺卿
	万承风	60	安乡汤桥	清	乾隆四十六年进士	兵部左侍郎,卒赠文恪
宦业	莫　景	待考	奉乡漫江	宋	庆历二年进士	秘书省校理,知衡州常宁县
	周季邦	41	三王巷	明	弘治丙辰进士	授建安知县

续表

名称	进士人名	年龄	古八乡出生地	朝代	考取进士时间	历任官职
宦业	陈　瑛	待考	高市	清	乾隆戊辰进士	福建海澄县知县
	徐耀祖	待考	鹧桥高市	清	乾隆壬申进士	广东花县知县
	荣锡楷	待考	奉乡乌石坪	清	乾隆辛丑进士	贵州开泰知县
	李　崑	64	奉乡龙坪	清	乾隆乙卯进士	授殿前侍卫,管理銮仪卫事,官拜湖南汝河参军
儒林	黄　嶜	73	高乡双井	宋	咸淳四年进士	知台州、袁州
	周孔从	35	高乡湾台	清	乾隆七年进士	翰林院编修
文苑	黄茂宗		高乡双井	宋	大中祥符八年进士	崇信军节度判官
	黄　注	40	高乡双井	宋	丙科进士	南阳簿
	黄　庠	25	高乡双井	宋	景祐元年进士	未参加殿试而卒
	南宫觐	待考	犀津	宋	庆历二年进士	循州知州
	南宫靖一	待考	犀津	宋	端平二年进士	待考
	黄　庶	39	高乡双井	宋	庆历二年进士	摄康州,卒赠大中大夫
	徐文干	37	泰市	清	乾隆四十三年进士	兵部车驾司主事
	袁鸣谦	40	武乡东浒	清	丙戌进士	知县
	荣怀藻	待考	奉乡乌石坪	清	道光甲申进士	临湘知县

附录二　同治《义宁州志》上没有记载,但修水各姓氏家谱或《修水县姓氏志》等上有记载的进士一览表

序号	姓氏	姓名	进士或中进士时间	任职	史料来源或备注
1	万	万祥	明弘治五年壬子(1492年)进士		
2	王	王训	宋进士	授抚州通判、朝奉大夫	《修水县姓氏志》
3		王淮中	宋进士	光禄寺少卿	
4		王大中	北宋进士	司法参军	
5		王济	南宋宝庆年间进士		
6		王榘	宋进士	授宜春主簿、司理升迪功郎	
7		王集	宋进士	授光禄寺少卿	
8		王渊生	宋进士	两广巡按察史	
9		王州迪	宋进士	湖广桂阳县令	
10		王源	宋进士		
11	车	车诚	明永乐二十一年癸卯(1423年)		明嘉靖壬寅《宁州志》
12	古	古革	进士	刺史	三兄弟为同科进士,古氏一门三贵
13		古董	进士	刺史	
14		古巩	进士	刺史	
15	石	石瑶	明进士	武英殿大学士、都督	《修水县姓氏志》
16		石永	明进士	山西平阳守卫、兵部侍郎	
17		石星	明进士	兵部尚书	
18		石焕玉	进士	罗田训导、汉中府教谕	
19		石应鄰	进士	安溪训导	
20	平	平大通	宋嘉定十二年进士	任福建海澄知县	
21	卢	卢鉴	北宋进士	任西京藏库使,卒封威烈侯	
22		卢天直	清康熙四十年进士	八品顶戴	

续表

序号	姓氏	姓名	进士或中进士时间	任职	史料来源或备注
23	卢	卢　章	明进士	遂溪、恩平、阳江三县知县	《修水县姓氏志》
24		卢思遇	明进士	湖广监察御史	
25		卢奉宜	清进士	奉政大夫	
26		卢必源	清进士		
27	匡	匡可堂	元至治二年壬戌(1322 年)进士	授翰林院侍读学士	
28		匡光楚	清进士		
29		匡上庚	清进士	候选儒学正堂	
30		匡善恒	清进士		
31		匡瑶林	清进士		
32		匡梦岩	辛亥科进士	宣统授蓝翎五品衔	
33	朱	朱之麟	乾隆庚午(1750 年)举人,后授进士	授候补县正堂	
34	刘	刘　沆	进士出身	宋仁宗至和二年为相	刘璟之长子
35		刘　濬	宋进士	授中书舍人	刘璟之次子
36		刘　浒	宋进士	官太子中允	刘璟之三子
37		刘　湘	宋进士	官机宜文字	刘璟之四子
38		刘　象	宋进士	官太常博士	刘璟第六代孙
39		刘思评	宋进士	翰林院编修、官嘉议大夫	刘璟第七代孙
40		刘照乙	嘉庆十五年庚午岁进士		《修水县姓氏志》
41		刘延鉴	清进士		
42		刘肇修	清进士		
43		刘文锐	清光绪年间进士		
44		刘树干	清进士		
45	李	李子春	清光绪年间进士		

续表

序号	姓氏	姓名	进士或中进士时间	任职	史料来源或备注
46	邱	邱群登	宋绍定二年己丑(1229年)进士	福建汀州教授	《修水县姓氏志》
47		邱进之	元延祐二年乙卯(1315年)进士	常州主簿,赣州总管	
48		邱实文	元泰定四年丁卯(1327年)进士	官至治中	
49		邱宸之	元泰定元年甲子(1324年)进士	县尹	
50		邱定之	元泰定元年甲子(1324年)进士	县令	
51		邱叔宽	元至顺元年己巳(1330年)进士	同知	
52		邱祥礼	元至顺元年己巳(1330年)进士	湖广临武县县令	
53		邱淳叟	元至顺元年己巳(1330年)进士	参军	
54		邱清叟	元至顺元年己巳(1330年)进士	翰林院侍讲	
55		邱孟刚	元末进士	明河南新蔡知县	
56	余	余梦太	均为宋氏进士,其他信息待考证	均待考	
57		余伯宽			
58		余伯太			
59		余禹和			
60		余禹言			
61		余禹宁			
62		余　成			
63		余禹安			
64		余禹绩			

续表

序号	姓氏	姓名	进士或中进士时间	任职	史料来源或备注
65	余	余禹和	均为宋氏进士,其他信息待考证	均待考	《修水县姓氏志》
66		余舜杨			
67		余茂龙			
68		余炎午			
69		余庭椿			
70		余仲炬	均为元朝进士	均待考	
71		余功彩			
72		余 冀			
73		余 溉	明朝进士	浙江孝丰知县	
74	汪	汪 桂	宋进士		
75	沈	沈光国	宋进士		
76		沈 銮	明进士	桃源教谕,汶上县知县	
77		沈 东	明进士	宁州知州,后升兵部员外郎,山东副使	
78	张	张子玢	宋进士	隆兴路都统,江淮诸路军马视师事	
79		张邦达	淳祐进士	江西南城县令	
80	冷				
81	陈	陈 瑾	北宋端拱年间进士	谏议大夫	
82		陈 益	宋进士	授浙江奉化县教谕	
83		陈功显	南宋绍定年间进士	绍兴知府	
84		陈天助	南宋绍兴己未年(1139 年)进士	任迪功郎、浏阳县主簿	为同治《义宁州志》上记载的陈昂进士之子
85		陈良弼	南宋绍兴年间进士	任迪功郎、景陵主簿、信阳县令	为同治《义宁州志》上记载的陈晕进士之子
86		陈 玺	明弘治三年庚戌(1490 年)进士		《修水县姓氏志》

续表

序号	姓氏	姓名	进士或中进士时间	任职	史料来源或备注
87	幸	幸敏斋	明进士	浙江金华府府尹	
88	杨	杨元选	清代进士		
89	易	易凤堂	明进士	湖南平江县知县	
90		易道亨	清进士	例授明经	
91	周	周世焕	嘉靖年间进士	宛平县知县	
92		周元贵	明代进士	广东巡按	
93	郑	郑季敏	进士	候选外翰林	
94	胡	胡可久	康熙时进士	任长沙县知县	
95		胡国际	乾隆进士	任河南罗山知县	
96	祝	祝丕承			
97	袁	袁　照	宋进士	工部尚书	
98		袁　抗	宋进士	汀州府太守	
99	莫		详见本书《上册》81页		《修水县姓氏志》
100	桂	桂世英	明代进士	南京道庐训练大夫	
101		桂伯升	明代进士	河南开封府荥阳县尹	
102		桂伯昂	明代进士	南京府志善士	
103	晏	晏仕寄	明正统丙辰进士	特授星子县学正,升饶州府教谕,递擢九江府儒学正堂	
104	黄	黄公麟	宋嘉祐三年戊戌(1058年)进士	授朝散大夫,官至河南开封府尹	
105		黄以骥	宋治平元年甲辰(1064年)进士	授翰林院学士	
106		黄公介	宋熙宁九年丙辰(1076年)进士	授浙江盐法道	
107		黄大同	宋熙宁十年丁巳(1077年)进士		
108		黄　眉	宋绍圣四年丁丑(1097年)进士		

续表

序号	姓氏	姓名	进士或中进士时间	任职	史料来源或备注
109	黄	黄诚	宋元符三年庚辰（1100年）进士		《修水县姓氏志》
110		黄义	宋崇宁元年壬午（1102年）进士		
111	龚	龚光辅	宋进士	丰城县令	迁修始祖
112		龚伯温	元进士	黉学教授	《修水县姓氏志》
113		龚水清	明进士	翰林院庶吉士	
114		龚享渐	清进士	太保、中议大夫、国子监典簿	
115		龚鸿	清进士	都昌县训导	
116	章	章授	宋天圣元年（1023年）进士及第	任海州知府、通奉大夫、江西巡抚	
117	商	商霖	宋乾道八年进士		迁修始祖
118		商景泰	清乾隆元年中三甲进士		《修水县姓氏志》
119		商景再	嘉庆六年辛酉中二甲六名进士	翰林	
120		商鹏飞	同治戊辰科进士		
121		商鹏彬	同治十年辛未科进士	湖北汉阳县知县	
122		商炳南	光绪十年甲申科进士	江西赣州府正堂	
123	彭	彭忠恩	清同治进士		《修水县姓氏志》
124	傅	傅正仲	宋进士		
125		傅翌商	清进士		
126		傅燮云	清进士		
127	曾	曾成干	清进士		
128		曾铣敏	清进士		
129	温	温必联	乾隆进士	兵部武选吏司、加封中宪大夫任职河南开封，管理水利事务	

续表

序号	姓氏	姓名	进士或中进士时间	任职	史料来源或备注
130	温	温应从	康熙年间进士		
131	熊	熊 负	宋代进士	仕任平章事	
132		熊 麟	宋代赐进士出身	官授彭山县尉	
133		熊 祥	宋代进士	授翰林院检讨	
134		熊天闿	宋代进士		
135	樊	樊公义	宋进士	江西上饶知县	
136		樊日睿	宋进士	广东遂溪县主簿	
137		樊一立	明弘治(1492 年)进士	江西永新知县、广东推官	《修水县姓氏志》
138		樊与季	明进士	学优入选南雍	
139		樊与瑶	明进士	湖北孝感训导	
140		樊与衡	明万历十一年(1583 年)进士	授御史京察,无为县判官、全椒知县	
141		樊尚屏	明万历戊午(1618年)进士	礼部主事、户部主事、进员外郎、泉州知府、福建副使	
142		樊重鉴	进士		
143		樊本桂	清进士		
144		樊贞儒	清进士	竹同县训导	
145		樊增祥	光绪年间进士	江宁布政使、两江总督	著有《樊山全集》
146		樊希晕	光绪丁亥年进士	儒学训导	
147		樊哲南	进士	钦加五品衔、宁远县正堂	《修水县姓氏志》
148	黎	黎绍亮	光绪乙巳年(1905年)进士	授候选儒学训导,任修水梯云高等小学学监	

说明:

一、以姓氏笔画多少为序;

二、同治《义宁州志》上记载修水 203 名(含武进士)的进士未列入其中;

三、称之为岁进士未列入其中,如熊氏岁进士就达 6 个之多;

四、如有错漏、遗漏之处,请与编者联系,待下次改版时,以便补充更改。

附录三 自唐至清修水进士迁修始祖和后裔中进士一览表

序号	进士姓氏	始迁祖人名	迁修时间	迁出地点	首迁修落户地	同治《义宁州志》上记载和考证的后裔中进士数	同治《义宁州志》上记载和考证后裔中进士人名
1	徐氏	徐造	唐中和二年（882年）	浙江婺州（金华）	修水县泰乡五都高沙久安里	19	徐赏、徐民先、徐昱、徐叔达、徐仪、徐祐、徐彻、徐阜、徐天庭、徐成可、徐行可、徐琛、徐庭玉、徐大声、徐汝楚、徐榕、徐耀祖、徐文干、徐鉴铭
2	黄氏	黄玘、黄赡父子	南唐升元三年（939年）	浙江婺州（金华）浦阳玉板桥	修水布甲黄墩	55	黄元绩、黄元迈、黄茂宗、黄滋、黄注、黄庠、黄渭、黄淳、黄庶、黄昭、黄廱、黄浚、黄序、黄孝宽、黄湜、黄灏、黄涣、黄廉、黄浃、黄公虞、黄庭坚、黄公器、黄培、黄庚、黄叔夏、黄叔敖、黄成允、黄肩、黄无悔、黄公概、黄彦辅、黄榛、黄卺、黄无咎、黄元之、黄元量、黄玄、黄瀛、黄宋昌、黄实、黄遵、黄浮、黄埔、黄德礼、黄峦、黄域、黄端亮、黄时发、黄端方、黄端简、黄钾、黄䉍、黄鸿荐、黄应炎黄朝甲（武进士）
3	余氏	余良	唐乾符四年（887年）	安徽休宁	修水县长茅（汤桥瑶村）	18	余良肱、余高、余从周、余仲荀、余宏、余彦明、余彦直、余持中、余赟、余惠迪、余彦恭、余充、余澹、余松、余深、余应龙、余丙发、余贞

续表

序号	进士姓氏	始迁祖人名	迁修时间	迁出地点	首迁修落户地	同治《义宁州志》上记载和考证的后裔中进士数	同治《义宁州志》上记载和考证后裔中进士人名
4	莫氏	莫戬	唐天宝元年（742年）	浙江婺州（金华）	西平县（修水）洞下（今漫江乡辖地）	22	莫惟初、莫秦、莫泰、莫奏、莫潘、莫升、莫旭、莫铉、莫杲、莫漖、莫碕、莫景、莫磐、莫砺、莫硅、莫哲、莫援、莫绵、莫钟、莫磊、莫廷才、莫正
5	宋氏	宋与政	明洪武二十二年（1389年）	湖北崇阳肖岭乡	修水塘城坳	4	宋瀚、宋朝寅、宋朝奉、宋季安
6	祝氏	祝景明	宋咸平三年（1000年）	浙江婺州（金华）	修水奉仙乡吴仙里（何市甘桥）	3	祝如川、祝林宗、祝彬
7	冷氏	冷沏	后周显德年间（954—961）	江西武宁株林	修水县治义井巷（今万家坊冷家巷）	8	冷忞、冷应澂、冷秉、冷和叔、冷敬先、冷孟公 冷在中、冷春魁（武进士）
8	章氏	章绶	宋末	江西洪都	修水杭山（今杭口镇）	1	章鉴
9	周氏	周肇、周启、周繁兄弟	五代年间	浙江婺州（金华）	修水县泰乡、武乡	7	周季麟、周季凤、周季邦、周期雍、周昺、周希令、周孔从
10	陈氏	陈锽	唐建中元年（780年）	江西高安	修水龙峰（今庙岭、黄坳之龙峰山）	17	陈灌、陈天瑞、陈晕、陈昂、陈升、陈杰、陈榛、陈直、陈仕鼎、陈由正、陈以朝、陈镆、陈鹤鸣、陈世章、陈文凤 陈世求、陈三立（但未编入同治《义宁州志》）

续表

序号	进士姓氏	始迁祖人名	迁修时间	迁出地点	首迁修落户地	同治《义宁州志》上记载和考证的后裔中进士数	同治《义宁州志》上记载和考证后裔中进士人名
11	王氏	王琮	唐宪宗年间(806—820)	江西建昌(永修)茶场镇	修水县治东岸	17	王潘、王仲明、王仲雅、王仕甫、王固、王纯中、王稆、王秬、王智中、王概、王本、王潘、王大成、王镗、王梦经、王子登、王从登
12	查氏	查实浣	宋靖康元年(1126年)	安徽休宁	修水崇乡担粮坑(今程坊乡辖地)	1	查仲道
13	荣氏	荣布	唐永泰二年(766年)	江西南昌西山剑石	西平县(修水)上武乡交山乐亭桥(今铜鼓辖)	2	荣锡楷、荣怀藻
14	石氏	石镛	宋嘉祐五年(1060年)	江西南昌西山	修水安乡大坪(黄沙艾村)	1	石彦诚
15	艾氏	艾邑、艾川兄弟	宋熙宁年间(1068—1077)	浙江金华金阳洲	修水安乡清凉、仁乡枇杷潭(今朱溪镇内)	1	艾旭
16	姜氏	姜松年	五代年间	江西江州(九江)	修水县长茅陂山(汤桥溪山)桐林	2	姜屿、姜蹈中
17	南宫	南宫□□（未找到南宫宗谱，待考）	五代年间	河南洛阳	修水县治东北郊小水	4	南宫诚、南宫觐、南宫瑞、南宫靖一

序号	进士姓氏	始迁祖人名	迁修时间	迁出地点	首迁修落户地	同治《义宁州志》上记载和考证的后裔中进士数	同治《义宁州志》上记载和考证后裔中进士人名
18	沈氏	沈权	五季时期	江西湖口	修水仁义乡黄龙洞上	1	沈连
19	卢氏	卢鉴	宋真宗年间(998—1022)	江苏金陵（南京）	修水大桥黄沙市卢源横溪	4	卢鸿章、卢必显、卢必沅、卢吉临(武进士)
20	吴氏	吴汝云	南宋绍兴二十九年(1159年)	湖南平江	修水马鞍社（今朱溪境内）	2	吴从龙
21	胡氏	胡复初	南宋淳祐年间(1241—1252)	江西奉新	修水西平乡汪坪	2	胡宾于 胡应星(武进士)
22	赵氏	赵以殿	明万历十五年(1587年)	江西寻乌车联村	修水山口柘蓬	2	赵崇辅、赵昌
23	曾氏					1	曾希贤
24	万氏	万汉臣、万汉武、汉光兄弟	宋元丰元年(1078年)	江西南昌板湖	修水安乡大坪（黄沙艾村）	1	万承风
25	时氏					1	时举
26	熊氏	熊亨泰	五代年间	浙江婺州骆安乡	修水县治黄土岭	1	熊苗
27	平氏					1	平仲信
28	江氏	江水生	明洪武永乐年间(1406年)	浙江金华	修水修口马祖湖	1	江鸿渐
29	谌氏				修水山口镇	1	谌贤甫

续表

序号	进士姓氏	始迁祖人名	迁修时间	迁出地点	首迁修落户地	同治《义宁州志》上记载和考证的后裔中进士数	同治《义宁州志》上记载和考证后裔中进士人名
30	孙氏					1	孙子初
31	袁氏	袁泰亨	明洪武成化初年（1465—1468）	江西铜鼓三都	修水黄坳九龙村	1	袁鸣谦
32	田氏	田志德	明弘治八年（1495年）	湖北蒲圻	修水塘城坳	1	田应武
33	杨氏	杨拭	唐僖宗年间（874—888）	浙江婺州礼村	修水排埠（今属铜鼓辖地）	1	杨应时
34	帅氏	帅逢源	宋天圣三年（1025年）	浙江婺州	修水渣津长潭（噪口）	1	帅扬
35	李氏	待考	南宋高宗（1127—1162）	湖北、河南、湖南、贵州、安徽、江苏、福建、广东等省	修水竹坪、大椿、古市、上杭等地	3	李崑、李世芬、李国华（武进士）
36	郭	郭原显（郭五仪之后裔）	南宋宣和六年（1124年）	浙江金华等地	修水分宁	1	郭如凤（武进士）
总计						208	

说明：

一、经笔者考证，此表为修水文进士196名、武进士12名，共208名。

二、由于年代久远、史料文献难寻等原因，此表进士有的并非出自本姓氏始迁祖这一脉，待考证后，改版时更正之。

三、如有错漏、遗漏之处，请与编者联系，待下次改版时，以便补充更改。

附 录

附录四 进士索引（208名）

附录五　部分参考文献

一、古代典籍

1. 雍正十年谢旻刊本《江西通志》

2. 光绪七年刘坤上刊本《江西通志》

3. 1985 年江西省博物馆江西通志稿整理组刊本《江西通志》

4. 清光绪十七年刊本《江西考古录》

5. 乾隆二年张耀曾修的《宁州志》

6. 清道光四年曾晖春主修的《义宁州志》

7. 清同治十二年王维新主修的《义宁州志》

8. 民国二十六年《八贤祠志》

9. 宽永二十年癸未孟春重刊《圣贤相赞》

10. 万历丁酉岁季夏月谷旦重刊、日本内阁汉籍藏书《皇朝仕学规范》

11. 明嘉靖丁亥年周季凤所撰的《山谷先生全书》

12. 明洪武十年选辑者宋濂,编辑者刘基《宋学士文萃》

13. 嘉靖二十二年龚遑纂修的《宁州志》

14. 司马光《涑水记闻》

15. 宋绍定五年黄㙟编,黄庭坚撰的《山谷诗注》

16. 元明刊本黄庭坚撰的《山谷黄先生大全诗注》

17. 明末毛氏汲古阁刊本黄庭坚撰的《山谷词》

18. 明万历三十二年方沆周希令编修的《重刻黄文节山谷先生文集》

19. 出版年代不详,瞿氏铁琴铜剑楼刊本和明清时期刊本《山谷老人刀笔》

20. 清乾隆刊本黄庭坚撰的《山谷内集诗注》

21. 清刻本宋黄㽥编《重刻山谷先生年谱》十四卷

22. 明嘉靖刻本宋黄庭坚撰的《黄诗内篇》

23. 黄公渚选注的《黄山谷诗》

24. 2003 年中华书局出版的《黄庭坚诗集注》

25. 明弘治刻本(宋)黄庭坚撰的《豫章黄先生文集》

26. 清乾隆四十七年黄庭坚撰的《山谷内集诗注》二十卷

27. 万承风校刊的《山谷刀笔》

28. 光绪《庚辰科会试同科齿录》

29. 康熙癸亥二十二年《南丰县志》

30. 光绪《上虞县志》

31. 雍正、康熙、同治年间《浏阳县志》

32. 乾隆、光绪年间《石城县志》

33. 清谢启昆的《广西通志》

34. 乾隆年间《直隶通州志》

35. 万历年间《通州志》

36. 光绪年间《道州志》

37. 同治十年重修的《新建县志》

38. 清乾隆二十五年《滑县志》

39. 光绪《道州志》

40. 民国《重修泰安县志》

41. 光绪七年重刊的《顺昌县志》

42. 同治《武功县志》

43. 光绪《武功县续志》

44. 道光八年《武功县志》

45. 康熙《南昌郡乘》

46. 乾隆《汀州府志》

47. 宋陆游《老学庵笔记》

48. 宋吴曾《能改斋漫录》

49. 宋龚鼎臣《东原录》

50. 由宋朝卢陵罗大经、景纶编撰,万历甲申年重刊的《鹤林玉露》

51. 明代万历年间凌迪知所撰的《万姓统谱》

52. 宋欧阳修《欧阳文忠公集》

53. 宋郑獬《郧溪集》

54. 宋江少虞《宋朝事实类苑》

55. 严羽《沧浪诗话》

56. 1969 年版《明代登科录汇编》

二、现代书籍

57. 熊金望主编的《修水县姓氏志》

58. 2016 年版《江西历代进士名录》

59. 诸葛忆兵《宋代科举资料长篇·北宋下》。

60. 2014 年版《修水民间文化》

61. 戴嵩青主编的《修水县文物志》

62. 朱忠卫主编的《双井黄庭坚传》

63. 叶绍荣《陈寅恪家世》

64. 朱一平编著的《走进黄庭坚纪念馆》

65. 陶易编著的《唐代进士录》

66. 毛晓阳《清代江西进士丛考》

67. 潘荣胜主编的《明清进士录》

68. 张会求《陈寅恪的家族史》

69. 程学军《万承风的家乡关注研究及相关文献辑录》

70. 何友良主编的《江西历代人物辞典》

71. 2025 年周武现编著的《修水历代进士诗徵》

72. 黄君《黄庭坚年谱》

73. 江西省修水县政协文史资料委员会编撰的《义宁陈氏五杰》

74. 江西修水客家文化研究会编的《客家人在修水》

三、姓氏家谱

75. 清道光同治丁卯年重镌的《宋氏宗谱》

76. 同治六年修的《宋氏宗谱》

77. 同治丁卯年重镌的《宋氏宗谱》

78. 戊子岁修的全省大成造公第十七届南州堂本《徐氏宗谱》

79. 雍正四年《双井黄氏合修大成谱序》

80. 光绪癸巳年《黄氏宗谱》

81. 清光绪二十四年编纂的《黄氏宗谱》

82. 同治丁卯年重修的《暨阳黄氏五大族谱宗谱》

83. 民国二十七年重修的《黄氏宗谱》

84. 民国三十二年癸未双井堂刊的《黄氏宗谱》

85. 2018 年修水黄氏玘公后裔联谊会编辑的《双井世家》

86. 康熙五十年《王氏宗谱》

87. 2016 年丙申编太原堂的《迁宁始祖王琮一脉志》

88. 民国十一年《章氏宗谱》

89. 民国八年《余氏宗谱》

90. 民国八年己未重修的《长茅余氏宗谱》。

91. 民国三十二年余成林修纂的《余氏宗谱》

92. 民国三十一年孝友堂本《张氏宗谱》

93. 民国三年重修的《冷氏宗谱》

94. 民国三十二年修撰的《冷氏宗谱》

95. 民国三十二年忠孝堂本《京兆冷氏宗谱》

96. 民国三十六年信述堂本《彭氏宗谱》

97. 2009 年江西修水周氏大同宗谱编委会编辑的汝南堂《中华周氏联谱八维支旧谱外编》单行卷

98. 民国壬午年重修的《祝氏宗谱》

99. 2015 年重修的《莫氏宗谱》

100. 民国丁丑年万氏祠堂广孝堂本《分宁万氏重修族谱》

101. 清卢景曦修的《卢氏族谱》

102. 民国二十六年武威堂本《石氏家乘》

103. 清道光六年范阳堂本《邹氏族谱》

104. 清代同治三年《修水叶氏宗谱》

105. 清同治九年通德堂本《郑氏大成宗谱》

106. 民国三十一年《修水祝氏宗谱》

107. 民国三十年《修水丁氏宗谱》

108.民国三十七年《修水童氏宗谱》

109.民国十六年燕贻堂本《龙峰陈氏宗谱》

110.清代光远堂《陈氏三修祠志》

111.民国二十六年敦睦堂本《凤山陈氏宗谱》

112.民国二十六年三沙堂本《饶氏宗谱》

113.1900年版《艾氏宗谱》

114.民国二十七年郁林堂本《李氏宗谱》

115.清光绪二十九年河南堂本《邱氏重修族谱》

四、媒体报刊

116.《九江日报·长江周刊》

117.《浔阳晚报》

118.《修水报》

119.《修水报·周末大世界》

后　　记

　　经过十年时间考证，一年时间编辑，三个月时间审稿，《修水历代进士史略》一书才得以定梓出版，与读者见面。

　　编著之路，无疑是一次次付出艰辛的旅程，是一次次心智成熟的磨砺，更是一次次迈向书稿初成的心动。艰辛的是，一个没有很深厚文化根基的人，却去考证、编著全是才高八斗的数百名进士的一生；一个不是读历史专业的人，却去揣摩、研究古代高深的进士文化；一个手头上没有较多史料的人，却去考证、编著历经五个朝代，最远跨越1300多年的进士渊源；一个拿点死工资，没有很好经济基础的人，却去自费数万元出这一本大多不知自家大姓进士是谁，进士又有多少的书。如此，可谓是一个门外汉，揽了一个高端的瓷器活；可谓是一个不知天有多高，地有多厚的懵懂人；更可谓是想欠一身债，不怕一身剐的人！

　　编著过程中，我的心智多次崩溃，是来自上述存在的不足，加之史料寻找之艰，文献考证之繁，探访搜寻之苦，文稿丢失之烦，撰文写作之累，经费筹措之难，几次抛笔搁之，几次撕纸弃之，几次键盘摔之，是每一次崩溃的前奏。几日之后，似有一位位博学多才的进士入我梦乡，鼓励着我，不要放弃；激励着我，不要半途而废；催促着我，仍要坚韧前行。于是，复又提笔，复又铺纸，复又敲键，崩溃的心智又复活一次，也成熟了一次，循环往复如是，心底里，便发誓，不成此书，不罢手；不成此书，便弃文。

　　自从我发出了这个誓言，我发觉离编著成此书，又近了一步，近了一步！不过，我总在想，想要妙笔生花，想要出精出彩，就得一字一字地去打磨笔力，一篇一篇地去打磨成文。不然的话，又如何对得起这208名进士学富五车的风采与正气浩然的风骨。

　　在编著这本书的时间里，有幸一次次地深入到修水这方沃土上的山山水水，感受到山水滋养着一代一代进士豪杰、百姓众生；有幸一次次地深入到进士村里，感受到进士求学的不易，感受到村里文化的深厚；有幸一次次地体会黄庭坚、余良肱、周季凤、陈三立等进士的风骨，修水名人指点江山的豪迈之气；有幸一次次地对话大学士冷应澂、尚书周期雍、右丞相章鉴、帝师万承风，修水杰出仕子的官声政绩令人动容。功夫不负有心人，有幸让我在中国国家图书馆、国家典籍博物馆、孔庙和国子监博物馆等浩如烟海的古籍中和众多进士乡梓里"淘宝"到了或是首次发现的进士文物，或是罕见进士史料，或是珍贵进士文献，在这久远时空的隧道里，每当大海捞针或"火眼金睛"般寻访到一点点史料，哪怕是仅有的一张图、半张纸、三个字，也让我兴奋之至。这些距离当今百年或千年之久的极为珍贵的进士文物、史料、文献在艰难中被发现和补遗，应是我十年心血所得回报与这本书出版和存在的重要价值。

在编著本书过程中，我粗略地统计了一下，我购买全国各地州志、县志，有关科举、进士的电子版书籍近 1000 多种，购买全国各姓氏宗谱电子版本近 60000 册；查阅《宋史》《明史》《清史》《二十四史》《永乐大典》等近 600 册；查阅、参考了有关全国各地出版的如《唐代进士》《元代进士考证》《清代进士题名录》等有关进士的书籍 30 余种，特别是对《宁州志》《义宁州志》《南昌府志》《江西通志》《江西大志》等有关史志当作经典名著翻阅不下五遍，对《宋史》《明史》《清史》《永乐大典》等电子古籍择其章节浏览拜读。这些实物书籍和电子版书籍，提振了我出本书的信心，也为我寻觅、搜集到了较为丰富和翔实的修水 208 名进士的史料和图片。但在查阅庞大电子书籍库时，因在电脑前用眼过度，眼睛红疼、流泪不止，每天不得不用眼药水来缓解电脑对眼睛的"灼伤"，几个月来，眼药水用了将近 20 支。白天利用周末下乡到进士故里探访，夏季火辣太阳"浸润"得我像个黑张飞；因每天熬夜近 6 个小时，睡眠严重不足，血压居高不下，头发从多到少，从青丝到白发，但我无怨无悔。

当时签订本书合同时，字数预计 11 万字，但经过寻求考证，竟在两个月时间里，一跃增加到了 38 万字之多。随着研究的深入，并恪守"言必有据"的原则，史料印证图片也从 120 幅增加到了近 1500 幅。本书中史料、文献图片占有相当比重，目的是让读者更直观、更真切、更形象地感受到每一位进士史料的真实性、可靠性、珍贵性。如本书插图中展示的黄庭坚书法条幅"横琴写操，皓月盈空"和明朝书法家安世凤、清康熙皇帝老师沈荃两人的题跋就是极为罕见、极为珍贵的史料和极具收藏的瑰宝。同时，为力争此书真正做到厚古薄今，去粗取精，去伪存真，由此及彼，由表及里，又听取多位文史专家的意见和建议，忍痛割爱做了大量删减。

为确保图片质量效果,我花钱购买航拍机、相机深入到所有进士家族之地和进士故里航拍其地形地貌,拍摄实物实迹,尽最大可能为读者提供更为翔实、更接地气且首次展示的图文资料。为确保图片精美、高清和赏心悦目,有的图片竟重拍五次之多,直至本人满意为止。

一个很奇怪的事是,当要寻找某一位进士史料时,无论怎样去寻找查阅,总是难寻其踪,但当把这一位进士需要查阅的史料、文献埋在心里一段时间后,有时在典籍中、在探访考证中,会不经意间"闪现"出极其珍贵的史料,真可谓是"翻阅千书无处觅,得来原是心心念"!

在编著过程中,我曾力求将此书编得更精美些,更丰富些,更实用些,更有可读性,但由于自己学识能力有限、史料收集难度大、出版时间匆促、年代久远难以考证等诸多方面因素,书中还有很多欠完美、欠周全、欠精准的地方,也存在一定的谬误,如相互之间矛盾、经不起推敲、不符合逻辑、引用史料不精准、有些进士文献空白等,以上诸多不足之处,还望各位读者予以包涵和理解,也期待各位读者批评和指正,特别是对进士文史、世人评赞存在暂缺项的,如读者有这方面史料,欢迎与编者联系,以便在下一部《修水历代进士史略补遗》一书中予以增补。如书中引用的史料、文献和图片,未注明作者或出处的,请相关作者第一时间与编者联系,以便在今后改版时予以标注。

此书成稿并在付梓前夕,本书中"进士群"好像告诉我,提醒我,点拨我:心智要不乱分寸,内心要不慕浮华;沉得住气,静得下心;慢慢来,细细品;博观而约取,厚积而薄发。今后创作路,务必当谨记,这也是我编著此书过程中所得到的最大收获!

在编著此书过程中,许多单位和朋友给予了我极大鼓舞与支持。感谢中国国家图书馆、修水县图书馆、修水县档案馆,给予我不厌其烦查阅资料的方便;感谢修水县黄庭坚纪念馆、修水县博物馆、黄庭坚故里双井文化进士村、章鉴故里杭口杭山、周期雍故里西港湾台、万承风故里汤桥花园里和陈三立故里陈家老屋等提供相关实物资料拍摄;感谢修水县文旅局领导给予出版指导;感谢修水东浒寨旅游风景区、中华周氏修水宗亲联谊会和西平文艺社倾心支持;感谢黄庭坚二十九世孙、武汉大学学士、浙江大学硕士、教授黄德华,帝师万承风之来孙、修水县山谷诗社社长万华林,江西省作家协会会员卢曙光,均在百忙之中为此书作序;感谢修水诗词学会、山谷诗社社员、修水楹联名家等为本书世人评赞版块吟诗撰联,极大地丰富了该书的文化内涵和赋予时代意义,还有陈荣霞、戴嵩青、冷建三、苏洪荣、万明、杨大枪、谢小明、冷墨玲、赖显生、陈景略、余昌清、龚九森、罗贤华、周秋平、黄本修、黄卫明、陈芦根、陈龙、冷伟立、余仕富、王炬民、伍玖、周先尧、周会我、周斌、周美岩、周湖岭、周可爱、黄映霞、莫英发、万名玉、徐世荣、徐锋麟、书法家郑秀平、东方啸、黄庭坚三十世孙、浙江杭州中医硕士黄清诚、广东古籍研究学者廖文庆等给予了大力支持。还要感谢江西高校出版社编辑的极负责任的审校和精心排版,是他们在背后默默地大力支持,得以让本书成功出版,在此一并表示由衷敬意和真心感谢! 这本书成功出版,你们功不可没,记在书的后记中,同时,永远记在我和我的后人心里!

修水山川深重,修水人才多贤,修水文人辈出,修水后起辉煌! 最后向拥有大思想、大智慧、大情怀、大格局的修水数百名进士顶礼膜拜和虔诚致敬! 也期待着在一代代进士文化血脉的流淌中,在一位位进士文化根基的传承下,在一名名进士文化底蕴的深植下,在一个个进士文化灵魂的庇佑下,修水的一代一代后学优秀者、贤能者、出众者、奇才者,像巍峨黄龙山上杜鹃花般历经千年越开越盛,越开越艳,如七百里大修河之水奔涌不息,源远流长!

编者于 2025 年 5 月 15 日于黄龙斋

寻访考证史料拾遗

一、进士史料之寻访

◀2024 年 7 月 28 日，编者在修水尚贤台前留影

▲2023 年 10 月 7 日，编者到东港乡黄荆村大山深处考证进士中举人的旗杆石

▲2024 年 7 月 28 日，编者赴修水双井华夏进士第一村考证黄氏 48 名进士文献

▲2023年7月14日,编者应邀参加纪念周敦颐逝世950周年暨九江濂溪首届理学文化论坛,并考证周敦颐与修水进士之间的交集

▲2025年4月12日,编者(中)同修水文史研究专家余昌清(左)、谢小明(右)到黄沙镇瑶里村余氏宗祠考证宋朝余氏进士家族和进士诗人的史料

▲2024年10月5日,编者到西港镇湾台考证明朝进士、刑部尚书周期雍之妻车氏的神道墓石碑

▲2024年7月28日,编者在修水进士名录前留影

▲2025 年 1 月 13 日，编者到山口镇桃里考证陈氏
进士望族

▶2024 年 7 月 16 日，编者到北京孔庙考证修水
冷敬先、周期雍、周季麟、周季凤、周孔从等元明清
进士题名碑

▼2014 年 10 月 3 日，编者到湖北省博物馆考证
与修水黄庭坚等黄氏进士有关史料

▲2024 年 6 月 5 日，编者到黄沙镇彭桥村
考证石彦诚进士史料

▲▼▶2024 年 7 月 16 日，编者到北京孔庙和国子监博物馆、国家典籍博物馆考证修水进士史料

▲2024 年 7 月 16 日，编者到国子监、通州等地寻访进士史料

▲2002 年 3 月 19 日，编者到黄龙寺考证进士黄庭坚、黄叔敖与黄龙寺文献

▲2024 年 1 月 29 日，编者到古市镇傅氏祠堂考证傅氏举人史料

◀2006 年 8 月 9 日，编者到桃里考证举人陈宝箴、进士陈三立史料

▼2024 年 7 月 16 日，编者到中国国家图书馆考证修水进士史料

▲2024 年 8 月 9 日,编者到双井村考证进士黄庭坚手书"钓矶"书法

▼2024 年 7 月 14 日,编者到北京通州考证进士史料

▲2024 年 8 月 4 日,编者到港口童家村考证进士周孔从为《童氏宗谱》撰写谱序

▲2024 年 10 月 5 日,编者考证举人陈宝箴、进士陈三立父子史料

▶2024 年 7 月 27 日,编者与中央电视台《一代宗师黄庭坚》摄制组到黄龙寺考证与进士黄庭坚有关遗迹

◀2024 年 9 月 21 日,编者赴湖南平江县考证进士和举人史料

二、进士史料之查考

▲2025 年 4 月 16 日,编者(左一)与修水文史专家余昌清(左二)、樊孝慈(右二)、谢小明(右一)到漫江乡尚丰村考证十二尚丰村的由来和莫惟初进士家族文献

◀2024 年 6 月 5 日,编者到黄沙镇艾溪村查阅《石氏宗谱》中有关石彦诚进士的史料

▲2024 年 5 月 7 日,编者(右)到溪口镇查找陈氏家族宋朝旌表文献

▶2023 年 10 月 9 日,编者(右)到漫江乡莫氏宗祠钜鹿堂查找《莫氏宗谱》中记载莫氏一族进士和官宦文献时与莫氏后裔合影

▲2024 年 5 月 7 日,编者(右)到溪口镇查找进士陈三立族谱文献

▲2024 年 8 月 18 日下午,编者到白岭镇周氏宗祠查阅《中华周氏联谱》,考证周季麟、周季凤、周期雍等进士史料

▲2023 年 7 月 14 日,编者到九江周敦颐纪念馆查阅史料,考证周敦颐与修水进士之间的交集

▲编者经常到县图书馆、档案馆查阅《双井世家》《冷氏宗谱》《余氏宗谱》《宁州志》《江西通志》等古籍

三、进士史料之报道

▲以上组图为编著在修水报社从事记者职业时，于 2005 年 11 月间在《修水报》《长江周刊》《浔阳晚报》等媒体上发表的有关进士黄庭坚文字报道和摄影图片

他们让黄庭坚的作品得以流传
■ 周武现

气节如松陈三立
■ 周武现

▲《气节如松陈三立》一文发表于《九江日报·长江周刊》二版头条

[历史回眸]

3月往事之——
民国时期的江西省政府主席曹浩森
■ 冯晓晖

曹浩森像

▲编者考证并撰文的《他们让黄庭坚的作品得以流传》发表于2025年3月2日《九江日报·长江周刊》二版

长江周刊

修水的旗杆石和进士墩

撰文·摄影 周武现

陈家大屋的石鼓

上奉山的旗杆石

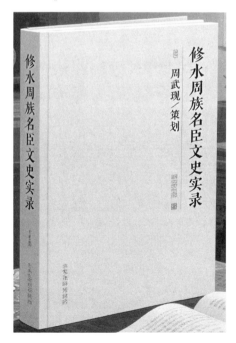

▲由编者策划、设计、编辑的《修水周族名臣文史实录》一书封面草样

▲有关修水举人和进士的《修水的旗杆石和进士墩》一文发表于《九江日报·长江周刊》头版头条

▲▲编者考证并撰文的《书法长卷〈砥柱铭〉的递藏传奇》分上下发表在 2025 年 3 月 23 日和 3 月 30 日《九江日报·长江周刊》头版整版

▲▶本人正着手编著的《涪翁史海钩沉》《修水历代进士诗徵》两书封面草样

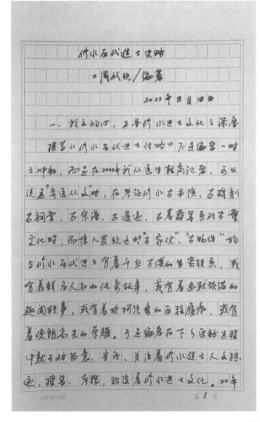

◄▲本版面为《修水历代进士史略》一书手稿和篆刻书名印章

五、进士史略之初样

▲▶本版组图为《修水历代进士史略》一书初样和
内页彩色稿样